D1163628

THE GOSPEL
of JUDAS

TOGETHER WITH THE Letter of Peter to Philip,
James, AND A Book of Allogenes FROM CODEX TCHACOS

CRITICAL EDITION

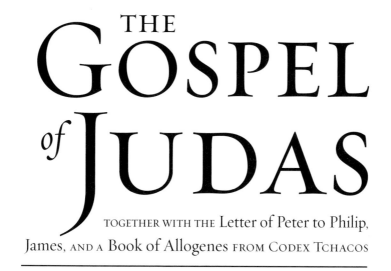

THE
GOSPEL
of JUDAS

TOGETHER WITH THE Letter of Peter to Philip,
James, AND A Book of Allogenes FROM CODEX TCHACOS

CRITICAL EDITION

Coptic text edited by
RODOLPHE KASSER *and* GREGOR WURST

Introductions, Translations, and Notes by
RODOLPHE KASSER, MARVIN MEYER,
GREGOR WURST, *and* FRANÇOIS GAUDARD

WASHINGTON, D.C.

Copyright© 2007 National Geographic Society
All rights reserved. Reproduction of the whole or any part of the contents without written permission is prohibited.
Library of Congress Cataloging-in-Publication Data available upon request
ISBN: 978-1-4262-0191-2

Founded in 1888, the National Geographic Society is one of the largest nonprofit scientific and educational organizations in the world. It reaches more than 285 million people worldwide each month through its official journal, NATIONAL GEOGRAPHIC, and its four other magazines; the National Geographic Channel; television documentaries; radio programs; films; books; videos and DVDs; maps; and interactive media. National Geographic has funded more than 8,000 scientific research projects and supports an education program combating geographic illiteracy.

For more information, please call 1-800-NGS LINE (647-5463) or write to the following address:

NATIONAL GEOGRAPHIC SOCIETY
1145 17th Street N.W.
Washington, DC 20036-4688 U.S.A.

Visit us online at www.nationalgeographic.com/books

Printed in U.S.A.

Interior Design: Cameron Zotter

Contents

INTRODUCTION

Rodolphe Kasser

Lost. At first, this Codex was lost. Obliterated, annihilated, gone, like so many other ancient manuscripts that have disappeared: genuine testimony lost forever. Almost never saved, sometimes miraculously saved, and then only scarcely and partially. Lost texts are a cruel, distressing fact that an experienced researcher must learn to come to terms with. Each time a text does reach us, transmitted through numerous, often-troubled centuries, it is a miracle. Only several hundred ancient manuscripts, mostly texts that served a public purpose, have survived. Dodging such hazards as wars, natural catastrophes, and fires, they also escaped the meticulous ferocity of political or ecclesiastical censors. These surviving texts are frequently available only in incomplete fragments, raising more questions to resolve than providing coherent, precise information. For these authentic expressions of the human spirit, these hundreds of pitiful treasures now reduced to being vestiges, untold thousands of others have totally perished—*hn'tha n'at'êpe,* "myriads without number," in the words of the *Gospel of Judas.*

First lost, and now found, the recovery of the Codex is a miracle, yes, but one that was stingily granted, haggled over and beset by restrictions on all sides.

Recovering a text through its testimony is a wonder even in the best of circumstances, as in the case of the New Testament in Greek, where each word is attested by a multiplicity of parallel manuscripts, of different periods and of different quality. Salvaging a text that exists in only one, damaged copy is stupefying, a stunning miracle of miracles: It becomes harder and harder to sort out the sense of a text that is riddled with holes and large gaps, multiplying the missing parts, the blanks that are more and more difficult to fill in and that interrupt the thread of the narrative; all these mishaps ruin and compromise to an ever larger degree the overall understanding of the text. But what is there to say when, even worse, the existence of a text is known solely by its title, cited in another work, by another author, in another context? Such was the case, until very recently, with the *Gospel of Judas*.

The *Gospel of Judas*—one of four (maybe five or six) tractates included in the Codex—was mentioned by St. Irenaeus in his treatise *Against Heresies* (*Adversus Haereses*), published around 180. Except for that reference, however, every other trace of this document had completely disappeared. And so when researchers began to piece together the varied fragments of the document— scraps of papyrus often retrieved by accident but seeming to belong to the same entity—they were working to reconstruct a manuscript only rumored to exist. How could they be sure this was indeed the *Gospel of Judas*? That question has resounded for a long time like a useless echo, an acknowledgement of our powerlessness.

Circa 1978: Discovery in Al Minya

Very few ancient manuscripts have had as tumultuous a history or faced as many perils as the Codex. In his book *The Lost Gospel,* Herb Krosney has reconstructed the recent past of this mysterious document, which was found during a clandestine search in Middle Egypt, around 1978.

We certainly commend Mr. Krosney's tenacious efforts and his challenging investigations; the book is an honest piece of information and sufficiently certain to serve as base (with the usual circumspection in such matters) of an objective recitation of the contentious history of the Codex. The reader will be encouraged to recognize the weight of his reporting in parallel with what is set forth and argued in *The Gospel of Judas* by Rodolphe Kasser, Marvin Meyer, Gregor Wurst, in collaboration with François Gaudard, and what can still be found in the French version of this work, *L'Évangile de Judas.* Besides the three "serious" works, there is little valuable information that is not fictionalized by writers burning with desire to give their opinion about a matter in which they have little or no first-hand knowledge. Whatever the case may be, the manuscript, which came to be known as Codex Tchacos, after Frieda Nussberger Tchacos, was discovered by some peasants, or "fellahin," in the region of Al Minya.

From the linguistic characteristics of the Codex, one can confirm that its place of origin was very probably Middle Egypt. The Codex is written in Sahidic, the southern supralocal Coptic idiom, and shows regional orthographic variations typical of a local form of Sahidic found in Middle Egypt.

After its discovery, the Codex changed hands, becoming the property of an Egyptian antiquities dealer. Hoping to get the maximum profit from its sale, the dealer spent years fruitlessly trying to sell the Codex outside of his native country. The manuscript finally reached a safe haven in 2001, when Frieda Nussberger Tchacos agreed that its preservation and protection would best be assured if it was acquired by the Maecenas Foundation of Ancient Art, based in Basel, Switzerland. I first saw the Codex on July 24, 2001, after which date I can speak from my own experience. For the years prior to that signal day, I have relied on Krosney's account. But what follows can only be an incomplete history, given how difficult it is to track down the origins of ancient Egyptian artifacts.

THE EAGER RESEARCHER AND HIS SOURCES

To avoid getting too quickly discouraged, papyrologists have to limit their ambitions, proportioning them to the scientific findings that are actually within their reach. After all, haven't they learned, often at their peril, not to be taken in by appearances? There are sources and sources, a superficial source that rapidly dries up, a deep and mysterious source of unknown origin, sinking in subterranean sand, in unknown alluvium. In a way, the discovery that may have obstinately refused itself, like the discovery suddenly accorded in the flash of the unexpected, is depending on the grace or curse of a capriciously rebellious destiny, uncontrollable, uncontrolled. A promising and deceptive source painfully excites the thirst, the ferocious thirst, more often than it satisfies it.

All subtle history has its roots hidden in a prehistory, which is even more difficult to grasp and to understand. Why would it be otherwise in the unending search, which follows here and across the oceans, for the cultural treasure that is revealing itself today little by little in Codex Tchacos? Why exhaust one's time and capacity for patience and hope only to prowl in the neighborhood of a history that may carry as much a chance for good luck as bad luck? Why then, if not for the force of stubbornness or the unreasonable will to possess? The answer lies in the yearning to comprehend the secret text that nothing can quiet, save for the revelation, which at times seems to bear fruit—a text given by a Codex blessed by good luck at the beginning of its decoding, then progressively cursed by bad luck.

Thus for those who know the dim reality, who want to see through the fog and penetrate the opacity of the mysteries, there is a "history" (an ambiguous word, able to be charged with an honorable significance as well as one that is pejorative). A history then can please or displease; not allowing for historical fact, absolute historicity that is proven and unassailable, it can deceive in particular certain uncompromising readers who do not want to waste their time examining the soundness of a doubtful narrative or even the promising seduction of a well-arranged hypothesis.

There is a history with very limited pretensions, open to all readers of good or ill will, who will agree to meet it, to listen to it without first *captatio benevolentiae* (capturing the audience's good will); an imperfect history that is incomplete and which despite the long and patient efforts of the relentless researchers has stayed very much on the wrong side of their ambitions and is more obscure; profoundly unsatisfying to tell all.

Even when satisfied, the reader-interrogator must temporarily make the best of it; and perhaps even for a long time; until the authentic and complete, disinterested, impartial and finally consented to truth has come out of the woods.

A STRANGE CODEX IN THE CENTER OF A THINLY SCATTERED CONSTELLATION OF ESTABLISHED FACTS — A SKETCH OF A PRELIMINARY CURRICULUM

Documents and sources are the foundations of science. Researchers seek to obtain precise data. But pursuing the "truth" about an ancient object can become frustrating, leading to a sense of futility. Instead of lamenting the lack of information, however, researchers in papyrology have to learn to be satisfied with whatever information luck—yes, luck—brings their way. The individuals who know the most about the provenance of such objects as the Codex have their own good reasons for hiding that information, not wanting to share details that could give anyone else access to the same source of goods. Talking openly about their finds might tip potential rivals off to the location of the treasures they so dearly acquired.

It has been called Codex Tchacos since 2004, the remains of a papyrus Codex of most mysterious origin. More than one researcher has tried in vain to penetrate the secret of its emergence, and those who are familiar with the

Egyptian campaigns and the cordial hospitality their inhabitants accord to foreign visitors (provided they are respectful of their ways and customs) will not be too surprised about the lack of success in these investigations. Even though he is poor, the *fellah* holds to his honor and will not speak of how he came to possess the Codex. This is a world in which money is not the magic key that will open all doors. The doors open or remain closed through other forms of appreciation. That is why for a foreigner it is practically impossible to find the exact provenance of an Egyptian manuscript. Indeed, if for the glory of it all, the too talkative discoverer was tempted to brag of his exploit, he understood also that he would pay dearly for his imprudence by attracting without fail—on him, his family, his associates—the wrath of the Egyptian police. The rule is thus—always and everywhere—silence and/or camouflage.

Nor are there exceptions for the betrayers of confidences that are very rare, and given under the seal of strictly personal friendship, between the discreet foreigner who does not seem a predator, and the indigenous person who may have little by little warmed up to his interlocutor and felt that the latter did not seek to buy him or break down his reserve. But apart from a truly exceptional exception, there exist only "in secret": the skilled researchers who assume that their informants are apparently the most directly and best informed, thanks to their privileged situation near the sources, and the fact of their immersion in a social environment closed to them, where each person protects himself, by protecting against all indiscretions, so that these pseudo-informants will probably only deliver erroneous information, destined to lead astray the too perspicacious and indiscreet ones who were using trickery to come too close to their secrets.

So, in short, we must make do with the facts that we can ascertain.

The Codex, as far as can be determined today, originally contained at least four different tractates, the most famous of which is now the *Gospel of Judas* (see Preliminary Codicological Analysis of Codex Tchacos). As the manuscript was too fragile to be leafed through freely, the experts who evaluated it during the years prior to its purchase by the Maecenas Foundation discovered its contents only gradually. The tractates were identified bit by bit, and in the case of the gospel, not until quite late. The four tractates are as follows:

- pages 1–9, the *Letter of Peter to Philip* (with the same title and approximately the same text as the second tractate of Codex VIII of the Nag Hammadi library);

- pages 10–30 (?), *James* (with approximately the same text as the third tractate of Codex V of the Nag Hammadi library, with the title *Revelation of James*; the complete title, *First Revelation of James*, has been provided by modern Coptologists, because this Nag Hammadi Revelation or Apocalypse is followed by another *Revelation of James*, a title which modern Coptologists have changed to *Second Revelation of James*);
- pages 33–58, the *Gospel of Judas* (a completely unknown text until now, except for the mention of its semiblasphemous title by St. Irenaeus, who expressed such indignation for its teachings in his work *Against Heresies*);
- pages 59–66, the *Book of Allogenes*, a tractate so seriously damaged that it has lost its title, but which has been provisionally named after its main character (this tractate has no connection with the third tractate of Nag Hammadi Codex XI, known as Allogenes).

1983: FAILED TRANSACTION IN GENEVA

According to Herb Krosney, the Codex was discovered in a tomb dug in the side of the Jebel Qarara (right bank) of the Nile River, dominating the village of Ambar close to Maghagha, sixty kilometers north of Al Minya. The discoverers of the Codex then contacted several antiquities dealers. A villager named Am Samiah (a pseudonym), a friend of the discoverers, sold it to a dealer named Hanna. The Codex had made a very strong impression on the dealer, as he immediately understood its potential value.

Hanna lived in Heliopolis, a suburb northeast of Cairo. He assembled several precious items in his apartment, including the Codex and a gold statuette of Isis, to display them to a new customer, but his apartment was robbed. In the years that followed, the stolen items began appearing in Europe. Hanna traveled to Geneva to ask for the help of a Greek dealer who had been regularly buying from him. In 1982, with the Greek's assistance, Hanna eventually recovered the Codex. Although he did not speak any language other than Arabic, he sought to sell it outside of Egypt, in order to get the best price. Even before the theft of the Codex, Hanna had consulted several experts, probably European papyrologists, to determine its value. Their response prompted him to seek an extremely high selling price.

Typically, after a manuscript is found, it passes swiftly into the hands of an interested collector or institution. Everything is handled with as little delay as possible, so that the manuscript can be restored and preserved under optimum conditions. Doing this rapidly offers the best guarantee of success, since each delay between the object's discovery and its restoration, by the museum, institute, or private collection where it eventually ends up, increases the likelihood of damage. What, above all, allows for the quick transfer of an object is a reasonable price, commensurate with current market conditions.

Rarely is this process of a speedy transaction disrupted, but when it is, the consequences are often unfortunate. It is unknown who undertook to inform Hanna of the striking similarities between the Codex and the Coptic codices of the Nag Hammadi library, or for what purpose. Discovered in 1945 near Nag Hammadi in Upper Egypt, the fifty-two Gnostic texts were first identified by the French scholar Jean Doresse. Their discovery caused enormous interest among Coptologists, historians of religion, and theologians. Although Hanna only allowed the experts he consulted to have glimpses of the manuscript, it was enough for them to recognize the parallels his find had with the Nag Hammadi texts. Excited by this revelation, Hanna quickly saw the huge financial advantages he could draw from this comparison. As a result, his asking price was established at three million dollars. In the absolute, perhaps this estimation of its value was justified, but taking into account the financial assets of his typical clientele, it was clearly exorbitant—so much so, in fact, that it scared off all of his potential buyers, in Europe as well as in the United States.

Hanna tried by all means available to him to sell his manuscript, looking for an institution endowed with enough funds to meet his asking price. He eventually succeeded in contacting Ludwig Koenen, a member of the Department of Classical Studies of the University of Michigan, to whom he had sent three polaroid photographs of the manuscript late in 1982. With the help of transcripts made by Gerald M. Browne and S. Kent Brown, Koenen succeeded in identifying the text on page 19 of the Codex early in 1983 as coming from the *First Revelation of James* already known from Nag Hammadi Codex V. Hanna's intriguing offer led to Koenen contacting James M. Robinson, a theologian from California who had helped conduct the research on the Nag Hammadi library and had a great interest in Gnostic texts. Koenen told him that he was going to Geneva to negotiate the purchase of three papyrus codices, one of which was in Coptic and might interest him. Robinson was unable to go, but in his place, he sent Stephen Emmel, one of his best students. (Today, Emmel is the head of the Department of Coptology at the University of Münster in Germany.)

The meeting in Geneva took place on May 15, 1983. But it quickly ended in failure, as Emmel could not meet the purchase price.

Despite Hanna's efforts to protect his treasure, allowing potential buyers only a glance at the pages, Emmel succeeded in getting an idea of the contents of the Codex, especially of its third tractate, which had a particularly exciting topic: Judas (but presumably Judas Thomas, not Judas Iscariot!).

This revelation, which Emmel reported to Robinson, only further whetted Robinson's interest. Even though the purchase had fallen through, Robinson continued untiringly to try to find a way to buy the Codex, not wanting competitors from other countries to seize such a tempting prize.

1983 to 2000: The Seventeen-Year Lapse

Following the 1983 meeting in Geneva, Hanna continued to try to sell the manuscript, though not very actively, storing it for years in a bank vault on Long Island after coming to New York to contact buyers. According to some documents recovered by the Maecenas Foundation, Hanna rented a safe-deposit box in a Hicksville, New York, branch of Citibank on March 23, 1984, where the manuscript stayed until he sold it on April 3, 2000, to Frieda Tchacos Nussberger, Zurich antiquities dealer and collector who was concerned with its deteriorating condition. Herb Krosney reports that Hanna had come to New York hoping to sell the manuscript at a good price, but his efforts proved unsuccessful. He was unable to convince Hans P. Kraus, a well-known manuscript dealer, or Professor Roger Bagnall, a classics scholar at Columbia University, to make the purchase. Even though Hanna's asking price had dropped, both considered it still too high. After they turned down the sale, Hanna put the Codex in the safe-deposit box.

The unfortunate Codex remained stored on Long Island for more than a decade. Inaccessible to the researchers who eagerly wanted to buy it or see it, it languished in the safe-deposit box, suffering from the variable but often far too humid weather of the New York suburb.

1994: Birth of the Maecenas Foundation

In 1994, a Swiss lawyer from Basel, Mario Roberty, created the Maecenas Foundation for Ancient Art. Headquartered in Basel, its goal is to protect the artistic and cultural heritage of politically weak nations. Very poorly protected, the cultural patrimony of these countries is far too often pillaged: sacked, scattered, and handed over wholesale to the international antiquities trade, where it becomes prey to selfish greed and to the hazards of commerce. Sustained by buyers whose financial resources far exceed those of the legitimate owners of these treasures, the antiquities market exposes the objects to risk. Once on the market, they can become damaged, sometimes even destroyed.

The Maecenas Foundation protects the cultural heritage of these countries by a variety of practical and creative means, seeking, above all, to be effective. For instance, after buying an object on the antiquities market (when such trading is authorized and conducted according to the law), the Foundation will restore it, then donate it to the public institution that can best guarantee its preservation. Or the Foundation may provide it to researchers, and then through the researchers' work and publications, make the artifact known to the general public, particularly in the ethnic, religious, or other type of community in the country from which the object came, more often than not by plunder.

While in Hanna's possession, the Codex suffered increasing damage, which was evident as early as 1982. Frieda Tchacos Nussberger, who eventually sold the Codex to the Maecenas Foundation, now lives in Zurich, but was born in Egypt. In 1982, she had business contacts with Hanna and some of his other colleagues in Egypt. Through this connection, she received some photographs of an ancient manuscript, one of which was of "page 5/19" of the Codex. This photo, to my knowledge, is the oldest that exists.

Before 1982: Broken Unity and Destructive Folding

The odd numbering of the pages of the Codex came about because the Codex already showed damage, having been handled too energetically. Between its discovery and 1982, this rough treatment had caused the manuscript to have a deep crack that was more or less horizontal and had apparently affected all of the folios. Each folio had separated into an upper fragment (about a third or a quarter of the folio) and a lower fragment (the remaining two-thirds or three-quarters of the folio). The upper fragments carried the pagination. Later, when I restored the document, this allowed me to place the upper fragments easily and without hesitation in relation to each other. But I did not have this advantage while working on the lower fragments. Whoever had handled the manuscript had, either by carelessness or by ill intent, introduced a serious disorder in its structural unity. For nearly every page, the edges of the page next to the crack had crumbled by a centimeter or two, widening the gap between the two parts of the page. This prevented direct contact between the upper and lower fragments, and the frittering also produced dozens of small crumbs only millimeters in size, making it practically impossible to identify or fit together one adjoining fragment to another. The numbering for the 1982 photo was

5/19 because whoever arranged the fragments for the photograph mistakenly, or intentionally, put the top of page 5 with the bottom of page 19. (A correct placement would have resulted in two separate photos, one for page 5/5 and another for page 19/19.) Twenty years later, as a result of these manipulations, when I began to decipher the Codex, I was faced with several other photographs that had crossed fragments, 5/13, 13/21, and so on.

Stephen Emmel wrote a report after the 1983 inspection that reveals the respect with which he handled the papyrus text, and his description of the steps needed to conserve the manuscript shows his obvious concern that its physical structure be protected to the utmost extent possible.

After reviewing the Codex for a second time in 2005—after it had been recovered, in a highly damaged state, by the Foundation—Emmel stated that in 1983, from what he remembered, the Codex had undergone relatively little fragmentation. Indeed it began to be "badly handled" between the moment of its discovery in the 1970s to that day, May 15, 1983, when Emmel inspected it, and certainly its condition would worsen seriously in the years after 1983.

"The Codex contains at least three different texts," Emmel reported. "(1) 'The First Apocalypse of James' known already, though in a different version, from Nag Hammadi Codex (NHC) V; (2) 'The Letter of Peter to Philip' known already from NHC VIII... ; and (3) a dialogue between Jesus and his disciples (at least 'Judas' [i.e., presumably, Judas Thomas] is involved) similar in genre to 'The Dialogue of the Savior' (NHC III) and 'The Wisdom of Jesus Christ' (NHC III and the Berlin Gnostic Codex [PB 8502])."

As it turns out, Emmel correctly identified items 1 and 2 (although not in the correct order), but misunderstood who Judas was in item 3.

2000: FERRINI ENTERS THE SCENE

After taking possession of the Codex in April of 2000, Frieda Nussberger immediately took it to the Beinecke Library at Yale University for evaluation. The library seemed interested in buying it and kept it for several months for examination. During its stay there, specialists had access to it and were able to probe it a little in order to have a better idea of its contents. Yale professor Bentley Layton, a classics scholar and a leading American Coptologist, succeeded in identifying the third tractate of the Codex as being the *Gospel of Judas* (Iscariot). Nevertheless, in August 2000, Yale decided not to buy the Codex because of concerns about provenance.

The following month, on September 9, 2000, Frieda Nussberger sold the Codex to an American antiquities dealer, Bruce Ferrini, whose competence, experience, and professionalism were highly spoken of, apparently in exaggeration. While the Codex was in Ferrini's possession it was frozen in the erroneous belief that this would allow the pages to be separated without causing harm to the manuscript. This hasty procedure—a brutal freezing, with condensation, followed a few months later by an equally brutal thaw, with condensation once again—weakened the papyrus in an unexpected and catastrophic manner, depriving the fibers of the sap that held them together. The papyrus had become substantially more fragile and susceptible to crumbling, producing the most friable papyrus professional restorers and papyrologists had ever seen.

This fragility is a nightmare for the restorer. Even with the greatest delicacy and the lightest touch, the restorer can't avoid, at some time or other, causing the loss of a fragment while moving it into position. After succeeding in correctly identifying where the tiny fragment belongs on the page, the restorer carefully places it, only to experience the dismay of watching the fragment break apart, splitting into five or six smaller pieces, if not into a dust of even finer particles.

In addition to weakening the cohesion of the papyrus, freezing the Codex made all the water in the fibers migrate toward the surface of the papyrus before evaporating, which brought quantities of pigment from inside the fibers up to the surface as well, darkening many of the pages of the papyrus and making the writing extremely difficult to read.

It soon became apparent that Ferrini would be unable to pay Frieda Nussberger the amount he owed her for the manuscript. He therefore had to agree to return it immediately, promising to abide by the following strict conditions: Ferrini had to give back every component belonging to the Codex, including all of the papyrus folios, any photographs he might have taken (which he was no longer free to distribute or sell to other clients), and all transcriptions, whether done directly from the papyrus or from photographs, as well as any translations of these text segments. Later events would show that he had in his possession several papyrus fragments which almost certainly are part of the Codex but the source of which remains in dispute. In addition, he had retained many photographs. He provided these photos, of pages considered exceptionally interesting, to the Coptologist Charles W. Hedrick, a professor at Southwest Missouri State University.

February 2001: The Maecenas Foundation Purchases the Codex from Frieda Nussberger

Following the cancellation of the sale to Ferrini, Frieda Nussberger once again had the exclusive rights to the Codex. But what was she going to do with this treasure, which had worldwide cultural importance but which was so difficult to manage and rightfully show to full advantage? Mario Roberty, the Swiss lawyer who had helped her recover the texts from Bruce Ferrini, agreed with Frieda Nussberger that the protection of the texts would be best assured if his organization, the Maecenas Foundation for Ancient Art, would purchase the Codex from her and arrange for its preservation. Nussberger accepted this offer, and the Codex was officially imported into Switzerland on February 19, 2001, in the name of the Foundation.

In accordance with its principles, the Foundation had the firm intention to protect this exceptionally precious object, first by withdrawing it from the risks of being on the antiquities market, then by having it professionally restored, to ensure its perpetuity, and afterwards by making its contents public. As the last phase of this operation, the Maecenas Foundation would donate it to an appropriate public institution in Egypt, its country of origin.

The Egyptian authorities have since accepted this donation and have designated the Coptic Museum of Cairo as the eventual home of the Codex. The Coptic Museum houses the Coptic texts of the Nag Hammadi library, Gnostic manuscripts that exhibit a very close spiritual affinity with the Codex. These are the circumstances that led up to the meeting in Zurich on July 24, 2001, when I first laid eyes on the Codex, and to all of the positive consequences the meeting engendered.

July 24, 2001: Fateful Day

From this point on, the history of the Codex comes out into broad daylight, and I can now speak about it with far greater assurance: As of July 24, 2001, I am no longer the "historian" recounting its murky past chiefly from another source, the work of Herb Krosney; after this date, I am a direct witness of the events I am reporting.

This momentous date also marks a decisive turn in the tormented existence of the Codex. Those who believe in destiny, and in its unpredictable actions, which can produce stunning reversals of fortune, might even become bold enough, at this point, to talk of "miracles" (in the strictest etymological sense of the word): miracle, as an event that inspires "admiration."

The meeting in Zurich, brought about by a cascade of small, lucky coincidences, set in motion the process that was going to transform the apparently "desperate case" of the Codex—near extinction after a long period of agony without glory —into a "case full of hope," in spite of the damage it had already undergone, some of which is unfortunately irreversible. The Codex now promised to have a glorious future, as Stephen Emmel sensed, with remarkable intuition, when he wrote up his report on June 1, 1983, after seeing the Codex in Geneva: "I strongly urge you to acquire this Gnostic Codex. It is of the utmost scholarly value, comparable in every way to any one of the Nag Hammadi codices."

As a witness, who can now provide a first-person account of the Codex, I bring to my observations a background with multiple aspects that may seem disparate, but which are in fact tightly complementary. In addition to being a specialist in Coptic philology and archaeology, in particular of Egypt from the third to the ninth century CE, I am an archaeologist of my native city, Yverdon (formerly Eburodunum), from the second century BCE to the sixth century CE. So, in general, my focus is the period between the third and sixth century CE. A fierce defender and promoter of a spirit of initiative in archaeology, as for any science worthy of the name, I have long advocated for an enterprising approach that aims to further precision and quality. My experiences in my varied career have taught me the irreplaceable value of strictly disciplined volunteers as an auxiliary force (on a social as well as on a scientific level) for professional archaeologists. On July 24, 2001, I had a meeting with the archaeologist for the canton of Zurich. I went to see him in Zurich to plead for the cause of volunteerism in archaeology, but without much success. Although he and a number of his colleagues personally had a favorable opinion of it, he knew only too well the reticence of some of his other colleagues, who were wary of it and had corporatist tendencies, but were influential. Various statistics prove it: No organization can protect to a hundred percent an endangered patrimony (there are always unforeseen situations that are beyond anyone's control), but professional archaeology, which is limited to its own resources, manages to save about 50 percent of endangered patrimony, and if the professionals accept the help of disciplined volunteers, they can save up to 70 percent. Nevertheless, this setback for archaeology became transformed, in a completely unforeseen manner, into a success for papyrology: It led to the resurrection of the *Gospel of Judas*, until now considered forever lost—a resurrection that was owed, once again, to the spirit of initiative, in this instance, of Frieda Nussberger, the Maecenas

Foundation, and the specialists who were not afraid to engage with them and commit themselves deeply to the solution of their problem.

THE ALMOST MISSED MEETING

In early July, I had received a call from Zurich from Frieda Nussberger, a person then unknown to me. She told me she had "a very old book" made of papyrus, she thought, adding that it was completely dilapidated, probably irreparably so, and that she didn't know what to do with it. One of her friends was aware of my work as a papyrologist, Hellenist, and Coptologist at the Martin Bodmer Foundation in Cologny, a suburb of Geneva. Noting her predicament, her friend had asked her why she was looking for help elsewhere when maybe she had everything she needed right in Switzerland. Her friend offered to make an introductory call on her behalf, but for some reason was unable to do so. Frieda Nussberger consequently had to *fare da se* and lay out her problem to me directly, without any intermediate preparation. What she told me aroused my curiosity. I had been a professor emeritus for three years. Though retired, I was still passionately at work on a new Coptic dictionary, and always on the lookout for unknown, very old Coptic manuscripts that could enrich our knowledge of Coptic lexicography, or might even help us discover some yet unattested Coptic dialect.

I was supposed to go to Zurich on the twenty-fourth of July for my meeting with the archaeologist for the canton. The meeting was scheduled for the early afternoon, after which I would have some free time. I arranged to see her then. At the last minute, a mix-up about the place and time nearly caused the meeting not to come off. But destiny is stubborn, and finally we were able to establish contact. I met Nussberger, accompanied by Mario Roberty, in a coffee shop. What they told me about the "thing" for which they were consulting me—describing it as a "packet" of papyrus folios, maybe a broken-off part of a very damaged Codex—so excited my curiosity that I asked for permission to see it at first; and what I saw was for me an impact ....

THE HONEST PROPOSAL THAT WAS HONESTLY ACCEPTED

They took me to where it was stored. Indeed, after having gazed at the "thing," rather pitifully crammed in a humble cardboard box, I was both fascinated and won over by its appearance, so I improvised the following proposition: If my examination of this enigmatic object continued to be positive, I could possibly advise the Maecenas Foundation on what steps to take. If the texts written on the papyrus proved sufficiently interesting, I would work gratuitously to prepare them for publication, but this work would cost other expenses, heavy enough; at first the manuscript, I told them, would need to be meticulously restored and consolidated. This would not be a small matter if—given the most pessimistic hypothesis—its condition, which was truly not very prepossessing, would prove to be close to total disintegration. Next, every folio of the Codex would have to be put under glass, in order to photograph the pages. The main part of the work of preparing the manuscript for publication would have to be done based on these photographs, so that the Codex could be handled the least amount possible. As for the question of who would publish it, I suggested that we would have no trouble finding a publisher, and also without financial aid, for a text of this quality. So, all in all, it was a beautiful project: stimulating, capable of inspiring enthusiasm, and enticing, all the while remaining financially reasonable and performed according to strict standards.

At the end of this process and in keeping with its principles, the Maecenas Foundation would be able to return the manuscript to Egypt in an honorable state, giving back a manuscript from Egypt's late antiquity that would be worthy of the country's ancient civilization. Egypt would receive a text treated with great care, completely restored, and correctly published. This process could then be considered a model of collaboration between Maecenas and the wronged nation—a nation that may once have lost the Codex but would now gain it back, with honor.

It would be unfair to pass over the very large debt of gratitude that the scientific community owes Frieda Nussberger and Maecenas for their decision to take on this project, including all of the very expensive actions necessary to bring it off: the restoration of the papyrus; the excellent photography, done carefully and gradually; and the organizational work that made the publication of the Codex possible. If this manuscript, which until then had been so luckless, can perhaps now be considered resuscitated, pulled back from the void to which it seemed destined, this miracle—the term is not exaggerated—is foremost due to Frieda Nussberger and Mario Roberty at Maecenas. Coptic scholars and theologians owe the recovery of the Codex, whose cultural richness had been completely unknown up to now, to their exemplary dedication and perseverance, which made this rescue operation so remarkable.

BEAUTIFUL IN PRINCIPLE BUT HARSH IN REALITY
On the evening of the twenty-fourth, when Nussberger and Roberty first showed me the Codex, I was astonished and terrified by its condition, an

uncommon spectacle, not to be easily liable. I had expected a surprise, and it certainly was. Inside the cardboard box were the remains of what had been an attractive papyrus Codex, maybe from the first half of the fourth century. What I could glimpse of it indicated that it was written in a variant of Sahidic show-ing idiolectal influences characteristic of Middle Egypt. This corresponded with the place where they told me it was probably discovered: the region of Al Minya. This quick look, which appeased my curiosity, was electrifying— it let me guess what else lay in the manuscript, challenging my ignorance as I glanced at it, penetrating without being invited into the secret garden of a message that hadn't originally been meant for me. A sweet, profoundly stimulating ecstasy. But this rapture was soon followed by a brutal shock that was just as violently unsettling. During my long career, I have seen many Coptic or Greek documents on papyrus, some of them very "sick," but dam-aged to this point, never! The papyrus had become so darkened that in many places it was practically impossible to read. Most of all, the papyrus was so weak that it no longer tolerated the slightest touch; nearly all contact, no matter how light, risked turning it into dust. The Codex was, at first glance, apparently a case without hope.

ADAPTATION TO THE SHOCK: START OF RELATIVE AND REASONABLE HOPE
Despite this shock, however, the Codex became irresistibly attractive to me when I saw one of its colophons, placed in such a way that it seemed to be the last page, announcing a treatise considered irreparably lost: ΠΕΥΑΓΓΕΛΙΟΝ ΝΪΟΥΔΑC, the *Gospel of Judas.* (Titles, at that time, normally appeared at the end of a text.) This definitely justified at least a preliminary further probe. And while evaluating the potential success of this enterprise, it seemed to me that not everything about the Codex was hopelessly negative. Packed down and piled up in the box that contained it, with its fragile, broken-up folios, it never-theless seemed to have escaped an even worse fragmentation, in which its parts might have been scattered piecemeal. Even if, from appearances, most of the middle part of the pages really had broken into ten or so fragments, at least I could reasonably believe that these fragments had remained concentrated in the box. By taking them out carefully, as scrupulously as possible, then restoring them and also consolidating them somewhat, I might manage, with a great deal of patience and with an equal amount of luck, to place them together again, thus reconstituting some parts of the dismembered folios. Another reason for moderate optimism: The upper margin for the pages seemed not to be too dam-

aged, which allowed for the possibility of a continuous pagination. This would let me establish the order of the folios exactly. These folios contained texts never before seen in precisely this form. They existed, in the folios for the *Letter of Peter to Philip* and for *James*, only in roughly parallel texts in Nag Hammadi (VIII,2 and V,3). And as for the folios for the main text in the Codex, they even attested an entirely new gospel.

The work of restoring the manuscript would certainly be extremely delicate, but saving it from complete disintegration deserved the effort. If steps were not taken right away, in two or three more years, it would crumble and become totally pulverized. Consequently, noting that Nussberger and Roberty were well disposed to the procedures and expenses I had outlined, and with their agreement, I immediately set about taking emergency measures, by phone.

2001: FLORENCE DARBRE COMES ON THE SCENE

By good luck, I was able to contact in the same day the only restorer I knew capable of such a delicate task, Florence Darbre, specialist in the conservation of papyrus. She owns a workshop in Nyon (a city on Lake Geneva) and is also the papyrus conservator for the Bodmer Foundation. I managed to reach her by phone, and spoke to her on the spot. More good fortune followed. She confirmed her interest in working on this difficult project and told me of her availability, agreeing to make a trip with me to Zurich to examine the texts more closely. We were able to schedule this trip, in which we met with Nussberger and Roberty, within a very short time. And during this meeting, all four of us reached a unanimous decision to go forward without hesitation, using all available means to restore the Codex, a conclusion built on mutual appreciation and complete trust. That very evening, we put this conclusion into practice. Florence Darbre and I returned home by train. I went back to Yverdon and Darbre traveled to Nyon, a quarter of an hour north from Geneva. She carried the manuscript with her, carefully packed, to her workshop, the Atelier de Restauration.

2001–2004: THE BEGINNINGS OF HOPE

The first urgent measure we had to take to restore the manuscript was to set all of the folios, one by one, under glass. Every folio was incomplete. Important parts of the binding were missing, too. Apart from a few sections in the middle of the quires, the folios were no longer attached to each other. By protecting the folios with the glass, we could handle them more freely, adjusting them for the photographs with lower risk. Then, from the photos, we would finally be able to read the text, deciphering it gradually while aiming to translate the whole.

This meticulous work began immediately. I need to underline here the competence and dexterity with which Florence Darbre performed the restoration, which was of incomparable difficulty and delicacy. With her nimble touch, she made largely possible what, at first sight, seemed in danger of being doomed to failure. The photographer Christian Poite of Geneva was also instrumental in the success of the project. His excellent professional work, at every stage of the restoration, allowed me, Coptologist, to initiate and progress to establish, transcribe, translate, and cautiously to begin to comment on the text revealed by the photographs. The quality he achieved for the images gave me—and later, after July 2004, with my collaborator Gregor Wurst—an inestimable help as I (and we) struggled to identify graphemes that were severely damaged, the letters having too often become blurry because of the disastrous state of the papyrus. Thus, the project, conducted with discernment and tenacity, soon bore its first fruits: From then on, scientifically speaking, the "miraculously recovered Codex" stopped being nonexistent. Thanks to this exceptionally delicate undertaking, which included restoration, analysis, and evaluation, I was able to confirm what previous observers, who had glimpsed the Codex in the years prior to 2001, had noted but had only been able to eye surreptitiously, namely, that the Codex contained at least three successive texts.

AUGUST 2004: GREGOR WURST AND ALLOGENES COME ON THE SCENE
In the fall of 2004, I obtained the collaboration of the excellent Coptologist, Gregor Wurst, from the University of Münster in Germany and now professor at the University of Augsburg. Working gratuitously, like me, he agreed to take part in the decoding of Codex Tchacos, the name by which the manuscript was now known. His participation in the project was both crucial and very welcome. Shortly after he joined me, the fourth text of the Codex, which we have called the *Book of Allogenes*, became known to us. Wurst already had discovered obvious indications of its existence. The tractate began on page [59] and was followed by page 60, the last page for which the pagination was preserved. Thereafter, the text appears to continue with [61] and [62], still relatively complete pages, then by [63] through [66], pages reduced to almost nothing. In general, as I have already pointed out,

an important part of the pagination had been preserved. This preliminary observation at first raised high hopes, since the number of folios that could be attested, and for which we could therefore know their order of succession with certainty, appeared to be a little over thirty. These hopes, however, were soon cruelly disappointed.

AUTUMN 2004: HOPE UNDERMINED, DISILLUSIONED — THE CODEX WAS VIOLATED, TRAFFICKED, DISTORTED, AND PILLAGED

Indeed, as our examination of the manuscript became more and more extensive, it became apparent that the Codex, before being acquired by Maecenas, had suffered a variety of strange manipulations. This thoughtless and imprudent handling, likely by the antiquarians who had it in their possession, led us into error as we did our research.

Why was the Codex violated, tinkered with, pillaged? By whom? For what reason? It seems totally unlikely and scandalous to imagine that researchers would handle the manuscript in this manner without first concerning themselves with its restoration, in defiance of all professional considerations, and would do so just to learn, before any hypothetical competitors, the contents of these texts, then still entirely unknown.

Antiquities merchants, on the other hand, might not have such scruples. Admittedly, dealers have an interest in not damaging (or allowing a photographer who is working for them to damage) an object they hope to sell at a good price. But "you can't make an omelette without breaking some eggs." Traders would have trouble selling their merchandise, especially if the asking price is very high, if they refrained from letting potential buyers see photos of parts of the text (colophons and other titles, decorated in an evocative manner) that could excite the buyers' curiosity. But the trader is the owner, the trader commands. Occasionally, as well, it sometimes happens that researchers, in a moment of waywardness, silence their qualms and lend their assistance to such an operation, hoping to increase their personal store of information about a text before the time necessary for its wise and methodical exploration. Who has never been tormented by such a temptation? But still, this level of damage? And the tactics used? Many of the Codex's pages had been reshuffled.

Upon close examination, we had the strong impression that at one or more periods after its discovery, it had been subjected to a hand that was more impatient than respectful—a hand at the service of a greedy eye, avid to see as much of the "good" part of the text as possible inside the compact mass of the Codex. The dense bundle, formed of superimposed papyrus leaves, made accessing the text difficult. Forced open, all of the folios had, unfortunately, been broken at about two-thirds of their height, creating the deep crack I have previously mentioned. This rupture divided each page into two unequal parts. The upper fragments had the pagination and very little text (often highly damaged). The lower fragments obviously did not have any pagination, but the advantage they offered was their wealth of coherent text. The invasive treatment of the manuscript, however, has made it particularly difficult to identify and place correctly the majority of the lower fragments, since they have lost all dependable contact with the corresponding upper fragments. The lower fragments were also mixed and transposed by the ill-advised hand that meddled with the manuscript, as the facts seem to indicate.

The proof for this cavalier intrusion came when we analyzed the upper and lower fragments for the first half of the Codex, which contains the *Letter of Peter to Philip* and *James*. The parallel texts in the Nag Hammadi library were sufficiently similar to allow us to identify and place the bottom fragments for these two tractates. Unfortunately, the order of the lower half of the *Gospel of Judas* remained much more uncertain, as no parallel texts are available. The only way it could be determined with some assurance was through the quality of the fibers of the papyrus (between the upper and lower fragments, though often they had no direct contact). More rarely, we were able to resort to a negative grammatical argument, that is, we deduced that the beginning of a text on an upper fragment absolutely could not be the continuation of a lower fragment on the preceding page because its grammar and narrative flow were not coherent with the previous text.

The manuscript's condition gives every indication of having been cunningly touched up to optimize its commercial value, complicating to the extreme our task as investigators. The Codex seems to have been rather thoroughly reorganized, put into a kind of "mise en scène" meant to make it more superficially attractive, thereby sharpening the curiosity of a potential client.

This hypothesis is already borne out—quite spectacularly—by the order of the Codex: The "packet" of about thirty folios seemed to end with the final title of the *Gospel of Judas*. For symmetry, whoever rearranged the pages may have also wanted to present a "pretty title" at the beginning of the packet, too, by placing below the upper fragment of page 1 of the *Letter of Peter to Philip* the bottom fragment of page 9, which bore the title. As a result, the text for this tractate became so compressed that it first led us astray, and left us stupefied (the "sutures" were skillfully retouched), until we became aware of the trickery.

All of these seemingly arbitrary modifications would allow the promoter-prestidigitator who reworked the pages to take a sizable number of the lower fragments of the *Letter of Peter to Philip,* and of *James* and the *Gospel of Judas,* as well as some upper fragments whose absence would not be compromising, because their mutilated condition had made their pagination disappear. From these fragments, it would then be possible for that person to make a small additional packet for sale, decorating it on one side by placing the folio 29/30 on top, which was missing from the text we had. Just such a decorated title page (colophon) later appeared mysteriously in the catalog of a roving religious exhibition in the United States. The bottom fragment for page [30] had the final title "James"—far shortened in comparison to its "brother" of Nag Hammadi, Codex V,3; here, it is just called "James," without any mention whatsoever of "Revelation" or "Apocalypse." My conjectures about these manipulations remain, of course, in the domain of a hypothesis. They are simply suspicions, but if voicing them has the effect of shocking unsuspecting buyers of some missing fragments of our Codex that has been so pillaged and diminished as a document, provoking their reappearance and recovery, then conveying these doubts will have had its utility.

July 1, 2004: The Announcement in Paris

The observations made during the "history" of the Codex Tchacos have shed some light on surprising evidence, which allowed us, by hypotheses which became more and more likely, to reconstruct a few outstanding facts, which had to do with the recent prehistory of this manuscript.

With the express authorization of the Maecenas Foundation, I announced in Paris on July 1, 2004, at the Eighth Congress of the International Association for Coptic Studies, the discovery of a copy (in Coptic) of the famous *Gospel of Judas* mentioned by St. Irenaeus in *Against Heresies,* around the year 180 CE, but which had completely disappeared since that time. I also announced the upcoming publication of the *editio princeps* (the present edition) of all the texts in the Codex, with full-size color photographs of the highest quality, taken of every page, as well as of every fragment we had yet to place. These fragments (unfortunately still quite numerous) will not be fully identified and correctly placed without considerable future efforts. But they are included in this edition to avoid delaying too long the publication of the passages that are already relatively legible. The fragments, presented here, will remain in waiting in this photographic conservatory, where, little by little, they will be identified by particularly zealous and astute readers in the coming decades. Future generations, with techniques even more efficient than ours, will have the opportunity to distinguish themselves by completing the task we have begun.

The team charged with preparing this critical edition, or "accelerated" editio princeps, included first of all Professor Rodolphe Kasser, and since August 2004 Professor Gregor Wurst. Later (in 2005) the team was expanded to include Dr. François Gaudard and Professor Marvin Meyer, to address in a particular way issues of interpretation and English translation. This well-organized working group was fully aware of the demanding impatience, the feverish expectation with which historians of religion, theologians (Coptologists or others), and scholars of Gnostic texts, had been waiting since July 2004 for the publication of the fundamentally new (almost all) text in Paris. This team expected to complete this task in one year, a delay that in the meantime had to be extended for a little more than a year (2006-2007), as we dealt with bits and pieces of information and additional papyrus fragments that came to light; it was an enticing but illusory hope, so much so that it seemed preferable to cut short these speculations and illusions and to conclude the work in the fastest way possible; in the end a wise decision.

GRATITUDE

One of the procedures we used to identify the small broken-up remnants of the manuscript called for the cutting up of full-size color photographs of these precious fragments. This meticulous cutting, which required infinite patience, was performed by Mireille Mathys, Serenella Meister, and Bettina Roberty. Their participation in the resurrection of the Codex also deserves to be fully recognized by the researchers who will henceforth enjoy access to the text. And while we are thanking all of the volunteers who took part in the rebirth of the Codex, we would be remiss not to mention Michel Kasser, who helped us decipher, by computer, photographs of texts for which we did not have the originals, still missing to this day; who helped me also to prepare the English version of some passages of this "historic" introduction.

AFTER THE ANNOUNCEMENT IN PARIS

After finishing my announcement at the Paris conference, I waited for reactions from the audience, but only one person, James M. Robinson, asked to speak. A leader in Coptic studies, he had been on the trail of the Codex since 1983, when he first heard about it. Challenging me, he publicly cautioned me, saying I would do well to find out, before I completed and disseminated my work on the *Gospel of Judas*, about the existence of photographs of the Codex that had been circulating in the United States for the last twenty years and that might contain parts of the text that the Maecenas Foundation was missing.

This public warning did not have any effect during the conference itself. The American and Canadian scholars I saw while there told me that they were unaware of any such photographs.

The announcement in Paris (2004) naturally had to evoke a certain emotion (which indeed took place), it also—we hoped—might lead to letting supplementary information come out of the woodwork about various papyrus pieces, probably from the Codex, which had surfaced on the market. Individual conversations heard in Paris made it sufficiently clear that shortly after the Codex's clandestine departure from Egypt (1979?) and in the years (1983-2000) before its present safe haven (the Maecenas Foundation), the Codex had become unsellable because of the exorbitant price. Various Coptologists from beyond the Atlantic hoping to be able to buy it through their university or a similar institution had been able to obtain a few general photos of poor quality, which were nonetheless instructive in certain regards; and some participants of the conference in Paris were astonished that I had never been told of these photographs and that I had not benefited from this documentary bounty. But how would I have obtained this information?

Nevertheless, several months later, in December 2004, another American, the Coptologist Charles W. Hedrick, who is deeply engaged in research on Gnostic texts, sent me his transcription and translation of the principal, lower fragments of pages 40 and 54–62. The translations were published freely on the Internet. He had done the transcriptions from photos he had received. He didn't name the source, or the date when he received the photographs. But the documents that were published made this information perfectly explicit. The pages bore on the upper right-hand corner the following handwritten notice: "Transcription – translation – Gospel of Judas – 9 Sept 2001 – ... – photographs Bruce Ferrini."

This suggests clearly that the American antiquities dealer may have failed to honor his February 2001 agreement with Frieda Nussberger to deliver *all* of the photos he had of the Codex. It furthermore suggests that Ferrini or someone who had access to the Codex had, contrary to the customary prudent handling of papyri by specialists, forced open the Codex in a few places to photograph ten "good pages," which, naturally, accelerated its fragmentation. How many hours have been lost, wasted, to repair (or, more often, try to repair) damage that should never have occurred!

Other photographic complementary information of a limited nature was furnished to Maecenas by Hedrick. He offered to have copies of 201 photographs made for about $750: copies of copies, the originals belonging to some other person. Who? The choices are not very broad. A doubtful offer, but what to do? To not let escape any possibility to augment and increase its documentation, Maecenas has accepted this proposition. The result of the operation has been nearly zero (and this "nearly" is the only reason for which, after all is said and done, it has not been totally regretted); rare were the pages from which an addition of significant text could be read (bottom of pages 3, 4, 29 (?) and 30 (?)). In the meantime the fact of the existence of these two hundred photos—nearly all amateur photos— speaks volumes; it has confirmed the clumsy relentlessness with which the antiquities dealer named above acted. Eventually through the help of some Coptologists interested in the same research, the secrets of this coveted Codex have been revealed.

2006: A PAUSE FOR REFLECTION

Although incomplete, the text of the *Gospel of Judas* offers anyone interested in this apocryphal work ample room for thought, and also provides a coherent document to mine for research, despite the poor treatment the Codex received during its long wandering. A reason to laugh or smile, in the same way as does the august Jesus presented in this highly unusual literary creation? An affectionate smile, tinged with pity and gentle irony. This is the response of the "Master" (Rabbi) in his teaching dialogues with his disciples, men of very limited spiritual intelligence, and even with the most gifted among them, the human hero of this "gospel": Judas, the misunderstood—still its hero whatever his weaknesses. Yes, now that the Codex has been saved from total destruction, there is more reason to laugh than to complain or cry. Codex Tchacos may have suffered a great deal because of the hardened ignorance of some of our contemporaries. The risky decisions they took caused the loss of an estimated 10 to 20 percent of the Codex, a heavy price paid through the hazardous initiatives, resulting from the dangerous early beginnings: the bad luck that has affected its physical integrity ... nearly up to risking the complete destruction of the Codex. Nevertheless, the message of the *Gospel of Judas* has survived largely enough intact, its voice brought back to world literature thanks to a conjunction of luck and some acts of goodwill.

Coming to the end of this history, woven of shadows and light, we can accept with humility the undeserved afflictions that beset its textual "hero," the *Gospel of Judas*, a text that continues to draw, even today, unanimous condemnation by its implacable enemies. Its destiny once seemed uncertain but gradually turned favorable, as though events were secretly collaborating to bring about its rescue. Those who welcome it and know how to benefit from its "beautiful remains," making use of the text with appreciation, will ultimately enjoy the calm reserved for the sages, a quiet attentiveness that is open, receptive, and spiritually enlarging; a state of harmony and peace.

PRELIMINARY CODICOLOGICAL ANALYSIS OF CODEX TCHACOS

Gregor Wurst

ANY CODICOLOGICAL ANALYSIS OF CODEX TCHACOS meets with two difficulties that limit its conclusions to a great extent. First, the process of conservation and restoration of the manuscript is not yet complete with regard to the leather cover and the cartonnage pasted into it. The conservation of these papyri in the cartonnage one day will give scholars the opportunity for verifying—or modifying—the radio-carbon dating that the National Geographic Society undertook in 2004/05 (cf. Kasser et al., *The Gospel of Judas*, 184; on the date of Codex Tchacos—presumably the first half of the fourth century, although the carbon-14 analysis also allows for a date in the last decades of the third century—cf. Kasser et al., *The Gospel of Judas,* 133–34).

Secondly, not all known remains of the codex are in the possession of the present owner, the Maecenas Foundation of Switzerland. Important fragments from this codex are still somewhere on the market; they are known to the editors only on the basis of photographic evidence that is included in this volume. Thus, photographs of the lower parts of p. 3 from the *Letter of Peter to Philip*, and of p. 30 with the final section and the subscript title of the book of *James,* have been published in the United States some years ago in a catalogue entitled *From the Dead Sea Scrolls to the Forbidden Book: A Brief History of the Bible Told Through Ancient Manuscripts & Early Printed Bibles*, edited by Lee Biondi (without any indication of the publisher or the year of publication); other photographs of the lower parts of pp. 3/4 and pp. 29/30 were handed over to Charles W. Hedrick and have been supplied by him to the owners; and the supposed lower part of pp. 41–42—cf. the notes to p. 41,10–26 and p. 42,10–26—is only known through a very poor photograph not shown in this volume. The lower part of pp. 37–38, while being in the possession of the Maecenas Foundation, is not yet physically reunited with the codex.

Furthermore, the editors gained access early in 2006 to a set of photographs of about 50 fragments, clearly belonging to Codex Tchacos, that are housed at present in Ohio; unfortunately, the fragments themselves are currently inaccessible. The photographs show fragments from the upper left or right edges, from the inner or outer margins, and from the center of several sheets of papyrus. Among the fragments is an apparent page number—p̄ē, "108," in Ohio 4594—with the typical ornamentation (cf. below) that suggests that the codex once extended far beyond page 66.

It was possible to identify six fragments as belonging to the damaged upper thirds of pp. 57–64 published here, as may be seen from the following list—the numbers do not indicate any kind of inventory, but rather the numbering system of the digital photographs made of these fragments by Kenneth Garret of the National Geographic Society:

Ohio 4582	p. 57, outer margin with end of ll. 1–10
Ohio 4583	p. 58, inner margin with beginning of ll. 1–10
Ohio 4584	p. 59, outer margin with end of ll. 3–11
Ohio 4585	p. 60, inner margin with beginning of ll. 1–9
Ohio 4603 + 4599	p. 61, ll. 4–8

Ohio 4602 + 4598   p. 62, ll. 4–8

Ohio 4609 + 4590   p. 63, inner margin with beginning of ll. 1–7

Ohio 4608 + 4591   p. 64, outer margin with end of ll. 1–7

These six fragments, known to us only through 12 digital images, have been digitally rearranged on the plates of pp. 57–64. In the case of pp. 57–62, the fragments have direct contact with the lower parts of the sheets so that their identification and placement is beyond doubt. The last two fragments, Ohio 4609/4608 + 4590/4591, have no direct contact with the lower, significantly damaged part of pp. 63/64, but their location on sheet pp. 63/64 is proven by the continuity of the horizontal fibers of p. 63 with those of p. 38, pp. 37/38 and 63/64 thus forming a double-sheet.

In addition to these six fragments that have been placed, the Coptic text of some of the other fragments from Ohio refers to the figure of Allogenes—e.g., ⲱ̅ ⲁⲗⲗⲟⲅⲉⲛⲏⲥ in Ohio 4574— so that it is the case that at least some of the fragments belong to sheets following p. 66 of this edition and reflect the continuation of the fourth tractate of Codex Tchacos.

Originally, however, Codex Tchacos seems to have contained at least five tractates. This is demonstrated by evidence from the fragments Ohio 4586/4587 and Ohio 4578/4579. On Ohio 4586, a fragment from the outer margin of a sheet with the end of several lines of text, the remains of two lines of *diplai* are clearly visible at the bottom. In comparison with the ornamentation surrounding the subscript titles of the first three tractates in the codex—cf. pp. 9, 30, and 58—these two lines of *diplai* also may be interpreted as very possibly marking the end of another tractate, e.g., the fourth text, the *Book of Allogenes* (?). Furthermore, Jean-Pierre Mahé has identified the text of Ohio 4578 as deriving from *Corpus Hermeticum* XIII,2, and on that basis an identification of the text of Ohio 4579 as coming from *Corpus Hermeticum* XIII,1 may also be feasible:

Ohio 4579 (cf. *CH* XIII,1 p. 200,13–15 Festugière)
→, inner margin on the left, upper margin on the top

ⲛⲉⲉⲓⲟⲩⲱⲱ [   ]   … οἷς ἔφης μοι
ⲙ̅ⲡⲉ[ⲭⲡ]ⲟ ⲛ̅ⲕⲉⲥⲟ[ⲡ ± . . . . .]   παλιγγενεσίας ⟨γένεσιν⟩
                                     παραδοῦναι
ⲡⲉⲧ2ⲏⲡ' ⲱ̂ ⲡⲁⲉ[ⲓⲱⲧ ± . . . .]   προθέμενος ἐκ φωνῆς ἢ κρυβήν ·
                                     ἀγνοῶ, ὦ̲
ⲡⲧⲣⲓⲥⲙⲉ[ⲅⲓⲥⲧⲟⲥ [± . . . .]   Τρισμέγιστε …
ⲛ [.] ⲧ [

Ohio 4578 (cf. *CH* XIII,2 p. 201,5–6 Festugière)
↑, inner margin on the right, upper margin on the top

[. . ⲡⲛⲟⲩ† ⲱ]ⲏⲣⲓ ⲙ̅ⲡⲛⲟⲩ†   … ὁ γεννώμενος θεοῦ θεὸς
                                     παῖς,
[ⲡⲧⲏⲣⲡ̄] ⲉϥ2ⲛ̄ ⲡⲧ[ⲏ]ⲣⲡ̄ ⲛ̄   τὸ πᾶν ἐν παντί,
[ⲧⲁϥ ..].. ⲉⲃⲁⲗ 2ⲛ̄ ⲛ̄ⲁⲩ   ἐκ πασῶν δυναμέων συνεστώς. –
[ⲛⲁⲙⲓⲥ ⲧⲏⲣⲟ]ⲩ : ⲱ̂ ⲡⲁⲉⲓ   Αἴνιγμά μοι λέγεις, ὦ πάτερ …
[ⲱⲧ   ] .⁻[.] .

Without entering into a discussion of the problems of establishing
the Coptic text of this fragment in relation to the Greek parallels—with
regard to Ohio 4579, a difficult task—Mahé's identification of the contents of Ohio 4578 is clear, and it suggests that Codex Tchacos originally also contained a hitherto unattested Coptic translation of *Corpus
Hermeticum* XIII.

The codicological analysis is thus limited to the portion of Codex
Tchacos published in this volume, i.e., the first 66 pages of the codex—
in reality only 64 pages; cf. below. When conservator Florence Darbre
started her work in 2001, the spine of Codex Tchacos was almost completely destroyed, so that only two of the original double-sheets were

found still intact: pp. 13/14 + 15/16 and pp. 49/50 + 51/52. The double-sheet pp. 49/50 + 51/52 is the better conserved of these two sheets and gives us with its dimensions an idea of the format of the opened codex: ca. 29 × 31 cm. P. 33, part of the outer double-sheet of the same quire, measures ca. 16,5 cm in breadth.

The portion of Codex Tchacos published here consists of two quires. The double-sheets of each quire have been cut from one roll of papyrus, and each roll consists of only two *kollemata*:

Roll 1 (= first quire):

p. 14 →	p. 15 →
p. 12 →	p. 17 →
p. 10 →	p. 19 →
p. 8 →	p. 21 →
p. 6 →	p. 23 →
p. 4 →	p. 25 →
p. 2 →	p. 27 →
[?] →	p. 29 →

Continuity of the horizontal fibers is evident from p. 14 through p. 27, probably also through page 29, but this is difficult to prove because the front flyleaf is missing. The first quire consists of eight double-sheets. A *kollesis* is found on p. 8, so that the first *kollema* of roll 1 measures about 105 cm in breadth while the second *kollema* measures about 146 cm in breadth.

Roll 2 (= second quire):

p. 50 →	p. 51 →
p. 48 →	p. 53 →
p. 46 →	p. 55 →
p. 44 →	p. 57 →
p. 42 →	p. 59 →
p. 40 →	p. 61 →
p. 38 →	p. 63 →

p. 36 →   p. 65 →

p. 34 →   [?] →

Continuity of the horizontal fibers is evident from p. 50 through p. 34. The second quire consists of nine double-sheets. A *kollesis* is found on p. 44, so that the first *kollema* of roll 2 measures about 107 cm in breadth. The second *kollema* of roll 2, however, measures about 183,5 cm in breadth. The last page of this quire is missing at present.

The problem of this reconstruction is that there is no place for a sheet paginated pp. 31/32. As mentioned above, what we regard as the lower part of pp. 29/30, with the conclusion of the book of *James,* is physically not accessible at present. As a result, the placement of the large fragment on this page remains hypothetical. Theoretically, it could be part of the missing page 31/32, but it was finally identified as belonging to pp. 29/30 by the editors because of the general parallelism of this text with the version of the *First Revelation of James* from NHC V.

One might imagine that the first quire also consisted originally of nine double-sheets, or perhaps eight double-sheets + one sheet with a stub, and that this stub would have been counted in the pagination as pp. 31/32, as Stephen Emmel proposed to the editors. But in that case one would have to assume the existence of *two* front flyleaves in the codex; and furthermore, no blank sheet or stub was found between pp. 30 and 33 during the process of conservation. Thus, at the moment, the easiest solution to this problem may be the assumption of a mistake in the pagination. If one day the large fragment with the conclusion of *James* is physically reunited with the codex, scholars will have a much surer basis for reexamining this issue.

Originally, all the pages of the codex bore a page number, but due to the fragmentary state of preservation not all page numbers survived. The page numbers are partially or completely destroyed on pp. 48–55, 57, and 61–66. P. 59, with the remains of the title of the fourth tractate on the top, seems not to have been paginated. The page numbers are often ornamented with short lines of three or four *diplai*—once even five *diplai*; cf. p. 48—above and below the numbers; cf. pp. 2, 4, 8–19, 40, 48, and 58. Another noteworthy feature in this context is the scribe's practice of replacing the character ϛ "six" with the letter ⲥ on pp. 6 (ⲋ̄), 36 (ⲝ̄ⲥ), 46 (ⲛ̄ⲥ), and 56 (ⲛ̄ⲥ).

The four texts of Codex Tchacos published in this volume have been copied into the codex by a single scribe. He himself—or another scribe after him—corrected several scribal errors by inserting missing letters above the line—cf. the notes to pp. 15,2. 5; 16,8; 21,17; 49,17; 50,5; 51,9; 54,10. 21—or, in one place, by deleting superfluous letters with dots; cf. p. 11,26: ⲙ̇ⲡ̇ⲡ̇ⲟ̇ⲧ̇ⲏ̈ⲣ̇ⲓ̇ⲟ̈ⲛ̇. Two corrections clearly have been made by a second, later corrector, who used a different type of ink and added the letters ⲙⲟⲩ to p. 17,9 and the letter ⲥ to p. 56,11.

BIBLIOGRAPHY

Kasser, Rodolphe, Marvin Meyer, and Gregor Wurst, eds., with François Gaudard. *The Gospel of Judas*. Washington, D.C.: National Geographic Society, 2006.

ÉTUDE DIALECTALE

PORTANT GLOBALEMENT SUR LES QUATRE TEXTES COPTES DU CODEX TCHACOS

Rodolphe Kasser

LE CODEX TCHACOS A ÉTÉ DÉFINI, grosso modo, comme un "manuscrit
. . . dont la langue est un copte saïdique mâtiné d'interférences idiolectales de type moyen-égyptien"[1]. Cet adjectif n'a, ici, qu'une signification *géographique,* englobant tous les dialectes et subdialectes (assez variés,
comme nous le verrons plus loin), dont quelques caractéristiques ont
été découvertes sur le vaste territoire de la Moyenne-Égypte (s'étendant
sur environ 300 km du sud au nord, de Deirout au Caire)[2]. Ainsi, notre
étude portera *d'une part* sur la variété (*sS's*) de langue saïdique attestée
d'une manière générale par les quatre textes contenus dans ce Codex;

---

1. Cf. KASSER-MEYER-WURST 2006, p. 67, spécialement en sa note 4, explicitant, et d'une manière
vulgarisatrice, les éléments de base de cette terminologie: l'Égypte de cette époque a deux langues
populaires dites "langues coptes", vraiment égyptiennes, autochtones, qui, depuis peu de temps,
avec l'avènement de religions nouvelles (christianisme, gnose etc.), sont devenues littéraires et ont
supplanté l'égyptien ancien, dit "pharaonique". Cet idiome égyptien là, qualifié de "traditionnel",
est trop étroitement lié à la religion païenne du pays, qu'il illustre avec grâce, et, tout à la fois,
avec un réalisme saisissant. Concrètement: l'égyptien traditionnel s'écrit au moyen des écritures

textes produits apparemment en Moyenne-Égypte sans rattachement précis aux caractéristiques individuelles présentées par tel ou tel idiome de la Moyenne-Égypte. Et *d'autre part*, notre étude cherchera à identifier l'origine de telle graphie isolée et manifestement non saïdique, minoritaire dans ce Codex, graphie qu'on pourra qualifier à juste titre d'*idiolectale*, appartenant à une variété "individuelle", non collective, de l'orthographe caractéristique et générale de tel (sub)dialecte situé en Moyenne-Égypte, auquel cette unité-lexème exceptionnelle (ou du moins très minoritaire) aura pu être empruntée[3]. "Tel (sub)dialecte". . ., mais lequel?[4]. . . S'approcher de son identification sera le second but de la présente étude.

L'individualité subdialectale bien ou confusément marquée? . . . isolée ou en faisceau groupé? . . . des quatre textes du Codex Tchacos; en relation avec l'individualité plus lâche des idiomes coptes repérés entre Assouan ou le Caire.

---

hiéroglyphique, hiératique ou démotique, systèmes très compliqués, alors que l'alphabet copte n'est, à sa base, que l'alphabet grec, complété le plus souvent par 6 ou 7 signes supplémentaires, adoptés pour rendre divers phonèmes dont le grec est dépourvu. Les deux langues coptes (dites aussi langues véhiculaires, suprarégionales) sont les suivantes, du nord au sud. La *langue bohairique*, sigle *bBb* (en usage encore aujourd'hui dans la liturgie copte, chrétienne orthodoxe) règne alors sur le Delta du Nil (entre le nord du Caire et la mer Méditerranée). La *langue saïdique*, sigle *sSs* (subdivisé en *sSs* pour les territoires plus méridionaux, *sS's* pour les territoires plus septentrionaux), règne sur toute la Vallée du Nil en territoire égyptien, du Caire à Assouan, soit sur la Haute-Égypte (*S*) et sur la Moyenne-Égypte (*S'*). En ce temps-là, dans tous ces territoires, on utilise aussi divers dialectes locaux (pour la communication orale principalement). Nous voilà donc dans le passé, un passé pas tellement éloigné, qu'on peut imaginer sans trop de peine: il arrivait assez fréquemment qu'un copiste campagnard, imprégné de sa culture villageoise et néanmoins chargé de produire une belle copie saïdique, fasse preuve d'un peu de négligence, se laisse distraire, influencer, contaminer par la prononciation et l'orthographe de son milieu local, et utilise ici ou là, en minorité et sans système, une forme régionale, qu'on qualifiera alors d'"idiolectale". On peut l'observer dans notre Codex, saïdique en principe: par exemple, le mot "nuée" y est ϭΗΠЄ, en bon saïdique (et aussi en dialecte régional mésokémique), alors qu'il est ϭΗΠ dans diverses variétés dialectales régionales de type fayoumique, non seulement dans le Fayoum proprement dit, mais encore dans la basse Vallée du Nil moyenne-égyptienne, à proximité du Fayoum. Or si, dans notre Codex, l'orthographe saïdique correcte ϭΗΠЄ est la plus courante, on y trouve cependant aussi quelques ϭΗΠ idiolectaux.

2. Cet adjectif (moyen-égyptien) coiffe donc ces multiples idiomes de la Moyenne-Égypte, et non seulement le dialecte mésokémique, sigle *M*, que certains chercheurs, au risque de confusions terminologiques regrettables, persistent à nommer "dialecte moyen-égyptien" (lui attribuant le sigle *M* également).

3. Par exemple ΠΝ̄Ṭ "dieu, Dieu", graphie typique du seul mésokémique dans tous ses témoins principaux, Codex des Psaumes (Ps), de l'Évangile selon Matthieu (Mt), des Actes des Apôtres (Ac), et des Épîtres de Paul (Ép).

4. Dans la mesure où l'on pourra le préciser.

Cette individualité (la plus lâche) est, en principe, le reflet de la combinaison de caractéristiques orthographiques[5] typiques se manifestant dans toute la longueur du "corridor" fluvial (fleuve Nil et ses deux berges) occupé par la Haute-Égypte et la Moyenne-Égypte (Fayoum non compris). Ces *quatre textes* sont (avec leurs sigles, et la numérotation des pages qu'ils occupent dans le Codex): (1) Pi p. 1–9: "L'Épître de Pierre à Philippe", texte parallèle, grosso modo, au second traité du Codex VIII de Nag Hammadi (portant le même titre); (2) Jac p. 10–30[6] "Jacques", texte parallèle, grosso modo, au troisième traité du Codex V de Nag Hammadi (dont le titre est cependant plus long et explicite: "Apocalypse de Jacques"); (3) Jud p. 33–58 "Évangile de Judas" (on n'en connaît à ce jour aucun texte parallèle)[7]; (4) Al p. 59–66 [et certainement encore davantage, la fin du Codex étant perdue]: traité gravement amputé, au point qu'il a perdu son titre initial et final, entre autres; néanmoins, il a été convenu de le nommer provisoirement "Le Livre d'Allogène"[8], du nom du personnage qui en est le héros principal, jouant le rôle du Jésus néotestamentaire lors de sa tentation au désert (cf. Mt 4,1–11 et parallèles).

En prolégomènes: force et résistance des idiomes autochtones de l'Égypte hybride.
Situons-nous d'abord. Avec le Codex Tchacos, oeuvre du copiste qui l'a calligraphié, nous sommes dans l'Égypte copte de la fin du IIIe, plus probablement encore du premier ou du second tiers du IVe siècle de notre ère. Nous baignons dans une ambiance profondément hybride, égypto-grecque,

---

5. Cf. *infra*, p. 55-56 etc.

6. Les pages 31-32 semblent inexistantes.

7. Le titre de cet "évangile" apocryphe était connu cependant depuis fort longtemps, mentionné qu'il était par l'*Adversus Haereses* de Saint Irénée, traité d'apologétique que son auteur avait achevé en l'an 180; le titre, et c'était tout; aucun fragment de cet "évangile" lui-même, en quelque langue que ce fût, n'avait été retrouvé jusqu'à ce jour.

8. Cet Allogène (nom propre, sans article) n'a aucun rapport avec l'Allogène (qualificatif, avec son article) dont un traité nommé "L'Allogène" se trouve, en troisième position, dans le Codex XI de Nag Hammadi.

illustrée par des textes conçus en milieu grec (au sens le plus large du terme)[9] très probablement, puis, presque tous, égyptianisés en étant traduits du grec en égyptien (copte) de l'époque, ce qui les avait rendus, *de facto*, autochtones (égyptiens) par adoption; textes traduits du grec en copte, donc transcrits au moyen d'une écriture d'aspect réellement grec[10], faisant un usage très abondant[11] d'un vocabulaire technique (philosophique, religieux, administratif etc.) emprunté à la terminologie grecque.

Examinera-t-on les causes de cette hybridation si spectaculaire? Elles sont avant tout historiques et politiques. Conquise en l'an 322 avant notre ère par Alexandre le Grand, l'Égypte fut presque aussitôt gérée par une administration fonctionnant en langue grecque, qui resta hellénophone pendant toute la durée de l'incorporation du pays dans le puissant et vaste Empire romain (dès l'an 30 avant notre ère); puis cette hellénophonie trouva son achèvement (et son tarissement) dans l'invasion de l'Égypte par les Arabes (en l'an 641 de notre ère), mainmise bientôt suivie de l'administration progressivement et rapidement arabisée de cette opulente province par ses nouveaux maîtres.

Bien que largement diffusé dans tout le pays pour y jouer son rôle administratif[12], le grec restait en Égypte un moyen d'expression fondamentalement *étranger*[13]. Il ne pouvait y concurrencer profondément le parler aborigène, solidement enraciné dans toutes les couches de la population[14]. Ainsi, pour les périodes qui nous intéressent ici, à part

---

9. Ce milieu qui, par ses colonies grecques hors de l'Hellade, avait imprégné d'esprit grec tout l'Orient méditerranéen.

10. Écriture basée sur un alphabet grec aux quatre cinquièmes environ, dont le dernier cinquième est certes d'origine autochtone (égyptienne, démotique), mais bien assimilé au grec dans la forme de ses graphèmes autochtones (ϣ calqué sur ω, ϥ et ϩ sur ρ, ϧ sur χ, ϭ sur ο, ϯ sur τ).

11. Entre 20% et 40% approximativement selon les textes (selon leur catégorie, selon la conviction, plus ou moins fortement ressentie, que la traduction copte d'un original grec serait d'autant plus fidèle qu'elle adopterait une proportion de termes grecs la plus forte possible).

12. Langue assez bien connue des Hellènes immigrés et des couches supérieures de la population autochtone; plus médiocrement et mal connue des indigènes de basse extraction.

13. Situation qui a même empiré, gravement, au VIIe siècle, dès les lendemains de l'invasion arabe.

14. La science moderne le qualifie d'*égyptien pharaonique* ou d'*égyptien* tout court pour les périodes anciennes, d'égyptien *copte* pour les périodes les plus récentes (IIIe-XIIe siècles, grosso modo: KASSER 1989b).

quelques exceptions bien limitées[15], c'est le copte qui règne absolument dans toute l'Égypte, sans conteste; à la fois "un" et "multiple". Et sans conteste aussi, le copte y règne surtout en tant que langue véhiculaire[16], unificatrice, maîtresse d'un vaste territoire riche en particularismes refoulés, maintenus en position inférieure, subalterne, particularismes dépréciés, voilés en surface mais encore actifs en profondeur (quoique voués à un processus d'extinction progressive, peu, moyennement ou très avancé).

Idiomes générateurs de leurs sous-produits: pullulement sauvage d'idiolectes incontrôlés. Ces particularismes peuvent apparaître aussi, dans les textes de la région qui leur est propre, sous une forme systématique et dialectale, si le copiste produisant ces textes a pu, pour un motif qui nous échappe, s'exprimer dans ce dialecte régional (ou local) plutôt que dans la langue véhiculaire qu'il avait aussi à sa disposition. Autrement dit: théoriquement, tout copiste était, dans son travail copte, unilingue ou bilingue; *unilingue* s'il avait été formé intellectuellement dans un grand centre urbain totalement accaparé par la langue véhiculaire, au point que cette dernière y avait effacé toute trace d'un dialecte régional (ou local) antérieurement vivant et actif; l'avantage de publier un texte en langue véhiculaire était qu'on lui garantissait une aire de diffusion remarquablement large; cela, à l'opposé d'une diffusion plus confidentielle et spécifique, régionale ou locale, plus ciblée par exemple, qui pouvait avoir son utilité aussi, par exemple en atteignant un milieu rural et peu instruit, mal

---

15. Mis à part le grec ne jouant, au mieux, qu'un rôle auxiliaire et ne mettant pas sérieusement en danger la survivance des parlers indigènes (avec lesquels il a cohabité d'autant plus aisément que ces derniers tendaient à s'helléniser, au moins superficiellement, par une hellénisation rampante). Mis à part cette présence aussi modeste et limitée que persistante en ses effets. Mis à part encore (peut-être et géographiquement) le cas particulier de la frange nord-orientale du Delta où les vestiges de textes coptes tracés sur les enduits des murs, ou sur des ostraca (sans parler même d'impossibles lambeaux de papyrus ou de parchemin enfouis dans le sol) paraissent absolument inexistants.

16. Double langue véhiculaire en fait: la langue bohairique *bBb* recouvrant toute la Basse-Égypte, et la langue saïdique *sSs* et *sS's* recouvrant à la fois la Haute-Égypte (*sSs*) et la Moyenne-Égypte (*sS's*).

habitué pour quelques siècles encore à l'usage courant de la langue véhiculaire. Or dans la plupart des cas, semble-t-il, comme nous pouvons en juger par les copies aujourd'hui conservées, les scribes se sont manifestés comme *bilingues* sur le plan autochtone; ils appartenaient à un milieu culturel régional encore vivant et actif, en sorte qu'ils pouvaient choisir[17] leur idiome d'expression, qui serait "métropolitain" ou "provincial". S'ils le choisissaient "métropolitain" (ou véhiculaire), ils devraient, en exécutant leur travail, toujours veiller à ne pas céder (par négligence, paresse ou fatigue) aux tentations du provincialisme, du régionalisme. S'ils manifestaient ce défaut, ce manque de rigueur, la qualité des copies s'en ressentirait; plus ou moins hybrides, elles risqueraient probablement de déplaire à leurs lecteurs . . . mais ce déplaisir ferait—et réellement il a fait—le plaisir du coptisant moderne! L'analyse des irrégularités dialectales du Codex Tchacos nous en fournira un exemple suffisamment instructif.

Origine discutée du Codex Tchacos

Voilà donc un manuscrit extrait du sol égyptien à l'occasion de fouilles clandestines, illégales, apparemment. Certaines rumeurs (modérément publiques) tendent à nous informer sur le lieu de la trouvaille[18]: "le Codex Tchacos aurait été trouvé aux environs de l'année 1978, dans la région de Minieh, en Moyenne-Égypte"[19]. Peut-on se fier à de telles rumeurs? Dès l'annonce[20] de la découverte du Codex Tchacos "en Moyenne-Égypte", des voix sceptiques se sont élevées parmi les coptisants ayant l'expérience des études gnostiques. À ce jour, on n'avait jamais découvert de manu-

---

17. Ou: en sorte que l'autorité à laquelle ils étaient soumis, qui le cas échéant leur ordonnait, commandait leur travail, pouvait les obliger à choisir leur idiome d'expression.

18. Information très importante pour quiconque cherche à évaluer la qualité scientifique du document.

19. KASSER-MEYER-WURST 2006, p. 65. Le même type d'incertitudes est apparu ici, dans des conditions similaires à celles qu'on avait pu observer à l'occasion de la découverte des manuscrits gnostiques coptes de Nag Hammadi (cf. DORESSE 1958).

20. Paris, an 2004.

scrits gnostiques en Basse-Égypte ou en Moyenne-Égypte. Tous nous avaient été fournis, sûrement ou très probablement, par la Haute-Égypte (région de Thèbes, de Nag Hammadi, etc.). Ne serait-il pas plus sage de se défier d'une rumeur probablement suspecte?

De toute évidence, le scribe à qui nous devons la copie examinée ici, s'est efforcé de la produire en un "saïdique" (sigle *sSs* ou *sS's*) tout à fait pur; et si, à vrai dire, il était parvenu à ce modèle de pureté, nous en serions fort embarrassés. Le saïdique est la langue véhiculaire de toute la Vallée du Nil égyptienne, du Caire actuel à Assouan (plus de 800 km environ). Cette copie, si elle avait été si parfaite, aurait pu être exécutée en n'importe quelle section des lieux habités bordant le fleuve. Mais, grande chance pour le chercheur, son saïdique n'est souvent qu'approximatif, mal contrôlé; il laisse passer, en maints endroits, des mots, des expressions appartenant, par leur orthographe et de toute évidence, au dialecte local sous-jacent (maladroitement caché) plutôt qu'à la langue véhiculaire censée le supplanter: en bref, trahi par leur irrégularité arbitraire, pire qu'un ensemble de dialectalismes[21], le "saïdique" de sa copie, de qualité fort variable, présente toutes sortes d'*idiolectalismes* imprévisibles et désordonnés. La saine méthode à appliquer pour sortir de ce maquis est alors de séparer de la masse (majoritaire et disciplinée) la minorité (hétéroclite) qui compromet son homogénéité; d'analyser cette minorité rebelle et de voir si, d'une manière ou d'une autre, elle pourrait s'accorder, au moins en partie, avec tel ou tel système orthographique voisin, dont elle pourrait être dérivée en tant qu'embryon de système dialectal. En appliquant ce système de "tri des déchets" à ces éléments incompatibles avec le système véhiculaire prédominant, on pourrait arriver, éventuellement, à identifier le ou les systèmes orthographiques hétérogènes dérangeant l'unité stricte de la langue véhiculaire (saïdique *sS's* dans le cas du Codex Tchacos). Cette méthode nous donnera, nous le verrons, quelques résultats clairs et consistants.

---

21. Les dialectes eux-mêmes ont leurs règles, leurs systèmes.

Langues véhiculaires autochtones, (sub)dialectes etc.: critères de distinction
Laissant de côté, ici, **bBb** langue véhiculaire bohaïrique dont le champ
d'activité et d'usage se trouve en Basse-Égypte, en dehors de la zone
concernée par le Codex Tchacos, nous concentrerons notre attention sur
la langue véhiculaire *sSs*, langue saïdique, régnant sur la Haute et la
Moyenne-Égypte; plus précisément: la langue *sSs*, variété la plus classique, est celle de la Haute-Égypte; et sa soeur jumelle, la langue *sS's*—
variété moins courante parce que moins attestée—est la variété saïdique
de la Moyenne-Égypte, patrie probable du Codex Tchacos.[22]

Accéder aux idiomes par la phonologie, à la phonologie par l'orthographe
Mais comment peut-on connaître la phonologie d'une langue morte à
partir de ses seuls textes? Voilà une question préliminaire à laquelle nul
ne peut, aujourd'hui, donner une réponse assurée. Aussi les chercheurs
devront-ils se contenter, dans ce domaine comme en tant d'autres, de
vraisemblances acquises par comparaison avec d'autres vraisemblances, et
qui, quoique en grande partie arbitraires, tendent à présenter un ensemble

---

22. On signalera déjà ici que les différences orthographiques entre *sSs* et *sS's* sont minimes, encore que
certains cas particuliers puissent poser des problèmes difficiles à résoudre. Nous citerons ici, en
exemple, le nom du nombre "un" qui est incontestablement m. oγⲁ /*wa'*/, f. oγⲉ1 /*wej*/ en *sSs* et
pourrait l'être aussi en *sS's*, n'était l'opposition assez claire que manifeste, en ce lexème, l'unique
attestation de Jac (12,12 m.[sic] oγï) par rapport à l'unanimité (12 cas: 37,19. 19; 42,7. 7; 49,17.
25. 25; 51, 22. 26. 26; 52,23. 23 m. oγⲁ) de Jud, suggérant que oγⲁ pourrait, simultanément,
être la forme typique m. de *sSs*, et m. oγï celle typique de *sS's*. Passons d'abord en revue les
différentes formes (sub)dialectales de ce lexème: m. oγⲁ /*wa'*/ *sSs*, oγⲁï /*waj*/ *bBb*, oγⲉ /*we'*/ A
i L4 M F5, oγⲉⲉ /*we(e)*/ L5, oγ(ⲉ)1 /*wi'*/ ou /*wej*/ P W V, oγⲉⲉ1 /*wej*/ F4 F5 F7; f. oγⲉ1 /*wej*/
sSs M F5, oγ(ⲉ)1ⲉ /*uje*/ A L4 L6, oγ11 /*wij*/ ou /*wi(i)*/ F56, oγï /*wi*/ F5. Examinons finalement,
dans son contexte, Jac 12,12 pour nous assurer que cet oγï est vraiment m., non f. (comme nous
avions absurdement tenté de le supposer dans un premier temps, en nous référant au "trio féminin"
ⲧⲧⲧⲉ de 21,21, vraiment beaucoup trop éloigné) dans l'interrogatoire au péage 20,8-9: [oγ]ⲏ oγï
ⲛⲁϣⲓⲛⲉ ⲙⲙⲟⲕ ⲉ[ⲃⲟ]ⲗ ⲛ̄ϧⲏⲧⲟⲩ ϫⲉⲩϥ[ⲩⲗⲁϧ ⲡⲉ] "(s')il y en a un qui t'interroge, – parce qu'il est
un (de leurs) g[arde(s)]". La semi-obscurité de tout l'ensemble de ce passage rend d'autant plus
difficile la solution du problème posé par cet oγï qui paraît à la fois saïdique et masculin. D'autre
part, le *sS's* du Codex Tchacos semble préférer, à certaines finales consonantiques en occlusives
nasales sonores (voire même fricatives sonores), ces sonores prolongées (et allégées par l'adjonction
d'un -ⲉ atone final créant ainsi une syllabe supplémentaire). Il écrira alors régulièrement ⲥⲟⲟⲩⲛⲉ
(non ⲥⲟⲟⲩⲛ̄ ou ⲥⲟⲟⲩⲛ) "connaître", de même ⲧⲱⲛⲉ (non ⲧⲱⲛ) "où?", et au moins une fois
(17,6) ϩⲟⲟⲩⲉ "jour".

systématique avec lequel l'enquêteur pourra, on l'espère, travailler en progressant dans son investigation. Nous nous résoudrons donc à considérer la base des systèmes phonologiques aujourd'hui admis comme suffisamment ferme, assurée, pour pouvoir y bâtir d'autres déductions de la même qualité.

L'orthographe par le texte et le texte par la grille de l'alphabet

Dans toute langue morte comme l'est chacun des idiomes coptes, le fondement de toute connaissance est d'abord un *texte*, c'est-à-dire un ensemble de graphèmes tracés et disposés les uns par rapport aux autres, par une même main; un ensemble de graphèmes à la base duquel est, pour chaque texte, un *alphabet* (très souvent le même, mais pas toujours)[23]: l'observateur attentif y discernera diverses variantes, plus ou moins significatives. La connaissance de l'alphabet qui régit un texte est la première que doit acquérir le chercheur qui veut définir le dialecte (etc.) de ce texte. Ces divers alphabets ayant été formés et codifiés dans un espace géographique relativement restreint (la vallée du Nil égyptien) et dans un laps de temps relativement restreint lui aussi (de la moitié du IIIe siècle au second tiers du IVe siècle, éventuellement), il faut compter avec le jeu d'influences réciproques entre les concepteurs des alphabets, qui, vraisemblablement, auront donné la même valeur phonologique aux mêmes graphèmes, étant bien entendu que la phonétique et la phonologie ne se superposent pas strictement, et qu'il y a dans l'articulation phonique d'un phonème une marge d'interprétation individuelle ou communautaire qui a certainement dû jouer son rôle aussi, même s'il

---

23. L'observateur attentif y discernera diverses variantes, plus ou moins significatives, lui donnant l'impression d'avoir affaire à plusieurs membres d'une même famille alphabétique; il parlera donc volontiers, à ce sujet, d'une pluralité d'alphabets coptes, plus ou moins riches en graphèmes (et phonèmes), plus ou moins éloignés de la composante hellénique de cet ensemble, l'alphabet grec (cf. KASSER 1980-1981, II, p. 280-281, à titre d'exemple). Cette pluralité se manifeste déjà à propos des quelques proto-dialectes et dialectes mentionnés dans notre note 35: il y a l'alphabet de *P* (35 signes); l'alphabet de *i* (32 signes); l'alphabet de *A* (31 signes); l'alphabet de *bBb* (31 signes aussi, mais pas toujours identiques à ceux de *A* : /x/ est ϧ en *A*, ⳉ en *bBb*); l'alphabet de *sSs* (qui est aussi celui de *L*, de *M*, de *W*, de *V*, de *F* etc.: 30 signes).

échappe aujourd'hui, totalement (abandonnons toute illusion), à nos moyens d'investigation.

Nous verrons en outre qu'il faut renoncer fréquemment à l'équation 1=1 trop commode, selon laquelle *un* graphème rend *un* phonème, et un seul. Restons-en au seul alphabet phonologique de *sS's* (également alphabet phonologique de *sS's*)[24]. C'est l'alphabet auquel nous aurons systématiquement affaire dans la suite de ce travail. L'équation 1=1 vaut certes pour:

ⲁ (non ⲁⲁ !)[25] = /a/	ⲗ̄ = /°l/	ⲧ = /t/
ⲃ = /b/	ⲙ = /m/	ⲱ (non ⲱⲱ !)[26] = /ô/
ⲃ̄ = /°b/	ⲙ̄ = /°m/	ⲱ̣ = /š/
ⲅ = /g/	ⲛ = /n/	ⳣ̈ = /ç/
ⲇ = /d/	ⲛ̄ = /°n/	ϥ = /f/
ⲉ (non ⲉⲉ !)[27] = /e/	ⲟ (non ⲟⲟ !)[28] = /o/	ϩ[29] = /h/
(ou /e/ atone)		
ⲍ = /z/	ⲡ = /p/	ϧ = /x/
ⲏ (non ⲏⲏ !)[30] = /ê/	ⲣ = /r/	ⲭ = /č/
ⲕ = /k/	ⲣ̄ = /°r/	ϭ = /c/
ⲗ = /l/	ⲥ = /s/	

---

24. Il est aussi celui de ses proches "frères" ou "cousins" *L6 L5 L4 M W V F4 F5 F56*; alphabet classique complété partiellement – sans tenir compte de tous les graphèmes de *P* – par les graphèmes/ phonèmes propres à *i* (ⳣ̈ = /ç/) et à *i* et *A* (ϧ = /x/).

25. Voir plus loin: *géminations vocaliques graphiques*.

26. Voir plus loin: *géminations vocaliques graphiques*.

27. Voir plus loin: *géminations vocaliques graphiques*.

28. Voir plus loin: *géminations vocaliques graphiques*.

29. Le lecteur du Codex Tchacos aura remarqué que si son copiste n'y trace ses surlignes que d'une manière peu méthodique (encore que l'effacement de nombreuses surlignes puisse avoir été causé par l'usure extrême de la surface de ce papyrus gravement endommagé), quoi qu'il en soit, ce scribe manifeste une prédilection remarquable (quoique peu méthodique elle aussi) pour la surligne sur ϩ, surligne souvent longue, inutile en saïdique classique et empiétant largement sur les graphèmes voisins: p. ex. ϩ̄ⲟⲓⲛⲉ 33,10; ⲉⲩⲥⲟⲟⲩϩ̄ 33,15; ⲡⲥⲁϩ̄ 34,4; ⲉϩ̄ⲣⲁϥ 35,14; ⲁϩ̄ⲟⲙ 35,27; ϩ̄ⲛⲁ 36,2; ⲛ̄ϩ̄ⲟⲟⲩ 36,6; ⲛ̄ⲛⲉⲩϩ̄ⲓⲟⲙⲉ 38,18; ⲉⲧⲱϣ̄ⲉⲣⲁⲧⲟⲩ 39,9; ϥ[ⲛⲁ]ⲡⲁⲣϩ̄ⲓⲥⲧⲁ 40,10. Cet usage bizarre ne semble pas avoir d'implication phonologique: coquetterie de scribe ayant ses fantaisies? C'est lui aussi qui, au lieu de surligner par un simple trait horizontal les nombres qui, au sommet des pages, indiquent la pagination, remplace cette sobre surligne pas une ligne horizontale de chevrons (ainsi aux pages 2, 4, 8, 9, 10, 11, 12, 13, 14, 15, 16, 17, 18, 19, 40, 48, 58).

30. Voir plus loin: *géminations vocaliques graphiques*.

D'autres graphèmes, cependant, appartiennent à des équations plus complexes. Ainsi 1 = 2 : ⲑ = /th/, ⲓ = /i/ ou /j/, ⳉ = /ks/, ⲩ = /u/ ou /w/, ⲫ = /ph/, ⲭ = /kh/, ⲯ = /ps/. Ou encore 2 = 1 ou 2 etc. ⲉⲓ (ou ⲓ) = /i/ ou /j/, ⲟⲩ (ou ⲩ) = /u/ ou /w/, ⲧⲓ (ou ⲧ) = /ti/. Il en résulte que, sur le plan de la phonologie, la diversité orthographique a des conséquences moindres que sur celui de l'orthographe. Ainsi "quelque chose" ⲗⲁⲩ et ⲗⲁⲟⲩ équivalent l'un et l'autre à /law/; et ⲡⲁⲓ et ⲡⲁⲉⲓ équivalent l'un et l'autre à /paj/. La différence entre ces deux graphies n'est pas phonologique, donc pas dialectale. Elle peut nous instruire en revanche sur les habitudes orthographiques divergentes de deux scribes exerçant leur talent dans le même espace dialectal.

Les ⲁⲁ, ⲉⲉ, ⲏⲏ, (ⲉ)ⲓⲉ(ⲓ), ⲟⲟ, ⲟⲩⲟⲩ, ⲱⲱ *etc., géminations vocaliques graphiques*
Le moment est venu d'évaluer, à ce point, dans les textes du Codex Tchacos, les conséquences phonologiques éventuelles des géminations vocaliques graphiques apparaissant ici ou absentes au contraire, géminations que l'on peut observer ailleurs, régulières, dans maint dialecte copte, en Haute-Égypte surtout, en Moyenne-Égypte assez fréquemment aussi: exemple ⲙⲟⲟⲩⲉ "marcher". Divers coptisants, depuis plus d'un siècle, ont apporté, par l'étymologie et la phonologie diachronique, leur contribution à l'explication de ce phénomène orthographique[31], qui, dans la coptologie en général, dans ses lexiques, attire aussitôt les regards[32]. Il est généralement admis aujourd'hui, en conclusion d'analyses phonologiques antérieures, que le premier élément de chacune de ces géminations vocaliques graphiques est une voyelle tonique, et que le second

---

31. Cf. STERN 1880, p. 2 et 54-55; LACAU 1910, p. 77 etc.; TILL 1929; KUENTZ 1934; VERGOTE 1945, p. 89-95; HINTZE 1948; STEINDORFF 1951, p. 34 etc.; TILL 1955, p. 46; EDGERTON 1957, p. 136 etc.; GARDINER 1957, p. 27; TILL 1961, p. 10 etc.; GREENBERG 1962, p. 27 etc.; VERGOTE 1973, p. 12; ČERNÝ 1976, p. 23, 48, 85, 95, 123, 251; HINTZE 1980; VYCICHL 1983, p. 28, 66, 115, 126, 127, 156, 269; KASSER 1985.

32. Ainsi par ex. "à cause de lui" gém. ⲉⲧⲃⲏⲏⲧϥ *sSs L6, non-gém.* ⲉⲧⲃⲏⲧϥ etc. dans tous les autres idiomes coptes; "foule" gém. ⲙⲏⲏⲩⲉ *sSs*, et assez souvent *L*, ou *A* ⲙⲓⲉⲓⲩⲉ, mais *non-gém.* ⲙⲏⲩⲉ etc. dans tous les autres idiomes coptes; "étant" gém. ⲟⲩⲟⲟⲛ⳿ *sSs L*, ⲏⲟⲟⲛ⳿, ⲟⲩⲁⲁⲛ⳿ assez fréquemment *V F*, mais *non-gém.* ⲟⲩⲁⲛ⳿ *M W F7* (et *V F* plus rarement), enfin ⲟⲩⲟⲛ⳿ *bBb B74*; "dire cela" gém. ⲭⲟⲟⲥ *sSs A L*, ⲭⲁⲁⲥ (*V F* assez fréquemment), mais *non-gém.* ⲭⲁⲥ partout ailleurs en copte, sauf ⲭⲟⲥ *bBb B74*.

est un vestige, atone, d'une consonne qui, tendant à s'amuïr et avant de disparaître complètement, a dégénéré en l'occlusive laryngale sourde *'aleph*[33]. Quelle que soit la valeur convaincante des explications ainsi proposées, il s'avère que la limite entre les idiomes coptes à gémination vocalique et ceux qui en sont dépourvus reste, presque partout, difficile à tracer, en sorte qu'il sera prudent de renoncer à faire de l'existence ou de l'inexistence de cette gémination un critère de distinction interdialectale. Certes, les textes du Delta et de la basse (?) Moyenne-Égypte (*bBb, B74, F7* et *M*) semblent totalement dépourvus de ces ⲁⲁ, ⲉⲉ, ⲏⲏ, ⲓⲓ ou ⲓⲉⲓ, ⲟⲟ, ⲩⲟⲩ, ⲱⲱ, mais partout ailleurs, la confusion est grande, l'usage paraissant passablement arbitraire. D'une manière générale, on constatera qu'en Haute-Égypte la gémination semble prédominer (en saïdique véhiculaire comme dans les dialectes régionaux et locaux), tandis qu'en Moyenne-Égypte elle se fait plus rare, tendant même à s'effacer en quelques lieux. La conclusion qu'on pourra en tirer pour notre étude dialectale des textes du Codex Tchacos est que le saïdique *sSs* de Haute-Égypte est encore robustement garni d'exemples graphiques de cette gémination vocalique, tandis que la variété *sS's* de Moyenne-Égypte l'est moins. Et que si, par exemple, notre Codex écrit, pour "marcher", et de la manière la plus habituelle en saïdique classique, ⲙⲟⲟⲩⲉ Pi (1 cas) Jac (1 cas) Jud (1 cas), mais néanmoins aussi ⲙⲟⲩⲉ (1 cas), ce panachage n'est nullement un défaut idiolectal; il appartient à la nature même de *sS's*, et même, à celle de *sSs*.

---

33. À première vue, cette explication est paradoxale: une *consonne* tend à disparaître, et au cours de ce processus, à elle se substitue une autre *consonne*, ce qu'est *'aleph*; mais voilà que dans l'écriture, ce phonème consonantique apparaît sous la forme d'un graphème indiscutablement *vocalique*! Ce paradoxe apparent, superficiellement, deviendra toutefois moins paradoxal, en profondeur, pour celui qui, dans ce processus graphique, tiendra compte du fait que le *signe* contesté n'est contestable que dans une interprétation statique, alors qu'il lui a été assigné le rôle d'illustrer, en condensant diverses étapes d'évolution, une *situation transitoire*. On peut le constater par l'analyse de ce problème tel qu'il est exprimé dans le très archaïsant protodialecte *P*, dont l'orthographe mouvante montre qu'il est en pleine évolution; sur ce plan, *P* possède encore quelques vestiges de l'*'aleph* de substitution: ⊥, comme on le voit dans "étant" ϣⲟⲟⲧⲓⲧ† /ço'p/; ensuite, dans ce témoin unique et mutilé (le P. Bodmer VI, éd. KASSER 1960), il lui manque certes l'attestation du plus classique [ϣⲟ(ⲟ)ⲡⲧ†] /ço(o)p/, à la mode de *sSs*, forme qu'on peut cependant reconstituer facilement sur la base de *P* ⲭⲟⲟϥ Prv 7,13; et il nous présente, en fin de ce processus d'amuissement, ϣⲟⲡⲧ† /çop/.

Un examen attentif et global de tout le vocabulaire saïdique attesté par les dictionnaires coptes fait voir que rarissimes sont les lexèmes à gémination vocalique graphique qui n'apparaissent pas au moins une fois ou l'autre sans cette gémination; et rarissimes aussi sont les lexèmes saïdiques normalement privés de cette gémination, l'attestant toutefois en *A* ou en *L*, et qui ne l'attestent pas finalement et exceptionnellement une ou deux fois aussi dans un texte saïdique quelque peu marginal[34]. Les "déviations" du saïdique du Codex Tchacos touchant à la gémination ne doivent donc pas être portées au compte des irrégularités idiolectales recensées dans notre Codex. Elles n'informent pas sur la source non saïdique ayant, sur d'autres points, contaminé l'orthographe "saïdique" de notre Codex.

Mieux connaître les composantes de la langue du Codex Tchacos en procédant du connu à l'inconnu

Afin de mieux connaître, en sa généralité et dans ses détails, la langue véhiculaire du territoire en lequel a été ***créée*** la copie copte approximativement

---

34. Nous avons noté, en ce qui concerne notre Codex ([S] étant un *sSs* ou *sS's* pas forcément attesté par l'une ou l'autre partie de notre Codex, Al Jac Jud Pi, et les nombres entre (...) comptant le nombre des apparitions dans la partie concernée) :
   - "à cause de" [S ⲉⲧⲃⲏⲏⲧ︤ϥ︥ ou ⲉⲧⲃⲏⲧ︤ϥ︥] mais ⲉⲧⲃⲏⲧ (2) Jac, ⲉⲧⲃⲏⲧ︤ϥ︥ (1) Jud, ⲉⲧⲃⲏⲧ︤ⲛ︥ (2) Pi;
   - "nuée" [S ⲕⲗⲟⲟⲗⲉ ou ⲕⲗⲟⲗⲉ] mais ⲕⲗⲟⲟⲗⲉ (2) Jud;
   - "mère" [S ⲙⲁⲁⲩ ou ⲙⲁⲩ], ⲙⲁⲁⲩ (1) Pi, ⲙⲁⲟⲩ (5) Jac, même ⲛⲉⲟⲩ (1) Pi, (1) Jac;
   - "penser" [S ⲙⲉⲉⲩⲉ ou ⲙⲉⲩⲉ], ⲙⲉⲟⲩⲉ (5) Jac, (2) Jud, même ⲙⲉⲟⲩⲓ (1) Pi;
   - "foule" [S ⲙⲏⲏϣⲉ ou ⲙⲏϣⲉ], ⲙⲏⲏϣⲉ (2) Jud, voir Diebner-Kasser 1989, p. 131;
   - "marcher" [S ⲙⲟⲟϣⲉ ou ⲙⲟϣⲉ], ⲙⲟⲟϣⲉ (1) Pi, (1) Jac, (1) Jud, ⲙⲟϣⲉ (1) Jac;
   - "rester" [S ⲥⲉⲉⲡⲉ ou ⲥⲉⲡⲉ], ⲥⲉⲉⲡⲉ (3) Jac, (2) Jud, ⲥⲉⲡⲉ (1) Pi, (1) Jac, (3) Jud;
   - "saint" [S ⲟⲩⲁⲁⲃ†], ⲟⲩⲁⲁⲃ† (7) Jud, même ⲟⲩⲉⲉⲃ† (2) Jac;
   - "prêtre" [S ⲟⲩⲏⲏⲃ], ⲟⲩⲏⲏⲃ (1) Jac;
   - "étant" [S ϣⲟⲟⲡ†], ϣⲟⲟⲡ† (29) Jac, (3) Jud, (3) Pi, même ϣⲁⲁⲡ† (3) Jac;
   - "(soi)-même" [S ϩⲱⲱϥ], "toi-même" ϩⲱⲱⲕ (1) Jud,
   - "elle-même" ϩⲱⲱⲥ (2) Jac,
   - "nous-mêmes" ϩⲱⲱⲛ (1) Al, (1) Pi;
   - "s'asseoir, être assis" [S ϩⲙⲟⲟⲥ ou ϩⲙⲟⲥ], ϩⲙⲟⲟⲥ (1) Jac, (2) Jud, (cf. ϩⲙⲟⲥⲧ (1) Jac);
   - "dire (cela)" etc. [S ϫⲟⲟⲥ], ainsi ϫⲟⲟⲥ (1) Al, (11) Jac, (2) Jud, (1) Pi,
   - "dire ces (paroles)" ϫⲟⲟⲩ (1) Al, (5) Jac, (2) Jud;
   - "passer" [S ϫⲱⲱⲃⲉ], ϫⲱⲱⲃⲉ (1) Jac;
   - "livre, document de papyrus" [S ϫⲱⲱⲙⲉ ou ϫⲱⲙⲉ], ϫⲱⲙⲉ (1) Jac;
   - "disperser" [S ϫⲱⲱⲣⲉ ou ϫⲱⲣⲉ], ϫⲱⲱⲣⲉ (1) Jac.

saïdique qui emplit le Codex Tchacos, il pourra être utile de passer en revue les (sub)dialectes déjà identifiés, grands ou petits, par leur attestation dans cette région. Ce qui signifie que nous aurons, pour effectuer cette recherche, à passer en revue l'essentiel des idiomes de la Moyenne-Égypte, en franchissant même sa limite méridionale et en poussant l'exploration jusqu'à Thèbes, coeur de la Haute-Égypte: nous en obtiendrons, dans un premier temps, une vue d'ensemble plus complète. Nous procéderons cependant aussi, toutefois, à quelques *dérogations* dans ce domaine, en renonçant à incorporer dans notre inventaire quelques idiomes archaïques ou quelques vestiges archaïques ayant survécu, isolés, dans des idiomes de type classique, lesquels compliqueraient trop ladite présentation, du fait que nous n'entendons pas sortir de la synchronie[35]; en renonçant aussi à mentionner quelques (sub)dialectes trop périphériques pour affermir le schéma sur lequel se concentrera notre étude. Voici donc, en suivant le Nil égyptien

---

35. C'est d'abord: *P* proto-dialecte proto-thébain, assez proche, semble-t-il, du proto-dialecte ancêtre de *sSs,* s'en distinguant principalement, rarement par ses voyelles (cf. KASSER 1989b p. 32-40), mais assez massivement par son stock de consonnes, plus riche que celui de tous les autres idiomes du copte classique, qui en sont dérivés, spécialement dans les fricatives sourdes dentales-pré/postpalatales-vélaires-laryngales, passant de 5 à 3 unités, soit: *P* /x/ (*Ach*-Laut, disparu ensuite en *sSs* et *L M* etc., ce /x/ archaïque y rejoignant /h/); *P* /h/ (*Ha*-Laut) permanent, avec *sSs L M* etc.; *P* /ç/ (*Ich*-Laut, disparu ensuite en *sSs L M* etc., ce /ç/ archaïque y rejoignant /š/; /ç/ disparu également en *A* et y rejoignant /x/); *P* /š/ (*Asch*-Laut) permanent, avec *sSs A L M* etc.; *P* /s/ (*Ross*-Laut) permanent, avec *sSs A L M* etc. Autre proto-dialecte écarté ici, le proto-lycodiospolitain *i* , possédant grosso modo la même vocalisation que *A* et *L* et le même assortiment très complet de fricatives sourdes conservé en *P*, mais se contentant de rendre *graphiquement* ses fricatives archaïques par des graphèmes-*Ersatz*: /x/ ϧ comme en A, et /ç/ ⳋ . La vocalisation atone finale de *P*, assez proche de celle de *sSs,* s'en distingue surtout par la particularité suivante, archaïque: cette vocalisation est partout -ⲉ en *sSs*, tandis qu'en *P*, un distinguo est opéré: s'il s'y manifeste un *'ayin* pré-copte, la finale en *P* est (dans sa règle d'archaïsme, assez fidèlement suivie) -ⲁ (DIEBNER-KASSER 1989, p. 131), ce qu'elle est aussi (d'une manière assez similaire) en fayoumique septentrional archaïque *F7* (et parallèlement, elle est -ⲉ) en *W V F4 F5*, Ø en *bBb*, tous idiomes dont la finale vocalique atone ordinaire est -ⲓ : p.ex. "foule" *sSs* ⲙⲏⲏϣⲉ (comme "homme" ⲣⲱⲙⲉ), *P* ⲙⲏϣⲁ (mais ⲣⲱⲙⲉ), *F7* [ⲙⲏ]ϣⲁ (mais ⲗⲱⲙⲓ), *W F4* ⲙⲏϣⲉ (mais *W* ⲣⲱⲙⲓ, *F4* ⲗⲱⲙⲓ), *B74* et *bBb* ⲙⲏϣ (mais ⲣⲱⲙⲓ). Autre distinguo, concernant la finale atone archaïque en *i* et *L6*: quand elle est *j-w* pré-copte, elle est (dans ses vestiges d'une règle archaïque) -ⲓ dans ces deux idiomes, qui, en circonstances "normales" ont là -ⲉ ("homme" *i L6* ⲣⲱⲙⲉ), p.ex. "obscurité" *L6 i7* ⲕⲉⲕⲉⲓ, "péché" *L6* ⲛⲁⲃⲓ. L'analyse de ces particularités phonologiques, très importante pour établir la comparaison dialectale diachronique, l'est toutefois d'une valeur bien moindre en synchronie, en sorte que nous nous abstiendrons d'y recourir dans la suite de cette étude.

d'amont en aval, les idiomes pris en considération, groupés autour des trois "pivots" les mieux assurés de la géographie dialectale copte (ce qui paraît devoir être situé entre ces "pivots" restant notablement plus "flottant"). Ce sont d'abord la ville de Thèbes et ses environs; ensuite la ville d'Hermopolis et ses environs; c'est enfin, dans la région de Memphis, son contact avec l'extrême-nord de la Vallée du Nil "uni-dimensionnelle" (toute en 'nord-sud' approximativement si on la prive de l'appendice occidental qu'est, pour elle, par rapport à ce couloir 'nord-sud', l'ex-oasis du Fayoum); son contact aussi avec l'extrême-sud du Delta, vaste triangle "bi-dimensionnel", en long et en large, ('est-ouest' et 'nord-sud').

Définition dialectale

La définition d'un dialecte (d'une langue morte, comme l'est aujourd'hui l'une ou l'autre des langues véhiculaires coptes), impliquant la comparaison de tel idiome (n'ayant survécu que par l'écrit) avec d'autres entités similaires, se fera principalement sur deux plans différents: le plan de la syntaxe et celui de la phonologie. Le premier, *syntaxe*, est de loin le plus important, faisant pénétrer le chercheur dans les oeuvres vives de la langue, mais il est aussi le plus exigeant dans ses conditions préparatoires, le plus difficile à réaliser, au point que trop souvent, le chercheur est contraint de renoncer à le mettre en action. Il ne pourra obtenir un minimum de résultats concrets et fiables que s'il dispose d'un nombre respectable de textes de bonne qualité, cohérents, assez longs, assez variés aussi; ce qui ne correspond guère aux conditions dans lesquelles notre enquête devra être engagée. Nous aurons à comparer, à une puissante langue véhiculaire (*sSs*)—à sa variété régionale *sS's* peut-être, mais d'une vaste région, coïncidant en grande partie avec la Moyenne-Égypte—, quelques traces idiolectales apparaissant sporadiquement dans un texte médiocrement long, d'une signification souvent difficile à élucider, texte fréquemment mutilé, hâché par de vastes lacunes, en bref, une jungle sémantique entrouvrant en les protégeant (de notre indiscrétion) les arcanes d'un message ésotérique. Non pas un trésor massif, une constellation fortement intriquée de lumineuses pépites, mais plutôt une poussière d'or mêlée à beaucoup de sable et de gravier stériles et déconcertants. Dès lors, la seule voie de pénétration qui soit à notre disposition, est—par l'examen de l'*orthographe*—l'analyse *phonologique* détaillée des fragments susceptibles d'attirer notre attention.

Combinaisons orthographiques suggestives formant l'individualité des idiomes coptes entre Assouan et le Caire

Comme leur nom l'indique, pour les linguistes (d'autrefois ou même pour certains, d'aujourd'hui), les voyelles sonnent par leur voix, ce qui les rend, pour marquer les contrastes, plus efficaces que les con-sonnes, leurs auxiliaires[36].

L'examen de telles *combinaisons* avait certainement, pour leurs usagers, contemporains des débuts du copte en tant que langue vivante, un but pratique, celui de s'adapter aux diverses individualités dialectales rencontrées dans les contacts culturels aux IIIe, IVe et Ve siècles de notre ère. L'examen actuel de ces combinaisons par un linguiste moderne montrera sans doute que sur certains points l'échelle des valeurs a sensiblement évolué. Dans ce qui fut considéré comme *frappant* et décisif dans l'établissement de l'orthographe copte en ses débuts, la fréquence de l'apparition du facteur à orthographier a sans doute joué un rôle psychologique non négligeable; rôle dont l'*importance* a décru aujourd'hui, mesurée à l'aune de l'impartialité, de l'objectivité à laquelle le linguiste sérieux s'efforce de s'appliquer. Mais si elle a décru dans l'absolu, elle ne méritera pas moins d'être honorée dans notre recherche, poursuivant elle aussi un but pratique, de classement interdialectal, de témoins divers et multiformes d'un idiome "mort", ayant occupé le terrain de la Moyenne-Égypte, avec un prolongement méridional s'étendant jusqu'à Thèbes. Et sur ce plan-là, le facteur de "fréquence" retrouve sa pleine autorité.

---

36. Par leur voix, leurs clameurs, les voyelles attirent l'attention bien plus que les *consonnes*; le bruit des consonnes est assourdi, d'où, neutralisé; d'ailleurs, la majorité des consonnes coptes sont *sourdes,* et même celles qui sont (par leur définition) des *sonores,* sont loin d'être aussi sonores que les moins sonores des voyelles.

Nous présenterons ici encore les idiomes dont nous aurons à tenir compte entre (Assouan)/Syène – Thèbes – Hermopolis – et Memphis/ (le Caire), cela en descendant le cours du Nil, et en situant ces unités les unes par rapport aux autres selon leurs affinités. *sSs* langue véhiculaire *saïdique* (variété *méridionale*, celle de la Haute-Égypte, en son "pivot" thébain). *A* dialecte *akhmîmique*. *L6* dialecte *lycodiospolitain méridional* (variété des textes de Nag Hammadi). *L5* dialecte *lycodiospolitain central* (variété de l'Évangile de Jean trouvé à Qaou, et des Acta Pauli de Heidelberg); *L4* dialecte *lycodiospolitain septentrional* (variété des textes manichéens). *sS's* langue véhiculaire *saïdique* (variété *septentrionale*, celle de la Moyenne-Égypte). *M* dialecte *mésokémique*. *C* dialecte *catamésokémique*. *W* dialecte *cryptomésokémique*. *V* dialecte *fayoumique alambdacique*. *F4* dialecte *sud-fayoumique lambdacique nefique*. *F5* dialecte *fayoumique central lambdacique nêfique* (dit "classique"). *F56* subdialecte *béta-fayoumique lambdacique*. *F7* dialecte *nord-fayoumique lambdacique nefique a-/c/-mique* (dit *nord-fayoumique*, ou "bariolé"). *B74* dialecte *sud-bohaïrique*; *bBb* langue véhiculaire *bohaïrique*.

Fragmentation simple et continue ou multiple par enclaves de la zone globale offerte en partage d'influences
En situant "géographiquement" les (sub)dialectes coptes les uns par rapport aux autres selon leurs affinités réciproques, et par rapport aux "trois villes pivots" (Thèbes, Hermopolis, Memphis) mentionnées plus haut, le chercheur est bien conscient qu'il s'agit là d'une "géographie" tout à fait abstraite et vague, de laquelle on ne saurait exiger aucune précision rigoureuse. Par cette méthode empirique, on arrive cependant à fixer un ensemble de localisations assez vraisemblables pour qu'elles puissent servir de matériaux pour l'édification d'hypothèses utiles. Cela surtout si le passage d'un ensemble phonologique à un autre ensemble phonologique peut se faire ainsi de manière graduelle, sans rupture brutale.

Cette transition graduelle s'achoppe cependant, en certains domaines, à la *position d'Hermopolis*, qui y fait figure d'*enclave*. Cet achoppement est manifesté entre autres par la [prép.sns.] *sSs* — *sS's* ⲉ-, qui, apparaissant très fréquemment dans les textes coptes les plus divers, y joue le rôle d'un révélateur efficace. Ainsi (le partage entre ⲉ- et ⲁ- se faisant de manière très claire)[37]:

sSs	*A*	*L6*	*L5*	*L4*	*sS's*	*M*	*C*	*W*	*V*
e	*a*	*a*	*a*	*a*	*e*	*e*	*e*	*e*	*e*

	F4	*F5*	*F56*	*F7*	*bBb*		
	e	*e*	*e*	*e*	*e*		

Et si l'on ajoute à cette préposition très commune le substantif *sSs*— *sS's* ⲃⲟⲗ presque aussi courant qu'elle, de manière à créer l'adverbe ⲉⲃⲟⲗ fort commun lui aussi, l'image ci-dessus en est radicalement transformée par cette mise en exergue du substantif, mais toujours en isolant *sS's* de son voisinage, apparaissant en position d'enclave:

sSs	*A*	*L6*	*L5*	*L4*	*sS's*	*M*	*C*	*W*	*V*
0	*a*	*a*	*a*	*a*	*0*	*a*	*a*	*a*	*a*

	F4	*F5*	*F56*	*F7*	*bBb*		
	a	*a*	*a*	*a*	*0*		

*L'hypothèse du contact – dans la région de Memphis – entre les deux langues véhiculaires coptes: sSs (-sS's) et **bBb***

Voilà donc *sS's*, puissante langue véhiculaire, réduite (selon les apparences) à l'état d'*enclave* assiégée, dans les murs d'Hermopolis peut-être, par tout un environnement dialectal et provincial, irréductible et hostile à toute cette suprématie véhiculaire qui cherche à le dompter, à effacer son originalité multiple. Voilà une "anomalie" qui nous intéressera très

---

37. *P* (cf. supra, note 35) a également *a*.

concrètement dans notre étude dialectale des textes du Codex Tchacos, mettant côte à côte et en situation d'influence réciproque la langue véhiculaire *sS's*[38] conformément à laquelle le scribe a voulu faire sa copie, et l'un ou l'autre (ou l'un et l'autre) des (sub)dialectes régionaux, périphériques à Hermopolis qui ont laissé leurs traces dans les manquements idiolectaux dudit copiste. Quid *alors*?

Cette anomalie a été expliquée de manière très ingénieuse dans SATZINGER ([1980]–1985), hypothèse que nous avions réaménagée un peu plus tard (KASSER 1989a)[39] en observant les variations interdialectales du vocalisme très classique *o/a* (de type *son/ran* selon la terminologie de Satzinger, ou de type *bol/hap* selon notre terminologie)[40]. L'explication diachronique actuelle de la grande similitude vocalique entre les deux langues véhiculaires coptes, contrastant avec le grand éloignement géographique de leurs pôles d'excellence, est la suivante. Il y a d'abord, dans un stade évolutif tout à fait primitif, proto-copte, les ancêtres de nos deux langues véhiculaires; en amont Thèbes en centre de diffusion pour la langue saïdique, vocalisme de type *bal/hep*; en aval Memphis (avec le Delta en arrière-pays), centre de diffusion pour la langue bohairique, vocalisme de type *bol/hap*. Bien que ce proto-*S* soit centré à Thèbes, en tant que langue véhiculaire de toute la Vallée du Nil égyptien, il submerge tous les dialectes régionaux ou locaux de cette Vallée (sans toutefois les faire disparaître à court terme) et de ce fait il est entré en un contact très actif (pour des motifs politico-culturels) avec son contemporain véhiculaire, le proto-*bBb* un peu au sud de Memphis. Ce contact n'a pas modifié le "squelette consonantique" saïdique (de toute manière moins complexe et plus évolué que le "squelette" bohairique); en revanche,

---

38. Celle de la Moyenne-Égypte grosso modo.

39. En rappelant toutefois le rôle de précurseur qu'avait joué M. CHAÎNE (1934) dans la constitution de cette hypothèse (cf. KASSER 1990).

40. Notre terminologie devant être utilisable pour tous les idiomes coptes, ⲣⲁⲛ "nom" ne s'y prêtait pas en *P*, où "nom" est ⲡⲓⲛ. Il a donc fallu remplacer *ran* par *hap*.

s'appuyant sur la puissance politico-économique supérieure de Memphis, le niveau culturel bohaïrique a été ressenti comme plus prestigieux que celui des "montagnards" frustes de la Haute-Égypte. Ces derniers, complexés par l'infériorité[41] qu'ils s'attribuaient (ou qu'on leur attribuait volontiers), simultanément séduits par la sorte d'hyper-urbanité qui émanait de l'élite memphitique, ont adopté l'essentiel du vocalisme bohaïrique, surtout ce qui leur en a paru le plus frappant: la vocalisation typique *bol/hap* se substituant à leur ancien *bal/hep* jugé plus grossier.[42]

Venue de haut mais non souhaitée en dehors des grands centres urbains, cette réforme articulatoire du saïdique (touchant, en degré de fréquence, à la partie la plus visible, la plus frappante de son système vocalique tonique) ne s'est pas étendue à l'articulation des dialectes régionaux survivant sous la tutelle saïdique. Il en est résulté que, spécialement en ce qui concerne l'articulation des voyelles toniques de type *bol/hap,* dans toute la Vallée du Nil égyptien, *sSs* ou *sS's* véhiculaire se sont maintenus ensuite comme une chaîne d'îlots d'hyper-urbanité vocalique "à la bohaïrique" dans une masse articulatoire régionale (et variant de région en région), résistant à cette réforme articulatoire; laquelle n'aura finalement gagné cette bataille qu'en étouffant et liquidant (du moins sur le plan littéraire), aux V-VIe siècles, les (sub)dialectes ayant su résister jusqu'ici si opiniâtrement au nivellement articulatoire saïdique.

Inventaire et classement des cas d'idiolectalisme du Codex Tchacos (vocabulaire grécopte et vocabulaire égycopte)
Au début de la mise en chantier de cette étude dialectale, il avait été prévu d'y analyser séparément les quatre parties de ce Codex (Pi, Jac, Jud, Al,

---

41. Leur provincialisme.
42. On a remarqué que l'articulation "maniérée" d'une langue affecte son vocalisme plus aisément que son consonantisme.

quatre traités ayant chacun son individualité propre)[43]. Toutefois, il est apparu bientôt combien cette différenciation serait artificielle, pour les motifs suivants. D'abord, même si l'écriture de ces quatre traités était de la main du même copiste, même si leur idiome copte semblait pratiquement le même, d'autres caractéristiques les opposaient sensiblement les uns aux autres. Premièrement, la longueur de ces textes par rapport à l'ensemble du Codex (ce qui en avait subsisté): Pi 11%, Jac 38%, Jud 46%, Al 5% (les vestiges de Pi et d'Al sont si minuscules qu'ils ne nous instruisent guère sur l'ensemble de chacun de ces traités, leur langue, leur grammaire, leur vocabulaire etc.). Le déchiffrement de deux de ces traités est grandement facilité par l'existence de textes parallèles provenant de Nag Hammadi (Pi cf. NH VIII,2 et Jac cf. NH V,3). Ces quatre textes différents nous révèlent très vraisemblablement quatre auteurs différents, ayant chacun sa base théologique gnostique différente, ayant choisi d'adresser à leurs futurs lecteurs un message différent, dans un style personnel différent, avec un "bagage" lexical différent[44]. En bref, nous avons là un ensemble sûrement hétérogène, mais dont il nous serait pratiquement impossible de juger les membres avec impartialité. Aussi nous sommes-nous résignés, finalement, à analyser leur manifestation idiolectale d'une manière globale.[45]

Si, comme nous le faisons ici, l'on espère entrevoir, par les idiolecta-lismes (en somme plutôt rares) manifestés dans cette copie quadripartite, l'identité de l'un ou l'autre des (sub)dialectes régionaux de la Moyenne-Égypte, en analysant d'abord quelques voyelles caractéristiques, puis quelques consonnes caractéristiques, en déviance micro-systématique par rapport aux règles phonologiques (parfois à travers de curieuses déviances

---

43. Cf. *supra*, p. 39: Pi = "Épître de Pierre à Philippe"; Jac = "Jacques"; Jud = "Évangile de Judas"; Al = "Allogène", titre putatif.

44. Sur ce dernier point, des observations frappantes peuvent déjà être effectuées entre Pi ou Jac et les textes qui leur sont parallèles dans la collection de Nag Hammadi.

45. Tout au plus nous laisserons-nous tenter, en quelques points isolés, de dissocier Jud des autres unités de ce Codex.

orthographiques) du saïdique classique, si l'on groupe et confronte ces déviances sans préjuger de quelque avantage des voyelles par rapport aux consonnes (et vice versa), on pourra sans doute exposer ci-après quelques résultats intéressants, dont il sera question plus loin. Mais comme ils nous apparaîtront presque exclusivement dans le domaine lexical égy-copte, nous jetterons d'abord un premier coup d'oeil sur tout ce qui aura pu être récolté dans le domaine grécopte de notre Codex.

Vocabulaire grécopte du Codex Tchacos

L'examen systématique des lexèmes grécoptes des quatre textes du Codex Tchacos ne révèle aucune caractéristique pouvant être définie comme étant proprement micro-dialectale par l'influence d'un dialecte copte régional qui s'écarte de la langue véhiculaire copte saïdique, sigle sSs, ou qui dénote l'influence de l'autre langue véhiculaire copte, celle du Delta, la bohaïrique, sigle bBb. C'est ainsi que dans les verbes, à la termi-naison grecque tonique en -ᾶν correspond la saïdique -ⲁ : en ⲕⲁⲧⲁⲛⲧⲁ Jac, ⲡⲗⲁⲛⲁ Jud, ⲧⲟⲗⲙⲁ Jac, Jud; de même pour les terminaisons en -άναι: ⲡⲁⲣϊ̄ⲥⲧⲁ Jud et ⲥⲩⲛϊ̄ⲥⲧⲁ Jac; l'influence vocalique de /a/ s'étend même dans quelques cas au-delà de ces limites, en un ⲡⲗⲁⲥⲥⲁ Jud à côté d'un ⲡⲗⲁⲥⲥⲉ Pi plus classique (cf. aussi ⲭⲣⲁⲥⲑⲁⲓ Jud). De même, la terminaison tonique en -εῖν (p.ex. βοηθεῖν) aboutit à -(ⲉ)ⲓ saïdique (sans nette préférence en ⲉⲓ ou ⲓ pour cet /i/): ⲁⲅⲁⲛⲁⲕⲧⲉ̣ⲓ Jud, ⲁ̣ⲛ̣ⲁ̣ⲭⲱⲣⲓ Al, ⲁⲣⲭ[ⲉⲓ] ou ⲁⲣⲭⲓ (pour ⲁⲣⲭⲉⲓ) Jud, ⲃⲟⲏⲑⲓ Al, ⲇⲓⲁⲕⲟⲛⲉⲓ Jac, ⲉⲡⲓⲕⲁⲗⲉⲓ Jac Jud, ⲉⲩⲭⲁⲣⲓⲥⲧⲓ Jud, ⲕⲗⲏⲣⲟⲛⲟⲙⲓ Jac, ⲕⲟⲓⲛⲱⲛⲓ Jac, ⲕⲁⲧⲏⲅⲟ[ⲣ]ⲓ Jac, ⲗⲩⲡⲉⲓ ou ⲗⲩⲡⲓ Jac, ⲙⲉⲗⲓ ou ⲙⲉⲗⲉ[ⲓ] Jac, ⲛⲟ̈ⲓ Jac, ⲡⲟⲗⲉⲙⲉⲓ ou ⲡⲟⲗⲉⲙⲓ Jac, ⲡⲁⲣⲁⲕⲁⲗⲉⲓ Jac, ⲡⲣⲟⲥⲕⲁⲣⲧⲉⲣⲉⲓ Jud, ⲡⲁⲣⲁⲧⲏⲣⲉⲓ Jud, ⲫⲟⲣⲉⲓ Jud. Au contraire, la terminaison atone en -ειν (p.ex. αὐξάνειν) aboutit à -ⲉ saïdique: ⲁⲛⲉⲭⲉ, ⲁⲩⲝⲁⲛⲉ, ⲁⲥⲡⲁⲥⲉ, ⲅⲩⲙⲛⲁⲍⲉ, ⲕⲉⲗⲉⲩⲉ, ⲙⲁⲑⲏ-ⲧⲉⲩⲉ, ⲙⲁⲕⲁⲣⲓⲍⲉ, ⲙⲏⲛⲉⲩⲉ, ⲛⲏⲥⲧⲉⲩ[ⲉ], ⲛⲏⲫⲉ, ⲡⲉⲓⲑⲉ, ⲡⲗⲁⲥⲥⲉ, ⲡ̣ⲁ̣ⲣ̣ⲁ̣ⲅⲉ, ⲡⲟⲣⲛⲉⲩⲉ, [ⲡⲓ]ⲥⲧⲉⲩⲉ, ⲥⲡⲟⲩⲇⲁⲍⲉ, ⲧⲣⲉⲫⲉ, ⲭⲁⲣⲓⲥⲉ. Tous ces exemples montrent qu'on ne peut dénoter ici aucune influence du territoire de bBb, le Delta (cf. en bohaïrique ⲃⲟⲏⲑⲓⲛ, ⲅⲩⲙⲛⲁⲍⲓⲛ, ⲕⲁⲧⲁⲛⲧⲁⲛ, ⲡⲗⲁⲛⲁⲛ en *B74*, et ⲧⲟⲗⲙⲁⲛ). Même l'irrégulier ⲉⲡⲁⲓⲛⲟⲩ pour ἐπαινεῖν se retrouve très majoritaire dans le Nouveau Testament saïdique et dans les textes gnostiques saïdiques; et pareillement ⲡⲁⲣⲁⲇⲓⲇⲟⲩ παραδιδόναι, ou ⲭⲣⲁⲥⲑⲁⲓ χρῆσθαι. Quant aux anomalies consonantiques le plus souvent sporadiques qu'on peut observer ici ou là dans le vocabulaire grécopte du Codex Tchacos, elles ne tirent guère à conséquence, sauf exceptions. Ainsi n'avons-nous jamais rencontré ailleurs l'*hapax* ⲁⲅϭⲓⲟⲛ pour ⲁⲅⲅⲓⲟⲛ ἀγγεῖον, intéressant en ce qu'il suggère de l'articulation de ϭ (/g/ = /gʲ/ plutôt que /c/ = /kʲ/) dans la région où a été copié ce Codex. De même, est nouvelle pour nous la graphie ⲁⲛϯ pour ⲁⲛⲧⲓ ἀντί, probablement prononcés tous les deux de la même manière. Curieuse est l'orthographe ⲥⲁⲣⲁϩ pour ⲥⲁⲣϩ σάρξ partout où on la rencontre ici; elle apparaît aussi dans d'autres textes gnostiques, NagH V,3; IX,1 et 3 (et cf. ⲁⲣⲁϩ ἄρκος "ours", dans l'*Apocryphe de Jean*, manuscrit de Berlin, comme on peut le voir dans les notes de KRAUSE-LABIB 1962); la naissance d'une syllabe supplémentaire destinée à faciliter l'articulation d'une syllabe lourde apparaît parfois ailleurs en copte, cf. *L5* (Év. de Jean, THOMPSON 1924, ⲅⲟⲗⲟⲥⲥⲟⲕⲟⲙⲟⲛ pour ⲅⲗⲟⲥⲥⲟⲕⲟⲙⲟⲛ γλωσσόκομον "bourse"). On observera encore que la fricative sonore dentale /z/ des finales grecques atones -ζειν tend volontiers à devenir sourde /s/: ⲁⲥⲡⲁⲥⲉ ἀσπάζειν, ⲅⲩⲙⲛⲁⲍⲉ γυμνάζειν, ⲑⲩⲥⲓⲁⲥⲉ θυσιάζειν, ⲙⲁⲕⲁⲣⲓⲍⲉ μακαρίζειν, ⲥⲡⲟⲩⲇⲁⲍⲉ σπουδάζειν, ⲭⲁⲣⲓⲥⲉ χαρίζειν. D'autres remarques, assez banales et non originales, pourront être faites à propos de l'usage de la fricative laryngale /h/ en relation avec l'esprit rude grec, en position initiale, sur quelque voyelle ou sur /r/ vibrante sonore; en position médiane aussi quand ces deux phonèmes sont en contact. Ainsi /h/ "rend" ou devrait rendre l'esprit rude initial ou médian en ⲡⲁⲣϩⲏⲥⲓⲁ παρρησία; ⲡⲁⲣⲓⲥⲧⲁ παριστάναι; ϩⲣⲁⲃⲃⲉⲓ ou ⲣⲁⲃⲃⲉⲓ ῥαββί; ⲥⲩⲛϩⲓⲥⲧⲁ συνιστάναι; ϩⲉⲃ[ⲇⲟⲙⲁⲥ] ἑβδομάς; ϩⲏⲅⲉⲙⲱⲛ ἡγεμών; ϩⲓⲕⲱⲛ (par hyper-urbanité, cf. VERGOTE 1973, p. 15) εἰκών (on attendrait là ⲉⲓⲕⲱⲛ, qu'on ne trouve pas); (ϩ)ⲩⲗⲏ ὕλη; ϩⲟⲗⲱⲥ ὅλως; ϩⲁⲙⲏⲛ (hyper-urbanité, cf. *supra*) ἀμήν (ⲁ̇ⲙⲏⲛ ou ⲁⲙⲏⲛ est exclusif en *bBb*, rarissime ailleurs); ϩⲓⲛⲁ ἵνα; ϩⲩⲡⲏⲣⲉⲥⲓⲁ ὑπηρεσία; ϩⲩⲡⲟⲧⲁⲥⲥ[ⲉ] ὑποτάσσειν; ϩⲣⲁⲃⲃⲉⲓ voir ⲣⲁⲃⲃⲉⲓ; ϩⲟⲣⲟⲙⲁ ὅραμα; ϩⲉⲣⲙⲏⲛⲉⲩⲉ ἑρμη-νεύειν; ϩⲱⲥ ὡς; ϩⲓⲥⲟⲥ ἴσος (hyper-urbanité, on attendrait là ⲓⲥⲟⲥ); ϩⲟⲥⲟⲛ ⲁⲉ ὅσον δέ; ϩⲟⲧⲓ ὅτι; ϩⲟⲧⲁⲛ ὅταν. Il reste le problème de cer-tains ϫ de *sSs* remplacés ici par ⳉ. Ce problème est à la fois graphique et phonologique. *Graphique* parce que le ϫ ressemble beaucoup au ⳉ, au point qu'il est vraisemblable que, dans certaines des copies produi-tes aux débuts du copte littéraire, les scribes habitués à travailler avec le seul alphabet grec, aient cru pouvoir faire l'économie de cet unique graphème au moins, ⳉ, emprunté au démotique à travers le vieux-copte (cf. KASSER 1988), en constituant leur alphabet copte; cette tentative alphabétique proto-copte fut certes éphémère, mais elle nous a laissé une trace incontestable dans l'unique témoin (johannique, cf. FUNK-SMITH 1990) du subdialecte *L56*: ses seuls graphèmes d'origine démotique sont ⳉ, ϥ, ϩ, ϭ et ϯ, à l'exclusion de ⳉ, qu'il remplace partout par ϫ (le remplace-ment systématique de ⳉ par ϫ se manifeste aussi dans les maigres restes du subdialecte *F9*, cf. DIEBNER-KASSER 1989, p. 509)[46].

Mais évidemment, le problème de la confusion possible entre ⳉ et ϫ peut aussi être d'ordre *phonologique,* comme le suggèrent de nombreuses graphies déviantes observées dans divers témoins anciens.[47] Certes ces

---

46. Le même phénomène est sporadique dans le subdialecte *J* dont l'unique témoin est publié dans CRUM 1934.

47. Habituellement, ϫ rend l'affriquée /č/, dont l'articulation est fort proche de /tš/ (une occlusive suivie d'une fricative); ⳉ rend /kh/ (également une occlusive suivie d'une fricative). On remarquera que dans d'importants manuscrits coptes trouvés dans un rayon d'environ 200 km au sud et au nord d'Assiout, le remplacement de ⳉ par ϫ, quand il se produit, est effectué dans des conditions identiques. Dans le P. Bodmer XIX (*sSs*, trouvé probablement à une quinzaine de km au sud de Nag Hammadi, éd. KASSER 1962), c'est (assez régulièrement) seulement devant /i/ que ⳉ est remplacé par ϫ : ⲁⲛⲁϫⲱⲣⲓ, ⲁⲛⲉϫⲉ, ⲁⲣϫⲓ ou ⲁⲣϫⲉⲓ (sauf une exception), ⲁⲣϫⲓⲉⲣⲉⲩⲥ (2 cas, con-tre ⲁⲣⳉⲓⲉⲣⲉⲩⲥ 22 cas), ⲁⲣⳉⲱⲛ, (ϩ)ⲉⲕⲁⲧⲟⲛⲧⲁⲣⳉⲟⲥ, ⲉⲛⲟⳉⲟⲥ, ⲙⲏⳉⲁⲛⲏ, ⲡⲁⲥⳉⲁ, ⲡⲉⲣⲓⳉⲱⲣⲟⲥ, ϩⲩⲡⲁⲣⳉⲟⲛⲧⲁ, ⳉⲁⲓⲣⲉ, ⳉⲁⲣⲓⲥ, ⳉⲓⲱⲛ, ⳉⲗⲁⲙⲩⲥ, ⳉⲣⲓⲁ, ⳉⲱⲣⲓⲥ, ϯⲩⳉⲏ, et moins systématique, dans les noms propres, ⲃⲁⲣⲁⳉⲓⲁⲥ, ⲍⲁⳉⲁⲣⲓⲁⲥ, ϩⲓⲉⲣⲓⳉⲱ, ⳉⲁⲛⲁⲛⲁⲓⲁ. Et pareillement, dans l'évangile johannique lycodiospolitain découvert à une quarantaine de km au sud d'Assiout (*L56* THOMPSON 1924), on notera plus systématiquement encore, ⲁⲣⳉⲓⲉⲣⲉⲩⲥ (18 cas), ⲁⲣⳉⲱⲛ, ⲉⲩⳉⲁⲣⲓⲥⲧⲓ, ⲗⲟⲅⳉⲏ, ⲥⳉⲓⲥⲙⲁ (2 cas), ⳉⲁⲓⲣⲉ, ⳉⲓⲗⲓ[ⲁ]ⳉⲟⲥ (1 cas), ⳉⲓⲛⲁ[ⲣ]ⲣⲟⲥ (1 cas), ⳉⲟⲣⲧⲟⲥ, ⳉⲣⲓⲁ, ⳉⲱⲣⲁ, ϯⲩⳉⲏ, et, dans les noms propres, ⲙⲁⲗⳉⲟⲥ. Les deux autres témoins que nous tenons à citer ici sont en dialecte

témoignages ne nous donnent, pour le lieu d'origine du Codex Tchacos, qu'une confirmation assez vague, mais nous nous estimerons déjà heureux qu'ils n'entrent pas en franche opposition avec les indications idiolectales que nous pourrons tirer de l'orthographe des lexèmes égycoptes de ce Codex.

Vocabulaire égycopte: voyelles

I. L'examen des déviances vocaliques finales et atones, banales, attestées par notre Codex mérite d'être présenté ici d'une manière prioritaire; c'est en effet dans la Moyenne-Égypte que se manifeste la charnière qui relie entre eux les deux mondes dialectaux coptes, chacun "coloré" de la manière la plus spectaculaire par la finale atone qui, dans ses textes, multiplie ses apparitions et caractérise ainsi l'ensemble de son articulation. Telle a été en tous cas la figure de ces deux mondes depuis les débuts de cette manifestation jusqu'à une période récente, et même si cette exclusivité a été brisée maintenant par quelques exceptions[48] surprenantes, le schéma binaire qu'elle a imprimé dans la perception de la coptologie restera longtemps vivant dans la mémoire des égyptologues. Le fait que même si les idiolectalismes attestés par notre Codex évoquent une localisation très proche de la zone transitoire où l'on voit depuis peu, en suivant le cours du Nil d'amont en aval, la finale atone en ⲉ se manifester en un ⲏ intermédiaire (de saveur quelque peu hellénique) avant d'aller grossir les gros

---

M, et pour le dernier d'entre eux, le lieu de la découverte (Al Moudil) est assuré. Ainsi l'Évangile de Matthieu publié depuis un quart de siècle (SCHENKE 1981) nous donne ⲁⲛⲁⲭⲱⲣⲓ, ⲁⲛⲉⲭⲉ, ⲁⲣⲭⲁⲓⲟⲥ, ⲁⲣⲭⲉⲥⲑⲁⲓ, ⲁⲣⲭⲏ, ⲁⲣⲭⲓⲉⲣⲉⲩⲥ (26 cas), ⲁⲣⲭⲱⲛ, ⲇⲓⲇⲣⲁⲭⲙⲟⲛ, ⲑⲉⲕⲁⲧⲟⲛⲧⲁⲣⲭⲟⲥ, ⲉⲗⲁⲭⲓⲥⲧⲟⲥ et ⲉⲗⲁⲭⲓⲥⲧⲟⲛ (4 cas plus un ⲉⲗⲁⲭⲓⲥⲧⲟⲥ), ⲉⲛⲟⲭⲟⲥ, ⲉⲩⲭⲁⲣⲓⲥⲧⲓ, ⲗⲟⲅⲭⲏ, ⲗⲩⲭⲛⲓⲁ, ⲟⲩⲝⲓ (4 cas), ⲡⲁⲥⲭⲁ, ⲡⲉⲣⲓⲭⲱⲣⲟⲥ, ⲡⲣⲟⲥⲉⲩⲭⲉ, ⲡⲣⲟⲥⲉⲩⲭⲏ, ϩⲣⲁⲭⲁ, ⲥⲩⲛⲉⲭⲉ, ⲧⲉⲧⲣⲁⲇⲁⲣⲭⲏⲥ, ⲭⲁⲓⲣⲉ, ⲭⲁⲓⲣⲉⲧⲉ, ⲭⲁⲗⲁ, ⲭⲓⲱⲛ (1 cas), ⲭⲗⲁⲙⲩⲥ, ⲭⲣⲓⲁ, ⲭⲱⲣⲁ, ϯⲯⲭⲏ, et les noms propres ⲁⲭⲁⲥ, ⲁⲭⲓⲙ (1 cas), ⲃⲁⲣⲁⲭⲓⲁⲥ (1 cas), ⲍⲁⲭⲁⲣⲓⲁⲥ, ϩⲓⲉⲣⲓⲭⲱ, ⲓⲉⲭⲟⲛⲓⲁⲥ, ϩⲣⲁⲭⲁⲃ, ϩⲣⲁⲭⲏⲁ, ⲭⲁⲛⲁⲛⲓⲧⲏⲥ, ⲭⲟⲣⲁⲍⲉⲓⲛ. Et voici maintenant ce que nous atteste le dernier (éd. GABRA 1995, index BOSSON 1997): ⲁⲓⲭⲙⲁⲗⲱⲥⲓⲁ, ⲁⲓⲭⲙⲁⲗⲱⲧⲟⲥ, ⲁⲡⲁⲣⲭⲏ, ⲁⲣⲭⲏ, [ⲃⲣⲟ]ⲩⲭⲟⲥ, ⲉⲛⲟⲭⲗⲓ, ⲟⲩⲝⲓ (1 cas), ⲡⲣⲟⲥⲉⲩⲭⲏ, ⲧⲣⲟⲭⲟⲥ ⲭⲁⲗⲓⲛⲟⲥ, ⲭⲓⲛⲁϩⲣⲟⲥ (1 cas), ⲭⲏⲣⲁ, ⲭⲟⲣⲇⲁⲛ, ⲭⲟⲣⲟⲥ, ⲭⲣⲓⲁ, ⲭⲓⲱⲛ (2 cas), ⲭⲱⲣⲁ, et les noms propres ⲭⲁⲛ, ⲭⲁⲛⲁⲁⲛ, ⲭⲟⲩⲥⲓ, et ⲭⲱⲣⲏⲃ.

48. Cf. KASSER 2006a (… ⲣⲱⲛⲁ – ⲣⲱⲛⲉ – … – ⲣⲱⲛⲏ – ⲣⲱⲙⲓ – …). Développement récent de cette terminologie: KASSER 2006b.

bataillons du -ı final à l'approche de la basse Moyenne-Égypte, puis du Delta, puis de la mer Méditerranée, il reste que le scribe affinant la copie qu'il destinait à ses lecteurs, censé s'en tenir fermement au -ε classique du saïdique véhiculaire, s'il s'est permis quelques incursions mineures dans le pays du -ı (encouragées par quelques ΠΝϯ noms sacrés, habituels de *M*, recueillis en passant), n'a pas cédé à la tentation d'un -ʜ probablement trop marginal et innovateur à son goût[49]. Aussi présentons-nous ci-après: la *voyelle finale atone* banale (sans influence d'un *ʿayin* ou d'un *j-w* pré-copte[50], et en exceptant le nom sacré "Dieu"):

sSs	*A*	*L6*	*L5*	*L4*	*sS's*	*M*	*C*	*W*	*V*
e	*e*	*e*	*e*	*e*	*e*	*e*	*ê*	*i*	*i*

F4	*F5*	*F56*	*F7*	*bBb*
i	*i*	*i*	*i*	*i*

[Entre (...), le nombre de cas]: écrasante majorité de *e*. Exceptions: "terre" ΚΑϩI (1) Jac, ΚΕϩI[sic] (2) Jac, autrement ΚΑϩ (1) Al, (3) Jac, (1) Jud. "Penser" ΜΕΟΥϊ (1) Pi, autrement ΜΕΟΥΕ (5) Jac, (2) Jud. "Parler" CΕXI[sic] (1) Pi, autrement CΕXΕ[sic] (1) Al, (3) Jac, ϢΑXΕ (2) Al, (5) Jac, (3) Jud. "Nuée" ϬʜΠI (2) Al, (1) Jud, autrement ϬʜΠΕ (7) Jud. Nom sacré, "Dieu": ΠΝϯ (2) Al, (1) Jud, autrement ΝΟΥΤΕ (4) Jac, (11) Jud; en décalage vers le sud: le Ϥϯ de *bBb* envahit *F7 F56 F5 F4 V W C*; (Π)Νϯ envahit *M*. Apparemment idiolectal: avec *M* et (*W V F4 F5 F56 F7*).

---

49. Le dossier des finales atones en -ʜ, encore pratiquement inexistant il y a quelques décennies, s'est un peu étoffé maintenant (cf. KAHLE 1954, p. 70, KASSER 1980-81,III, p. 104-112, etc.). On notera aujourd'hui à ce sujet l'apparition (SCHENKE 2001), décisive, d'un premier témoin ancien, volumineux et très systématique; il s'y est ajouté quelques traces idiolectales apparues sporadiquement dans le fameux manuscrit *M* des Psaumes, GABRA ... 1995, vraiment ancien lui aussi. Tous deux ont sérieusement renforcé la crédibilité phonologique et dialectologique de la langue de l'étrange témoin relativement tardif (P.Morgan M 636, du VIIIe-IXe siècle, aujourd'hui encore inédit), langue du "dialecte *H*" (selon notre terminologie de 1980-81,III, p. 104-112).

50. Cf. EDEL 1961 et DIEBNER-KASSER 1989, p. 131.

II. et III. On abordera ici la vocalisation tonique, initiale ou médiane, considérée comme classique parce que banale et la mieux représentée dans l'orthographe copte. Aussi la dit-on de type *son/ran* (SATZINGER [1980]-1985) ou *bol/hap* (KASSER 1989a). Les traces idiolectales relativement abondantes qu'elle a laissées dans notre Codex ne nous sont malheureusement pas d'un grand secours pour localiser le travail du scribe ayant écrit notre codex, du fait qu'elles nous renvoient à tous les dialectes régionaux manifestés et localisés entre Thèbes et Memphis, unanimement opposés à la réforme orthographico-phonologique vocalique à laquelle a procédé *sSs* (selon notre hypothèse) sous l'influence prédominante de *bBb*. Aussi ne pouvons-nous que prendre acte de cette opposition linéaire. Témoignage idiolectal relevé:

II. Voyelle médiane ou initiale, tonique, banale, (type "justice" ϩⲀⲡ):

sSs	A	L6	L5	L4	sS's	M	C	W	V
a	e	e	e	e	a	e	e	e	e

F4	F5	F56	F7	bBb
e	e	e	e	a

[Toutes les formes à suffixes sont unifiées en sg.3.m.][51]: nég. ⲈN (1) Jac, autrement ⲀN (4) Al, (22) Jac, (11) Jud, (1) Pi. "A leurs pieds" ⲈⲢⲈ-ⲦⲞⲨ (1) Pi. "-là" ⲈⲦⲘ̄ⲘⲈⲨ (1) Jac, autrement ⲈⲦⲘ̄ⲘⲀⲨ (3) Al, (1) Jac, (17) Jud. "Fais!" ⲈⲠⲓ- (1) Jac. "Terre" ⲔⲈϩⲓ^sic (2) Jac, autrement ⲔⲀϩⲓ^sic (1) Jac, ⲔⲀϩ (1) Al, (3) Jac, (1) Jud. "Mère" ⲘⲈⲞⲨ (1) Jac, (1) Pi, autrement ⲘⲀⲀⲨ (1) Pi, ⲘⲀⲞⲨ (5) Jac. Prép.dat. suffixé ⲚⲈϥ (5) Al, (7) Jac, (1) Jud, (1) Pi, autrement ⲚⲀϥ (9) Al, (30) Jac, (21) Jud, (2) Pi. "Voir" ⲚⲈⲨ (2) Jac, autrement ⲚⲀⲨ (4) Jac, (19) Jud. "Celui-ci" m., f. "celle-ci" ⲠⲈⲈⲓ m., f. ⲦⲈⲈⲓ, (3) Pi, autrement ⲠⲀⲓ etc. (3) Al, (28) Jud. "Nom" ⲢⲈⲚ (1) Jac,

---

51. Ainsi prép.dat. suffixée sg.3.m. ⲚⲈϥ, ⲚⲀϥ.

autrement ⲡⲁⲛ (6) Jac, (15) Jud, (1) Pi. "Deux" ⲥⲛⲉⲩ (1) Jac, autrement
ⲥⲛⲁⲩ (3) Jac, (3) Jud. "Me redresser" ⲥⲉϩⲱⲓ (1) Jac, autrement ⲥⲁϩⲱⲓ
(1) Jac. "Il a" ⲟⲩⲟⲛⲧⲉⲩ (1) Jac, autrement ⲟⲩⲟⲛⲧⲁⲩ (4) Jac, (3) Jud,
(1) Pi. "Saint" ⲟⲩⲉⲉⲃ† (2) Jac, autrement ⲟⲩⲁⲁⲃ† (7) Jud. "(Le) salut"
(ⲡ)ⲉⲩⲭⲉⲓ avec l'art. défini sg.m. (1) Pi. "Parler" ⲥⲉⲭⲉ (1) Al, (3) Jac,
ⲥⲉⲭⲓ (1) Pi, autrement ⲯⲁⲭⲉ (2) Al, (5) Jac, (3) Jud. Apparentement
idiolectal avec *A L6 L5 L4 M C W V F4 F5 F56 F7*.

III. Voyelle médiane ou initiale, tonique, banale, (type "(l')extérieur" ⲃⲟⲗ):

sSs	*A*	*L6*	*L5*	*L4*	*sS's*	*M*	*C*	*W*	*V*
0	*a*	*a*	*a*	*a*	*0*	*a*	*a*	*a*	*a*

F4	*F5*	*F56*	*F7*	*bBb*
a	*a*	*a*	*a*	*0*

[Toutes les formes à suffixes sont unifiées en sg.3.m.][52]: Prép.sns. suffixée ⲉⲣⲁⲩ (1) Jac, autrement ⲉⲣⲟⲩ (22) Al, (25) Jac, (39) Jud, (5) Pi.
"Dehors" ⲉⲃⲁⲗ (3) Jac, autrement ⲉⲃⲟⲗ (15) Al, (58) Jac, (15) Jud, (5)
Pi. "Étant" ⲁⲓ† (2) Jac, autrement ⲟ† (11) Jac, (3) Jud. Prép.rel. suffixée
ⲙ̄ⲙⲁⲩ (1) Jac, (2) Pi, autrement ⲙ̄ⲙⲟⲩ (7) Al, (34) Jac, (25) Jud, (8) Pi.
"Connaître" ⲥⲁⲟⲩⲛⲉ (1) Jac, autrement ⲥⲟⲟⲩⲛⲉ (2) Al, (20) Jac, (3)
Jud, (1) Pi. "(Re)dresser" ⲥⲁⲟⲩⲧⲛ̄ (1) Jac. "Moment" ⲟⲩⲁⲉⲓⲯ (1) Jac,
autrement ⲟⲩⲟⲉⲓⲯ (1) Jac, (6) Jud. "Étant" ⲯⲁⲁⲡ† (3) Jac, autrement
ⲯⲟⲟⲡ† (29) Jac, (3) Jud, (3) Pi. "Premier (temps)" ⲯⲁⲣⲡ̄ (1) Jac, autrement (11) Jac, (4) Jud, (2) Pi. "Mâle" ϩⲁⲟⲩ[ⲧ] (1) Jac, (ϩ)ⲁⲩⲧ (1) Jac,
autrement ϩⲟⲟ[ⲩ]ⲧ (2) Jud. Conjugaison: présent II sg.3.m. ⲁⲩ- 16,20;
pl.3. ⲁⲩ- 25,16; futur énergique sg.2.m. ⲉⲕⲁ- 36,6. Apparentement idiolectal avec *A L6 L5 L4 M C W V F4 F5 F56 F7*.

---

52. Ainsi prép.sns. suffixée sg.3.m. ⲉⲣⲁⲩ, ⲉⲣⲟⲩ; idem prép.rel. ⲙ̄ⲙⲁⲩ, ⲙ̄ⲙⲟⲩ.

IV. Idem, toutefois dans l'adverbe ambigu (sauf en idiomes à /x/)[53] "vers le haut, en haut, en montant, vers le bas, en bas, en descendant" ⲉϩⲣⲏⲓ (4) Jac, autrement ⲉϩⲣⲁⲓ̈ (1) Jac, (6) Jud, ou ⲉϩⲣⲁⲉⲓ (1) Al, (1) Jud.[54]

sSs	A	L6	L5	L4	sS's	M	C	W	V
a	ê	ê	ê	ê	a	ê	ê	ê	ê

	F4	F5	F56	F7	bBb
	ê	ê	ê	ê	ê

Apparentement idiolectal: avec *A L6 L5 L4 M C W V F4 F5 F56 F7 bBb*.

V. "Leur" (à elles) sg.m./pl.3. ⲡⲟⲩ- (1) Jac, autrement ⲡⲉⲩ- (3) Jac, (6) Jud, (1) Pi; sg.f./pl.3. ⲧⲟⲩ- (1) Jac, autrement ⲧⲉⲩ- (3) Jac, (5) Jud; pl./pl.3, ⲛⲟⲩ- (1) Jac, autrement ⲛⲉⲩ- (2) Jac, (12) Jud, (1) Pi. [ⲡⲟⲩ- etc. *P A L6 L5 L4*[55] *bBb*, ⲡⲉⲩ- *M C W V F4 F5 F56 F7*].

sSs	A	L6	L5	L4	sS's	M	C	W	V
pew-	pou-	pou-	pou-	pou-	pew-	pew-	pew-	pew-	pew-

	F4	F5	F56	F7	bBb
	pew-	pew-	pew-	pew-	pou-

Apparentement idiolectal: *M C W V F4 F5 F56 F7*.

---

53. *P i A bBb*.

54. Alors que tous les idiomes coptes s'alignent ici dans une belle unanimité, en IV, sur la vocalisation /êj/ par uniformisation, en maintenant /a/ même devant /j/, *sSs* (rendant par là sa règle générale manifestement *arbitraire*, et probablement aussi par hyper-urbanité) refuse de se départir de son /a/ en /aj/, ce qui, pourrait-on dire, fait de cet idiome une langue hyper-véhiculaire, privée de sa souplesse vocalique, en empêchant la transition en douceur de /a/ très ouvert vers /i/ ou /j/ très fermé, par un /ê/ (/è/ ou /é/) intermédiaire.

55. En *L4 L5 L6*, ⲡⲟⲩ- n'est pas exclusif, mais en forte majorité.

Vocabulaire égycopte: consonnes

VI. Assimilation de fricatives sourdes: (dentale/prépalatale) /s/ — /č/
ou /š/ — /č/: "parler" ⲥⲉⲭⲉ[sic] (1) Al, (3) Jac, même ⲥⲉⲭⲓ[sic/sic] (1) Pi,
autrement ⲱⲁⲭⲉ (2) Al, (5) Jac, (2) Jud. "Raisonner" ⲥⲟⲭⲛⲉ (1) Jac,
(1) Pi, pas de ⲱⲟⲭⲛⲉ (ou forme similaire) dans le Codex Tchacos.

sSs	A	L6	L5	L4	sS's	M	C	W	V
š	š	š	s	s	š	s	s	s	s/š

F4	F5	F56	F7	bBb
š	š	š	š	s

Apparentement idiolectal: *L5 L4 M C W (V) bBb*.

VII. Substitution* de fricatives: de (sourde/labio-dentale)* < à
(sonore/labiale), ⲃ /b/ > *ϥ /f/ (ou vice versa[56], ϥ /f/ > *ⲃ /b/):

sSs	A	L6	L5	L4	sS's	M	C	W	V
b	b	b	b	*b	b	b	b	b	b

F4	F5	F56	F7	bBb
b	b	*f	b	b

"Aller" ϥⲱⲕ (1) Jud, autrement ⲃⲱⲕ (4) Al, (6) Jac, (9) Jud, (5) Pi.
"Répondre" ⲟⲩⲱϣϥ̄ (1) Al, autrement ⲟⲩⲱϣⲃ̄ (3) Jac, (6) Jud, (1) Pi.
Semi-substitution: "échange" ⲱϥⲃⲓⲱ (1) Jac (pour ⲱⲃ̄ⲓⲱ).

---

56. *L4* : dans les textes manichéens et toujours à l'initiale et devant une voyelle, p.ex. "ôter" ⲃⲓ, "effacer,
essuyer" ⲃⲱⲧⲉ, "rebelle" ⲃⲉϫⲉ (non "quatre" ϥⲧⲁⲩ), *F56* pratique ses substitutions selon d'autres
règles: toujours en fin de lexème, p.ex. "avec lui" ⲛⲉⲙⲏⲃ; "le" prép.rel. acc. ⲫ̄ⲙⲁⲃ; "à lui" prép.
dat. sg.3.m. (présuffixal suffixé) ⲛⲉⲃ ou ⲛⲏⲃ; "son" art.poss. sg.m./sg.3.m. ⲡⲉⲃ- etc. Les déviances
idiolectales du Codex Tchacos ne semblent influencées par aucune de ces deux règles; à leur base
pourrait se trouver une articulation imprécise de ⲃ/ϥ en une sorte de /v/.

Récapitulation

Cette analyse comparative sectorielle (d'un vaste secteur à vrai dire) nous paraît suggérer ceci: (1) Dans leur comportement idiolectal (manifesté par une contamination quantitativement très faible, sauf en ce qui concerne la substitution du type ⲥⲉⲭⲉ – ⲥⲉⲭⲓ au type ⲱⲁⲭⲉ), les 4 textes de ce Codex semblent se comporter de manière similaire; les différences qui apparaissent là, de manière superficielle, sont causées surtout par le style propre de chaque texte, avec les lexèmes dont chacun des quatre auteurs différents[57] a fait usage en conséquence du sujet traité et de ses propres préférences lexicales. Ces restrictions étant exprimées, l'impression donnée par ces sept catégories d'analyses, est que l'arrière-fond (sub)dialectal non saïdique du copiste ayant effectué les copies voulues saïdiques emplissant le Codex Tchacos paraît centré sur *M*, ou sur un subdialecte mésokémique très proche de *M*. Au-delà de cette attribution première, d'autres attributions plus discutables peuvent être prises en considération, comme il appert du tableau d'ensemble ci-dessous.

No	sSs	A	L6	L5	L4	sS's	M	C	W	V	F4	F5	F56	F7	bBb
I.	-e	-e	-e	-e	-e	-e	-e	-ê	-i	-i	-i	-i	-i	-i	-i
II.	-a-	-e-	-e-	-e-	-e-	-a-	-e-	-e-	-e-	-e-	-e-	-e-	-e-	-e-	-a-
III.	-o-	-a-	-a-	-a-	-a-	-o-	-a-	-a-	-a-	-a-	-a-	-a-	-a-	-a-	-o-
IV.	-aj	-êj	-êj	-êj	-êj	-aj	-êj	-êj	-êj	-êj	-êj	-êj	-êj	-êj	-êj
V.	pew-	pou-	pou-	pou-	pou-	pew-	pew-	pew-	pew-	pew-	pew-	pew-	pew-	pew-	pou-
---	---	---	---	---	---	---	---	---	---	---	---	---	---	---	---
VI.	ϣ	ϣ	ϣ	ⲥ	ⲥ	ϣ	ⲥ	ⲥ	ⲥ	ⲥ/ϣ	ϣ	ϣ	ϣ	ϣ	ⲥ
VII.	ⲃ/ϭ	ⲃ/ϭ	ⲃ/ϭ	ⲃ/ϭ	ⲃ/*ⲃ	ⲃ/ϭ	ⲃ/ϭ	ⲃ/ϭ	ⲃ/ϭ	ⲃ/ϭ	ⲃ/ϭ	ⲃ/ϭ	ⲃ/*ⲃ	ⲃ/ϭ	ⲃ/ϭ
			*	**		***	**	**	*	*	*	**	*		

Sans doute sera-t-il utile, pour certains travaux comparatifs, de désigner tel ou tel de ces lexèmes jugés fondamentalement saïdiques en

---

57. Auteurs des traductions coptes, fondée chacune sur le substrat d'un texte grec original, toutes et tous créés (vraisemblablement) par un auteur différent. Cf. *supra*, p. 37 et 55-56.

fonction du texte à l'intérieur duquel ils auront été trouvés, insérés, et néanmoins affectés par quelque marque idiolectale non saïdique, attirant l'attention sur tel ou tel (sub)dialecte régional non saïdique, sous-jacent. Voici quelques-unes de nos propositions de sigles hybrides concernant le Codex Tchacos: catégorie I. "Dieu" ⲡⲛⲧ S^M; "penser" ⲙⲉⲟⲩï S^W. Les cas de la catégorie II.-III., tels ϩⲉⲛ "justice", ⲃⲁⲗ "extérieur", pourront être désignés par S^{ALMF}. Les cas en /aj/ (et non /êj/) final, de notre catégorie IV. (à considérer à la limite comme des *hyper-bohairismes* de *sSs* – *sS's*, étant donc idiomatiques et non idiolectaux) ne seront affectés d'aucun sigle *sSs* spécial, sauf s'ils sont cités dans quelque étude phonologique particulière; auquel cas le sigle *sSSs* pourrait éventuellement leur convenir.

Notation des nombres

Une particularité frappante des textes du Codex Tchacos est leur manière, qu'on pourrait qualifier de désinvolte, de noter les nombres, non seulement par leur nom complet ou par le chiffre correspondant, "à la grecque", mais aussi, assez souvent, par une formule hybride, surtout si tel graphème du *chiffre* se trouve, par hasard, être identique ou similaire à tel graphème du *nom* du nombre. Exemple "quatre", chiffre ⲁ̄, nom ϥⲧⲟⲟⲩ, graphie hybride ϥⲁ̄. En dehors du *sS's* de notre Codex, ce phénomène est remarquablement rare; nous avons noté ceci: *bBb* (Kellia, MSAC 1999) "vingt-quatre" ⲕ̄ⲁ̄ passim, ou ⲭⲟⲩⲧⲁϥϯ p. 302 et 304 mais ⲭⲟⲩⲕ̄ⲁ̄ (sic, pour ⲭⲟⲩⲧⲁϥϯ) p. 116. *B74* (P. Bodmer III, KASSER 1958) "quatre" ⲁ̄ J 11,17 mais ϥ̄ⲁ̄ (sic, pour ϥⲧⲟⲟⲩ) J 4,35; 11,39; 19,23; G 2,10; "douze" ⲓ̄ⲃ̄ J 6,67. 70. 71, mais ⲙⲉⲛⲓ̄ⲃ̄ (sic, pour ⲙⲉⲧ[ⲥⲛⲟⲟⲩⲥ], à la rigueur ⲙⲉⲛ[ⲧⲥⲛⲟⲟⲩⲥ]) J 6,13; 11,9; 20,24. *F5* (texte magique, BM.Or.5525, CRUM 1905 p. 253b et KROPP 1930-1931, I, p. 17) "quatre" ϥ̄ⲁ̄ dans ⲁⲗⲉϩ ⲡⲉϥ̄ⲁ̄ ⲛⲥⲉ ⲡⲥⲱⲙⲁ ⲙⲛ ⲧⲉⲡⲯⲩⲭⲏ ⲙⲛ ⲡⲉⲡⲛⲉⲟⲩⲙⲁ "garde les quatre faces du corps, l'âme et l'esprit"; et ϥ̄ⲁ̄ aussi Ap 7,1 COQUIN [1986]-1989, p. 26.

Voici, avec leurs hybrides occasionnels, l'ensemble des nombres qu'on pourra trouver dans le Codex Tchacos (rappel d'identification: Pi = p.

1-9; Jac = p. 10-30; Jud = p. 33-58; Al = p. 59-66). 1. "un" m. ογⲁ dans ⲉⲡⲟγⲁ "pour chacun" etc. 49,17; 51,22; ⲡⲟγⲁ ⲡⲟγⲁ "chacun" 51,26; 52,23; ⲕⲁⲧⲁ ⲡⲟγⲁ ⲡⲟγⲁ "chacun" 49,25; m. aussi ογï 20,8. 2. "deux" m. ⲥⲛⲁγ 17,6; 19,9?; 24,19; *idiol.* ⲥⲛⲉγ 17,15; ⲙⲉ²ⲥⲛⲁγ "deuxième" 10,18; 48,12; 52,7?; "deux" f. ⲥⲛ̄ⲧⲉ 38,15; 3. "trois" m. ⲅ̄ 20,2; ϣⲟ[ⲙ]ⲛⲧ 33,4; mais ϣⲅ̄ 11,10?; m. ⲙⲉ²[ϣⲟⲙⲛ]ⲧ "troisième" 52,8?; f. ϣⲟⲙⲛ̄ⲧⲉ 28,21; 29,1? 4; mais ϣⲅ̄ⲧⲉ 21,21; 4. "quatre" m. ϥⲧⲟⲟγ 47,22; ⲙⲉ²ϥⲧⲟ[ⲟ]γ "quatrième" 52,9? 5. "cinq" m. ϯⲟγ 49,17; 52,11. 12? 55,18; ⲙⲉ²ⲧⲟγ "cinquième" 52,10; [6. "six" néant]; 7. "sept" m. ⲥⲁϣϥ̄ 26,5. 24. 25; f. ⲥⲁϣϥⲉ 12,16; 26,4; 27,6; mais ⲥⲍ̄ϥⲉ 25,19; 8. "huit" m. [ϣ]ⲙⲟγⲛ 33,4? [9. "neuf" néant]; 10. "dix" [m. néant]; f. ⲙⲏⲧⲉ 23,21; [11. "onze" néant]; 12. "douze" m. ⲙⲛ̄ⲧⲥⲛⲟⲟγⲥ 29,17?; 33,14?; 36,2?; 38,3?; 39,23; 44,25; 46,4?; 49,7. 18. 19; 51,5?. 20. 24. 25; *idiol.* ⲙⲛ̄ⲧⲥⲛⲁⲟγⲥ 23,1?; mais probablement ⲙⲛⲧ[ⲓⲃ̄] 12,15; 13. "treize" m. mais ⲕⲛⲁϣⲱⲡⲉ ⲙ̄ⲙⲉ²ⲙⲛ̄ⲧⲅ̄ "tu deviendras le treizième" 46,20; ⲱ̄ ⟨ⲡ⟩ⲙⲉ²ⲙⲛ̄ⲧⲅ̄ ⟨ⲛ⟩ⲇⲁⲓⲙⲱⲛ "Ô (toi) le treizième démon!" 44,21; ⲡⲙⲉ²(m!)ⲙⲛ̄ⲧ[ϣⲟⲙ]ⲧⲉ(f!) ⲛⲁⲓⲱⲛ "le treizième éon" (sic) 55,11; 17. "dix-sept" [m.] mais f. ⲙⲛ̄ⲧⲓⲍ̄ 24,26; 24. "vingt-quatre" m? x̲ⲟγⲧ̄[ⲁ]ϥⲧⲉ 49,8?; 72. "soixante-douze" m. ϣϥⲉⲥⲛⲟⲟγⲥ 13,3?; 49,9? 12? 23? 24?; 50,15? 17?; mais ϣⲟ̄ⲃ 13,5; 23,2; 360. "trois cent soixante" m. mais chiffre seul ⲧ̄ⲍ̄ 49,24; 50,2; 10'000. "dix mille" m. ⲧⲃⲁ 48,9? 14. 19. Nous comptons 3 chiffres, 9 hybrides, et 62 noms de nombres complets.

Autres problèmes particuliers

Concernant la *conjugaison* : on remarquera que dans Jud apparaît parfois une forme raccourcie du préfixe pl.2: présent II ⲉⲧⲛ̄- 34,8; parfait I ⲁⲧⲛ̄- 54,6; parfait relatif [ⲛ̄ⲧⲁ]ⲧⲛ̄ⲧⲣⲉϥ- 54,6.

Une particularité intéressante de la langue (trois écrits sur quatre, Pi, Jac, Jud) du Codex Tchacos y est la survivance, à côté du banal préfixe relatif intemporel ⲉⲧⲉ, ⲉⲧ-, d'un préfixe relatif du passé ⲛⲧⲁ- trouvant sa place à côté d'autres préfixes occupant les mêmes fonctions dans d'autres textes plus ou moins archaïques (TILL 1961, p. 84, *A* ⲉⲧⲁ²-,

L (ⲉ)ⲛⲧⲁϩ-, *L (S)* ⲉⲣ-, en terminologie modernisée; à quoi il sera permis d'ajouter, plus récemment, *P* ⲉⲧⲁϩ-). On a là, d'une certaine manière, un ⲛⲧⲁϩ- raccourci de son ϩ final, donnant, au premier coup d'oeil, l'illusion d'un préfixe verbal privé de son suffixe pronominal (illusion dont nous a libéré l'hypothèse explicative aimablement communiquée par FUNK et NAGEL, adoptée par nous ici). Exemple: 12,23 et 25 ⲡⲉⲛⲧⲁⲉⲓ ⲉⲃⲟⲗ ϩⲛ ⲡⲁⲧⲏⲡⲉ ⲁϥⲣ ⲙⲙⲉⲩⲉ ⲛⲧⲉϥⲏⲡⲥ : ⲡⲉⲛⲧⲁⲉⲓ ⲉⲃⲟⲗ ϩⲛ ⲡⲁⲧϣⲓⲧϥ ⲁϥⲣ ⲙⲙⲉⲩⲉ ⲙⲡⲉⲩϣⲓ "ce(lui) qui est provenu de l'Innombrable, a divulgué son nombre, (et) ce(lui) qui est provenu de l'Incommensurable, a divulgué leur mesure". On conviendra que la tentation était grande de voir là des omissions (mais trop grandes en nombres, 12 cas, cf. p. 4,24 note, d'où systématiques), et de corriger ⲡⲉⲛⲧⲁⲉⲓ en ⲡⲉⲛⲧⲁ⟨ϥ⟩ⲉⲓ.

La réflexion nous conduira maintenant, vraisemblablement, à désarmer une tautologie qui, au premier abord, paraît évidente. Ainsi 40,9-12: ⲕⲁⲓⲟⲩⲁ ϥ[ⲛⲁ]ⲡⲁⲣϩⲓⲥⲧⲁ ⲛⲛⲣⲉϥϩⲁⲧⲃ ϣ[ⲏⲣ]ⲉ ⲕⲁⲓⲟⲩⲁ ⲇⲉ ⲛⲛⲣⲉϥⲛⲕⲟⲕ-ⲧⲉ[sic] ⲙⲛ ϩⲟⲟ[ⲩⲧ] "un autre s'associe[ra] aux massacreurs d'en[fants (?)] et un autre aux homo[sexuels (mâles)]"; ϩⲁⲧⲃ- semble bien être un participe conjoint à valeur d'"agent" (il faudrait donc choisir entre ⲣⲉϥϩⲱⲧⲃ ⲛϣⲏⲣⲉ ou ϩⲁⲧⲃ ϣⲏⲣⲉ "tueur d'enfants"); d'autres exemples, rares, sont connus, de tels pléonasmes, à considérer comme incorrects, selon STERN 1880, p. 81. On pourra toutefois interpréter ϩⲁⲧⲃ- avec sa vocalisation en /a/, comme étant une forme *atone* "normale" (quoique idiolectale), de ϩⲱⲧⲃ; un ϩⲁⲧⲃ- pas spécialement participe conjoint de ϩⲱⲧⲃ bien que vocalisée en /a/, et non en /o/ ou en /e/, de même qu'en 37,26 ⲁⲧⲛϩⲁⲡ ⲧⲏⲩⲧ[ⲛ] on a un ϩⲁⲡ- (non ϩⲉⲡ- ou ϩⲟⲡ-) *atone* de [ϩⲱⲡ] "cacher".

En revanche, on pourra se contenter de signaler le préfixe verbal, rare, pl.1. ⲉⲡϫⲓⲛⲧⲛ- "pour faire que nous", complexe (ⲉ- prép.sns "pour", ⲡ- art.déf. sg.m., ϫⲓⲛ- "action de", STERN 1880 p. 83 et 298-299, CRUM 1939 p. 819, WESTENDORF 1977 p. 457, suivi du conjonctif), ici 59,9 et surtout (20)-22: ⲙⲁ ⲛⲁⲛ ⲛⲟⲩⲡⲛⲁ ⲛⲥⲟⲟⲩⲛ ⲉⲡⲟⲩⲱⲛϩ ⲉⲃⲟⲗ ⲛⲛⲉⲕⲙⲩⲥⲧⲏⲣⲓⲟⲛ ⲉⲡϫⲓⲛⲧⲛⲥⲟⲩⲱⲛⲛ ϫⲉ ⲛⲧⲁⲛⲉⲓ ⲉⲃⲟⲗ ⲧⲱⲛ ⲏ ⲉⲛⲁⲃⲱⲕ ⲉⲧⲱⲛ "donne-nous un esprit de connaissance, pour la révélation de tes mystères, pour que nous nous connaissions, (connaissant) d'où nous sommes sortis ou vers où nous irons".

On rencontre encore dans Jac un mot ⲕⲃⲁ auquel il est difficile, par son contexte, d'attribuer la signification de "vengeance, punition": (14,23)-15,7-(8) ⲛ̄ⲧⲁⲕⲉⲓ ⲟⲛ̄ ⲟⲩⲣ̄ ⲡⲙⲉⲟⲩⲉ ⲉⲭⲡⲓⲟ ⲛ̄ⲧⲉⲩⲃ̄ⲱϣ // ⲁⲗⲗⲁ ⲛ̄ϯ̇ϥⲓ ⲣⲟⲟⲩϣ ⲁⲛ ⳇⲁⲣⲟⲕ ⲁⲕⲉⲓ ⲅⲁⲣ ⲉⲧⲙⲛ̄ⲧⲁⲧⲥⲟⲩ̇ⲛⲉ ⲁⲩⲱ [ⲛ̄]ⲡⲕⲧⲱⲗⲙ̄ ⲗⲁⲟⲩⲉ ⳇ̄ⲣⲏⲓ̇ ⲛ̄ⳇⲏⲧⲥ ⲁⲕⲉⲓ ⲉⲧⲃⲱ̄ϣ ⲁⲩⲱ ⲡⲣ̄ ⲡⲙⲉⲟⲩⲉ ⲛ̄ⳇⲏⲧⲕ̄ ⲁⲕⲙⲟϣⲉ ⳇ̄ⲛ ⲡⲟⲙⲉ ⲙ̄ⲡⲕⲧⲱⲗⲙ̄ ⲙ̄ⲡⲟ̇ⲩⲧⲁⳇⲟ ⲙ̄ⲡⲉⲕⲕⲃⲁ "tu es venu en pleine Réminiscence pour (couvrir de) honte leur Oubli-Léthargie //. Toutefois, je ne (me) fais aucun souci pour toi, car tu es venu vers l'Ignorance, et tu ne t'y es aucunement sali; tu es venu vers l'Oubli-Léthargie, et la Réminiscence (était) en toi; tu as marché dans la boue, (et) tu ne t'(y) es pas sali, les (impuretés) n'ont pas suscité (?) ta vengeance (??)". Nous préférons considérer ce ⲕⲃⲁ comme un *hapax*.

Autre *hapax* probable, le lexème ⳇⲣⲟⲧ 33,20; ainsi (33,18-21) ⲟⲩⲏⲡⲉ ⲇⲉ [ⲛ̄]ⲥⲟⲡ ⲛⲁϥⲟⲩⲟⲛⳇϥ̄ ⲉⲛⲉϥⲙⲁⲑⲏⲧⲏⲥ ⲁⲗⲗⲁ ⲛ̄ⳇⲣⲟⲧ ϣⲁⲕϫⲉ ⲉⲣⲟϥ ⳇ̄ⲛ ⲧⲉⲩⲙⲏⲧⲉ "or un (grand) nombre de fois il ne s'est pas manifesté à ses disciples (banalement), mais (c'est plutôt) comme une apparition (fantomatique, ou comme un enfant?) qu'on l'a trouvé (parvenu) au milieu d'eux". Certains ont tenté de rapprocher ce ⳇⲣⲟⲧ de *bBb* ⳋⲣⲟϯ n.m. "enfant", *F* ⳇⲗⲁϯ, vieux-copte ⳋⲣⲱⲧ, dém. ḫrt, grec d'onomastique -χρατ(ης), mais le contexte n'est guère favorable à cette interprétation; un rapprochement avec ⳇⲣⲱⲧ n.f. "pressoir" est encore moins possible; pensera-t-on à un Jésus "voilé"?... WESTENDORF 1977 p. 326, ϣⲟⲣⲧ n.m. "couverture, voile", puis ϣⲱⲣⲧ "rendre fou", *bBb* ϣⲟⲣⲧ‡ ou ⳋⲟⲣⲧ‡. Nous penserons plus volontiers à *bBb* ⳇⲟⲣⲧϥ "apparition (fantomatique)", *B74* ⳇⲟⲣⲧ, Hab 3,10 dans le manuscrit inédit Vat. copto 9, rendant d'ailleurs φαντασία "apparition de choses qui font illusion", et s'accordant parfaitement avec les apparitions / disparitions successives (et mystérieuses) de Jésus dans Jud; et de même dans les évangiles canoniques, décrivant certains épisodes antérieurs à la crucifixion, puis surtout postérieurs à la résurrection: Mt 14,22-33; Mc 16,9-15; L 24,15-53; J 20,11-21,19; Ac 1,1-11.

Nous signalerons à la fin de cette étude deux passages où il est fait usage du préfixe verbal du parfait relatif nié, apparemment (au premier coup d'oeil) en forme suffixale du singulier 3.f., et qui nous a plongé d'abord dans une profonde perplexité. Ainsi 47,5-8 ϥϣⲟⲟⲡ ⲅⲁⲣ ⲛ̄ϭⲓ ⲟ[ⲩⲛ]ⲟϭ ⲛⲁⲓⲱⲛ ⲁⲩⲱ ⲟⲩⲁⲧⲁⲣⲏⲭϥ̄ ⲡⲁ[ⲓ̈] ⲉⲧⲉ ⲙ̄ⲡⲉⲥ ⲗⲁⲟⲩⲉ ⲛ̄ⲅⲉⲛⲉⲁ ⲛ̄[ⲁⲅ]ⲅⲉⲗⲟⲥ ⲛⲁⲩ ⲉⲡⲉϥϣⲓ "car il existe un éon grand et illimité dont aucune génération d'anges n'a pu voir la dimension". Et 48,22-26 ⲧϣⲟⲣⲡ̄ ⲛ̄ϭⲏⲡⲉ ⲛ̄ⲧⲉ ⲡⲟⲩⲟⲓ̈ⲛ ⲧⲁⲉⲓ ⲉⲧⲉ ⲙ̄ⲡⲉⲥ ⲗⲁⲟⲩⲉ ⲛⲁⲅⲅⲉⲗⲟⲥ ⲛⲁⲩ ⲉⲣⲟⲥ ϩⲛ̄ ⲛⲁⲓ̈ ⲉⲧⲟⲩⲙⲟⲩⲧⲉ ⲉⲣⲟⲟⲩ ⲧⲏⲣⲟⲩ ⲭⲉ ⲛⲟⲩⲧⲉ "la première nuée de lumière, qu'aucun ange n'a pu voir, parmi tous ceux qu'on appelle Dieu(x)". La solution que nous a proposée un ami consulté[58] nous paraît tout à fait acceptable: ⲙⲡⲉⲥ doit être divisé en ⲙⲡⲉ- prénominal et ⲥ idiolectal pour ϣ "pouvoir", la construction ainsi obtenue n'excédant plus, ainsi, la normalité.

Sigles et Bibliographie

A = dialecte copte "akhmîmique".

Ac = Actes des Apôtres (Nouveau Testament).

a-/c/-mique = privé de ϭ /c/.

Al = "Allogène", titre (putatif) attribué au quatrième texte du Codex Tchacos; cf. *supra*, p. 37.

alambdacique = sans lambdacisme.

Ap = Livre de l'Apocalypse de Jean (Nouveau Testament).

B (collectif) = *bBb* + *B74*; ou en présentation simplifiée.

B74 = subdialecte copte "sud-bohaïrique".

bBb = *langue* copte *véhiculaire* septentrionale, *bohaïrique*.

Bosson 1997 = N. Bosson, unter Mitarbeit von R. Kasser,

---

58. Nous n'en sommes sortis qu'avec l'aide de W.-P. Funk auquel nous témoignons ici toute notre gratitude. Sa perspicacité et son expérience ont eu, finalement, raison des difficultés que nous ne parvenions pas à résoudre.

Wörterverzeichnis zu Gawdat Gabras Ausgabe des Psalters im mesoke-mischen (oxyrhynchitischen / mittelägyptischen) Dialekt des Koptischen (Mudil-Kodex), Leuven 1997.

C = dialecte copte "catamésokémique".

C.E. 1991 = *The Coptic Encyclopedia* (éd. A. S. ATIYA, New York – Oxford – Singapore – Sydney), vol. 8, Linguistics (éd. R. KASSER).

ČERNÝ 1975 = J. ČERNÝ, *Coptic Etymological Dictionary,* Cambridge 1976.

CHAÎNE 1934 = M. CHAÎNE, *Les dialectes coptes assioutiques A2, les caracté-ristiques de leur phonétique, de leur syntaxe,* Paris 1934.

copte autochtone voir égycopte.

copto-grec voir grécopte.

COQUIN [1986]-1989 = R.-G. COQUIN, "Deux fragments fayoumiques du fonds copte, IFAO 28 et 29", *Études coptes III, troisième journée d'études, Musée du Louvre, 23 mai 1986,* Paris 1989, p. 21-31.

CRUM 1905 = W. E. CRUM, *Catalogue of the Coptic Manuscripts in the British Museum,* London 1905.

CRUM 1934 = W. E. CRUM, "Un psaume en dialecte d'Akhmîm", *Mélanges Maspero, 2 = Mission archéologique française au Caire, Mémoires,* 67, 1934, p.73-86.

CRUM 1939 = W. E. CRUM, *A Coptic Dictionary,* Oxford 1939.

DIEBNER-KASSER 1989 = B. J. DIEBNER, R. KASSER, A. M. KROPP, C. VOIGT, unter Mitarbeit von E. LUCCHESI (herausg. von B. J. Diebner und R. Kasser), *Hamburger Papyrus Bil. 1, die alttestamentlichen Texte des Papyrus Bilinguis 1 der Staats- und Universitätsbibliothek Hamburg, Canticum Canticorum (coptice), Lamentationes Ieremiae (coptice), Ecclesiastes (graece et coptice),* Cahiers d'Orientalisme, 18), Genève 1989.

DORESSE 1958 = J. DORESSE, *Les livres secrets des gnostiques d'Égypte,* Paris 1958.

EDEL 1961 = E. EDEL, "Neues Material zur Herkunft der Auslautenden Vokale ⲉ und ⲓ im Koptischen", *Zeitschrift für Ägyptische Sprache und Altertumskunde,* 86, 1961, p. 103-106.

EDGERTON 1957 = W. F. EDGERTON, [review of] W. C. Till, *Koptische Grammatik (Saïdischer Dialekt), mit Bibliographie, Lesestücken und Wörterverzeichnissen,* Leipzig 1955, in *Journal of Near Eastern Studies,* 16, 1957, p. 136-137.

égycopte = (vocabulaire) copte d'origine égyptienne (autochtone, non grecque, etc.).

Ép = Épîtres de Paul (Nouveau Testament).

F (collectif) = *F4* + *F5* + *F56* + (mais seulement approximativement) *F7* et *F9*; ou en présentation simplifiée.

F4 = dialecte copte "sud-fayoumique", d'attestation relativement ancienne (cf. DIEBNER-KASSER 1989, p. 51-146; FUNK 1992), à lambdacisme, prép.dat. suffixée sg.3.m. *nef*.

F5 = dialecte copte "fayoumique central" (dit "classique"), d'attestation relativement récente (cf. DIEBNER-KASSER 1989, p. 51-146, et C.E. 1991, p. 124-131), à lambdacisme, prép.dat. suffixée sg.3.m. *nêf*.

F56 = subdialecte copte "béta-fayoumique", d'attestation relativement récente (cf. DIEBNER-KASSER 1989, p. 77-78 et 509), à lambdacisme, prép.dat. suffixée sg.3.m. *nêb*.

F7 = dialecte copte "nord-fayoumique" (dit "bariolé"), à lambdacisme, prép. dat. suffixée sg.3.m. *nef*, sans /c/. Attestation unique et particulièrement ancienne, fin du IIIe siècle, cf. DIEBNER-KASSER 1989, p. 51-146.

F9 = dialecticule copte "micro-fayoumique 2" (attestation unique et particulièrement ancienne, fin du IIIe siècle, cf. DIEBNER-KASSER 1989, p. 51 et 83-86; alphabet dépourvu de signes non grecs: ϣ remplacé par c, ϥ par ʙ, ϫ par x, ϭ par κ, † par τι, ϩ supprimé sans remplacement), à lambdacisme, et prép.dat. suffixée sg.3.m. *ne{b}*; lexèmes typiques: ᴀϭΗΟΥΤ† "agile"; ЄλΑ(ʙ) "vers (lui), pour (lui)"; κλλ† "(qui) est (mis)"; κλτʙ "le (acc.) tourner"; ΜΗλ† "lié"; ιΝ- prép.rel.; Νᴀτ† "sûr"; ΝΟΥΤι "Dieu"; ΠΟΤ "courir"; cЄΝι "ordre (donné)"; τᴀᴀʙι "me rétribuer"; τιΝΟΥ "maintenant"; cΝᴀ "étranger"; cτᴀτΟλ† "troublé"; cᴀxΝι "délibérer"; Η "manière" mais ιΝΘΗ "comme"; ЄΠ "droit" (juridique); ΗΤ "coeur"; xι "prendre"; conjugaison, parfait I nié nom.

ⲓⲛⲡⲉ-; conjonctif sg.3.f. ⲓⲛⲧⲉⲥ-; conditionnel nom. ⲁⲗⲉⲥⲁⲛ- .

FUNK 1992 = W.-P. FUNK, *Concordance of Early Fayyumic Fragments (Dialect F4)*, Québec 1992 (private distribution).

FUNK-SMITH 1990 = W.-P. FUNK, R. SMITH, John 10:7-13:38 in Subachmimic, dans W. BRASHEAR, W.-P. FUNK, J. M. ROBINSON, R. SMITH, *The Chester Beatty Codex AC 1390, Mathematical School Exercises in Greek and John 10:7-13:18 in Subachmimic*, Chester Beatty Monographs, No 13, Leuven – Paris 1990, p. 57-137.

G = Livre de la Genèse (Ancien Testament).

G = dialecte copte *G* (dit "bachmourique", et cf. C.E. 1991 p. 74-76).

GABRA 1995 = G. GABRA, *Der Psalter im oxyrhynchitischen (mesokemischen / mittelägyptischen) Dialekt*, mit Beiträgen von N. Iskander, G. Mink und J. L. Sharp, Abhandlungen des Deutschen Archäologischen Instituts Kairo, Koptische Reihe, Band 4, Heidelberg 1995.

GARDINER 1957 = A. GARDINER, *Egyptian Grammar, being an Introduction to the Study of Hieroglyphs*, Oxford 1957.

grécopte = (vocabulaire) copte d'origine non égyptienne (mais grecque, ou devenu copte à travers le grec).

GREENBERG 1962 = J. H. GREENBERG, "The Interpretation of the Coptic Vowel System", *Journal of African Languages*, 1, 1962, p. 22-29.

H = mésodialecte (et métadialecte) copte (dit parfois "hermopolitain"), d'attestation tardive (témoin principal P. Morgan M 636, du VIII-IXe s.), prép.dat. suffixée sg.3.m. *nab* (cf. KASSER 1980-81, III, p. 104-112, et C.E. 1991, p. 76-79).

Hab = Livre du prophète Habacuc (Ancien Testament).

HINTZE 1948 = F. HINTZE, "Noch einmal zur 'Ersatzdehnung' und Metathese im Ägyptischen", *Zeitschrift für Phonetik und Allgemeine Sprachwissenschaft*, 2, 1948, p. 199-213.

HINTZE 1980 = F. HINTZE, "Zur koptischen Phonologie", *Enchoria*, 10, 1980, p. 23-91.

i = protodialecte copte "proto-lycodiospolitain" (cf. C.E. 1991, p. 79-82, et LACAU 1946, KASSER 1979, et KASSER 1980-81, III, p. 112).

J = Évangile selon Jean (Nouveau Testament).

J = sorte de protodialecte copte mal défini, dont la seule attestation est relativement ancienne (fin du IIIe s., cf. Crum 1934 et Kasser 1980-81, III, p. 113-115).

Jac = deuxième texte du Codex Tchacos, intitulé "Jacques"; cf. *supra*, p. 37.

Jud = troisième texte du Codex Tchacos, intitulé "L'Évangile de Judas"; cf. *supra*, p. 37.

Kahle 1954 = P. Kahle, *Bala'izah, Coptic Text from Deir el-Bala'izah in Upper Egypt*, Oxford 1954.

Kasser 1958 = R. Kasser, *Papyrus Bodmer III, Évangile de Jean et Genèse I-IV,2 en bohairique* (CSCO 177-178), Louvain 1958.

Kasser 1960 = R. Kasser, *Papyrus Bodmer VI, Livre des Proverbes,* (CSCO 194-195), Louvain 1960.

Kasser 1962 = R. Kasser, *Papyrus Bodmer XIX, Évangile de Matthieu XIV,28-XXVIII,20, Épître aux Romains I,1-II,3, en sahidique*, Cologny/ Genève 1962.

Kasser 1979 = R. Kasser, "Relations de généalogie dialectale dans le domaine lycopolitain", *Bulletin de la Société d'égyptologie, Genève, 1,* 1979, p. 23-25.

Kasser 1980-81 = R. Kasser, "Prolégomènes à un essai de classification systématique des dialectes et subdialectes coptes selon les critères de la phonétique, I, principes et terminologie", *Muséon*, 93, 1980, p. 53-112; "Prolégomènes ..., II, alphabets et systèmes phonétiques", *Muséon*, 93, 1980, p. 237-297; "Prolégomènes ..., III, systèmes orthographiques et catégories dialectales", *Muséon, 94,* 1981, p. 91-152.

Kasser 1985 = R. Kasser, "Gémination de voyelles dans le P. Bodmer VI", *Acts of the Second International Congress of Coptic Studies, Roma 22-26 September 1980* (éd. T. Orlandi and F. Wisse), Roma 1985, p. 89-120.

Kasser 1989a = R. Kasser, "Le grand-groupe dialectal copte de Basse-Égypte et son extension véhiculaire panégyptienne", *Bulletin de la Société d'égyptologie, Genève,* 13, 1989, p. 73-82.

KASSER 1989b = R. KASSER, "Le copte vraiment vivant, ses idiomes écrits (langues, dialectes, subdialectes) au cours de leur millénaire (IIIᵉ-XIIᵉ siècles environ)", *Bulletin de la Société d'archéologie copte,* 28 (1986-1989), 1989, p. 11-50.

KASSER 1990 = R. KASSER, "Marius Chaîne et la thèse d'une relation privilégiée entre les langues coptes saïdique et bohairique", *Journal of Coptic Studies,* 1, 1990, p. 73-77.

KASSER 2006a = R. KASSER, "Le bouquet épanoui de la vocalisation dialectale copte s'enrichit: ⲢⲰⲘⲀ (?) – ⲢⲰⲘⲈ / ⲢⲞⲘⲈ – ⲢⲰⲎⲎ – ⲢⲰⲘⲒ / ⲖⲰⲘⲒ et quoi encore ?", *Études coptes IX, Onzième Journée d'études* (Strasbourg 12-14 juin 2003) (éd. par A. Boud'hors, J. Gascou et D. Vaillancourt), Cahiers de la Bibliothèque copte 14, Paris 2006, p. 211-231.

KASSER 2006b = R. KASSER, "ⲔⲀⲦ'ⲀⲤⲠⲈ ⲀⲤⲠⲈ, constellations d'idiomes coptes plus ou moins bien connus et scientifiquement reçus, aperçus, pressentis, enregistrés en une terminologie jugée utile, scintillant dans le firmament égyptien à l'aube de notre troisième millénaire", *Coptica gnostica-manichaica, Mélanges offerts à Wolf-Peter Funk,* (éd. L. Painchaud et H. Poirier), Québec – Louvain – Paris 2006, p. 389-492.

KASSER-MEYER-WURST 2006 = R. KASSER, M. MEYER, G. WURST, avec la collaboration de F. GAUDARD, *L'Évangile de Judas,* Paris 2006 (Flammarion), traduit librement de (mêmes auteurs) *The Gospel of Judas,* Washington 2006 (National Geographic Society).

KRAUSE-LABIB 1962 = M. KRAUSE und P. LABIB, *Die drei Versionen des Apokryphon des Johannes im Koptischen Museum zu Alt-Kairo,* Wiesbaden 1962.

KROPP 1930-31 = A. M. KROPP, *Ausgewählte koptische Zaubertexte,* Bruxelles 1930-1931.

KUENTZ 1934 = C. KUENTZ, "Quantité ou timbre? À propos des pseudo-redoublements de voyelles en copte", *Groupe linguistique d'études chamito-sémitiques,* 2, 1934-1937 (compte rendu de la séance du 19.12.1934), p. 5-7.

L = Évangile selon Luc (Nouveau Testament).

L (collectif) = *L4* + *L5* + *L6*; ou en présentation simplifiée.

L4 = dialecte copte "lycodiospolitain septentrional" (attesté par les textes manichéens).

L5 = dialecte copte "lycodiospolitain central" (attesté surtout par l'Évangile de Jean édité par THOMPSON 1924).

L6 = dialecte copte "lycodiospolitain méridional" (attesté surtout par les textes gnostiques non saïdiques de Nag Hammadi et par un manuscrit des Acta Pauli, édité par SCHMIDT 1904 et 1909).

LACAU 1910 = P. LACAU, "À propos des voyelles redoublées en copte", *Zeitschrift für Ägyptische Sprache und Altertumskunde,* 48, 1910, p. 77-81.

LACAU 1946 = P. LACAU, "Fragments de l'Ascension d'Isaïe en copte", *Muséon,* 59, 1946, p. 453-457.

lambdacisme = caractéristique de la grande majorité des témoins coptes fayoumiques, substituant un *lambda* (ⲗ) à ce qui est, le plus souvent, un *rho* (ⲣ) dans les autres idiomes coptes.

M = dialecte copte "mésokémique".

Mc = Évangile selon Marc (Nouveau Testament).

MSAC 1999 = MSAC, Mission suisse d'archéologie copte de l'Université de Genève, sous la direction de R. KASSER, *EK 8184. Tome III, Explorations aux Qouçoûr el-Izeila lors des campagnes 1981, 1982, 1984, 1985, 1986, 1989 et 1990,* contributions de F. Bonnet-Borel, N. Bosson, P. Bridel, M.-I. Cattin, G. Descoeudres, S. Favre, P. Grossmann, R. Kasser, E. Makowiecka, G. Nogara, J. Partyka, M. Rassart-Debergh, D. Sierro, Leuven 1999.

Mt = Évangile selon Matthieu (Nouveau Testament).

nefique = dont la prép.dat. suffixée sg.3.m. est *nef* .

nêfique = dont la prép. dat. suffixée sg.3.m. est *nêf* .

P = protodialecte copte "proto-thébain" (son seul témoin est relativement ancien, fin du IIIe s.: P. Bodmer VI, éd. KASSER 1958, cf. C.E. 1991, p. 27-45 et 82-87).

Pi = premier texte du Codex Tchacos, intitulé "Épître de Pierre à Philippe"; cf. *supra,* p. 37.

Prv = Livre (biblique) des Proverbes (Ancien Testament).

Ps = Livre (biblique) des Psaumes (Ancien Testament).

S voir *sSs* et *sS's*; et langue *véhiculaire* saïdique en présentation simplifiée.

SATZINGER [1980]-1985 = H. SATZINGER, "On the Origin of the Sahidic Dialect", *Acts of the Second International Congress of Coptic Studies, Roma 22-26 September 1980* (ed. T. Orlandi and F. Wisse), Roma 1985, p. 307-312.

SCHENKE 1981 = H.-M. SCHENKE, *Das Matthäus-Evangelium im mittelägyptischen Dialekt des Koptischen (Codex Scheide),* Berlin 1981.

SCHENKE 2001 = H.-M. SCHENKE, *Das Matthäus-Evangelium im mittelägyptischen Dialekt des Koptischen (Codex Schøyen),* Oslo 2001.

sSs = *langue* copte *véhiculaire,* méridionale; collectivement et plus précisément en cas de besoin: partie la plus méridionale de cette langue méridionale, entre la Nubie (Assouan), Thèbes et ses environs, Assiout et ses environs (Haute-Égypte); s'opposant alors à *sS's,* partie la plus septentrionale de cette langue (Moyenne-Égypte), d'Hermopolis avec ses environs jusqu'aux faubourgs méridionaux de Memphis (en présentation simplifiée: *S*).

sS's voir *sSs.*

STEINDORFF 1951 = G. STEINDORFF, *Lehrbuch der koptischen Grammatik,* Chicago 1951.

STERN 1880 = L. STERN, *Koptische Grammatik*, Leipzig 1880.

THOMPSON 1924 = H. THOMPSON, *The Gospel of St. John According to the Earliest Coptic Manuscript, Edited with Translation,* London 1924.

TILL 1929 = W. C. TILL, "Altes ' Aleph und ' Ajin im Koptischen", *Wiener Zeitschrift für die Kunde des Morgenlandes,* 36, 1929, p. 186-196.

TILL 1955 = W. C. TILL, *Koptische Grammatik (saïdischer Dialekt), mit Bibliographie, Lesestücken und Wörterverzeichnissen,* Leipzig 1955.

TILL 1961 = W. C. TILL, *Koptische Dialektgrammatik, mit Lesestücken und Wörterbuch,* München 1961.

V = dialecte copte "fayoumique alambdacique" (= sans lambdacisme), prép.dat. suffixée sg.3.m. *nef.*

VERGOTE 1945 = J. VERGOTE, *Phonétique historique de l'égyptien, les consonnes*, Louvain 1945.

VERGOTE 1973 = J. VERGOTE, *Grammaire copte, I a. Introduction, phonétique et phonologie, morphologie synthématique (structure des sémantèmes), partie synchronique,* Louvain 1973.

VYCICHL 1983 = W. VYCICHL, *Dictionnaire étymologique de la langue copte,* Leuven 1983.

W = dialecte copte "cryptomésokémique", prép.dat. suffixée sg.3.m. *nef.*

WESTENDORF 1977 = W. WESTENDORF, *Koptisches Handwörterbuch, bearbeitet auf Grund des Koptischen Handwörterbuchs von Wilhelm Spiegelberg,* Heidelberg 1977.

THE LETTER OF
PETER TO PHILIP

Introduction by Marvin Meyer
Coptic text edited by Rodolphe Kasser and Gregor Wurst
English translation by Marvin Meyer and François Gaudard
French translation by Rodolphe Kasser
Notes by Marvin Meyer and Gregor Wurst

THE LETTER OF PETER TO PHILIP, the opening tractate of Codex Tchacos, occupies most of the first nine pages of the manuscript (1,1–9,15). This text of the *Letter of Peter to Philip* is another copy of the tractate known from Codex VIII of the Nag Hammadi library, where, as the second and concluding text in the codex, following the fragmentary Sethian tractate *Zostrianos*, it fills all but a few lines of the final nine pages of that codex (132,10–140,27). The present version of the *Letter of Peter to Philip* includes a titular subscript, [ⲧ]ⲉⲡⲓⲥⲧⲟⲗⲏ ⲙ̄ⲡⲉⲧⲣⲟⲥ ϣⲁ ⲫⲓⲗⲓⲡ-ⲡⲟⲥ, "The Letter of Peter to Philip" (9,13–15); the Nag Hammadi version opens with a superscribed title that is copied as a title but is more periphrastic and descriptive of the opening of the text: ⲧⲉⲡⲓⲥⲧⲟⲗⲏ ⲙ̄ⲡⲉⲧⲣⲟⲥ ⲉⲧⲁⲩϫⲟⲟⲩⲥ ⲛ̄ⲫⲓⲗⲓⲡⲡⲟⲥ, "The Letter of Peter Which He Sent to Philip" (132,10–11). The *Letter of Peter to Philip* from Codex Tchacos, as currently available and conserved, is fragmentary: the bottom portions of pages 1–8 are missing, and there are additional smaller lacunae as well. Photographs help in the reading of the some of the Coptic text, particularly for the bottom portions of pages 3 and 4.

As found in Codex Tchacos and Nag Hammadi Codex VIII, the *Letter of Peter to Philip* represents an early Christian text that is described as a letter and incorporates a variety of traditional materials reminiscent of Gnostic literature as well as acts of the apostles. In its title and opening letter, the *Letter of Peter to Philip* presents itself as a Petrine letter, and thus it takes its place, alongside several other letters (the two catholic epistles of Peter in the New Testament, the Epistula Petri at the opening of the Pseudo-Clementines, etc.), as a part of the corpus of letters attributed to Peter. While the present letter of Peter illustrates typical epistolary conventions, with an identification of the sender and the principal recipient, along with his companions, and a greeting (1,1–4), the letter itself occupies only a few lines of the tractate (1,1–bottom portion of the page), and the balance of the text offers no conclusion to the letter and makes no further mention of the letter. Rather, the letter provides the occasion for Philip and the apostles to gather together and hear the revelatory utterances given by the risen Christ throughout the rest of the tractate.

The remaining pages of the *Letter of Peter to Philip* (1, bottom portion of the page–9,12) present an account of meetings of the apostles, often in the form of a dialogue of the resurrected Christ with the apostles, with themes and terms that recall the Gospel of John and early Christian acts of the apostles, especially the first (Petrine) section of the New Testament Acts of the Apostles. The *Letter of Peter to Philip* offers an alternative understanding of the stories of "Pentecost"—the sending of the Spirit—as they are told in the New Testament (Acts 1–2; John 20). In the *Letter of Peter to Philip*, the apostles gather together, hear teachings from the risen Christ and a sermon from Peter, receive the Holy Spirit (missing from the present fragmentary text), and go forth to preach the gospel. As in Acts 2:14–42, Peter in the *Letter of Peter to Philip* delivers a spirit-filled sermon on the meaning of Jesus and his passion (7, bottom portion of the page–8, bottom portion of the page). As in John 20:19–23, the apostles in the *Letter of Peter to Philip* are sent out, after having received the Holy Spirit, as Jesus appears, greets them with the greeting of peace, and promises them his power and presence: "Peace be with you, and glory be with those who believe in my name. Get moving and leave. You will have joy and grace and power. Do not be afraid. [I] am with you forever" (9,2–8).

The contents of the revelatory teachings of the risen Christ in the *Letter of Peter to Philip* reflect Christian Gnostic traditions, including traditions similar to those known from Sethian texts. After the reception of the letter of Peter, the apostles gather together, pray to the Father, and ask questions for the Lord (Christ) to answer. The questions raise concerns, familiar from other Gnostic texts, on several issues: 1) What is the place of the deficiency of the aeons and their fullness in detaining people here in this world (the concern for being detained is presented as a separate question in the Nag Hammadi version of the text)? 2) How have people come into this world? 3) How will people leave this world? 4) How can people be brave and forthright in the face of the powers of this world? 5) Why do the powers of this world treat people harshly? (3,1–10). A number of the terms employed in these questions and the eventual answers are technical terms in Gnostic texts: "deficiency," "aeons," "fullness." The risen Christ appears (as a voice from the light, Nag Hammadi Codex VIII 135,3–4) and, in the lines of text preserved in Codex Tchacos, he responds to the first question on the deficiency of the aeons and their fullness. Initially he prefaces his response with an admonition to the apostles, and he reminds them that he explained all these things to them before (intimated by 3,14–15), but he agrees to answer their questions again—"because of your [unbelief]," he tells them.

The text of the pages that contain the revelatory answer of the risen Christ to the first question is more complete, thanks to readings derived from photographs (for the bottom portions of pages 3 and 4), and the voice from the light speaks about deficiency and fullness. The two parts of the response are introduced with formulaic phrases or subtitles indicating the topic being discussed ([ⲉⲧⲃⲉ] ⲡⲥⲱⲭⲃ̄ ... ⲛ̄ⲛⲁⲓⲱⲛ, "[concerning] the deficiency of the aeons," 3,16; ⲉⲧⲃⲉ ⲡⲭⲱⲕ, "concerning the fullness," 4,22). The response on the deficiency of the aeons (3,16–4,21) provides an abbreviated version of the myth of the Mother, who is described as being foolish or showing poor judgment. This story of the Mother is told in general terms, and it is somewhat similar to the Sethian myth of Sophia according to the *Secret Book of John* (Nag Hammadi Codex II,*1*; III,*1*; IV,*1*; Berlin Gnostic Codex 8502,*2*) and the Gnostics or Barbelognostics of Irenaeus (*Adversus Haereses* 1.29.1–4) in terminology (Mother [ⲙⲉⲟⲩ/ ⲙⲁⲁⲩ, *mater*], Arrogant One [ⲭⲁⲥⲓϩⲏⲧ, ⲁⲩⲑⲁⲁⲏⲥ, *authadia*]) and overall presentation. There are no discernible Christian elements in the story of the Mother in the *Letter of Peter to Philip*. Further, the precise identity of the Mother is not specified; but her conduct is characterized as disobedience, she herself is said to be foolish, and the results of her "transgression" (ⲡⲁⲣⲁⲃⲁⲥⲓⲥ, 8,4–5) are deficiency and, it is later added, death. This portrayal of the Mother in the *Letter of Peter to Philip* brings to mind the fall of mother Eve as described in Genesis 3 and other Jewish and Christian texts, but it also recalls the fall of mother Sophia as recounted in Gnostic literature. As in other Gnostic texts, here the Mother makes an ill-advised choice to act in a manner that is independent of the will of the Great One, the God and Father of all, and as a result the Arrogant One (the demiurge) comes into existence. The jealous creator takes a part of the Mother's divine being and plants it in this world below, in order to make a copy ("an image instead of an [image and] a form instead of a form" [4,16–17]; cf. *Gospel of Thomas* 22) of the world below, and so, through the Mother's transgression, the fullness of God becomes deficient and in need of restoration. The account of the deficiency of the aeons and the role of the Mother in the *Letter of Peter to Philip* may thus provide another indication of the connection between the figures of Eve and Sophia in Gnostic literature.

The second part of the response of the voice of the revealer to the questions of the apostles speaks to the nature of the fullness (4,22–5, bottom portion of the page), which is commonly called the Pleroma and is discussed extensively in Gnostic texts as that part of the divine that is compromised through the cosmic fall and restored through the salvation of spiritual people—Gnostics—in this world. In the *Letter of Peter to Philip*, Christ the revealer declares that he himself is the fullness (4,22), and he proceeds to summarize the salvific moments of his career with motifs that closely resembles features of the hymn to the Logos in the Gospel of John 1:1–18. Here Christ claims that he was sent from above, as the divine fullness, into a body in the world below, but that he went unrecognized in this world. He came to his own and spoke to his own, however, and his own listened. The present version of the *Letter of Peter to Philip*, in contrast to the Nag Hammadi version, has Christ (or the scribe) add an aside to designate who Christ has in mind as his own. The words of the text announce to the apostles, and the readers of the text, "That is who you are" (5,2). Christ goes on to indicate what he has given to his own, that is, the one who hearkened to him: "[And] I gave him authority [to] enter into the inheritance of his Father" (5,4–6). The implications of the salvation of Christ's own, it is concluded, are profound, for through the salvation of those who belong to him in this world, the aeons themselves, in all their deficiency, are brought to completion (5,6–9). While this description of Christ as the fullness of God has much in common with the Johannine hymn to the Word, the presentation in the *Letter of Peter to Philip* is at home in the world of Gnostic thought, and comparisons with a Gnostic (and Sethian) text like the *Three Forms of First Thought* (*Trimorphic Protennoia*, Nag Hammadi Codex XIII,*1*, especially pages 46–50) are fruitful.

The text of the final four pages of the present version of the *Letter of Peter to Philip* is fragmentary, as before. According to a section in the Nag Hammadi version of the text missing in Codex Tchacos, the voice of the revealer Christ finishes answering the questions of the apostles, but the apostles resume their worshipful inquiry and ask another question about the battle with the archons or rulers of this world. A significant part of the response of the revelatory voice of Christ survives in the present text. The voice maintains that the struggle against the archons is a spiritual struggle, since the archons oppose "the inner person" (6,3), and for that reason the weapons in the struggle must be spiritual weapons (cf. Ephesians 6:10–20): the apostles are to equip themselves with the power of God, gather together in worship and prayer, and go out into the world to teach and preach salvation (6,3–bottom portion of the page). The Nag Hammadi version of the *Letter of Peter to Philip* includes additional assurance from the risen Christ: "And surely the Father will help you, as he helped you by sending me. Do not [be afraid. I am with you forever], as I already said to you when I was in the body" (137,28–138,3). The Nag Hammadi version brings the scene to a close with an apocalyptic display of thunder and lightning, but it reconvenes the apostles for comments by Peter and the voice of the revealer, partially preserved in the present text, on the suffering and death of Jesus and his followers (in the Nag Hammadi text, "suffering," ϫⲓ ⲛ̄ⲕⲁϩ; in Codex Tchacos, "death," ⲙⲟⲩ). Peter remarks, "He died for us; we ourselves are to die for humanity" (7,1–3), and the revelatory voice amplifies upon this. Here the Nag Hammadi text has Peter say, "He suffered for us, and we must also suffer for our smallness" (ⲧⲉⲛⲙⲛ̄ⲧⲕⲟⲩ[ⲓ]; 138,18–20), where "smallness" denotes the insignificance of mortal existence. The Nag Hammadi text then observes that the apostles return to Jerusalem and go to the temple; in the present text this passage is missing (but cf. below, the note to 7,7–9). The apostles gather yet again, this time for Peter's "Pentecost" sermon. Peter's sermon—actually more of a précis of a sermon—is preserved in the present text of the *Letter of Peter to Philip* in only a few lines near the end of the sermon, with the conclusion of a traditional Christian credo on the suffering, death, and resurrection of Christ, and the interpretation of the credo. Peter professes that "Jesus is a stranger to death" (8,2–3; the Nag Hammadi version reads "a stranger to this suffering," 139,21–22). People die on account of the Mother's transgression, but Jesus is the Son of the transcendent Father, and all that he accomplishes,

Peter declares, he does on behalf of his people; and he does it "symbolically" or "in a likeness" (ϩⲛ ⲟⲩⲉⲓⲛ[ⲉ], 8,6). A Christological tension remains in the sermon as Peter confesses the passion and death of Christ and still affirms the glorious divinity of the savior, for whom death is foreign, and who is able to transcend death and embrace life—ⲉⲧⲃⲏⲧⲛ, "for us," the text announces.

As another version of a tractate previously known from the Nag Hammadi library, the *Letter of Peter to Philip* from Codex Tchacos provides the opportunity for a comparative study and evaluation of the textual tradition of the *Letter of Peter to Philip*. Such a comprehensive study will not be undertaken here. Instead, a few contributions to such a study will be highlighted, in order to indicate examples of the different readings in the Codex Tchacos version.

For instance, at 3,2–5, the present text reads, "Lord, <. . .> [the] deficiency of the aeons and their fullnesses, [how] are we detained [in this] very dwelling [place]?" (or, "Lord, [how] do [the] deficiency of the aeons and their fullnesses detain us [in this] very dwelling [place]?"), while the Nag Hammadi text reads, "Lord, we would like to understand the deficiency of the aeons and their fullness. And, how are we detained in this dwelling place?" (134,20–24). The word for "deficiency" in the present text is ϭⲱϫⲃ, and in the Nag Hammadi text it is ϣⲱⲱⲧ, a much more common Coptic term for the Gnostic concept of "deficiency." In the present text "their fullnesses" is ⲛⲉⲩⲙⲟⲩϩ, and the Nag Hammadi text reads ⲡⲉⲩⲡⲗⲏⲣⲱⲙⲁ (singular, with the word of Greek origin that is a technical term in Gnostic texts). Elsewhere (4,22) the present text has ⲡϫⲱⲕ, which is translated "fullness" but could also be translated "completion," while the Nag Hammadi text has ⲡⲓⲡⲗⲏⲣⲱⲙⲁ (136,16). It may be that a Coptic translator or scribe chose ϫⲱⲕ because the word ϫⲱⲕ is also used as a verb at 5,8, in the sense of bringing the aeons to completion. In that case, the present Coptic text may have a slightly different meaning for "fullness" than the Nag Hammadi text.

Again, a little later, at 3,18–22, the present text reads, "And the Mother, showing poor judgment (or, the foolish Mother), came to expression without the permission of the Great One. He is the one who wished, from the beginning, to set up aeons." Here the text indicates that the primordial origin of the aeons in the divine fullness is due to the will of the Great One. Conversely, the Nag Hammadi text suggests that the Mother is the one who wants to establish aeons, presumably by imitating the transcendent Father: "When the disobedience and the foolishness of the Mother appeared, without the command of the majesty of the Father, she wanted to set up aeons" (135,10–15). It might be suggested that the variation between the two texts stems from a misreading or misunderstanding of the gender of the pronominal subject of the verb in the passage. On the other hand, either one of the two versions is in harmony with part of the story of the fall of Sophia, and in the myth both the Father and the Mother aspire to set up aeons, but with remarkably different results.

These sorts of observations could shed light on the original text of the *Letter of Peter to Philip*, the work of translating the two versions of the text, and the subtleties of understanding and misunderstanding the text.

The *Letter of Peter to Philip* was most likely composed in Greek, sometime in the late second century or early third century, though the date of composition remains tentative. The place of composition is unknown; Syria or Alexandria in Egypt are logical choices for the origin of Gnostic texts. Eventually the Greek text of the *Letter of Peter to Philip* was translated into Coptic and copied onto the pages of Codex Tchacos. The *Letter of Peter to Philip* shares with the other three texts in the codex a commitment to a spiritual understanding of Jesus, in particular a spiritual understanding of his passion and death. (In the case of the *Book of Allogenes*, this tractate is too fragmentary for a definitive analysis of whether it addressed the passion and death of Jesus; cf. the ambiguous statement about Allogenes leaving at 62,23–24.) In the *Letter of Peter to Philip*, like other texts in the codex, the passion and death of Jesus are not simply professed. They are interpreted, or reinterpreted, with a spiritual, Gnostic affirmation of the preeminence of the life of Jesus—and of oneself. To an extent, in the *Letter of Peter to Philip*, and more so in the *Gospel of Judas* and the *Book of Allogenes*, the interpretation is given in what may be taken as Sethian terms. Furthermore, in the *Letter of Peter to Philip*, as in the other texts in the codex, the interpretation of Jesus is grounded in reflections upon the life of Jesus before his passion. In the present text, these reflections take the form of recollections of what Jesus said before (3,14–15; 7,5–6), while he was in the body (2,1–2). More references to Jesus in the body occur in the Nag Hammadi version of the text. Such factors as these may clarify the place of the *Letter of Peter to Philip*, with the other texts, in Codex Tchacos.

BIBLIOGRAPHY:

Bethge, Hans-Gebhard. *Der Brief des Petrus an Philippus: Ein neutestamentliches Apokryphon aus dem Fund von Nag Hammadi (NHC VIII,2)*. Texte und Untersuchungen 141. Berlin: Akademie-Verlag, 1997.

Bethge, Hans-Gebhard. "Der Brief des Petrus an Philippus (NHC VIII,2)." Pp. 663–76 in *Nag Hammadi Deutsch*, volume 2, edited by Hans-Martin Schenke, Hans-Gebhard Bethge, and Ursula Ulrike Kaiser. Die griechischen christlichen Schriftsteller der ersten Jahrhunderte, Neue Folge, 12. Berlin and New York: Walter de Gruyter, 2003.

Koschorke, Klaus. "Eine gnostische Paraphrase des johanneischen Prologs: Zur Interpretation von 'Epistula Petri ad Philippum' (NHC VIII,2) 136,16–137,4." *Vigiliae Christianae* 33 (1979): 383–92.

Koschorke, Klaus. "Eine gnostische Pfingstpredigt Zur Auseinandersetzung zwischen gnostischem und kirchlichem Christentum am Beispiel der 'Epistula Petri ad Philippum' (NHC VIII,2)." *Zeitschrift für Theologie und Kirche* 74 (1977): 323–43.

Marjanen, Antti. "The Suffering of One Who Is a Stranger to Suffering:

The Crucifixion of Jesus in the Letter of Peter to Philip." Pp. 487–98 in *Fair Play: Diversity and Conflicts in Early Christianity—Essays in Honour of Heikki Räisänen*, edited by Ismo Dunderberg, Christopher Tuckett, and Kari Syreeni. Supplements to Novum Testamentum. Leiden: E.J. Brill, 2002.

Ménard, Jacques-É. *La Lettre de Pierre à Philippe: Texte établi et présenté.* Bibliothèque copte de Nag Hammadi, Section "Textes" 1. Quebec: Les presses de l'Université Laval, 1977.

Meyer, Marvin. *The Letter of Peter to Phillip: Text, Translation, and Commentary.* Society of Biblical Literature Dissertation Series 53. Chico: Scholars Press, 1981.

Meyer, Marvin. "The Letter of Peter to Philip." In *The Nag Hammadi Scriptures: The International Edition*, edited by Marvin Meyer. San Francisco: Harper San Francisco, 2007 (forthcoming).

Meyer, Marvin, and Frederik Wisse. "The Letter of Peter to Philip." Pp. 227–51 in *Nag Hammadi Codex VIII*, edited by John H. Sieber. Nag Hammadi Studies 31; Leiden: E.J. Brill, 1991.

Sigla and textual signs

Bethge Comments provided by Hans-Gebhard Bethge, Berlin.

Funk Comments provided by Wolf-Peter Funk, Québec.

ⲁ̣   A dot placed beneath a letter indicates that the reading of the letter is very uncertain.

.   A dot on the line indicates illegible traces of a letter.

[ ]   Square brackets indicate a lacuna in the manuscript. Such a lacuna may be restored with Coptic letters within the square brackets, if a restoration of a lacuna is judged by the editors to be plausible. Otherwise, dots are placed within the square brackets to indicate the approximate number of letters missing. In the case of larger lacunae, the space between the brackets is left blank.

⟨ ⟩   Pointed brackets indicate a correction suggested by the editors of a scribal omission or error. While scribal omissions are corrected in the Coptic text, a scribal error will be corrected in a footnote.

{ } Braces indicate letters or words erroneously added by the scribe of the codex.

vac(at) The Latin expression *vacat* indicates space left blank by the scribe of the codex.

THE LETTER OF
PETER TO PHILIP

ⲁ̄ / 1

[ⲡⲉⲧⲣⲟⲥ ⲡⲁ]ⲡⲟⲥⲧⲟⲗⲟⲥ ⲛⲓ̄ⲥ̄	[Peter the] apostle of Jesus
[ⲡⲉⲭ̄ⲥ̄ ⲉϥⲥϩ]ⲁⲓ̈ ⲛ̄ⲫⲓⲗⲓⲡⲡⲟⲥ :	[Christ, writing] to Philip
[ⲡⲁⲙⲉⲣⲓⲧ ⲁ]ⲩⲱ ⲡⲁϣⲃ̄ⲣⲁⲡⲟⲥⲧⲟ	[my beloved] and my fellow apostle, [and]
[ⲗⲟⲥ : ⲁⲩⲱ] ⲛⲉⲥⲛⲏⲩ *vacat* ⲭⲁⲓⲣⲉ	the brothers. Greetings!
[ϯⲟⲩⲱϣ ⲇⲉ] ⲉⲧⲣⲉⲕ̄ⲙⲉ ⲡⲁ	[Now, I want] you to understand, my
[ⲥⲟⲛ ⲭⲉ ⲁⲛ]ⲭⲓ ⲛ̄ϩ ⲛⲉⲛⲧⲟⲗⲏ ⲛ̄	[brother, that we] received orders
[ⲧⲟⲟⲧ ⲕ̄ ⲙ̄]ⲡⲉⲛⲭⲟⲉⲓⲥ : ⲁⲩⲱ :	[from] our Lord and
[ⲡⲣⲉϥⲥⲱⲧⲉ] ⲙ̄ⲡⲕⲟⲥⲙ[ⲟⲥ] ⲧⲏⲣ ϥ	[the redeemer] of the whole world, [that]
[ⲭⲉⲛⲁⲥⲱⲟⲩϩ̄] ⲭⲉ [---	[we should gather together] in order to [---

Line numbers (right column of Coptic text): 2, 4, 6, 8, 10, 12, 14, 16, 18, 20, 22, 24, 26

about 17 lines lost

---

9   [ⲭⲉⲛⲁⲥⲱⲟⲩϩ̄] : restored by *Funk.*

ⲃ̄

ⲛ̄ⲛⲉϩⲟⲟⲩ ⲉϥϣ[ⲟⲟ]ⲡ̄ ϩ[ⲛ̄ ⲡⲥⲱ]

ⲙⲁ : ⲧⲟⲧⲉ ⲁⲩⲃⲱ[ⲕ ⲉϩⲟⲩⲛ ϩⲓ]

ⲟⲩⲥⲟⲡ ̄ⲛ̄ϭⲓ ⲛⲁⲡⲟ[ⲥⲧⲟⲗⲟⲥ ⲁⲩ]

ⲱ ⲁⲩⲕⲱⲗϫ ⲡⲁⲧ̣ⲁ[ⲩϣⲗⲏⲗ ⲡⲉ]

ϫⲁⲩ ⲛ̄ⲧⲉⲉⲓϩⲉ : ϫ[ⲉ ⲡⲓ̄ⲱ̄ⲧ :]

[ⲡ]ⲓ̄ⲱ̄ⲧ : ⲡⲓ̄ⲱ̄ⲧ ⲙ̄ⲡ[ⲟⲩⲟⲓⲛ ⲡⲉ]

ⲧⲉ ⲟⲩⲛⲧⲁϥ ⲙ̄ⲙⲁ[ⲩ ⲛ̄ⲛⲓⲙⲛ̄ⲧ]

ⲁⲧϫⲱϩⲙ̄ ⲥⲱⲧⲙ̄ ⲉ[ⲣⲟⲛ ± . . . .]

ⲡⲉⲕ [± . . . . .] ϩⲛ̄ ⲡ [± . . . .]

[± . . . .] ⁻[   ]

about 16 lines lost

	2
	4
	6
	8
	10
	12
	14
	16
	18
	20
	22
	24
	26

2

in the days when he [was in]
[the] body. Then the [apostles]
assembled [together and]
bowed down and [prayed].
They spoke in this way: "[Father],
Father, Father of the [light],
you who possess [what is]
undefiled, hear [us ---]
your [---] in [---]
[---]

---

2   For the restoration, cf. p. 6,4-5.

4   "Bowed down" : or, "knelt down."

8-10   Perhaps restore to read ⲥⲱⲧⲙ̄ ⲉ[ⲣⲟⲛ ⲕⲁⲧⲁ] | ⲡⲉⲕ[ⲙ̄ⲧϣⲟⲩ] ϩⲛ̄ ⲡ[ⲉⲕⲁⲗⲟⲩ ⲉ|ⲧⲟⲩⲁⲁⲃ ⲓ̄ⲥ̄ ⲡⲉ] ⲭ̄[ⲥ̄, "hear [us in accordance with] your [good pleasure] in [your holy child Jesus Christ]"; cf. NHC VIII p. 133,24-26.

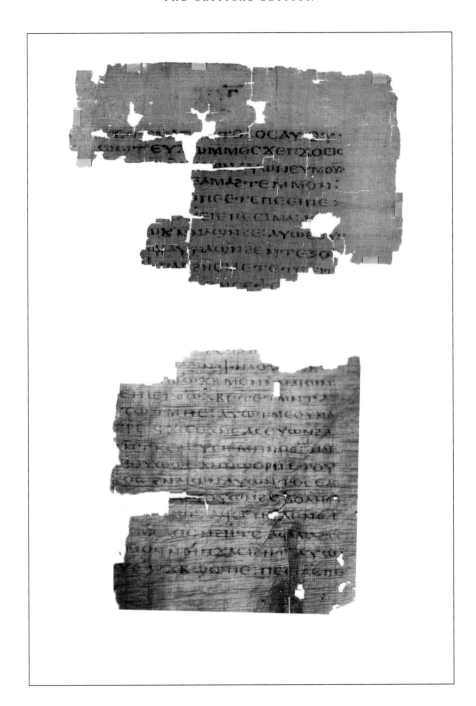

Γ̄   3

ⲦⲞⲦⲈ ⲚⲀⲠⲞⲤⲦⲞⲖⲞⲤ ⲀⲨⲞⲨ :		Then the apostles worshiped,
ⲰϢⲦ ⲈⲨⲬⲰ ⲘⲘⲞⲤ ⲬⲈ ⲠⲬⲞⲈⲒⲤ	2	saying, "Lord, ⟨…⟩
[ⲠϬ]ⲰⲝⲂ̄ Ⲛ̄ⲚⲀⲒⲰⲚ ⲀⲨⲰ ⲚⲈⲨⲘⲞⲨⲎ̣		[the] deficiency of the aeons and their
[Ⲛ̄Ⲁ]Ϣ Ⲛ̄ϨⲈ Ⲥ̣ⲈⲀⲘⲀϨⲦⲈ Ⲙ̄ⲘⲞⲚ :	4	fullnesses, [how] are we detained
[ϨⲚ̄ ⲠⲒⲘⲀ Ⲛ̄Ϣ]ⲰⲠⲈ ⲈⲦⲈ ⲠⲈⲈⲒ ⲠⲈ >		[in this] very dwelling [place]?
[Ⲏ ⲚⲀϢ Ⲛ̄Ϩ]Ⲉ ⲀⲚⲈⲒ ⲈⲠⲈⲈⲒⲘⲀ : ⲀⲨ[Ⲱ]	6	[Again, how] have we come to this
[ⲈⲚⲚⲀⲂ]ⲰⲔˊ Ⲛ̄ⲚⲀϢ Ⲛ̄ϨⲈ : ⲀⲨⲰ ⲈⲞⲨⲚ		place? And, how [shall we] leave? And,
[ⲦⲀⲚ] Ⲙ̄ⲘⲀⲨ ⲚⲀϢ Ⲛ̄ϨⲈ Ⲛ̄ⲦⲈϨⲞⲨ	8	how do [we] have the authority
[ⲤⲒⲀ Ⲛ̄]Ⲧ̄ⲠⲀⲢϨ̄ⲤⲒⲀ ⲈⲦⲈ ⲦⲈⲈⲒ Ⲧ[Ⲉ]		[of] this very boldness? [Why]
[ⲈⲦⲂⲈ ⲞⲨ Ⲛ̄]ϬⲞⲘ ⲤⲈⲦ Ⲉ[ⲢⲞⲚ . . .]	10	do [the] powers fight against [us]?"
		[---]
about 3 lines lost	12	["---]
		[---]
[ⲀⲖⲖⲀ ⲈⲦ]Ⲃ̣Ⲉ ⲦⲈⲦⲚ̄Ⲙ[Ⲛ̄ⲦⲀⲦⲚⲀ]	14	[but because] of your [unbelief]
[ϨⲦⲈ :] ⲠⲀⲖⲒⲚ ⳿ⲦⲚⲀⲞⲨ[Ⲱ]ϢⲂ :		I shall answer again.
[ⲈⲦⲂⲈ] ⲠϬⲰϢⲂ ⲘⲈⲚ Ⲛ̄ⲚⲀⲒⲰⲚ :	16	To begin with, [concerning] the
[Ⲡ]ⲈⲒ̈ ⲠⲈ ⲠϬⲰϢⲂ̄ ⲈⲦⲈ ⲦⲘⲚ̄ⲦⲀ		deficiency of the aeons, what is deficient
ⲦⲤⲰⲦⲘ̄ ⲠⲈ : ⲀⲨⲰ ⲦⲘⲈⲨ ⲚⲀ	18	is disobedience. And the Mother,
ⲦⲢⲈⳞⲬⲒ ⲤⲞⲬⲚⲈ ⲀⲤⲞⲨⲰⲚϨ̣ Ⲁ		showing poor judgment, came to
ⲬⲚ̄ ⲦⲔⲈⲖⲈⲨⲤⲒⲤ Ⲙ̄ⲠⲚⲞϬ : ⲠⲀⲒ̈	20	expression without the permission of the
[Ⲁ]ⳞⲞⲨⲰϢⲈ ⲬⲚ̄ Ⲛ̄ϢⲞⲢⲠ̄ ⲈⲦⲞⲨ		Great One. He is the one who wished,
ⲚⲞⲤ *vac* ϨⲚ̄ⲀⲒⲰⲚ ⲀⲨⲰ Ⲛ̄ⲦⲞⲤ ⲈⲀⲤ	22	from the beginning, to set up aeons. But
[ϢⲀ *vac* ⲬⲈ] : ⲀⳞⲞⲨⲰⲚϨ ⲈⲂⲞⲖ Ⲛ̄ϬⲒ		when she [spoke, the] Arrogant
[ⲠⲬⲀ]Ⲥ̣[Ⲓ]ϨⲦ : ⲀⳞⲤⲈⲠⲈ ⲆⲈ Ⲛ̄ϬⲒ	24	One appeared. And a body part
[Ⲟ]ⲨⲘⲈⲖⲞⲤ ⲚϨⲎⲦⲤ̄ ⲀⳞⲀⲘⲀϨⲦⲈ		of her was left behind, and the
[Ⲙ]ⲘⲟⳞ Ⲛ̄ϬⲒ ⲠⲬⲀⲤⲒϨⲦ ⲀⲨⲰ	26	Arrogant One grabbed it,
ⲀⲨϬⲰϢⲂ̄ ϢⲰⲠⲈ : ⲠⲈⲈⲒ ϬⲈ ⲠⲈ		and deficiency came to be. This, then, is

---

2-5   Here the Nag Hammadi Version reads: "Lord, we would like to understand the deficiency of the aeons and their fullness." Perhaps something like ⲦⲚ̄ⲞⲨⲰϢ ⲈⲈⲒⲚⲈ Ⲉ- has been omitted by the scribe, as *Funk* suggests. Or possibly read: "Lord, [how] do [the] deficiency of the aeons and their fullnesses detain us [in this] very dwelling [place]?"

14-27 The lower part of this page is physically missing. The text is published on the basis of photographic evidence supplied by *Hedrick*.

14-15 Or : ⲙ[Ⲛ̄ⲦⲀⲠⲒⲤ|ⲦⲞⲤ :].

18-19 "And the Mother, showing poor judgment": or, "And the foolish Mother."

23   The restoration is tentative, because ⲱⲀⲬⲈ alone would not fill up the lacuna, and the ink traces interpreted as a colon might also be part of a letter.

Ⲝ   4

ⲡϭⲱϫⲃ̄ ⲛ̄ⲛⲁⲓⲱⲛ [:] ⲡⲓϫⲁⲥⲓϩⲏⲧ
ⲅⲁⲣ ⲁϥϫⲓ ⲙ̄ⲡⲙⲉⲗⲟⲥ ⲁϥϫⲟ ⲙ̄ⲙⲟϥ   2
ⲁⲩⲱ ⲁϥⲧⲁϩⲟ ⲉⲣⲉⲧ[ⲟⲩ ⲛ̄ϩⲛ̄ϭⲟⲙ]
ⲙⲛ̄ ϩⲛ̄ⲉⲝⲟⲩⲥⲓⲁ ⲁ[ⲩⲱ ⲁϥⲟⲗϥ̄]   4
ⲉϩⲟⲩⲛ ⲉⲛⲁⲓⲱⲛ ⲉ[ⲧⲙⲟⲟⲩⲧ]
ⲁ[ⲩ]ⲱ ⲁⲩⲣⲁϣⲉ ⲧⲏⲣⲟⲩ ⲛ̄ϭⲓ ⲛ̄ϭⲟⲙ   6
ⲙ̄ⲡⲕⲟⲥⲙⲟⲥ ϫⲉ ⲁⲩϣⲱ[ⲡⲉ ⲛ̄ⲧⲟ]
ⲟⲩ ⲇⲉ ⲛ̄ⲥⲉⲥⲟⲟⲩⲛⲉ ⲁⲛ ⲙ̄[ⲡⲓⲱⲧ]   8
ⲉ[ⲧ]ϣⲟⲟⲡ` ϫⲛ̄ ⲛ̄ϣⲟⲣ[ⲡ̄ ⲉⲡⲉⲓⲇⲏ]
[ϩⲛ̄ϣⲙ̄]ⲙⲟ ⲙ̄ⲙⲟϥ ⲛⲉ - - -   10

about 3 lines lost   12

[±. . . . .] . [ⲁϥ]   14
[ϣⲱⲡⲉ] ⲛⲣⲉϥⲕⲱϩ ⲁⲩ[ⲱ ⲁϥⲟⲩⲱ]
ϣⲉ ⲛⲟⲩϩⲓⲕⲱⲛ ⲁⲛⲧ ⲟⲩ[ϩⲓⲕⲱⲛ ⲙⲛ̄]   16
ⲟⲩⲙⲟⲣⲫⲏ ⲁⲛⲧ ⲟⲩⲙⲟⲣⲫⲏ [: ⲁϥ]
ⲣ̄ ⲕⲉⲗⲉⲩⲉ ⲛ̄ⲛ̄ϭⲟⲙ ϩⲛ̄ ⲧⲉϥⲉⲝ[ⲟⲩ]   18
ⲥⲓⲁ ⲉⲣ̄ ⲡⲗⲁⲥⲥⲉ ⲛ̄ϩⲛ̄ⲥⲱⲙⲁ ⲛ̄ⲣ[ⲉϥ]
ⲙⲟⲩ ⲁⲩⲱ ⲁⲥϣⲱⲡⲉ ⲛ̄ϭⲓ ⲟⲩⲁ[ⲛⲟ]   20
ⲙⲓⲁ ⲉⲃⲟⲗ ϩⲙ̄ ⲡⲓⲛⲉ ⲛ̄ⲧⲁϣⲱⲡ[ⲉ]
ⲉⲧⲃⲉ ⲡϫⲱⲕ ⲇⲉ ⲁⲛⲟⲕ ⲡⲉ ⲁ[ⲩⲱ]   22
ⲁⲩⲧⲛ̄ⲛⲟⲟⲩⲧ ⲉⲥⲱⲙ[ⲁ ⲉⲧⲃⲉ ⲡⲓ]
ⲥⲡⲉⲣⲙⲁ ⲛ̄ⲧⲁⲥⲱⲣⲙ̄ ⲉⲁϥⲉⲓ [ⲉ(ⲡⲉ)ⲩ]   24
ⲡⲗⲁⲥⲙⲁ ⲛ̄ⲙⲟⲩ ⲛ̄ⲧⲟⲟⲩ ⲇⲉ ⲙ̄[ⲡⲟⲩ]
ⲥⲟⲩⲱⲛⲧ̄· ⲛⲉⲩⲙⲉⲟⲩⲓ̈ ⲉⲣⲟ[ⲓ̈ ϫⲉ]   26
ⲁⲛⲕ ⲟⲩⲣⲉϥⲙⲟⲩ ⲁⲓ̈ⲥⲉϫⲓ ⲙⲛ̄ ⲡ[ⲉ]

the deficiency of the aeons. So the
Arrogant One took the body part and
sowed it, and he established [powers]
and authorities, [and he confined it]
within the [lifeless] aeons.
And all [the powers] of the world
rejoiced that they had come into being.
But they do not know [the Father]
who exists from the beginning, [since]
[they are strangers] to [him ---]
[---]
[---]
[---]
[--- He]
[became] envious, and [he wanted]
an image instead of an [image and]
a form instead of a form. [He]
commanded the powers in his authority
to mold mortal bodies,
and something unlawful came from
the likeness that had come into being.
Now, concerning the fullness, it is I. [And]
I was sent to a body [for the]
seed that had gone astray, because it had
come [to a] mortal model. But they did
not recognize me. They were thinking of
[me that] I was a mortal person. I spoke
with the one

---

9   ⲛ̄ϣⲟⲣ[ⲡ̄ : attested in photographic evidence only (cf. *Meyer*, NHS 31, p. 232); today the manuscript reads ⲛ̄ϣⲟ[ⲣⲡ̄.
14-27 The lower part of this page is physically missing. The text is published on the basis of photographic evidence supplied by *Hedrick*.
16   ⲙⲛ̄] : *Bethge*.
21   ⲛ̄ⲧⲁϣⲱⲡⲉ : that is, in standard Sahidic, ⲛ̄ⲧⲁϥϣⲱⲡⲉ; cf. the note to l. 24.
24   ⲛ̄ⲧⲁⲥⲱⲣⲙ̄ : in standard Sahidic, the text would read ⲛ̄ⲧⲁϥⲥⲱⲣⲙ̄. The 3rd person (sg. and pl.) of the perfect relative is often written in this shortened form by the scribe, without a pronominal subject (cf. pp. 4,21; 5,3; 8,3-4; 12,18. 23. 25; 17,11; 18,14-15; 25,19; 37,24; 44,5). Following a suggestion made by *Funk*, we regard this ⲛ̄ⲧⲁ- as a variant of ⲛ̄ⲧⲁϩ-; cf. the *Étude dialectale*.
25   "[to a] mortal model" : or, "[to their] mortal model."

[ē]

ⲧⲉ ⲡⲱⲉⲓ ⲡⲉ [ⲁ]ⲩⲱ ⲁⲡⲉⲧⲉ ⲡⲱⲓ :
ⲡⲉ ⲥⲱⲧⲙ̄ ⲉ[ⲣ]ⲟⲓ̈ ⲉⲧⲉ ⲛ̄ⲧⲱⲧⲛ̄ ⲡⲉ
[±..]..[±....]ⲩ ⲛⲉ ⲛ̄ⲧⲁⲥⲱⲧⲙ
[±.....ⲁⲩ]ⲱ ⲁⲓ̈ⲧ ⲛⲉϥ ᵛᵃᶜ ⲛ̄ⲧⲉ ̋ϩⲟⲩ
[ⲥⲓⲁ ⲉⲧⲣ]ⲉϥ ̇ⲃⲱⲕ ̓ ⲉϩⲟⲩⲛ ⲉⲧⲉ
ⲕ ̇ⲗⲏⲣⲟⲛⲟⲙⲓⲁ ⲙ̄ⲡⲉϥⲉⲓⲱⲧ [ⲁⲩ]ⲱ
[ⲁ]ⲉⲓϭⲓ ⲙ̄ⲡⲉⲧⲉ ⲡⲱⲉⲓ ⲡⲉ ⲁⲩⲱ ⲁ[ⲩ]
[ⲭ]ⲱⲕ ̓ ⲉⲃⲟⲗ ⲛ̄ϭⲓ ⲛⲁⲓⲱⲛ ϩⲛ̄ ⲡⲉϥ[ⲟⲩ]
[ⲭⲁⲓ̈...] ̄[..]. ⲅⲁⲣ ϫⲉ ⲟⲩⲛⲟ.[-
--

2

4

6

8

10

12

14

16

about 17 lines lost
18

20

22

24

26

[5]

who is mine, and the one who is mine
listened to me. That is who you are
[---] who have listened
[--- And] I gave him authority
[to] enter into the
inheritance of his Father. [And]
I took the one who is mine, and the
aeons [were brought] to completion
through his [salvation], for [---]

---

3   ⲛ̄ⲧⲁⲥⲱⲧⲙ : that is, in standard Sahidic, ⲛ̄ⲧⲁⲩⲥⲱⲧⲙ; cf. the note to p. 4,24.

c̄

ⲉⲥⲭⲱ ⲙ̄ⲙⲁⲥ ϫⲉ ⲛ̄ⲧⲱⲧⲛ̄ ⲙⲓϣⲉ
ⲛ̄ⲧⲉⲉⲓϩⲉ ⲛ̄ⲁⲣⲭⲱⲛ ⲅⲁⲣ ⲉⲩⲙⲓϣⲉ   2
ⲙⲛ̄ ⲡⲣⲱⲙⲉ ⲉⲧϩⲓϩ[ⲟ]ⲩⲛ : ⲛ̄ⲧⲱ
ⲧⲛ̄ ⲇⲉ ⲙⲓϣⲉ ⲛ̄ⲧⲉ[ⲉⲓϩⲉ ⲃⲱⲕ]   4
ⲉϩⲟⲩⲛ ϩⲓ ⲟⲩⲥⲟⲡ ⲁⲩⲱ ⲛ̄ⲧⲉⲧⲛ̄†]
ⲥⲃⲱ ⲙ̄ⲡⲉⲩϫⲉ ⲓ̈ ⲙ̄ⲡⲕ[ⲟ]ⲥⲙⲟⲥ   6
ⲁⲩⲱ ⲛ̄ⲧⲱⲧⲛ̄ ⲉⲧⲉⲧⲛⲉϩⲱⲕ [>]
ⲙ̄ⲙⲱⲧⲛ̄ ϩⲛ̄ ⲧϭⲟⲙ ⲙ̄ⲡⲁⲉⲓⲱ[ⲧ]   8
[ⲁ]ⲩⲱ ⲛ̄ⲧⲉⲧⲛ̄ⲟⲩⲱⲛϩ̄ ⲉ[ⲃ]ⲟ[ⲗ ⲙ̄]
[ⲡ]ⲉⲧⲛ̄ⲧⲱⲃϩ̄ ⲁⲩ[ⲱ - - -   10

12

14

16

about 16 lines lost   18

20

22

24

26

saying, "As for you, fight
like this, for the rulers fight   2
against the inner person.
So fight [like] this: [gather]   4
together and teach
the salvation of the world.   6
And arm
yourselves with the power of my Father,   8
and express
your prayer. And [---]   10

---

4   For the restoration, cf. p. 2,2-3.

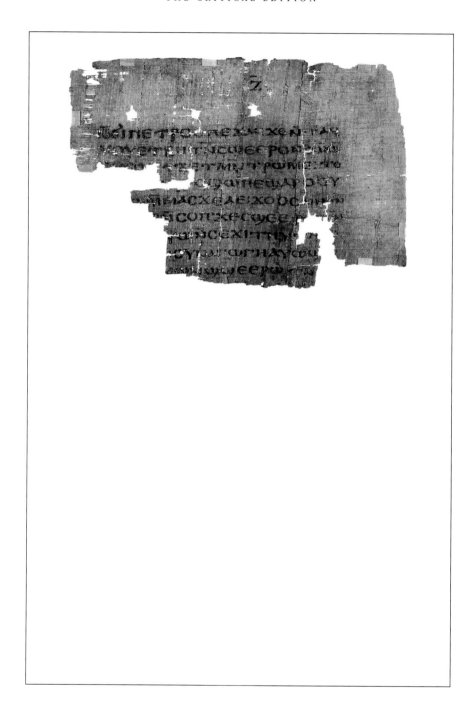

Z̄

7

ⲛ̄ϭⲓ ⲡⲉⲧⲣⲟⲥ ⲡⲉⲭⲁϥ ⲭⲉ ⲛ̄ⲧⲁϥ
ⲙⲟⲩ ⲉⲧⲃⲏⲧⲛ̄ ⲥⲱ̄ⲉ ⲉⲣⲟⲛ ϩⲱⲱ̄
ⲉⲙⲟⲩ ⲉⲧⲃⲉ ⲧⲙ̄ⲛ̄ⲧⲣⲱⲙⲉ : ⲧⲟ
[ⲧⲉ ⲟⲩⲥ]ⲙ[ⲏ] ⲁⲥϣⲱⲡⲉ ϣⲁⲣⲟⲟⲩ
[ⲉⲥⲭ]ⲱ ⲙ̄ⲙⲁⲥ ⲭⲉ ⲁⲉⲓⲭⲟⲟⲥ ⲛⲏⲧⲛ̄
[. . ϩⲁ]ϩ ⲛ̄ⲥⲟⲡˋ ⲥⲱ̄ⲉ ⲉⲣⲱⲧⲛ̄
[ⲉ]ⲙⲟⲩ [ⲁ]ⲩⲱ ⲛ̄ⲥⲉⲭⲓ ⲑⲏⲩⲧⲛ ⲉ
[ϩ]ⲟⲩⲛ [ⲉ]ⲛ̄ⲥⲩⲛⲁⲅⲱⲅⲏ ⲁⲩⲱ ϣ[ⲁ]
[ⲛ̄]ϩⲏⲅⲉⲙⲱⲛ ϣϣⲉ ⲉⲣⲱⲧⲛ̄ [± . .]
[± . . . .] ⲧ̄ . . . . . [- - -

2

4

6

8

10

Peter [answered and] said,
"He died for us; we ourselves are
to die for humanity."
Then [a voice] came to them,
[saying], "I often told
you, you are to
die, and you are to be brought
into synagogues and before
governors, and you are to [---]"

12

14

16

about 16 lines lost

18

20

22

24

26

---

1   The reading "Peter [answered]" assumes the restoration of [ⲁϥⲟⲩⲱϣ̄ⲃ̄] (or the like) at the end of the previous page.

6   The restoration [ⲛ̄ϩⲁ]ϩ would not fill up the lacuna at the beginning of this line. In the Nag Hammadi version this line reads ⲁⲓ̈ⲭⲟⲥ ⲛⲏⲧⲛ̄ ⲛ̄ϩⲁϩ ⲛ̄ⲥⲟⲡ ⲭⲉ. Perhaps the scribe here mistakenly wrote [ⲭⲉ ϩⲁ]ϩ ⲛ̄ⲥⲟⲡˋ, as *Funk* suggests.

7-9   The letters or words ⲙⲟⲩ, ⲟⲩⲛ, and ϩⲏⲅⲉ are physically missing today. They are legible in photographic evidence from 1983. Previously we attempted to place a fragment (cf. plate e, fragment 1) that reads "to Jerusalem" and "the temple" (cf. NHC VIII p. 139,5-6) on the lower portion of this page, but we are not confident that the fragment fits well here and on page 8.

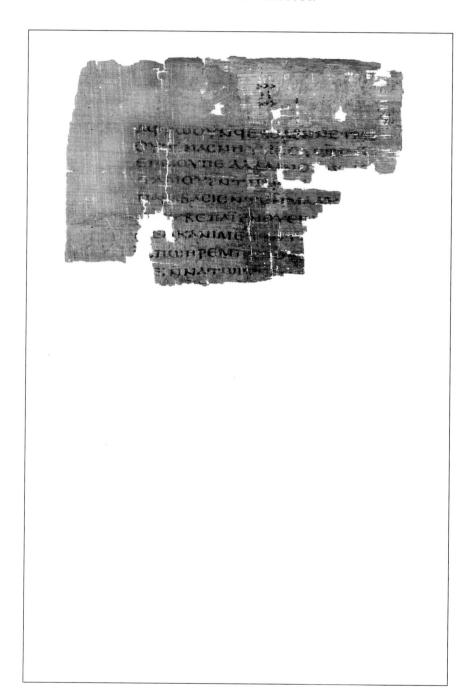

ⲏ̄

ⲁϥⲧⲱⲟⲩⲛϥ̄ ⲉⲃⲟⲗ ϩ̄ⲛ ⲛⲉⲧⲙⲟ
ⲟⲩⲧ' ⲛⲁⲥⲛⲏⲩ : ⲓ̅ⲥ̅ ⲟⲩϣⲙ̄ⲙⲟ
ⲉⲡⲙⲟⲩ ⲡⲉ ⲁⲗⲗⲁ ⲁⲛⲟⲛ ⲛⲉⲛ
ⲧⲁⲙⲟⲩ ϩ̄ⲛ ⲧⲡⲁⲣ[ⲁⲃ]ⲁ̣[ⲥⲓⲥ {ϩ̄ⲛ ⲧ]
ⲡⲁⲣⲁⲃⲁⲥⲓⲥ} ⲛ̄ⲧⲉⲛⲙⲁⲁⲩ [: ⲁⲩ]
ⲱ ⲉⲧⲃⲉ ⲡⲁⲓ̈ ϩ̄ⲛ ⲟⲩⲉⲓⲛ[ⲉ ± . . . .]
. [.] ⲉ ⲛ̄ⲕⲁ ⲛⲓⲙ ⲉⲧⲃⲏⲧ̄ⲛ̄ [± . . . . .]
ⲓ̅ⲥ̅ ⲡϣⲏⲣⲉ ⲙ̄ⲡⲉⲟⲟⲩ ⲙ̄[ⲡⲓⲱⲧ]
[ⲡ]ⲉ : ⲛ̄ⲛⲁⲧϣⲓⲧϥ̄ : ⲉ̣ⲧ[ⲉ ± . . . .]
[. . . . .] ⁻[   ]

	2
	4
	6
	8
	10
	12
	14
about 16 lines missing	16
	18
	20
	22
	24
	26

8

he rose from the dead,
my brothers. Jesus is a stranger
to death. But we are the ones who
have died through the transgression
of our Mother. [And]
for this reason [---] everything
symbolically for us. [(For) the Lord]
Jesus is the son of the glory of [the]
immeasurable [Father], who [---]

1-2   Or: "he rose from the dead. My brothers, Jesus is a stranger …"

3-4   ⲛⲉⲛ|ⲧⲁⲙⲟⲩ : that is, in standard Sahidic, ⲛⲉⲛ|ⲧⲁⲩⲙⲟⲩ, cf. the note to p. 4,24.

6-7   The restoration ⲁϥⲉⲓ]|ⲣⲉ (cf. NHC VIII,2, p. 139,24) is palaeographically and grammatically excluded. The ink traces of the first letter of the line may be restored as ⲙ, ⲛ, or ⲡ, and the construction demands the nominal state of a verb. The text may have read ⲁϥⲧⲁ]ⲙ[ⲓ]ⲉ, "he made."

7   "symbolically" : or, "in a likeness." At the end of line 7, restore to read [ⲡⲝⲟⲉⲓⲥ] or [ⲡⲭ̅ⲥ̅ ⲅⲁⲣ].

10   Only a supralinear stroke is visible.

ⲑ̅

9

ϩⲁⲙⲏⲛ : *vac* ⲧⲟⲧⲉ ⲁϥⲟⲩⲱⲛϩ ⲉ
ⲃⲟⲗ ⲛ̅ϭⲓ ⲓ̅ⲏ̅ⲥ̅ ⲡⲉⲭⲁϥ ϫⲉ ϯⲣⲏ
ⲛⲏ ⲛⲏⲧⲛ̅ ⲁⲩⲱ ⲡⲉⲟⲟⲩ ⲛ̅ⲛⲉ 2
[ⲧ̅ⲣ̅ ⲡⲓ]ⲥⲧⲉⲩⲉ ⲉⲡⲁⲣⲁⲛ : ⲙⲟⲟϣⲉ
[ⲛ̅]ⲧⲉⲧⲛ̅ⲃⲱⲕ̀ ⲟⲩⲛ ⲟⲩⲣⲁϣⲉ ⲛⲁ 4
[ϣ]ⲱⲡⲉ ⲛⲏⲧⲛ̅ ⲁⲩⲱ ⲟⲩⲭⲁⲣⲓⲥ
[ⲙ]ⲛ̅ ⲟⲩϭⲟⲙ : *vac* ⲙ̅ⲡⲣ̅ ⲣ̅ϩⲟⲧⲉ [ϯⲱ]ⲟ 6
ⲟⲡ̀ ⲛⲉⲙⲏⲧⲛ̅ ⲛ̅ϣⲁ ⲉⲛⲉϩ̄ : ⲧ[ⲟ]
[ⲧ]ⲉ ⲛⲁⲡⲟⲥⲧⲟⲗⲟⲥ ⲁⲩⲡⲱⲣϫ̅ [±..] 8
[±.......ⲧⲛ̅]ⲛⲟⲟⲩⲥⲟⲩ ⲉⲧⲁ
[ϣⲉ ⲟⲉⲓϣ ⲁⲩⲱ] ⲁⲩⲃⲱⲕ [ϩ]ⲛ̅ ⲧϭⲟⲙ 10
ⲛ̅ⲓ̈ⲏ̅ⲥ̅ ϩ̄ⲛ̅ ⲟ[ⲩ]ⲉⲓⲣⲏⲛⲏ > [>] >> [ ] > 12
>>>> [ ] >>> [ ] >>>>>>>> [ ] >

]>>> [
[ⲧ]ⲉⲡⲓⲥⲧⲟⲗⲏ
>> [ ] > >>>>   >>>>
>>>>
ⲙ̅ⲡⲉⲧⲣⲟⲥ 14
]>>>>   >>>>
>>>>
ϣⲁ ⲫⲓⲗⲓⲡⲡⲟⲥ
>>>>> >>>> >>>> >>>>

"Amen." Then Jesus
appeared and said,
"Peace be with you, and glory be with
those who believe in my name. Get
moving and leave. You will have
joy and grace
and power. Do not be afraid. [I]
am with you forever."
Then the apostles parted [---]
[---] sent them to
[preach. And] they went in the power
of Jesus, in peace.

[The] Letter

of Peter

to Philip

9-10   Perhaps restore to read: ⲁⲩⲡⲱⲣϫ̅ [ⲉⲃⲟⲗ ⲉⲁϥⲧⲛ̅]ⲛⲟⲟⲩⲥⲟⲩ, "they parted, [since he] sent them," or the like.

ÉPÎTRE DE PIERRE À PHILIPPE

TRADUCTION FRANÇAISE

Rodolphe Kasser

(p. 1) [Pierre°° l']Apôtre° de Jésus°° | [le Christ°° é]crit à Philippe°°. | ["À mon bien-aimé e]t à mon co(llègue)-| apô[tre°, et] aux frères: salut°! ⁽⁵⁾ [Or° je veux] que tu saches, mon [frère,] | [que nous avons] reçu des commandements° | [de la part de] notre Seigneur et | [Rédempteur] du Mon[de°] entier: | [de nous réunir] pour [que ---] ⁽¹⁰⁾ [— *environ 17 lignes perdues*—]

(p. 2) ... aux jours où il était (encore) [dans (son)] | [co]rps°." Alors° les apô[tres°] ont assem[blé] | (leur communauté) [d'un] seul coup, [e]t ils | se sont agenouillés, i[ls ont prié en] ⁽⁵⁾ [par]lant ainsi: ["Père !] | [P]ère ! Père de la [lumière! Ce] | lui qui possède là (en Lui) [les] | incorruptibilités! Écoute-[nous ---] | ton [---], en [---]¹ ⁽¹⁰⁾ [— *environ 17 lignes perdues*—"]

(p. 3) Alors° les apôtres° se sont prosternés en disant: | "Seigneur < --- > la...[dénaturation-défi]cience des | Éons° et (aussi) leurs Plérômes:

---

1. 8-10 Reconstitution possible: "Écoute-[nous, selon] | ton [bon plaisir] en t[on fils (ou serviteur) ⁽¹⁰⁾ saint Jésus]-Christ! [---]"; cf. la note au texte copte.

[comment] | nous tiennent-ils en leur pouvoir [dans] (5) [ce lieu de sé]jour? C'est-à-dire, [com|ment] sommes-nous arrivés à ce lieu?... | et comment [nous en irons-nous] (de là)? . . . | et comment avons-[nous] l'autori[té° du] | (fameux) parler franc°? C'est-à-dire, (10) [pourquoi les] Puissances [nous] combattent-elles?²" |

[(Jésus°°): "— *environ 3 lignes perdues* —] | [mai]s° à cause de votre [manque de foi], (15) à nouveau°, je répéterai³ (ce que j'ai déjà dit): |

*(D'abord)*⁴ d'une part, [au sujet] de la dénaturation- | déficience des Éons°, (voici), la déficience, | c'est la désobéissance; et la Mère irréfléchie | a manifesté (son activité créatrice) sans (20) (en avoir reçu l')ordre° du Grand (Éon); | lequel, depuis les débuts, a voulu | susciter des Éons°. Et elle ayant | [parlé⁵], il est apparu⁶, | [l'Arro]gant. Or°, (comme) il est resté (25) [un] membre° (de parole créatrice) en elle, | l'Arrogant s'en est rendu maître, et une | déficience s'est produite. Ce(ci), donc, (est) *(p. 4)* la dénaturation-déficience des Éons°. Le (fameux) Arrogant, | en effet, a pris le membre° (?), il l'a planté | et il a établi [des Puissances] | et des Autorités°, e[t il l'a fait pénétrer] (5) dans les Éons° [morts. E]t toutes, elles | se sont réjouies, [les Puissances] du Monde°, | car elles sont deven[ues (existantes). El]les, | cependant, ne connaissent pas [le Père], | [qui] existe depuis les déb[uts], (10) [puisqu'elles lui sont étran]gères [---] | [— *environ 3 lignes perdues* —] | [--- il est devenu] (15) un (imitateur) jaloux; e[t il a voul]u (avoir) | une image° (contrefaite) d°'une [image° et] une | forme° (contrefaite) d°'une forme°. [Il] | a ordonné° aux Puissances en son autorité° de | modeler° des corps° mort(el)s⁷, (20) et il est advenu une an[ar]chie°⁸ | issue de la contrefaçon qui est advenue. |

---

2. Cf. *Ephésiens* 6,12.

3. Litt. "je répliquerai."

4. Voir *(Ensuite)* p. 4,21.

5. Cf. *Genèse* 1,3,6,9 etc.; *Jean* 1,1–3 etc.

6. Litt. "s'est manifesté."

7. Ou "inertes"?

8. ⲁ[ⲚⲞ]ⲘⲒⲀ est ici une reconstitution possible, et de même ⲀⲔ[ⲞⲤ]ⲘⲒⲀ, de signification identique: "anarchie", "dérèglement anarchique", "confusion", "désordre".

(*Ensuite*)[9], d'autre part[10], au sujet de | l'achèvement, c'(est de) moi (qu'il s'agit). [Et] | on m'a envoyé en un cor[ps° à cause de la] | semence° qui s'est égarée, étant arrivée [à une] (25) (création)° modelée de mort. Or elles[11] ne | m'ont [pas] (re)connu; elles pensaient, de | [moi, que] j'étais un mort. J'ai parlé avec ce (*p. {5}*) qui est mien, et ce qui est mien | m'a écouté — (et) c'(est de) vous (qu'il s'agit)! — | [---] ils (?) m'ont écouté | [--- et] je lui ai donné l'autori[té° (5) (et l'autorisation) d]'entrer dans | l'héritage° de son Père[12], [e]t | j'ai emporté ce qui (est) mien; et il[s] | (en) ont atteint la plénitude, les Éons°, dans son | [salut ---]; car [---] (10) [— *environ 17 lignes perdues* —"]

(*p. 6*) ... (une voix a parlé), disant: "Vous, combattez | ainsi! Car° les Archontes° combattent[13] | contre l'homme intérieur; mais° vous, | combattez ain[si: assemblez] (votre communauté) (5) d'un seul coup, e[t en|]seignez le salut au[14] M[o]nde°! | Et vous, ceignez-|vous de la Puissance de mon Pèr[e] | [e]t manifestez (10) votre supplication! E[t ---] | [— *environ 16 lignes perdues* —"]

(*p. 7*) Pierre°° (a répondu), (et) il a dit: "C'est à cause de | nous qu'il est mort! Il convient (donc) que | nous-mêmes, nous mourrions à cause de l'humanité!" |

Al[ors° une voix] est parvenue jusqu'à eux, (5) [di]sant: "Je vous (l')ai dit | [beaucoup] de fois: il convient que vous [---] | vous mourriez [e]t qu'on vous fasse entrer | [da]ns les synagogues°[15], et [auprès des] | gouverneurs°[16]; il convient que vous [---] (10) [— *environ 17 lignes perdues* —"]

(*p. 8*) (Pierre°°): "... Il s'est levé d'entre les morts, mes frè|res[17]! (Certes), Jésus°° est étranger à la mort, | mais° nous, nous sommes morts | dans la

---

9. Voir (*D'abord*) p. 3,16.
10. (En ce qui concerne l'achèvement du processus rédempteur).
11. Entendre: les Puissances.
12. Cf. (?) *Luc* 15,11–24.
13. Cf. *Ephésiens* 6,12.
14. Ou: "du" (?).
15. Cf. *Matthieu* 10,17; 12,11.
16. Cf. *Matthieu* 10,18.
17. *Actes* 13,33; 17,31.

transgres[sion°, qui (est à vrai dire)] (5) [la] transgression° de notre Mère, [et] | c'est pourquoi, au figuré, [il a fai]t (?)[18] | toutes choses à cause de nous [---] | Jésus°° (est) le Fils de la Gloire [du Père] | — l'Incommensurable — [---] (10) [— *environ 17 lignes perdues* —]

(*p. 9*) Amen°!"

Alors° Jésus°° s'est manifesté | (et) il a dit: "La paix° | (soit) à vous!... et la gloire à ceux [qui] | [cr]oient° en mon nom! Marchez (5) (et) allez! La joie vous sera (accordée) | et la grâce° [a]vec | la Puissance. N'ayez pas peur! [Je] | suis avec vous éternellement".

A[lor]s° | les apôtres° se sont divisés [---] (10) [---][19] les a envo[yés] prê[cher]. | [Et] ils s'en sont allés [pa]r la puissance | de Jésus°° (et) en paix°. |

[L']Épître | de Pierre°° (15) à Philippe°°.

---

18. Pour la reconstitution, cf. la note au texte copte.
19. Reconstitution possible: "[parce | qu']il"; cf. la note au texte copte.

JAMES

Introduction by Gregor Wurst
Coptic text edited by Rodolphe Kasser and Gregor Wurst
English translation by Marvin Meyer and François Gaudard
French translation by Rodolphe Kasser
Notes by Marvin Meyer and Gregor Wurst

THE SECOND TRACTATE OF CODEX TCHACOS occupies twenty-one pages of the manuscript (pp. 11–30). It is the best preserved tractate in the codex; substantial damage to several lines occurs only in the middle part of pp. 12–14 and at the end, where the lower part of what is apparently the last leaf is very fragmentary (pp. 29–30; for the codicological problem of the last page, cf. the codicological introduction).

This text that is simply named ⲓⲁⲕⲕⲱⲃⲟⲥ, "James," in its titular subscript is another copy of the so-called *First Revelation of James*, known from Nag Hammadi Codex V,3. Compared with the Nag Hammadi copy, the text in Codex Tchacos is much better preserved, but the textual differences between this text and the Nag Hammadi copy are much more important than is the case with the copies of the *Letter of Peter to Philip* from Codex Tchacos and Nag Hammadi Codex VIII. Thus, the publication of the copy of *James* from Codex Tchacos will provide a strong basis for the establishment of the text of the Nag Hammadi copy, and it will also provide material for a more in-depth study of the literary history of this text.

James, or the *First Revelation of James*, is certainly a translation from a Greek original, as scholars have always argued on the basis of the Nag Hammadi copy. The new copy in Codex Tchacos supports this, because there are variant readings best explained as different translations of a Greek original (cf. the note to p. 15,23–24). The repeated use of the Greek vocative (ⲱ̄) ïⲁⲕⲕⲱⲃⲉ, "O James" (pp. 10,2; 15,18; 16,7; 18,4; 19,11; 22,23; 25,25; 27,10; 28,26) may be adduced in support of this. At all these places the Nag Hammadi version has the Coptic construction for the vocative, ïⲁⲕⲕⲱⲃⲟⲥ.

As with the Nag Hammadi copy, this copy of *James* is a revelation—or, an apocalypse—in the sense that it conveys secret teachings of Jesus to the brother of the Lord. As in the Nag Hammadi copy, the dialogue between Jesus and James is of two parts: the first part is described as having happened before the passion of Jesus (pp. 10–16), while the second part is presented as a dialogue between the risen Christ and James (pp. 17–29). Both scenes are assumed to have happened outside Jerusalem, the second on a mountain called "Galge[la]m" (p. 17,9; cf. "Gaugelan" in NHC V p. 30,20–21; for the different interpretations of this toponyme, cf. the note of Williams R. Schoedel in Douglas M. Parrot, *Nag Hammadi Codices V,2–5*, pp. 80–81). The line of thought is almost identical in the two copies, but there also are some substantial differences, e.g., Jesus is never called "Lord" in the text from Codex Tchacos. With regard to the literary history of the text, it is interesting to observe that quotation formulae ("James said," etc.) are often missing (cf., e.g., pp. 14,19; 15,18; 16,2. 7. 24), whereas they are present in the corresponding portions of the Nag Hammadi version (cf. NHC V pp. 28,5; 29,4. 13. 19; 30,10). It is also noteworthy that the three references to the author in the first person singular of the Nag Hammadi text—cf. NHC V pp. 24,11; 25,12; 27,18—are absent in the copy from Codex Tchacos. There is, however, an additional reference to the first person singular on p. 19,1–2.

A careful investigation of these two versions of the *First Revelation of James* is a task that lies beyond the scope of this introduction. Nevertheless, two important points for our understanding of the text should be mentioned. The first is that we find in this copy a much better preserved text of the Valentinian formulae for the ascent of the soul (pp. 19,22–22,23), which are also referred to in Irenaeus, *Against Heresies* 1.21.5. The second is that we now can be sure that originally the *First Revelation of James* contained a version of the martyrdom of James (cf. pp. 29–30). Thus, Codex Tchacos adds another version of the death of the brother of the Lord to the dossier of texts already known from other early Christian writings.

BIBLIOGRAPHY

Parrott, Douglas M., ed. *Nag Hammadi Codices V,2–5 and VI with Papyrus Berolinensis 8502,1 and 4*. Nag Hammadi Studies 11. Leiden: Brill, 1979.

Veilleux, Armand. *La première apocalypse de Jacques (NH V,3); La seconde apocalypse de Jacques (NH V,4)*. Bibliothèque copte de Nag Hammadi, Section "Textes" 17. Québec: Presses de l'Université Laval, 1986.

Schletterer, Imke, and Uwe-Karsten Plisch. "Die (erste) Apokalypse des Jakobus (NHC V,3)." Pp. 407–18 in *Nag Hammadi Deutsch*, volume 2, edited by Hans-Martin Schenke, Hans-Gebhard Bethge, and Ursula Ulrike Kaiser. Die griechischen christlichen Schriftsteller der ersten Jahrhunderte, Neue Folge, 12. Berlin and New York: Walter de Gruyter, 2003.

Byung Woo Yoo. *Die erste Apokalypse des Jakobus (Nag Hammadi–Codex V,3), neu herausgegeben, übersetzt und erklärt*. Diss. theol. Berlin, Humboldt-Universität, 1998 (unpublished).

SIGLA

Funk Transcriptions based on older photographic evidence and comments provided by Wolf-Peter Funk, Québec.

For textual signs cf. the introduction to the *Letter of Peter to Philip*.

JAMES

ⲓ̄ (10)

ⲉⲉⲓⲛⲉⲩ ⲇⲉ ⲉⲑⲁⲛ ⲙ̄ⲡⲁⲥⲱⲧⲉ		(Jesus:) "Now, since I see the end of my
ϯⲛⲁⲧⲁⲙⲟⲕ ⲉⲛⲁⲓ̈ ⲓ̈ⲁⲕⲕⲱⲃⲉ	2	deliverance, I shall tell you these things,
ⲡⲁⲥⲟⲛ ⲉⲓⲕⲏ ⲅⲁⲣ ⲁ[ⲛ] ⲉⲩⲙⲟⲩ		my brother James. For not without reason
ⲧⲉ ⲉⲣⲟⲕ ϫⲉ ⲥⲟⲛ ⲁⲗⲗⲁ ⲛ̄[ⲧⲕ̄]	4	are you called 'brother,' though [you]
ⲟⲩⲥⲟⲛ ⲁⲛ ϩⲛ̄ ⲑⲩⲗⲏ : ⲕⲟ ⲇⲉ		are not physically a brother. But you are
ⲛⲁⲧⲥⲟⲟⲩⲛⲉ ⲉⲣⲁⲕ ϫⲉⲕⲁ[ⲁⲥ]	6	ignorant concerning yourself, so that
ⲉⲉ[ⲓ]ⲛⲁⲧⲁⲙⲟⲕ ϫⲉ ⲁⲛⲟⲕ ⲛⲓⲙ		[I] shall tell you who I am.
[ⲥ]ⲱⲧⲙ̄ ⲛⲉⲙⲛ̄ ⲗⲁⲟⲩⲉ ϣⲟⲟⲡ	8	Listen. Nothing existed
[ⲉⲓ]ⲙⲏⲧⲓ ⲡⲉⲧϣⲟⲟⲡ̄ ⲟ[ⲩⲁⲧ]		except the One Who Is. It is
[ϯ] ⲣⲁⲛ ⲉⲣⲟϥ ⲡⲉ [ⲁⲩⲱ ⲟⲩⲁⲧ]	10	[un]namable [and]
ϣⲁϫ[ⲉ ⲉ]ⲣⲟϥ ⲡⲉ [ϩⲛ̄ ⲛⲁⲉⲓ ⲉⲧ]		[in]effable [among those who]
ϣⲟⲟ[ⲡ] ⲏ ⲛⲉⲧⲛⲁϣⲱ[ⲡⲉ] ⲁⲛⲟⲕ	12	are or who will be. For
ⲇⲉ ⲁⲛⲕ ⲟⲩⲉⲃⲟⲗ ϩⲛ̄ ⲡⲉ[ⲧ]ϣⲟ		my part, I am from the One Who Is
ⲟⲡ̄ ⲁⲩⲱ ⲟⲩⲁⲧϯ ⲣⲁⲛ ⲉⲣⲟϥ ⲡ[ⲉ]	14	and is unnamable,
ⲉⲁⲩⲙⲟⲩⲧⲉ ⲇⲉ ⲉ[ⲣⲟ]ⲓ̈ [ⲛ̄]ⲟ[ⲩⲏⲡⲉ ⲛ̄]		and while I have been called [by many]
ⲣⲁⲛ ⲉⲛⲛⲟ[ⲩ]ⲉⲓ ⲁⲛ ⲛⲉ [ϩⲛ̄ϣⲙ̄]	16	names that do not belong to me, they are
ⲙⲟ ⲉⲣⲟⲓ̈ ⲛⲉ : ⲉⲉⲓⲟ ⲇⲉ ⲛ̄ϣ[ⲟⲣⲡ ⲁⲛ]		foreign to me. And I am [not first];
ⲉⲁⲛⲕ ⲟⲩⲙⲉϩⲥⲛⲁⲩ ⲉⲃⲟⲗ [ϩ]ⲙ̄	18	I am second, from
ⲡⲉⲧϣⲟⲟⲡ ⲉⲡⲉⲓⲇⲏ [ⲁ]ⲕϣ[ⲓ]ⲛⲉ		the One Who Is. Since you [have]
ⲉⲧⲃⲉ ⲧⲙⲛ̄ⲧⲥϩⲓⲙⲉ : ⲥⲱⲧ[ⲙ̄]	20	inquired about femaleness, listen.
ⲧⲙⲛ̄ⲧⲥϩⲓⲙⲉ ⲛⲉⲥϣⲟⲟⲡ̄ [ⲡⲉ]		Femaleness did exist,
ⲁⲗⲗⲁ ⲛⲉⲥϣⲟⲟⲡ̄ ⲁⲛ ⲡⲉ ϫⲛ̄ ⲛ̄	22	but it did not preexist.
ϣⲟⲣⲡ ⲁⲥⲧⲁⲙⲓⲟ ⲛⲁⲥ ⲛ̄ϩⲛϭ[ⲟⲙ]		It created [powers]
ⲙⲛ̄ ϩⲛ̄ⲛⲟⲩⲧⲉ : ⲡⲉⲧϣⲟ[ⲟⲡ]	24	and deities for itself. So the One Who Is
ϭⲉ ⲉϥϣⲟⲟⲡ ϫⲛ̄ ⲛ̄ϣⲟⲣ[ⲡ]		preexists,
ⲧⲙⲛ̄ⲧⲥϩⲓⲙⲉ ϩⲱⲥ ⲥϣⲟ	26	and femaleness also exists,
ⲟⲡ ⲙⲉⲛ ⲁⲗⲗⲁ ϫⲛ̄ ⲛ̄ϣⲟⲣⲡ ⲁⲛ		but it does not preexist.

---

5   ⲇⲉ : or, but much less likely, ⲁⲛ.

11-12   Or, e.g., [ⲡⲁⲣⲁ ⲛⲉⲧ]ϣⲟⲟⲡ, "in comparison with those who] are."

15   ⲉ[ⲣⲟ]ⲓ̈ : only the diaeresis of ⲓ̈ is preserved.

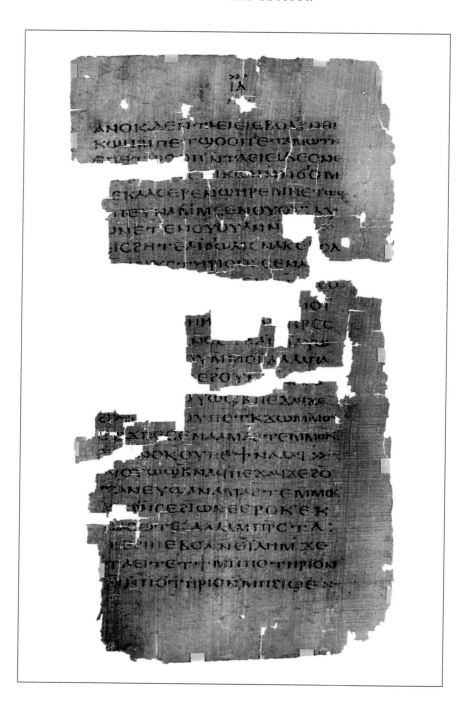

ⲓ̄ⲁ̄ | 11

ⲀⲚⲞⲔ ⲆⲈ Ⲛ̄ⲦⲀⲈⲒⲈⲒ ⲈⲂⲞⲖ ⲈⲚ ⲐⲒ		As for me, I have come from the
ⲔⲰⲚ ⲘⲠⲈⲦϢⲞⲞⲠ ⲈⲦⲀⲘⲰⲦⲚ̄	2	image of the One Who Is to show you
ⲈⲠⲈⲦϢⲞⲞⲠ Ⲛ̄ⲦⲀⲈⲒⲈⲒ ⲆⲈ ⲞⲚ Ⲉ		the One Who Is. And I have also come to
[Ⲧ]ⲀⲘ[ⲰⲦ]Ⲛ̄ ⲈⲐⲒⲔⲰⲚ Ⲛ̄Ⲛ̄Ϭ̄ⲞⲘ	4	show you the image of the powers,
ⲬⲈⲔⲀⲀⲤ ⲈⲢⲈ Ⲛ̄ϢⲎⲢⲈ ⲘⲠⲈⲦϢⲞ		so that the children of the One Who Is
ⲞⲠ ⲈⲨⲚⲀⲈ̄ⲘⲈ ⲈⲚⲞⲨⲞⲨ : ⲀⲨ	6	may understand what is theirs and
Ⲱ ⲚⲈⲦⲈ ⲚⲞⲨⲞⲨ ⲀⲚ Ⲛ̄[Ⲉ >] >>>		what is not theirs.
ⲈⲒⲤ ⲈⲎⲦⲈ ⲀⲒ̄ϬⲰⲖⲠ ⲚⲀⲔ ⲈⲂⲞⲖ	8	Look, I have revealed the mystery
Ⲙ̄ⲠⲘ︦ⲨⲤⲦⲎⲢⲒⲞⲚ : ⲤⲈⲚⲀⲀ[ⲘⲀ̄Ⲉ]		to you. They will
[ⲦⲈ Ⲙ̄ⲘⲞⲈⲒ ⲘⲚ̄Ⲛ̄]ⲤⲀ Ϣ︦Ⲙ̄ [Ⲛ̄]Ⲉ̄Ⲟ	10	[arrest me after] three days.
[ⲞⲨ : ⲤⲈⲚⲀⳍ Ⲛ̄]ⲘⲞⲒ̈		[A multitude of elders]
[Ⲛ̄Ϭⲓ ⲞⲨⲘⲎⲚ[ϢⲈ Ⲛ̄]Ⲛ[Ⲉ]ⲠⲢⲈⲤ	12	[will ---] me,
[ⲂⲨⲦⲈⲢⲞⲤ] ⲚⲤⲈⲦϬⲀⲒ̈[Ⲟ]Ⲓ̈ ⲀⲨⲰ		and they will condemn me and
[Ⲛ̄ⲤⲈⲤⲀⲈ̄]ⲞⲨ Ⲛ̄ⲘⲞⲒ̈ ⲀⲖⲖⲀ ⲠⲀ	14	[curse] me, but my
[ⲤⲰⲦⲈ Ⲉ̄Ⲛ̄]Ⲛ Ⲉ̄Ⲉ̄ⲞⲨⲚ : Ⲓ̈Ⲁ̄ⲔⲔⲰ		[deliverance is near]."
[ⲂⲞⲤ ⲆⲈ ⲀⳌ]ⲞⲨⲰϢ︦Ⲃ̄ ⲠⲈⲬⲀⳐ ⲬⲈ	16	And Jam[es] answered and said,
Ⲉ̄ⲢⲀⲂ[ⲂⲈⲒ :] ⲞⲨ ⲠⲈⲦⲔ̄ⲬⲰ Ⲙ̄ⲘⲞⳐ		"Rabbi, what are you saying?
Ⲉ̄ϢⲰⲠⲈ ⲤⲈⲚⲀⲀⲘⲀⲈ̄ⲦⲈ Ⲙ̄ⲘⲞⲔ	18	If they arrest you,
Ⲉ̄Ⲓ̈[Ⲉ Ⲁ]ⲚⲞⲔ ⲞⲨ ⲠⲈ†ⲚⲀⲀⲀⳐ >>—		what shall I do then?"
ⲀⳐⲞⲨⲰϢ︦Ⲃ̄ ⲚⲀⳐ ⲠⲈⲬⲀⳐ ⲬⲈ Ⲉ̄Ⲟ̄	20	He answered him and said,
ⲦⲀⲚ ⲈⲨϢⲀⲚⲀⲘⲀⲈ̄ⲦⲈ Ⲙ̄ⲘⲞⲔ		"When they arrest you
ⲀⲨⲰ Ⲛ̄ⲤⲈⲈ̄Ⲓ̄ ⲰⲚⲈ ⲈⲢⲞⲔ ⲈⲔ	22	and stone you, you
ⲚⲀⲤⲰⲦⲈ : ⲀⲖⲖⲀ Ⲙ̄ⲠⲢ̄Ⲥ︦ⲦⲀ :		will be delivered. But do not
ⲦⲈⲈ̄Ⲛ̄ ⲈⲂⲞⲖ Ⲛ̄Ⲟ̄Ⲓ̈Ⲗ̄Ⲏ̄Ⲙ̄ ⲬⲈ	24	return to Jerusalem, for
ⲦⲀⲈⲒ ⲦⲈⲦ† Ⲙ̄ⲠⲠⲞⲦⲎⲢⲒⲞⲚ		this (city) always gives the cup
· · · · · · · · · · · · · · · · · · · ·		
Ⲙ̄ⲠⲠⲞⲦⲎⲢⲒⲞⲚ Ⲙ̄ⲠⲤⲒϢⲈ >>	26	of bitterness

---

21   Ⲙ̄ⲘⲞⲔ : the letters ⲞⲔ are written in ligature.

25-12,3 Or read, with more felicitous English word order, "this (city), as a dwelling place of many rulers, always gives
         the cup of bitterness to the children of light."

26   Ⲙ̄ⲠⲠⲞⲦⲎⲢⲒⲞⲚ : deleted by the scribe.

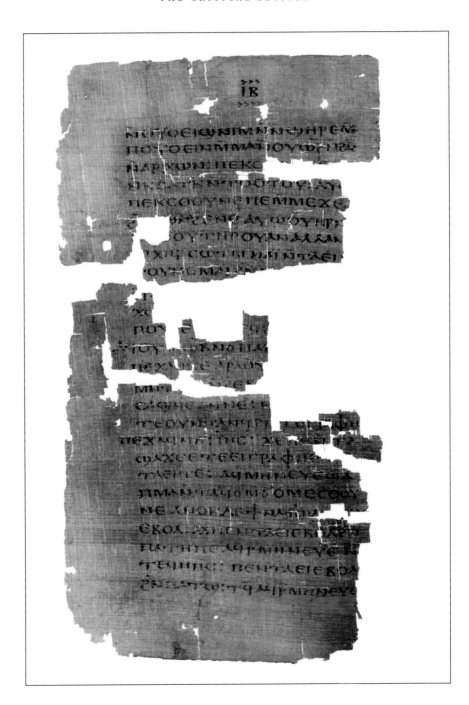

<div align="center">ⲓⲃ̄</div>	<div align="center">12</div>

ⲛ̄ⲟⲩⲟⲉⲓϣ ⲛⲓⲙ ⲛ̄ⲛ̄ϣⲏⲣⲉ ⲙ̄		to the children of light,
ⲡⲟⲩⲟⲉⲓⲛ ⲛ̄ⲙⲁ ⲛⲟⲩⲱ͑ϩ ⲛ̄ϩⲁϩ	2	as a dwelling place of many
ⲛ̄ⲁⲣⲭⲱⲛ : ⲡⲉⲕⲥⲱⲧ[ⲉ] ϭⲉ [ⲡⲉ]		rulers. So your deliverance [is]
ⲛ̄ⲕⲥⲁⲧⲕ ⲛ̄ⲧⲟⲟⲧⲟⲩ : ⲁⲩⲱ	4	that you deliver yourself from them. And
ⲡⲉⲕⲥⲟⲟⲩⲛⲉ ⲡⲉ ⲛ̄ⲙⲉ ϫⲉ		your knowledge is to understand what
ϩ[ⲛ] ⲁϣ ⲛ̄ϩⲉ ⲛⲉ ⲁⲩⲱ ⲟⲩⲏⲣ ⲛ[ⲉ]	6	they are like and how many they are—
ⲛ̄[ⲧ]ⲟⲟⲩ ⲧⲏⲣⲟⲩ ⲁⲛ ⲁⲗⲗⲁ ⲛ̄[ⲁⲡ]		not all of them, but the first
[ⲁ]ⲣⲭⲏ : ⲥⲱⲧⲙ ⲛⲁⲓ̈ ⲛ̄ⲧⲁⲉⲓⲛ	8	ones. Listen. Those I have
ⲧⲟⲩ ⲛⲉⲙⲁⲓ ϩⲛ̄ ⲡ [ ]		brought with me from the [---]
ϩⲣⲁ[ⲓ̈ ⲁⲣ]	10	down [--- rul]-
ⲭⲱ[ⲛ ⲡⲟⲩⲁ]		ers [--- each]
ⲡⲟⲩ[ⲁ] ⲉ[ⲭⲛ̄ ⲧ]ⲉϥϩ[ⲉⲃⲇⲟⲙⲁⲥ]	12	one [on] its [hebdomad]."
ⲁϥⲟⲩⲱϣ͞ⲃ ⲛ̄ϭⲓ ⲓ̈ⲁⲕ[ⲕⲱⲃⲟⲥ]		Ja[mes] answered
ⲡⲉϫⲁϥ ϫⲉ ⲁⲣⲁ ⲟⲩ[ⲛ ϩ͞ⲣⲁⲃⲃⲉⲓ]	14	and said, "[Rabbi],
ⲙⲛⲧ[ⲓⲃ̄] ⲛ̄ϩⲉⲃ[ⲇⲟⲙⲁⲥ ⲛⲉ ⲁⲩⲱ]		then are there [twelve]
ⲥⲁϣϥⲉ ⲁⲛ ⲛⲉ : ⲕ[ⲁⲧⲁ ⲑⲉ ⲉ]	16	hebdomads [and] not seven, [as]
ⲧⲉ ⲟⲩⲛ̄ⲧⲁⲛϥ ϩⲛ̄ ⲧⲉⲅⲣⲁⲫⲏ		we have in the scripture?"
ⲡⲉϫⲁϥ ⲛ̄ϭⲓ ⲓ͞ⲥ̄ : ϫⲉ ⲡⲉⲛⲧⲁ	18	Jesus said, "The one who spoke
ϣⲁϫⲉ ⲉⲧⲉⲉⲓⲅⲣⲁⲫⲏ ⲉⲧⲉ		through this very scripture
ⲧⲁⲉⲓ ⲧⲉ : ⲁϥⲙⲛⲉⲩⲉ ϣⲁ	20	reported only as far
ⲡⲙⲁ ⲛ̄ⲧⲁϥϭⲛ̄ϭⲟⲙ ⲉⲥⲟⲟⲩ		as he was able to know.
ⲛⲉ ⲁⲛⲟⲕ ⲇⲉ ϯⲛⲁϭⲱⲗⲡ [ⲛ̄]ⲁⲕ	22	I, however, shall reveal to you
ⲉⲃⲟⲗ : ⲙⲡⲉⲛⲧⲁⲉⲓ ⲉⲃⲟⲗ ϩⲛ̄		what has come from the one who is
ⲡⲁⲧⲏⲡⲉ ⲁϥⲣ̄ ⲙⲛⲉⲩⲉ ⲛ̄	24	innumerable and has made known his
ⲧⲉϥⲏⲡ͞ⲥ̄ : ⲡⲉⲛⲧⲁⲉⲓ ⲉⲃⲟⲗ		number, what has come from the one
ϩⲛ̄ ⲡⲁⲧϣⲓⲧϥ̄ ⲁϥⲣ̄ ⲙⲛⲉⲩⲉ	26	who is immeasurable and has made

---

12   For the reconstruction, cf. NHC V 26,1: ⲉⲭⲛ̄ ⲧⲉⲧⲉ ⲧⲱϥ ⲛ̄ϩⲉⲃⲇⲟⲙⲁⲥ; for ⲡⲟⲩⲁ | ⲡⲟⲩ[ⲁ], cf. *Yoo* 129.

18-19   ⲡⲉⲛⲧⲁϣⲁϫⲉ : that is, in standard Sahidic, ⲡⲉⲛⲧⲁϥϣⲁϫⲉ; cf. above, the note to p. 4,24.

23-25   ⲙⲡⲉⲛⲧⲁⲉⲓ ... ⲡⲉⲛⲧⲁⲉⲓ : that is, in standard Sahidic, ⲙⲡⲉⲛⲧⲁϥⲉⲓ ... ⲡⲉⲛⲧⲁϥⲉⲓ; cf. above, the note to p. 4,24.

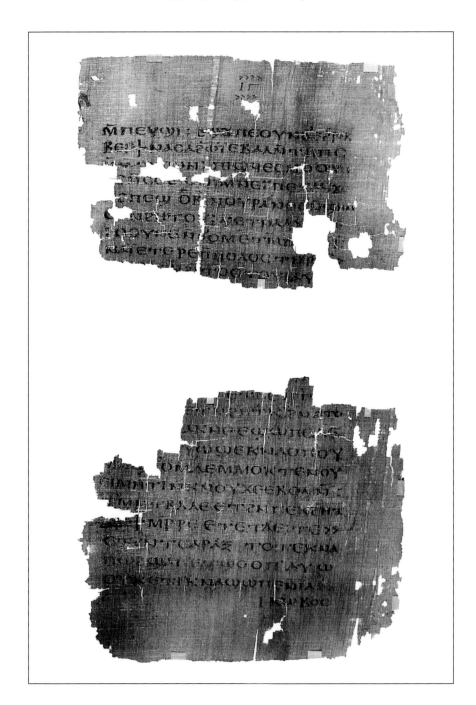

ⲙⲡⲉⲩϣⲓ : ⲉϣϫⲡⲉ ⲟⲩⲛ ϭⲉ ϩ̅ⲣⲁⲃ
ⲃⲉⲓ ϯⲛⲁⲥⲁϩⲱ̈ⲓ ⲉⲃⲁⲗ ⲛ̅ⲧⲏⲡⲥ   2
ⲛ̅ⲛ̅ⲁⲣⲭⲱⲛ : ⲡⲓϣϥⲉⲥⲛⲟⲟⲩⲥ
[ⲁ]ⲉ ⲛ̅ⲥⲟⲉⲓⲥ ⲛⲓⲙ ⲛⲉ : ⲡⲉϫⲁϥ ϫⲉ   4
. ⲉ ⲡⲉϣ ᵛᵃᶜ ⲟⲃ̅ ⲛⲟⲩⲣⲁⲛⲟⲥ ⲛ̅ϣⲏⲙ
ⲉ̇[ⲧ]ⲛ̅ϩⲏⲧⲟⲩ : ⲛⲉⲧⲛⲁⲁⲩ [ⲁⲉ] ⲉ   6
ⲣⲟⲟⲩ ⲛⲉ ⲛ̅ϭⲟⲙ ⲉⲧⲙ̅ⲡ[ϣ]ⲱ̈ⲓ
ⲛⲁ̈ⲓ ⲉⲧⲉⲣⲉ ⲡ̅ⲡⲟⲗⲟⲥ ⲧⲏⲣ[ϥ̅ >>] >   8
[ⲱϩ]ⲉ ⲣ̣ⲁ̣ⲧⲩ̅ ϩ̅ⲧⲟⲟⲧⲟⲩ : ⲁⲩ[ⲱ]
[   ]   10
[   ]
[   ]   12
[   ]
[   ] . ⲁ̣[   ]   14
[   ] . ⲉⲧⲃⲉ ⲡⲧ . [. .]
[± . . . . . .] ⲉⲧⲛ̅ϩⲏⲧⲕ̀ ϩ̅ⲛ̅ⲁⲧⲟ   16
[ⲡⲟⲩ ± . . .] ⲁⲕ ⲛⲉ ⲉϣⲱⲡⲉ ⲁⲉ
[ⲉⲕϣⲁⲛ]ⲟⲩⲱϣⲉ ⲕⲛⲁⲟⲡⲟⲩ   18
ⲙⲛ̅ ϣ ϭⲟⲙ ⲁⲉ ⲙ̅ⲙⲟⲕ ⲧⲉⲛⲟⲩ
ⲉⲓⲙⲏⲧⲓ ⲛ̅ⲕⲛⲟⲩϫⲉ ⲉⲃⲟⲗ ⲛ̅ :   20
ⲧⲙⲛ̅ⲧⲃⲗⲗⲉ ⲉⲧϩ̅ⲛ̅ ⲡⲉⲕϩ̅ⲏ̅ⲧ
ⲁⲩ ϯⲙ̅ⲣⲣⲉ ⲉⲧⲉ ⲧⲁⲉⲓ ⲧⲉ >>   22
ⲉⲧϩ̅ⲛ̅ ⲧⲥⲁⲣⲁ̅ϩ ᵛᵃᶜ ⲧⲟⲧⲉ ⲕⲛⲁ
ⲡⲱϩ ϣⲁ ⲡⲉⲧϣⲟⲟⲡ̀ ⲁⲩⲱ   24
ⲟⲩⲕⲉⲧⲓ ⲕⲛⲁϣⲱⲡⲉ ⲛ̅ⲓ̈ⲁⲕ
/ ⲕⲱⲃⲟⲥ   26

known their measure." (James:) "Rabbi,
then if I shall withdraw from the number
of the rulers, who are these seventy-two
companions?" He said,

"⟨These⟩ are (?) the seventy-two inferior
heavens among them. [But] those that are
greater than they are the powers that are
above, those through which the entire
axis (of the universe) is established. And
[---]
[---]
[---]
[---]
[---]
[---] because of the [---]
[---] that is in you. They are in-
[numerable ---]. And if
[you] wish, you will count them,
but you cannot do so now
unless you throw off
the blindness that is in your heart,
[and (?)] this very bond
that is in the flesh. Then you will
attain to the One Who Is, and
you will no longer be James,

---

4   ⲥⲟⲉⲓⲥ : apparently a variant for ⲥⲟⲉⲓϣ (cf. p. 23,2).

5   The ink traces at the beginning of the line may be interpreted as the bottom of one vertical stroke and as the top of another; perhaps restore to read ⲛⲉ. If correct, it would be plausible to read, in accordance with NHC V 26,16-17, ⟨ⲛⲁⲓ̈⟩ ⲛⲉ.

16-17   ⲁⲧⲟ|[ⲡⲟⲩ : restored by *Funk*.

22   The ink traces at the beginning of the line do not fit with the reading ϫⲉ; perhaps restore to read ⲁⲩ⟨ⲱ⟩.

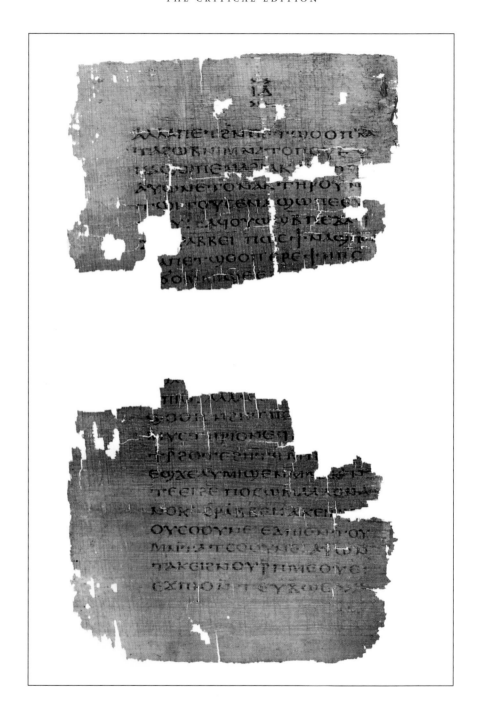

ⲁⲗⲗⲁ ⲡⲉⲧ2̅ⲛ̅ ⲡⲉⲧϣⲟⲟⲡ̀ ⲕⲁ	but someone who in every respect
ⲧⲁ 2ⲱⲃ ⲛⲓⲙ ⲛⲁⲧⲟⲡⲟⲩ ⲉⲩ	is in the One Who Is. The innumerable
ⲛⲁϣⲱⲡⲉ ⲛⲁ2̅ⲣ̅ⲁⲕ ⲉ[ⲩ]ⲏⲡ	will be counted before you,
ⲁⲩⲱ ⲛⲉⲧⲟ ⲛⲁⲕ ⲧⲏⲣⲟⲩ ⲛ[ⲁ]	and all that is immeasurable
ⲧϣⲓⲧⲟⲩ ⲥⲉⲛⲁϣⲱⲡⲉ ⲉⲩ	for you will be measured."
ϣ[ⲏ]ⲩ : ᵛᵃᶜ ⲁϥⲟⲩⲱϣ̅ⲃ̅ ⲡⲉⲭⲁϥ	He answered and said,
ⲭ[ⲉ 2]ⲣ̅ⲁⲃⲃⲉⲓ ᵛᵃᶜ ⲡⲱⲥ †ⲛⲁϣ ⲡⲱ2	"Rabbi, how shall I attain
[ϣ]ⲁ ⲡⲉⲧϣⲟⲟⲡ̀ ⲉⲣⲉ †ⲏⲡⲅ̅	to the One Who Is, since this number of
[ⲛ]ⲛ6ⲟⲙ ⲙⲓϣⲉ ⲉ2[ⲟ]ⲩ̅ⲛ̅ ⲟⲩⲃⲏⲓ :]	powers is fighting [against me]?"
[ ]	(Jesus:) "[---]
[ ]	[---]
[ ]	[---]
[ ]	[---]
[.] ⲟⲗ [ ]	[---]
[ⲭ]ⲡⲓⲟ : ⲁⲗⲗⲁ ⲉⲥ [. . . . . . .]	blame, but it [---]
ϣⲟⲟⲡ̀ ⲛ̅2̅ⲏⲧ ⲡⲉ [. . . . . . ⲟⲩ]	is in me [--- a]
ⲙⲩⲥⲧⲏⲣⲓⲟⲛ ⲉϥ2[ⲏⲡ : ⲁⲗⲗⲁ]	[hidden] mystery. [But]
†ⲣ̅ 2ⲟⲧⲉ 2ⲏⲧ̅ⲩ̅ ⲙ̅ⲡ[ⲉⲩⲃⲱⲗ̅ⲕ̅]	I am afraid of [their anger]."
ⲉϣⲭⲉ ⲁⲩⲙⲓϣⲉ ⲛ̅ⲙ̅ⲙⲁⲕ̀ ⲛ	(James:) "If they have fought with you in
ⲧⲉⲉⲓ2̅ⲉ ⲡⲟⲥⲱ ⲙⲁⲗⲗⲟⲛ ⲁ	this way, how much more (will they
ⲛⲟⲕ̀ ᵛᵃᶜ ⲡ̅ⲣ̅ⲁⲃⲃⲉⲓ : ⲁⲕⲉⲓ ⲅⲁⲣ [2̅ⲛ̅]	fight) with me? For, Rabbi, you have
ⲟⲩⲥⲟⲟⲩⲛⲉ : ⲉⲭⲡⲓⲟ ⲛ̅ⲧⲟⲩ	come [with] knowledge to rebuke
ⲙ̅ⲛ̅ⲧⲁⲧⲥⲟⲟⲩⲛⲉ : ⲁⲩⲱ ⲛ̅	their ignorance. And
ⲧⲁⲕⲉⲓ 2̅ⲛ̅ ⲟⲩⲣ̅ ⲡⲙⲉⲟⲩⲉ :	you have come with remembrance
ⲉⲭⲡⲓⲟ ⲛ̅ⲧⲉⲩⲃ̅ϣⲉ >>>>—	to rebuke their forgetfulness.

Line numbers: 2, 4, 6, 8, 10, 12, 14, 16, 18, 20, 22, 24

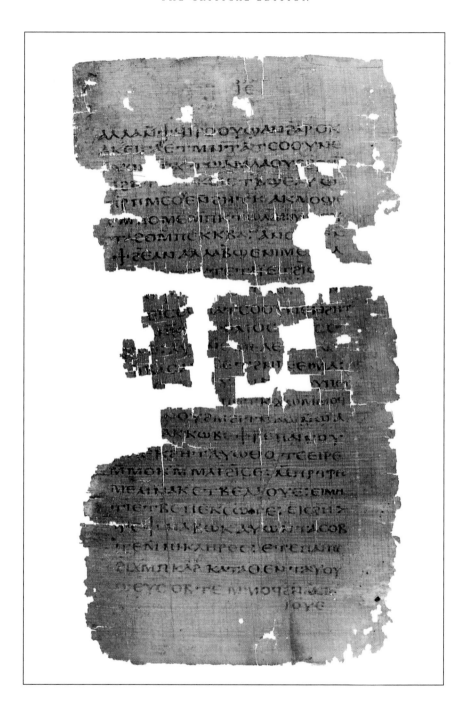

ιε | 15

ⲁⲗⲗⲁ ⲛ̄ϯϥⲓ ⲣⲟⲟⲩⲱ ⲁⲛ ϩⲁⲣⲟⲕ

ⲁⲕⲉⲓ ⲅⲁⲣ ⲉⲧⲙⲛ̄ⲧⲁⲧⲥⲟⲟⲩⲛⲉ   2

ⲁⲩⲱ [ⲙ]ⲡⲕⲧⲱⲗⲙ̄ ⲗⲁⲟⲩⲉ ϩⲣⲏ̄

ⲛ̄ϩⲏⲧⲥ ⲁⲕⲉⲓ ⲉⲧⲃⲱⲉ ⲁⲩⲱ   4

ⲡⲣ̄ ⲡⲙⲉⲟⲩⲉ ⲛ̄ϩⲏⲧⲕ̄ ⲁⲕⲙⲟⲟϣⲉ

ϩⲙ ⲡⲟⲙⲉ ⲙ̄ⲡⲕⲧⲱⲗⲙ̄ : ⲙ̄ⲡⲟⲩ   6

ⲧⲁϩⲟ ⲙ̄ⲡⲉⲕⲕⲃⲁ : ⲁⲛⲟⲕ ⲇⲉ ⲛ̄

ϯϩⲉ ⲁⲛ ⲁⲗⲗⲁ ⲃ̄ϣⲉ ⲛⲓⲙ ⲉⲃⲟⲗ   8

[ϩⲓⲧⲟⲟ]ⲧⲟⲩ ⲧⲉ ⲧⲁⲓ̈ ⲉⲧϩⲓⲱ[ⲧ]

[ⲁⲩⲱ] ⲛ̄ϯⲣ [ⲡⲙⲉ]ⲟⲩⲉ ⲁⲛ : ⲛ[ⲉ]ⲧⲉ   10

[ⲛⲟ]ⲩⲉⲓ̈ ⲥⲉⲟ ⲛⲁⲧⲥⲟⲟⲩⲛⲉ ⲛ̄ϩⲏⲧ

[ⲁⲩⲱ] ⲁⲛⲕ̄ ⲟ[ⲩ]ⲧⲉⲗⲓⲟⲥ ⲁ[ⲛ ⲛ̄]ⲥⲟ   12

[ⲟ]ⲩⲛⲉ : ⲁⲩ[ⲱ] ⲛ̄ϭⲙⲉⲗⲉ[ⲓ] ⲛⲁⲓ̈ ⲁⲛ

[ϩ]ⲁ ⲛ̄ⲃⲁⲥⲁⲛ[ⲟ]ⲥ ⲉⲧϩⲛ̄ ⲡⲉⲉⲓⲙⲁ :   14

[ⲁⲗⲗⲁ] ⲉⲧⲃⲉ [ⲡ]ⲉⲩⲁⲙⲁϩ[ⲧⲉ] ⲟⲩ ⲡⲉⲧ

[ⲟⲩⲛⲁⲁⲁϥ ⲟⲩ] ⲡⲉⲧⲕϫⲱ ⲙ̄ⲙⲟϥ   16

[±. . . . . .] ⲛⲟⲩϥⲙ ϩⲓⲧⲛ̄ ⲁϣ ⲛ̄ϣⲁ

[ϫⲉ : ⲓ̈]ⲁⲕⲕⲱⲃⲉ ϯⲣ̄ ⲉⲡⲁⲓⲛⲟⲩ   18

ⲙ̄ⲡⲉⲕϩⲏⲧ ⲁⲩⲱ ⲑⲟⲧⲉ ⲉⲓⲣⲉ

ⲙ̄ⲙⲟⲕ` ⲙ̄ⲙⲁⲓ̈ϩⲓⲥⲉ : ⲙ̄ⲡⲣ̄ⲧⲣⲉⲥ   20

ⲙⲉⲗⲓ ⲛⲁⲕ` ⲉⲧⲃⲉ ⲗⲁⲟⲩⲉ : ⲉⲓⲙⲏ

ⲧⲓ ⲉⲧⲃⲉ ⲡⲉⲕⲥⲱⲧⲉ : ⲉⲓⲥ ϩⲏ >   22

ⲧⲉ ϯⲛⲁⲃⲱⲕ` ⲁⲩⲱ ⲛ̄ⲧⲁⲥⲟⲃ

ⲧⲉ ⲙ̄ⲡⲓⲕⲗⲏⲣⲟⲥ : ⲉⲧⲉ ⲡⲁⲓ̈ ⲡⲉ   24

ϩⲓϫⲛ̄ ⲡⲕⲁϩ ⲕⲁⲧⲁ ⲑⲉ ⲛ̄ⲧⲁⲩⲟⲩ

ⲱ ⲉⲩⲥⲟⲃⲧⲉ ⲙ̄ⲙⲟϥ ϩⲛ̄ ⲙ̄ⲡⲏ   26

/ ⲟⲩⲉ

But I am not worried about you.
For you have come to ignorance,
and you have not been defiled at all by
it. You have come to forgetfulness, and
remembrance was in you. You have
walked in mud, and you have not gotten
dirty. They did not arouse your vengeance.
Now, I am not of this sort, but all the
forgetfulness with which I have clothed
[myself] is from them, [and] my memory
fails. Those who are mine are ignorant of
me, [and] I am [in]complete [in]
knowledge. And I am concerned not
regarding the torments that are in this
place [but] about their power. What
[will they do? What] do you say
[---] by what word [---] to be saved?"
(Jesus:) "[J]ames, I praise
your understanding, and fear is making
you long-suffering. Do not be
concerned about anything except
your deliverance. Look,
I shall go and prepare
this very heritage
on earth, as it has already
been prepared in the heavens.

---

2   ⲅⲁⲣ : ⲣ *supra lin.*

5   ⲛⲉⲟⲩⲉ : ⲩ *supra lin.*

7   Or, "Your vengeance was not aroused."

23-24   ⲥⲟⲃⲧⲉ : here, as on p. 16,5.26, the verb ⲥⲟⲃⲧⲉ, "prepare," is used instead of the verb ϫⲱⲕ, "accomplish," which is employed in NHC V p. 29,9.17; 30,12. This variant may be due to the fact that the Coptic translator understood ⲕⲗⲏⲣⲟⲥ not as "destiny" but as "heritage."

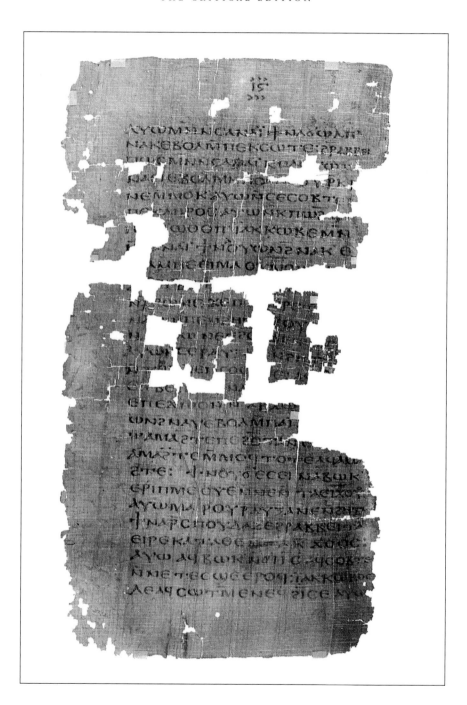

15 | 16

ⲁⲩⲱ ⲙⲛ̄ⲛ̄ⲥⲁ ⲛⲁⲓ̈ ϯⲛⲁϭⲱⲗⲡ̄		And after this I shall reveal
ⲛⲁⲕ ⲉⲃⲟⲗ ⲙ̄ⲡⲉⲕⲥⲱⲧⲉ : ⲣ̄ⲣⲁⲃⲃⲉⲓ	2	to you your deliverance." (James:) "Rabbi,
ⲡⲱⲥ ⲙⲛ̄ⲛ̄ⲥⲁ ⲛⲁⲓ̈ ⲕⲛⲁⲟⲩⲱⲛϩ		how will you appear
ⲛⲁⲉⲓ ⲉⲃⲟⲗ ⲙⲛ̄ⲛ̄ⲥⲁ ⲛ̄ⲥⲟⲩ ⲕⲣ[ⲓ]	4	to me after this, after you are
ⲛⲉ ⲙ̄ⲙⲟⲕ ⲁⲩⲱ ⲛ̄ⲥⲉⲥⲟⲃⲧⲉ ⲙ̄		condemned and the heritage
ⲡⲉⲕⲗⲏⲣⲟⲥ ⲁⲩⲱ ⲛ̄ⲕⲡⲱϩ ϣⲁ	6	is prepared and you have attained to
ⲡ[ⲉ]ⲧϣⲟⲟⲡ ⲓ̈ⲁⲕⲕⲱⲃⲉ ⲙⲛ̄		the One Who Is?" (Jesus:) "James, after
ⲛ̄[ⲥ]ⲁ ⲛⲁⲓ̈ ϯⲛⲁⲟⲩⲱⲛϩ̄ ⲛⲁⲕ ⲉ	8	this I shall appear to you
[ⲃⲟ]ⲗ ⲙ̄ⲡⲉⲉⲓⲙⲁ ⲟⲩ ⲙⲟⲛ[ⲟ]ⲛ ⟨---⟩ [ⲁⲗ]		in this place, not only ⟨for your sake⟩ (?)
ⲗⲁ ⲉⲧⲃⲉ ⲧⲙ[ⲛ̄ⲧⲁⲧⲛ]ⲁϩ[ⲧⲉ]	10	[but] also for the sake of the [unbelief]
ⲛ̄ⲣⲣⲱⲙⲉ ϫⲉ ⲡⲱ[ⲥ] ⲉⲣⲉ ⲧ[ⲡⲓⲥⲧⲓⲥ]		of people, for how else would [faith]
ⲛⲁϣⲱⲡⲉ ⲛ̄ϩⲏⲧ[ⲟ]ⲩ ⲟⲩⲛ [ϩⲁϩ ⲇⲉ]	12	come to be among them? [And many]
ⲛⲁ[ⲡⲱ]ⲱⲛⲉ ⲉϩⲟ[ⲩ]ⲛ ⲉⲧⲡⲓⲥⲧ[ⲓⲥ]		will turn to faith
ⲁⲩⲱ ⲛ̄ⲥⲉⲣ ⲁⲩⲝⲁ[ⲛ]ⲉ ⲛ̄ϩⲏⲧⲥ̄ [ϣⲁ]	14	and will grow in it, until
ⲛ̄ⲧⲟⲩⲉⲓ ⲉⲡⲥⲟ[ⲟⲩ]ⲛⲉ : ⲁⲩ[ⲱ ⟩⟩]		they come to knowledge. And
ⲉⲧⲃⲉ ⲡ[ⲁⲓ̈] ϯⲛⲁ[ⲟⲩⲱⲛϩ ⲉⲃⲟⲗ]	16	for this reason I shall [appear]
ⲉⲡⲉⲭⲡⲓⲟ ⲛ̄ⲛⲁⲣⲭⲱ[ⲛ ⲛ̄ⲧⲁⲟⲩ]		in order to rebuke the rulers, [and I]
ⲱⲛϩ̄ ⲛⲁⲩ ⲉⲃⲟⲗ ⲙ̄ⲡⲁⲓ̈ ϫ[ⲉ ⲟⲩⲁ]	18	[shall] reveal to them that
ⲧⲁⲙⲁϩⲧⲉ ⲡⲉ ϩⲟⲧⲁⲛ ⲉ[ⲩϣⲁⲛ]		there is one who cannot be grasped.
ⲁⲙⲁϩⲧⲉ ⲙ̄ⲙⲟϥ ⲧⲟⲧⲉ ⲁϥⲁⲙⲁ	20	When he is grasped, then he becomes
ϩⲧⲉ : ᵛᵃᶜ ϯⲛⲟⲩ ϭⲉ ⲉⲉⲓⲛⲁⲃⲱⲕ		strong. So now I shall go.
ⲉⲣⲓ ⲡⲙⲉⲟⲩⲉ ⲛ̄ⲛⲉⲛ̄ⲧⲁⲉⲓⲭⲟⲟⲩ	22	Remember what I have said,
ⲁⲩⲱ ⲙⲁⲣⲟⲩⲣ ⲁⲩⲝⲁⲛⲉ ⲛ̄ϩⲏⲧⲕ̄		and let it grow within you."
ϯⲛⲁⲣ ⲥⲡⲟⲩⲇⲁⲍⲉ ⲣ̄ⲣⲁⲃⲃⲉⲓ ⲧⲁ	24	(James:) "I shall make every effort,
ⲉⲓⲣⲉ ⲕⲁⲧⲁ ⲑⲉ ⲛ̄ⲧⲁⲕϫⲟⲟⲥ :		Rabbi, to do as you have said."
ⲁⲩⲱ ⲁϥⲃⲱⲕ ⲛ̄ϭⲓ ⲓ̄ⲥ ⲁϥⲥⲟⲃⲧⲉ	26	And Jesus left and prepared
ⲛ̄ⲛⲉⲧⲉⲥϣⲉ ⲉⲣⲟϥ : ⲓ̈ⲁⲕⲕⲱⲃⲟⲥ		what was destined for him. James
ⲇⲉ ⲁϥⲥⲱⲧⲙ̄ ⲉⲛⲉϥϩⲓⲥⲉ ⲁⲩⲱ	28	heard about his sufferings, and

---

8   ϯⲛⲁⲟⲩⲱⲛϩ̄ : ⲁ *supra lin.*

9   After ⲟⲩⲙⲟⲛ[ⲟ]ⲛ, the scribe may have omitted something. Perhaps restore to read ⟨ⲉⲧⲃⲏⲏⲧⲕ̄⟩, as in NHC V p. 29,21.

20-21   ⲁϥⲁⲙⲁϩⲧⲉ : apparently a variant for ⲉϥⲁⲙⲁϩⲧⲉ, "becomes strong" or, "grasps."

22   ⲭⲟⲟⲩ : ⲟⲩ written in ligature.

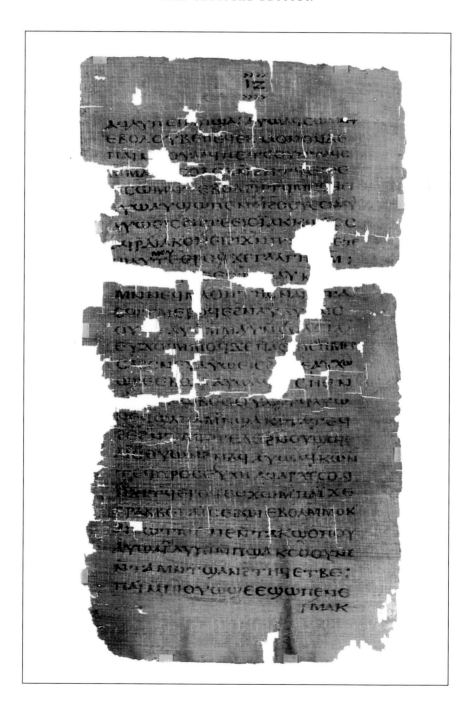

ⲓ̄ⲍ̄   17

ⲁϥⲗⲩⲡⲉⲓ ⲛ̄ⲡϣⲁ : ⲁⲩⲱ ⲁϥⲥⲱⲙⲛⲧ̄	
ⲉⲃⲟⲗ ⲟⲩⲃⲉ ⲡⲉϥⲉⲓ : ⲙⲟⲛⲟⲛ ⲇⲉ	2
ⲡⲁⲓ̈ ⲙ̄[ⲁ]ⲟⲩⲁⲁϥ ⲡⲉⲧⲉⲟⲩⲛⲧⲁϥⲥ̄	
ⲛ̄ⲙⲁ[ⲩ ⲉ]ⲥⲟⲗⲥⲗ̄ ⲛ̄ϩⲏⲧϥ̄ ⲉⲧⲉ	4
ⲡⲥⲱⲙⲛⲧ̄ ⲉⲃⲟⲗ ϩ̄ⲧϥ̄ ⲙ̄ⲡⲉϥⲉⲓ	
ⲁⲩⲱ ⲁⲩϣⲱⲡⲉ ⲛ̄ϭⲓ ϩ̄ⲟⲟⲩⲉ ⲥⲛⲁⲩ	6
ⲁⲩⲱ ⲉⲓⲥ ϩⲏⲧⲉ ⲉⲓⲥ ⲓ̈ⲁⲕⲕⲱⲃⲟⲥ	
ⲁϥⲣ̄ ⲇⲓⲁⲕⲟⲛⲉⲓ ϩⲓϫⲛ̄ ⲡⲧ[ⲟⲟⲩ] ⲉⲧⲉ	8
ϣⲁⲩⲙⲟⲩⲧⲉ ⲉⲣⲟϥ ϫⲉ ⲅⲁⲗⲅⲏ[ⲗⲁ]ⲙ̄ :	
[. . . . .] . . ⲉ ⲉⲧⲙ̄ⲙⲁⲩ ⲕ̄[± . . . .]	10
ⲙⲛ̄ ⲛⲉϥⲙⲁⲑⲏⲧⲏⲥ ⲛⲁⲓ [ⲛ̄]ⲧⲁ	
ⲥⲱⲧⲙ̄ ⲉⲣⲟϥ ⲉϩⲛⲁⲩ ⲁⲩⲱ̣ ⲛⲉ	12
ⲟⲩⲛⲧⲁⲩϥ ⲙ̄ⲙⲁⲩ ⲛ̄ⲥⲟⲗⲥⲗ̄	
ⲉⲩϫⲱ ⲙⲙⲟϥ ᵗⁱᶜ ϫⲉ ⲡⲁⲉ[ⲓ] ⲡⲉ ⲡⲙⲉϩ	14
ⲥⲁϩ̄ ⲥⲛⲉⲩ ⲁⲩⲱ ⲉⲓⲥ ϩ̄[ⲏⲧ]ⲉ ⲁⲩϫⲱ	
ⲱⲣⲉ ⲉⲃⲟⲗ : ⲁⲩⲱ ⲁϥ[ⲥ]ⲉ̣ⲉⲡⲉ ⲛ̄	16
ϭⲓ ⲓ̈[ⲁⲕ]ⲕⲱⲃⲟⲥ ⲟⲩⲁⲁⲧϥ̄ ⲁⲩⲱ	
ⲛⲉϥϣⲗⲏⲗ ⲛ̄ⲡϣⲁ ⲕⲁⲧⲁ ⲧⲉϥ	18
ϩⲉ̄ ϩⲛ̄ ⲧⲏⲛⲧⲉ ⲇⲉ ϩⲛ̄ ⲟⲩⲱϣⲛⲉ	
ⲁⲓ̄ⲥ ⲟⲩⲱⲛϩ̣ ⲛⲁϥ ⲁⲩⲱ ⲁϥⲕⲱ ⲛ̄	20
ⲧⲉϥⲡⲣⲟⲥⲉⲩⲭⲏ ⲁϥⲁⲣⲭⲉⲥⲑⲁⲓ	
ⲛ̄ϫⲓⲧϥ̄ ⲉⲣⲟϥ ⲉϥϫⲱ ⲙ̄ⲡⲁⲓ̈ ϫⲉ	22
ϩⲣⲁⲃⲃⲉⲓ̈ ⲁⲓ̈ⲥⲉϩⲱⲓ̈ ⲉⲃⲟⲗ ⲙ̄ⲙⲟⲕ'	
ⲁⲓ̈ⲥⲱⲧⲙ̄ ⲉⲛⲉⲛⲧⲁⲕϣⲟⲡⲟⲩ	24
ⲁⲩⲱ ⲁⲓ̈ⲗⲩⲡⲓ ⲛ̄ⲡϣⲁ ⲕⲥⲟⲟⲩⲛⲉ	
ⲛ̄ⲧⲁⲙⲛ̄ⲧϣⲁⲛϩ̄ⲧⲏϥ ⲉⲧⲃⲉ :	26
ⲡⲁⲓ̈ ⲙ̄ⲡⲓⲟⲩⲱϣⲉ ⲉϣⲱⲡⲉ ⲛⲉ	
/ ⲙⲁⲕ	28

he was deeply distressed and awaited	
his coming. And it was this	
alone that he had	
[to] console himself—	
waiting for his coming.	
And two days passed,	
and look, James was	
performing his duties upon the	
[mountain] called "Galge[la]m."	
[---] there [---]	
with his disciples [who]	
listened to him willingly. And	
they had him as a comforter,	
saying, "This is the second	
master." And look,	
they dispersed, and J[am]es	
remained behind by himself and	
prayed a great deal, as was his custom.	
And all of a sudden	
Jesus appeared to him, and he stopped	
praying and began	
to embrace him, saying this:	
"Rabbi, I withdrew from you.	
I heard what you endured,	
and I was greatly distressed. You know	
my compassion. That is	
why I did not want to be with you,	

---

9   ⲙⲟⲩⲧⲉ : ⲛⲟⲩ *supra lin.* and written with a different type of ink.

11-12   [ⲛ̄]ⲧⲁⲥⲱⲧⲙ̄ : that is, in standard Sahidic, [ⲛ̄]ⲧⲁⲩⲥⲱⲧⲙ̄; cf. above, the note to p. 4,24.

17   ⲓ̈[ⲁⲕ]ⲕⲱⲃⲟⲥ : only the diaeresis of the ⲓ̈ survives.

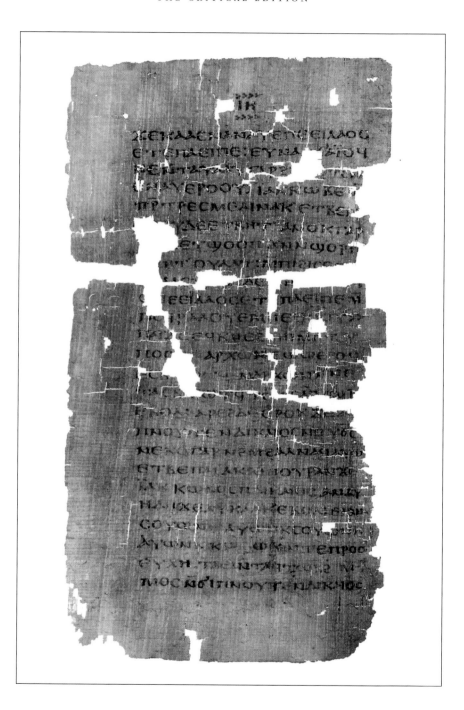

ιη̄ / 18

ⲭⲉⲕⲁⲁⲥ ⲛⲁⲛⲁⲩ ⲉⲡⲉⲉⲓⲗⲁⲟⲥ
ⲉⲧⲉ ⲡⲁⲉⲓ ⲡⲉ : ⲉⲩⲛⲁⲧϭⲁⲓⲟϥ   2
ⲛⲉⲛⲧⲁⲩⲁⲁⲩ ⲅⲁⲣ Ϩⲛ[ⲃ]ⲟⲧⲉ ⲛⲉ
ⲉⲛⲁⲩ ⲉⲣⲟⲟⲩ : ⲓ̈ⲁⲕⲕⲱⲃⲉ ⲙ̄   4
ⲡⲣ̄ⲧⲣⲉⲥⲛⲉⲁⲓ ⲛⲁⲕˋ ⲉⲧⲃⲉ ⲡⲁ[ⲁ]
ⲟ[ⲥ] ⲟⲩⲇⲉ ⲉⲧⲃⲏⲧˋ ⲁⲛⲟⲕ ⲅⲁⲣ   6
[ⲡⲉ] ⲡⲉⲧϣⲟⲟⲡˋ ⲭⲛ̄ ⲛ̄ϣⲟⲣⲡ
[ⲛ̄]Ϩⲏⲧˋ ⲟⲩⲁⲁⲧ: ⲙ̄ⲡⲓϩⲓⲥⲉ ⲅ[ⲁⲣ]   8
Ϩ[ⲛ̄] ⲗⲁⲟⲩ[ⲉ] ⲟⲩⲇⲉ ⲙ̄ⲡⲓⲙⲟⲩ : ⲁⲩ
ⲱ ⲡⲉⲉⲓⲗⲁⲟⲥ ⲉⲧⲉ ⲡⲁⲉⲓ ⲡⲉ ⲙ̄   10
ⲡⲉϥⲣ̄ ⲗⲁⲟⲩⲉ ⲙ̄ⲡⲉⲑⲟⲟⲩ >>—
ⲡⲁⲓ̈ ⲇⲉ ⲉϥⲕⲏ ⲉϨⲣⲏⲓ̈ ⲙ̄ⲡⲧⲩ   12
ⲡⲟⲥ ⲛ̄ⲛⲁⲣⲭⲱⲛ ⲉⲱϣ ⲉⲣⲟϥ
ⲉⲥⲃ[ⲧ]ⲱⲧϥ̄ ᵛᵃᶜ ⲛⲁⲣⲭⲱⲛ ⲛ̄ⲛⲉ   14
ⲧⲁⲥⲃⲧⲱⲧϥ ⲧⲟⲧⲉ ⲁϥϫⲱⲕ
ⲉⲃⲟⲗ : ⲁⲣⲉϨ ⲇⲉ ⲉⲣⲟⲕ ϫⲉ ⲁ   16
ⲡⲛⲟⲩⲧⲉ ⲛ̄ⲇⲓⲕⲁⲓⲟⲥ ⲛⲟⲩϭⲥ̄
ⲛⲉⲕⲟ ⲅⲁⲣ ⲛ̄Ϩⲙ̄Ϩⲁⲗ ⲛⲁϥ ⲁⲩⲱ   18
ⲉⲧⲃⲉ ⲡⲁⲓ̈ ⲁⲕϫⲓ ⲛⲟⲩⲣⲁⲛ ϫⲉ
ⲓ̈ⲁⲕⲕⲱⲃⲟⲥ ⲡⲇⲓⲕⲁⲓⲟⲥ ⲁⲛⲁⲩ   20
ⲏⲇⲏ ϫⲉ ⲁⲩⲕⲁⲁⲕˋ ⲉⲃⲟⲗ : ⲉⲕⲛⲁ
ⲥⲟⲩⲱⲛⲧ ⲁⲩⲱ ⲛⲕⲥⲟⲩⲱⲛⲕ   22
ⲁⲩⲱ ⲛⲕⲕⲱ Ϩⲱⲕ ⲛ̄ⲧⲉⲡⲣⲟⲥ
ⲉⲩⲭⲏ ⲧⲁⲉⲓ ⲛ̄ⲧⲁϥⲧⲱⲃϨ̄ ⲙ̄   24
ⲙⲟⲥ ⲛ̄ϭⲓ ⲡⲛⲟⲩⲧⲉ ⲛ̄ⲇⲓⲕⲁⲓⲟⲥ

so that I would not see this very (group
of) people. It will be condemned.
For the things they have done are
horrible to see." (Jesus:) "James,
do not be concerned about the people
or about me. For I
am the one who preexists in
myself. [For] I have not suffered
at all and I did not die, and
this very (group of) people
has done no harm.
Rather, this was inflicted upon
the figure of the rulers, for whom <it was
fitting> to be prepared. It was the rulers
who have prepared him. Then he came
to his end. But watch out, because
the just God is angry,
for you have been a servant to him, and
that is why you received the name
'James the Just.' See,
already you have been released, since
you will know me and you will know
yourself, and you yourself stopped
the prayer that
the just God prayed."

---

1   ⲛⲁⲛⲁⲩ : variant spelling for ⲛ̄ⲛⲁⲛⲁⲩ.

9   ⲙ̄ⲡⲓⲙⲟⲩ : ⲁⲩ read by *Funk* on the basis of older photographic evidence; today only ⲙ̄ⲡ[ⲓⲙⲟⲩ :] ⲁⲩ is preserved.

10   ⲱ ⲡ : read by *Funk* on the basis of older photographic evidence; today the manuscript reads: ⲱ ⲡ.

13   ⲉⲱϣ ⲉⲣⲟϥ : restore to read ⲉ⟨ϣ⟩ϣⲉ ⟨ⲉ⟩ⲣⲟϥ (*Funk*); cf. NHC V p. 36,25: ⲛⲉϥⲙ̄ⲡϣⲁ.

14   "to be prepared" : or, "to prepare himself." ⲛ̄ⲛⲉⲧⲁ- : probably restore to read ⟨ⲛⲉⲛ̄⟩ⲧⲁ-, that is, in standard Sahidic, ⲛⲉⲛ̄ⲧⲁⲩ-; cf. above, the note to p. 4,24.

23   Ϩⲱⲕ : Ϩ very faint.

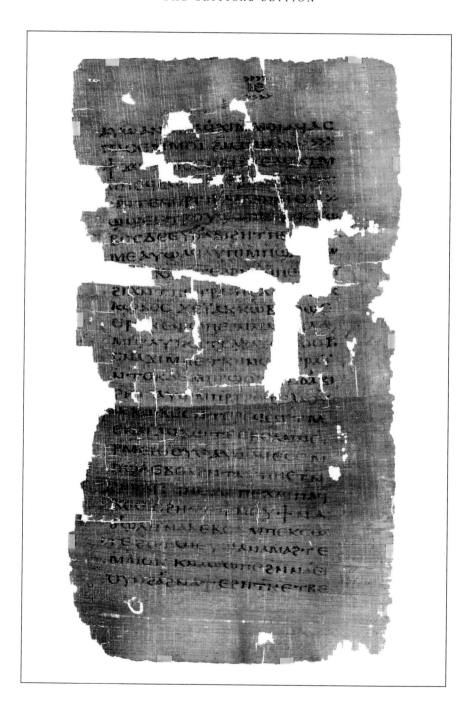

ⲓⲑ / 19

ⲁⲩⲱ ⲁⲛⲟⲕ ⲁ̣ϥ̣ϫⲓ ⲙ̄ⲙⲟⲓ ⲁ̣ϥⲁⲥ		And as for me, he embraced me and
ⲡⲁⲥⲉ ⲙ̄ⲙⲟⲓ̈ ϩ̄ⲁⲙⲏⲛ >>>>>>>	2	kissed me. (Jesus:) "Truly
†ϫⲱ ⲙ̄ⲙⲟⲥ ⲛⲉⲕ ϫⲉ ⲁ̣ϥⲕⲓⲙ		I say to you, he has stirred up
ⲙ̄ⲡⲉϥϭⲱⲛⲧ ⲉϩⲣⲏⲓ̈ ⲉϫⲱⲕ :	4	his anger and his wrath
ⲙ̄ⲛ̄ ⲧⲉϥⲟⲣⲅⲏ ⲁⲗⲗⲁ ⲛⲁⲓ̈ ⲟⲛ >>		against you. But these things
ϣ̄ϣ̄ⲉ ⲉⲧⲣⲟⲩϣⲱⲡⲉ : ⲓⲁⲕⲕⲱ	6	must also happen."
ⲃⲟⲥ ⲇⲉ ⲉⲩϭⲁⲃⲓϩⲏⲧⲁ ⲡⲉ [ⲁ̣ϥⲣⲓ]		And being fainthearted, James wept
ⲙⲉ ⲁⲩⲱ ⲁ̣ϥⲗⲩⲡⲓ ⲙ̄ⲡ̄ϣⲁ [ⲁⲩ]ⲱ	8	and was deeply distressed. [And]
ⲁ̣ⲩ̣ϩⲙⲟⲟⲥ̣ⲧ ⲉ̣ϩⲣ̣ⲏⲓ̈ ⲙ̄ⲡⲉⲥ[ⲛⲁ]ⲩ̣		they sat down together
ϩⲓϫⲛ̄ ⲧⲡⲉⲧⲣⲁ : ⲡⲉϫⲉ ⲓ̅ⲥ̅ ⲛ̄ⲓ̈ⲁ̣ⲕ	10	on the rock. Jesus said to
ⲕⲱⲃⲟⲥ ϫⲉ ⲓ̈ⲁⲕⲕⲱⲃⲉ ϣ̄ϣⲉ		James, "James, these
ⲉⲣⲟⲕ ⲉϣⲱⲡⲉ ϩⲛ̄ ⲛⲁⲓ̈ ⲁⲗⲗⲁ	12	things must happen to you, but
ⲙ̄ⲡⲣ̄ⲗⲩⲡⲉⲓ ⲧⲥⲁⲣⲁ̣ⲝ̅ ⲉ̣ⲧ̣ϭ̣ⲟⲟⲃ		do not be distressed. The weak flesh
ⲥⲛⲁϫⲓ ⲙ̄ⲡⲉⲧⲕⲏ ⲛⲉⲥ ⲉ̣ϩⲣ̣ⲁ̣ⲓ̈	14	will get what is assigned to it.
ⲛ̄ⲧⲟⲕ ⲇⲉ ⲙ̄ⲡⲣ̄ϣⲱⲡⲉ̣ ⲛ̄ϭⲁⲃⲓ		But as for you, do not be fainthearted,
ϩ̄ⲏⲧ · ⲁⲩⲱ ⲙ̄ⲡⲣ̄ⲣ̄ ϩⲟⲧⲉ ⲗⲁⲟⲩ	16	and fear nothing."
ⲓ̈ⲁⲕⲕⲱⲃⲟⲥ ⲛ̄ⲧⲉⲣⲉϥⲥⲱⲧⲙ̄		When James heard
ⲉⲛⲁⲓ̈ ⲁ̣ϥⲃⲱⲧⲉ ⲉⲃⲟⲗ ⲛ̄ⲛⲉϥ	18	this, he wiped his tears
ⲣ̄ⲙⲉⲓⲟⲟⲩⲉ ⲁⲩⲱ ⲁϥⲉⲥⲉ ⲛ̄		away and felt great relief (?) from
ⲡ̄ϣⲁ ⲉⲃⲟⲗ ϩⲛ̄ ⲧⲗⲩⲡⲏ ⲉⲧⲛ̄	20	the distress that was within
ϩⲏⲧϥ̄ : ⲓⲏⲥ ⲇⲉ ⲡⲉϫⲁϥ ⲛⲁϥ		him. And Jesus said to him,
ϫⲉ ⲉⲓⲥ ϩⲏⲧⲉ †ⲛⲟⲩ †ⲛⲁ :	22	"Look, now I shall
ϭⲱⲗⲡ̄ ⲛⲁⲕ ⲉⲃⲟⲗ ⲙ̄ⲡⲉⲕⲥⲱ		reveal to you your deliverance.
ⲧⲉ ϩⲟⲧⲁⲛ ⲉⲩϣⲁⲛⲁⲙⲁ̣ϩ̄ⲧⲉ	24	When you are arrested,
ⲙ̄ⲙⲟⲕ ⲕⲛⲁϣⲱⲡⲉ ϩⲛ̄ ⲛⲁⲉⲓ		you will face these things.
ⲟⲩⲛ̄ ϩⲁϩ ⲛⲁ† ⲉϩⲏⲧⲕ̄ ⲉⲧⲃⲉ	26	Many will oppose you because

---

1   ⲁ̣ϥ- ... ⲁ̣ϥ- : in this form, the sentence may be regarded as a gloss because it interrupts the direct speech of Jesus; in NHC V 32,7-8, the text reads: ⲁⲕ- ... ⲁⲕ-.

9-15   The underlined letters in these lines were read by *Funk* on the basis of older photographic evidence; they are either lost or damaged today.

13   Cf. Mark 14:38.

17   The ⲓ̈ at the beginning of the line was read by *Funk*; today the diaeresis is lost.

19   ⲁϥⲉⲥⲉ : this form is paralleled by the text of NHC V p. 32,26, where the manuscript reads ⲁϥⲉ̣ⲥⲓ (*pace* the reading ϣⲉ̣ⲥⲓ printed in the editions). It is plausible to take both infinitives as hitherto unattested—or, in the case of ⲉ̄ⲥⲉ, perhaps corrupt—forms of the verb ⲁ̄ⲥⲁⲓ, ⲉ̄ⲥⲓ̈ⲉ, "be relieved."

ⲕ̅ — 20

ⲡϣⲁϫⲉ ⲙ̅ⲡⲉⲕⲁⲙⲁϩⲧⲉ ⲉⲃⲟⲗ — of the word of your power.

ⲇⲉ ϩⲛ̅ ⲡⲉϩⲟⲩⲟ ⲟⲩⲛ ⲅ̅ ⲛⲁⲓ ⲉⲧ — And among the many, there are (2)

ϩⲙⲟⲟⲥ ϩⲙ̅ ⲡⲓⲙⲁ ⲛ̅ⲟⲩⲱⲧ ⲉϩⲛ̅ — three who sit together as toll

ⲧⲉⲗⲱⲛⲏⲥ ⲛⲉ ⲟⲩ ⲙⲟⲛⲕ(ⲟⲛ) ⲉⲩϫⲓ[ⲓ] — collectors. Not only do they (4)

ⲧⲉⲗⲟⲥ ⲛ̅ⲛⲟⲃⲉ ⲁⲗⲗⲁ ⲛ̅ⲧⲟⲟ[ⲩ] — receive toll for sins, but they

ⲉⲩϣⲁⲁⲧ ⲉⲩϥⲓ ⲛ̅ⲙ̅ⲯⲩⲭⲏ : — also extort (?) and carry off souls. (6)

[ϩⲟⲧⲁ]ⲛ ⲉⲕϣⲁⲛϩⲉ· ϩⲓⲧⲛ̅ ϩⲁϩ — [When] you fall by the hands of many

[ⲟⲩ]ⲛ ⲟⲩⲓ̈ ⲛⲁϣⲓⲛⲉ ⲙ̅ⲙⲟⲕ̍ ⲉ — (of them), one of them— (8)

[ⲃⲟⲗ] ⲛ̅ϩⲏⲧⲟⲩ : ϫⲉⲩϥ[ⲩⲗⲁϩ ⲡⲉ] — because (?) he [is] a [guard]—will ask you,

ϫⲉ [ⲛ̅]ⲧⲕ ⲟⲩⲟⲩ ⲏ ⲛ̅ⲧⲕ ⲟⲩⲉ — 'Who are you and where are (10)

ⲃⲟ[ⲗ] ⲧⲱⲛⲉ : ⲛ̅ⲕϫⲟⲟⲥ ⲛⲁϥ — you from?' You shall say to him,

ϫⲉ [ⲁ]ⲛⲟⲕ ⲡⲉ ⲡϣⲏⲣⲉ ⲁⲩⲱ ⲉ — 'I am the Son, and (12)

ⲃⲟⲗ ϩⲓⲧⲛ̅ ⲡⲓⲱⲧ · ⲁⲩⲱ ϥⲛⲁ — I am from the Father.' And he will

ⲭⲟ[ⲟⲥ] ⲛⲁⲕ̍ ϫⲉ ⲁϣ ⲛ̅ϣⲏⲣⲉ — say to you, 'What son (14)

ⲏ ⲁϣ ⲛ̅ⲓⲱⲧ · ⲉⲕⲛⲁϫⲟⲟⲥ ⲛ[ⲁϥ] — and what father?' You will say to [him],

ϫⲉ ⲡⲓⲱⲧ ⲉⲧϣⲟⲟⲡ ϫⲛ̅ ⲛ̅ϣ[ⲟⲣⲡ̅] — 'The preexistent Father, (16)

ⲡϣⲏⲣⲉ ⲇⲉ ⲉⲧϣⲟⲟⲡ ϩⲛ̅ ⲡⲉ — and the Son who exists in the

ⲧϣⲟⲟⲡ ϫⲛ̅ ⲛ̅ϣⲟⲣⲡ̍ ⲁⲩⲱ — preexistent One.' And (18)

ϥⲛⲁϫⲟⲟⲥ ⲛⲉⲕ ϫⲉ ⲛ̅ⲧⲁⲕⲉⲓ — he will say to you, 'Where have you

ⲧⲱⲛⲉ : ⲛ̅ⲕϫⲟⲟⲥ ⲛⲁϥ : ϫⲉ ⲉ — come from?' You shall say to him, (20)

ⲃⲟⲗ ϩⲙ̅ ⲡⲉⲧϣⲟⲟⲡ ϫⲛ̅ ⲛ̅ϣⲟⲣⲡ̅ — 'From the preexistent One.'

ⲁⲩⲱ ϥⲛⲁϣⲛ̅ⲧ ϫⲉ ⲉⲧⲃⲉ ⲟⲩ ⲁⲕⲉⲓ — And he will ask me, 'Why have you come?' (22)

ⲛ̅ⲅϫⲟⲟⲥ ϫⲉ ⲛ̅ⲧⲁⲉⲓ ϣⲁ ⲛⲉⲧⲉ — You shall say, 'I have come to all those

ⲛⲟⲩⲓ̈ ⲧⲏⲣⲟⲩ ⲁⲩⲱ ⲛⲉⲧⲉⲛⲟⲩⲓ̈ — who are mine and those who are not mine.' (24)

ⲁⲛ: ϥⲛⲁϫⲟⲟⲥ ϫⲉ ⲛ̅ⲧⲁⲕⲉⲓ ϭⲉ — He will say, 'So what have

>——

---

5   ⲛ̅ⲛⲟⲃⲉ : possibly a variant spelling for ⲛ̅ⲛ̅ⲛⲟⲃⲉ.

6   ⲉⲩϣⲁⲁⲧ : this may be interpreted as the stative of ϣⲱⲱⲧ, a verb meaning (in combination with the second verb) "have need to, want to" (*Crum* 593 a), or, probably more likely, it may be a hitherto unattested—or corrupt—form of the infinitive ϣⲓⲧⲉ, "demand, extort" (*Crum* 594 a-b), which is found in the same context in NHC V p. 33,8.

8   ⲟⲩⲓ̈ : obviously a variant for the standard Sahidic masculine form ⲟⲩⲁ.

9   ϫⲉⲩϥ[ⲩⲗⲁϩ : read, ϫⲉ (ⲟ)ⲩϥ[ⲩⲗⲁϩ; the ink traces are very faint.

22   ϥⲛⲁϣⲛ̅ⲧ, "he will ask me" : it is plausible to correct to read ϥⲛⲁϣⲛ̅ⲧ⟨ⲕ̅⟩, "he will ask ⟨you⟩."

23   ⲛ̅ⲧⲁⲉⲓ : variant spelling for ⲛ̅ⲧⲁ⟨ⲉⲓ⟩ⲉⲓ.

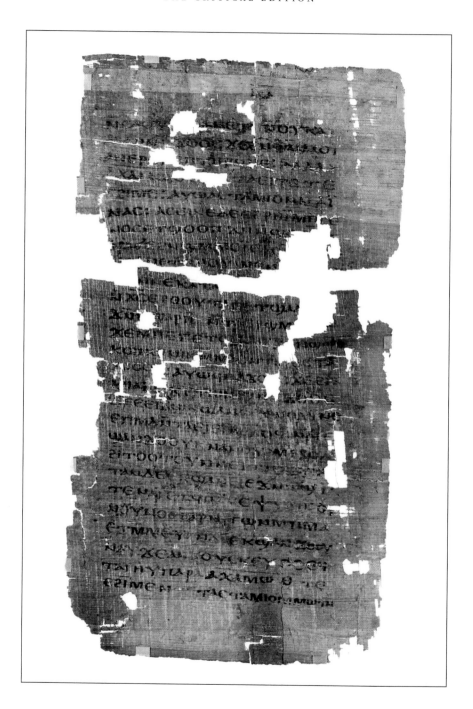

ⲛ̄ⲥⲁ ⲟⲩ [ⲛ̄ⲥ]ⲁ ⲛⲉⲧⲉⲛⲟⲩⲕ ⲁⲛ

ⲁⲩⲱ ⲛ̄ⲅⲭⲟⲟⲥ ϫⲉ ϩⲛ̄ϣⲙ̄ⲙⲟⲓ   2

ⲁⲛ ⲉⲣⲟⲓ̈ ⲉⲡⲧⲏⲣϥ̄ ⲛⲉ: ⲁⲗⲗⲁ >

ⲁ̄ⲭⲁⲙⲱⲑ ⲉ[ⲧⲉ] ⲧⲁⲉⲓ ⲧⲉ ⲧⲉ   4

ⲥϩⲓ̈ⲙⲉ : ⲁⲩⲱ ⲁⲥⲧⲁⲙⲓⲟ ⲛ̄ⲛⲁⲓ̈

ⲛⲁⲥ : ⲁⲥⲉⲓⲛⲉ ⲇⲉ ⲉϩⲣⲏⲓ̈ ⲙ̄ⲡⲅⲉ   6

ⲛⲟⲥ ⲉⲧϣⲟⲟⲡ ϩⲛ̄ ⲛ̄ϣⲟⲣ[ⲡ] >

ⲁⲣⲁ ϭⲉ ϩⲛ̄ϣⲙ̄ⲙⲟⲓ ⲉⲣⲟ[ⲓ̈ ⲁⲛ ⲛ]ⲉ   8

[ⲁ]ⲗⲗⲁ ⲛⲉⲧⲉⲛⲟⲩⲓ̈ ⲛⲉ ⲛ̣[ⲉⲧⲉⲛⲟ]ⲩ̣ⲓ̈

[ⲙⲉ]ⲛ̄ ⲛⲉ ⲕⲁⲧⲁ [ⲑⲉ ⲉⲧⲉ ⲧⲉⲧⲟ]   10

ⲛ̄ⲭ̄ⲥ̄ ⲉⲣⲟⲟⲩ ⲧⲁ ⲡⲉⲧϣⲁⲁ[ⲡ ⲧⲉ]

ϫⲛ̄ ⲛ̄ϣⲁⲣⲡ̄ : ⲛ̄ⲧⲁⲩⲣ̄ ϣⲙ̄[ⲙⲟ] ⲇⲉ   12

ϫⲉ ⲙ̄ⲡⲉⲡⲉⲧϣⲁⲁⲡ ϩⲛ̄ ⲛ̄ϣⲟⲣⲡ̄

ⲕⲟⲓⲛⲱⲛⲓ ⲛⲙ̄ⲙⲁⲥ ⲛ̄ⲧⲉⲣⲉⲥⲧ̣ⲁ   14

ⲙⲓⲟⲟ[ⲩ] : ⲁⲩⲱ ϥⲛⲁⲭⲟ[ⲟ]ⲥ ϫⲉ ϩⲓⲉ

ⲕⲛⲁⲃⲱⲕ ⲉⲧⲱⲛⲉ : ⲛ̄ⲕⲭⲟⲟⲥ   16

ϫⲉ ⲉⲉⲓ[ⲛ̄]ⲁⲃⲱⲕ ϣⲁ ⲛⲉⲧⲉⲛⲟⲩⲓ̈ ⲛⲉ

ⲉⲡⲙⲁ ⲛ̄ⲧⲁⲉⲓⲉⲓ ⲙ̄ⲙⲟϥ : ⲛⲁⲓ̈ ⲉ[ⲕ]   18

ϣⲁⲛϫⲟⲟⲩ ⲕⲛⲁⲛⲟⲩϩⲙ̄ ⲉⲃⲟⲗ

ϩⲓ̈ⲧⲟⲟⲧⲟⲩ ⲛ̄ⲛⲉⲓ̈ ⲧⲏⲣⲟⲩ : ϩⲟ[ⲟ]   20

ⲧⲁⲛ ⲇⲉ ⲉⲕϣⲁⲛⲉⲓ ⲉϫⲛ̄ ⲧϣ̄ⲙ̄

ⲧⲉ ⲛⲁⲓ̈ ⲉⲧϥⲓ ⲛ̄ⲧⲉⲯⲩⲭⲏ : ⲟⲩ   22

ⲛ ⲟⲩⲛⲟϭ ⲅⲁⲣ ⲛⲁⲅⲱⲛ ⲙ̄ⲡⲙⲁ

ⲉⲧⲙ̄ⲙⲉⲩ : ⲛⲁⲓ̈ ⲉⲕϣⲁⲛϫⲟⲟⲩ   24

ⲛⲁⲩ ϫⲉ ⲁⲛⲕ ⲟⲩⲥⲕⲉⲩⲟⲥ ⲉϥ

ⲧⲁⲓ̈ⲏⲩ ⲡⲁⲣⲁ ⲁ̄ⲭⲁⲙⲱⲑ ⲧⲉ   26

ⲥϩⲓ̈ⲙⲉ ⲛ̄ *vacat* ⲧⲁⲥ ⲧⲁⲙⲓⲟ ⲙ̄ⲙⲱⲧⲛ̄

you come after—those who are not yours?'
And you shall say, 'They are not at all
alien to me, but (to)
Achamoth, that is, the
female, and she has created these
for herself. And she brought down the
preexistent generation.
So then, they are [not] alien to [me];
rather, they are mine. [On the one] hand,
they are mine, in accordance [with the fact
that she who is] mistress over them is from
the preexistent One. On the other hand,
they have become [alien], because the
preexistent One did not unite with her
when she created them.' And he will say,
'And where will you go now?' You shall
say, 'I shall go to those who are mine,
to the place from which I have come.'
If you say these things, you will be
saved from all of them.
But when you come to these three
who carry off the soul,
there is indeed a great struggle in
that place, if you say these things
to them: 'I am a vessel that
is more precious than Achamoth, the
female who created you.

---

1   ⲛ̄ⲥⲁ ⲟⲩ [ⲛ̄ⲥ]ⲁ- : or, ⲛ̄ⲥⲁⲟⲩ[ⲛⲉ] ⲁ-, "So you have come to [recognize] those who are not yours?" At the end of
     the line, the ⲛ is very faint.

10   ⲕⲁⲧⲁ [ⲑⲉ ⲉⲧⲉ : restored by *Funk*.

17   ⲉⲉⲓ[ⲛ̄]ⲁⲃⲱⲕ : [ⲛ̄]ⲁ written above the line.

21   "these three" : feminine.

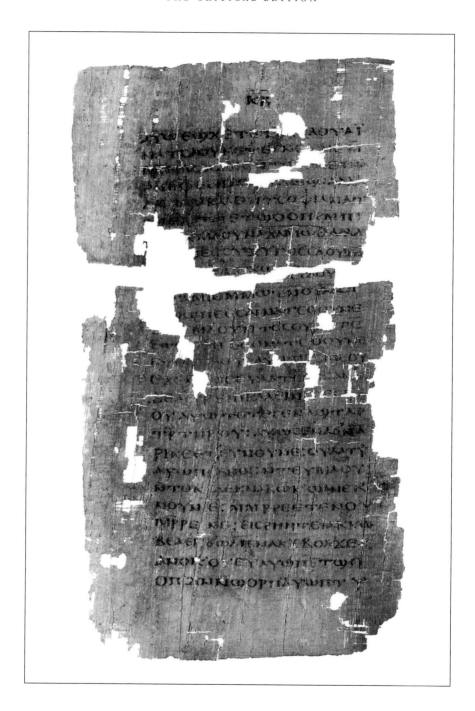

ⲁⲩⲱ ⲉϣϫⲉ ⲧⲉⲧⲛ̅ⲙⲁⲟⲩ ⲁⲓ̈	And if your mother is
ⲛⲁⲧⲥⲁⲟⲩⲛ ⲉⲧⲉⲥⲛⲟⲩⲛⲉ ⲛ̅ 2	ignorant of her own root,
ⲙⲓⲛ ⲙⲟⲥ ϩⲓⲉ ⲛ̅ⲧⲱⲧⲛ ⲉⲧⲛⲁ	then when will you
ⲣ̅ ⲛⲏⲫⲉ ϩⲛ̅ ⲁϣ [ⲛ̅ⲟ]ⲩⲁⲉⲓϣ : ⲁⲗⲗⲁ 4	become sober? But
ⲁⲓⲡⲁⲣⲁⲕⲁⲗⲉⲓ ⲛ̅ⲧⲥⲟⲫⲓⲁ ⲛⲁⲧ	I have called upon undefiled
ϫⲱϩⲙ̅ ⲧⲁⲓ̈ ⲉⲧϣⲟⲟⲡ ϩⲛ̅ ⲡⲓ 6	Sophia, who is in the
[ⲱⲧ :] ⲧⲙⲁⲟⲩ ⲛ̅ⲁⲭⲁⲙⲱⲑ ⲁⲗⲗⲁ	[Father], the mother of Achamoth, but
[ⲛ̅ⲡⲉ] ⲡⲉⲥⲥⲩⲍⲩⲅⲟⲥ ⲥⲁⲟⲩⲧⲛ̅ 8	her partner [was not] upright
[ⲙⲛ̅ ⲧⲉⲥ]ϩⲓⲙⲉ ⲭⲱⲣⲓⲥ ϩⲁⲟⲩ[ⲧ]	[with the] female. Without a male,
[ⲁⲥ]ⲧⲁⲙⲓⲟ ⲙ̅ⲙⲱⲧⲛ̅ ⲟⲩⲁⲁⲧ 10	[she] created you by herself.
[ⲁⲥ]ϣⲱⲡⲉ ⲉⲥⲁⲓ ⲛⲁⲧⲥⲟⲟⲩⲛⲉ	[She] became ignorant
ⲉ[ⲧⲉ]ⲥⲙⲁⲟⲩ {ⲛ̅ⲧⲟⲥ ⲟⲩⲁ[ⲁ]ⲧⲥ̅ 12	of her mother {it is she alone,
ⲉⲧϣⲟⲟⲡ ⲉⲥⲟ ⲛⲁⲧⲥⲟⲟⲩⲛⲉ	who is ignorant
ⲉⲧⲉⲥⲙⲉⲟⲩ} : ⲁⲩⲱ ⲛⲉⲥⲙⲉⲟⲩ 14	of her mother}. And she thought
ⲉ ϫⲉ ⲛ̅ⲧⲟⲥ ⲟⲩⲁⲁⲧⲥ̅ ⲡⲉ : ⲁⲛⲟⲕ	that she was alone. But
ⲇⲉ ⲁⲉⲓ̈ⲣ ⲉⲡⲓⲕⲁⲗⲉⲓ ⲛ̅ⲧⲉⲥⲙⲁ 16	I have called upon her mother.'
ⲟⲩ ⲁⲩⲱ ⲧⲟⲧⲉ ⲥⲉⲛⲁϣⲧⲁⲣ	And then all of them will be
ⲧⲣ̅ ⲧⲏⲣⲟⲩ : ⲁⲩⲱ ⲥⲉⲛⲁϭⲛ̅ ⲁ 18	troubled, and they will blame
ⲣⲓⲕⲉ ⲉⲧⲉⲩⲛⲟⲩⲛⲉ : ⲟⲩⲁⲁⲧⲟⲩ	their own root
ⲁⲩⲱ ⲡⲅⲉⲛⲟⲥ ⲛ̅ⲧⲉⲩⲙⲁⲟⲩ : 20	and the generation of their mother.
ⲛ̅ⲧⲟⲕ ⲇⲉ ⲕⲛⲁⲃⲱⲕ ϣⲁ ⲛⲉⲕ	But you will go to your
ⲛⲟⲩⲛⲉ : ⲙ̅ⲙⲣ̅ⲣⲉ ⲉⲧⲉ ⲛⲟⲩ 22	roots, the fetters that are
ⲙ̅ⲣⲣⲉ ⲛⲉ : ⲉⲓⲥ ϩⲏⲏⲧⲉ ⲓ̈ⲁⲕⲕⲱ	their fetters. Look, James,
ⲃⲉ ⲁⲉⲓϭⲱⲗⲡ̅ ⲛⲁⲕ ⲉⲃⲟⲗ ϫⲉ : 24	I have revealed to you
ⲁⲛⲟⲕ ⲟⲩⲉⲩ ⲁⲩⲱ ⲡⲉⲧϣⲟ	who I am, and who the preexistent
ⲟⲡ ϫⲛ̅ ⲛ̅ϣⲟⲣⲡ̅ ⲁⲩⲱ ⲡⲧⲩ 26	One and the prototype

---

3   ⲉⲧⲛⲁ- : that is, in standard Sahidic, ⲉⲧⲉⲧⲛⲁ-; cf. the notes to pp. 34,8 and 37,26.

5   ⲁⲓ- : the surface of the papyrus is damaged here.

10   ⲟⲩⲁⲁⲧ : a scribal error for ⲟⲩⲁⲁ⟨ⲧⲥ̅⟩.

11   [ⲁⲥ]ϣⲱⲡⲉ : restored by *Funk*.

19   ⲟⲩⲁⲁⲧⲟⲩ : the letters ⲟⲩ are written in ligature.

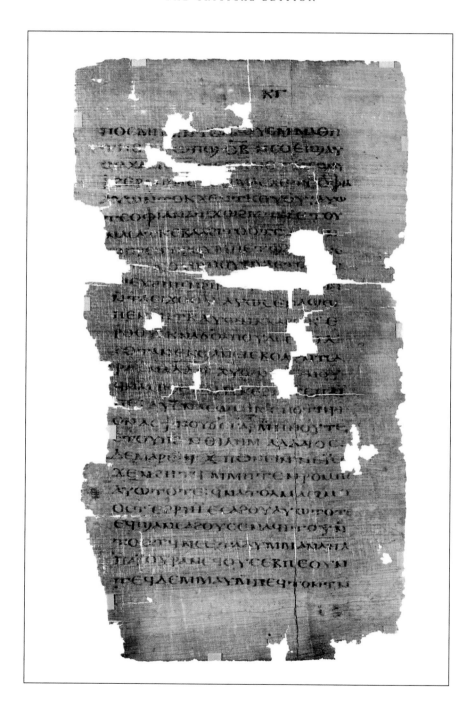

ⲡⲟⲥ ⲛ̄ⲡⲙⲛⲧⲥⲛⲟⲟⲩⲥ ⲛ̄ⲙⲁⲑⲏ
ⲧⲏⲥ ⲁⲩⲱ ⲡⲱⲟⲃ̄ ⲛ̄ⲥⲟⲉⲓⲱ ⲁⲩ 2
ⲱ ⲁⲭⲁⲙⲱⲑ ⲧⲉⲥⲅ̄ⲙⲉ ⲧⲁⲓ ⲉⲱⲁⲩ
ⲣ̄ 2ⲉⲣⲙⲏⲛⲉⲩⲉ ⲙⲙⲁⲥ ϫⲉ ⲧⲥⲟⲫⲓⲁ 4
ⲁⲩⲱ ⲛ̄ⲧⲟⲕ ϫⲉ ⲛ̄ⲧⲕ ⲟⲩⲟⲩ : ⲁⲩⲱ
ⲧⲥⲟⲫⲓⲁ ⲛⲁⲧϫⲱ2ⲙ̄ ⲧⲁⲓ ⲉⲧⲟⲩ 6
ⲛⲁⲥⲁⲧⲕ ⲉⲃⲁⲗ 2ⲓⲧⲟⲟⲧⲥ̄ ⲁⲩⲱ ⲛ
ϣⲏⲣⲉ ⲧⲏⲣⲟⲩ ⲙⲡⲉⲧϣⲁ[ⲁⲡ :] ⲛⲉ 8
[ⲛ̄]ⲧⲁⲩⲥⲟⲩⲱⲛⲟⲩ ⲟⲩⲁⲉⲧⲟ[ⲩ ⲁ]ⲩ
ⲱ ⲉⲩ2ⲏⲡ' ⲛ2ⲏ[ⲧⲟⲩ [ⲉⲕⲉ2ⲡ] ⲛⲁⲓ 10
ⲛ̄ⲧⲁⲉⲓϫⲟⲟⲩ ⲁⲩⲱ ⲥⲉⲛⲁϣⲱ
ⲡⲉ ⲛ̄2ⲏⲧ̄ⲕ ⲁⲩⲱ ⲛ̄ⲕⲕⲁ ⲣⲱⲕ' ⲉ 12
ⲣⲟⲟⲩ : ⲕⲛⲁϭⲟⲗⲡⲟⲩ ⲇⲉ ⲉ[ⲃ]ⲟⲗ:
2ⲟⲧⲁⲛ ⲉⲕϣⲁⲛⲉⲓ ⲉⲃⲟⲗ 2ⲛ ⲧⲥⲁ 14
ⲣⲁⲝ ⲛⲁⲗⲗⲁⲓ ⲁⲩⲱ ⲛ̄ⲧ[ⲉ]ⲩⲛⲟⲩ
ϥⲛⲁⲙⲓϣⲉ ⲛ̄ϭⲓ ⲡⲕⲉ2ⲓ [ⲉ]ⲧⲉ ⲡⲁⲓ 16
ⲡⲉ : ⲁⲩⲱ ⲥⲛⲁⲥⲱ ⲙ̄ⲡⲉⲥⲡⲟⲧⲏⲣⲓ
ⲟⲛ ⲁⲥϯ ⲛⲟⲩϭⲥ̄ ⲅⲁⲣ ⲙ̄ⲡⲛⲟⲩⲧⲉ 18
ⲉⲧⲟⲩⲏ2 ⲛ̄ⲑⲓⲗⲏⲙ vac ⲁⲗⲗⲁⲓⲟⲥ :
ⲇⲉ ⲙⲁⲣⲉϥϫⲡⲟ ⲛⲉϥ ⲛ̄ⲛⲉⲓⲥ[ⲉ] 20
ϫⲉ ⲛ̄2ⲏⲧϥ̄ ⲙⲙⲏⲧⲉ ⲛⲣⲟⲙⲡⲉ
ⲁⲩⲱ ⲧⲟⲧⲉ : ϥⲛⲁⲧⲟⲗⲙⲁ ⲉ2ⲙ 22
ⲟⲥⲧ' ⲉ2ⲣⲏⲓ ⲉⲥⲁ2ⲟⲩ ⲁⲩⲱ ⲧⲟⲧⲉ
ⲉϥϣⲁⲛⲥⲁ2ⲟⲩ ⲥⲉⲛⲁϥⲓⲧⲟⲩ ⲛ̄ 24
ⲧⲟⲟⲧϥ̄ ⲛ̄ⲥⲉⲧⲁⲁⲩ ⲛ̄ⲙⲁⲛⲁⲏⲗ
ⲡⲁⲓ ⲟⲩⲣⲁⲛ ⲉϥⲟⲩⲉⲉⲃ ⲡⲉ ⲟⲩⲛ 26
ⲧⲉϥ ⲇⲉ ⲛ̄ⲙⲁⲩ ⲙ̄ⲡⲉϥⲧⲟⲛⲧ̄ⲛ

of the twelve disciples
are, and the seventy-two companions,
and Achamoth, the female, translated as
'Wisdom,'
and who you are, and
who the undefiled Sophia is, through
whom you will be delivered, and
who all the children are of the One Who
Is, who have known themselves and
are hidden within themselves. [You must]
[keep] these things I have said [hidden],
and they will be in your heart and you
will be quiet about them. But you will
reveal them to Addai when you depart
from the flesh, and at once
this very land will be at war.
And she will drink her cup,
for she has angered the God
who dwells in Jerusalem. But let
Addaios keep these words
in his heart for ten years,
and then he will bring himself to
sit down and write them out. And then,
when he has written them out, they will
be taken from him and given to Manael—
this is a holy name,
and it has the same meaning as

---

4   "Wisdom" : or, "Sophia."
16-19 "this very land will be at war …" : or, "the land will be at war—that is to say, 'And she will drink her cup, for she has angered the God who dwells in Jerusalem.' " The meaning of the feminine pronouns in these lines is not clear.
22   "bring himself" : literally, "have the courage, dare."

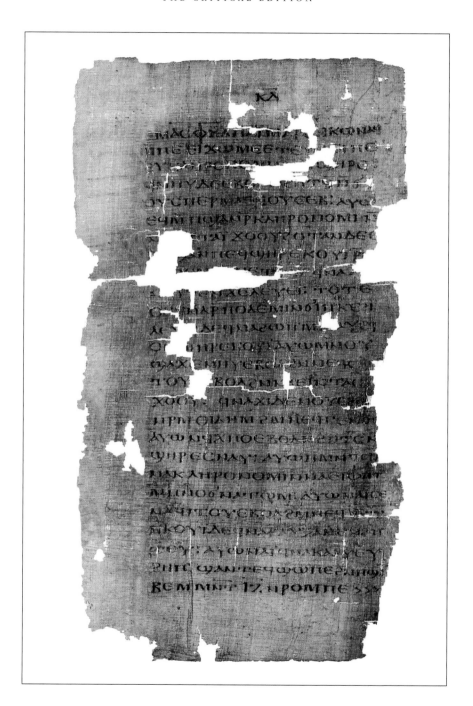

ⲉⲙⲁ̄ⲥⲫ̄ⲏ̄ⲗ ⲡⲁ︲ ⲛⲁⲣⲉϥⲕⲱ ⲛⲁϥ		Masphel. Let this person
ⲙ̄ⲡⲉⲉⲓϫⲱⲙⲉ ⲉⲧⲉ ⲡⲁⲉⲓ ⲡⲉ	2	keep this very book
ⲉⲩⲕⲗⲏⲣⲟⲛⲟⲙⲓⲁ ⲛ̄ⲛ̄ϣⲏⲣⲉ		as an inheritance for the children.
ϥⲛⲏⲩ ⲇⲉ ⲉⲃⲟⲗ ⲛ̄ϩⲏⲧϥ̄ ⲛ̄ϭⲓ	4	And there will come from him
ⲟⲩⲥⲡⲉⲣⲙⲁ ⲉϥⲟⲩⲉⲉⲃ : ⲁⲩⲱ		a seed, holy and
ⲉϥⲙ̄ⲡϣⲁ ⲛ̄ⲣ̄ ⲕⲗⲏⲣⲟⲛⲟⲙⲓ ⲛ̄	6	worthy to inherit
ⲛ[ⲁ︲]̈ ⲛ̄ⲧⲁ︲ϫⲟⲟⲩ ϩⲟⲧⲁⲛ ⲇⲉ ⲉ		these [things] I have said. And when his
ⲣ[ⲉ]ϣⲁⲛⲡⲉϥϣⲏⲣⲉ ⲕⲟⲩ︲ ⲣ̄ ⲛ[ⲟϭ]	8	little child grows [up]
[. .] . ϭⲙ [.] .̄ . ⲉⲧⲟⲛϩ ϥⲛⲁⲝ[ⲓ]		[---] he [---] living, he will receive
ⲛ[ⲟ]ⲩⲣⲉⲛ ϫⲉ ⲗⲉⲩⲓ : ⲧⲟⲧⲉ	10	the name 'Levi.' Then
ⲟⲛ ϥⲛⲁⲣ̄ ⲡⲟⲗⲉⲙⲓ ⲛ̄ϭⲓ ⲡⲕⲉϩ		the land will be at war again.
ⲗⲉⲩ[ⲉ]ⲓ ⲇⲉ ϥⲛⲁϩⲱⲡ ⲙ̄ⲙⲁⲩ ⲉϥ	12	But Levi, as a little child,
ⲟ ⲛ̄ϣⲏⲣⲉ ⲕⲟⲩ︲ ⲁⲩⲱ ⲛ̄ⲛ̄ ⲟⲩ		will hide there, and not
ϣⲁϫⲉ ⲛⲏⲩ ⲉⲃⲟⲗ ϩⲛ̄ ⲛⲉϥⲥⲡⲟ	14	a word from what
ⲧⲟⲩ [:] ⲉⲃⲟⲗ ϩⲛ̄ ⲛⲁⲉⲓ ⲛ̄ⲧⲁ︲		I have said will pass his
ϫⲟⲟⲩ : ϥⲛⲁϫⲓ ⲇⲉ ⲛⲟⲩⲥϩⲓ[ⲙ]ⲉ	16	lips. And he will marry a woman
ⲛ̄ⲣ̄ⲙ̄ⲑ̄ⲓ̄ⲗ̄ⲏ̄ⲙ̄ ϩⲙ̄ ⲡⲉϥⲅⲉⲛⲟⲥ		from Jerusalem, from his generation,
ⲁⲩⲱ ⲛ̄ϥϫⲡⲟ ⲉⲃⲟⲗ ⲛ̄ϩⲏⲧⲥ̄ ⲛ̄	18	and he will produce two sons
ϣⲏⲣⲉ ⲥⲛⲁⲩ : ⲁⲩⲱ ⲡⲙⲏⲛⲧⲥⲛ [.]		from her, and the ⟨second⟩ (?)
ⲛⲁⲕⲗⲏⲣⲟⲛⲟⲙⲓ ⲛ̄ⲛⲁⲉⲓ ⲫⲏⲧ	20	will inherit these (words). The heart
ⲙ̄ⲡⲛⲟϭ ⲛⲁⲧⲱⲙ : ⲁⲩⲱ ⲛⲁ︲ ⲥⲉ		of the older one will be closed, and
ⲛⲁϥⲓⲧⲟⲩ ⲉⲃⲟⲗ ϩⲛ̄ ⲡⲉϥϩⲏⲧ	22	these (words) will be taken away from his
ⲡⲕⲟⲩ︲ ⲇⲉ ϥⲛⲁⲣ̄ ⲁⲩⲝⲁⲛⲉ ⲛ̄ϩ		mind. The younger one, however, will
ⲧⲟⲩ : ⲁⲩⲱ ⲛⲁ︲ ϥⲛⲁⲕⲁⲁⲩ ⲉⲩ	24	grow up with them, and he will keep
ϩⲏⲡ̄ ϣⲁⲛⲧⲉϥϣⲱⲡⲉ ϩⲛ̄ ⲡϣⲓ		them hidden until he reaches his
ⲃⲉ ⲛ̄ⲙⲛ̄ⲧ̄ⲥ̄ⲍ̄ ⲛ̄ⲣⲟⲙⲡⲉ >>>	26	seventeenth birthday.

---

9   After the lacuna, the top of a vertical stroke is visible, e. g. ⲏ or ⲛ.

19   ⲡⲙⲏⲛⲧⲥⲛ [.] : A Coptic noun beginning with ⲙⲏⲧ- is usually a cardinal number, but there is certainly not enough space to restore to read ⲙⲏⲧⲥⲛ[ⲟⲟⲩⲥ̄]. Whatever the original text may have read, it is plausible that this may be corrected to read ⲡⲙⲉ⟨ϩ⟩ⲥ̄ⲛ̄[ⲁⲩ], "the ⟨second⟩."

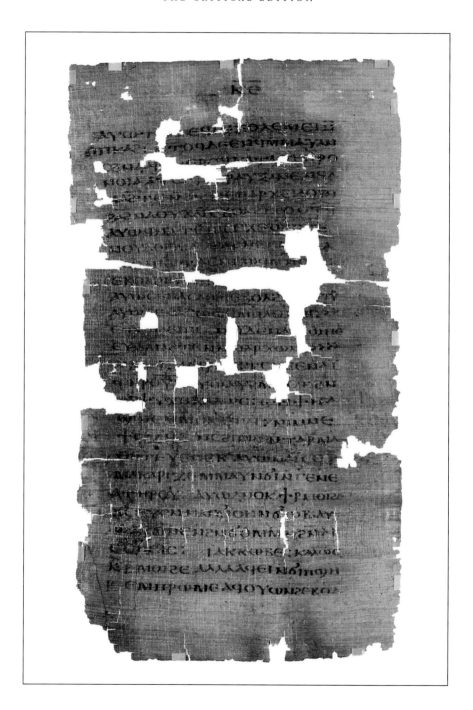

ⲕⲉ   25

ⲁⲩⲱ ⲧ[ⲟ]ⲧⲉ ϥⲛⲁⲡⲟⲗⲉⲙⲉⲓ ⲛ̄		And then the land will go to
ϭⲓ ⲡⲕⲁϩ̄ ⲛ̄ⲧⲟϥ ⲇⲉ ⲉⲛϥ̄ⲙ̄ⲙⲁⲩ ⲁⲛ	2	war. But since he is not there, he
ⲥⲉⲛⲁⲁⲣ[ⲉ]ϩ ⲉⲣⲟϥ ⲕⲁⲧⲁ ⲟⲩⲡⲣⲟ		will be safeguarded in accordance with
ⲛⲟⲓⲁ ⲁⲩⲱ ϥⲛ̄[ⲁ]ⲣ̄ ⲁⲩⲝⲁⲛⲉ ⲛ̄ϥⲁ	4	providence, and he will grow up and
ⲙⲁϩⲧⲉ ⲛ̄ϩ̄ⲁϩ ⲛⲉⲡⲁⲣⲭⲉⲓⲁ ⲟⲩⲛ		rule over many provinces.
ϩ̄ⲁϩ ⲛⲁⲟⲩⲭⲁⲓ̈ ⲉⲃⲟⲗ ϩⲓⲧⲟⲟⲧϥ̄	6	Many will be saved through him,
ⲁⲩⲱ ϥⲛⲁⲧⲉ ⲡⲓⲥⲉⲭⲉ ϣⲱⲡⲉ		and he will make this word become
ⲛⲟⲩⲇⲟⲅⲙⲁ ⲛ̄ϩⲁϩ ⲛⲉⲡⲁⲣ[ⲭⲉⲓ]ⲁ	8	dogma for many provinces.
[ⲥⲉ]ⲛⲁⲡⲱⲧ ⲇⲉ ⲛ̄ⲥⲱϥ ⲙⲡϣ̄[ⲁ] :		But he will be severely persecuted
ⲉⲃⲟⲗ ϩⲓⲧⲛ̄ ⲛⲉ[ϥϣⲃⲏⲣ]	10	by his [fellow(s) ---].
ⲁⲩⲱ ⲥⲉⲛⲁⲥⲁϣϥ ⲉⲃⲟⲗ ϩ[ⲓⲧⲟⲟ]ⲧⲟⲩ		And he will be attacked by them,
ⲁⲩⲱ ⲥⲉⲛⲁⲥⲱϣϥ ⲙ̄ⲡⲗⲟⲅⲟⲥ	12	and they will despise this very word.
ⲉⲧⲉ ⲡⲁⲉⲓ ⲡⲉ : ⲛ̄[ⲁ]ⲓ̈ ⲇⲉ ⲛⲁ[ϣ]ⲱⲡⲉ		And these things will happen
ⲉⲩⲁⲙⲁϩⲧⲉ ⲛ̄ⲛⲁⲣⲭⲱⲛ [:] >>>>—	14	to restrain the rulers."
ⲣⲁⲃⲃⲉⲓ : ⲁⲉⲓⲣ [ⲡⲓ]ⲥⲧⲉⲩⲉ ⲉⲛⲁⲓ		(James:) "Rabbi, I have come to believe
ⲧⲏⲣⲟⲩ : ⲁⲩⲱ ⲁⲩϩⲛ̄ [ⲡ]ⲉⲧϩ̄	16	all these things, and they are well placed
ⲧⲁⲯⲩⲭⲏ ⲕⲁⲗⲱⲥ : ⲉⲧⲓ ϯⲛⲁ		in what is within my soul. Yet I shall
ϣⲓⲛⲉ ⲙ̄ⲙⲟⲕ' ⲉⲡⲁⲓ̈ : ⲛⲓⲙ ⲛⲉ	18	ask you this: who are the seven
ϯⲥⲍϥⲉ ⲛ̄ⲥϩⲓⲙⲉ ⲛⲧⲁⲣ ⲙⲁ		women who have become
ⲑⲏⲧⲉⲩⲉ ⲛⲉⲕ' ⲁⲩⲱ ⲛⲁⲓ ⲥⲉⲣ̄	20	your disciples and whom
ⲙⲁⲕⲁⲣⲓⲍⲉ ⲙ̄ⲙⲁⲩ ⲛ̄ϭⲓ ⲛ̄ⲅⲉⲛⲉ		all the generations bless?
ⲁ ⲧⲏⲣⲟⲩ : ⲁⲩⲱ ⲁⲛⲟⲕ ϯⲣ̄ ⲙⲟⲓϩⲉ	22	And I am amazed
ϫⲉ ⲉⲩϩⲛ̄ ⲛⲁⲅⲥⲓⲟⲛ ⲛ̄ϭⲱⲃ ⲁⲩ		that they are in weak vessels
ⲱ ⲁⲩϭⲓⲛⲉ ⲛ̄ϩⲛ̄ϭⲟⲙ ⲙⲛ̄ ϩⲛ̄ⲁⲓ	24	and have found powers and perceptions."
ⲥⲑⲏⲥⲓⲥ : _vacat_ ⲓ̈ⲁⲕⲕⲱⲃⲉ : ⲕⲁⲗⲱⲥ		(Jesus:) "James, you do well
ⲕ̄ⲣ̄ ⲙⲟⲓϩⲉ ⲁⲗⲗⲁ ⲁϥⲉⲓ ⲛ̄ϭⲓ ⲡϣⲏ	26	to be amazed, but the Son
ⲣ _vac_ ⲉ ⲙ̄ⲡⲣⲱⲙⲉ ⲁϥⲟⲩⲱⲛϩ ⲉⲃⲟⲗ		of Man has come and has revealed

---

10   ⲛⲉ[ϥϣⲃⲏⲣ : cf. NHC V p. 38,7.

11   "attacked" : or, "despised," as *Funk* suggests.

14   "to gain control over the rulers" : or, possibly, "in the rulers' power," or the like. ⲛ̄ⲛⲁⲣⲭⲱⲛ : variant spelling for ⲛ̄ⲛⲁⲣⲭⲱⲛ.

15   ⲣⲁⲃⲃⲉⲓ : written without ϩ as on p. 27,6.

16   ⲁⲩϩⲛ̄ : idiolectical variant for ⲉⲩϩⲛ̄.

19   ⲛⲧⲁⲣ : that is, in standard Sahidic, ⲛ̄ⲧⲁⲩⲣ ; cf. the note to p. 4,24.

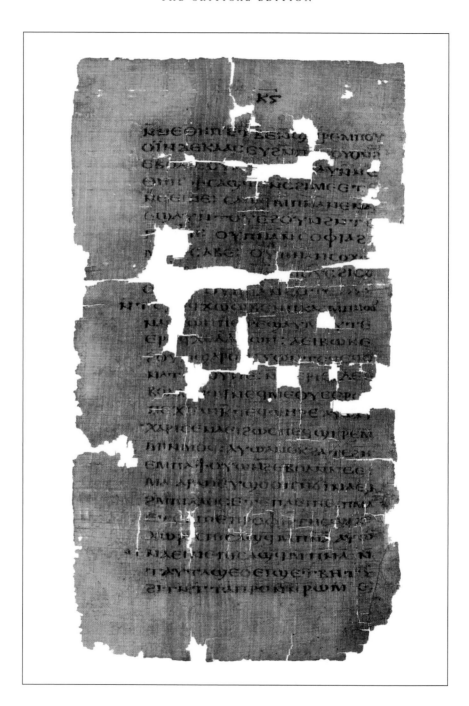

ⲛ̅ⲛⲉⲑⲏⲡ ⲉⲧⲃⲉ ⲛ̅ϣⲏⲣⲉ ⲙ̅ⲡⲟⲩ	the secrets about the children of
ⲟⲓ̈ⲛ ⲭⲉⲕⲁⲁⲥ ⲉⲩ̈ⲛ̅ ⲡⲉⲧⲟⲩⲟⲛϩ̅	light, so that they may possess
ⲉⲃⲟⲗ : ⲉⲟⲩⲛ̅ⲧ[ⲁⲩ ⲙ̅ⲙ]ⲁⲩ ⲛ̅ⲛⲉ	the secrets when they are revealed.
ⲑⲏⲡ ︦ ⲧⲥⲁϣϥⲉ ⲛ̅ⲥϩⲓⲙⲉ ⲉⲧⲉ	These seven women
ⲛⲉⲉⲓ ⲛⲉ : ⲥⲁϣϥ ⲙ̅ⲡ︦ⲛ︦ⲁ︦ ⲛⲉ ⲛⲁⲓ	are seven spirits
ⲉϣⲁⲩⲛ̅ⲧⲟⲩ ⲉϩⲟⲩ̅ⲛ ϩ︦ⲛ̅ ⲧⲉ[ⲓ	who are introduced in this (?)
ⲅ[ⲣⲁ]ⲫⲏ : ⲟⲩⲡ︦ⲛ︦ⲁ︦ ⲛ̅ⲥⲟⲫⲓⲁ ϩ[ⲓ	scripture: A spirit of wisdom and
ⲙ̅[ⲛ̅ⲧ]ⲥⲁⲃⲉ : ⲟⲩⲡ︦ⲛ︦ⲁ︦ ⲛ̅ⲥⲟⲭⲏ[ⲉ]	insight, a spirit of counsel
[ϩⲓ] ϭ[ⲟ]ⲙ : [ⲟⲩ]ⲡ︦ⲛ︦ⲁ︦ [ⲛ̅]ⲛⲟⲩⲥ ϩⲓ ⲥⲟ	[and] strength, [a] spirit [of] understanding
ⲟ[ⲩⲛⲉ] ⲟⲩⲡ︦ⲛ︦ⲁ︦ ⲛ̅ϩⲟⲧⲉ >>>>—	and knowledge, a spirit of fear.
ⲛ̅ⲧⲉⲣⲉϥϫⲱⲱⲃⲉ ⲛ̅ⲡⲕⲁϩ̅ ⲙ̅ⲡⲛⲟϭ	When ⟨I⟩ passed through the land of
ⲛⲁⲣⲭⲱⲛ ⲡⲉⲧⲉϣⲁⲩⲙ[ⲟ]ⲩⲧⲉ	the great ruler, who is called
ⲉⲣⲟϥ ϫⲉ ⲁ̅ⲗ̅ⲗ̅ⲱ̅ⲛ̅ : ⲁⲉⲓⲃⲱⲕ ⲉ	'Addon,' I went
ϩⲟⲩ̅ⲛ ϣⲁⲣⲟϥ ⲁⲩⲱ ⲛ̅ⲧⲟϥ ⲉϥⲟ	in by him. And he was
ⲛⲁⲧⲥ[ⲟ]ⲟⲩⲛⲉ : ⲛ̅[ⲧ]ⲉⲣⲓⲉⲓ ⲇⲉ ⲉ	ignorant. And when I left
ⲃⲟⲗ ⲙ̅ⲙⲟϥ ⲛⲉϥⲙⲉⲟⲩⲉ ⲉⲣⲟ[ⲉⲓ]	him, he thought
ⲡⲉ ϫⲉ ⲁⲛ̅ⲕ̅ ⲡⲉϥϣⲏⲣⲉ ⲁⲩⲱ ⲁϥ	that I was his son, and he was
ⲭⲁⲣⲓⲥⲉ ⲛⲁⲉⲓ ϩⲱⲥ ⲡⲉϥϣⲏⲣⲉ ⲙ̅	gracious to me as though to his
ⲙⲓⲛ ⲙⲟϥ : ⲁⲩⲱ ⲁⲛⲟⲕ ϩⲁ ⲧⲉϩⲏ	own son. And before I
ⲉⲙⲡⲁⲧⲟⲩⲱⲛϩ̅ ⲉⲃⲟⲗ ⲛ̅ⲛⲉⲉⲓ	appeared in these places,
ⲙⲁ : ⲁⲣⲁ ⲛⲉⲩϣⲟⲟⲡ ︦ ⲛ̅ϭⲓ ⲛⲁⲉⲓ	these (spirits) already were there
ϩ︦ⲛ̅ ⲡⲓⲗⲁⲟⲥ ⲉⲧⲉ ⲡⲁⲉⲓ ⲡⲉ ⲡⲙⲁ	with this very people, where
ⲉⲧⲉ ⲙ̅ⲡⲉⲡⲣⲟⲫⲏⲧⲏⲥ ϣⲁϫⲉ	no prophets spoke
ⲭⲱⲣⲓⲥ ⲡⲓⲥⲁϣϥ̅ ⲙ̅ⲡ︦ⲛ︦ⲁ︦ ⲁⲩⲱ	without these seven spirits. And
ⲛⲁⲉⲓ ⲛⲉ ⲡⲓⲥⲁϣϥ̅ ⲙ̅ⲡ︦ⲛ︦ⲁ︦ ⲛ̅	these are the seven spirits
ⲧⲁⲩⲧⲁϣⲉ ⲟⲉⲓϣ ⲉⲧⲃⲏⲧ ︦ >—	who have preached about me
ϩⲓ︦ⲧ︦ⲛ̅ ⲧⲧⲁⲡⲣⲟ ⲛ̅ⲛ̅ⲣⲱⲙⲉ :	through the mouths of people

Line numbers (right column margin): 2, 4, 6, 8, 10, 12, 14, 16, 18, 20, 22, 24, 26

6-7   ⲧⲉ[ⲓ]|ⲅⲣⲁⲫⲏ : or ⲧⲉ|ⲅⲣⲁⲫⲏ, "the scripture."

7-10   Isaiah 11:2.

11   ⲛ̅ⲧⲉⲣⲉϥ- seems to be corrupt; correct to read ⲛ̅ⲧⲉⲣ⟨ⲓ⟩- (cf. l. 13, ⲁⲉⲓⲃⲱⲕ), "⟨I⟩."

12   "ruler" : or, "archon."

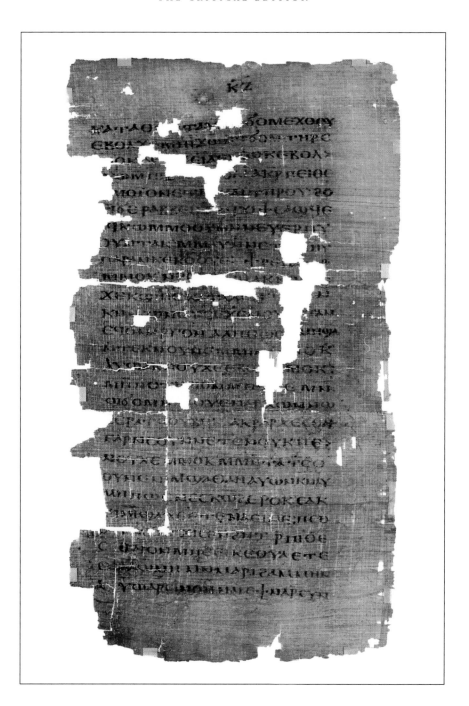

ⲔⲌ

ⲔⲀⲦⲀ ⲐⲈ ⲚⲦⲀⲨⲋⲘⲋⲞⲘ ⲈⲬⲞⲞⲨ	
ⲈⲂⲞⲖ ⲬⲈ ⲘⲠⲒⲬⲰ ⲚⲦⲋⲞⲘ ⲦⲎⲢⲤ̄	2
[Ⲁ]ⲚⲞⲔ ⲆⲈ [ⲀⲈ]ⲒⲈⲒ ⲀⲈⲒⲬⲰⲔ ⲈⲂⲞⲖ >	
[Ⲁ]ⲨⲰ ⲘⲠⲒⲬ[ⲰⲔ ⲈⲂ]ⲞⲖ : ⲀⲔⲢ̄ ⲠⲈⲒⲐⲈ	4
[Ⲙ̄]ⲘⲞⲒ̈ ⲞⲚ ⲈⲦⲂ[Ⲉ] ⲚⲀⲒ̈ ⲦⲎⲢⲞⲨ ϨⲞ	
ⲦⲒ ϬⲈ ⲢⲀⲂⲂⲈⲒ : ⲈⲀϤⲬⲒ ⲦⲤⲀϢϤⲈ	6
[Ⲉ]ϤⲔⲰ Ⲙ̄ⲘⲞⲞⲨ Ⲙ̄Ⲛ ⲚⲈⲨⲈⲢⲎⲨ	
ⲞⲨⲚⲦⲀⲔʼ Ⲙ̄ⲘⲀⲨ Ⲛ̄ⲚⲈⲦ[ⲦⲀ]Ⲓ̈ⲎⲨ	8
ⲠⲀⲢⲀ ⲚⲔⲈⲔⲞⲞⲨⲈ : *vac* ⲦⲢ̄ ⲈⲠⲀⲒ̈ⲚⲞⲨ	
Ⲙ̄ⲘⲞⲔʼ Ⲛ̄ϨⲞⲨ[Ⲟ] ⲱ̄ Ⲓ̈ⲀⲔⲔⲰ[Ⲃ]Ⲉ	10
ⲬⲈ ⲔϢⲒⲚⲈ ⲔⲀⲦⲀ ⲖⲈⲠⲦ[ⲞⲚ] ⲛ̄	
ⲔⲚⲀⲬⲰ ⲚⲞⲨⲤⲈⲬⲈ Ⲛ̄ⲞⲨⲰⲦ ⲀⲚ	12
ⲈϤⲞ ⲚⲀⲢⲄⲞⲚ ⲀⲖⲎⲐⲰⲤ [Ⲕ]Ⲙ̄ⲠϢⲀ	
Ⲛ̄ⲦⲈⲔⲚⲞⲨⲚⲈ Ⲙ̄ⲘⲒⲚ Ⲙ̄ⲘⲞⲔ	14
ⲀⲨⲰ ⲀⲔⲚⲞⲨϬⲈ ⲈⲂⲞⲖ [Ⲙ̄]ⲘⲞⲔ :	
Ⲙ̄ⲠⲠⲞⲦⲎⲢⲒⲞⲚ Ⲙ̄ⲠⲦ†[Ϩ]Ⲉ Ⲙ̄Ⲛ	16
Ϣ ϬⲞⲘ Ⲛ̄ⲖⲀⲀⲨⲈ ⲚⲀⲢⲬⲰⲚ ⲚⲰ	
ϨⲈⲢⲀⲦϤ ⲞⲨⲂⲎⲔʼ ⲀⲔⲢ̄ ⲀⲢⲬⲈⲤⲐⲀⲒ	18
ⲄⲀⲢ Ⲛ̄ⲤⲞⲨⲚ̄ ⲚⲈⲦⲈⲚⲞⲨⲔ ⲚⲈ >	
ⲚⲞⲨⲬⲈ Ⲙ̄ⲘⲞⲔ Ⲙ̄Ⲙ̄Ⲛ̄ⲦⲀⲦⲤⲞ	20
ⲞⲨⲚⲈ ⲚⲒⲘ ϢⲀ ⲐⲀⲚ ⲀⲨⲰ Ⲛ̄ⲔⲚⲀⲨ	
ⲘⲎⲠⲰⲤ Ⲛ̄ⲤⲈⲔⲰϨ ⲈⲢⲞⲔʼ ⲈⲀⲔ	22
ⲬⲒ Ⲛ̄Ⲓ̈ϢⲀⲬⲈ ⲈⲦⲈ ⲚⲀⲈⲒ ⲚⲈ : ⲠⲤⲞ	
Ⲟ *vac* ⲨⲚⲈ ⲈⲦⲬⲒⲤⲈ Ⲛ̄ϨⲎⲦ Ⲣ̄ ⲠⲒⲐⲈ	24
Ⲥ *vac* ⲐⲀⲒ ⲞⲚ Ⲙ̄ⲠⲈⲈⲒⲔⲈⲞⲨⲀ ⲈⲦⲈ	
Ⲥ *vac* ⲀⲖⲰⲘⲎ Ⲙ̄Ⲛ ⲘⲀⲢⲒϨⲀⲘⲘⲎⲚ	26
Ⲁ *vac* ⲨⲰ ⲀⲢⲤⲒⲚⲞⲎ ⲚⲀⲒ Ⲉ†ⲚⲀⲢ̄ ⲤⲨⲚ	

27

as they were able to speak, because
I had not yet spoken with all strength.
But I came and brought it to completion,
and I am not yet [completed]." (James:)
"You have also convinced me of all these
things. Rabbi, because it is the case, then,
that after they have received the seven, they
leave them with each other, do you have
some who are more honored than others?"
(Jesus:) "I praise you even more, O Jam[e]s,
for you ask about the details,
and you will not say a single idle word.
Truly, [you] are worthy
of your own root,
and you have cast away from yourself
the cup of drunkenness. Not
a single ruler can
stand against you, for you have begun
to recognize those who are yours.
Cast far away from yourself all
ignorance, and beware
lest they become jealous of you because
you have received these words, that is, the
knowledge that makes one high-minded.
Let yourself also be persuaded by this other
(circumstance), which is that of Salome,
Mary, and Arsinoe, whom I shall

6-10   The translation is tentative.

7-8   "they" : literally, "it," that is, the people.

23   ⲬⲒ- may also be interpreted as the nominal state of ⲬⲰ; cf. *Crum* 754 a; also NHC V p. 40,23: ⲈⲔ[ϢⲀ]ⲚⲬⲈ ⲚⲈⲒ̈ϢⲀⲬⲈ, "If you say these words."

23-24   Cf. 1 Corinthians 8:1.

ⲕ̄ⲏ̄

ϩⲓⲥⲧⲁ ⲛ̄ⲙⲁⲩ ⲛⲉⲕ̀ ⲉ[ⲩ]ⲙ̄ⲡϣⲁ
ⲙ̄ⲡⲉⲧϣⲟⲟⲡ̀ ⲕⲁⲓ ⲅⲁⲣ ⲁⲩⲣ̄ ⲛⲏ̀ 2
ⲫⲉ ⲁⲩⲱ ⲁⲩ[ⲧ]ⲟⲩⲭⲟ [ⲉ]ⲃⲟⲗ ⲛ̄ⲧⲙ̄[ⲛ]
ⲧⲃⲗ̄ⲗⲉ ⲉ ᵛᵃᶜ ⲧ̄ϩⲛ [ⲡ]ⲉⲩϩⲏⲧ ⸱ ⲁⲩ[ⲱ] 4
ⲁⲩⲣ̄ ⲛⲟⲓ ⲙ̄ⲙⲟⲓ ϫⲉ ⲁⲛⲟⲕ ⲟⲩⲟ[ⲩ]
ⲡⲁⲓ ⲕⲁⲧⲁ ⲧⲉⲡⲣⲟⲛⲟⲓⲁ ⲙ̄ⲡⲓⲱ[ⲧ] 6
ϫⲉ ⲁϥⲧⲛⲟⲟⲩ ⲙ̄ⲙⲟⲓ ⲛ̄ⲟⲩⲏⲏⲃ
ⲁⲩⲱ [ϩ]ⲛ̄ ⲙⲁ ⲛⲓⲙ ⲥⲉⲛⲡ ⲛ̄ⲧⲉ ⲛⲁⲓ 8
ⲛ̄[ⲛ]ⲁⲡⲁⲣⲭⲏ ⲁⲩⲱ ⲛ̄ϣⲣⲡ̀ ⲙ̄ⲙⲓⲥⲉ
ⲡ[ⲟⲩ]ⲏⲏ[ⲃ ⲙ̄ⲡⲓⲕⲟⲥ]ⲙⲟⲥ ⲉⲧⲉ ⲡⲁ 10
ⲉⲓ ⲡ[ⲉ] ϣⲁϥϫⲓ ⲛ̄ⲁⲡⲁⲣⲭⲏ ⲁⲩⲱ
ϣⲁ[ϥⲛ]ϣϣⲉ ⲛ̄ⲑⲩⲥⲓⲁ ϩⲓ ⲡⲣⲟⲥ ⸱ 12
ⲫⲟⲣ[ⲁ] ᵛᵃᶜ ⲁⲛⲟⲕ ⲇⲉ ⲛ̄ⲧⲉⲉⲓϩⲉ ⲁⲛ ≫
ⲁⲗⲗ[ⲁ] ⲉϣⲁⲓϫⲓ ⲛ̄ⲁⲡⲁⲣⲭⲏ ⲛ̄ 14
ⲛⲉⲧϫ[ⲁϩ]ⲙ̄ ⲛ̄ⲧⲁⲧⲛⲟⲟⲩⲥⲟⲩ
ⲉⲩⲟ ⲛ̄[ⲁⲧ]ϫⲱϩⲙ ϫ[ⲉ]ⲕⲁⲁⲥ ⲉⲥ 16
ⲛⲁⲟⲩⲱⲛϩ ⲉⲃⲟⲗ ⲛ̄ϭⲓ ⲧϭⲟⲙ ⲛ̄
ⲙⲉ ⸱ ϫⲉ ⲁⲡϫⲱϩⲙ̄ ⲡⲱⲣϫ ⲉⲃⲟⲗ 18
ⲉⲩⲙ̄ⲛ̄ⲧⲁⲧϫⲱϩⲙ ⲁⲩⲱ ⲫⲱⲃ
ⲙ̄ⲙⲉ ⲁϥⲕⲁⲧⲁⲛⲧⲁ ⲉⲫⲁⲩⲧ̀ 20
ⲣⲁⲃⲃⲉⲓ ⸱ ⲧϣⲟⲙⲛⲧⲉ ϭⲉ ⲁⲩⲧⲁ
ⲕⲟ ⲙ̄ⲡⲟⲩϩⲓⲥⲉ ⲕⲁⲓ ⲙⲏⲛ ⲉⲩ 22
ϣⲁⲛⲙ̄ⲡϣⲁ ⲁⲩⲱ ⲛ̄ⲥⲉⲡⲱⲧ
ⲛ̄ⲥⲱⲟⲩ ⲉⲃⲟⲗ ϩⲓⲧⲛ̄ ⲕⲉⲗⲁⲩ ᵛᵃᶜ ⲉ 24
ⲁⲩⲱ ⲛ̄ⲥⲉⲧⲁⲙⲟⲟⲩ ⲉⲛⲉⲧ ᵛᵃᶜ ⲉ
ⲛ̄ⲥⲉϣⲟⲟⲡ ⲁⲛ ⸱ ᵛᵃᶜᵃᵗ ⲓ̈ⲁⲕⲕⲱ ᵛᵃᶜ ⲃⲉ 26
ⲛ̄ϣϣⲉ ⲉⲛ ϩⲟⲗⲱⲥ ⲉⲧⲉ ⲗⲁ ᵛᵃᶜ ⲟⲩⲉ

introduce to you, because [they] are worthy
of the One Who Is. For they also have
become sober and have been saved from
the blindness that was in their hearts, and
they have recognized who I am. This (has
happened) in accordance with the
providence of the Father, because he has
sent me as a priest. And everywhere one
has to give me the firstfruits and the
firstborn. The [priest of] this [wo]rld
receives the firstfruits and assigns
sacrifices and offerings.
But I am not like this.
Rather, I receive the firstfruits of
those who are defiled, so that I may send
them up [un]defiled, that
the true power may be revealed.
For the defiled has separated
from what is undefiled, and the work
of the <female> (?) has attained to the
male." (James:) "Rabbi, the three, then,
have perished and have not suffered, if in
fact they deserved (it) and have been
persecuted by others
and have been told things
that do not exist?" (Jesus:) "James,
it is completely unnecessary for anyone

---

1 ⲛ̄ⲙⲁⲩ : a variant of ⲛ̄ⲙⲟⲟⲩ; cf. below, the note to p. 29,22.

10 Restored by *Funk*.

20 ⲙ̄ⲙⲉ : probably a corruption from ll. 17-18; restore to read ⟨ⲛ̄ⲥϩⲓ⟩ⲙⲉ; cf. NHC V p. 41,17: [ⲫ]ⲱⲃ ⲛ̄ⲧⲙ̄ⲛ̄ⲧⲥϩⲓ̈ⲙⲉ.

21-26 ⲧϣⲟⲙⲛⲧⲉ ... ⲁⲛ : the translation is tentative, and it is unclear whether this sentence is meant as a question or not.

21-22 "have perished and have not suffered" : or, "have destroyed their suffering."

24 Restored by *Funk*.

26 "that do not exist" : or, "that are not so."

ⲧⲁⲕⲟ ϯϣⲟⲙⲛⲧⲉ ⲉⲧⲉ ⲛⲉϊ ⲛⲉ
[ⲥ]ⲉⲡⲟⲣ[ϫ̄ ⲉ]ⲃⲟⲗ ⲉⲩⲙⲁ ⲙ̄ⲡⲓⲥⲧⲓⲥ
[± . . . . .] . ⲣ ⲙ̄[ⲡⲥ]ⲟⲟⲩⲛⲉ ⲉⲑⲏⲡ·
[ⲛⲁ]ⲉⲓ ⲛⲉ ⲛⲣⲁⲛ [ⲛ]ⲧϣⲟⲙⲛ̄ⲧⲉ >>
[ⲥ]ⲁⲡⲡⲓⲣⲁ ⲙⲛ̄ ⲥⲟⲩⲥⲁⲛⲛⲁ ⲙⲛ̄
[ⲓ]ⲱⲁⲛⲛⲁ : ⲉⲓⲥ ϩⲏⲧⲉ ⲁⲉⲓϭⲱⲗⲡ
ⲛⲁⲕ ⲉⲃⲟⲗ ⲛ̄ⲛ̄ⲕⲁ ⲛⲓⲙ ⲁⲩⲱ ⲛⲧⲟⲕ
ⲕⲟ ⲛ̄ϣⲙ̄ⲙⲟ ⲉⲛ ⲁⲛⲓⲥⲉ[ϫⲉ] ⲉⲧⲉ
ⲛⲉⲉⲓ ⲛⲉ : ⲁⲕϫⲓ ⲅⲁⲣ ⲛⲧⲁⲣ[ϫ]ⲏ ⲙ̄
ⲡⲥⲟⲟⲩⲛⲉ [ ]
ⲛⲉ ⲉⲃⲟⲗ ϩⲛ ⲛⲉⲧⲉⲛⲟⲩ[ï ⲛⲉ >]
ⲗⲟⲓⲡⲟⲛ ⲙⲟⲟϣⲉ ⲁⲩⲱ ⲕ[ⲛⲁϭⲓⲛⲉ]
ⲙ̄ⲡⲕⲉⲥⲉⲉⲡⲉ ⲁⲛⲟⲕ [ⲇⲉ ϯⲛⲁ]
ⲃⲱⲕ ϣⲁ ⲛⲁï ⲁⲩⲱ ⲛ̄ⲧ[ⲁⲟⲩⲱⲛϩ]
ⲛⲁⲩ ⲉⲃⲁⲗ : ϫⲉ ⲁⲩ [---

1-2 lines lost

[ⲡ]ⲙⲛⲧⲥⲛⲟ
[ⲟⲩⲥ ⲙⲛ]ⲧⲁⲡⲓⲥⲧⲟⲥ
[ ] ⲁϥϫⲱ ⲛⲁⲩ
[ⲛ̄ⲟⲩ-]ⲉ ⲁⲩⲱ ⲟⲩⲥⲟⲟⲩⲛⲉ
[ ] . ⲁϥⲣ̄ ⲡⲉⲓⲑⲉ ⲙ̄ⲙⲁⲩ
[ ] . . [. . ⲉ]ⲃⲟⲗ ⲛϩⲏⲧⲟⲩ ⲛⲉ
[ ]ⲟ . . . ⲡⲕⲉⲥⲉⲉⲡⲉ ⲉⲩ
[ ] *vacat* ⲁⲥϣⲱⲡⲉ ⲙⲛ̄ⲛ̄ⲥⲁ
[ ]ϣ ⲁⲩⲁⲙⲁϩⲧⲉ ⲛ̄ïⲁⲕⲕⲱ
[ⲃⲟⲥ ⲛⲧ]ϣϥⲃⲓⲱ ⲉⲡⲙⲁ ⲛⲕⲉⲣⲱⲙⲉ

to perish. These very three
are separated from a place of faith
[--- the] hidden knowledge.
These are the names [of] the three:
[S]apphira and Susanna and
[J]oanna. Look, I have revealed
everything to you, and you
are not a stranger to these very words.
For you have received the beginning of
knowledge [---]
from those who are mine.
Now go, and you [will find]
the rest of them. [And] I [shall]
go to these and [appear]
to them, for they have [---]

[--- the] twelve
[---] unbelief
[---] he communicated to them
[---] and knowledge
[---] he persuaded them
[---] are from them
[---]. The rest
[---]. It happened after
[a while (?) that] they seized Jam[es]
instead of another man,

29

8 ⲉⲛ ⲁⲛⲓ- : most likely a scribal error for ⲁⲛ ⲉⲛⲓ-.

17-26 The lower part of this page (ll. 17-26) is physically missing. Thus far, the editors have had access only to photographic evidence of poor quality; cf. the codicological introduction.

22 ⲙ̄ⲙⲁⲩ : a variant of ⲙ̄ⲙⲟⲟⲩ; cf. above, the note to p. 28,1.

26 Probably restore to read [ⲟⲩ(ⲟⲩ)ⲟⲉⲓ]ϣ, or the like. The word "seized" may also be translated "arrested," here and below.

ⲉⲁⲩⲣ̄ ⲕⲁⲧⲏⲅⲟ[ⲣ]ⲓ ⲙ̄ⲙ[ⲟ]ϥ ϫⲉ ⲁϥ
ⲡⲱⲧ ⲉⲃⲟⲗ ⲛ̄ [   ]   2
ⲇⲉ ⲙⲏⲧ [ϥ̄ⲩ]
ⲗⲁⲕⲏ : ⲁⲗⲗⲁ ⲕⲁ[ⲓ]ⲟⲩⲁ ⲡⲉⲛ̄ⲧⲁϥⲉ[ⲓ]   4
ⲉⲃⲟⲗ ϩⲛ̄ ⲡⲉϣ[ⲧ]ⲉⲕⲟ ⲉⲓ̈ⲁⲕⲕⲱⲃ[ⲟⲥ]
ⲡⲉ ⲡⲉϥⲣⲁⲛ ⲁⲩⲁⲙⲁϩⲧⲉ ⲙ̄ⲡ[ⲁ]ⲓ̈ [ϩⲁ]   6
ⲣⲟϥ ⲁⲩⲉⲓⲛⲉ ⲙ̄ⲙⲟϥ ⲙ̄ⲛⲉⲕⲣⲓⲧⲏ[ⲥ]
ⲡⲉϩ[ⲟ]ⲩⲟ ⲇⲉ ⲛ̄ⲛ̄ⲕⲣⲓⲧⲏⲥ ⲁⲩⲛⲉⲩ   8
ⲉⲣⲟϥ ⲉⲙⲛ̄ ⲛⲟⲃⲉ ⲉⲣⲟϥ ⲁⲩⲕ[ⲁ]
[ⲁϥ ⲉⲃⲟ]ⲗ ⲁⲩⲱ ⲡⲕⲉⲥⲉⲡⲉ ⲙⲛ̄ ⲡⲗⲁ   10
[ⲟⲥ ⲧ]ⲏⲣϥ ⲁⲩⲱϩⲉⲣⲁⲧⲟⲩ ⲡⲉ >
[ϫⲁⲩ ϫ]ⲉ ϥⲓⲧϥ̄ ϩⲓϫⲛ̄ ⲡⲕⲁ[ϩ] ⲛ̄ϥ̄   12
[ⲡϣⲁ ⲙ̄ⲡⲱ]ⲛ̄ϩ̄ ⲁⲛ ⲛⲁⲓ̈ ⲇⲉ ⲁⲩⲣ̄ ϩⲟⲧⲉ
[ⲁⲩⲧⲱⲟⲩⲛⲟ]ⲩ ⲡⲉϫⲁⲩ ϫⲉ ⲛ̄ⲧⲛ̄ⲟ ⲛ̄   14
[. . . . .]ⲁⲛ ⲉ [. . . . . .]ⲛ̄ [. .]

                                              16

1-2 lines lost

. [.] . [   ]   18
ⲁϥⲣ̄ ⲡⲙⲉ[ⲟⲩⲉ   ]
ⲁϥϣⲱⲡⲉ [   ]   20
ϫⲉ ⲛ̄ⲣⲱⲙⲉ . . . ⲉ . [   ]
ⲙ̄ⲙⲟϥ ⲁⲗⲗⲁ ⲡϭⲟ . . [   ]   22
ⲡⲉ ⲛⲧⲉⲣⲟⲩϩⲓ ⲱⲛ[ⲉ ⲇⲉ ⲉⲣⲟϥ]
ⲡⲉϫⲁϥ ϫⲉ ⲡⲁⲉⲓⲱⲧ ⲉ[ⲧϩⲛ̄ ⲛ̄]   24
ⲡⲏⲟⲩⲉ ⲕⲱ ⲛⲁⲩ ⲉⲃⲟⲗ ⲛⲥ[ⲉⲥⲟⲟⲩ]
ⲛⲉ ⲅⲁⲣ ⟨ⲁⲛ⟩ ϫⲉ ⲉⲩⲣ̄ ⲟⲩ >>>   >[>>]   26
>>>>>>>>>>>>>>>>>>>>>[>>]

        ⲓ̈ⲁⲕⲕⲱⲃⲟⲥ
>>>>>>>>>>>>>>>>>>>>>[>>]

against whom they had brought charges,
for he had fled from [---].
And [---]
prison, but it was another man
named Jam[es] who got out of
the prison. They seized this (person)
[instead] of him, and they brought him
before the judges. Most of the judges saw
that he was innocent, and they
let [him go]. But the others and all
the people stood there and [said],
"Make him leave the earth; he is not
[worthy of] life." But these were afraid,
[and they rose up] and said, "We are not
[---]."

[---]
he remembered [---]
he became [---],
for the men [---]
him, but the [---].
[And] when they were stoning [him],
he said, "My Father, you [who are in the]
heavens, forgive them, for they do ⟨not⟩
know what they are doing."

        James

---

13   "these": that is, the judges.
17-26 Cf. the note to p. 29,17-26.
24-26 Cf. Luke 23:34; Acts 7:60.
26   For the emendation ⟨ⲁⲛ⟩, cf. NHC V p. 44,7-8.

JACQUES

TRADUCTION FRANÇAISE

Rodolphe Kasser

(p. 10) (Jésus°°)[1]: "Or°, comme je (pré)vois la conclusion[2] de mon rachat, | je t'informerai sur ce (qui suit), Jacques°° | mon frère[3]. (Toi d'abord), car° ce n'est pas pour rien° que | l'on t'appelle 'frère', encore que° [toi, (tu)] [5] ne sois pas (pour moi) un 'frère' selon la Matière°. Mais° tu es, | à propos de toi-(même), (si) ignorant | que je te ferai savoir (premièrement) qui je (suis), moi." |

"Écoute! (Au début), rien n'existait | sauf° l'Existant. (Lequel est) [10] l'[In]nommable [et] | [l'Indi]cible [parmi[4] les (êtres) qui] | existent, ou° qui [existe]ront. Or° moi, | je (proviens) de l'Existant, (lequel est) en | outre l'Innommable, (et) néanmoins°, on [15] [m']a appelé d'[une quan-

---

1. Dans cette version française, le signe ° indique un lexème grécopte et le signe °° indique un nom propre.
2. Entendre: l'accomplissement final.
3. Cf. *Matthieu* 13,55; *Actes* 12,17; 15,13; 21,18.
4. Ou: "plus que tous."

tité⁵] de noms | qui ne (sont) pas les [mi]ens, qui me (sont) [étran]gers, |
parce que° je ne suis [pas] le (tout) pre[mier], | (étant) moi-même un
(engendré)-second prove[nant] de | l'Existant."

"(Or) puisque° tu (m'as) interrogé (20) à propos de la 'féminité',
écoute (ce qui suit). | La 'féminité' existait (jadis, oui), mais° (pour-
tant) | elle n'existait pas depuis les (vrais) débuts. Elle a créé | pour
elle-(même, secondairement), des P[uissances] | et des Dieux. (Tandis
que) l'Exis[tant], (lui), donc, (25) c'est depuis les (vrais) débuts qu'il
existe. (Certes) | la 'féminité' elle-même (nous pré)existe (aussi)
d'une part°, | mais° pas depuis les (vrais) débuts. *(p. 11)* (Tandis
que) moi, d'autre part°, je proviens de l'image° de | l'Existant,
(envoyé que je suis) pour vous informer sur | l'Existant. Et° encore,
j'en proviens | pour vo[us info]rmer sur la (vraie) image° des Puis-
sances, (5) afin que les Fils-de-l'Existant | sachent quels (sont) leurs
(attributs), et | quels ne (sont) pas leurs (attributs). | Voilà, je t'ai
dévoilé | le Mystère°."

"(Concrètement): on (10) [m]'ar[rêtera dans] trois jou[rs] | [---
] moi | [une f]ou[le d']an|[ciens°] (et) ils me condamneront [et] | me
mau[diront], mais° (désormais) mon (15) [rachat (?) est pro]che".

Jacq[ues]°° | [cependant° a] répondu, disant: | "Rab[bi°], que dis-
tu?⁶ | S'ils devaient t'arrêter, | oui (alors), moi, que ferai(s)-je?"

(20) (Jésus)°° lui a répondu, disant: | "C'est quand° on t'arrêtera, | et
qu'on te lapidera, que tu | seras racheté. Mais° ne fais pas demi-tour
(sur) le chemin (par où tu) sors de Jérusalem°°! En effet, (25) c'est cette
(ville) qui donne | la coupe° {la coupe°} amère⁷ *(p. 12)* en tous temps aux
Fils-de-la-Lumière, | (ville⁸ qui est) le lieu de résidence de | nombreux
archontes°. Ton 'rachat' [est (cette réalité)], | que c'est d'eux que tu seras
racheté. Et (5) ta 'Science', c'est de savoir de | quelle sorte et combien ils

---

5. Litt. "d'un (grand) nombre."
6. Cf. *Matthieu* 16,22.
7. Cf. *Matthieu* 26,39 etc., et 27,34 etc.
8. "Ville infestée" dirait-on volontiers.

sont, | non pas en totalité, mais° (déjà) en | [pré]mices°. Écoute! Ceux |
que j'ai amenés avec moi dans [---] (10) [--- ar]|chon[tes° --- (règne) (?)] |
chacun {sur (?)} sa propre he[bdomade°]." |

Ja[cques°°] a répondu (et) il a | dit: "Ainsi° donc°, [Rabbi°, (il s'agit
de)] (15) dou[ze°] heb[domades°, et] | non pas de sept, c[omme] | nous
l'avons dans l'Écriture°?" |

Jésus°° a dit: "Celui qui a disserté | à propos de cette Écriture°, oui
(précisément) (20) celle-(là), a divulgué° (le message) | jusqu'au point
qu'il pouvait connaître. | Cependant° moi, je te dévoilerai

le (message) | qui est provenu de l'Innombrable

(mais) il | a divulgué° son nombre

(et) celui (25) qui est provenu de l'Incommensurable |

(mais) il a divulgué° *(p. 13)* leur mesure!"

(Jacques°°): "Si donc° (il en est ainsi), Rabbi°, | je me tiendrai (pru-
demment) à l'écart du (grand) nombre | des archontes°. Mais° ces soi-
xante-douze | appariés (?)[9], qui sont-ils?"

(Jésus°°) a dit: (5) "Parmi eux [(so)]nt les soixante-|douze Cieux°, les
Petits. Les (Cieux) plus grands | qu'eux [cependant°] (sont) les Puissances
d'en | haut, celles par lesquelles tout l'axe° (du monde) | [tient] debout.
Et (10) [— *5 lignes perdues* —] (15) [---] à cause du [---] | [---] qui (est) en
toi. Innombrables | [---] (sont)-ils. Et° si | [tu (le)] veux, tu les compte-
ras. | Mais° tu (ne) peux (le faire) maintenant, (20) sauf° si tu (re)jettes |
l'aveuglement qui (est) dans ton coeur[10]; | et (?) là (est) le (fameux) lien,
oui (précisément) | celui qui (est) dans la chair°. Alors° tu | parviendras
jusqu'à l'Existant, et (25) tu seras, non plus° 'Jacques°°', *(p. 14)* mais°
celui qui (est) dans l'Existant, | en° tout! Les Innombrables | seront
dénombré(e)s en ta présence, | et toutes les (réalités) qui (sont), pour toi,
(5) Incommensurables, seront mesurées!" |

---

9. Ou "couples, paires" (72 paires x 2 = 144 appariés). Toutefois Funk, consulté, trouve "appariés"
   nettement plus vraisemblable en comparaison avec les autres nombres ambiants (72 : 2 = 36 x 10 =
   360). Voir encore p. 23,2.

10. Le coeur (égycopte ϨΗΤ) est en copte le siège de l'intelligence, plutôt que celui des sentiments.

(Jacques°°) a répondu, disant: "Rabbi°, | comment° pourrai-je parvenir jusqu'à | l'Existant, alors que ces Puissances en si | (grand) nombre combattent con[tre moi (?)]".

(10) [(Jésus°°): "— 5 *lignes perdues* —] (15) [cou]vrir de honte; mais° [---] | est en moi [--- un] | Mystère° ca[ché; toutefois°] | j'ai peur de(vant) [leur colère]."[11] |

(Jacques°°): "S'ils ont combattu ainsi contre toi, (20) combien° plus° (le feront-ils contre) moi, | Rabbi°! En effet°,

tu es venu [en] (pleine) | Science

pour (couvrir de) honte leur | Ignorance;

et tu es venu en pleine | Réminiscence,

pour (couvrir de) (25) honte leur Oubli-Léthargie."

(*p. 15*) "Toutefois°, je ne (me) fais aucun souci | pour toi,

car° tu es venu vers l'Ignorance, |

et tu ne t'y es aucunement sali; |

tu es venu vers l'Oubli-Léthargie,

et (5) la Réminiscence (était) en toi;

tu as marché | dans la boue,

(et) tu ne t'(y) es pas sali,

les (impuretés) n'ont pas | suscité ta vengeance (?)."[12]

"M[oi, cer]tes, je ne suis pas | de cette sorte, mais° (pourtant c'est) tout l'Oubli-Léthargie | (provenant) d'eux, c'est (bien lui) que j'ai revêtu (?) (10) [et] je ne m'(en) souviens pas. | Les [mi]ens sont, à mon sujet (?), ignorants° | [et] moi je (suis) un [im]parfait° [en] Gnose | et je ne me soucie pas | [d]es tourments° (eux-mêmes) qui (sont) en ce lieu, (15) [mais°] (je

---

11. Cette "peur de(vant) [leur colère]" est ici attribuée à Jésus, surtout à cause du parallélisme avec NHC V,3 p. 28,4; cela avec autant d'invraisemblance (comme l'a remarqué VEILLEUX 1986, éditeur de ce texte, dans son commentaire p. 74: "il est ... surprenant que le Seigneur affirme ici être pusillanime, puisqu'il dira à Jacques (p. 32,2-22; cf. 32,13) de ne pas l'être"). On pourrait écarter cette invraisemblance en limitant à la lacune p. 14,10-15 la réplique de Jésus et en faisant commencer la réponse de Jacques en p. 14,15.

12. S'il s'agit bien de vengeance; mais ce ⲕⲃⲁ pourrait être un mot inconnu du dictionnaire copte actuel.

m'inquiète) parce qu'ils sont dominants. Que | [feront-ils ? Que] dis-tu | [--- (et)] par quelle paro[le] (serai-je) sauvé?" |

(Jésus°°): "Jacques°°! Je loue° ton coeur[13], | et (ta) crainte te fait aimer la [20] souffrance. (Mais) ne te fais du souci° | pour rien, sauf° | pour ton rachat! Voici que | je m'en irai et que je préparerai | le sort° (de l'humanité), oui (précisément), [25] sur la Terre, comme° il est déjà | préparé dans les Cieux[14]. *(p. 16)* Et après ces (événements), je te dévoilerai | (le processus de) ton rachat".

(Jacques°°): "Rabbi°, après | ces (événements), comment° manifesteras-tu | ces (secrets)? ..., après qu'on t'ait condamné, [5] et qu'on ait préparé | le sort° (de l'humanité), et que tu sois parvenu | jusqu'à l'Existant?"

(Jésus°°): "Jacques°°, | après ces (événements), je me manifesterai | à toi en ce lieu, non seulement° <à cause de toi>, [10] [mais]° à cause de l'in[croyance] | des hommes; car (sinon) com[ment°] la [foi°] | se produirait-elle en eux? [Mais° (ainsi) nombreux] (sont) | (ceux) qui se tourneront vers la foi° (et y pénétreront), | et ils croîtront° en elle [jusqu'à] ce [15] qu'ils arrivent à la Gno[se]. Et c'(est) à cause | de ce[la que] je me [manifeste]rai pour | (couvrir de) honte les archontes°, [et je] | leur manifesterai qu'il[15] (est) Insaisissable: | lorsqu°'[on] le saisit (pour le maîtriser), [20] alors° (c'est) lui (qui) maîtrise[16] (son adversaire)! | Maintenant donc, je m'en irai. | Souviens-toi des (paroles) que je t'ai dites, | et que ces (paroles) croissent° en toi!" |

(Jacques°°): "Je serai zélé°, Rabbi°, et [25] j'agirai comme° tu l'as dit". |

Et Jésus°° s'en est allé. Il a préparé ce qu'il | fallait (qu'il prépare)[17].

---

13. Cf. la note 10.
14. Cf. *Matthieu* 6,10 etc.
15. Entendre: l'Existant.
16. Il est préférable de considérer ⲁϥ- de ⲁϥⲙⲁϩⲧⲉ non pas comme un parfait (difficile à traduire), mais comme un présent II idiolectal.
17. Cette petite phrase pourrait résumer tout le contenu de l'*Évangile de Judas*!

Cependant° Jacques°° | a entendu (parler) de ses souffrances, et *(p. 17)* il (en) a été très triste°; et (dès lors) il a | guetté sa venue. Et° (c'était) seulement° | cela qu'il avait là | pour se consoler:(5) le guet (de l'attente) de sa venue. | Et deux jours se sont (passés), | et voici, (oui) voici que Jacques°° (a accompli) | son service (liturgique)° sur la [montagne] qu'on | appelle 'Galghê[la]m°°'. (10) [---]-là [---] | avec ses disciples°, qui | l'écoutaient volontiers, et | avaient là un consolateur et | disaient: "Celui-(là), c'(est) le second (15) Maître!" Et voi[ci] qu'ils se sont | dispersés, et J[ac]ques°° est resté | seul. Et (voilà) qu'il priait | beaucoup, selon° sa manière (de prier). |

Or°, (voici qu')au milieu (de sa prière), subitement, (20) Jésus°° s'est manifesté à lui, et il (Jacques°°) | a (dé)laissé sa prière°, il a commencé° à le | serrer[18] contre lui, disant: | "Rabbi°, je me suis tenu à ton écart; j'ai | entendu (raconter) les (souffrances) que tu as subies, (25) et j'(en) ai été très triste°; tu connais | ma sensibilité. C'(est) pourquoi je n'ai pas | voulu être avec toi (pendant ces mauvais jours), *(p. 18)* afin que je ne voie pas ce peuple°, | oui (précisément) lui, allant être condamné. | En effet°, les (crimes) qu'ils ont commis[19] (sont) | abominables à voir".

(Jésus°°): "Jacques°°, (5) ne t'inquiète° pas pour le peu[ple]°, | ni° pour moi! ... car° moi, | je suis le Protexistant, (existant depuis les débuts), | en moi-même. [En effet°], je n'ai souffert | [en] rien, et° je ne° suis pas [mort]. (10) [Ce] peuple°, oui (précisément) lui, | n'a fait aucun mal. Or° il revenait à ce (peuple) | d'appartenir au (proto)type° des archontes°, pour lui être | voué[20], pour être préparé à devenir (?) | archonte(s)° de ceux (15) qui l'avaient préparé (à cette fonction); (et) alors°, il a accompli | (son rôle). Toi cependant°, prends garde! ... | parce que le Dieu-Juste s'est irrité! | Car° tu étais son esclave, et | c'(est) pourquoi tu as reçu le nom

---

18. Litt. "prendre."
19. Litt. "faits."
20. En lisant: ⲉⲱⲱ ⲉⲣⲟϥ.

de (20) 'Jacques°°-le-Juste°'. Vois | que déjà° tu as été affranchi, pour en arriver | à me connaître et à te connaître, | (et) à (dé)laisser toi-même la | prière° qu'a priée (pour t'en instruire) (25) le Dieu-Juste!"

(*p. 19*) Et moi, il m'a pris (dans ses bras), il m'a | salué° (par un baiser): amen°! |

(Jésus°°): "Je te le dis! Il a (mis en) mouvement | sa fureur contre toi, (5) et (aussi) sa colère°, mais° ces (hostilités) encore, | il faut qu'elles se produisent."

Cependant° | Jacques°° (étant) un (esprit) faible, [il s'est (mis à)] | [pleu]rer et il est devenu très triste°. Et | s'étant assis tous les deux (10) sur un²¹ rocher°, Jésus°° a dit à Jacques°°: | "Jacques°°, il faut que tu | en arrives à ces (tribulations); mais° ne sois pas | triste°! (Certes), la chair°, faible (et lâche), recevra | (là) ce qui appartient à son (principe) fondateur, (la pusillanimité). (15) Mais° toi, ne deviens pas faible | (et lâche), et n'aie peur de rien!" |

(Alors), après qu'il a entendu ces (paroles), | Jacques°° a essuyé ses larmes, | et il a été très soulagé (?) (20) de (toute) la tristesse° qui (était) | en lui.

Jésus°° alors° lui a dit: "Voici, | maintenant, je te | dévoilerai (le processus de) ton rachat. | (Certes), quand° on t'arrêtera, (25) tu seras dans ces (difficultés). Nombreux | (seront) ceux qui s'opposeront à toi, à cause (*p. 20*) de la parole (attestant) ton autorité. Parmi cette masse | (d'adversaires), cependant°, en voilà trois° | assis dans ce seul (et même) lieu, (où) ils (sont) | péagers°. Non° seulement° ils perçoivent le péage° (5) des péchés, mais° eux-(mêmes), ils²² extorquent (et) | emportent (en rapt) les âmes°. [Si°] tu tombes | entre (les) mains de beaucoup (d'entre | eux, et s')il y en a un qui t'interroge, | – parce qu'il est un (de leurs) g[arde(s)°] –, (et s'il dit): (10) 'Toi, qui (es)-tu?', ou° 'toi, | d'où (es)-tu?', (il faut) que tu (saches) lui dire: | 'Je (suis) le Fils, et (je le suis) | par le Père'."

---

21. Litt. "le"; mais quel rocher, réel ou symbolique?
22. Ces péagers sont ici masculins et pourtant ils apparaissent plus loin, p. 21,21, féminins.

"Et il | te dira: 'Quel Fils?' ... (15) ou° 'quel Père?' "

"Tu lui diras (alors): | 'Du Père Protexistant, (existant depuis les [débuts]); | (je suis) ainsi° le Fils existant dans | le Protexistant, (existant depuis les débuts)'."

"Et | il te dira: '(D')où es-tu (20) venu?' "

"Tu lui diras: '(Je proviens) du Prot|existant, (existant depuis les débuts)'."

"Et il (te)[23] | questionnera (encore): 'Pour *quoi* es-tu venu?' " |

"Tu (lui) diras: 'Je suis venu (en recherche) vers | toutes (les réalités) qui (sont) miennes, et celles qui (25) ne sont pas miennes'."

"Il dira: 'Tu es donc venu *(p. 21)* pour (rechercher) *quoi?* ... pour les (réalités) qui ne (sont) pas tiennes?' " |

"Et tu diras: 'Ces (réalités), au total, ne me (sont) pas | étrangères, (pas) totalement, mais° (elles sont l'affaire | d')Akhamôth°° — oui (précisément) (5) la feme(lle par excellence) — et elle les a créées pour elle-(même). | Car° c'(est) elle (qui) a dégradé[24] la race° protexistante, | (existant depuis les débuts). Donc° (ces réalités) ne | [me (sont) pas] étrangères, (et pas seulement), mais° | elles (sont) miennes. El[les (sont) miennes], (10) [d'une pa]rt°, com[me Celle qui est] | Maîtresse[25] sur elles appartient au Protexistant, (existant | depuis les débuts). D'autre part°, elles (nous sont) devenues | étrangères parce que le Protexistant (existant depuis les débuts), | lui (son conjoint) ne s'est pas uni° à elle[26] quand elle (15) a (pro)créé ces (réalités)'."

"Et le | (péager inquisiteur te) dira: 'Alors, où (t'en) iras-tu?' " |

"Tu diras: 'Je (m'en) irai vers les (réalités) qui sont miennes, | vers le lieu d'où je suis (déjà) venu'."

"Si tu dis | ces (formules), par elles, tu seras sauvé de (20) tous (ces inquisiteurs). | Or°, lorsque° tu arriveras au trio° féminin[27] *(sic)|* empor-

---

23. Lire ϥⲛⲁϣⲛ̄ⲧ⟨ⲕ̄⟩.
24. Ou: "dénaturé."
25. Litt. "Seigneur" (f.); il s'agit d'Akhamôth.
26. Litt. "n'a pas communié° avec elle" (= Akhamôth).
27. Mais cf. p. 20,5, où ces trois inquisiteurs sont masculins.

tant (en rapt) l'âme° – il y a(ura) en effet° (une) grande | altercation°[28] en ce lieu-|là – si tu leur dis ces (paroles): (25) 'Je (suis) un vase° | plus° précieux qu'Akhamôth°°, la | feme(lle) qui vous a créés'. *(p. 22)* Et 'si votre Mère est ignorante | de sa propre racine, alors vous, en quel temps | serez-vous (finalement) dégrisées°? | Mais° (moi je le suis, car) (5) j'ai prié° (de m'instruire) la Sagesse° sans | souillure, celle qui existe dans le Pè[re], | (étant elle-même) la Mère d'Akhamôth°°, mais° | son (apparié)-syzyge° [n']a(vait) [pas] agi droitement[29] [avec sa f]emme; c'est sans° mâle (10) [qu'elle] vous a(vait) (pro)créés (ainsi toute) seule; | [elle a] été dans l'ignorance | (de qui était) sa Mère; {elle seule | existe (donc) dans l'ignorance de qui est | sa (propre) Mère}; et (c'est pourquoi) elle pen-sait (15) qu'elle (était toute) seule'. Moi | cependant°, j'ai apostrophé° sa Mère, et | alors° (en conséquence de cette apostrophe) tous | entreront en effervescence[30], et, (accusateurs), ils | (chercheront) querelle à leur propre racine, (20) et à la race° de leur Mère. | Toi cependant°, tu iras vers tes | racines, (vers) les liens qui (sont) leurs | liens".

"Jacques°°! ... voilà, | je t'ai dévoilé qui (25) (je suis), moi, et, (que je suis) le | Protexistant (existant depuis les débuts), et le (proto)type° *(p. 23)* des douze disciples° | (et) des soixante-douze° appariés (?)[31] et | (d')Akhamôth°° la feme(lle), celle | qu'on interprète° comme (étant) la Sagesse°. (5) Et (je t'ai dévoilé), toi, *qui* tu (es), et (j'ai dévoilé qui est) | la Sagesse° sans souillure, celle | par laquelle tu seras racheté, et (avec toi) | tous les Fils-de-l'Existant qui | se s(er)ont (re)connus eux-mêmes."

"Et étant (10) cachés en eux-(mêmes), [tu cacheras] les (secrets) | que j'ai dits; et ils seront (cachés) en toi, | et tu te tairas à leur sujet. | Tu (ne)

---

28. Litt. "combat°."
29. Entendre: n'avait pas été en mesure d'agir droitement (= correctement) avec sa conjointe (agir par le coït conscient et limité auquel il était tenu, par ses conditions et leurs conséquences), syzyge fe-melle, dont il ignorait apparemment les intentions, prétentions, ambitions procréatrices abusives et illicites, selon les règles de leur partenariat.
30. Litt. "ils seront (profondément) troublés", "bouleversés."
31. Ou "conjoints, couples, paires", mais moins vraisemblable, cf. *supra*, p. 13,4.

les dévoileras, certes°, (que) quand° | tu sortiras de la chair°, (et tu les donneras) à [15] Addaï°°[32]. Et aussitôt, (toute) la Terre se mettra | à combattre, oui (précisément elle), | et elle[33] boira sa coupe°[34] (punitive); | en effet°, elle a(ura) irrité le Dieu | qui réside à Jérusalem°°."

"Addaïos°°[35] cependant°, [20] (il faudra) qu'il garde en sa possession, en lui-même, | ces paroles (secrètes), pendant dix ans. | Et alors° (après ce délai), il se risquera° à | s'asseoir pour les écrire. Et alors°, quand il les | aura écrites[36], elles lui seront volées (en rapt)[37], [25] (et) elles seront données à Manaêl°°, | dont le nom est saint | – et° il a là son (alter ego) similaire en (p. 24) 'Masphêl°°'."

"Ce (Masphêl°°), (il faudra) qu'il (garde) | en sa possession ce livre, oui (précisément) celui-ci, | en héritage° pour (ses) fils. | Il en sortira en effet° [5] une semence° sainte et | digne d'hériter° [ces (écrits secrets)] | dont j'ai parlé. Cependant°, lorsque° | son enfant (encore) petit aura [grandi] | [e]t [---] vivant, il recevra un [10] nom, (celui de) 'Lévi°°'."[38]

"Alors° | encore, la Terre entrera en guerre°. | Mais° Lévi°° cachera ces (secrets) pendant | qu'il sera (encore) un petit enfant, et | de ses lèvres, il ne sortira aucune des [15] paroles que j'ai dites[39]. Puis° (Lévi) | prendra (pour épouse) une femme | de Jérusalem°°, (femme) de sa race°. | Et il engendrera d'elle | deux fils. Et le se[cond (?)][40] [20] héritera° ces (écrits secrets). Le coeur du grand | (frère) sera obstrué, et ces (préceptes secrets) | seront balayés[41] de son coeur[42]. |

---

32. Cf. Addi, ancêtre de Jésus par Joseph, son 'père' ? Voir aussi Addaios, p. 23,19.
33. Que représente ce féminin, "elle", qu'on trouvera encore un peu plus loin: Akhamôth? ... ou le ⲅⲏ f. de l'original grec, devenu ⲡⲕⲉⲥⲓ m. en copte ?
34. Sa coupe amère, cf. p. 11,26.
35. Cf. Addaï, p. 23,15.
36. Litt. "quand il les écrira."
37. Litt. "elles seront emportées de ses mains", cf. p. 20,6.
38. Cf. ⲗⲉⲩⲓ(ⲥ) le péager (pas un apôtre), chez qui Jésus a accepté de prendre un repas? *Marc* 2,14 etc.
39. Ou: "aucune parole (provenant) des (écrits secrets) dont j'ai parlé."
40. En reconstituant et corrigeant ainsi la fin de p. 24,19, supposée fautive : ⲡⲙⲉ⟨ⲥ⟩ⲥⲛⲏ[ⲁⲩ].
41. Litt. "ôtés", "volés", "emportés" (par un rapt).
42. On retrouve là le schéma classique, bien attesté dans l'Ancien Testament, du "petit frère" plus perspicace, plus fidèle à la tradition, que son "grand frère"; d'où la perte de la priorité de l'aîné, et l'abolition *de facto* de son droit d'aînesse. Pour "coeur", voir la note 10.

Au contraire°, le petit (frère, puîné) croîtra° en ces | (préceptes), et il les tiendra cachés[(25)] jusqu'à ce qu'il atteigne[43] (son) passage | à la dix-septième année."

(p. 25) "Et alors° la Terre entrera (encore) en guerre°. | Lui cependant° n'étant pas là, | il sera [gar]dé selon° une (initiative de) la | Providence°, et il croîtra°, il tiendra (fermement [(5)] en son pouvoir) de nombreuses provinces°. | Nombreux (sont) ceux qui seront sauvés | par lui, et il fera que la Parole devienne | doctrine°[44] pour de nombreuses | pro[vinces°]. Mais° il sera fort(ement) persécuté [(10)] par s[es (ex)-compagnons (?)] | et il sera discrédité par [eux]; | et ils mépriseront la Parole°, oui (précisément celle-ci). | Mais° ces (événements) se produiront pour (faire) | que les archontes° (domptent et) maîtrisent (leur propre royaume)."

[(15)] (Jacques°°): "Rabbi, je crois° à toutes ces | (paroles), et elles sont bien° intégrées (?) | à ce qui (est) en mon âme°. (Cependant) je te | demanderai encore° ceci: Qui (sont) | les sept femmes qui ont été (et sont) tes [(20)] disciples°? ... et (celles-là) toutes les générations° | les disent bienheureuses°. Et moi, je m'émerveille | de ce que ces (sept Esprits) sont (contenus) en des 'vases° (si) | faibles', et (pourtant) elles ont trouvé (en elles?) des | (forces si) puissantes et des intuitions° (si perspicaces)".

[(25)] (Jésus°°): "Jacques°°! ... (c'est) bien° que tu (t'en) | émerveilles, mais° (rappelle-toi) que le Fils-|de-l'Homme est venu: il a manifesté *(p. 26)* les (secrets) cachés, à cause des Fils-de-la-|Lumière, afin que, étant manifestés, [ils] | possèdent (désormais) les (secrets) cachés. | Les sept femmes, oui (précisément) elles, [(5)] (sont) sept Esprits°, qu'on a | fait entrer dans cette | É[cri]ture°: un Esprit° de Sagesse°-et-|Pondération, un Esprit° de Raisonnement-|[et]-P[uis]sance, [un] Esprit° d'Intelligence°-et-[(10)] Connais[sance], (enfin) un Esprit° de Crainte."[45] |

---

43. Litt. "devenir."
44. Ou "décret°."
45. Cf. *Isaïe* 11,2.

"Lorsque j'ai (?)[46] franchi la Terre du Grand | Archonte°, que l'on nomme | Addôn°°, je suis entré | chez lui et (d'abord) lui l'a [15] ignoré[47]. Donc° lorsque | je suis sorti de (chez ?) lui, il a pensé, de moi (?), | que j'étais son Fils; et il m'a accordé | (s)a grâce°, (à moi) comme° (étant) son propre Fils. | Et avant que moi-même [20] je me manifeste en ces lieux, | il y avait eu de tels (Esprits), certes,° | dans le peuple°, oui (précisément), dans le lieu | où aucun prophète° n'a parlé | sans° (l'inspiration de) ces (fameux) sept Esprits°. Et [25] ceux-(là sont) ces (fameux) sept Esprits° | qui ont prêché à mon sujet | par la bouche des hommes, (p. 27) comme° ils ont pu en parler, parce que je n'avais pas dit | (mon message) avec toute ma puissance à moi. | Moi cependant°, [je] suis venu, j'ai achevé (cette tâche) et | (pourtant) je ne (l')ai pas (complètement) a[chevé(e) (?)]."

[5] (Jacques°°): "Tu m'as persuadé° encore de tous ces (faits). | (Cependant) parce (?) que°, Rabbi°, après que le | (peuple ?) a pris les sept (femmes et) les a groupées, | y en a-t-il là, pour toi, qui sont [hono]rées | plus° que d'autres?"

(Jésus°°): "Je te loue° [10] (même) davan[tage], ô° Jacques°°, de ce que | tu (m')interroges (si) minutieuse[ment°], (et) que | tu ne vas dire aucune parole | inutile°. Vraiment°, [tu] es digne | de ta propre racine, [15] et tu as (re)jeté (loin) de toi | la coupe° de l'ivresse[48]. | Il n'est possible à aucun archonte° | de te résister. En effet°, tu as commencé° | à connaître les (éléments) qui sont les tiens. [20] (Re)jette-toi (hors) de toute ignorance, | jusqu'au bout, et prends garde que° (tes adversaires) | ne soient pas jaloux de toi qui as reçu ces | (précieuses) paroles[49], (car) oui (précisément) | (ce serait) la connaissance qui enorgueillit[50]. [25] Sois persuadé° encore de cette autre (vérité), | (représentée) par Salômê°° et Marihammên°° | et Arsinoê°°, que je constituerai° (p. 28) pour toi (en

---

46. Le copte, vraisemblablement corrompu, écrit ici "lorsqu'il a".
47. Probablement Addôn n'a pas compris *qui* lui rendait visite.
48. Cf. *Matthieu* 26,39 etc.; 27,34 etc.
49. Cf. *Évangile selon Thomas*, 13.
50. Cf. *1 Corinthiens* 8,1.

exemple), elles qui sont dignes | de l'Existant; et° en effet°, elles ont (recouvré leur) | sobriété°, elles ont été guéries de l'aveuglement qui | (était) dans leur coeur[51]. Et (5) elles ont compris°, à mon sujet, ce que moi (je) suis; | cela, selon° la Providence° du Père, parce qu'il | m'a envoyé comme prêtre[52]. Et (en fait) en tous lieux, | on a la charge de me donner les | prémices° et les premiers-nés. (10) Celui-ci, le [prêtre de ce mo]nde°, | reçoit les prémices° et il partage | les sacrifices° et les offrandes°. Moi cependant°, | je n'(agis) pas ainsi. Mais° (différemment) j'ai | pris les prémices° des impuretés (15) pour les envoyer (en haut) | [pu]rifiées, afin que | soit manifestée la Puissance authentique. | En effet, l'impureté s'est séparée de la | pureté, et la pratique (20) féminine (?)[53] a rencontré° la masculine". |

(Jacques°°): "Rabbi°, ces trois femmes, | on a donc détruit (le produit de) leur(s) | peine(s)?[54] Et (cela) certainement°, alors qu'elles (en) étaient dignes | et qu'elles étaient poursuivies par d'autres (?), et (25) qu'on leur racontait (à leur sujet) des (faits) qui | n'existaient pas?"

(Jésus°°): "Jacques°°! ... | il ne faut absolument° pas que quelque chose *(p. 29)* soit détruit! Ces trois (femmes), oui (précisément) | [se sont éloignées] du lieu de foi° | [--- la con]naissance cachée. | [Te]ls (sont) les noms de ces trois (autres[55] (?) femmes): (5) [S]appira°° et Sousanna°° et | [I]ôanna°°. Voici que je t'ai dévoilé | toutes choses, et (maintenant) toi, tu n'es pas (devenu) | étranger à ces paro[les], oui | (précisément), car° tu as reçu le commencement° (10) de la Gnose° [---] | de mes propr[es (adeptes ?)]. | Bref°, marche, et tu [trouveras] | le reste; [or°] moi, j'i[rai] | vers les (miens); et [je] leur (15) [révèlerai] qu'ils (?) [---] | [---]." |

---

51. Cf. la note 10.
52. Cf. *Hébreux* 5,5.
53. En corrigeant ϩⲱⲃ ⲛ̄ⲙⲉ "la pratique authentique" ϩⲱⲃ ⲛ̄⟨ⲥϩ⟩ⲙⲉ "la pratique féminine"?
54. Une autre interprétation pourrait être: "ces trois femmes ont péri; elles n'ont pas souffert."
55. Nous suggérons d'introduire ici "autres", car il est difficile d'identifier les trois femmes problématiques nommées ci-après, Sappira, Sousanna et Iôanna, aux trois femmes exemplaires dont il avait été question plus haut (p. 27,26-27), Salômê, Marihammê(n) et Arsinoê.

[--- *Début du martyre de Jacques ?* ---] | [--- les] douze | [--- l'in]croyance°
(20) [---] il[56] leur a dit: | [---] et la connaissance | [---] il les a persua-
dés° | [---] hors d'eux | [---] le reste (aussi?) (25) [---]. Il est arrivé (que),
après | [un certain temp]s (?), ils ont arrêté Jacq[ues]°° | [à la] place d'un
autre homme, *(p. 30)* [l']ayant accusé° de | s'être enfui de [---] | or° [-
-- la pri]son°, | mais° c'(était) un autre qui était s[orti] (5) de la prison
– Jacqu[es]°° (aussi était) | son nom –. Ils ont (donc) arrêté [celui-(ci) au
li]eu | de celui-(là), (et) ils l'ont amené aux juges°. |

Alors° la plupart des juges° ont vu | qu'il était sans péché et ils l'ont
re[lâché]. (10) Et le reste (des juges) et tout | le peu[ple°] se sont tenus
là, (persistant et) di[sant][57]: | "Ôtez-le de dessus la Terre! Il n'est pas |
di[gne de vi]vre!"[58]

Toutefois° ces (indécis) ont eu peur, | [ils se sont levé]s (et) ont
dit:"Nous ne sommes [---] (15) [---] pas (?) [---]." | [---] | [---] | [---] | il
s'est rappe[lé ---] (20) il est devenu [---] | car les hom[mes---] | mais° (?) la
diminu[tion ? --- et] | lorsqu'ils [le lapi]daient, | il a dit: "Mon Père [qui
(est) dans] (25) les Cieux, pardonne-leur! ... car° ils ne [connais]sent |
<pas> ce qu'ils font."[59] |

Jacques°°

---

56. De qui s'agit-il? Probablement d'un ennemi de Jacques, cherchant à l'éliminer. Dès ici, pour
autant que ce texte très lacunaire permette de le deviner, il est question d'un prisonnier de droit
commun qui s'est enfui de la prison locale, mettant la population en émoi. Profitant de ces mou-
vements de foule, les adversaires de Jacques suscitent un quiproquo. Ils arrêtent Jacques et le tra-
duisent en justice, faisant croire aux juges que l'apôtre lui-même est cet évadé. Leur détermination
menaçante prend la forme d'une petite émeute (comme lors de l'arrestation de Jésus, selon les
sources néotestamentaires), ce qui finit par lasser les quelques juges restés sceptiques. Ils se lèvent
et quittent le tribunal après avoir, semble-t-il, déclaré qu'ils se désolidarisent de la condamnation
que le reste de leurs collègues s'apprête à prononcer.
57. Description du début de l'émeute qui sera fatale à Jacques.
58. Cf. *Actes* 12,2; 21,36.
59. Cf. *Luc* 13,34; 23,34; *Actes* 7,60; 12,2.

THE GOSPEL
OF JUDAS

Introduction by Gregor Wurst
Coptic text edited by Rodolphe Kasser and Gregor Wurst
English translation by Marvin Meyer and François Gaudard
French translation by Rodolphe Kasser
Notes by Marvin Meyer and Gregor Wurst

THE THIRD TRACTATE OF CODEX TCHACOS occupies twenty-six pages
(33–58) and is the longest text preserved in this codex. As in the case of
the *Letter of Peter to Philip* and *James* (or, the *First Revelation of James*), there
is no title written at the beginning. On p. 58,27–28, however, there is
a titular subscript: ΠΕΥΑΓΓΕΛΙΟΝ | ΝΙΟΥΔΑC, "The Gospel of Judas."
The state of preservation of these 26 pages varies a great deal: while pp.
33–40 and 43–50 are almost complete—though the lower portions of
pp. 37–38 have not yet been actually reunited with the codex itself—,
the lower part of the leaf that constitutes pp. 41–42 is physically missing
at present. The editors have only had access to photographic evidence of
poor quality of the lower part of a page that might belong to p. 41. The
present location of this large fragment is unknown, and unfortunately we
do not have a photograph of the *verso* (p. 42) at our disposal. Furthermore,
there is an increasing amount of substantial damage to the upper part of
each leaf from pp. 51/52 through pp. 57/58, ranging from three lines on

pp. 51/52 to nine lines on p. 57/58 that are partially or completely lost. In total, we have calculated that about 85% of the Coptic text survives, while about 15% is either inaccessible at present or lost.

The Coptic *Gospel of Judas* from Codex Tchacos is almost certainly a translation from a Greek original. The most obvious philological evidence for this is the Greek vocative (ⲱ) ⲓⲟⲩⲇⲁ on p. 45,14 and p. 56,11–12. Further evidence can be adduced from the high percentage of Greek nouns (nearly 50%) and verbs (about 20%), and from the reading ⲧⲅⲉⲛⲉⲁ ⲛⲁⲫⲑⲁⲣⲧⲟⲥ on p. 49,5–6.10–11 that keeps the feminine ending of the Greek adjective, as Peter Nagel argues in a forthcoming contribution. The date of the Coptic version is unknown, but it certainly is not older than the first half of the fourth century or the last decades of the third century.

Apart from these philological observations, historical evidence for a Greek original can be adduced from the testimony of Irenaeus of Lyon, who in *Adversus Haereses* 1.31.1 attests the existence of a *"Iudae evangelium"* as early as 180 CE. According to Irenaeus, this gospel was read by a certain group of Gnostics who were named "Cainites" by such later church fathers as Pseudo-Tertullian and Epiphanius of Salamis. Even if Irenaeus is not quoting literally from that gospel—in fact, his knowledge seems to come from hearsay—, it is reasonable to argue for a general identity of the two texts. This is not to say that during the long and complex process of textual transmission that we would assume must have taken place—with the production of several copies of the Greek original, the translation into Coptic, and the recopying of the Coptic text—no textual alterations have been introduced by the different Greek and Coptic scribes. But there is certainly no reason to doubt that the new text from Codex Tchacos is a fourth-century Coptic version of the Greek *Gospel of Judas* Irenaeus is mentioning (for the details, cf. the contribution of Wurst in Kasser et al., *The Gospel of Judas*, 121–35).

The present edition of the *Gospel of Judas* attempts to reproduce the transmitted Coptic text as accurately as possible. Thus, the editors have been very careful about introducing emendations and corrections into the printed text—they are mostly discussed in the critical apparatus. The leading English translation is sometimes quite literal, in order to encourage readers to be as independent as possible in their own interpretation of the text.

The difficulties in attaining a proper understanding of the text emerge from the very beginning, since the exact meaning of the incipit is far from clear. The opening of the gospel reads, "The secret word (λόγος) of declaration (ἀπόφασις) by which Jesus spoke (in conversation) with Judas Iscariot, during eight days, three days before he celebrated Passover." While, on the one hand, the "secret word" calls to mind the λόγοι ἀπόκρυφοι of the incipit of the *Gospel of Thomas*, the relative clause—referring back to "word"—does not say that Jesus spoke this "secret word" to Judas, but that he spoke "by means of" or even "in" this λόγος "with" Judas. So the "secret word" may possibly mean a "secret account," in which Jesus spoke with Judas Iscariot. The second problem is the meaning of ἀπόφασις (a term rarely used in Greek or Coptic Gnostic texts) in this context, and the third problem is the complicated issue of references to days in this text.

Leaving aside the exact meaning of ἀπόφασις, which may be translated "declaration," "explanation," or even "revelation"—the title of the well-known Simonian writing Ἀπόφασις μεγάλη is sometimes rendered as the "Great Revelation" (cf. Hippolytus, *Refutatio* VI 9. 11)—, we may observe that the phrase "three days before he celebrated Passover" could be the key to the structure and the composition of the *Gospel of Judas*. To this announcement that Jesus will celebrate Passover corresponds the reference to the "guest room" (κατάλυμα) in the final section [(p. 58,11)]—that is, the place where Jesus wished to eat the Passover meal with his disciples (cf. Mark 14:14; Luke 22:11). It is reasonable to suppose that the text means to chronicle events of the last three—or possibly four—days of Jesus' life, although it is unclear whether the day of Passover itself is counted or not. In fact, we read twice in the

Gospel of Judas that a new scene happens on a new day (cf. pp. 36,11 and 37,20–21).

After the incipit (p. 33,1–6) and a short résumé of the earthly ministry of Jesus (p. 33,6–21), the first scene (or day) takes place in Judea, where Jesus meets the disciples celebrating the "eucharist" over the bread—most likely a Jewish prayer at a meal, as we find it in *Didache* 14. Already in this first scene, Judas is portrayed by the author as the only disciple who knows the true identity of Jesus (pp. 33,22–36,10). On the second day, Jesus dialogues with the disciples about "the great and holy generation" (pp. 36,21–37,20). The third day begins on p. 37,20–21, and the disciples first recount a vision of the Jewish temple cult they had seen the night before (pp. 38,1–39,6). Jesus gives them an allegorical interpretation of their vision (pp. 39,6–40,26), which concludes, after two large lacunae due to the present loss of the lower part of pp. 41–42, with a second discussion on the "great generation" (pp. 43–44,13).

At this point the transmitted text reads, "After Jesus said this, he departed (ⲁϥⲃⲱⲕ)" (p. 44,13–14). In the next line, however, Judas continues to dialogue with Jesus, so that we may find here a very abrupt transition to a new scene or day (cf. the contributions of Uwe-Karsten Plisch and Peter Nagel). Because the text does not explicitly state that the following discussion between Jesus and Judas alone happens on another day, we may well be able to identify a scribal error at this point. If we correct ⲁϥⲃⲱⲕ, "he departed," to ⲁ⟨ⲩ⟩ⲃⲱⲕ, "⟨they⟩ departed"— that is, the disciples as a group, who are the addressees of the authoritative saying of Jesus on p. 44,8–13—the coherence of the text becomes much clearer.

From p. 44,15 through the end of p. 53, there occurs a long section in which Jesus dialogues with Judas alone. First Judas recounts a vision about his own fate and about a heavenly place to which, however, he is not admitted. After the explanation given by Jesus that no human will be able to enter that place, Judas is taught about his own fate—that he will be cursed by the other disciples, but finally he will prevail over them. In this way he is prepared to receive his personal initiation to knowledge. What follows is an original version of Sethian cosmogony and anthropogony that is the core of the text (on the Sethian background of this section, cf. Meyer, in Kasser et al., *The Gospel of Judas*, 137–69).

Due to the increasing damage to the upper portions of the leaves, it is difficult to say whether there is another transition to a new, fourth day on the last pages of the *Gospel of Judas*. It is obvious that there must have been some transition at least to a new scene, because on p. 54,5.16 Jesus no longer talks to Judas alone, but he addresses a group of people once again. This is not necessarily the twelve, but it is clear that at the end the text presupposes a group of people being present: "those standing on the ground" (p. 57,23–24).

In this section Jesus prophesies to Judas that he will "exceed" all the other disciples by "sacrificing the man that bears" Jesus (p. 56,17–21). This is probably to be understood as maintaining that Judas will sacrifice the outer human appearance (the body) that "bears" the inner spiritual self of Jesus. At the end, Judas is characterized as the one to whom "everything has been told" (p. 57,15), that is, as the perfect Gnostic. After what resembles a transfiguration at the end of p. 57, in which Judas seems to obtain a vision of the divine—it is much more probable to take the pronominal subject "he" on p. 57,23 as referring to Judas and not to Jesus— the text states, after a lacuna, that Jesus went into the "guest room (with his disciples?) for his prayer"—that is, most likely, for the last supper. The remaining lines recount the story of the betrayal.

BIBLIOGRAPHY

Kasser, Rodolphe, Marvin Meyer, and Gregor Wurst, eds., with François Gaudard. *The Gospel of Judas*. Washington, D.C.: National Geographic Society, 2006.

Nagel, Peter. "Das Evangelium des Judas," *Zeitschrift für die neutestamentliche Wissenschaft* 98, 2007, Heft 2 (forthcoming).

Plisch, Uwe-Karsten. *Was nicht in der Bibel steht. Apokryphe Schriften des frühen Christentums*. Brennpunkt Bibel; 3. Stuttgart: Deutsche Bibelgesellschaft, 2006, 165–77; Plisch's translation is also to be published in *Zeitschrift für antikes Christentum* (forthcoming).

SIGLA

Bethge	Comments provided by Hans-Gebhard Bethge, Berlin.
Cherix	Online text of a French annotated translation of the *Gospel of Judas* published by Pierre Cherix (dated [24 April 2006]).
Funk	Transcriptions based on older photographic evidence and comments provided by Wolf-Peter Funk, Québec.
Hedrick	Older photographic evidence and preliminary [transcriptions] provided by Charles W. Hedrick, Missouri, U.S.A.
Nagel	cf. above.
Plisch	cf. above.
Turner	Comments provided by John D. Turner, Nebraska, U.S.A.

For textual signs cf. the introduction to the *Letter of Peter to Philip*.

THE GOSPEL
OF JUDAS

ⲗⲅ | 33

ⲡⲗⲟⲅⲟ[ⲥ] ⲉⲧϩⲏⲡ̅ ⲛ̅ⲧⲁⲡⲟⲫⲁ		The secret word of declaration
ⲥⲓⲥ ⲛ̅[ⲧⲁ ⲓ̅ⲏ̅ⲥ̅ ϣⲁϫⲉ ⲙⲛ̅ ⲓ̈ⲟⲩⲇⲁⲥ	2	by which Jesus spoke in conversation with
[ⲡⲓ]ⲥⲕⲁⲣⲓⲱⲧ[ⲏⲥ] ⲛ̅ϩⲏⲧϥ̅ ᵛᵃᶜ ⲛ̅		Judas Iscariot, during
[ϣ]ⲙⲟⲩⲛ ⲛϩⲟⲟⲩ ϩⲁ ⲑⲏ ⲛ̅ϣⲟ	4	eight days, three days
[ⲙ]ⲛⲧ̅ ⲛϩⲟⲟⲩ ⲉⲙⲡⲁⲧⲉϥⲣ̅		before he celebrated
ⲡⲁⲥⲭⲁ ⲛ̅ⲧⲁⲣⲉϥⲟⲩⲱⲛϩ̅ ⲉ	6	Passover. When he appeared
ⲃⲟⲗ ϩⲓϫⲛ̅ ⲡⲕⲁϩ ⲁϥⲉⲓⲣⲉ ⲛ̅ϩⲛ̅		on earth, he performed
ⲙⲁⲓ̈ⲛ ⲙⲛ̅ ϩⲛ̅ⲛⲟϭ ⲛ̅ϣ[ⲡ]ⲏⲣⲉ	8	miracles and great wonders
ⲉⲡⲉⲩⲭⲁⲓ̈ ⲛ̅ⲧⲙ̅ⲛ̅ⲧⲣⲱ[ⲙ]ⲉ :		for the salvation of humanity.
ⲁⲩⲱ ϩ̅ⲟⲓ̈ⲛⲉ ⲙⲉⲛ ⲉⲩ[ⲙⲟⲟ]ϣⲉ	10	And since some [walked]
ϩⲛ̅ ⲧⲉϩⲓⲏ ⲛ̅ⲧⲁⲓ̈ⲕⲁⲓⲟⲥ[ⲩ]ⲛⲏ :		in the way of righteousness
ϩⲛ̅ⲕⲟⲟⲩⲉ ⲉⲩⲙⲟⲟϣⲉ [ϩ]ⲛ̅ ⲧⲉⲩ	12	while others walked in their
ⲡⲁⲣⲁⲃⲁⲥⲓⲥ : ⲁⲩⲙⲟⲩ[ⲧⲉ] ⲇⲉ :		transgression, the twelve
ⲉⲡⲙⲛ̅ⲧⲥⲛⲟⲟⲩⲥ ⲙ̅[ⲙⲁ]ⲑⲏ	14	disciples were called.
ⲧⲏⲥ ⲁϥⲁⲣⲭ[ⲉⲓ] ⲛ̅ϣⲁ[ϫ]ⲉ ⲛⲙ̅		He began to speak with
ⲙⲁⲩ ⲉⲛ̅ⲙⲩⲥⲧⲏⲣⲓ[ⲟ]ⲛ ⲉⲧϩⲓ	16	them about the mysteries
ϫⲛ̅ ⲡⲕⲟⲥⲙⲟⲥ ⲁⲩⲱ ⲛⲉⲧⲛⲁ		beyond the world and what would
ϣⲱⲡⲉ ϣⲁⲃⲟⲗ ⲟⲩⲛⲡⲉ ⲇⲉ	18	take place at the end. But often
[ⲛ̅]ⲥⲟⲡ̅ ⲙⲁϥⲟⲩⲟⲛϩ̅ϥ̅ ⲉⲛⲉϥ		he does not appear to his disciples (as
ⲙⲁⲑⲏⲧⲏⲥ ⲁⲗⲗⲁ ⲛ̅ϩ̅ⲣⲟⲧ >—	20	himself), but you find him
ϣⲁⲕϭ̅ⲉ ⲉⲣⲟϥ ϩⲛ̅ ⲧⲉⲩⲙⲏⲧⲉ		among them … (?).
ⲁⲩⲱ ⲁϥϣⲱⲡⲉ ϩⲛ̅ ϯⲟⲩⲇⲁⲓⲁ	22	And one day he was with
ϣⲁ ⲛⲉϥⲙⲁⲑⲏⲧⲏⲥ ⲛⲟⲩϩ̅ⲟ		his disciples in Judea,
[ⲟ]ⲩ̈ ⲁϩ̅ⲉ ⲉⲣⲟⲟⲩ ⲉⲩϩⲙⲟⲟⲥ	24	and he found them seated
ⲉⲩⲥⲟⲟⲩϩ̅ ⲉⲩⲣ̅ ⲅⲩⲙⲛⲁⲍⲉ		and gathered together practicing
ⲉⲧⲙⲛ̅ⲧⲛⲟⲩⲧⲉ ⲛⲧⲉⲣⲉϥ	26	their piety. When he
ⲧ[ⲱⲙ]ⲧ ⲉⲛⲉϥⲙⲁⲑⲏⲧⲏⲥ >		[approached] his disciples,

1-2   "word" : or, "discourse"; cf. the introduction. The antecedent of "by which" is "word" (or "discourse").

3-4   The exact meaning of "eight days" and the relation to "three days" is unclear.

5-6   We understand ⲣ̅ ⲡⲁⲥⲭⲁ as a translation of the Greek ποιεῖν τὴν πάσχα; cf. ⲣ̅ ⲡⲡⲁⲥⲭⲁ in Matthew 26:18 and Hebrews 11:28. But it is also possible to understand it as a translation of the Greek verb πάσχειν, so that one would have to translate the passage "three days before his passion."

13   ⲁⲩⲙⲟⲩ[ⲧⲉ] : *Nagel* suggests that this may be corrected to read ⲁ⟨ϥ⟩ⲙⲟⲩ[ⲧⲉ], "he called."

20   The meaning of ⲛ̅ϩ̅ⲣⲟⲧ is unclear. It may be a form of B ϩⲣⲟϯ "child," a word that is mostly attested as a plural form, but ϩⲣⲟⲧ (once in B) and ϩⲣⲱⲧ (once in Old Coptic) do also occur (cf. *Crum* 631 a-b). Alternatively, it may be a form of B ϩⲟⲣⲧϥ̅ or ϩⲟⲣⲧ, "apparition, phantom," or even of S ϣⲟⲣⲧ "veil" (*Crum* 588 b). But it may also be a hitherto unknown word; cf. the *Étude dialectale*.

21   ϣⲁⲕϭⲉ : the reading of the 2nd person sing. pronoun is certain under infrared light. *Nagel* suggests that this may be corrected to read ϣⲁ⟨ⲩ⟩ϭⲉ. *Plisch* and *Bethge* suggest that ll. 18-21 be regarded as a secondary gloss.

25-26   "practicing their piety" : that is, "offering a prayer of thanksgiving over the bread" (p. 34,1-2). Alternatively, *Nagel* suggests that this may be translated "disputing issues about God."

ⲗ̅ⲇ̅   34

ⲉⲩⲥⲟⲟⲩ[ϩ] ⲉⲩ[ϩ]ⲙⲟⲟⲥ [ⲉ]ⲩⲣ̅ ⲉⲩⲭⲁ		gathered together and seated and offering a
ⲣⲓⲥⲧⲓ ⲉϫⲛ ⲡⲁⲣⲧⲟⲥ [ⲁϥ]ⲥⲱⲃⲉ	2	prayer of thanksgiving over the bread, [he]
ⲙ̅ⲙⲁⲑⲏⲧⲏ[ⲥ ⲇⲉ] ⲡⲉϫⲁⲩ ⲛⲁϥ [ϫⲉ]		laughed. [And] the disciples said to him,
ⲡⲥⲁ̣ϩ̣ ⲉⲧⲃⲉ ⲟⲩ ⲕⲥⲱⲃⲉ ⲛ̅ⲥⲁ ⲧ[ⲉⲛ]	4	"Master, why are you laughing at [our]
ⲉⲩⲭⲁⲣⲓⲥⲧⲓⲁ ⲏ ⲛ̅ⲧⲁⲛⲣ ⲟⲩ ⲡ[ⲁⲓ]		prayer of thanksgiving? Or what did we
ⲡⲉⲧⲉⲥϣⲉ : [*vac*] ⲁϥⲟⲩⲱϣ̣ϥ̣ ⲡ[ⲉ]	6	do? [This] is what is right (to do)." He
ϫⲁϥ ⲛⲁⲩ ⲉⲉⲓⲥⲱⲃⲉ ⲛ̅ⲥⲱⲧⲛ̅		answered and said to them, "I am not
ⲁⲛ [ⲟⲩ]ⲇⲉ ⲉⲧⲛⲉⲓⲣⲉ ⲙ̅ⲡⲁⲉⲓ ⲁⲛ	8	laughing at you. You are not doing this
ϩ[ⲛ ⲡⲉ]ⲧⲛ̅ⲟⲩⲱϣ ⲁⲗⲗⲁ ϩⲛ̅ ⲡⲁⲓ̈		because of your own will but because it is
ⲉ[ϥⲛⲁϫ]ⲓ ⲥⲙⲟⲩ ⲛ̅ϭⲓ ⲡⲉⲧⲛ̅ⲛⲟⲩ	10	through this that your god [will receive]
ⲧⲉ̣ [: *vac*]*at* ⲡⲉϫⲁⲩ ϫⲉ ⲡⲥⲁ̣ϩ̣ ⲛⲧⲟⲕ'		thanksgiving." They said, "Master, you
.. [..] . ⲡⲉ ⲡϣⲏⲣⲉ ⲙ̅ⲡⲉⲛⲛⲟⲩ	12	[---] are the son of our god."
ⲧⲉ̣ [: *vac*]*at* ⲡⲉϫⲁϥ ⲛⲁⲩ ⲛ̅ϭⲓ ⲓ̅ⲏ̅ⲥ		Jesus said to them,
ϫⲉ ⲉ[ⲧⲉⲧ]ⲛ̅ⲥⲟⲟⲩⲛⲉ ⲙⲙⲟⲉⲓ	14	"In what way do [you] know me?
ϩⲛ̅ ⲟⲩ [ϩ]ⲁⲙⲏⲛ [ϯ]ϫⲱ ⲙⲙⲟⲥ ⲛⲏ		Truly [I] say to you,
ⲧⲛ̅ ϫ[ⲉ] ⲙⲛ ⲗⲁⲟ[ⲩ]ⲉ ⲛ̅ⲅⲉⲛⲉⲁ ⲛⲁ	16	no generation of the people that are among
ⲥⲟⲩⲱⲛⲧ̅ ϩⲛ̅ ⲛ̅ⲣⲱⲙⲉ ⲉⲧⲛ̅ϩⲏⲧ		you will know me."
ⲧⲏⲩⲧⲛ̅ ⲛ̅ⲧⲉⲣⲟⲩⲥⲱⲧⲙ̅ [ⲇ]ⲉ :	18	And when his disciples
ⲉⲡⲁⲓ̈ ⲛ̅ϭⲓ ⲛⲉϥⲙⲁⲑⲏⲧⲏⲥ ⲁ[ⲩ]		heard this, [they]
ⲁⲣⲭⲉⲓ ⲛⲁⲅⲁⲛⲁⲕⲧⲉⲓ : ⲁⲩⲱ ⲉ [±..]	20	started getting angry and infuriated,
ⲟⲣⲅⲏ ⲁⲩⲱ ⲉ̣ϫⲓ ⲟⲩⲁ ⲉⲣⲟϥ ϩⲛ̅		and began blaspheming against him in their
ⲡⲉⲩϩⲏⲧ : ⲓ̅ⲏ̅ⲥ ⲇⲉ ⲛ̅ⲧⲉⲣⲉϥ	22	hearts. And when Jesus observed their lack
ⲛⲁⲩ ⲉⲧⲉⲩⲙⲛⲧ'ⲁⲑⲏⲧ [ⲡⲉϫⲁϥ]		of understanding, [he said]
ⲛⲁⲩ ϫⲉ ⲉⲧⲃⲉ ⲟⲩ ⲁⲡϣ̣ⲧⲟⲣⲧⲣ̅	24	to them, "Why has this agitation
ⲛ̅ ⲡϭⲱⲛⲧ ⲡⲉⲧⲛ̅ⲛⲟⲩⲧⲉ ⲉⲧⲛ̅		led (you) to anger? Your god who
ϩⲛ̅ⲧⲏⲩⲧⲛ̅ ⲁⲩⲱ ⲛ̅[ⲉϥ ± . . .]	26	is within you and [his ---]"

---

5   ⲡ[ⲁⲓ̈] : restored by *Funk*; the French translation of *Cherix* presupposes the same text.

8   ⲉⲧⲛ- : that is, in standard Sahidic, ⲉⲧⲉⲧⲛ-; cf. also pp. 37,26 and 54,6.

10   Literally, "that your god [will be] praised." But the Coptic ϫⲓ ⲥⲙⲟⲩ seems to correspond to ⲣ̅ ⲉⲩⲭⲁⲣⲓⲥⲧⲓ (ll. 1-2) and ⲉⲩⲭⲁⲣⲓⲥⲧⲓⲁ (l. 5) and may thus be interpreted as the equivalent of Greek εὐχαριστεῖν; cf. Luke 22:19; 24:30; 1 Corinthians 11:24.

12   The ink traces at the beginning of the line are too faint to be read with any certainty. *Funk* suggests ⲟⲩ[ⲛ ⲁ]ⲏ: "so you are not the son of our god?" *Bethge* and *Nagel* suggest [ⲡϫⲟⲓ̈ⲥ], "You, [O Lord], you are the son of our god," or, "You are [the Lord], the son of our god."

20   At the end restore ⲉ[ϫⲓ-] or ⲉ[ϯ-] or ⲉ[ⲣ̅]ⲟⲣⲅⲏ, certainly a translation of Greek ὀργίζειν.

23   ⲙⲛⲧ'ⲁⲑⲏⲧ : very faint.

24   ⲡϣ : very faint.

26   Perhaps ⲛ[ⲉϥϭⲟⲙ], "[his powers]," or ⲛ[ⲉϥϩⲁⲗⲟⲩ], "[his lackeys]" or the like.

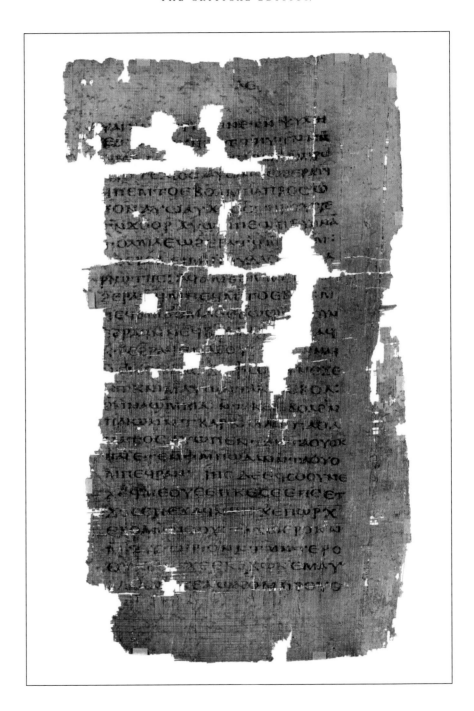

ⲀⲨⲄⲀⲚ[ⲀⲔ]ⲦⲒ ⲘⲚ ⲚⲈⲦⲚⲯⲨⲬⲎ		have become angry together with your
ⲠⲈⲦ[Ⲧ]Ⲁ[ⲬⲢ]ⲎⲨ Ⲛ̄Ⲟ̄[Ⲏ]ⲦⲦⲎⲨⲦⲚ̄ Ⲛ̄Ⲡ	2	souls. [Let] any one of you who is
ⲢⲰⲘⲈ ᵛᵃᶜ ⲘⲀ[ⲢⲈⲨⲢ] ⲠⲀⲢⲀⲄⲈ Ⲙ̄ⲠⲢⲰ		[strong enough] among human beings
[ⲘⲈ] ⲚⲦⲈⲖⲒⲞⲤ ⲀⲨⲰ Ⲛ̄ⲨⲰϨⲈⲢⲀⲦϤ̄	4	bring out the perfect human and stand
Ⲙ̄ⲠⲈⲚ̄ⲦⲞ ⲈⲂⲞⲖ Ⲙ̄ⲠⲀⲠⲢⲞⲤⲰ		before my face."
ⲠⲞⲚ ⲀⲨⲰ ⲀⲨⲬⲞⲞⲤ ⲦⲎⲢⲞⲨ ⲬⲈ	6	And they all said, "We have the strength."
ⲦⲚ̄ϪⲞⲞⲢ ⲀⲨⲰ Ⲙ̄ⲠⲈⲰ ⲠⲈⲨⲠⲚ̄Ⲁ̄		But their spirits could not
ⲦⲞⲖⲘⲀ ⲈⲰⲞϨⲈⲢⲀⲦϤ̄ Ⲙ̄ⲠⲈⲨϨ̄ :	8	find the courage to stand
ⲦⲞ ⲈⲂⲞⲖ ⲈⲒⲘⲎ Ⲓ̈ⲞⲨⲆⲀⲤ [ⲠⲒⲤ]ⲔⲀ		before [him], except for Judas Iscariot.
ⲢⲒⲰⲦⲎⲤ : ⲀϤϬⲚ ϬⲞⲘ ⲘⲈⲚ [Ⲉ]ⲱ	10	He was able to stand
ϨⲈⲢⲀⲦϤ̄ Ⲙ̄ⲠⲈϤⲘ̄ⲦⲞ ⲈⲂ[ⲞⲖ] : Ⲛ̄		before him,
ⲠⲈϤϬⲚ ϬⲞⲘ ⲆⲈ ⲈϬⲰⱲⲦ̄ [ⲈϨ]Ⲟ̄ⲨⲚ	12	but he could not look him
ⲈϨ̄ⲢⲀϤ Ⲛ̄ⲚⲈϤⲂⲀⲖ : ⲀⲖ[ⲖⲀ Ⲛ̄]ⲦⲀϤ		in the eyes, and he
ⲔⲦⲈ Ϩ̄ⲢⲀϤ ⲈⲠⲀϨ̄ⲞⲨ : [ⲠⲈⲬⲀ]Ϥ ⲚⲀϤ	14	turned his face away. Judas
Ⲛ̄ϬⲒ Ⲓ̈ⲞⲨⲆⲀⲤ ⲬⲈ ϮⲤⲞ[Ⲟ]ⲨⲚⲈ ⲬⲈ		[said] to him, "I know
Ⲛ̄ⲦⲔ ⲚⲒⲘ ⲀⲨⲰ Ⲛ̄ⲦⲀⲔ[Ⲉ]Ⲓ̈ ⲈⲂⲞⲖ :	16	who you are and where you have come
ϨⲚ ⲀⱲ Ⲛ̄ⲚⲀ : Ⲛ̄ⲦⲀⲔⲈⲒ ⲈⲂⲞⲖ ϨⲚ̄		from. You have come from
ⲠⲀⲒⲰⲚ Ⲛ̄ⲦⲂⲀⲢⲂⲎⲖⲰ ⲠⲀⲐⲀ	18	the immortal aeon of Barbelo.
ⲚⲀⲦⲞⲤ ⲀⲨⲰ ⲠⲈⲚⲦⲀϤⲦⲀⲞⲨⲞⲔ		And I am not worthy to utter the name of
ⲠⲀⲒ̈ ⲈⲦⲈ Ⲛ̄ϮⲘ̄ⲠⱲⲀ ⲀⲚ Ⲛ̄ⲦⲀⲞⲨⲞ	20	the one who has sent you."
Ⲙ̄ⲠⲈϤⲢⲀⲚ · ᵛᵃᶜ Ⲓ̄Ⲏ̄Ⲥ̄ ⲆⲈ ⲈϤⲤⲞⲞⲨⲚⲈ		And knowing
ⲬⲈ ϤⲘⲈⲞⲨⲈ ⲈⲠⲔⲈⲤⲈⲈⲠⲈ ⲈⲦ	22	that Judas was reflecting upon something
ⲬⲞⲤⲈ ⲠⲈⲬⲀϤ ⲚⲀϤ : ⲬⲈ ⲠⲰⲢⲬ̄		that was exalted, Jesus said to him, "Step
ⲈⲂⲞⲖ Ⲙ̄ⲘⲞⲟⲨ : ⲦⲀϬⲰ ⲈⲢⲞⲔ Ⲛ̄	24	away from the others and I shall tell you
Ⲛ̄ⲘⲨⲤⲦⲎⲢⲒⲞⲚ Ⲛ̄ⲦⲘ̄Ⲛ̄ⲦⲈⲢⲞ		the mysteries of the kingdom,
ⲞⲨⲬ ϨⲒⲚⲀ ⲬⲈ ⲈⲔⲈⲂⲰⲔ ⲈⲘⲀⲨ	26	not so that you will go there,
ⲀⲖⲖⲀ ⲬⲈ ⲈⲔⲈⲀⱲ ⲀϨ̄ⲞⲘ Ⲛ̄ϨⲞⲨⲞ		but you will grieve a great deal.

---

1   ⲚⲎ : the ink traces of the first letter do not seem to allow the reading ϨⲚ.

19-20 We understand ⲠⲈⲚⲦⲀϤⲦⲀⲞⲨⲞⲔ ⲠⲀⲒ̈ ⲈⲦⲈ- … to be a cleft sentence without ⲠⲈ; cf. below, p. 40,23-24. Thus, these lines may be translated, literally, "And it is the one who has sent you whose name I am not worthy to utter."

26   ⲞⲨⲬ ϨⲒⲚⲀ : even if this construction seems thus far to be unattested in Coptic, the proposed reading fits best with the ink traces.

Ⲝⲋ   36

ⲭⲉ ⲟⲩ̄ ⲕⲁⲓⲟⲩ[ⲁ] ⲅⲁⲣ [ⲛ]ⲁϣⲱⲡⲉ		For someone else will replace you,
ⲉⲡⲉⲕⲙⲁ ϩ̄ⲓⲛⲁ ⲭⲉ ⲉ[ⲣⲉ ⲡⲙ̄ⲧ̄	2	in order that the twelve [disciples]
ⲥⲛⲟⲟⲩⲥ ⲛ̄ⲥ[ⲃⲟⲩ̈ⲓ] ⲟⲛ ⲉⲩⲉ		may again come to completion
ⲭⲱⲕ̀ ⲉⲃⲟⲗ ϩ̄ⲛ ⲡⲉⲩⲛⲟⲩⲧⲉ [:]	4	with their god."
ⲁⲩⲱ ⲡⲉⲭⲁϥ ⲛⲁϥ ⲛ̄ϭⲓ ⲓ̅ⲟ̅ⲩ̅ⲇ̅ⲁ̅ⲥ̅		And Judas said to him,
ⲭⲉ ⲉⲕⲁⲭⲉ ⲛⲁⲓ̈ ⲉⲣⲟⲓ̈ ⲛⲁϣ ⲛ̄	6	"When will you tell me these things,
ϩ̄ⲟⲟⲩ ⲁⲩⲱ ⲛϥϣⲁⲉ ⲛ̄ϭⲓ ⲡⲛⲟ[ϭ		and (when) will the great
ⲛ̄ϩ[ⲟⲟ]ⲩ ⲙ̄ⲡⲟⲩⲟⲓ̈ⲛ ⲛ̄ⲧⲅⲉⲛⲉ	8	day of light dawn for the [---] generation?"
ⲁ [. .] . . . : ⲛⲁ̣ⲓ̈ ⲇⲉ ⲛ̄ⲧⲉⲣⲉϥ		But when he
ⲭⲟ[ⲟ]ⲩ ⲁϥⲗⲟ ϩⲁⲧⲛϥ ⲛ̄ϭⲓ ⲓ̅ⲏ̅ⲥ̅	10	said this, Jesus left him.
ϣⲱ[ⲣ]ⲡ̀ ⲇⲉ ⲛ̄ⲧⲉⲣⲉϥϣⲱⲡⲉ		Now, the next morning, after this
ⲁϥ[ⲟⲩⲱ]ⲛ̄ϩ ⲉⲃⲟⲗ ⲛ̄ⲡⲉϥⲙⲁⲑⲏ	12	happened, he [appeared] to his disciples
ⲧⲏⲥ̣ [: ⲁⲩ]ⲱ ⲡⲉⲭⲁⲩ ⲛⲁϥ ⲭⲉ ⲡⲥⲁ[ϩ		(again). And they said to him, "Master,
ⲛ̄ⲧⲁ[ⲕⲃ]ⲱⲕ ⲉⲧⲱ̄ⲛ ⲉⲕⲣ ⲟⲩ ⲉ	14	where did [you] go and what did you do
ⲁⲕⲗⲟ ϩ[ⲁ]ⲣⲟⲛ : ⲡⲉⲭⲁϥ ⲛⲁⲩ ⲛ̄ϭ[ⲓ		when you left us?" Jesus said to them,
ⲓ̅ⲏ̅ⲥ̅ ⲭⲉ ⲛ̄ⲧⲁⲉⲓⲃⲱⲕ ϣⲁ ⲕⲁⲓⲛⲟϭ	16	"I went to another great
ⲛ̄ⲅⲉⲛⲉⲁ ⲉⲥⲟⲩⲁⲁⲃ : ⲡⲉⲭⲁⲩ		and holy generation."
ⲛⲁϥ ⲛ̄ϭⲓ ⲛⲉϥⲙⲁⲑⲏⲧⲏⲥ ⲭⲉ :	18	His disciples said to him,
ⲡⲭⲟⲓ̈ⲥ ⲁϣ ⲧⲉ ⲧⲛⲟϭ ⲛ̄ⲅⲉⲛⲉⲁ		"Lord, what is the great generation
ⲉⲧⲭⲟⲥⲉ ⲉⲣⲟⲛ ⲁⲩⲱ ⲉⲧⲟⲩⲁⲁⲃ	20	that is superior to us and holy,
ⲉⲛⲥ̄ϩ̄ⲛ ⲛⲉⲓ̈ⲁⲓⲱⲛ ⲁⲛ : ⲧⲉⲛⲟⲩ		that is not now in these aeons?"
ⲁⲩⲱ ⲛ̄ⲧⲉⲣⲉϥⲥⲱⲧⲙ ⲉⲛⲁⲓ̈ ⲛ̄ϭⲓ	22	And when Jesus heard this,
ⲓ̅ⲏ̅ⲥ̅ ⲁϥⲥⲱⲃⲉ : ⲡⲉⲭⲁϥ ⲛⲁⲩ ⲭⲉ		he laughed. He said to them,
ⲁϩⲣⲱⲧ̄ⲛ ⲧⲉⲧⲛ̄ⲙⲉⲟⲩⲉ ϩ̄ⲛ ⲡⲉ	24	"Why are you thinking in
ⲧⲛ̄ϩⲏⲧ ⲉⲧⲃⲉ ⲧⲅⲉⲛⲉⲁ ⲉⲧ		your hearts about the strong
ⲭⲟⲟⲣ ⲁⲩⲱ ⲉⲧⲟⲩⲁⲁⲃ >>>>	26	and holy generation?

---

9   The ink traces are very uncertain. We expect a relative complement to ⲅⲉⲛⲉⲁ, but the traces do not seem to fit
with ⲉⲧⲭⲟⲟⲣ or ⲉⲧⲟⲩⲁⲁⲃ from ll. 25-26.

ⲗ̄ⲍ · 37

[ϩ]ⲁⲙⲏⲛ [†]ϫⲱ[ⲱ] ⲙⲙⲟⲥ ⲛⲏⲧⲛ̄ ϫⲉ — Truly [I] say to you,
[ⲭ]ⲡⲟ ⲛⲓⲙ [ⲛ̄ⲧⲉ ⲡ]ⲉⲉⲓⲁⲓⲱⲛ ⲛ̄ⲥⲉ 2 — no one born [of] this aeon
ⲛⲁⲛⲁⲩ ⲁ[ⲛ ⲉⲧⲅⲉⲛⲉⲁ] ⲉⲧⲙ̄ⲙⲁⲩ — will see that [generation],
[ⲟ]ⲩⲇⲉ ⲙⲛ ⲗⲁⲟⲩⲉ ⲛ̄ⲥⲧⲣⲁⲧⲓⲁ ⲛⲁⲅ 4 — and no host of angels
ⲅⲉⲗⲟⲥ ⲛ̄ⲛⲥⲓⲟⲩ ⲛⲁⲣ̄ ⲉⲣⲟ ⲉϫⲛ̄ ⲧⲅⲉ — of the stars will rule over
ⲛⲉⲁ ⲉⲧⲙ̄ⲙⲁⲩ : ⲟⲩⲇⲉ ⲙⲛ ⲗⲁⲟⲩⲉ 6 — that generation, and no
ⲛ̄ϫⲡⲟ ⲛ̄ⲣⲱⲙⲉ ⲛ̄ⲑⲛⲏⲧⲟⲥ ⲛⲁϣ — person of mortal birth will be able
ⲉⲓ ⲛⲙ̄ⲙⲁⲥ ᵛᵃᶜ ϫⲉ [ⲧⲅ]ⲉⲛⲉⲁ[ⲉⲧ]ⲙⲙⲁⲩ 8 — to associate with it, because
ⲛⲟⲩⲉⲃⲟⲗ ⲁ̣ⲛ [. . .] . . [. . . . .ⲧ]ⲉ ⲛ̄ — that generation is not from [---] that
ⲧⲁϥϣⲱⲡⲉ ⲁ[ⲗⲗⲁ . .] ⲥ . [. . ⲧⲅⲉ] 10 — has come into being, [but --- the]
ⲛⲉⲁ ⲛ̄ⲛⲣⲱⲛ[ⲉ ⲉⲧ]ⲛ̣ϩⲏⲧ[ⲧⲏⲩⲧⲛ̄] — generation of people among [you]
ⲟⲩⲉⲃⲟⲗ ϩ̄ⲛ ⲧ[ⲅⲉ]ⲛ̣ⲉⲁ ⲛ̄[ⲧⲙⲛ̄ⲧ] 12 — is from the generation of
ⲣⲱⲙⲉ ⲧⲉ : ⲉ . [   ] — humanity [---]
. . . . ϭⲟⲙ ⲉⲧ [   ] 14 — [---] power, which [---]
ⲟⲩⲉ ⲛ̄ⲇⲩⲛⲁⲙ[ⲓⲥ   ] — powers [---]
ⲉⲧⲉⲧⲛ̄ⲟ ⲛ̄ⲣⲣⲟ ϩⲣ[ⲁⲉⲓ] ⲛ̄[ϩⲏⲧⲟⲩ] 16 — [by] which you rule."
ⲛ̄ⲧⲉⲣⲟⲩⲥⲱⲧⲙ̄ ⲉⲛⲁⲓ̈ ⲛ̄ϭⲓ ⲛ̄[ⲉϥ] — When [his] disciples heard this,
ⲙⲁⲑⲏⲧⲏⲥ ⲁⲩϣⲧⲟⲣⲧⲣ̄ ϩⲛ ⲡⲉⲩ] 18 — they each were troubled in [their]
ⲡ̄ⲛ̄ⲁ ⲟⲩⲁ ⲟⲩⲁ ⲙ̄ⲡⲟⲩϭⲛ ⲉ[ⲩⲛⲁ] — spirit. They did not find
ϫⲟⲟⲥ ϫⲉ ⲟⲩ : ⲁϥⲉⲓ ϣⲁⲣⲟ[ⲟⲩ ⲛ̄] 20 — a word to say. Another day Jesus
ⲕⲁⲓϩⲟⲟⲩ ⲛ̄ϭⲓ ⲓ̄ⲏ̄ⲥ̄ ⲡⲉϫⲁⲩ ⲛ̄[ⲁϥ ϫⲉ] — came up to [them]. They said to [him],
ⲡⲥⲁ̄ϩ ⲁⲛⲛⲁⲩ ⲉⲣⲟⲕ` ϩⲛ̄ ⲟⲩ[ⲛⲁⲩ] 22 — "Master, we have seen you in a [vision],
ⲁⲛⲛⲁⲩ ⲅⲁⲣ ⲉ ϩ̄ⲛ̄ⲛⲟϭ ⲛ̄ⲣⲁ[ⲥⲟⲩ] — for we have had great [dreams]
[ⲛ̄ⲧⲉⲉⲓ]ⲟⲩϣⲏ ⲛ̄ⲧⲁⲟⲩⲉⲓⲛ[ⲉ : >>] 24 — [during this] night that has passed."
[ⲡⲉϫⲁϥ ϫ]ⲉ ⲉⲧⲃⲉ ⲟⲩ ⲛ̄ⲧⲁ[ⲧⲉⲧⲛ̄-] — [He said], "Why have [you]
[. . . . . . .] ⲁⲧⲛ̄ϩⲁⲡ` ⲧⲏⲩⲧ[ⲛ̄ >>] 26 — [--- and] have gone into hiding?"

---

19   ⲉ[ⲩⲛⲁ] : restored by *Funk*.
24   ⲛ̄ⲧⲁⲟⲩⲉⲓⲛ[ⲉ : that is, in standard Sahidic, ⲛ̄ⲧⲁⲥⲟⲩⲉⲓⲛ[ⲉ; cf. above, the note to p. 4,24.
26   ⲁⲧⲛ̄- : that is, in standard Sahidic, ⲁⲧⲉⲧⲛ̄-; cf. the notes to pp. 34,8 and 54,6.

ⲛ̅ⲧⲟⲟⲩ ⲇⲉ ⲡ[ⲉⲭⲁ]ⲩ [ⲭⲉ ⲁⲛ]ⲛⲁ[ⲩ]		And they [said, "We have] seen
ⲉⲩⲛⲟϭ ⲛⲏ[ⲓ̈] ⲉ[ⲣⲉ ⲟⲩ]ⲟϭ ⲛⲟⲩ[ⲥⲓ]	2	a great house [with a] large altar
ⲁⲥⲧⲏⲣ[ⲓⲟⲛ ⲛ̅]ϩⲏⲧϥ̅ ⲁⲩⲱ ⲙⲛⲧ[ⲥ]		[in it, and] twelve
ⲛⲟⲟⲩⲥ ⲛ̅ⲣⲱⲙⲉ ⲉⲛⲭⲱ ⲙ̅ⲙⲟ[ⲥ]	4	men—they are the priests, we would say;
ⲭⲉ ⲛ̅ⲟⲩⲏⲏⲃ ⲛⲉ : ⲁⲩⲱ ⲟⲩⲣⲁⲛ ⟨---⟩		and a name ⟨---⟩;
ⲟⲩⲛ ⲟⲩⲙⲏⲏϣⲉ ⲇⲉ ⲡⲣⲟⲥⲕⲁⲣ	6	and a crowd of people
ⲧⲉⲣⲉⲓ {ⲉⲡⲉⲑⲩⲥⲓⲁⲥⲧⲏⲣⲓ} ⲉⲡⲉ		is waiting at
ⲑⲩ[ⲥⲓⲁ]ⲥⲧⲏ[ⲣⲓ]ⲟⲛ ⲉⲧⲙ̅ⲙⲁⲩ >>>>	8	that altar,
ϣ[ⲁⲛⲧⲟⲩⲭⲱⲕ ⲉⲃ]ⲟⲗ ⲛ̅ϭⲓ ⲛ̅ⲟⲩⲏⲏⲃ		[until] the priests [finished]
[ⲛ̅ⲥⲉⲭⲓ ⲉϩⲟⲩⲛ ⲛ̅]ⲛ̅ϣⲙ̅ϣⲉ ⲁⲛⲟⲛ	10	[presenting] the offerings. We
[ⲟⲛ ⲛⲉ]ⲛⲡⲣⲟ[ⲥⲕⲁ]ⲣⲧⲉⲣⲓ ⲡⲉ >>>		[also] kept waiting."
[ⲡⲉⲭⲁ]ϥ ⲛ̅ϭⲓ ⲓ̈[ⲏ̅ⲥ] ⲭⲉ ϩⲛⲁϣ ⲛ̅ⲙⲓ	12	[Jesus said], "What
[ⲛⲉ ⲛⲉ ± . . . . . .] ⲛ̅ⲧⲟⲟⲩ ⲇⲉ		are [---] like?" And they
[ⲡⲉⲭⲁⲩ ⲭⲉ ϩⲟⲉⲓ]ⲛⲉ ⲙⲉⲛ ⲉⲩ	14	[said, "Some
[± . . . . ⲛ̅ϩⲉ]ⲃⲇⲟⲙⲁⲥ ⲥⲛ̅ⲧⲉ		[--- for] two weeks;
[ϩⲛ̅ⲕⲟⲟⲩⲉ] ⲇⲉ ⲉⲩⲣ̅ ⲑⲩⲥⲓⲁⲥⲉ ⲛ̅	16	[others] sacrifice
[ⲛⲉ]ⲩϣⲏⲣⲉ ⲙ̅ⲙⲓⲛ ⲙ̅ⲙⲟⲟⲩ : ϩⲛ̅		their own children,
[ⲕⲟ]ⲟⲩⲉ ⲛ̅ⲛⲉⲩϩⲓⲟⲙⲉ ⲉⲩⲥⲙⲟⲩ	18	others their wives, in praise
[ⲁⲩ]ⲱ ⲉⲩⲑ̅ⲃⲃⲓⲏⲩ ⲛ̅ⲛⲉⲩⲉⲣⲏⲩ >>		[and] in humility with each other;
[ϩⲛ̅]ⲕⲟⲟⲩⲉ ⲉⲩⲛ̅ⲕⲟⲧⲕⲉ ⲙⲛ̅ ⲛ̅ϩⲟ	20	others sleep with men;
[ⲟⲩ]ⲧ : ϩⲛ̅ⲕⲟⲟⲩⲉ ⲉⲩⲣ̅ ϩⲱⲃ ⲉϥⲱ		others are involved in slaugh[ter];
[ⲧ̅ⲃ] ᵛᵃᶜ ϩⲛ̅ⲕⲉⲕⲟⲟⲩⲉ ⲉⲩⲉⲓⲣⲉ ⲛⲟⲩ	22	still others commit a multitude of sins and
[ⲙⲏ]ⲛϣⲉ ⲛ̅ⲛⲟⲃⲉ ϩⲓ ⲁⲛⲟⲙⲓⲁ >>		deeds of lawlessness.
[ⲁⲩ]ⲱ ⲛ̅ⲣⲱⲙⲉ ⲉⲧⲱϩⲉⲣ[ⲁⲧⲟⲩ]	24	[And] the men who stand
[ⲉⲭ]ⲛ̅ ⲡⲉⲑⲩⲥⲓⲁⲥⲧⲏⲣⲓⲟ[ⲛ ⲉⲩⲣ̅]		[before] the altar
[ⲉ]ⲡⲓⲕⲁⲗⲉⲓ ⲉⲡⲉⲕⲣ[ⲁⲛ >>>]	26	invoke your [name].

---

5   As *Funk* suggests, it is possible that ⲁⲩⲱ ⲟⲩⲣⲁⲛ is the beginning of a new sentence, so that something has been omitted by the scribe, e.g., "and a name ⟨was invoked by / was written on … ⟩," or the like; cf. l. 26 and p. 39, 10-13.

10   For the proposed restoration, cf. p. 39,19.

11   [ⲟⲛ …] : restored by *Nagel*.

13   Restore to read either [… ⲛ̅ⲟⲩⲏⲏⲃ], referring to the "priests" in l. 9, as suggested in the preliminary online text, or [… ⲡⲙⲏⲏϣⲉ] or [… ⲛⲣⲱⲙⲉ], referring to the "crowd of people" in l. 6, as *Nagel* suggests.

15   Probably restore to read [ⲛⲛⲏⲥⲧⲉⲩⲉ ⲛ̅ϩⲉ]ⲃⲇⲟⲙⲁⲥ, "[abstain for]"; cf. p. 40,12-13.

20   ⲛ̅ⲕⲟⲧⲕⲉ, variant spelling for ⲛ̅ⲕⲟⲧⲕ̅; cf. p. 40,11.

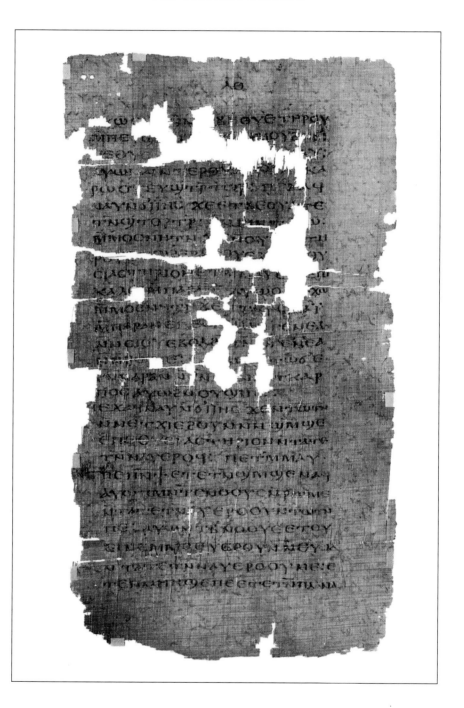

ⲁⲩⲱ ⲉⲩ[ϩ]ⲛ̄ ⲛ[ⲉ]ϩⲃⲏⲟⲩⲉ ⲧⲏⲣⲟⲩ	And while they are involved in all the
ⲙ̄ⲡⲉⲩϣⲱⲱⲧ [ⲉ]ϣ[ⲁ]ϥⲙⲟⲩϩ̄ ⲛ̄ϭⲓ 2	deeds of their sacrifice,
ⲡⲉⲑⲩⲥ ^{vac} [ⲓⲁⲥⲧⲏⲣⲓⲟⲛ ⲉⲧ]ⲙ̄ⲙⲁⲩ :	that [altar] is filled."
ⲁⲩⲱ ⲛⲁⲓ̈ ⲛ̄ⲧⲉⲣⲟⲩϫⲟⲟⲩ ⲁ[ⲩ]ⲕⲁ 4	And after they said this, they were quiet,
ⲣⲱⲟⲩ ⲉⲩϣⲧⲣ̄ⲧⲱⲣ : ⲡⲉϫⲁϥ	for they were troubled. Jesus
ⲛⲁⲩ ⲛ̄ϭⲓ ⲓ︤ⲥ︥ ϫⲉ ⲉⲧⲃⲉ ⲟⲩ ⲁⲧⲉ 6	said to them, "Why are you
ⲧⲛ̄ϣⲧⲟⲣⲧⲣ̄ : ϩⲁ̄ⲙⲏⲛ ϯϫⲱ :	troubled? Truly I say
ⲙ̄ⲙⲟⲥ ⲛⲏⲧⲛ̄ ϫⲉ ⲛ̄ⲟⲩⲏ[ⲏⲃ] ⲧⲏ 8	to you, all the priests
ⲣⲟⲩ ⲉⲧⲱϩ̄ⲉⲣⲁⲧⲟⲩ ⲉϫⲛ̄ ⲡⲉ]ⲑⲩ	who stand before
ⲥⲓⲁⲥⲧⲏⲣⲓⲟⲛ ⲉⲧⲙⲙⲁⲩ ⲉ[ⲩⲣ̄] ⲉⲡⲓ 10	that altar
ⲕⲁⲗⲉ[ⲓ] ⲙ̄ⲡⲁⲣⲁⲛ : ⲁⲩⲱ ⲟ[ⲛ] ϯϫⲱ	invoke my name. And again I say
ⲙ̄ⲙⲟⲥ ⲛⲏⲧⲛ̄ ϫⲉ ⲛ̄ⲧⲁⲩⲥ[ϩ]ⲁⲓ̈ 12	to you, my name has been
ⲙ̄ⲡⲁⲣⲁⲛ ⲉⲡⲉ . . . . ⲓ̈ ⲛ̄ⲛⲅⲉⲛⲉⲁ	written on [---] of the
ⲛ̄ⲛⲥⲓⲟⲩ ⲉⲃⲟⲗ ϩ[ⲓ]ⲧⲛ̄ ⲛⲅⲉⲛⲉⲁ 14	generations of the stars by the
ⲛ̄ⲛⲣⲱⲙⲉ : ^{vac} [ⲁⲩ]ⲱ [ⲁ]ⲩⲧⲱϭⲉ	human generations. [And] they have
ϩⲛ̄ ⲡⲁⲣⲁⲛ ⲛ̄ϩⲛ̄ϣ[ⲏ]ⲛ ⲛⲁⲧⲕⲁⲣ 16	planted trees without fruit, in my name,
ⲡⲟⲥ ⲁⲩⲱ ϩⲛ̄ ⲟⲩϣⲓⲡⲉ :	in a shameful manner."
ⲡⲉϫⲁϥ ⲛⲁⲩ ⲛ̄ϭⲓ ⲓ︤ⲥ︥ ϫⲉ ⲛ̄ⲧⲱⲧⲛ̄ 18	Jesus said to them, "It is you
ⲛ̄ⲛⲉⲧϫⲓ ⲉϩⲟⲩⲛ ⲛ̄ⲛ̄ϣⲙ̄ϣⲉ	who are presenting the offerings
ⲉⲡⲉⲑⲩⲥⲓⲁⲥⲧⲏⲣⲓⲟⲛ ⲛ̄ⲧⲁⲧⲉ 20	on the altar you have seen.
ⲧⲛ̄ⲛⲁⲩ ⲉⲣⲟϥ : ^{vac} ⲡⲉⲧⲙ̄ⲙⲁⲩ :	That one
ⲡⲉ ⲡⲛ̄ⲧ ⲉⲧⲉⲧⲛ̄ϣⲙ̄ϣⲉ ⲛⲁϥ 22	is the god you serve,
ⲁⲩⲱ ⲡⲙⲛ̄ⲧⲥⲛⲟⲟⲩⲥ̄ ⲛ̄ⲣⲱⲙⲉ	and you are
ⲛ̄ⲧⲁⲧⲉⲧⲛ̄ⲁⲩ ⲉⲣⲟⲟⲩ ⲛ̄ⲧⲱⲧⲛ̄ 24	the twelve men you have seen.
ⲡⲉ : ⲁⲩⲱ ⲛ̄ⲧⲃ̄ⲛⲟⲟⲩⲉ ⲉⲧⲟⲩ	And the cattle that
ⲉⲓⲛⲉ ⲙ̄ⲙⲟⲟⲩ ⲉϩⲟⲩⲛ ⲛ̄ⲑⲩⲥⲓⲁ 26	are brought in are the sacrifices
ⲛ̄ⲧⲁⲧⲉⲧⲛ̄ⲛⲁⲩ ⲉⲣⲟⲟⲩ ⲛⲉ : ⲉ	you have seen—
ⲧⲉ ⲡⲙⲏⲏϣⲉ ⲡⲉ ⲉⲧⲉⲧⲛ̄ⲡⲗⲁⲛⲁ 28	that is, the many people you lead astray

---

2   ϣⲱⲱⲧ may also be understood as "deficiency."

2–3   Reading and restoration proposed by *Cherix*. In l. 2, the reading [ⲉ]ϣ[ⲁ]ϥ- is more likely than [ⲉ]ϣ[ⲁ]ⲩ-.

13   ⲉⲡⲉ . . . . ⲓ̈ : the first uncertain letter is ⲉ or ⲥ, the second may be ⲓ; a reading ⲉⲡⲉⲥϩⲁⲓ̈ (that is, ⲉⲡⲉⲓ̈ⲥϩⲁⲓ̈, "on this writing," with an inversion of ⲓ and ⲥ) would be possible, but it is too hypothetical to be included in the restored text.

19   ⲛ̄ⲛⲉⲧϫⲓ : variant spelling for ⲛⲉⲧϫⲓ.

24   ⲛ̄ⲧⲁⲧⲉⲧⲛ̄ⲁⲩ : variant spelling for ⲛ̄ⲧⲁⲧⲉⲧⲛ̄ⲛⲁⲩ.

ⲙ̄   40

ⲙ̄ⲙⲟϥ ⲉⲝⲛ̄ ⲡ[ⲉ]ⲑⲩ[ⲥⲓ]ⲁⲥⲧⲏⲣⲓ		before that altar.
ⲟⲛ ⲉⲧⲏ[ⲙⲁ]ⲩ̣ [ϥⲛⲁ[ⲱ]ϩⲉⲣⲁⲧϥ̄		[The ---]
ⲛ̄ϭ[ⲓ ⲡ ± . . . .] ⲡⲟⲥ ⲁⲩⲱ		will stand up and
ⲑ̣[ⲉ] ⲧⲉ ⲧⲁⲉⲓ ⲉⲧ ϥⲛⲁⲣ ⲭⲣⲁⲥⲑⲁⲓ	4	make use of my name in this way,
ⲙ̄ⲡⲁⲣⲁⲛ ᵛᵃᶜ ⲁⲩⲱ ⲥⲉⲛⲁⲣ ⲡⲣⲟⲥ		and <the> generations of the pious
ⲕⲁⲣⲧⲉⲣⲉⲓ ⲉⲣⲟϥ ⲛ̄ϭⲓ ⟨ⲛ̄⟩ⲅⲉⲛⲉⲁ >	6	will be loyal to him.
ⲛ̄[ⲛ̄]ⲉⲩⲥⲉⲃⲏⲥ : ⲙⲛ̄ⲛ̄ⲥⲁ ⲡⲁⲓ >		After him
ⲟⲩ[ⲛ] ⲕⲁⲓⲣⲱⲙⲉ ⲛⲁⲡⲁⲣⲓⲥⲧⲁ ⲛ̄	8	another man will stand up from
ⲛ[. . . ⲡ]ⲟ̣[ⲣ]ⲛ̣ⲉ̣[ⲩⲉ :] ⲁⲩⲱ ⲕⲁⲓⲟⲩⲁ		the [fornicators], and another
ϥ[ⲛⲁ]ⲡⲁⲣ̄ⲓⲥⲧⲁ ⲛ̄ⲡⲣⲉϥϩⲁⲧⲃ	10	[will] stand up from the slayers of
ϣ[ⲏⲣ]ⲉ̣ ⲕⲁⲓⲟⲩⲁ ⲇⲉ ⲛ̄ⲛⲣⲉϥⲛ̄ⲕⲟ		children, and another from those
ⲕⲧⲉ ⲙⲛ̄ ϩⲟⲟ[ⲩⲧ] : ⲙⲛ̄ ⲛⲉⲧⲛ̄ⲛ	12	who sleep with men and those who
ⲥⲧⲉⲩ[ⲉ] : ⲁ[ⲩ]ⲱ ⲡⲕⲉⲥⲉⲡⲉ ⲛⲁ		abstain, and the rest of the people of
ⲕⲁⲑⲁⲣ[ⲥⲓ]ⲁ ϩ[ⲓ] ⲁⲛⲟⲙⲓⲁ : ϩⲓ ⲡⲗⲁ	14	pollution and lawlessness and error,
ⲛⲏ : ⲁⲩⲱ ⲛ̄[ⲉ]ⲧϫⲱ ⲙ̄ⲙⲟⲥ ϫⲉ		and those who say,
ⲁⲛⲟⲛ ϩⲛ̄ϩⲓⲥⲟⲥ ⲛⲁⲅⲅⲉⲗⲟⲥ >>	16	'We are like angels';
ⲁⲩⲱ ⲛ̄ⲧⲟⲟⲩ ⲛⲉ ⲛ̄ⲥⲓⲟⲩ ⲉⲧϫⲱⲕ		they are the stars that bring everything
ⲉⲃⲟⲗ ⲛ̄ϩⲱⲃ ⲛⲓⲙ : ⲁⲩϫⲟⲟⲥ ⲅⲁⲣ	18	to completion. For to the
ⲛ̄ⲛ̄ⲅⲉⲛⲉⲁ ⲛ̄ⲛ̄ⲣⲱⲙⲉ ϫⲉ ⲉⲓⲥ :		human generations it has been said,
ϩⲏⲏⲧⲉ ⲁⲡⲛⲟⲩⲧⲉ ϣⲉⲡ ⲧⲉ	20	'Look, God has received
ⲧⲛ̄ⲑⲩⲥⲓⲁ ⲛ̄ⲧⲟⲟⲧⲟⲩ ⲛⲟⲩⲏ		your sacrifice from the hands of
ⲏⲃ ⲉⲧⲉ ⲡⲁⲉⲓ ⲡⲉ ⲡⲗⲁⲓⲁⲕⲟⲛⲟⲥ	22	priests,' that is, a minister
ⲛ̄ⲧⲉⲡⲗⲁⲛⲏ : ⲡⲭⲟⲉⲓⲥ ⲇⲉ ⲉ :		of error. But the Lord,
ⲧⲟⲩⲉϩ ⲥⲁ̄ϩ̄ⲛⲉ ⲡⲁⲓ ⲉⲧⲟ ⲛ̄ⲭ̄ⲥ̄	24	who commands, is he who is the Lord
ⲉⲝⲛ̄ ⲡⲧⲏⲣϥ̄ ϩⲣⲁⲓ̈ ϩⲛ̄ ⲫⲁⲉ ⲛ̄		of the universe. On the last day
ϩⲟⲟⲩ ⲥⲉⲛⲁϫⲡⲓⲟⲟⲩ >>>>>	26	they will be put to shame."
>>>—		

---

3   ...] ⲡⲟⲥ : or ...] ⲛⲟⲥ or ...] ⲙⲟⲥ. Instead of restoring to read ⲛ̄ϭⲓ ⲡⲁⲣⲭⲱⲛ ⲙ̄ⲡⲓⲕⲟⲥ]ⲙⲟⲥ (cf. John 12:31; 14:30; 16:11), it is more likely to suppose that a representative of the "temple-cult" criticized in the following lines was mentioned here. One may imagine an expression with [... ⲉⲡⲓⲥⲕⲟ]ⲡⲟⲥ or [... ⲇⲓⲁⲕⲟ]ⲛⲟⲥ.

8   The exact meaning of ⲡⲁⲣ(ϩ)ⲓⲥⲧⲁ here and in the following lines is unclear.

9   Restore to read ⲛ̄[ⲣⲉϥⲡ]ⲟ̣[ⲣ]ⲛⲉ̣[ⲩⲉ or ⲛ̄[ⲉⲧⲣ̄ⲡ]ⲟ̣[ⲣ]ⲛ̣ⲉ̣[ⲩⲉ; cf. p. 54,24-26.

11   ⲛ̄ⲕⲟⲕⲧⲉ : variant spelling for ⲛ̄ⲕⲟⲧⲕⲉ.

12-13   Perhaps follow the suggestion of *Nagel* and translate "and with those who abstain," in order to link "those who abstain" with "men."

15   ⲁⲩⲱ : ⲩ legible in older photographic evidence supplied by *Hedrick*.

16   Cf. Luke 20:36.

17   The letters ⲱⲕ at the end of the line are written in ligature.

21-22   ⲛ̄ⲧⲟⲟⲧⲟⲩ ⲛⲟⲩⲏⲏⲃ : probably a variant spelling for ⲛ̄ⲧⲟⲟⲧⲟⲩ ⲛ̄ⲛⲟⲩⲏⲏⲃ, or, according to *Nagel*, for ⲛ̄ⲟⲩⲟⲩⲏⲏⲃ. The plural "priests", if read as such in the Coptic text, seems to be wrong. The original Greek text may well have read "by the hands of a priest," since in the next line "a (single) minister of error" is mentioned.

23-24   ⲡⲭⲟⲉⲓⲥ ... ⲡⲁⲓ̈ ⲉⲧ- : cf. above, note to p. 35,19-20.

ⲙⲁ   41

ⲡⲉⲭⲁϥ [ⲛⲁⲩ ⲛ̄]ϭⲓ ⲓ̄ⲏ̄ⲥ̄ ⲭⲉ ϩ̄ⲱ ⲉⲣⲱ		Jesus said [to them], "Stop
ⲧⲛ̄ ⲛ̄ⲟⲩ[ⲥⲓⲁⲥⲉ ±..] . [...] ⲉ [...] ⲟⲩ	2	sac[rificing ---]
ⲉ ⲛ̄ⲧⲁⲧⲉ[ⲧⲛ̄- ....] ϩⲣ]ⲁⲓ̈		which you have [---]
ϩⲓⲭⲛ̄ ⲡⲉⲑⲩⲥⲓⲁⲥⲧⲏ[ⲣⲓ]ⲟⲛ [ⲉ]ⲩϩⲓ̄	4	over the altar, since they are over
ⲭⲛ̄ ⲛⲉⲧⲛ̄ⲥⲓⲟⲩ ⲙ̄ⲛ ⲛⲉⲧ[ⲛ̄ⲁ]ⲅⲅⲉ		your stars and your angels and have already
ⲗⲟⲥ ⲉⲁⲩϣⲣⲡ ⲭⲱⲕ ⲉⲃⲟⲗ [ⲙ̄]ⲙⲁⲩ	6	come to their conclusion there. So let them
ⲙⲁⲣⲟⲩϣⲱⲡⲉ ϭⲉ ⲉⲩϣ . [.] . ⲧ̀		be [---]
ⲛⲁϩⲣⲏⲧⲛ̄ ⲁⲩⲱ ⲛ̄ⲥⲉϣ[ⲉ ⲛ]ⲉⲩ	8	before you, and let them go [---]
[ ] .. [...] ⲛ̄		
	10	
	12	
	14	
about 15 illegible lines	16	
	18	
	20	
	22	
ⲉⲛⲅⲉⲛⲉⲁ	24	[---] generations.
[...] ⲙⲛ ϣ ϭⲟⲙ ⲛⲟⲩⲁⲣⲧⲟⲕⲟ		[---]. A baker cannot
[ⲡⲟⲥ] ⲉⲣ̄ ⲧⲣⲉϥⲉ ⲛ̄ⲧⲉⲕⲧⲓⲥⲓⲥ	26	feed all creation

---

7   At the end of the line, the reading of the ϣ is very uncertain, and the ink traces of the letter preceeding the final ⲧ may be interpreted as ⲓ (without a diaeresis) or as the right stroke of ⲙ, ⲛ, ⲡ, ⲱ, or ϣ.

10-26   The lower part of this page (ll. 10-26) is physically missing. Thus far, the editors have had access only to photographic evidence of poor quality for a lower part of a page, which might represent the missing portion of page 41. Only the last lines are clearly legible.

ⲙ̅ⲃ̅ 42

ⲧⲏⲣ̅ⲥ̅ ⲉⲑⲁⲣⲟ[ⲥ ⲛ̅ⲧⲡⲉ] ⲁⲩⲱ	under [heaven]." And
ⲛ[ⲁⲓ̈ ± . . . .] ⲛ̅ ⲉⲣⲟⲟⲩ 2	th[ese (?) ---]
ⲛ̅ [± . . . . ⲡⲉ]ⲭⲁⲩ ⲛⲁ[ϥ]	[---] they said to [him],
ⲭ[ⲉ .] . . . . . . : ⲉⲣⲟⲛ ⲁⲩⲱ 4	"[---] to us and
ⲛ [. .] ⲟⲩ . . . ⲡⲉⲭⲁϥ ⲛⲁⲩ >	[---]." Jesus said
ⲛ[ϭⲓ] ⲓ̅ⲏ̅ⲥ̅ ⲭⲉ ⲁⲗⲱⲧⲛ ⲧⲉⲧⲛ̅ϣⲱ 6	to them, "Stop struggling
ⲭ[ⲉ] ⲛⲙ̅ⲙⲁⲓ̈ ⲟⲩⲛ̅ⲧⲉ ⲡⲟⲩⲁ ⲡⲟⲩ	with me. Each of you
ⲁ [ⲙ̅ⲙ]ⲱⲧⲛ̅ [ⲡ]ⲉϥⲥⲓⲟⲩ ⲙ̅ⲙⲁⲩ 8	has his own star,
ⲁ[ⲩⲱ] ⲟⲩ[ⲟⲛ ⲛⲓⲙ ---	[and every] one [---]
	10
	12
	14
about 17 lines of unknown text	16
	18
	20
	22
	24
	26

2-4   Probably restore to read: ⲁⲩⲱ ⲛ[ⲁⲓ̈ ⲛ̅ⲧⲉⲣⲟⲩⲥⲱⲧ]ⲙ̅ ⲉⲣⲟⲟⲩ ⲛ[ϭⲓ ⲛ̅ⲙⲁⲑⲏⲧⲏⲥ ⲡⲉ]ⲭⲁⲩ ⲛⲁ[ϥ], "And [when the disciples heard] th[ese (words)], they said to [him]."

10-26   Cf. the note to p. 41,10-26; no photograph of the *verso* of this fragment is at our disposal.

ⲙⲅ̄   43

ϩⲛ̄ ⲧ [. . .] . [. .] ⲁⲛⲁϯ [.] . ⲛ̄ⲧⲁϥ   in [--- who has
ⲉⲓ ⲁⲛ ⲉⲧ [ⲡ]ⲏⲅⲏ ⲙ̄ⲡ   2   not come [--- spring] for the
ϣⲏⲛ ⲛ̄ [. . . . .] . ⲟ . [. . . . . .]ⲓ̈   tree [---]
ⲣⲟⲥ ⲙ̄ⲡⲉⲉⲓⲁⲓⲱⲛ . . . . [. ⲙⲛ̄]ⲛ̄   4   of this aeon [---]
ⲥⲁ ⲟⲩⲟⲉⲓϣ . . . . [. . .]>   after a time [---]
ⲁⲗⲗⲁ ⲛ̄ⲧⲁϥⲉⲓ ⲉⲧⲥⲟ ⲛ̄ⲡⲁ[ⲣⲁ]ⲇⲉⲓ   6   but he has come to water God's
ⲥⲟⲥ ⲙ̄ⲡⲛⲟⲩⲧⲉ ⲁⲩⲱ ⲡ[ⲅⲉ]ⲛⲟⲥ   paradise, and the race
ⲉⲧⲛⲁⲙⲟⲩⲛ ⲉⲃ[ⲟ]ⲗ ϫⲉ [ⲛ̄ϥⲛ]ⲁ>   8   that will last, because [he] will
ϫⲱϩⲙ ⲁⲛ ⲛ̄ⲧϭⲓⲛⲙ[ⲟⲟϣⲉ ⲛ̄ϯⲅⲉ   not defile the [walk of life of] that
ⲛⲉⲁ ⲉⲧⲙ̄ⲙⲁⲩ ᵛᵃᶜ ⲁⲗ[ⲗⲁ ± . . . . . .]   10   generation, but [---]
ⲡⲉ ϫⲛ ⲉⲛⲉϩ ⲛ̄ϣⲁ ⲉ[ⲛⲉϩ : ⲡⲉ]   for all eternity."
ϫⲁϥ ⲛ̄ϭⲓ ⲓ̈ⲟⲩⲇⲁⲥ ⲛⲁ[ϥ ϫⲉ ϩⲣⲁⲃⲃ]ⲉⲓ :   12   Judas said to [him, "Rabb]i (?),
ϫⲉ ⲁϣ ⲛ̄ⲕⲁⲣⲡⲟⲥ ⲡⲉ[ⲧⲉ] ⲟⲩⲛⲧⲁⲥϥ   what kind of fruit does this generation
ⲛ̄ϭⲓ ⲧⲉⲉⲓⲅⲉⲛⲉⲁ : ⲡ[ⲉ]ϫⲁϥ ⲛ̄ϭⲓ   14   produce?" Jesus said,
ⲓ̄ⲥ̄ ϫⲉ ⲅⲉⲛⲉⲁ ⲛⲓⲙ ⲛ̄ⲣⲱⲙⲉ ⲥⲉ   "The souls of every human generation
ⲛⲁⲙⲟⲩ ⲛ̄ϭⲓ ⲛⲉⲩⲯⲩ[ⲭ]ⲏ ⲛⲁⲓ ⲇⲉ   16   will die. When these people,
ⲛ̄ⲧⲟⲟⲩ ϩⲟⲧⲁⲛ ⲉⲩϣⲁⲛϫⲱⲕ   however, have completed
ⲉⲃⲟⲗ ⲙ̄ⲡⲉⲟⲩⲟⲉⲓϣ ⲛ̄ⲧⲙⲛ̄ⲧ   18   the time of the kingdom
ⲣⲟ ⲁⲩⲱ ⲛ̄ⲧⲉⲡⲉⲡ︤ⲛ̄ⲁ︥ ⲡⲱⲣϫ ⲉ   and the spirit leaves
ⲃⲟⲗ ⲛ̄ⲙⲟⲟⲩ : ⲛⲉⲩⲥⲱⲙⲁ ⲙⲉⲛ   20   them, their bodies
ⲥⲉⲛⲁⲙⲟⲩ ᵛᵃᶜ ⲛⲉⲩⲯⲩⲭⲏ ⲇⲉ ⲥⲉ   will die, but their souls
ⲛⲁⲧⲁⲛϩⲟⲟⲩ ⲁⲩⲱ ⲛ̄ⲥⲉϥⲓⲧⲟⲩ   22   will be alive, and they will be taken
ⲉϩⲣⲁⲓ̈ : ᵛᵃᶜ ⲡⲉϫⲁϥ ⲛ̄ϭⲓ ⲓ̈ⲟⲩⲇⲁⲥ   up." Judas said,
ϫⲉ ⲉⲩⲛⲁⲣ ⲟⲩ ϭⲉ ⲛ̄ϭⲓ ⲡⲕⲉⲥⲉⲉ   24   "And what will the rest
ⲡⲉ ⲛ̄ⲅⲉⲛⲉⲁ ⲛ̄ⲛ̄ⲣⲱⲙⲉ : ⲡⲉϫⲁϥ   of the human generations do?"
ⲛ̄ϭⲓ ⲓ̄ⲥ̄ ϫⲉ ⲟⲩⲁⲧϭⲟⲙ ⲡⲉ   26   Jesus said, "It is impossible

3-4   Perhaps restore to read ⲕⲁⲓ̈ⲣⲟⲥ "[ti]me," as suggested by *Cherix, Turner,* and *Nagel.*
4-5   ⲙⲛ̄ⲛ̄ⲥⲁ : restored by *Nagel.* ⲟⲩⲟⲉⲓϣ : variant spelling for ⲟⲩⲟⲩⲟⲉⲓϣ.
7   "race" : or, "generation."

44

ⲉⲧⲭⲟ ⲉⲭⲛ̅ ⲟⲩ[ⲡ]ⲉⲧ[ⲣⲁ] ⲛ̅ⲥⲉⲭⲓ

ⲛⲉⲩ[ⲕⲁⲣ]ⲡⲟⲥ [: ⲧⲁ]ⲓ̈ ⲟⲛ ⲧⲉ ⲑⲉ   2

ⲟⲩⲛ [. . .] . ⲛ . [± . . . . .] ⲙ̅ⲡⲅⲉⲛⲟⲥ

[ⲉⲧⲭⲟϩ]ⲙ ⲙⲛ̅ ⲧⲥⲟⲫⲓⲁ ⲛ̅ⲫⲑⲁⲣⲧⲏ   4

[± . .] ⲧϭⲓⲭ ⲛ̅ⲧⲁⲧⲁⲙⲓⲉ ⲣⲱⲙⲉ

[ⲛ̅]ⲑⲛⲏⲧⲟⲥ ⲛ̅ⲧⲉⲛⲉⲩⲯⲩⲭⲏ   6

[ⲃ]ⲱⲕ ⲉϩⲣⲁⲓ ⲉⲛⲁⲓⲱⲛ ⲉⲧϩ̅ⲓ̅ ⲡϣⲱⲓ̈

ϩ[ⲁⲙⲏ]ⲛ ϯ̄ϫⲱ ⲙ̅ⲙⲟⲥ ⲛⲏⲧⲛ̅   8

ϫ[ⲉ ⲙⲛ̅ ⲁⲣⲭⲏ] ⲟⲩ[ⲇⲉ] ⲛ̅[ⲛ̅ ⲁⲅ]ⲅⲉⲗⲟⲥ

[ⲟⲩⲇⲉ ⲙⲛ̅ ⲇ]ⲩⲛⲁⲙⲓⲥ : ⲛⲁϣ ⲛⲁⲩ   10

[ⲉⲛⲙⲁ ⲉⲧ]ⲙ̅ⲙⲁⲩ : ⲛⲁⲓ̈ ⲉⲧⲉⲣⲉ

ⲧ̣[ⲉⲓⲛⲟϭ] ⲛ̅ⲅⲉⲛⲉⲁ ⲉⲧⲟⲩⲁⲁⲃ   12

ⲛ̣[ⲁⲛⲁⲩ ⲉ]ⲣⲟⲟⲩ : ⲛⲁⲓ̈ ⲛ̅ⲧⲉⲣⲉ[ϥ]

ϫⲟⲟⲩ [ⲛ̅ϭ]ⲓ ⲓ̅ⲏ̅ⲥ ⲁϥⲃⲱⲕ *vacat*   14

ⲡⲉϫⲁϥ [ⲛ̅]ϭⲓ ⲓ̈ⲟⲩⲇⲁⲥ ϫⲉ ⲡⲥⲁϩ̅ ⲛ̅

ⲑⲉ ⲛ̅ⲧ[ⲁ]ⲕⲥⲱⲧⲙ̅ ⲉⲣⲟⲟⲩ ⲧⲏⲣⲟ[ⲩ]   16

ⲥⲱⲧⲙ̅ ϩⲱⲧ ⲟⲛ ⲉⲣⲟⲓ̈ : ⲁⲉⲓⲛⲁⲩ

ⲅⲁⲣ ⲉⲩⲛⲟϭ ⲛ̅ϩⲟⲣⲟⲙⲁ : ⲓ̅ⲏ̅ⲥ ⲇⲉ   18

ⲛ̅ⲧⲉⲣⲉϥⲥⲱⲧⲙ̅ ⲁϥⲥⲱⲃⲉ ⲡⲉ

ⲭⲁϥ ⲛⲁϥ ϫⲉ ⲁϩⲣⲟⲕ̓ ⲕ̅ⲣ̅ ⲅⲩⲙⲛⲁ   20

ⲍⲉ ⲱ̂ ⲡⲙⲉϩ̅ⲙⲛ̅ⲧϣ̅ⲙ̅ⲧ ⟨ⲛ̅⟩ⲇⲁⲓⲙⲱⲛ

ⲁⲗⲗⲁ ϣⲁϫⲉ ϩ̅ⲱⲱⲕ̓ ⲧⲁⲁⲛⲉⲭⲉ   22

ⲙ̅ⲙⲟⲕ̓ *vac* ⲡⲉϫⲁϥ ⲛⲁϥ ⲛ̅ϭⲓ ⲓ̈ⲟⲩ

ⲇⲁⲥ ϫⲉ ⲁⲓ̈ⲛⲁⲩ ⲉⲣⲟⲓ̈ ϩ̅ⲛ̅ ⲫⲟⲣⲟ   24

ⲙⲁ ⲉⲣⲉ ⲡⲙⲛ̅ⲧⲥⲛⲟⲟⲩⲥ ⲛ̅ⲙⲁ

ⲑⲏⲧⲏⲥ ϩ̅ⲓ ⲱⲛⲉ ⲉⲣⲟⲉⲓ ⲥⲉ :   26

to sow seed on [rock] and

harvest its fruit. This is also the way

[---] of the [defiled]

race and corruptible Wisdom

[---] the hand that has created mortal

people, and their souls

go up to the aeons on high.

[Truly] I say to you,

[no authority] or angel

[or] power will be able to see

those [realms] that

[this great], holy generation

[will see]." After Jesus

said this, he departed.

Judas said, "Master,

as you have listened to all of them,

now also listen to me. For I have seen

a great vision." And when Jesus

heard this, he laughed

and said to him, "You thirteenth daimon,

why do you try so hard?

But speak up, and I shall bear

with you." Judas said to him,

"In the vision I saw

the twelve disciples

stoning me and

---

2   ⲧⲁ]ⲓ̈ : very uncertain; only the left point of the diaeresis survives: '[ı'̈]'

4   "race": or, "generation."

5   ⲛ̅ⲧⲁⲧⲁⲙⲓⲉ : that is, in standard Sahidic, ⲛ̅ⲧⲁⲥⲧⲁⲙⲓⲉ; cf. the note to p. 4,24.

9-13   Restored by *Funk*.

11   [ⲉⲛⲙⲁ ⲉⲧ]ⲙ̅ⲙⲁⲩ (restored by Kasser/Wurst) : that is, "the aeons on high", cf. l. 7.

13-15   Contrary to pp. 36,11 and 37,21-22, the text does not state that the following scene happened on a new day. The reading ⲁϥⲃⲱⲕ in l. 14 is probably a scribal error for ⲁ⟨ⲩ⟩ⲃⲱⲕ, "⟨they⟩ departed" (that is, the disciples), the pronominal subject "⟨they⟩" referring to ⲛⲏⲧⲛ̅, "to you," in l. 8; cf. the introduction.

ⲘⲈ   45

ⲡⲏⲧ [ⲛⲥⲱⲓ̈ ⲛ̄ⲡⲱϣⲁ] : ⲁⲩⲱ ⲁⲉ[ⲓ]ⲉⲓ ⲟⲛ		persecuting [me severely]. And I also
ⲉⲡⲙⲁ ⲉ [ ] ⲛ̄ⲥⲱⲕ	2	came to the place where [---] after you.
ⲁⲉⲓⲛⲁⲩ ⲉ[ⲟⲩⲏⲉⲓ] ⲥ ⲁⲩ		I saw [a house ---], and
ⲱ ⲡⲉϥϣⲓ ⲛⲁⲃⲁⲗ ⲛⲁϣ [ϣⲓⲧϥ] ⲁⲛ	4	my eyes could not [comprehend] its
ⲛⲉⲣⲉ ϩⲛ̄ⲛⲟϭ ⲇⲉ ⲛ̄ⲣⲱⲙⲉ ⲕ[ⲱ]ⲧⲉ		size. And great people were surrounding
ⲉⲣⲟϥ ⲡⲉ ⲁⲩⲱ ⲛⲉⲟⲩ⟨ⲛ̄ⲧϥ̄ ⲟⲩ⟩ⲥⲧⲉⲅⲏ †ⲛⲟⲩ	6	it, and that house ⟨had⟩
ⲟⲧⲉ† ⲡⲉ ⲛ̄ϭⲓ ⲡⲏⲉⲓ ⲉⲧⲙ̄ⲙ[ⲁⲩ] : ⲁⲩ		a roof of †greenery†, and
ⲱ ϩⲛ̄ ⲧⲙⲏⲧⲉ ⲛ̄ⲡⲏⲓ̈ ⲉⲣ[ⲉ ⲟⲩ]ⲙⲏ	8	in the middle of the house was [a]
[ⲏϣⲉ] . ⁻ [ ] ⲕ̓		[crowd ---],
[ ] ϣⲉ [ ] ⲉ ⲭⲉ	10	[---] (saying),
ⲡⲥⲁ̄ϩ ϣⲟⲡⲧ̄ ϩⲱ ⲉϩⲟ[ⲩⲛ ⲙ]ⲛ̄ ⲛⲓⲣⲱ		'Master, take me in along with these
ⲙⲉ : ⲁϥⲟⲩⲱϣⲃ̄ ⲛ̄ϭⲓ [ⲓ̄ⲥ̄] ⲡⲉⲭⲁϥ	12	people.' " [Jesus] answered and said,
ⲭⲉ ⲁⲡⲉⲕⲥⲓⲟⲩ ⲡⲗⲁ[ⲛⲁ] ⲙ̄ⲙⲟⲕ̓		"Your star has led you astray,
ⲱ̄ ⲓ̈ⲟⲩⲇⲁ : ⲁⲩⲱ ⲭⲉ ⲛ̄ϥⲙ̄ⲡϣⲁ	14	Judas." And (he continued), "No person
ⲁⲛ ⲛ̄ϭⲓ ⲡⲉⲭⲡⲟ ⲛ̄ⲣⲱ[ⲙ]ⲉ ⲛⲓⲙ		of mortal birth is worthy
ⲛ̄ⲑⲛⲏⲧⲟⲛ : ⲉⲃⲱⲕ ⲉϩⲟⲩⲛ ⲉ	16	to enter the house
ⲡⲏⲉⲓ ⲛ̄ⲧⲁⲕⲛⲁⲩ ⲉⲣⲟϥ ⲭⲉ ⲡⲧⲟ		you have seen, for that
ⲡⲟⲥ ⲅⲁⲣ ⲉⲧⲙ̄ⲙⲁⲩ ⲛ̄ⲧⲟϥ ⲡⲉ	18	place is reserved
ⲧⲟⲩⲁⲣⲉϩ ⲉⲣⲟϥ ⲛ̄ⲛⲉⲧⲟⲩⲁⲁⲃ		for the holy.
ⲡⲙⲁ ⲉⲧⲉ ⲙ̄ⲡⲣⲏ̄ : ⲙⲛ̄ ⲡⲟⲟϩ̄ :	20	Neither the sun nor the moon
ⲛⲁⲣ̄ ⲉⲣⲟ ⲙ̄ⲙⲁⲩ ⲁⲛ ⲟⲩⲇⲉ ⲡⲉϩ̄ⲟ		will rule there, nor the day,
ⲟⲩ : ⲁⲗⲗⲁ ⲉⲩⲛⲁⲱϩ̄ⲉ̄ⲣⲁⲧⲟⲩ ⲛ̄	22	but the holy will abide
ⲟⲩⲟⲉⲓϣ ⲛⲓⲙ ϩⲛ̄ ⲡⲁⲓⲱⲛ ⲙⲛ̄ :		always in the aeon
ⲛ̄ⲛⲁⲅⲅⲉⲗⲟⲥ ⲉⲧⲟⲩⲁⲁⲃ : ⲉⲓⲥ :	24	with the holy angels. Look,
ϩ̄ⲏⲏⲧⲉ ⲁⲉⲓⲭⲱ ⲉⲣⲟⲕ ⲛ̄ⲙⲙⲩ⟩		I have explained to you the mysteries
ⲥⲧⲏⲣⲓⲟⲛ ⲛ̄ⲧⲙⲛ̄ⲧⲉⲣⲟ ⟩⟩—	26	of the kingdom

---

3   For the restoration, cf. l. 17, "the house you have seen."

6-7   ⲁⲩⲱ ... ⲉⲧⲙ̄ⲙ[ⲁⲩ] : The emendation is justified by the fact that the subject of a nominal sentence cannot be introduced by the particle ⲛ̄ϭⲓ. The complement ⲛ̄ⲟⲩⲟⲧⲉ may be regarded, if the reading is correct, as a *crux*, because a "roof of greenery (or, herbs)" remains difficult. One may speculate whether ⲟⲩⲟⲧⲉ is a scribal error for ⲟⲩⲟⲥⲧⲛ̄, so that the original text would have read: "And that house had a broad roof."

ⲙ̄ⲋ̄

ⲁⲩⲱ ⲁ̣ⲓ̈ⲧⲥⲁⲃⲟⲕ̣ [ⲉⲧⲉⲡⲗ]ⲁⲛⲏ >
ⲛ̄ⲛ̄ⲥ̣[ⲓ]ⲟ̣ⲩ [:] ⲁ̣ⲩ[ⲱ ± . . . . .] ⲧⲛⲟⲟⲩⲥ
ⲛ̄ . [± . . . .] ⲧ̣ⲉ ⲉϫⲛ̄ >>
ⲡⲙ̣[ⲛ̄ⲧⲥ]ⲛ̣ⲟⲟⲩⲥ ⲛⲛⲁⲓⲱⲛ >>>–
ⲡⲉϫⲁ̣[ϥ] ⲛ̣ϭⲓ ⲓ̈ⲟⲩⲇⲁⲥ ϫⲉ ⲡⲥⲁ̄ϩ̄ ⲙⲏ
ⲡⲟ̣ⲧⲉ ϩ̄ⲱ̄ ⲡⲁⲥⲡⲉⲣⲙⲁ ϩⲩⲡⲟⲧⲁⲥ
ⲥ̣[ⲉ] ⲛⲛⲁⲣⲭⲱⲛ ⲁϥⲟⲩⲱϣⲃ̄ ⲛ̄ϭⲓ
ⲓ̄ⲥ̄ [ⲡⲉ]ϫ̣ⲁϥ ⲛⲁϥ ϫⲉ ⲁⲙⲟⲩ ⲛ̄ⲧⲁ
ϣ̣ [± . . .] ⲙ̣̄ⲙⲟ̣[ⲕ] ϫ̣[ⲉ ± . . . .]
1 line missing
ⲉⲣ [. . . ⲁ]ⲗ̣ⲗⲁ ϫ̣ⲉ ⲉⲕⲉϣⲱⲡⲉ ⲉ
ⲕⲁϣ [ⲁϩⲟ]ⲙ ⲛ̄ϩ̄ⲟ̄ⲩⲟ ⲉⲕⲛⲁⲩ ⲉ
ⲧⲙⲛ[ⲧⲉ]ⲣⲟ ⲙⲛ̄ ⲧⲉⲥⲅⲉⲛⲉⲁ
ⲧⲏⲣⲥ̄ [:] ⲛ̣ⲁⲓ̈ ⲛ̄ⲧⲉⲣⲉϥⲥⲱⲧⲙ̄
ⲉⲣⲟⲟ̣[ⲩ] ⲛ̄ϭⲓ ⲓ̈ⲟⲩⲇⲁⲥ ⲡⲉϫⲁϥ
ⲛⲁϥ ϫⲉ̣ ⲟⲩ ⲡⲉ ⲡⲉϩ̄ⲟ̄ⲩⲟ ⲛ̄ⲧⲁ
ⲉⲓϫⲓⲧϥ̄ ϫⲉ ⲁⲕⲡⲟⲣϫⲧ̄ ⲉⲧⲅⲉ
ⲛⲉⲁ ⲉⲧⲙ̄ⲙⲁⲩ : ⲁϥⲟⲩⲱϣⲃ̄
ⲛ̄ϭⲓ ⲓ̄ⲏ̄ⲥ̄ ⲡⲉϫⲁϥ ϫⲉ ⲕⲛⲁϣⲱ
ⲡⲉ ⲙ̄ⲙⲉϩ̄ⲙⲛ̄ⲧⲓ̄ⲅ̄ *vac* ⲁⲩⲱ >>
ⲕⲛⲁϣⲱⲡⲉ ⲉⲕⲥϩ̄ⲟ̄ⲩⲟⲣⲧ̄ ϩ̄ⲓ̄
ⲧⲛ̄ ⲡⲕⲉⲥⲉⲡⲉ ⲛ̄ⲅⲉⲛⲉⲁ ⲁⲩ
ⲱ ⲕⲛⲁϣⲱⲡⲉ ⲉⲕⲁⲣⲭⲓ ⲉϫⲱ
ⲟⲩ ⲛ̄ϩⲁⲉⲟⲩ ⲛⲛⲉϩ̄ⲟ̄ⲟⲩ ⲥⲉ
〈ⲛⲁ- 〉 ⲛⲁⲕ᾿ ⲁⲩⲱ ⲛⲉⲕⲃ̣ⲱ̣ⲕ̣ ⲉⲡϣⲱⲓ̈
>>>>>> >>>>> >>>>>>>>

46

and I have taught you about the error
of the stars; and [---] send
[---] on
the twelve aeons."
Judas said, "Master,
could it be that my seed is under the
control of the rulers?" Jesus
answered and said to him, "Come, that I
[---]
[---]
[---], but you will
grieve much when you see
the kingdom and all its generation."
When Judas heard this,
he said to him,
"What is the advantage that
I have received? For you have set me
apart for that generation." Jesus answered
and said, "You will become
the thirteenth, and
you will be cursed by
the other generations,
and you will come to rule over them.
In the last days they 〈will --- 〉 to you,
and (that?) you will not ascend on high

9 ϫ̣[ⲉ : very uncertain.

11-17 These words of Jesus are highlighted by the scribe with eight *diplai* on the left margin.

17-18 Or, "... from that generation."

25 〈ⲛⲁ- 〉: something seems to have dropped out by *homoioarcton*, as *Funk* and *Nagel* suggest. The length of the *lacuna* may range from several words to several lines. The reading ⲃ̣ⲱ̣ⲕ̣ is certain under infrared light. We imagine that the text originally may have meant that those from the other generations will perform an act with the intention of causing something negative to happen to Judas and thus preventing him from ascending to the holy generation.

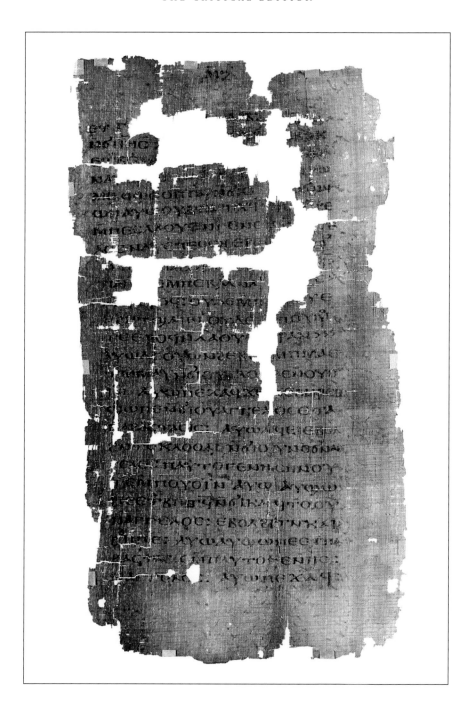

ⲉⲧⲅⲉ[ⲛⲉⲁ ⲉⲧ]ⲟⲩⲁⲁⲃ : [ⲡ]ⲉϫⲁϥ	
ⲛ̄ϭⲓ ⲓ̅ⲥ̅ ϫⲉ ⲁⲙⲟⲩ ⲛ̄ⲧⲁ[ⲧⲥ]ⲁⲃⲟⲕ	2
ⲉⲧⲃⲉ ⲛ [± . . . . ⲉ]ⲧⲛⲁ	
ⲛⲁⲩ ⲉⲣ[ⲟ]ⲟⲩ ⲛ̄ϭⲓ ⲗⲁⲟ [ᵛᵃᶜ ⲅⲉ] ⲛ̄ⲣⲱ	4
ⲙⲉ ϥϣⲟⲟⲡ ⲅⲁⲣ ⲛ̄ϭⲓ ⲟ ᵛᵃᶜ [ⲩⲛ]ⲟϭ ⲛⲁⲓ	
ⲱⲛ ⲁⲩⲱ ⲟⲩⲁⲧⲁⲣⲏϫϥ̄ ᵛᵃᶜ ⲡⲁ[ⲓ̈] ⲉⲧⲉ	6
ⲙ̄ⲡⲉⲥ ˢⁱᶜ! ⲗⲁⲟⲩⲉ ⲛ̄ⲅⲉⲛⲉ ᵛᵃᶜ ⲁ ⲛ̄[ⲁⲅ]ⲅⲉ	
ⲗⲟⲥ ⲛⲁⲩ ⲉⲡⲉϥϣⲓ ⲉⲣⲉ ᵛᵃᶜ ⲡ[ⲛ̄]ⲟϭ	8
ⲙ̄ⲡ[ⲛ̄ⲁ] ⲛⲁϩ̄ⲟⲣⲁ[ⲧ]ⲟⲛ [ⲛ̄ϩⲏⲧ]ϥ̄	
ⲡⲁⲓ ⲉ[ⲧ]ⲉ ⲙ̄ⲡⲉⲃⲁⲗ ⲛⲁ[ⲅⲅⲉⲗⲟ]ⲥ >	10
ⲛⲁⲩ ⲉⲣⲟϥ : ⲟⲩⲇⲉ ⲙ̄ⲡ[ⲉⲙ]ⲉⲩⲉ	
ⲛ̄ϩⲏⲧ ϣⲁⲡϥ̄ ⲟⲩⲇⲉ ⲙ̄ⲡⲟⲩⲙⲟⲩ	12
ⲧⲉ ⲉⲣⲟϥ ⲛ̄ⲗⲁⲟⲩⲉ [ⲛ̄]ⲣⲁⲛ >>>	
ⲁⲩⲱ ⲁⲥⲟⲩⲱⲛϩ̄ ⲉⲃⲟ[ⲗ] ⲙ̄ⲡⲙⲁ ⲉ	14
ⲧⲙ̄ⲙⲁⲩ ⲛ̄ϭⲓ ⲟⲩⲕⲗⲟ[ⲟ]ⲗⲉ ⲛ̄ⲟⲩⲟ	
ⲓ̈ⲛ ᵛᵃᶜ ⲁⲩⲱ ⲡⲉϫⲁϥ ϫⲉ {ϫⲉ} ⲙⲁⲣⲉϥ	16
ϣⲱⲡⲉ ⲛ̄ϭⲓ ⲟⲩⲁⲅⲅⲉⲗⲟⲥ ⲉⲧⲁ	
ⲡⲁⲣⲁⲥⲧⲁⲥⲓⲥ : ᵛᵃᶜ ⲁⲩⲱ ⲁϥⲉⲓ ⲉⲃⲟⲗ	18
ϩⲛ̄ ⲧⲉⲕⲗⲟⲟⲗⲉ ⲛ̄ϭⲓ ⲟⲩⲛⲟϭ ⲛⲁⲅ	
ⲅⲉⲗⲟⲥ ⲡⲁⲩⲧⲟⲅⲉⲛⲏⲥ ⲡⲛⲟⲩ	20
ⲧⲉ ⲙ̄ⲡⲟⲩⲟⲓ̈ⲛ ⲁⲩⲱ ⲁⲩϣⲱ	
ⲡⲉ ⲉⲧⲃⲏⲧϥ̄ ⲛ̄ϭⲓ ⲕⲁⲓϥⲧⲟⲟⲩ	22
ⲛⲁⲅⲅⲉⲗⲟⲥ : ⲉⲃⲟⲗ ϩⲓⲧⲛ̄ ⲕⲁⲓ	
ϭⲏⲡⲉ : ⲁⲩⲱ ⲁⲩϣⲱⲡⲉ ⲉⲧⲡⲁ	24
ⲣⲁⲥⲧⲁⲥⲓⲥ ⲛ̄ⲡⲁⲩⲧⲟⲅⲉⲛⲏⲥ :	
ⲛⲁⲅⲅⲉⲗⲟⲥ : ᵛᵃᶜ ⲁⲩⲱ ⲡⲉϫⲁϥ :	26

to the holy [generation]." Jesus
said, "[Come], that I may teach you
about the (pl.) [---] that
[no (?)] human will (ever) see.
For there exists a great
and boundless aeon, whose
extent no generation of angels
could (?) see, [in] which
is the great invisible [Spirit],
which no eye of an [angel]
has ever seen, no thought of the heart
has ever comprehended, and it was
never called by any name.
And a luminous cloud
appeared there.
And he said, 'Let
an angel come into being as my
attendant.' And a great angel,
the Self-Generated, the god
of the light, emerged from
the cloud. And because of him,
four other angels came into being
from another cloud,
and they became attendants
for the angelic Self-
Generated. And

---

3   ⲉ]ⲧⲛⲁ : read under infrared light.
4   The reading ⲗⲁⲟ[ⲩⲉ is very uncertain, even under infrared light.
7   ⲙ̄ⲡⲉⲥ : possibly a variant spelling for ⲙ̄ⲡⲉϣ, as suggested by *Funk*; cf. p. 48,23 and the *Étude dialectale*.
10-12 Cf. 1 Corinthians 2:9; *Gospel of Thomas* 17; *Prayer of the Apostle Paul* A,25-34; etc.
12   ⲙⲟⲩ written in ligature.

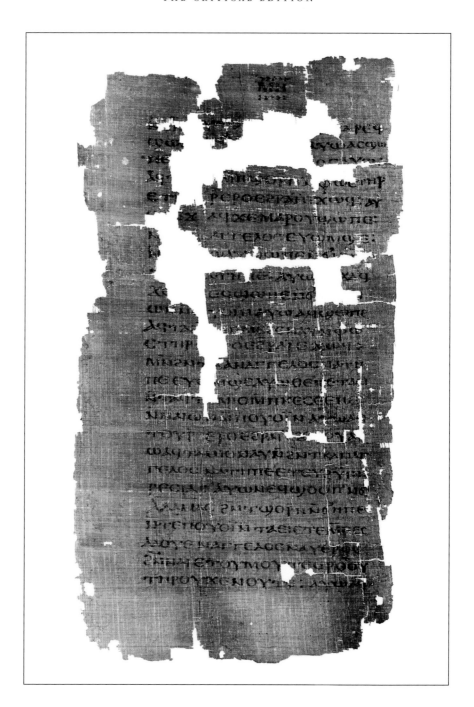

ⲙ̄ⲏ

ⲛ̄ϭⲓ̣ ⲡ̣[ⲁ]ⲩⲧⲟ[ⲅⲉⲛⲏⲥ ϫⲉ] ⲙ̣ⲁⲣⲉϥ
ϣⲱⲡ[ⲉ] ⲛ̄ϭⲓ̣ ⲁ̣[ⲇⲁⲙⲁⲥ] ⲁⲩⲱ ⲁⲥϣⲱ
ⲡⲉ [ⲛ̄ϭⲓ ⲧⲉⲡⲣⲟⲟⲗ]ⲟⲥ ⲁⲩⲱ :
ⲁϥⲧ̣[ⲁⲙⲓⲟ] ⲙ̄ⲡϣⲟⲣⲡ̄ʼ ⲙ̣ⲫⲱⲥⲧⲏⲣ
ⲉⲧⲣ̣[ⲉϥ] *vac* ⲣ̄ ⲉⲣⲟ ⲉϩⲣⲁ̈ⲓ ⲉϫⲱϥ : ⲁⲩ
ⲱ ⲡ̣ⲉϫ *vac* ⲁϥ ϫⲉ ⲙⲁⲣⲟⲩϣⲱⲡⲉ :
ⲛ̄[ϭⲓ ϩ]ⲛ *vac* ⲁⲅⲅⲉⲗⲟⲥ ⲉⲩϣⲙ̄ϣⲉ :
ⲛ[ⲁϥ : ⲁⲩ]ⲱ ⲁⲩϣⲱⲡⲉ ⲛ̄ϭⲓ ϩ̣ⲛ̄
ⲧ̣[ⲃⲁ ⲛ̄]ⲁⲧⲏⲡ̣ⲉ : ⲁⲩⲱ [ⲡⲉ]ϫⲁϥ
ϫⲉ [ⲙⲁⲣ]ⲉϥϣⲱⲡⲉ ⲛ̄ϭ[ⲓ ⲟⲩⲁ]ⲓ
ⲱⲛ ⲛ̄ⲟ̣ⲩⲟ̈ⲓⲛ ⲁⲩⲱ ⲁϥϣⲱⲡⲉ
ⲁϥⲧⲁϩ[ⲟ̄] ⲙ̣̄ⲡⲙⲉϩⲥⲛⲁⲩ ⲛ̄ⲫⲱ
ⲥⲧⲏⲣ : [ⲉⲣ̄ ⲉ]ⲣⲟ ⲉϩⲣⲁ̈ⲓ ⲉϫⲱϥ >
ⲙⲛ̄ ϩⲛ̄ⲧⲃⲁ ⲛⲁⲅⲅⲉⲗⲟⲥ ⲛⲁⲧⲏ
ⲡⲉ ⲉⲩϣⲙ̄ϣⲉ ⲁⲩⲱ ⲑⲉ ⲧⲉ ⲧⲁⲉⲓ
ⲛ̄ⲧⲁϥⲧⲁⲙⲓⲟ ⲙ̄ⲡⲕⲉⲥⲉⲉⲡⲉ >
ⲛ̄ⲛⲁⲓⲱⲛ ⲙ̄ⲡⲟⲩⲟ̈ⲓⲛ ⲁⲩⲱ ⲁϥ
ⲧⲟⲩⲣ̄ ⲉⲣⲟ ⲉϩⲣⲁ̈ⲓ ⲉ̣ϫⲱⲟⲩ ⲁⲩ
ⲱ ⲁϥⲧⲁⲙⲓⲟ ⲛⲁⲩ ⲛ̄ϩⲛ̄ⲧⲃⲁ ⲛⲁⲅ
ⲅⲉⲗⲟⲥ ⲛⲁⲧⲏⲡⲉ ⲉⲧⲉⲩϩⲩⲡⲏ
ⲣⲉⲥⲓⲁ : ⲁⲩⲱ ⲛⲉϥϣⲟⲟⲡ ⲛ̄ϭⲓ
ⲁ̄ⲇ̄ⲁ̄ⲙ̄ⲁ̄ⲥ̄ ϩⲛ̄ ⲧϣⲟⲣⲡ̄ ⲛ̄ϭⲏⲡⲉ
ⲛ̄ⲧⲉ ⲡⲟⲩⲟ̈ⲓⲛ ⲧⲁⲉⲓ ⲉⲧⲉ ⲙ̄ⲡⲉⲥ *sic!*
ⲗⲁⲟⲩⲉ ⲛⲁⲅⲅⲉⲗⲟⲥ ⲛⲁⲩ ⲉⲣⲟⲥ
ϩⲛ̄ ⲛⲁ̈ⲓ ⲉⲧⲟⲩⲙⲟⲩⲧⲉ ⲉⲣⲟⲟⲩ
ⲧⲏⲣⲟⲩ ϫⲉ ⲛⲟⲩⲧⲉ : ⲁⲩⲱ ⲁϥ

48

the Self-Generated said, 'Let A[damas] come into being,' and [the] [emanation] occurred. And he [created] the first luminary to reign over him. And he said, 'Let angels come into being to serve [him,' and myriads] without number came into being. And he said, '[Let] a luminous aeon come into being,' and he came into being. He created the second luminary [to] reign over him, together with myriads of angels without number, to offer service. And that is how he created the rest of the aeons of the light. And he made them reign over them, and he created for them myriads of angels without number, to assist them. And Adamas was in the first cloud of light that no angel could (?) (ever) see among all those called 'divine.' And he

2 ⲁ̣[ⲇⲁⲙⲁⲥ] : restored by *Plisch*.
3 [ⲛ̄ϭⲓ ⲧⲉⲡⲣⲟⲟⲗ]ⲟⲥ : restored by *Turner*.
23 ⲙ̄ⲡⲉⲥ : possibly a variant spelling for ⲙ̄ⲡⲉϣ, as suggested by *Funk*; cf. p. 47,7 and the *Étude dialectale*.

[ⲙⲑ]

ⲁⲩⲱ [ⲉ]

ⲧⲙ̅ⲙⲁⲩ [   ] 2

ⲑⲓⲕⲱⲛ [   ]

ⲁⲩⲱ ⲕⲁⲧⲁ ⲡⲓⲛⲉ ⲛⲛ[ⲉⲉⲓⲁⲅ] 4

ⲅⲉⲗⲟⲥ : *vac* ⲁϥⲟⲩⲟⲛϩ̅ ⲧ[ⲅⲉⲛⲉⲁ]

ⲛⲁⲫⲑⲁⲣⲧⲟⲥ ⲛ̅ⲥⲏ̅ⲑ [±......] 6

ⲙ̅ⲡⲙⲛⲧⲥⲛⲟⲟⲩⲥ [±.......]

ⲛ̅ⲭⲟⲩⲧ̅[ⲁ]ϥⲧⲉ .. [±.......] 8

ⲁϥⲟⲩⲟⲛϩ̅ ϣϥⲉⲥⲛⲟ[ⲟⲩⲥ]

ⲛ̅ⲫⲱⲥⲧⲏⲣ ϩⲛ̅ ⲧⲅⲉⲛ[ⲉⲁ ⲛ]ⲁ > 10

ⲫⲑⲁⲣⲧⲟⲥ ϩⲛ̅ ⲡⲟⲩ[ⲱ]ϣ ⲙ̅ⲡⲉ

ⲡ̅ⲛ̅ⲁ̅ ⲡⲉϣϥⲉⲥⲛ[ⲟⲟⲩ]ⲥ ⲇⲉ ϩⲱ 12

ⲟⲩ ⲛ̅ⲫⲱ[ⲥ]ⲧⲏⲣ ⲁ[ⲩ̅ⲟ]ⲩⲟⲛϩ̅ ·

ⲧ̅ϣ̅ ⲉⲃⲟⲗ ⲛ̅ⲫⲱⲥⲧⲏⲣ ϩⲛ̅ ⲧⲅⲉ 14

ⲛⲉⲁ ⲛⲁⲫⲑⲁⲣⲧⲟⲛ [ϩ]ⲙ̅ ⲡⲟⲩ

ⲱϣ ⲙ̅ⲡⲉⲡ̅ⲛ̅ⲁ̅ ⲭⲉ ⲉⲩⲉϣⲱ 16

ⲡⲉ ⲛ̅ϭⲓ ⲧⲉⲩⲏⲡⲉ ⲛ̅ϯⲟⲩ ⲉⲡⲟⲩⲁ

ⲁⲩⲱ ⲡⲉⲩⲉⲓⲱⲧ ⲡⲉ ⲡⲙ̅ⲛ̅ⲧ̅ 18

ⲥⲛⲟⲟⲩⲥ ⲛⲁⲓⲱⲛ ⲙ̅ⲡⲙ̅ⲛ̅ⲧ̅

ⲥⲛⲟⲟⲩⲥ ⲛ̅ⲫⲱⲥⲧⲏⲣ ⲁⲩⲱ 20

ⲕⲁⲧⲁ ⲁⲓⲱⲛ ⲛⲓⲙ ⲥⲟⲟⲩ ⲛⲟⲩ

ⲣⲁⲛⲟⲥ ⲭⲉ ⲉⲩⲉϣⲱⲡⲉ ⲛ̅ϭⲓ 22

ϣϥⲉⲥⲛⲟⲟⲩⲥ ⲛⲟⲩⲣⲁⲛⲟⲥ :

ⲙ̅ⲡⲉϣϥⲉⲥⲛⲟⲟⲩⲥ ⲛ̅ⲫⲱⲥⲧⲏⲣ 24

ⲁⲩⲱ ⲕⲁⲧⲁ ⲡⲟⲩⲁ ⲡⲟⲩⲁ > > :

[49]

[---]

that [---]

the image [---]

and after the likeness of [this]

angel. He made the incorruptible

[generation] of Seth appear [---]

the twelve [---]

24 [---].

He made 72

luminaries appear in the incorruptible

generation, in accordance with the will of

the Spirit. And the 72

luminaries themselves made

360 luminaries appear in the

incorruptible generation, in accordance

with the will of the Spirit, that their

number should be five for each.

And the twelve aeons

of the twelve luminaries

constitute their father,

with six heavens for each aeon,

so that there are

72 heavens

for the 72 luminaries,

and for each

---

1   Here either we have repetition due to dittography, ⲁⲩⲱ ⲁϥ * ⲁⲩⲱ [ⲁϥ-, or the second ⲁⲩⲱ is the beginning of a
     verb, e.g., ⲁϥ*ⲁⲩⲱ[ⲛ for ⲁϥ*ⲟⲩⲱ[ⲛ.

4-5 The restoration ⲛⲛ[ⲉⲉⲓⲁⲅ]|ⲅⲉⲗⲟⲥ, "of [these] angels" (*Turner*), is also possible.

5   From here through p. 50,11, cf. parallels in *Eugnostos the Blessed* (NHC III,3 pp. 83-84 and 88-89, and V,1 pp.11-
     12 and 15-16) and the *Wisdom of Jesus Christ* (NHC III,4 p. 113 and BG 8502,3 p. 115).

17   ⲛ̅ϯⲟⲩ : ⲛ̅ *supra lineam*.

[Ν̄]

[Ν̄ΜΟΟΥ †ΟΥ Ν̄ΣΤ]ΕΡΕΩΜΑ
[ΧΕ ΕΥΕϢΩΠΕ] Ν̄ΟΙ Τ̄Ξ̄ :
[Ν̄ΣΤΕΡΕΩΜΑ : Ν̄ΤΟ]ΟΥ ΑΥ†
[ΝΑΥ ΟΥ]ΕΞΟΥΣΙΑ ΜΝ̄ ΟΥΜΝ̄Τ
[ΝΟΟ Ν̄]ΣΤΡΑΤΙΑ ΝΑΓΓΕΛΟC Ν̄
[ΑΤΗΠ]Ε ΕΥΕΟΟΥ ΜΝ̄ ΟΥϢΜ̄
[ϢΕ ΕΤΙ] ΔΕ ϨΝ̄ΠΑΡΘΕΝΟC >>
[ΟΝ Ν̄Π]Ν̄Α ΕΥΕ[Ο]ΟΥ ΜΝ̄ ΟΥ
[ϢΜ̄Ϣ]Ε Ν̄ΝΑΙΩΝ ΤΗΡΟΥ ΜΝ̄
Ν[Ο]ΥΡΑΝΟC ΜΝ̄ ΝΕΥ[C]ΤΕΡΕ
ΩΜΑ [:] ΠΜΗΗϢΕ ΔΕ Ν̄ΝΑΤΜΟΥ
ΕΤΝ̄Μ[Α]Υ : ΕϢΑΥΜΟΥΤΕ Ε
ΡΟΟΥ [Χ]Ε ΚΟCΜΟC ΧΕ ΤΕ >
ΦΘΟΡΑ [Ε]ΒΟΛ ϨΙΤΝ̄ ΠΙΩΤ
ΜΝ̄ ΠΕϢϤΕCΝΟΟΥC Ν̄ΦΩ
CΤΗΡ ΕΤΝΕΜΑϤ : Ν̄ΠΑΥΤΟ
ΓΕΝΗC ΜΝ̄ ΠΕϢϤΕCΝΟ
ΟΥC Ν̄ΝΑΙΩΝ : _vac_ ΠΜ[Α] Ν̄ΤΑϤ
ΟΥΩΝϨ ΕΒΟΛ Ν̄ϨΗΤϤ Ν̄ΟΙ
ΠϢΟΡΠ Ν̄ΡΩΜΕ : ΜΝ̄ ΝΕϤ
ΔΥΝΑΜΙC ΝΑΦΘΑΡΤΟΝ :
ΠΑΙΩΝ ΔΕ Ν̄ΤΑϤΟΥΩΝϨ Ε
ΒΟΛ ΜΝ̄ ΤΕϤΓΕΝΕΑ ΠΑΪ Ε
ΤΕΡΕΤΟΗΠΕ Ν̄ΤΕΓΝ[Ω]CΙC
Ν̄ϨΗΤϤ ΜΝ̄ ΠΑΓΓΕΛΟC
ΕϢΑΥΜΟΥΤΕ ΕΡΟϤ ΧΕ

2

4

6

8

10

12

14

16

18

20

22

24

26

[50]

[of them five] firmaments,
[for a total of] 360
[firmaments. They] were
given authority and a
[great] host of angels
[without number], for glory and
adoration, and [also] virgin
spirits, for glory and
[adoration] of all the aeons and
the heavens and their firmaments.
Now, the multitude of those
immortals is called
'cosmos'—that is,
perdition—by the Father
and the 72 luminaries
who are with the
Self-Generated and his 72
aeons. In that place
the first human
appeared with his
incorruptible powers.
And the aeon that appeared
with his generation,
the one in whom are the cloud of
knowledge and the angel,
is called

---

5   ΣΤΡΑΤΙΑ : Ρ _supra lin._
7   ΕΤΙ ΔΕ : restored by _Plisch._
11   ΜΟΥ : written in ligature.
24   "the one" : i.e., the aeon.

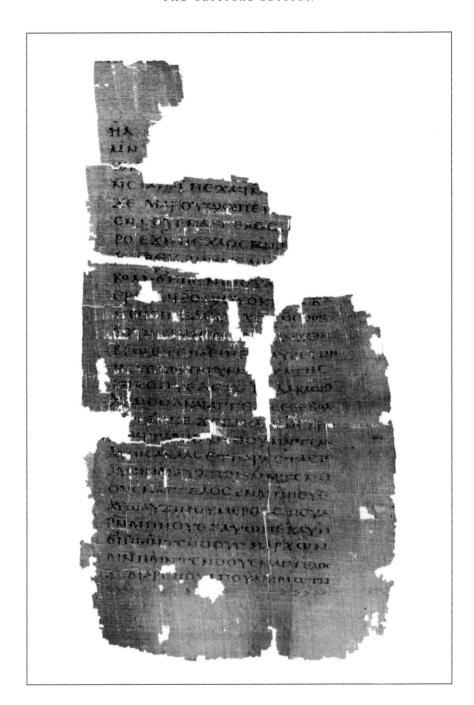

[ⲚⲀ]   [51]

ⲚⲀ *vac* . [   ]   El. [---]

ⲘⲚ *vac* [ⲀⲒ]   2   [---]

ⲰⲚ [ⲘⲚ]   aeon [---]

ⲚⲤ *vac* Ⲁ ⲚⲀⲒ ⲠⲈⲬⲀϤ ⲚϬ[Ⲓ . . . .]   4   After that [---] said,

ⲬⲈ *vac* ⲘⲀⲢⲞⲨϢⲰⲠⲈ Ⲛ[Ϭ Ⲓ ⲘⲚⲦ]   'Let twelve angels

ⲤⲚ *vac* ⲞⲞⲨⲤ ⲚⲀⲄⲄⲈⲖⲞⲤ : [ⲈⲨⲢ̅ Ⲉ]   6   come into being [to] rule

ⲢⲞ *vac* ⲈⲤⲚ̅ ⲠⲈⲬⲀⲞⲤ ⲘⲚ̅ Ⲁ[ⲘⲚⲦⲈ (:)]   over chaos and the [underworld].'

ⲀⲨⲰ ⲈⲒⲤ ϨⲎⲎⲦⲈ ⲀϤⲞ[ⲨⲰⲚϨ Ⲉ]   8   And look, from the cloud there

ⲂⲞⲖ Ⲛ̅ⲦϬⲎⲠⲈ Ⲛ̅Ϭ Ⲓ ⲞⲨⲀ[ⲄⲄⲈⲖⲞⲤ]   appeared an [angel]

ⲈⲢⲈ[Ⲡ]ⲈϤϨⲞ̅ ϢⲞⲨⲞ ⲔⲢ[ⲰⲘ] ⲈⲂⲞⲖ   10   whose face flashed with fire

ⲠⲈϤⲈⲒⲚⲈ ⲆⲈ Ⲉ[Ϥ]ⲬⲞ[Ϩ]Ⲙ Ⲛ̅ⲤⲚⲞϤ   and whose appearance was defiled with

ⲈⲞⲨⲚ̅ⲦⲀϤ Ⲙ̅ⲘⲀⲨ Ⲛ[ⲞⲨⲢ]ⲀⲚ ⲬⲈ ⲚⲈ   12   blood. His name was

ⲂⲢⲰ ⲈⲦⲈ ⲠⲀⲈⲒ ⲠⲈ [Ⲛ̅Ⲧ]ⲀⲨϨⲈⲢⲘⲎ   Nebro, which means in

ⲚⲈⲨⲈ Ⲙ̅ⲘⲞϤ ⲬⲈ Ⲁ Ⲡ[ⲞⲤ]ⲦⲀⲦⲎⲤ   14   translation 'rebel';

ϨⲚ̅ⲔⲞⲞⲨⲈ ⲆⲈ ⲬⲈ Ⲓ̈[ⲀⲖ]ⲆⲀⲂⲀⲰⲐ   others call him Yaldabaoth.

ⲀⲨⲰ ⲞⲚ ⲀⲔⲀⲒⲀⲄⲄⲈⲖ[Ⲟ]Ⲥ ⲈⲒ ⲈⲂⲞⲖ   16   And another angel, Saklas,

[Ϩ]Ⲛ̅ ⲦϬⲎⲠⲈ ⲬⲈ ⲤⲀⲔⲖⲀⲤ ⲚⲈⲂⲢⲰ   also came from the cloud. So

Ϭ[Ⲉ] ⲀϤⲦⲀⲘⲒⲞ Ⲛ̅ⲤⲞⲞⲨ ⲚⲀⲄⲄⲈⲖⲞⲤ   18   Nebro created six angels—as well as

ⲀⲨⲰ ⲤⲀⲔⲖⲀⲤ ⲈⲦⲠⲀⲢⲀⲤⲦⲀⲤⲒⲤ   Saklas—to be assistants,

ⲀⲨⲰ ⲚⲀⲒ̈ ⲀⲨⲬⲠⲞ Ⲙ̅ⲘⲚ̅ⲦⲤⲚⲞ   20   and these produced twelve

ⲞⲨⲤ ⲚⲀⲄⲄⲈⲖⲞⲤ ϨⲚ Ⲙ̅ⲠⲎⲨⲈ   angels in the heavens,

ⲀⲨⲰ ⲀⲨⲬⲒ ⲚⲞⲨⲘⲈⲢⲞⲤ ⲈⲠⲞⲨⲀ   22   with each one receiving a portion

ϨⲚ̅ Ⲙ̅ⲠⲎⲨⲈ : ⲀⲨⲰ ⲠⲈⲬⲀⲨ Ⲛ̅   in the heavens. And the

Ϭ Ⲓ ⲠⲘⲚ̅ⲦⲤⲚⲞⲞⲨⲤ Ⲛ̅ⲀⲢⲬⲰⲚ   24   twelve rulers spoke

ⲘⲚ̅ ⲠⲘⲚ̅ⲦⲤⲚⲞⲞⲨⲤ ⲚⲀⲄⲄⲈⲖⲞⲤ   with the twelve angels:

ⲬⲈ ⲘⲀⲢⲈ ⲠⲞⲨⲀ ⲠⲞⲨⲀ Ⲙ̅ⲘⲰⲦⲚ̅   26   'Let each of you

>>>>>_   >[>>>]>_   >>>>>_

---

1   Ⲛ̅Ⲁ : the supralinear stroke seems to end over the ⲁ, and the traces that follow do not fit with ⲏ, so that a
     restoration ⲈⲖⲎ[ⲀⲚⲐ is not probable; cf. also the form ⲀⲖⲖⲰⲚ for ⲀⲖ(ⲁ)ⲰⲚⲀⲒⲞⲤ in *James* p. 26,13.

3   From here through p. 52,17, cf. *Holy Book of the Great Invisible Spirit* (or *Egyptian Gospel*, NHC III,2) pp. 56,22-
     58,14.

9   Ⲛ̅ⲦϬⲎⲠⲈ : ⲧ *supra lin.*

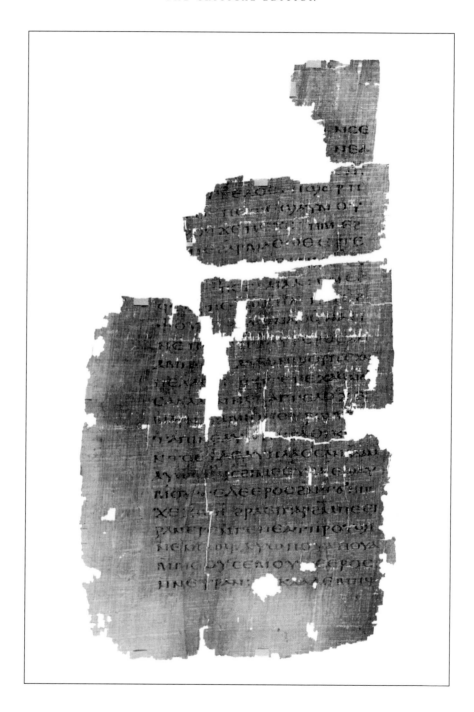

[ⲚⲂ]

[52]

[ ] . *vac* ⲚⲤⲈ		[---] and let them
[ⲅⲉ] *vac* ⲚⲈⲀ	2	[---] generation
[ ]Ⲉ Ⲛ :		[---]
[†ⲞⲨ Ⲛ]ⲀⲄⲄⲈⲖⲞⲤ : ⲠⲰⲞ *vac* ⲢⲠ̀	4	[five] angels.' The first
[ⲠⲈ Ⲥ]ⲎⲐ *vac* ⲠⲈⲦⲈ ⲰⲀⲨⲚ *vac* ⲞⲨ		is [Se]th, who is
[ⲦⲈ Ⲉ]ⲢⲞⲩ ⲬⲈ ⲠⲈⲬ̅Ⲥ̅ : ⲠⲘ *vac* Ⲉ̅Ⲯ̅	6	called 'the Christ.' The
[ⲤⲚⲀ]Ⲩ ⲠⲈ Ⲅ̅ⲀⲢⲘⲀⲐⲰⲐ Ⲉ *vac* ⲦⲈ		[second] is Harmathoth, who
[. . . . . .] . . [.] . . Ⲉ : ⲠⲘⲈ *vac* Ϩ :	8	is [---]. The
[ⲰⲞⲘⲚ̅]Ⲧ ⲠⲈ Ⲅ̅ⲀⲖⲒⲖⲀ̅ : ⲠⲘⲈϨ		[third] is Galila. The
ⲩⲦⲞ[Ⲟ]Ⲩ ⲠⲈ Ⲓ̅ⲰⲂⲎⲖ̅ : ⲠⲘⲈϨ	10	fourth is Yobel. The
†ⲞⲨ [Ⲡ]Ⲉ ⲀⲖ̅ⲰⲚⲀⲒⲞⲤ̅ : ⲚⲀⲈⲒ		fifth is Adonaios. These
ⲚⲈ Ⲡ†[Ⲟ]Ⲩ Ⲛ̅ⲦⲀⲨⲢ ⲈⲢⲞ ⲈⲬⲚ̅	12	are the five who ruled over
ⲀⲘⲚⲦ[Ⲉ :] ⲀⲨⲰ Ⲛ̅ⲰⲞⲢⲠ ⲈⲬⲚ̅		the underworld, and first of all over chaos.
ⲠⲈⲬⲀⲞ[Ⲥ] : *vac* ⲦⲞⲦⲈ ⲠⲈⲬⲀⲩ Ⲛ̅ϬⲒ	14	Then Saklas
ⲤⲀⲔⲖⲀ[Ⲥ] Ⲛ̅ⲚⲈⲩⲀⲄⲄⲈⲖⲞⲤ ⲬⲈ :		said to his angels,
ⲘⲀⲢⲚ *vac* ⲦⲀⲘⲒⲞ ⲚⲞⲨⲢⲰⲘⲈ [ⲔⲀ]	16	'Let us create a human being
ⲦⲀ ⲠⲒⲚⲈ ⲀⲨⲰ ⲔⲀⲦⲀ ⲐⲒⲔⲰ[Ⲛ]		after the likeness and after the image.'
Ⲛ̅ⲦⲞⲞⲨ ⲆⲈ ⲀⲨⲠⲖⲀⲤⲤⲀ Ⲛ̅ⲀⲆⲀⲘ	18	And they fashioned Adam
ⲀⲨⲰ ⲦⲈⲩⲤϨⲒⲘⲈ Ⲉⲩ̅ϨⲀ Ⲉ ⲰⲀⲨ		and his wife Eve. But
ⲘⲞⲨⲦⲈ ⲆⲈ ⲈⲢⲞⲤ ϨⲚ̅ Ⲧ̅ϬⲎⲠⲈ	20	she is called, in the cloud,
ⲬⲈ Ⲍ̅ⲰⲎ *vac* Ϩ̅ⲢⲀⲈⲒ ⲄⲀⲢ ϨⲚ̅ ⲠⲈⲈⲒ		'Zoe.' For by this
ⲢⲀⲚ ⲈⲢⲈ Ⲛ̅ⲄⲈⲚⲈⲀ ⲦⲎⲢⲞⲨ ⲰⲒ	22	name all the generations seek
ⲚⲈ Ⲛ̅ⲤⲰⲩ : ⲀⲨⲰ ⲠⲞⲨⲀ ⲠⲞⲨⲀ		him (i.e., Adam), and each
Ⲙ̅ⲘⲞⲞⲨ ⲤⲈⲘⲞⲨⲦⲈ ⲈⲢⲞⲤ	24	of them calls her (i.e., Eve)
Ⲙ̅ⲠⲈⲨⲢⲀⲚ : [ⲤⲀ]ⲔⲖⲀ ⲆⲈ Ⲙ̅Ⲡⲩ̅		by their names. Now, Sakla did not

---

4   [†ⲞⲨ Ⲛ̅] : restored by *Nagel*.

5   Ⲥ]ⲎⲐ : the letter before Ⲑ is certainly not ⲱ, so the name ⲀⲐ]ⲰⲐ that we find in the parallel texts (cf. the *Secret Book of John* and the *Holy Book of the Great Invisible Spirit*) is excluded. If we expect a vowel here, the traces are only compatible with an Ⲏ.

22-23   The reference of ⲠⲞⲨⲀ ⲠⲞⲨⲀ Ⲙ̅ⲘⲞⲞⲨ, "each of them," is not clear. It cannot refer to the "generations," because in that case we would expect the feminine.

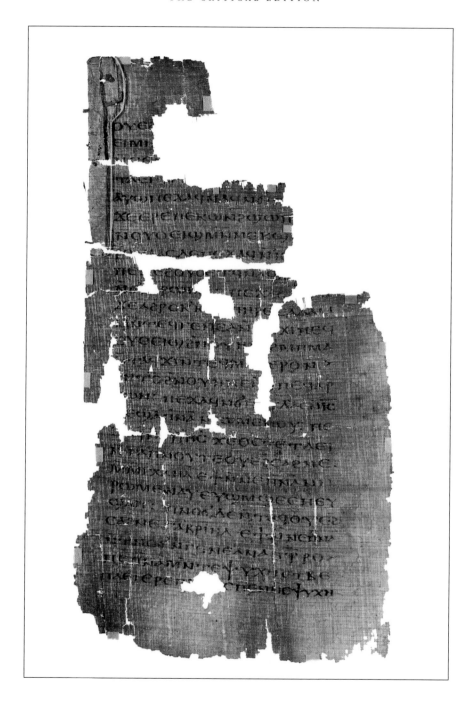

[ΝΓ] [53]

ογε2 [ca2νε]		com[mand ---]
ειмн[τι]	2	except [---]
ñгεн[εα]		the gene[rations ---]
ταει . . [. . . .] . [ ]	4	this [---].
αγω πεχαϥ ναϥ ñϭι π[αρχων]		And the [ruler] said to him,
χε ερε πεκωн2̣ ϣωπ[ε ± . . . .]	6	'Your life will last [---]
ñογοειϣ мñ νεκϣн[ρε : >>>]		time with your children.' "
ϊογΔαc Δε πεχαϥ ñϊ̄c̄ [χε ογ]	8	And Judas said to Jesus, "[What]
πε πε2ογο ετϥναωн[2 >–]		is the extent (of time?) that the
ñϭι [π]ρωм[ε] : vac πεχαϥ [ñϭι] ϊ̄н̄c̄	10	human being will live?" Jesus said,
χε α2̄ρ̄οκ' κρ [ϣ]пнρε [χ]ε αΔαм		"Why are you wondering about this, that
мñ τεϥгενεα ñτ[α]ϥχι πεϥ	12	Adam, with his generation, has received his
ογοειϣ 2ñ ογнп[ε] 2ñ пма		span of life in such a number in the
ñταϥχι ñτεϥмн[τε]ρο ñ >–	14	place where he has received his
2нτc̄ sic {2ñ ογнпε} мñ πεϥαρ		kingdom {in such a number}, with his
χων : πεχαϥ ñϭι ϊ̄[ο]γΔαc ñϊ̄c̄	16	ruler?" Judas said to Jesus,
[χ]ε ϣαϊπā ñρωме μογ : πε		"Does the human spirit die?"
χαϥ ñϭι ϊ̄н̄c̄ χε θε τε ταει	18	Jesus said, "In this way
ñταπνογτε ογε2 ca2νε		God ordered
м̄мϊχαнā ετ ñνεπñā νν	20	Michael to give the spirits of
ρωме ναγ εγϣñϣε επεγ		people to them as a loan, so that they
ϣαπ : πνοϭ Δε ñταϥογε2̄	22	might offer service. But the Great One
ca2νε <ε>гαβрнā ετ ñνεπñā		ordered Gabriel to grant spirits to the
ñτνοϭ ñгενεα ñατρρο >–	24	great generation with no ruler over it—
πεπñā мñ τεψγχн ετβε		the spirit and the soul. Therefore,
παει ερε πκ[εc]επε ñνεψγχн	26	the [rest] of the souls

5   π[αρχων] : for the restoration, cf. l. 15.

6-7   The difficulty in restoring this line is due to the fact that the exact meaning of 2ñ ογнπε in l. 13 is not clear. It may be understood as signifying either "in such a large number" or "in such a restricted number"; cf. *Crum* 527 b where the Greek equivalents range from πλῆθος, "multitude," to μέτρον, "measure." Possible restorations are ϣωπ[ε ñνοϭ] ñογοειϣ, "your life will last [for a long] time," or ϣωπ[ε νακ] ñογ(ογ)οειϣ, "your life will last [for you] for a time," as *Nagel* suggests.

9   The exact meaning of 2ογο is unclear in this context.

15   The repetition of 2ñ ογнπε in this line is probably due to dittography (cf. l. 13).

17   ϣα- : variant spelling for ϣαρε-.

26   πκ[εc]επε : the ε looks like a c, but the horizontal stroke seems to have broken away with a fiber of papyrus.

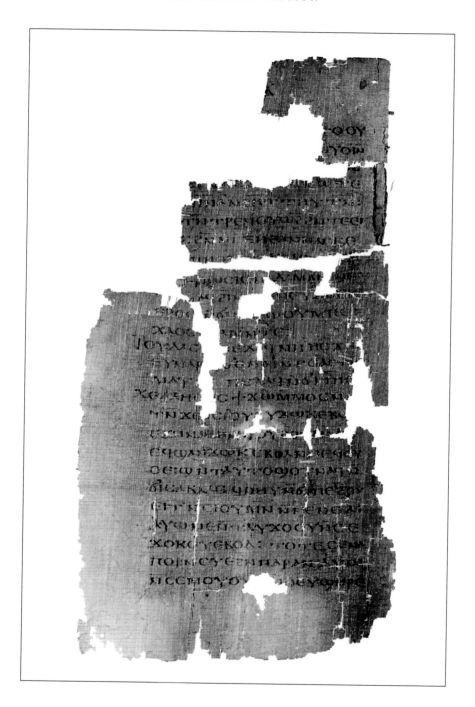

[N̄]A̅ [5]4

[   ] ⲧⲟⲟⲩ   [---]
[   ] ⲟⲩⲟⲓ̈ⲛ   2   [---] light
[   ] . [.] ⲟ̣ⲥ̣   [---]
[   ] ⲉ̣ . . . ⲉ̅x [. . .] ⲉⲕⲱⲧⲉ   4   [---] surround
[   ] . ⲡⲛ̅ⲁ̅ ⲛ̄ϩⲏⲧⲧⲏⲩⲧⲛ̄ :   [---] spirit within you (pl.),
[ⲛ̄ⲧⲁ]ⲧⲛ̄ⲧⲣⲉϥⲟⲩⲱϩ̣ ϩⲛ ⲧⲉⲉⲓ   6   [which] you have let dwell in this
[ⲥⲁⲣ]ⲝ : ϩⲛ̄ ⲛ̄ⲅⲉⲛⲉⲁ ⲛ̄ⲛⲁⲅⲅⲉ   [flesh] (coming) from the generations
[ⲗⲟⲥ :] ⲡⲛⲟⲩⲧⲉ ⲇⲉ ⲁϥⲧ[ⲣ]ⲉ̣ⲩ   8   of angels. But God caused
[ϯ ⲧ]ⲉⲅⲛⲱⲥⲓⲥ ⲛ̄ⲁⲇⲁⲙ ⲙ̄[ⲛ] ⲛⲉ   knowledge to be [given] to Adam and
ⲧ[ⲛⲉ]ⲙⲁϥ ϩⲓⲛ[ⲁ ⲭ]ⲉ̣ ⲛⲉⲩⲣ̅ ⲭⲟⲉⲓⲥ   10   those with him, so that the kings of chaos
ⲉⲣⲟⲟ[ⲩ] ⲛ̄ϭⲓ ⲛ̣[ⲉ̣]ⲣⲱⲟⲩ ⲛ̄ⲡⲉ   and the underworld might not
ⲭⲁⲟⲥ ⲙ̄[ⲛ̄] ⲁⲙⲛ̄ⲧⲉ :   12   lord it over them."
ⲓ̈ⲟⲩⲇⲁⲥ [ⲇⲉ] ⲡⲉⲭⲁϥ ⲛ̄{ⲓ̈}ⲓ̅ⲏ̅ⲥ̅ ⲭⲉ   [And] Judas said to Jesus,
ⲉⲩⲛⲁⲣ [ⲟ]ⲩ̣ ϭⲉ ⲛ̄ϭⲓ ⲛ̄ⲅⲉⲛⲉⲁ ⲉⲧⲛ̄ 14   "So what will those generations
ⲙⲁⲩ : [ᵛᵃᶜ]ᵃᵗ ⲡⲉⲭⲁϥ ⲛ̄ϭⲓ ⲓ̅ⲏ̅ⲥ̅   do?" Jesus said,
ⲭⲉ ⲁⲗⲏⲑⲱⲥ ϯⲭⲱ ⲙ̄ⲙⲟⲥ ⲛⲏ   16   "Truly I say to you (pl.),
ⲧⲛ̄ ⲭⲉ ⲛ̄ⲥⲓⲟⲩ ⲉⲩⲭⲱⲕ ⲉⲃⲟ[ⲗ]   above them all, the stars bring matters
ⲉⲭⲛ̄ ⲛⲁⲉⲓ ⲧⲏⲣⲟⲩ ϩⲟⲧⲁⲛ ⲇⲉ   18   to completion. And when
ⲉϥϣⲁⲛⲭⲱⲕ ⲉⲃⲟⲗ ⲛ̄ⲡⲉϥⲟⲩ   Saklas completes the span of time
ⲟⲉⲓϣ ⲛ̄ⲧⲁⲩⲧⲟϣⲟⲩ ⲛⲁϥ ⲛ̄   20   assigned for him,
ϭⲓ ⲥⲁⲕⲗⲁⲥ ϥⲛⲏⲩ ⲛ̄ϭⲓ ⲡⲉⲩϩⲟⲩ   their first star
ⲉⲓⲧ ⲛ̄ⲥⲓⲟⲩ ⲙⲛ̄ ⲛ̄ⲅⲉⲛⲉⲁ :   22   will appear with the generations,
ⲁⲩⲱ ⲛⲉⲛⲧⲁⲩⲭⲟⲟⲩ ⲛ̄ⲥⲉ   and they will finish
ⲭⲟⲕⲟⲩ ⲉⲃⲟⲗ : ⲧⲟⲧⲉ ⲥⲉⲛⲁ   24   what has been said (above). Then
ⲡⲟⲣⲛⲉⲩⲉ ϩⲛ̄ ⲡⲁⲣⲁⲛ ⲁⲩⲱ   they will fornicate in my name and
ⲛ̄ⲥⲉⲙⲟⲩⲟⲩ[ⲧ] ⲛ̄ⲛⲉⲩϣⲏⲣⲉ   26   slay their children

---

5   "within you (pl.)" : here Jesus addresses the twelve (?) again, as he does in l. 16 ("to you [pl.]"). Perhaps a new
     scene opens in the first four lines of this page; cf. the introduction.
6   [ⲛ̄ⲧⲁ]ⲧⲛ̄-, that is, in standard Sahidic, [ⲛ̄ⲧⲁⲧⲉ]ⲧⲛ̄- or [ⲉⲛⲧⲁⲧⲉ]ⲧⲛ̄-; cf. above, the notes to pp. 34,8 and 37,26.
9   [ϯ] : or [ⲛ̄], "[brought]," or the like.
10   ⲛⲉⲩⲣ̅ ⲭⲟⲉⲓⲥ : ⲣ̅ *supra lin.*
9-10 ⲛⲉ|ⲧ[ⲛⲉ]ⲙⲁϥ : only the very left part of the ⲧ̣ is preserved.
21   ⲡⲉⲩϩⲟⲩⲉⲓⲧ : first ⲩ *supra lin.*
23   "what has been said (above)" : cf. p. 38 and p. 40.

ⲚⲈ   55

ⲀⲨⲰ Ⲛ[ⲤⲈ _____]	and [they will ---]
ⲀⲨⲰ Ⲛ [_____] 2	and [---]
[.] . ⲚⲨ [_____]	[---]
4	

about 5 lines missing   6

8

. . . ⲢⲞ . . . Ⲣ . . [Ϩ]Ⲛ ⲠⲀⲢⲀⲚ	[--- in] my name,
ⲀⲨⲰ {ⲀⲨⲰ} ⳝⲚⲀⲢ Ⲉ[ⲢⲞ Ⲛϭⲓ] ⲠⲈⲔⲤⲒⲞⲨ 10	and your star will ru[le] over the
ⲈⲬⲚ ⲠⲘⲈϨⲘⲚⲦ[ϢⲞⲘ]ⲦⲈ ⲚⲀⲓⲱ̄	[thir]teenth aeon."
ⲘⲚⲚⲤⲰⲤ ⲆⲈ Ⲁⳙ[ⲤⲰⲂ]Ⲉ Ⲛϭⲓ Ⲓ̄Ⲏ̄Ⲥ̄ 12	And after that Jesus [laughed].
[ⲠⲈⲬ]Ⲁⳙ Ⲛ[ϭⲓ Ⲓ̈ⲞⲨⲆⲀⲤ] ⲬⲈ ⲠⲤⲀϨ̄	[Judas said], "Master,
[ⲈⲦⲂⲈ ⲞⲨ ⲔⲤⲰⲂⲈ ⲚⲤⲰⲚ :] ⲀⳙⲞⲨⲰ 14	[why are you laughing at us]?"
[ϢⲂ̄ Ⲛϭⲓ Ⲓ̈Ⲏ̄Ⲥ̄ ⲠⲈⲬⲀⳙ Ⲭ]Ⲉ ⲈⲈⲒⲤⲰ	[Jesus] answered [and said], "I am not
[ⲂⲈ Ⲛ̄ⲤⲰⲦ]Ⲛ Ⲁ[Ⲛ : Ⲁⲗ]ⲖⲀ [Ⲛ̄]ⲤⲀ ⲦⲈⲠⲖⲀ 16	laughing [at] you but at the error
ⲚⲎ Ⲛ̄ⲚⲤⲒⲞⲨ Ⲭ[Ⲉ] ⲠⲈⲈⲒⲤⲞⲞⲨ Ⲛ̄	of the stars, because these six
ⲤⲒⲞⲨ ⲠⲖⲀⲚⲀ ⲘⲚ̄ ⲠⲈⲈⲒϮⲞⲨ Ⲛ̄ⲠⲞ 18	stars wander about with these five
ⲖⲈⲘⲒⲤⲦⲎⲤ ⲀⲨⲰ ⲚⲀⲒ̈ ⲦⲎⲢⲞⲨ ⲤⲈ	combatants, and they all will be
ⲚⲀⲦⲀⲔⲞ ⲘⲚ̄ ⲚⲈⲨⲔⲦⲒⲤⲘⲀ : 20	destroyed along with their creatures."
Ⲓ̈ⲞⲨⲆⲀⲤ ⲆⲈ ⲠⲈⲬⲀⳙ Ⲛ̄Ⲓ̄Ⲏ̄Ⲥ̄ ⲬⲈ ϨⲒ ⲈⲨ	And Judas said to Jesus, "What
ⲚⲀⲢ ⲞⲨ Ⲛϭⲓ ⲚⲈⲚⲦⲀⲨⲬⲰⲔⲘ̄ ⟶ 22	will those who have been baptized
ϨⲚ̄ ⲠⲈⲔⲢⲀⲚ : *vacat*	in your name do?"
ⲠⲈⲬⲀⳙ Ⲛϭⲓ Ⲓ̄Ⲏ̄Ⲥ̄ ⲬⲈ ⲀⲖⲎⲐⲰⲤ Ϯ 24	Jesus said, "Truly I
ⲬⲰ ⲘⲘⲞ[Ⲥ ⲚⲀⲔ] ⲬⲈ ⲠⲈⲈⲒⲬⲰⲔⲘ̄	say [to you], this baptism

1	After mentioning the "fornicators" and the "slayers of children" (cf. pp. 38 and 40) in the preceding lines, the text may have read here ⲀⲨⲰ Ⲛ[ⲤⲈⲚ̄ⲔⲞⲔⲦⲈ ⲘⲚ̄ ϨⲞⲞⲨⲦ]	ⲀⲨⲰ Ⲛ[ⲤⲈ-, "and [they will sleep with men]	and [they ---]," or the like.
10	ⲤⲒⲞⲨ : ⲞⲨ written in ligature.
14	Or, [ⲀϨⲢⲞⲔ ⲔⲤⲰⲂⲈ Ⲛ̄ⲤⲰⲚ]; the restoration is tentative, but cf. p. 34,2-3.
17	The letter Ⲛ at the beginning of the line is physically missing today. It is extant in older photographic evidence supplied by *Hedrick*.

ⲚⳞ   56

[	ϩⲛ] ⲡⲁⲣⲁⲛ		[--- in] my name.
[	] ⲙⲏ >>	2	[---]
[	] ⲛ̣ [. . .]		[---]
		4	
	about 5 lines missing	6	
		8	
. . ⲟ . [	] ⲉⲱ [. . .]		[---]
ⲙⲟⲩ [	] ⲟ̣ . ⲉ ⲉⲣⲟ̈ : *vacat*	10	[---] to me.
ⲁⲗⲏⲑⲱⲥ [†ⲭ]ⲱ ⲙ̄ⲙⲟⲥ ⲛⲁⲕ̓ ⲓⲟⲩ			Truly [I] say to you,
ⲇⲁ ⲭⲉ ⲛ[ⲉⲧⲧ]ⲁⲗⲉ ⲑⲩⲥⲓⲁ ⲉϩⲣⲁ̈ⲓ	12		Judas, those [who] offer sacrifices
ⲛⲥⲁⲕⲗⲁ[ⲥ ⲛ]ⲟⲩⲧ[ⲉ]			to Saklas [---] divine [---]
ⲭⲉ ⲛϩ [ ]	14		[---]
ⲭⲛ̄ ⲡ [ ]			[---]
ⲣⲟⲩ . [.] . [ ]	16		[---]
ϩⲱⲃ ⲛⲓⲙ ⲉ[ⲩ]ϩⲟⲟⲩ ⲛⲧⲟⲕ			everything that is evil. But
ⲇⲉ ⲕⲛⲁⲣ̄ ϩⲟⲩⲟ ⲉⲣⲟⲟⲩ ⲧⲏ	18		you will exceed all of them.
ⲣⲟⲩ ⲡⲣⲱⲙⲉ ⲅⲁⲣ ⲉⲧⲣ ϥⲟ			For you will sacrifice
ⲣⲉⲓ ⲙ̄ⲙⲟⲉⲓ *vac* ⲕⲛⲁⲣ ⲑⲩⲥⲓⲁⲥⲉ	20		the man who bears me.
ⲙ̄ⲙⲟϥ ⲏⲇⲏ ⲁⲡⲉⲕⲧⲁⲡ ⲭⲓⲥⲉ			Already your horn has been raised,
ⲁⲩⲱ ⲡⲉⲕϭⲱⲛⲧ̄ ⲁϥⲙⲟⲩϩ̄	22		and your wrath has been kindled,
ⲁⲩⲱ ⲡⲉⲕⲥⲓⲟⲩ ⲁϥⲭⲱⲃⲉ ⲁⲩ			and your star has passed by, and
ⲱ ⲡⲉⲕϩⲏⲧ̄ ⲁ[ϥⲁⲙⲁϩ]ⲧⲉ >>>>>>	24		your heart has [become strong].

---

11   ⲙ̄ⲙⲟⲥ : ⲥ *supra lin.*

17   ⲉ[ⲩ]ϩⲟⲟⲩ : the ϩ is missing today. It is legible in older photographic evidence—and in a transcription based on
      that evidence—supplied by *Hedrick*.

ⲛ̄[ⲍ̄]   5[7]

ⲁⲗⲏⲑ[ⲱⲥ ϯⲭⲱ ⲙ̄ⲙⲟⲥ ⲛⲁⲕ ⲭⲉ] ⲛⲉⲕ   Truly [I say to you], your

ϩⲁⲉⲟ[ⲩ   ] ⲱ   2   last [---],

ⲡ [.] . [ⲱ]ⲱⲡⲉ   [---] become

[   ] . . ⲟ   4   [---]

[   ] ⲙⲉ :   [---]

[ⲁⲱ ⲁ]ϩⲟⲙ >—   6   [---grie]ving

[   ] ⲟⲟⲩ   [---]

[   ] . [. . . .] . [.] . [ ] ⲡⲁⲣ   8   [---] the ru[ler],

[ⲭⲱⲛ] ⲉϥϥⲱⲧⲉ ⲉⲃⲟⲗ : [ⲁⲩ]ⲱ ⲧⲟ   since he will be destroyed. [And] then

ⲧⲉ ϥⲛⲁⲭⲓⲥⲉ ⲛ̄ϭⲓ ⲡⲧ[ⲩ]ⲡⲟⲥ :   10   will the image of the great generation

ⲛ̄ⲧⲛⲟϭ ⲛ̄ⲅⲉⲛⲉⲁ ⲛ̄[ⲁ̄]ⲇⲁⲙ ⲭⲉ   of Adam be exalted, for

ϩⲁ̄ ⲧⲉϩ̄ⲛ ⲛ̄ⲧⲡⲉ ⲙⲛ̄ [ⲡ]ⲕⲁϩ ⲙⲛ̄ ⲛ   12   prior to heaven, earth, and the

ⲁⲅⲅⲉⲗⲟⲥ ⲥ̄ⲱⲟⲟ[ⲡ ⲛ̄]ϭⲓ ⲧⲅⲉⲛⲉ   angels, that generation, which is

ⲁ ⲉⲧⲙ̄ⲙⲁⲩ ⲉⲃⲟⲗ ϩⲓⲧⲛ̄ ⲛⲁⲓⲱⲛ :   14   from the aeons, exists.

ⲉ̄ⲓⲥ ϩⲏⲏⲧⲉ ⲁⲩⲭⲉ ϩⲱ[ⲃ] ⲛⲓⲙ ⲉⲣⲟⲕ   Look, you have been told everything.

ϥⲓ ⲉⲓⲁⲧⲕ ⲉϩⲣⲁⲉⲓ ⲛⲣ̄[ⲛ]ⲁⲩ ⲉⲧϭⲏ   16   Lift up your eyes and look at the

ⲡⲓ ⲁⲩⲱ ⲡⲟⲩⲟⲓ̈ⲛ ⲉⲧⲛ̄ϩⲏⲧⲥ̄ :   cloud and the light within it

ⲁⲩⲱ ⲛ̄ⲥⲓⲟⲩ ⲉⲧⲕⲱⲧⲉ ⲉⲣⲟⲥ   18   and the stars surrounding it.

ⲁⲩⲱ ⲡⲥⲓⲟⲩ ⲉⲧⲟ ⲙ̄ⲡⲣⲟⲛⲅⲟⲩ :   And the star that leads the

ⲙⲉⲛⲟⲥ ⲛ̄ⲧⲟϥ ⲡⲉ ⲡⲉⲕⲥⲓⲟⲩ >—   20   way is your star."

ⲓ̈ⲟⲩⲇⲁⲥ ⲇⲉ ⲁϥϥⲓⲁⲧϥ̄ ⲉϩ̄ⲣⲁⲉⲓ >—   So Judas lifted up his eyes

ⲁϥⲛⲁⲩ ⲉⲧϭⲏⲡⲉ ⲛ̄ⲟⲩⲟⲓ̈ⲛ ⲁⲩ   22   and saw the luminous cloud,

ⲱ ⲁϥϥⲱⲕ ⲉϩ̄ⲟⲩⲛ ⲉⲣⲟⲥ ⲛⲉ   and he entered it. Those

ⲧⲁϩⲉⲣⲁⲧⲟⲩ ϩⲓ ⲡⲉⲥⲏⲧ : ⲁⲩ   24   standing on the ground

ⲥⲱⲧⲙ ⲉⲩⲥⲙⲏ ⲉⲥⲛⲏⲩ ⲉⲃⲟⲗ   heard a voice coming from

ϩⲛ̄ ⲧϭⲏⲡⲉ ⲉ[ⲥ]ⲭⲱ ⲙ̄ⲙⲟⲥ >—   26   the cloud, saying,

1-10   End of lines on fragment "Ohio 4582"; cf. the chapter on codicology.

23   "he entered it" : the antecedent of the 3rd person masc. sing. pronoun is probably Judas, but conceivably it could be Jesus, as *Sasagu Arai* and *Gesine Schenke Robinson* have suggested.

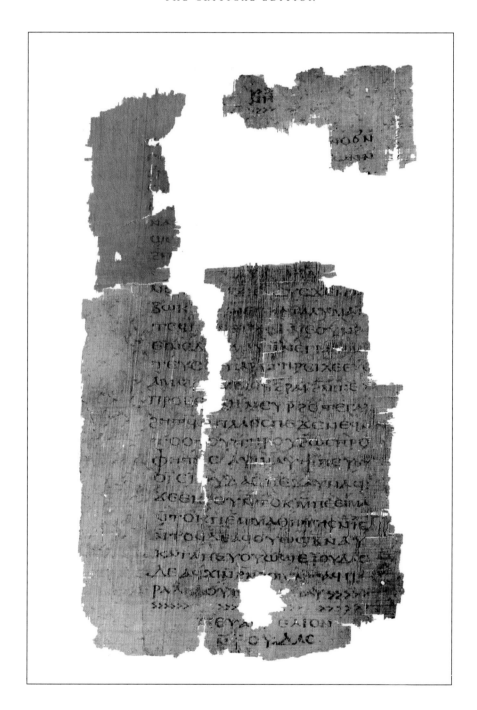

ⲛⲏ̅   58

ⲭ[ⲉ	ⲧ]ⲛⲟϭ ⲛ		"[--- the] great
ⲅⲉ[ⲛⲉⲁ	ϩ]ⲓ̈ⲕⲱⲛ ⲛ̅	2	gene[ration ---] image
ϭⲓ . [	] . [.]ⲁⲩ		[---] and
ⲱ ⲁ [	]	4	[---]
ⲛ̅ . . [	]		[---]
ⲛⲁⲩ [	]	6	[---]
ⲱⲱ [	]		[---]
ϩⲛ̅ [	]	8	[---]
ⲛ̅ [	] ᵛᵃᶜ ⲁⲩⲕⲣⲙ̅ⲣ̅ⲛ̅ ᵛᵃᶜ [ⲗⲉ]		[--- And] their
ⲛϭⲓ ⲛ[ⲉ]ⲩ̣ⲁⲣⲭⲓⲉⲣⲉⲩⲥ ⲭⲉ ⲛ̅ⲧⲁ[.]		10	high priests murmured because [---]
ⲃⲱⲕ̔ [ⲉϩⲟ]ⲩ̣ⲛ ⲉⲡⲕⲁⲧⲁⲗⲩⲙⲁ ⲛ̣			had gone into the guest room for
ⲧⲉϥⲡ[ⲣⲟ]ⲥ̣ⲉⲩⲭⲏ : ⲛⲉⲟⲩⲛ ϩⲟ		12	his prayer. But some of the
ⲉⲓⲛⲉ ⲁ[ⲉ ⲛ̅]ⲙⲁⲩ ⲛ̅ⲛⲉⲅⲣⲁⲙⲙⲁ			scribes were there
ⲧⲉⲩⲥ ⲉ[ⲩ]ⲡⲁⲣⲁⲧⲏⲣⲉⲓ ⲭⲉ ⲉⲩ̣ⲉ̣		14	watching carefully in order to
ⲁⲙⲁϩⲧ[ⲉ] ⲙⲙⲟϥ ϩ̅ⲣⲁⲓ̈ ϩⲛ̅ ⲧⲉ >			arrest him during the
ⲡⲣⲟⲥⲉ[ⲩ]ⲭⲏ ⲛⲉⲩⲣ̅ ϩ̅ⲟⲧⲉ ⲅⲁⲣ		16	prayer. For they were afraid
ϩⲏⲧ̅ϥ ⲙⲡⲗⲁⲟⲥ ⲡⲉ ⲭⲉ ⲛⲉϥⲛ̅			of the people, since he was regarded
ⲧⲟⲟⲧⲟⲩ ⲧⲏⲣⲟⲩ ϩ̅ⲱⲥ ⲡⲣⲟ		18	by all as a prophet.
ⲫⲏⲧⲏⲥ ⲁⲩⲱ ⲁⲩϯ ⲡⲉⲩⲟⲩ			And they approached
ⲟⲓ̈ ⲉⲓ̈ⲟⲩⲇⲁⲥ ⲡⲉⲭⲁⲩ ⲛⲁϥ :		20	Judas and said to him,
ⲭⲉ ⲉⲕⲣ ⲟⲩ ⲛ̅ⲧⲟⲕ ⲙ̅ⲡⲉⲉⲓⲙⲁ			"What are you doing here?
ⲛ̅ⲧⲟⲕ ⲡⲉ ⲡⲙⲁⲑⲏⲧⲏⲥ ⲛ̅ⲓ̅ⲥ̅		22	You are Jesus' disciple."
ⲛ̅ⲧⲟϥ ⲇⲉ ⲁϥⲟⲩⲱϣ̅ⲃ ⲛⲁⲩ			And he answered them
ⲕⲁⲧⲁ ⲡⲉⲩⲟⲩⲱϣⲉ ⲓ̈ⲟⲩⲇⲁⲥ		24	as they wished. And Judas
ⲇⲉ ⲁϥϫⲓ ⲛ̅ϩ̅ⲛ̅ϩⲟⲙⲛⲧ ⲁϥⲡⲁ			received money and
ⲣⲁⲇⲓⲇⲟⲩ ⲙ̅[ⲙⲟ]ϥ ⲛⲁⲩ >>>>>—		26	handed him over to them.
>>>>>> >>> >>> >>>>>>			
ⲡⲉⲩⲁⲅⲅⲉⲗⲓⲟⲛ			The Gospel
ⲛ̅ⲓ̈ⲟⲩⲇⲁⲥ		28	of Judas

1-10   Beginning of lines on fragment "Ohio 4583"; cf. the chapter on codicology.

10   ⲛϭⲓ ⲛ[ⲉ]ⲩ̣ⲁⲣⲭⲓⲉⲣⲉⲩⲥ : the faint ink traces of the letters ⲓ, ⲩ and ⲁ are legible in older photographic evidence only. At the end of the line, ⲛ̅ⲧⲁ [.] may be restored to either ⲛ̅ⲧⲁ[ⲩ-], "[they]," or ⲛ̅ⲧⲁ[ϥ-], "[he]." Since the word ⲕⲁⲧⲁⲗⲩⲙⲁ in l. 11 is a clear allusion to Mark 14:14 and Luke 22:11—that is, the place where Jesus wished to eat the Passover (the last supper) together with his disciples (cf. p. 33,4-6, "three days before he celebrated Passover")—the plural is probably more plausible. The question of the scribes in l. 21 also seems to presuppose that the disciples are together with Jesus in the "guest room"; cf. the introduction.

L'Évangile de Judas

Traduction Française

Rodolphe Kasser

(p. 33) Logos°¹ secret de (s)a déclaration (solennelle°), | énoncé par Jésus°°² (en dialoguant) avec | Judas°° l'Iscariote°°, en | huit jours, trois ⁽⁵⁾ jours avant qu'il ait fait la | Pâque°³.

[Aperçu général et plan de l'ouvrage: sa totalité, 33,1-58,26 peut se répartir grosso modo (et avec des transitions pas toujours très nettes) comme suit: définition initiale 33,1-6 et introduction narrative 33,6-21; *corps* de l'ouvrage, riche succession d'éléments doctrinaux 33,22-58,5(?); conclusion narrative 58,6-26 et titre final 58,27-28. Détails du *corps doctrinal* central, à répartir éventuellement en huit "chapitres" (exposés pendant les "huit jours", 33,1?): I: 33,22-36,10 Jésus confronté aux Douze; II: 36,11-37,20 Jésus informe les Douze sur la Grande Génération sainte, son lieu d'origine; III: 37,20-44,14 Première vision, celle des Douze (commentaires de Jésus); IV: 44,15-47,1 Seconde vision, celle de Judas (commentaires de Jésus); V: 47,1-50,19 Révélation de la cosmogonie universelle; VI: 50,19-53,7 Révélation de la création de l'homme; VII: 53,8-56,9 Avenir de l'homme; VIII: 56,10-58,5(?) Préparation du passage à l'acte, "livraison" du corps matériel de Jésus].

1. ⲗⲟⲅⲟ[ⲥ]: "parole (en mot à mot)", "discours", "traité"; et ⲁⲡⲟⲫⲁⲥⲓⲥ: "exposition (officielle)"; cf. l'introduction.
2. Dans cette version française, le signe ° indique un lexème grécopte et le signe °° indique un nom propre.
3. Fin de la *définition initiale*.

Lorsqu'il s'est manifesté | sur la terre, il a fait | des miracles et de grands prodiges | pour le salut de l'humanité. (10) Et tandis que, d'une part°, quelques (hommes) [mar]chaient | dans le chemin de la justice° | (alors) que d'autres marchaient en leur | transgression°, les douze disciples°, | d'autre part°, ont été appelés (en vocation). (15) Il a commencé° à parler avec eux des | Mystères° qui (sont) au-dessus du | Monde-(Cosmos)° et qui existeront | jusqu'à (son terme). Or°, un (grand) nombre de fois il | ne s'est pas manifesté à ses (20) disciples° (banalement), mais° (c'est plutôt) comme …[4] | qu'on l'a trouvé (parvenu) au milieu d'eux[5]. |

Et[6] (c'est ainsi qu')un jour il a été en Judée°° | chez ses disciples°, | (et) qu')il les a trouvés installés (25) en réunion, s'exerçant° | à (pratiquer) le service divin. Lorsqu'il a | [rencon]tré (ainsi) ses disciples°, *(p. 34)* installés en réunion, prononçant l'action de | grâces[7] sur le pain°, [il a] souri. | [Alors°] les disciples° lui ont dit: | "Maître, pourquoi souris-tu de [notre] (5) action de grâces[8]? Ou qu'avons-nous (donc) fait? (C'est) ce | qu'il est convenable (de faire)."

Il a répondu, | disant: "Si je souris, ce n'est pas de vous; | et (je sais) que vous ne° faites pas cela en fonction | [de vo]tre (propre) volonté, mais° en fonction de la (10) bénédiction qu'en [tirera] votre 'Dieu'[9]!" |

Ils ont (répliqué), disant: "Maître, tu n'es | [(pas) ---], (toi), le 'Fils' de notre 'Dieu'[10]?" |

---

4. Comment traduire cet *hapax* ϩⲣⲟⲧ? En le rapprochant de B ϣⲣⲟⲧ "enfant"? Mais cette signification n'évoque aucune résonance dans le contexte. Songera-t-on alors à B ϩⲟⲣⲧⲩ "apparition (fantomatique)"? Cf. même ϩⲟⲣⲧ Hab. 3,10, rendant d'ailleurs φαντασία "apparition de choses qui font illusion", et s'accordant parfaitement avec les apparitions/disparitions successives (et mystérieuses) de Jésus dans le présent "évangile". De même en plusieurs passages néotestamentaires (Mt 14,26 et divers épisodes postérieurs à la résurrection).

5. Fin de l'*introduction narrative*.

6. Début du premier chapitre doctrinal: *Jésus confronté aux Douze*.

7. Litt. "faisant eucharistie" (grécopte ⲉⲩⲭⲁⲣⲓⲥⲧⲓ).

8. Litt. "eucharistie" (grécopte ⲉⲩⲭⲁⲣⲓⲥⲧⲓⲁ).

9. Entendre: de la bénédiction ou du bénéfice qu'il (y) trouvera et qui lui profitera. 'Dieu' inférieur, selon Jésus, et non pas l'Esprit suprême (ce qu'ignorent les disciples).

10. Ou: "Maître, toi [---] tu es le 'Fils' de notre 'Dieu'."

(Alors) Jésus°° leur a (rétorqué) et dit: | "En quoi me connaissez-vous? (15) Amen°, je vous le dis, | aucune génération° ne me connaîtra | d'entre les hommes qui (sont) parmi (?)[11] | vous."

[O]r°, lorsqu'ils ont entendu | ces (paroles), ses disciples° (20) ont commencé° à s'irriter° et à [---] | colère° et à blasphémer contre lui dans | leur coeur[12].

Alors° Jésus°°, lorsqu'il a | vu leur inintelligence, leur [a dit]: | "Pourquoi le trouble a-t-il entraîné (en vous) (25) la colère? Votre 'Dieu'[13], qui (est) | en vous, et [---][14] (p. 35) se sont irrités° contre[15] vos âmes°. | Celui qui, des hommes, est fort parmi vous, | qu'[il lais]se surgir° (?) l'hom[me] | parfait°, et (s'affirmant), le fasse se tenir debout (5) en présence de mon visage°!" |

Et tous ont dit: | "Nous sommes forts!"

Et (pourtant) leur esprit° n'a pu avoir | l'audace° de (l'affronter), au point de se tenir debout | en [sa] présence; (cela), à l'exception° de Judas°° (10) [l'Is]cariote°°; certes°, il lui a été possible | (de l'affronter), en se tenant debout en sa présence, | cependant° il ne lui a pas été possible de le fixer | du regard directement (?) avec son visage, ses yeux, m[ais°] | il (en) a détourné son visage.

Judas°° (donc) (15) lui a [dit]: "Je sais qui tu (es), | et (encore), de quel | lieu tu es [sor]ti. Tu es sorti de | l'éon° (l'éon) immortel° de Barbêlô°°, | et Celui qui t'a envoyé[16] (est) (20) Celui dont je ne suis pas digne de proférer[17] | le nom."

Alors°, sachant (qu'ainsi) | il pensait encore au reste (des réalités) | d'en-haut, Jésus°° lui a dit: "Sépare-toi | d'eux[18]! ... (et) je te dirai

---

11. Litt. "en vous". Entendre: les membres de votre communauté?
12. Le coeur (égycopte ϦΗΤ) est en copte le siège de l'intelligence plutôt que celui des sentiments.
13. Cf. note 9.
14. Reconstitution suggérée: "[ses serviteurs]", "[ses valets]"; ou "[ses puissances]".
15. Litt. "avec".
16. Litt. "produire" (ΤΑΥΟ).
17. Litt. "produire" (ΤΑΥΟ).
18. "Eux" = les douze disciples.

(25) les Mystères° du Royaume[19],| non° pas pour° que tu arrives là, (à ce Royaume),| mais° pour que tu soupires surabondamment; *(p. 36)* en effet°, un autre viendra (occuper) | ta place afin que° les | douze d[isciples] (redeviennent collectivement) | complets[20] en (la communauté de) leur 'Dieu'[21]."

(5) Et Judas°° lui a dit: | "En quel jour me diras-tu ces (révélations), | et (qu'ainsi) poindra le grand | j[ou]r de lumière pour[22] (?) (cette) génération°-|[là]?"

Mais° après qu'il eut formulé[23] ces (questions), (10) Jésus°° a cessé de (rester) tout près de lui[24]. |

Or°[25], lorsque le matin est arrivé, | il s'est [manifesté] (à nouveau) à ses disciples°, | et ils lui ont dit: "Maître, | où es-tu allé? ... (et) qu'as-tu fait, (15) quand tu as cessé de (rester) tout près de nous?"[26] |

Jésus°° leur a dit: "C'(est) vers une autre Grande | Génération° sainte (que) je suis allé." |

Ses disciples° lui ont dit: | "Seigneur, quelle (est cette) Grande Génération° (20) supérieure à[27] nous, plus sainte, | et qui n'(est) pas dans ces éons°-(ci), maintenant?" |

Et lorsque Jésus°° a entendu ces (questions), | il a souri (et) il leur a dit: | "Pourquoi (remuez-vous ces) pensées dans votre (25) coeur[28], à propos de la génération° | forte et sainte? *(p. 37)* Amen°, je vous le dis, (de) | tous (les êtres) engendrés de cet éon°-(ci), | (d'eux tous), aucun ne verra [cette génération°]-là, | ni° (encore), aucune armée° d'anges°

---

19. Cf. p. 45,25-26.

20. Litt. "achevés".

21. Cf. note 9.

22. Ou: "de" (?).

23. Litt. "dit".

24. Ou: "en contact avec lui" (Judas).

25. Début du second chapitre doctrinal: *Jésus informe les Douze sur la Grande Génération sainte, son lieu d'origine.*

26. Ou: "en contact avec nous".

27. Litt. "plus élevée que".

28. Cf. note 12.

(5) stellaires ne règnera sur cette | génération°-là, ni° (enfin) aucun (être) | engendré d'hommes mortels° ne pourra | l'accompagner[29]; car [cette gé]néra[tion°]-là | n'est pas issue de {---} qui (10) a existé [--- la gé]|nération° des homm[es qui (sont) parmi [vous] | est issue de la {géné}ration de | l'huma[nité ---] | {---} puissante (?) qui {---} (15) Puissan[ces° ---] | par [qui] vous régnez." |

Lorqu'ils ont entendu ces (paroles), [les] | disciples° ont été stupéfaits e[n leur] | esprit°, chacun d'eux; ils n'ont pas trouvé (20) quoi (lui) dire.

Il[30] est venu vers [eux un] | autre jour, Jésus°°, ils lui ont dit : | "Maître, nous t'avons vu en une [vision]; | car° nous avons vu de grands rê[ves] | [la] nuit passée (?)."

(25) [Il a dit]: "Pourquoi avez-[vous (?) ---] | [--- et (?)] vous v[ous] êtes cachés?"

(p. 38) Eux alors° [ont dit: "Nous avons vu] | une grande mai[son, dans laquelle est un gr]and | aut[el°, et] douze | homme(s) — nous dirions (volontiers) (5) que ce (sont) les prêtres, et < --- > un (seul) nom — | en plus°, en foule (très nombreuse sont) | ceux qui persévèrent° dans (l'usage de) cet | autel°-là, | (attendant) que les prêtres [accomplissent (?)] (10) [et introduisent (?)] les offrandes (liturgiques) —. Nous, | [nous] y persévérions° [nous aussi]." |

[Jésus°° a dit]: "De quelle sor[te sont-ils,] | [ces (fameux) prêtres (?)[31]]."

Alors° eux[32] | [ont dit: "Quel]ques-uns (?), d'une part°, (15) [jeûnent (?) pendant[33]] deux semaines°; | [d'autres], cependant°, sacrifient° |[l]eurs propres enfants; | d'[au]tres, leurs femmes, pour être bénis, | [et] en faisant mutuellement assaut d'humilité; (20) [d']autres (mâles) couchent avec des | [mâ]les; d'autres pratiquent (des) | [mas]sacres (?); d'autres

---

29. Litt. "aller avec elle".
30. Début du troisième chapitre doctrinal: *Première vision, celle des Douze (commentaires de Jésus).*
31. La restauration est entièrement conjecturale, mais raisonnable dans le contexte.
32. "Eux" = les disciples.
33. Qualité de la restauration, cf. note 31.

commettent une | [fou]le de péchés et d'actes illicites°. | [E]t les hom-
mes prépo[sés] (25) [a]u (service de) l'aute[l°] | [invo]quent° (néanmoins)
ton {nom,} *(p. 39)* et tandis qu'ils (s'activent) dans toutes les oeuvres | de
leur sacrifice[34], | cet au[tel-l]à en est plein."[35] |

Et lorsqu'ils ont dit ces (paroles), ils se sont (5) tus, (stupéfaits et)
bouleversés.

(Alors) Jésus°° leur | a dit: "(Mais) pourquoi avez-vous été | (stupé-
faits et) bouleversés? Amen°, je vous | (le) dis: tous les prêtres | préposés
au (service de) cet (10) autel°-l[à], invoquent° | mon nom; et en[core],
je vous | le dis, mon nom, on l'a | écrit sur {l'inventaire?}[36] des généra-
tions° | d'étoiles par les générations° (15) humaines. Et on a planté | en
mon nom des arbres sans fruits°[37] | et (cela) honteusement." |

Jésus°° leur a dit (encore): "C'(est) vous | qui introduisez les services
(liturgiques) (20) à l'autel° que vous | avez vu[38]. C'(est) celui-là[39] (qui est) |
le 'Dieu' que vous servez (par la liturgie), | et les douze hommes que vous |
avez vus (là), c'(est) vous-(mêmes). (25) Et les bestiaux qui sont | intro-
duits (là) (sont) les sacrifices°, | que vous avez vu (faire), c'est-à-dire | la
foule que vous trompez ainsi (par égarement)° *(p. 40)* sur cet autel°-là. [Il]
se tiendra debout, | [le ---]°[40], et | c'est ainsi qu'il (se permettra de) faire
usage° (5) de mon nom, et que persévèreront° les | générations° des (hommes)
pieux° dans (leur | attachement) à lui. Après lui, | un autre homme
s'associera°[41] | [aux fornicateurs° (?)], et (encore) un autre (10) s'associe[ra°]
aux massacreurs | d'en[fants (?)][42], et° un autre aux homo[sexuels] | (mâles)

---

34. Mais ϣⲱⲱⲧ pourrait être aussi traduit par "déficience".
35. ⲙⲟⲩϩ pourrait aussi être le verbe "brûler", ce qui donnerait cette autre traduction: "tandis qu'ils
    (s'activent) dans toutes les oeuvres de leur déficience, cet au[tel-l]à brûle."
36. Particulièrement conjectural.
37. Cf. *Genèse* 2,9.
38. P. 39,21, et de même p. 39,24 et 27 indiquent qu'avant que Judas raconte sa propre vision
    (p. 44,18 etc.), les douze disciples, en controverse avec Jésus, lui ont raconté leur propre vision
    (p. 37,22 etc.).
39. Entendre: votre 'Dieu' tutélaire, le seul que vous connaissez, et qui est pour vous le 'Dieu' suprême.
40. Cf. la note au texte copte. Entendre: il sera conforté dans ses prétentions.
41. Entendre: "s'associera" en soutien approbatif.
42. Cf. *Matthieu* 2,16-18.

et aux (hyper)-jeûneurs°, et à (tout) | le reste (de ceux qui se vautrent) dans l'impureté° | et l'illégalité° et l'égarement (trompeur°); (15) et (de même) ceux qui disent | '(nous sommes), nous, les égaux° des anges°'[43], et | qu'ils (sont) les étoiles qui (par)achèvent toute | chose. Car° il a été dit (ceci) | aux générations° des hommes: 'Voici, (20) 'Dieu' a accepté (et agréé) votre | sacrifice° (s'il est passé par) les mains d'un | prêtre'[44], (prêtre) c'est-à-dire ministre° | de l'égarement (trompeur)°. Or°, le Seigneur, | l'ordonnateur (légitime) de toutes (choses), (c'est bien) lui qui est le Seigneur (25) de (tout) l'Univers; (c'est pourquoi) dans les derniers | jours, (ces usurpateurs) seront couverts de honte."

(p. 41) Jésus°° [leur] a dit: "Suffit! | (Cessez donc) de s[acrifier° (?) ---] | que (?) vous avez [---] | sur l'autel°, étant sur (5) vos étoiles et vos anges°, car ils | (y) ont déjà été (par)achevés (antérieurement). | Puissent-ils devenir [---] | en votre présence, et puissent-ils (s'en) al[ler (?)] | [— environ 15 lignes illisibles —] (24) [---] les (?) générations°, | [car (?)] aucun boulan[ger°] ne peut | nourrir° toute la création° (p. 42) qui (est) sou[s le ciel (?)]."

Et | [---] les | [---][45] ils [lui] ont dit: | "[---] pour (?) nous, et (5) [---]."

Jésus°° leur a dit: | "Cessez de lutter | contre moi! Chacun | de vous a là son étoile, | [et] cha[cun — environ 17 lignes perdues —] (p. 43) dans la [---] il n'est pas | venu [--- s]ource° (?) de | l'arbre[46] [---] | [t]emps° (?) de cet éon° [--- a]près (5) quelque temps [---] | mais° il est allé abreuver le pa[ra]dis° | de 'Dieu'[47] et la [ra]ce° | qui durera, parce qu'[il ne] | souillera pas la dé[marche de] (10) cette génération°; ma[is° ---] | de toute éternité." |

---

43. Cf. *Luc* 20,36.
44. Cf. *Lévitique* 4,27-35 etc.; cf. la note au texte copte.
45. Restauration possible: "Et | c[es (paroles)], [lorsque les disciples] les | [ont entendues], …"; cf. la note au texte copte.
46. Cf. *Genèse* 1,11-12 et 2,9.
47. Cf. *Genèse* 2,10.

Judas°° lui a dit: "[Maî]tre°, | quel est le fruit° que possède | cette génération°?"

Jésus°° (lui) (15) a dit: "Les âmes° (de) toute génération° humaine, | mourront; ces (personnes) | cependant°, quand° elles auront achevé | leur temps de Royaume, | et que l'esprit° s'en séparera, (20) leurs corps° d'une part° | mourront, mais° leurs âmes° (d'autre part) | seront vivifiées et emportées | en haut."

Judas°° a dit: | "Que feront (et deviendront) donc le reste (25) des générations° des hommes?"

Jésus°° a | dit: "Il (es)t impossible de (p. 44) semer (des semences) sur du roch[er°] et d'en recevoir | les [fr]uits°. Ainsi en (est)-il encore d'une | [---] la race°48 | [souil]lée, et la Sagesse° corruptible°; (5) [---] la main qui a créé (les) hommes | mortels°, (et qui a fait) que leurs âmes° | montent vers les éons° d'en haut. | [Ame]n°, je vous le dis, | [ni° les principautés°], n[i° les an]ge(s)°, (10) [ni° les p]uissances° ne pourront (jamais) voir | [ces lieux]-là, que | [cette Grande] Génération° sainte | [verra]."

Lorsque Jésus°° | a dit ces (paroles), il s'en est allé49.

(15) Judas°°50 a dit: "Maître, | de même que tu les as tous écoutés, | écoute-moi, (moi) aussi! J'ai vu en effet° | une grande vision°."

Lorsqu'il a entendu | (cela), Jésus°° a souri, (et) (20) il lui a dit: "Pourquoi t'escrimes°-tu (ainsi), | ô° toi, le treizième démon°? ... | Mais° parle (donc) toi-même, je te | supporterai°!"

Judas°° lui a dit: | "Je me suis vu dans (cette) vision°, (et j'ai vu) (25) les douze disciples° (qui) | me lapidaient en [me] (p. 45) poursuivant [intensément51] et je [suis] arrivé encore | à ce lieu-[là (visé) (?) --- en] te suivant. | (Là), j'ai vu [une maison (?) ---], et | ses dimensions, mes yeux

---

48. Suggestion: ⲟⲩ[ⲧⲁⲙ]ⲓⲟ [ϩⲓⲧ]ⲛ̄ ⲡⲅⲉⲛⲟⲥ "une [création (faite) pa]r la race°."

49. Correction vraisemblabe: "ils (les disciples) s'en sont allés"; cf. la note au texte copte.

50. Début du quatrième chapitre doctrinal: *Seconde vision, celle de Judas (commentaires de Jésus)*.

51. Conjectural, mais vraisemblable.

ne sauraient les mesurer. (5) Or°, des 'Grands Hommes' couraient | vers elle, et cette maison-là <avait> un toit° de | verdure (?)⁵² [---]. Et | au milieu de la maison il (y) avait [une] fou[le] | [---] (10) [et je m'adressais (?) à toi, disant]: ⁵³ | 'Maître, accueille-moi (moi aussi là de)dans avec ces | hommes!'"

[Jésus°°] (lui) a répondu, disant: | "Ton étoile t'a égaré (et trompé)°, | ô° Judas°°!" Et: "(Non! …, aucun être) (15) engendré par aucun homme | mortel° n'est digne d'entrer | dans la maison que tu as vue, | car° ce lieu°-là, c'est celui | qu'on garde (en réserve) pour les Saints; (20) (c'est) 'le Lieu où ni° le Soleil, ni° la Lune | ne règneront, ni° le jour⁵⁴'; mais° (c'est là que) | les (Saints) se tiendront (fermement), | en tous temps, dans (cet) éon°, avec | les anges° saints. Voilà: (25) je t'ai dit les Mystères° | du Royaume⁵⁵, *(p. 46)* et (en plus) je t'ai instruit [(sur) l'égare]ment (trompeur)° | des étoiles e[t --- qui ont] envoyé cet (égarement) | à [---] sur⁵⁶ | les douze éons°."

(5) Judas°° [lui] a dit: "Maître, peut-être° | ma semence°, la mienne, sera-t-elle | soumise aux archontes°?"⁵⁷ |

Jésus°° lui a répondu, disant: "Viens, | que je te [---] pour que (?) [---] (10) [---] | [--- m]ais° (pour) que tu te mettes à soupirer | surabondamment en voyant | le Royaume et toute sa (Grande) Génération°!" |

Lorsque Judas°° a entendu (15) ces (paroles), il lui a dit: | "Quel (est) l'avantage⁵⁸ | que j'ai reçu, (dans le fait) que tu m'aies séparé | de cette (présente) génération°-là?" |

Jésus°° (lui) a répondu, disant: "Tu deviendras (20) le (fameux) 'treizième (démon)', et | tu seras maudit par | le reste des générations°

---

52. Cf. la note au texte copte; allusion à un tabernacle (*Lévitique* 23,34)?

53. Qualité de la restauration, cf. note 31.

54. Cf.*Apocalypse* 21,23.

55. Cf. p. 35,25.

56. Suggestion: ⲛ̅ⲏ[ⲁⲓ ⲉⲧⲁⲙⲁϩ]ⲧⲉ ⲉ̅ⲭ̅ⲛ̅ "à [ceux qui ont (tout) pou]voir sur."

57. Ou: vice-versa.

58. Litt. "le surplus" (de félicité, de salut).

et | tu (deviendra leur) prince°. | (Donc dans) les derniers jours, ils (25) te <seront ---> et tu ne monteras pas vers en haut *(p. 47)* vers la Généra[tion°] sainte." |

Jésus°° [59]a dit (en outre): "[Viens] (et) je t'instruirai | sur les [choses secrètes (?)][60] qu]e | (ne?) verra au[cun (?)] homme; (5) car° il existe un Éon° Grand | et illimité dont aucune | génération° d'anges° n'a pu | voir la dimension, [dans lequel (est) le] Grand | [Esprit°] invisible°,

(10) 'ce(lui) qu'aucun oeil d'a[ng]e° | n'a (jamais) vu,

et° qu'aucune pensée intellectuelle[61] | n'a (jamais) compris,

et° qui | n'a (jamais) été appelé d'aucun nom'[62]. |

Et il s'est manifesté en ce lieu-là (15) un nuage lumineux, | et il[63] a dit: "Qu'il | se produise un ange° (auxiliaire) pour | ma parade°[64]!"

Et il est sorti | du nuage un Grand Ange° (auxiliaire), (20) l'auto-engendré°, le 'Dieu' | de la lumière; et à cause de lui, par une autre | nuée, se sont produits | quatre autres anges° (auxiliaires); | et ils se sont produits pour (25) la parade° de l'Ange° auto-|engendré°.

Et il a dit, *(p. 48)* l'auto-[engendré°]: "Qu'il se | produise A[damas°°]"; et il s'est produit (ainsi) | [la processi]on (émanation créatrice) et | il a c[réé] le premier luminaire°[65] (5) pour régner sur lui (même)[66]. | Et il a dit: "Que se produisent [des] | anges° pour s[on] service (liturgique)!" | [e]t il s'(en) est produit des | m[yriades (?) in]nombrables. Et il [a dit]: (10) "Que se produise [un é]on° | de lumière!", et (cet éon) s'est produit. | Il a dressé le second luminaire°[67] | pour régner sur lui, et (sur) les | myriades d'anges° innombrables en (15) service (liturgique), et c'est

---

59. Début du cinquième chapitre doctrinal:*Révélation de la cosmogonie universelle.*

60. Reconstitution éventuelle: ⲛ[ⲉⲑⲏⲡ ⲛⲁⲉⲓ ⲉ]ⲧⲛⲁ⳽.

61. Litt. "de coeur", cf. *supra*, note 12.

62. Cf. *1 Corinthiens* 2,9 (et passages vétérotestamentaires).

63. Probablement, le Grand Esprit invisible, parlant de l'intérieur du nuage lumineux.

64. Ou: "valorisation", "mise en valeur", "présentation honorifique".

65. Cf. *Genèse* 1,14-19.

66. Entendre: le monde en voie de création.

67. Cf. *Genèse* 1,14-19.

ainsi qu'il | a créé (tout) le reste | des éons° de lumière, et il les | a fait régner sur eux. Et il a créé pour eux des | myriades d'anges° (auxiliaires) [20] innombrables pour leur service°. |

Et Adamas°° e(xis)tait | au sein de[68] la première nuée | lumineuse, celle qu'aucun | ange° n'a pu voir parmi [25] tous ceux qu'on appelle | 'Dieu(x)'. Et il a, *(p. 49)* et [----]| -là [---] | l'image° [---] | et selon° la ressemblance de [cet] [5] ange°. Il a manifesté la [génération°] | incorruptible° de Sêth°°, [---] | des (?) douze [--- et (?)] | des (?) vingt-quatre [---]. | Il a manifesté soixante-dou[ze] [10] luminaires° dans la généra[tion°] | incorruptible°, par la volonté de | l'Esprit°. Cependant° les soixante-d[ouz]e | luminaires°, eux, ont manifesté | trois cents soixante° luminaires° dans la [15] génération° incorruptible°, par la volonté | de l'Esprit°, pour que leur nombre | devienne (multiple) à cinq pour un. | Et leur 'Père' (est) la | douzaine d'éons° des [20] douze luminaires°; et | pour° chaque éon° (il y a) six | Cieux°, pour que (leur total) devienne | soixante-douze Cieux°, | pour les soixante-douze luminaires°; [25] et pour° chacun *({p. 50})* [d'entre eux, cinq fir]maments°, [pour qu'ils] | [deviennent] trois cents soixante° [firmaments°] | [(au total). Eu]x, on [leur] a donné | (l')autorité° et une [5] [grande] (concentration) d'armées° d'anges°, [innombrables], | pour la gloire et le servi[ce (liturgique)], | [et même (?) encore] d(?)es virginaux° | [es]prit(s)°, pour la gloire et | [le service (liturgique) (?)] de tous les éons°, et [10] des Cieux° avec leurs firmaments.°[69] Cependant° la foule de ces immortels-|là est appelée | 'Monde-(Cosmos)°'[70] (à savoir?) 'Corruption°', | par le 'Père' [15] et les soixante-douze | luminaires° qui (sont) avec lui, | l'auto-engendré° et ses soixante-|douze éons°.

En[71] ce li[eu] | s'est manifesté [20] le prot-homme avec ses | Puissances°

---

68. Litt. "dans".

69. Cf. *Genèse* 1,6-8.

70. Cf. *Genèse* 2,1.

71. Début du sixième chapitre doctrinal: *Révélation de la création de l'homme*.

incorruptibles°. | Toutefois°, l'éon° qui s'est manifesté | avec sa génération°, celui en qui | (se trouve) la nuée de la Gnose (25) et l'ange°, | on l'appelle *(p. 51)* 'Êl°°' [---] | et (?) [---] | [é]on° (?) [--- après (?)] | quoi [---] a dit: (5) "Que se produisent | [dou]ze anges° ré[gnant] | sur le Chaos°° et (l')A[menté°°]!" |

Et voici, il s'est ma[nifesté], (sorti) | de la nuée, un [ange°] (10) du vi-sage duquel jaillissait du [feu (?)], | mais° dont l'aspect était sou[ill]é de sang[72], | portant (là) [le n]om de | Nébrô°°, (nom) qu'on a traduit° | par 'Ap[os]tatês°' — (15) d'autres (ont dit) 'I[al]dabaôth°°'—. | Et encore, un autre ange° est sorti | de la nuée, (nommé) 'Saklas'°°.

Nébrô°° | donc a créé six anges°, et (en plus, il a suscité) | Saklas°°, pour la parade°, (20) et ils (?) ont engendré douze | anges° dans les Cieux, | et chacun (d'entre eux) a reçu une part° | (correspondante) dans les Cieux. Et (alors) les | douze archontes° ont dit, avec (25) les douze anges°: | "Que chacun de vous *(p. 52)* [---"---] (et) puissent-l[ils --- gé]nération(s)° | [--- | cinq] anges°.

Le premier (5) [(est) Sê]th°°(?), qu'on appel[le] | 'le Christ°°';

le | se[cond] (est) Harmathôth°°, c'[est-là-dire ---];

le | [troisiè]me (est) Galila°°;

le (10) quat[ri]ème (est) Iôbêl°°;

le | cinquième (est) Adônaios°°;

Ce | (sont là) les cinq qui ont régné sur | (l')Amenté°°, et d'abord, sur | le Chaos°°.

Alors° Saklas°° (15) a dit à ses anges°: | "Créons un homme [se]lon° | la ressemblance et selon° l'image°[73] (proposées)!" | Eux, alors°, ont façonné° Adam°°[74] | et sa femme Ève°°. C'est aussi° Zôê°°[75] (20) qu'on l'appelle 'dans la nuée'; | car° c'est sous ce | nom, (Adam), que toutes les générations° | le cherchent, (lui); et chacun (et tous), de ces (générations), | l'appellent,

---

72. Cf. *Lévitique* 1,5 etc.; 8,30 etc.

73. Cf. *Genèse* 1,26.

74. Cf. *Genèse* 2,7.

75. Cf. *Genèse* 3,20.

elle (Ève), de leurs (25) (propres) noms[76]. Cependant°, [Sa]klas°° n'a pas *({p. 53})* ordonné [---] | excep[té° ---] | les géné[rations° ---] | celle-(ci) [---] (5) Et l'[archonte° (?)] lui a dit, (à Adam): | "Ta vie, (il le faut), sera (la jouissance) | d'un temps (assez) [long (?)][77] avec tes fils!" |

Alors°[78] Judas°° a dit à Jésus°°: | ["Quelle] (est) la longueur[79] (de vie) dont pourra vivre (10) l'homme (?)."

Jésus°° a dit: "Pourquoi | t'étonnes-tu [qu']Adam°° avec sa | génération° passe (?) son | temps, en un nom[bre] (de jours assez considérable) au lieu | où il a reçu son royaume, (15) {en un nombre (de jours assez considérable)} avec son | archonte°?"

Judas°° a dit à Jésus°°: | "L'esprit° de l'homme est-il mortel?" |

Jésus°° a dit: "(Voici comment): c'est ainsi que | 'Dieu' a ordonné (20) à Michel°° de donner le(ur)s esprits° aux | hommes, en service (liturgique), | en prêt; mais° le Grand (Esprit), | (lui), a ordonné à Gabriel° de donner les | esprits° à la Grande Génération° 'sans-roi', (25) (en don, précisément) l'esprit° avec l'âme°[80]. | C'est pourquoi le re[st]e des âmes° *({p. 5}4)* [--- e]ux (?) | [---] lumière | [---] | [---] autour (5) [---] l'esprit° en vous[81], | que vous [avez] fait habiter dans cette | [chair°] parmi les générations° des | ang[es°]. Cependant° 'Dieu' a fait que la | Gnose° soit [donnée] à Adam°° et à ceux qui sont (10) avec lui, afin que° ne dominent (?) pas | sur eux les rois | du Chaos°° et de l'Amenté°°[82]." |

[Or°] Judas°° a dit à Jésus°°: "Que | feront (et seront) ces générations°-là?"

---

76. Entendre: les noms dont chacun a l'habitude.

77. Ou: "grand"?

78. Début du septième chapitre doctrinal: *Avenir de l'homme*.

79. Litt. "le surplus."

80. Phrase d'une clarté très limitée.

81. Ce pluriel surprenant n'indique pas forcément les Douze (revenus inopinément auprès de Jésus et Judas), ces Douze en tant que communauté ecclésiale telle que Jésus l'a trouvée organisée et dirigée par eux (non par Judas) au début de cet "évangile." Ce pluriel pourrait aussi désigner collectivement et abstraitement, hors de la présence de ses membres, cette communauté telle que Jésus s'efforce de la refonder sous la conduite de Judas, et dont il lui confie la responsabilité (Judas parlant désormais pour eux et en leur nom).

82. Cf. *Matthieu* 16,18.

(15) Jésus°° a dit: | "Vraiment°, je vous (le) dis, | c'(est) sur tous ces (épisodes°) que les | étoiles achève(ro)nt (leur cours). Or°, quand° | Saklas°° aura achevé ses temps, (20) qui lui ont été fixés, viendra | la première étoile | avec les générations° (correspondantes), | et ce qu'elles ont dit (qu'elles feraient), | elles l'achèveront. Alors°, elles (25) forniqueront° en mon nom et | feront mourir leurs enfants *({p. 55})* et ils (?) [feront (?) ---] | et [---] | [---] | [---] (5) [---] | [---] | [---] | [---] | [---] mon nom (10) et {et} ton étoile [règne]ra | sur le [treiz]ième éon°." |

Mais° ensuite Jésus°° a [sour]i (?).

(Alors) | [Judas°° (?) a dit]: "Maître, | [---83.]" (15)

[Jésus°°] a répon[du et a dit]: "Je ne | sou[ris pas de vous (?), ma]is° de l'égarement° | des étoiles, car ces six | étoiles s'égarent (et se trompent)° avec | ces cinq guerriers°, et tous ceux-l(à) (20) périront avec leurs créations°." |

Judas°° cependant° a dit à Jésus°°: "Alors, | que feront (et seront)-ils, ceux qui (aur)ont été | baptisés en ton nom?" |

Jésus°° a dit: "Vraiment°, je (25) [te] le dis, ce baptême *(p. 56)* [--- en] mon nom | [---] | [---] | [---] (5) [---] | [---] | [---] | [---] | [---] (10) [--- (vers)] moi. |

Vraiment°84, [je] te le dis, | Judas°°, [ceux qui] sacrifient° | à Saklas°° [---] | car (?) [---] (15) dès (?) le (?) [---] | [---] | toutes choses mauvaises. Toi | cependant°, tu les surpasseras | tous85; car° l'homme qui est mon support°86 (20) (charnel), tu le sacrifieras°87! |

Déjà°, ta corne s'est dressée, |

et ta fureur s'est enflammée, |

---

83. On pourrait reconstituer ce qui suit ainsi: "Pourquoi souris-tu de nous?"

84. Début du huitième chapitre doctrinal: *Préparation du passage à l'acte*, "livraison" du corps matériel de Jésus.

85. Litt. "tu feras (et seras) plus qu'eux tous".

86. Entendre: qui est le support de ma personnalité spirituelle; ϕⲟⲣⲉⲓ = "porter avec ostentation", comme un vêtement distinctif.

87. Cf. *supra* le passage sur l'autel, les sacrifices etc., p. 39,6 et 26, etc.

et ton étoile a surpassé (ses rivales)[88],

et | ton coeur[89] s'est r[endu maître] (de toute adversité).

(*p. 5{7}*) Vraim[ent°, je te (?) le dis]: "Tes | dern[iers ---] | [-- de]venir | [---] [5] [---] | [--- sou]pir | [---] | [---] l'ar|[chonte°] étant anéanti [e]t alors° [10] il sera élevé, (et exalté), le (proto)t[y]pe° de la | Grande Génération° d'Adam°°; car | (c'est) avant le Ciel et la Terre et | les anges° (qu'a existé et) existe cette | génération°-là, (déjà) par les (premiers) éons°[90].

[15] Voici, tout t'a été dit. | Lève tes yeux, et vois la (fameuse) | nuée, et la lumière (qui est) en elle! ... | et les étoiles qui l'entourent! ... | Et l'Étoile qui est le chef de file° (de leur procession), [20] elle, (c'est) ton étoile!" |

Alors° Judas°° a levé les yeux, | il a vu la nuée lumineuse, et | il l'a pénétrée. Ceux | qui étaient (restés) debout (là), en bas, [25] ont entendu une voix sortant | de la nuée, et disant: (*p. 58*) [---] Grand(e) | Gé[nération° --- i]mage° | [---] et | [---] [5] [---] |

[91][---] | [---] | [---] | [---]. [Cependant°] l[eu]rs grands-prêtres° [10] ont murmuré (méchamment): "[Ils] (?)[92] | sont (?) entré dans la salle° (commune où il a son lieu)-|de-prière°!"

Or°, là, il y en avait quelques-uns, | des scribes°, qui étaient aux aguets | pour l'arrêter (discrètement) [15] (alors qu'il serait absorbé) dans | (sa) prière°; en effet°, ils avaient peur | du peuple°, parce que tous ceux (de ce public) | le considéraient comme° (un) | prophète°.

Et (voilà), ces (scribes) se sont [20] avancés (soudain) vers Judas°°, ils lui ont dit: | "Que fais-tu, toi, en ce lieu? ... | Es-tu[93] le disciple° de Jésus°°?" |

---

88. Ce dernier verbe a plusieurs significations ambiguës et contradictoires ("traverser", "(dé)passer", "atteindre sa maturité", "s'ouvrir" etc.). Nous choisissons ici celle qui s'accorde le mieux avec le ton *triomphaliste* de tout le passage: 'l'élévation de la corne' est une expression assez commune dans l'Ancien Testament, cf. *1 Samuel* 2,1. Le même ton est encore renforcé p. 57.
89. Cf. *supra*, note 12.
90. Entendre: de tous temps.
91. Début (approximatif) de la *conclusion narrative*.
92. Ou: "[il (= Jésus)] est entré."
93. Ou: "Tu es bien le disciple de Jésus!"

Lui, cependant°, leur a répondu | selon° leur volonté. Alors° Judas°°(en signe d'accord) (25) a pris des sous (qu'on lui offrait | et ainsi), il le leur a livré° (lui, Jésus°°). |

L'Évangile° | de Judas°°.

A BOOK OF
ALLOGENES

Introduction by Marvin Meyer
Coptic text edited by Rodolphe Kasser and Gregor Wurst
English translation by Marvin Meyer and François Gaudard
French translation by Rodolphe Kasser
Notes by Marvin Meyer and Gregor Wurst

THE TRACTATE PROVISIONALLY ENTITLED the *Book of Allogenes* is the fourth text of Codex Tchacos, and as conserved, the tractate occupies pages 59–66 of the codex. Much of the tractate is poorly preserved, except for pages 59–62, where a goodly amount of the Coptic text is legible, although there are substantial lacunae on the top portions of all four pages. On pages 63–64 only a few words and expressions can be restored, on pages 65–66, less. What is currently available, then, is only the opening part of a tractate, and the conclusion remains uncertain. Even the very first lines of the text cannot be read or restored with confidence.

The *Book of Allogenes* has been assigned its title on the basis of its contents, which feature the figure of Allogenes the Stranger as the protagonist. The name Allogenes (ἀλλογενής in Greek) means "of another (*allos*) kind (*genos*)" or "of another race," or simply "stranger," and the term is used to designate Seth son of Adam and Eve in ancient literature, especially Sethian Gnostic literature. Seth seems to have inherited this epithet on the basis of Genesis 4:25, where in the Septuagint Adam is said to have professed, when Seth was born, that he has gotten "another seed" (σπέρμα ἕτερον) from God in place of Abel, whom Cain killed. Within Judaism and Christianity a substantial literature developed around the figure of Seth, and in particular within Sethian Gnostic traditions Seth was revered as the progenitor of the generation or race of Seth. For Sethians (that is, the Gnostics or Barbelognostics of Irenaeus, *Adversus Haereses* 1.29.1–4), the exalted figure of Seth dwells in the Pleroma with Adamas (or, Pigeradamas), and according to the *Secret Book of John*, the classic among Sethian texts, Pigeradamas ("Adam the stranger," "holy Adam," or "old Adam") resides in the first aeon with the first luminary Harmozel, Seth dwells in the second aeon with the second luminary Oroiael, and the seed of Seth is in the third aeon with the third luminary Daveithai.

Seth or Seth the Stranger—Allogenes—is mentioned frequently in Gnostic literature, and he is a prominent character in Sethian texts from the Nag Hammadi library. The Neoplatonic author Porphyry states, in his *Life of Plotinus* 16, that the great philosopher Plotinus critiqued the views of Gnostics in his philosophical seminar in Rome in the middle of the third century, and that among the works refuted was a revelation of Allogenes. It is assumed by some scholars that the revelation of Allogenes known by Porphyry and Plotinus is most likely the tractate entitled *Allogenes*, or *Allogenes the Stranger* (Coptic ⲡⲁⲗ[ⲗ]ⲟⲅⲉⲛⲏⲥ), in Codex XI of the Nag Hammadi library. Further, in his *Panarion* 39.5.1, Epiphanius claims that Sethians composed seven books attributed to Seth and other books entitled *Allogeneis*, and the Nag Hammadi tractate *Allogenes the Stranger* also concludes with a reference to "all [the] Books [of] Allogenes" (XI 69,17–19). Only two Coptic letters of the title of the present tractate from Codex Tchacos are legible, and any effort to reconstruct the title on the basis of such meager evidence remains difficult. Nonetheless, it is not impossible that the title of the present tractate could be restored to read ⲡϫ[ⲱⲱⲙⲉ | ⲛⲁⲗⲗⲟⲅⲉⲛⲏⲥ], "The [Book

of Allogenes]" or "The [Book of the Stranger]" (or perhaps пх[ωнт |
ñ&λλοгɛннϲ], "The [Temptation of Allogenes]"), and that this text
might be one of the books referred to in Epiphanius and the conclusion
of the Nag Hammadi tractate.

In the extant pages of the *Book of Allogenes* from Codex Tchacos,
Allogenes is associated with certain people who ascend Mount Tabor
and offer a prayer, and he is tempted by Satan and transfigured in a
luminous cloud, and hence it is clear that Allogenes is to be identified
with Jesus in the text. Such an identification is well known in Christian
Sethian texts, and examples of Seth coming to expression as Jesus can be
found in the *Holy Book of the Great Invisible Spirit* (the *Egyptian Gospel*)
as well as the *Gospel of Judas*. In the *Holy Book*, it is said that Seth is
clothed with "the living Jesus," and Jesus becomes the incarnation of
Seth (NHC III 63,4–64,9; IV 74,17–75,24). In the existing pages of
the *Gospel of Judas*, the first of the angelic powers of this world is apparently "[Se]th, who is called 'the Christ' " (52,5–6). The description of
Allogenes as Jesus in the *Book of Allogenes* helps to establish this text as
a Christian Sethian text.

On the pages of the *Book of Allogenes* that can be read with confidence
(59–62), three scenes are presented. After the limited remains of the
title (59,1–2), the tractate opens with Coptic letters (п&ωн[---, 59,3)
that may possibly be restored as п&ωн[рɛ, "My [son]," a vocative that
may have been a word of address to the recipient of the text. The Coptic
text is clearer some lines later, in the first scene, although after the title
approximately seven lines cannot be read or restored with any certainty.
In the first scene (59,3–25), certain people—apparently disciples of
Jesus Allogenes—are described going up Mount Tabor and gathering
in prayer for a spirit of knowledge. Mount Tabor (Coptic ѳ&мвωр) is
mentioned in biblical texts (cf. Joshua 19:34; Judges 4:6, 12, 14; 8:18;
1 Samuel 10:3; 1 Chronicles 6:77), and in the *Gospel of the Hebrews* (fragment 3) it is the place (Greek ϑαβώρ) to which the Holy Spirit, the
Mother of Jesus, carries him by one of his hairs, according to an account

said to be that of Jesus himself. In Christian tradition Mount Tabor is identified as the Mount of Transfiguration. The prayer that is offered is worded with Gnostic concerns in mind (great aeons, revelation of divine mysteries, knowledge, including self-knowledge), and it is somewhat reminiscent of the prayer or prayers of the apostles in the *Letter of Peter to Philip* (Codex Tchacos 2,2–bottom portion of the page; NHC VIII 133,17–134,9), also uttered on a mountain (the Mount of Olives). The questions that are raised resemble questions recorded in other Gnostic texts as a summation of what needs to be asked and what answers need to be given if gnosis is to be achieved (cf. *Secret Book of John* II 1,20–2,25; *Letter of Peter to Philip*, Codex Tchacos 3,1–10; NHC VIII 134,18–135,2; Clement of Alexandria, *Excerpta ex Theodoto* 78.2).

In the second scene (59,25–61,16), Jesus Allogenes endures temptation by Satan. The scene opens as Allogenes is concluding his comments. The Coptic suggests that the preceding scene contains an account of the gathering on Mount Tabor according to a report of Allogenes. If the restoration of ΠΑϢΗ[ΡΕ (with the first-person singular possessive) is accepted at 59,3, the statement that begins there could also be attributed to Allogenes, and more of the text could be taken as an account presented by Allogenes himself (cf. also the use of first-person singular pronouns on page 62). The story of the temptation of Allogenes by Satan and the successful resistance to Satan's ploys gives a Gnostic version of the temptation story familiar from the New Testament gospels (Matthew 4:1–11; Mark 1:12–13; Luke 4:1–13), but in the *Book of Allogenes*, in Gnostic fashion, Satan is called the ruler of the world and Allogenes (reflecting upon his name) says that he is from "another race" (ΚΑΙΓΕΝΟΣ, 60,22). Allogenes declares he is seeking his Father, the exalted one above, "who is superior to all the great aeons" (60,18–19); and Satan, the text concludes after a lacuna, cannot fool them (or, perhaps, him; cf. the note to 61,13), and so he withdraws.

In the third scene (61,16–62,24ff.), Jesus Allogenes calls out to God the exalted one for help and enlightenment, "in this forsaken place"

(61,24), with reference either to the world as God-forsaken or the wilderness as the place of temptation. Following another lacuna, the voice of the narrator of the text changes to the first person singular, as Allogenes now tells his own story. A bright cloud surrounds him, and a divine voice comes from the cloud with words of revelation. The scene is similar to the accounts of the transfiguration of Christ in the New Testament gospels (Matthew 17:1–13; Mark 9:2–13; Luke 9:28–36), with features typical of a theophany, and it may also be compared with the fragmentary account of the transfiguration of Judas or Jesus in *Gospel of Judas* 57,21–58, top portion of the page. The blending of visual and auditory images in the present text (the light shines and speaks) illustrates the use of synesthesia, a technique attested in other accounts of theophanies. The voice from the light addresses Allogenes by name, and gives indication that his prayer has been heard and good news (ϣⲙ̄ⲛⲟⲩ[ϥⲉ], 62,23) is to be given. As the voice appears to be turning to reveal what will happen before Allogenes leaves—perhaps before Jesus dies—the text breaks off.

In the next four pages (63–66), a few words can be deciphered. The restorations, limited as they are, remain tentative. There may be references to Allogenes, aeons, power, a father, a brother, the underworld, the body, and the spirit. The pronominal forms that may be recognized include second-person masculine singular forms, which might indicate that Allogenes is being addressed by a revealing figure, perhaps the voice from the light. Even these suggestions remain speculative, however, but it is possible that these four pages include words of revelation of a cosmological sort, perhaps on the topics of the questions raised at the opening of the text. Additional fragments that may derive from Codex Tchacos might also belong to the *Book of Allogenes*. These fragments include first person singular pronominal forms as well as references to light, power, sin, desire, praise, silence, a son of God, and so on, and mention is also made of Allogenes and elsewhere, "my father Trismegistus," which suggests a Hermetic context; cf. above the chapter on codicology.

The *Book of Allogenes* was most likely composed in Greek, perhaps in the second century, as a Christian Sethian text that seems to interpret Jesus as the manifestation of Allogenes during his lifetime, before the crucifixion. The other circumstances of composition are unknown.

BIBLIOGRAPHY:

Kasser, Rodolphe, Marvin Meyer, and Gregor Wurst, eds., with François Gaudard. *The Gospel of Judas*. Washington, D.C.: National Geographic Society, 2006.

Turner, John D. *Sethian Gnosticism and the Platonic Tradition*. Bibliothèque copte de Nag Hammadi, Section "Études" 6. Sainte Foy, Québec: Presses de l'Université Laval; Louvain: Peeters, 2001.

Turner, John D. "Allogenes the Stranger." In *The Nag Hammadi Scriptures: The International Edition*, edited by Marvin Meyer. San Francisco: [HarperSanFrancisco], 2007 (forthcoming).

SIGLA

Bethge   Comments provided by Hans-Gebhard Bethge, Berlin.

Funk   Comments provided by Wolf-Peter Funk, Québec.

Hedrick   Older photographic evidence and preliminary transcriptions provided by Charles W. Hedrick, Missouri, U.S.A.

For textual signs cf. the introduction to the *Letter of Peter to Philip*.

A BOOK OF
ALLOGENES

ⲡⲭ[ⲱⲱⲙⲉ]	The [Book (?)]
[ ] 2	[ ]

Coptic	line	English
ⲡⲁϣⲏ[ⲣⲉ ⲟ]ⲩⲧⲉ		My son (?) [---]
. [ ] . >	4	[---]
[ ] . ⲉⲡ		[---]
[ ]ⲩ ϫⲉ	6	[---], saying,
[ ] ⲛⲟⲩ >		["---] a
[ⲟⲩ]ⲱⲛⲏ̄ ⲉ	8	[---] revelation
[ⲃⲟⲗ ⲉ]ⲡϫⲓⲛ		[---] so that
ⲧⲏⲥⲟⲩⲱⲏⲛ ᵛᵃᶜ ϫⲉ [ⲛ̄ⲧⲁ]ⲛⲉⲓ ⲉ	10	we may know ourselves, namely, where we
ⲃⲟⲗ [ⲧ]ⲱⲛ : ⲏ ⲉⲛⲁⲃⲱ[ⲕ ⲉⲧ]ⲱⲛ		[have] come from, where we are going, and
ⲏ ⲟⲩ ⲡⲉⲧⲛⲁⲁϥ ⲛ̄[ⲧⲛ̄]ⲱⲛⲏ̄ ⲁⲩ	12	what we should do in order that [we] may
ⲱ ⲁⲩⲉⲓ ⲉⲃⲟⲗ ⲁⲩⲃⲱⲕ ⲉ²ⲣⲁⲓ̈		live." And they left and went up
ⲉϫⲛ̄ ⲟⲩⲧⲟⲟⲩ ⲉⲩϣ[ⲁ]ⲩⲙⲟⲩⲧⲉ	14	on a mountain called
ⲉⲣⲟϥ ϫⲉ ⲑⲁⲙⲃⲱⲣ [ⲁ]ⲩⲱ ⲁⲩⲕⲱⲗⲭ		Tabor. And they bowed down
ⲡⲁⲧ ⲉⲩⲧⲱⲃϩ̄ ⲉⲩ[ϫ]ⲱ ⲙ̄ⲙⲟⲥ :	16	in prayer, saying,
ϫⲉ ⲱ̄ ⲡⲭ̄ⲥ̄ ⲡⲛ̄ⲧ̄ ⲡ[ⲁ]ⲓ̈ ⲉⲧⲥⲁ ⲧⲡⲉ		"O Lord God, you who are above
ⲛ̄ⲛⲓⲛⲟϭ ⲛⲁⲓⲱⲛ ⲧⲏⲣⲟⲩ ⲡⲁⲓ̈	18	all the great aeons, you
ⲉⲧⲉ ⲙⲛ̄ⲧϥ̄ ⲁⲣⲭⲏ ⲟⲩⲧⲉ ⲙⲛ̄ⲧϥ̄		who have no beginning and no
ϩⲁⲏ : ⲙⲁ ⲛⲁⲛ ⲛⲟⲩⲡ̄ⲛ̄ⲁ̄ ⲛⲥⲟ	20	end, grant us a spirit of knowledge
ⲟⲩⲛ ⲉⲡⲟⲩⲱⲛϩ̄ ⲉⲃⲟⲗ ⲛ̄ⲛⲉⲕ		for the revelation of your
ⲙⲩⲥⲧⲏⲣⲓⲟⲛ ⲉⲡϫⲓⲛ ⲧⲛ̄ⲥⲟⲩ	22	mysteries, so that we may know
ⲱⲛⲛ̄ ϫⲉ ⲛ̄ⲧⲁⲛⲉⲓ ⲉⲃⲟⲗ ⲧⲱⲛ		ourselves, namely, where we have come
ⲏ ⲉⲛⲁⲃⲱⲕ ⲉⲧⲱⲛ ⲏ ⲟⲩ ⲡⲉ >	24	from, where we are going, and what we
ⲧⲛⲁⲁϥ ⲛ̄ⲧⲛ̄ⲱⲛϩ̄ : ᵛ ⲙⲛ̄ⲛ̄ⲥⲁ		should do in order that we may live."
ⲛⲉⲉⲓϣⲁϫⲉ ⲛ̄ⲧⲁϥϫⲟⲟⲩ ⲛ̄	26	After Allogenes had spoken these words,
ϭⲓ ⲁⲗⲗⲟⲅ[ⲉ]ⲛⲏⲥ ⲁϥⲟⲩⲟⲛϩ̄ϥ̄		[Satan] appeared

3-11   End of lines on fragment "Ohio 4584"; cf. the chapter on codicology.

13   ⲡⲉⲧⲛⲁⲁϥ : variant spelling for ⲡⲉⲧⲛ̄ⲛⲁⲁⲁϥ.

15   "bowed down" : or, "knelt down."

19   ⲟⲩⲧⲉ : the letter ⲩ is legible in older photographic evidence supplied by *Hedrick*; today only faint ink traces remain.

24-25   ⲡⲉⲧⲛⲁⲁϥ : variant spelling for ⲡⲉⲧⲛ̄ⲛⲁⲁⲁϥ.

ⲍ̄   60

ⲛϭ̣[ⲓ ⲡⲥⲁⲧⲁⲛ]ⲁ̣[ⲥ ϩⲓ]ⲭ̣ⲙ ⲡⲕⲁϩ		[on] the earth
ⲉϥ [ ]ⲟⲥ ⲡⲉ	2	[---] he
ⲭⲁ[ϥ] . [.] ⸗		said, ["---]
ⲛ̄ [ ]	4	[---]
ⲱ . [ ]		[---]
ϣⲉ [ ]	6	[---]
ⲉⲕ̓ⲕ [ ]		[---]
ⲁⲩⲁ [ ]	8	[---]
ⲛ̄ⲕ̣[ⲝⲓ ⲛⲁ]ⲕ ⲛ̄ⲛⲉⲧϩⲣⲁ̣ⲓ̈ ϩⲛ̄		and [take for] yourself what is in
ⲡⲁⲕ̣[ⲟⲥⲙ]ⲟⲥ : ⲛ̄ⲕⲟⲩⲱⲙ ⲉⲃⲟ̣[ⲗ]	10	my world, and eat
ϩⲣⲁⲓ̈ ϩ̣[ⲛ̄] ⲛⲁⲁⲅⲁⲑⲟⲛ : ⲛ̄ⲕⲝⲓ		from my good things, and take
ⲛⲁⲕ ⲛ̄[ⲡ]ϩⲁⲧ̓ ⲙⲛ̄ ⲡⲛⲟⲩⲃ ⲙⲛ̄	12	for yourself silver and gold and
ⲛ̄ϩⲟⲉ[ⲓⲧ]ⲉ ⲁϥⲟⲩⲱϣϥ ⲇⲉ ⲛ̄		clothes." Allogenes
ϭⲓ ⲁⲗⲗⲟ̣[ⲅ]ⲉⲛⲏⲥ : ⲉϥϫⲱ ⲙ̄ⲙⲟⲥ	14	answered, saying,
ϫⲉ ⲥⲁ[ϩ]ⲱⲕ̓ ⲉⲃⲟⲗ ⲙ̄ⲙⲟⲓ̈ ⲡⲥⲁ		"Depart from me,
ⲧⲁⲛⲁ[ⲥ] ⲁⲛⲟⲕ ⲅⲁⲣ ⲛⲉⲉⲓⲕⲱ	16	Satan, for I seek
ⲧⲉ ⲛ̄[ⲥ]ⲱⲕ ⲁⲛ ⲁⲗⲗⲁ ⲛ̄ⲥⲁ ⲡⲁ		not you but my Father,
ⲉⲓⲱⲧ ⲡⲁⲉⲓ ⲉⲧⲥⲟⲧⲡ ⲉⲛⲓⲛⲟϭ	18	who is superior to all the great
ⲛ̄ⲁⲓⲱⲛ : ⲧⲏⲣⲟⲩ : ᵛᵃᶜ ⲁⲛⲟⲕ ⲅⲁⲣ		aeons. For I
ⲛ̄ⲧⲁⲩⲙⲟⲩⲧⲉ ⲉⲣⲟⲉⲓ ϫⲉ ⲁⲗ	20	was called
ⲗⲟⲅⲉⲛⲏⲥ ϫⲉ ⲁⲛⲕ ⲟⲩⲉⲃⲟⲗ		Allogenes, because I am from
ϩⲛ̄ ⲕⲁⲓⲅⲉⲛⲟⲥ : ⲁⲛⲕ ⲟⲩⲉⲃⲟⲗ	22	another race; I am not
ⲁⲛ ϩⲛ̄ ⲡⲉⲕⲅⲉⲛⲟⲥ : ᵛᵃᶜ ⲧⲟⲧⲉ		from your race." Then
ⲡⲉⲭⲁϥ ⲛⲁϥ ⲛ̄ϭⲓ ⲡⲉⲧⲁⲙⲁ	24	the one who rules the
ϩ̄ⲧⲉ ⲙ̄ⲡⲕⲟ̣[ⲥⲙⲟ]ⲥ̣ ϫⲉ ⲁⲛⲟⲛ		[world] said to him, "We

1-9   Beginning of lines on fragment "Ohio 4585"; cf. the chapter on codicology.

17   ⲛ̄ⲥⲱⲕ : the letter ⲥ is physically missing today, but it is legible in older photographic evidence supplied by *Hedrick*.

[ⲝ︦ⲁ︦]

ϩⲱⲱ[ⲛ   ⲉⲧⲙ̄]

ⲛⲁⲩ ⲁ [   ]   2

ⲁⲙⲟⲩ [   ]

[   ] ⲉⲓ :   4

ϩⲙ̄ ⲡⲁⲕⲟⲥ[ⲙⲟⲥ : ⲁϥⲟⲩⲱϣ︦ⲃ̄] ⲡⲉ

ⲭⲁϥ ⲛⲁϥ ⲛ̄ϭⲓ ⲁⲗⲗⲟ[ⲅⲉⲛ]ⲏⲥ ⲭⲉ   6

ⲥⲁϩⲱⲕ︐ ⲉⲃⲟⲗ ⲙ̄ⲙ[ⲟⲓ ⲡⲥ]ⲁⲧⲁⲛⲁⲥ

ⲁⲛⲁⲭⲱⲣⲓ ⲛⲁⲕ︐ ⲁⲛ[ⲕ̄ ⲡⲱ]ⲕ︐ ⲅⲁⲣ   8

ⲁⲛ : *vac* ⲧⲟⲧⲉ ⲁϥⲥⲁ[ϩⲱϥ ⲉⲃ]ⲟⲗ

ⲙ̄ⲙⲟϥ ⲛ̄ϭⲓ ⲡⲥⲁⲧⲁ[ⲛⲁ]ⲥ *v* ⲙⲛ   10

ⲛ̄ⲥⲁ ⲧⲣⲉϥϯ ⲛⲟⲩϭⲥ ⲛⲁϥ ⲛ̄

ϩⲁϩ̄ ⲛ̄ⲥⲟⲡ︐ ⲁⲩⲱ ⲙⲡⲉϥϭⲙ̄   12

ϭⲟⲙ ⲉⲣ︐ ϩⲁⲗ ⲙ̄ⲙⲟⲟ[ⲩ] ⲛ̄ⲧⲉⲣⲟⲩ

ⲭⲣⲟ ⲇⲉ ⲉⲣⲟϥ ⲁϥⲁ[ⲛⲁ]ⲭⲱⲣⲓ >   14

ⲛⲁϥ ⲉⲡⲉϥⲙⲁ ϩⲛ̄ ⲟ[ⲩ]ⲛⲟϭ ⲛ̄ >

ϣⲓⲡⲉ : *vac* ⲧⲟⲧⲉ ⲁ[ⲗ]ⲗⲟⲅⲉⲛⲏⲥ   16

ⲁϥⲱϣ ⲉϩⲣⲁⲓ ϩⲛ̄ ⲟⲩⲛⲟϭ ⲛ̄ⲥⲙⲏ

ⲉϥⲭⲱ ⲙ̄ⲙⲟⲥ : ⲭⲉ ⲱ̄ ⲡⲛ̄ϯ ⲡⲉ   18

ⲧϩⲣⲁⲓ ϩⲛ̄ ⲛⲓⲛⲟϭ ⲛⲁⲓⲱⲛ ⲥⲱ >

ⲧⲙ̄ ⲉⲧⲁⲥⲙⲏ ⲛ̄ⲕⲛⲁ ⲛⲁⲓ ⲛ̄ⲕ   20

ⲛⲁϩⲙⲉⲧ︐ ⲉⲃⲟⲗ ϩⲙ̄ ⲡⲉⲑⲟⲟⲩ

ⲛⲓⲙ : ϭⲱϣ︦ⲧ̄ ⲉϩⲣⲁⲓ ⲉⲭⲱⲉⲓ   22

ⲁⲩⲱ ⲛ̄ⲕⲥⲱⲧⲙ̄ ⲉⲣⲟⲉⲓ ⲉⲉⲓ :

ϩⲣⲁⲓ ϩⲙ̄ ⲡⲉⲉ[ⲓⲙ]ⲁ ⲛ̄ⲭⲁⲉⲓⲉ >>>—   24

ⲧⲉⲛⲟⲩ ϭⲉ [ⲙⲁⲣ]ⲉϥⲣ̄ ⲟⲩⲟⲓⲛ ⲉ

ⲣⲟⲓ ⲛ̄ϭⲓ ⲡ[ⲉⲕⲟⲩⲟⲓ]ⲛ ⲛⲁⲧϣⲁⲭⲉ   26

[61]

[our]selves [---]

that [---]

Come [---]

[---]

in my wo[rld]." Allo-

[gen]es [answered and] said to him,

"Depart from [me], Satan,

go away, for I do not

[belong to] you." Then

Satan [departed] from him,

after having made him angry

a number of times; and he was

unable to deceive [them]. And when

he had been defeated, he went away

to his own place in great

shame. Then Allogenes

cried out with a loud voice,

saying, "O God,

you who are in the great aeons,

hear my voice, have mercy on me, and

save me from everything evil.

Look on me

and hear me

in this forsaken place.

Now [let your]

ineffable [light] shine on me

4-8   Fragments "Ohio 4603 + 4599"; cf. the chapter on codicology.

9   ⲁϥⲥⲁ[ϩⲱϥ ⲉⲃⲟⲗ] ⲙ̄ⲙⲟϥ : restored by *Funk*.

13   ⲙ̄ⲙⲟⲟ[ⲩ] : or, perhaps, but less likely, ⲙ̄ⲙⲟϥ [:], "him." Because *Hedrick's* reading ⲙ̄ⲙⲟⲟⲩ is neither preserved in the manuscript nor attested in any known photographic evidence, it must be regarded as incorrect.

14   ⲁ[ⲛⲁ]ⲭⲱⲣⲓ : restored by *Hedrick*.

25   [ⲙⲁⲣ]ⲉϥ : restored by *Hedrick*.

26   ⲡ[ⲉⲕⲟⲩⲟⲓ]ⲛ : restored by *Funk*.

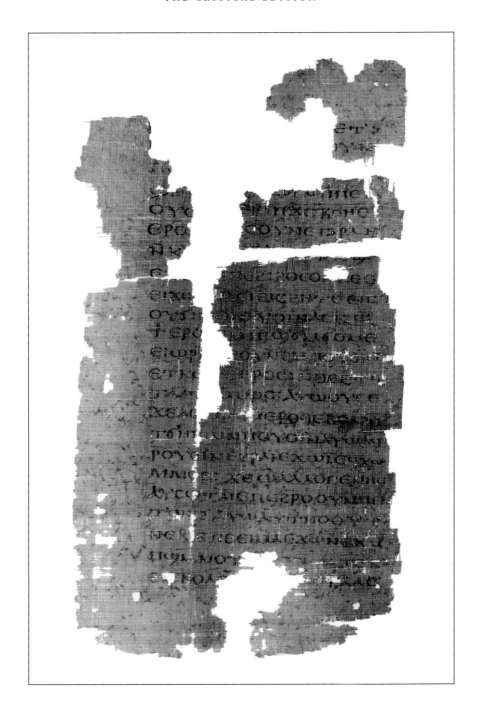

[ⲥⲃ]

[62]

[ⲉⲣⲟϥ	]ⲉⲧˋ>	
[	]ⲟⲩ ⲛ̄	2
[	] .̄	
ⲡ . [	] .	4
ϣⲃ . [	] . ϣⲣ ⲛ̄ϭⲓ ⲡⲉⲕ	
ⲟⲩⲟ[ⲓ̈ⲛ ⲁ]ⲉⲓⲟ ⲡⲭ̄ⲥ̄ ⲃⲟⲏⲑⲓ		6
ⲉⲣⲟⲓ̈ [ⲛ̄†ⲥ]ⲟⲟⲩⲛⲉ ⲅⲁⲣ ⲁⲛ		
ⲛ̄ⲕ [	]ⲛ̄ⲥⲁ . . . ⲛ̄ϣⲁ	8
ⲉⲛⲉ[ϩ ⲛ̄]ⲉⲛⲉϩ̄ : ϩⲟⲥⲟⲛ ⲇⲉ ⲉ		
ⲉⲓϫⲱ [ⲛ̄]ⲛⲁⲉⲓ ⲉⲓⲥ ϩ̄ⲏⲧⲉ ⲉⲓⲥ		10
ⲟⲩϭⲏ[ⲡ]ⲓ̈ ⲛ̄ⲟⲩⲟⲓ̈ⲛ ⲁⲥⲕⲱ		
† ⲉⲣⲟ[ⲉⲓ] : ⲙ̄ⲡⲓϣ ϭⲙ̄ϭⲟⲙ ⲉ		12
ⲉⲓⲱⲣⲙ̄ [ⲉ]ϩⲟⲩⲛ ϩⲛ̄ ⲡⲟⲩⲟⲓ̈ⲛ		
ⲉⲧⲕⲱⲧⲉ ⲉⲣⲟⲥ : ⲛ̄ⲑⲉ ⲉⲧϥ̄		14
ⲧⲁⲁⲧ[ⲉ] ⲙ̄ⲙⲟⲥ : ⲁⲩⲱ ⲟⲩⲥⲉ		
ϫⲉ ⲁⲉⲓⲥⲱⲧⲙ̄ ⲉⲣⲟϥ ⲉⲃⲟⲗ ϩⲛ̄		16
ⲧϭⲏⲡⲓ ⲙⲛ̄ ⲡⲟⲩⲟⲓ̈ⲛ ⲁⲩⲱ ⲁϥ		
ⲣ̄ ⲟⲩⲟⲓ̈ⲛ ⲉϩⲣⲁⲓ̈ ⲉϫⲱⲓ̈ ⲉϥϫⲱ		18
ⲙ̄ⲙⲟⲥ : ϫⲉ ⲱ̄ ⲁⲗⲗⲟⲅⲉⲛⲏⲥ		
ⲁⲩⲥⲱⲧⲙ̄ ⲉⲡⲉϩ̄ⲣⲟⲟⲩ ⲙ̄ⲡⲉⲕ		20
ⲧⲱⲃϩ̄ ⲁⲩⲱ ⲁⲩⲧⲛⲛⲟⲟⲩⲧ		
ⲛⲉⲕ ⲉⲡⲉⲉⲓⲙⲁ ⲉϫⲱ ⲛⲉⲕ ⲙ		22
ⲡϣⲙ̄ⲛⲟⲩ[ϥⲉ] : ⲉⲙⲡⲁⲧⲉⲕ		
ⲉⲓ ⲉⲃⲟⲗ ϩ[ⲙ̄ ⲡⲉⲓ̈ⲙⲁ] ϫ̣ⲉⲕⲁⲁⲥ		24

[---]

[---]

[---]

[---]

[---] your light

[---].Yea, Lord, help

me, for [I] do not know

[---] for

ever and ever." And while I

was saying this, look,

a luminous cloud

surrounded [me]. I could not

stare at the light

around it, the way

it was shining. And

I heard a word from the

cloud and the light, and

it shone over me, saying,

"O Allogenes,

the sound of your prayer

has been heard, and I have been sent

here to you to tell you

the good news, before you

leave [this place], so that

4-8   Fragments "Ohio 4602 + 4598"; cf. the chapter on codicology.

13   The reading ⲉⲓⲱⲣⲙ̄ is more likely than ⲉⲓⲱⲣϩ̄.

23   ⲉⲙⲡⲁⲧⲉⲕ - : read by *Hedrick*.

24   ϩ[ⲙ̄ ⲡⲉⲓ̈ⲙⲁ] : restored by *Bethge*.

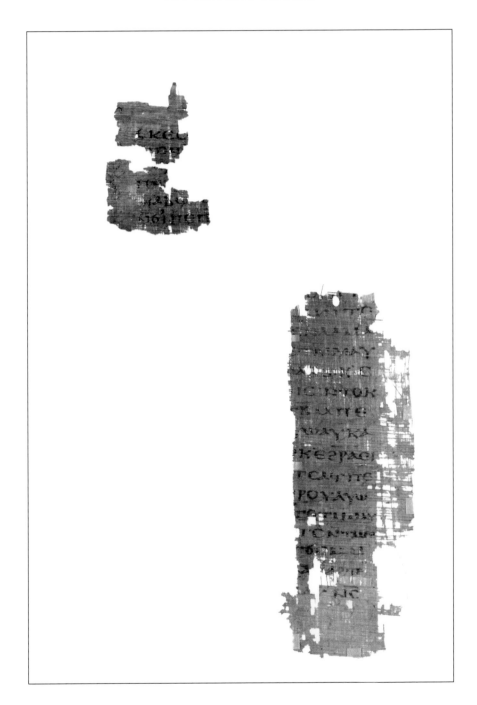

[ᄒᄃ]   [63]

ⲉⲕⲉⲥⲱ̣[ⲧⲙ̄	]		you may [hear ---]
ⲟⲩⲟⲛ̣ⳅ [	]	2	appear [---]
[. .] . [	]		[---]
[.] . . [	]	4	[---]
ⲡⲱ [	ⲥⲱ]		[---]
ⲙⲁ ⲃⲱⲗ ⲉ̣[ⲃⲟⲗ	]	6	body (?) dissolve [---]
ⲛ̄ϭⲓ ⲡⲉⲡ̄[ⲛ̄ⲁ	]		the [spirit (?) ---]
		8	

about 3 lines missing

		10	
[	] ⲟ . . .		[---]
[	] ⲁ̣ⲙⲛ̄ⲧⲉ	12	[---] underworld
[	] ⲥⲛⲁⲁⲙⲁ		[---] she will [grasp]
[ⳅ̄ⲧⲉ	] ⲉⲧⲙ̄ⲙⲁⲩ	14	[---] there.
[ⲛ̄ⲧⲟⲕ ⲇⲉ ⳅⲱⲱⲕ ⲕ]ⲛⲁⲃⲱⲕ̓ ⲉ			[But you, you] will leave,
[ⲃⲟⲗ ⲱ̄ ⲁⲗⲗⲟⲅⲉⲛ]ⲏⲥ : ⲛ̄ⲧⲟⲕ		16	[O Allogen]es, you
[	ⲟⲩⲱ]ⲧⲃ̄ ⲙ̄ⲡⲉ		[will (?) --- and pass] by (?) the
[	ⲁ]ⲩⲱ ⲁⲩⲕⲁ	18	[---] and they were
[ⲣⲱⲟⲩ	ⲃ]ⲱⲕ̓ ⲉ̣ⳅ̄ⲣⲁⲉⲓ		[quiet (?) ---] went up
[	ⲉ]ⲧⲥⲁ ⲧⲡⲉ	20	[---] which is above
[ⲛ̄ⲛⲓⲛⲟϭ ⲛ̄ⲁⲓⲱⲛ ⲧ]ⲏ̣ⲣⲟⲩ ⲁⲩⲱ			all [these great aeons], and
[	] ⲧ ⲉⲧⲙ̄ⲙⲁⲩ	22	[---] there
[	] ⲧⲥ̄ ⲛ̄ⲧⲙⲉ̣ⳅ		[---]
[	] ⲧϭⲟⲙ ⲛ̄	24	[---] the power of
[	ⲛ̣]ⲁ̣ⲁⲙⲁ̣ⳅⲧⲉ		[---] will grasp
[	] . ⲁⲩ ⲛ̄ⲥ̄	26	[---]

1-7   Fragments "Ohio 4609 + 4590"; cf. the chapter on codicology.
13   "she" : or, "it."
15   [ⲛ̄ⲧⲟⲕ ⲇⲉ ⳅⲱⲱⲕ ⲕ]ⲛⲁⲃⲱⲕ̓ : partly restored by *Bethge*.
17   ⲟⲩⲱ]ⲧⲃ̄ : suggested by *Funk*.

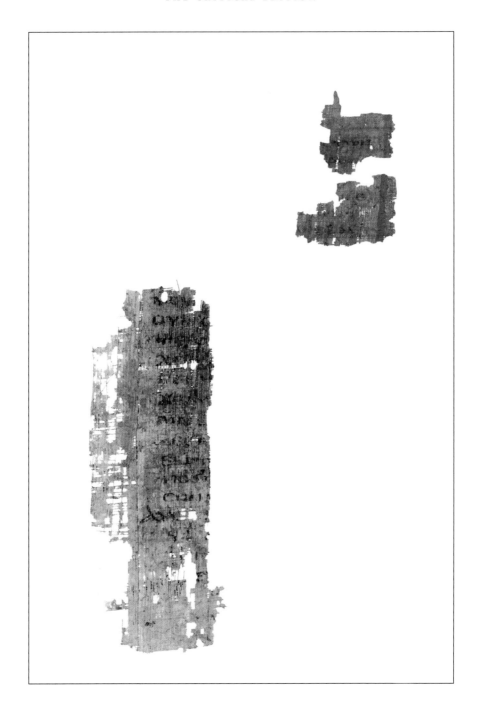

[ⲅ̅ⲗ̅]   [64]

[	]ⲉⲧⲱⲛ		[---] where (?)
[	] . ⲁⲉ . .	2	[---]
[	] . . [.]		[---]
[	]ϣⲉ	4	[---]
[	]ⲁⲓⲱⲛ ⲧⲏ		[---] all aeons
[ⲣⲟⲩ	] . . ⲉⲃⲟⲗ	6	[---] from (?)
[	] . [.] . [.]		[---]
		8	

about 3 lines missing

		10	
. [	]		[---]
ⲙ̣ⲟⲩ [	]	12	[---]
ⲟⲩ . . ọ [	]		[---]
ⲧⲉ . . [	]	14	[---]
ⲭⲉ ⲉ . . [	ⲁⲗⲗⲟ]		[--- Allo]-
ⲅⲉⲛⲏ[ⲥ	]	16	gene[s ---]
ⲭⲉ ⲁⲩ [	]		for they have [---]
ⲙ̅ⲙⲟ [	]	18	[---]
ⲁⲉ ⲉⲉ[ⲓ-	]		but I [---]
ⲉⲓⲱⲧ [	]	20	father [---]
ⲛⲟϭ † [	]		great [---]
ⲥⲟⲛ : [	]	22	brother [---]
ⲁⲩⲱ [.] . [	]		and [---]
ϥⲁ . [	]	24	he [---]
. . . [	]		[---]
. . ⲉ [	]	26	[---]

1-7   Fragments "Ohio 4608 + 4591"; cf. the chapter on codicology.

[ⲝⲉ]   [65]

			2	
			4	
about 11 lines missing			6	
			8	
			10	
[	] ⲧⲉ . ⲟ		12	[---]
[	] ⲭⲟⲟⲥ ⲛⲁⲕ			[---] say to you
[	]		14	[---]
[	] . ⲭⲉ . ⲩ			[---]
[	ⲛ̄]ⲙⲟⲉⲓ :		16	[---] me
[	ⲧⲉⲛ]ⲟⲩ ϭⲉ ⲉⲉⲓ			[---]. So [now] I
[	] . . .		18	[---]
[	] ⲟ̣ⲛ ⲅⲏ			[---]
[	] . >>>—		20	[---]
[	] . .			[---]
[	] ⲭⲉ̣		22	[---]
[	] . ⲛ ⲁ̣ⲗ			[--- but (?)]
[ⲗⲁ (?)	ⲁ]ⲗⲗⲟ		24	[---] Allo-
[ⲅⲉⲛⲏⲥ	] ⲭⲉ			[genes ---]
[	] . ⲟ̣		26	[---]

[ⳅ̅ⲥ]   [66]

		2	
		4	
about 11 lines missing		6	
		8	
		10	
ⲡⲉ : [ ]		12	[---]
ⲛ̅ϩ̅ⲏ [ ]			[---]
ⲉⲭ̣ . [ ]		14	[---]
. . [ ]			[---]
ⲟⲥ ⲉ [	ⲟⲩⲱ]	16	[--- pass by (?)]
ⲧⲃ . . [	ⲁⲗⲗⲟ]		[--- Allo]-
ⲅⲉ̣[ⲛⲏⲥ]		18	ge[nes ---]
. . [ ]			[---]
ⲉⲡ [ ]		20	[---]
. [ ]			[---]
. [ ]		22	[---]
[ ]			[---]
. [ ]		24	[---]
. [ ]			[---]

16-17   ⲟⲩⲱ]ⲧⲃ : for the restoration, cf. p. 63,17.

ALLOGÈNES

TRADUCTION FRANÇAISE

Rodolphe Kasser

({p. 59}) Le [livre (?)] | [---] |

Mon fi[ls (?) ---] | [---] (5) [---] | [---] (disant) (?) | [---] | [--- révé]lation | [--- pour que] nous nous (10) connaissions, (pour savoir) d'où nous | sommes issus, ou [vers o]ù nous irons, | ou ce que nous ferons pour que [nous] | vivions?"

Et ils sont sortis, ils sont montés | sur une montagne qu'on nomme (15) Thambor, et ils se sont agenouillés, | suppliant (et) disant: | "Ô Seigneur Dieu!.. (Toi) qui (es) | au-dessus de tous ces grands éons°!... | (Toi) qui n'as pas de commencement° et (qui) n'as pas de (20) fin! Donne-nous un esprit° de | connaissance°, pour la révélation de tes | mystères°, pour que nous nous | connaissions, (connaissant) d'où nous sommes sortis | ou° vers où nous irons ou° (25) ce que nous ferons pour que nous vivions!" |

Après ces paroles qu'a dites | Allogènes°°, il s'est manifesté *(p. 60)* [Sat]a[n°° s]ur la terre | [---] il | a dit [---] | [— *5 lignes perdues —*

] | et tu [recevras pour t]oi les biens qui sont [10] dans mon m[onde]°!...
(et) tu mangeras | de mes bonnes (nourritures)!...(et) tu | prendras pour
toi l'argent et l'or et les | (plus beaux) vêtements!"

Mais | Allogènes°° a répondu, disant: [15] "Écarte-toi de moi, Satan°°!
… | car° moi, ce n'est pas toi que je | recherchais (ici), mais° (c'est) mon
Père, | celui qui est excellent, plus que tous ces | grands éons°. Car° moi,
c'est [20] 'Allogènes°°' qu'on m'a nommé, | parce que moi, je suis (issu)
d'une | autre race°; je ne suis pas, moi, | (issu) de ta race°".

Alors° | il lui a dit, celui qui tient en (son) [25] pouvoir le m[ond]e°:
"Nous *(p. {61})* (nou[s)-mêmes ---] | là (?) [---] | viens (?) [---] | [---]
[5] dans mon mon[de°".

Il a répondu] | Allo[gèn]es°° (et il) lui a dit: | "Écarte-toi de m[oi,
S]atan°°! | Retire°-toi, car° j[e ne t'appa]rtiens | pas!"

Alors° Sat[an]°° [10] s'est éca[rté] de lui, après | qu'il l'eut mis en colère |
de nombreuses fois. Et il n'a pas pu | les (?) tromper. Lorsqu'il a été | vaincu,
il s'est r[et]iré° [15] vers son lieu (propre), en une grande | honte.

Alors° Allogènes°° | s'est écrié d'une grande voix, | disant: "Ô° Dieu,
(toi) | qui (résides) dans les grands éons°, [20] écoute ma voix, aie pitié
de moi, | sauve-moi de tout mal(heur)! | Jette un regard sur moi, | et
écoute-moi, (moi qui) suis | en ce lieu désert! [25] Or maintenant, [que]
m'illumine | t[a lumièr]e ineffa[ble *(p. {62})* — *4 lignes} perdues* —] [5] [-
--] ta | lumi[ère. C]ertes, mon Seigneur, viens | à mon secours°, car° [je
ne s]ais pas | [---]jusqu`à | l'éterni[té de] l'éternité".

Or°, tandis° que [10] je disais cela, voici, oui, voici qu'une | nuée
lumineuse m'a enveloppé, | (telle que) je n'ai pas pu | voir à l'intérieur
de la lumière | l'enveloppant, tel étant son éclat [15] (resplendissant). Et
(il y a eu) une parole | que j'ai entendue, (sortant) de la nuée | et de (sa)
lumière, et elle | m'a illuminé, disant: | "Ô° Allogènes°°, [20] le son de
ta supplication | a été entendu, et j'ai été envoyé | à toi en ce lieu pour
te dire | l'Évangile (bonne–nouvelle), avant | que tu ne sortes d[e ce lieu
(?)], afin que *(p. {63})* tu en[tendes ---] | manifeste(r) [---] | [— *3 lignes
perdues* —] [6] [cor]ps (?) dissou[dre (?)---] | l'[esprit (?) ---] | [— *4 lignes*

perdues —] [12] [--- l']Amenté (?) | [--- elle (?)] tiendra en (son) | pou-[voir ---]-là [15] [mais toi, tu] sortiras | [--- ô Allogèn]es°° (?), toi | [---] | [--- e]t ils se sont | [tus (?) --- sont mon]tés (?) [20] [---] au-dessus | [de t]ous [les grands (?) éons], et | [---]-là | [---] la | [---] la puissance [25] [--- tiendra] en (son) pouvoir | [---]

(p. {64}) [---] vers où (?) | [— *3 lignes perdues* —] [5] [--- to]us les éons (?) | [---] dehors (?) | [— *8 lignes perdues* —] [15] [--- Allo]|gène[s°°] | [— *3 lignes perdues* —] [20] père [---] | grand [---] | frè[re (?) ---] | et [---] | [— *3 lignes perdues* —]

(p. {65}) [— *environ 12 lignes perdues* —] [13] [---] te dire | [— *2 lignes perdues* —] [16] [---] me | [--- Mainte]nant donc, je | [— *5 lignes perdues* —] [23] [---] mais° (?)| [--- A]llo|[gènes°° ---] | [---]

(p. {66}) [— *environ 16 lignes perdues* —] [17] [--- Allo]|gè[nes°°] | [---

a ↑

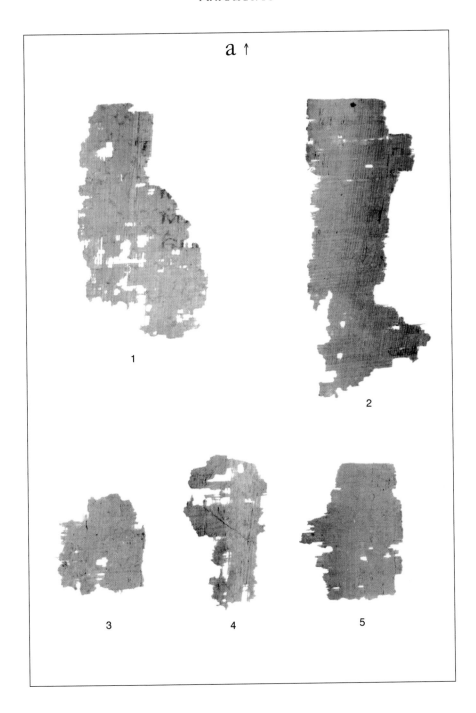

1

2

3

4

5

a →

2

1

5

4

3

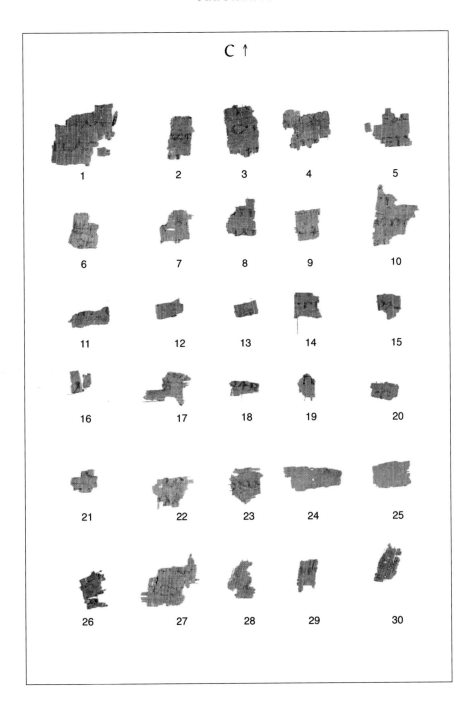

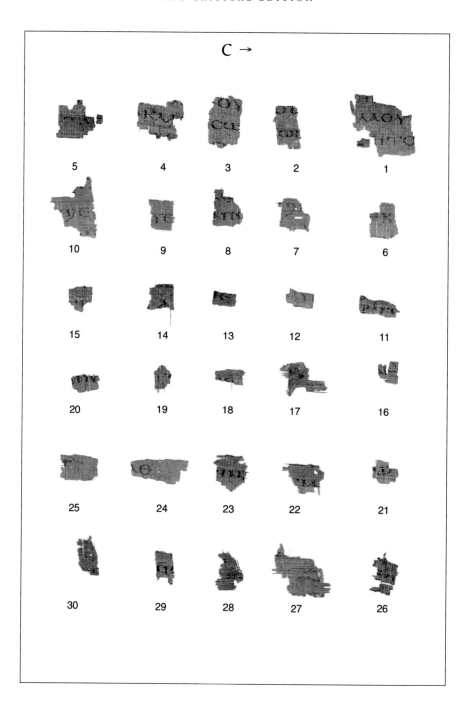

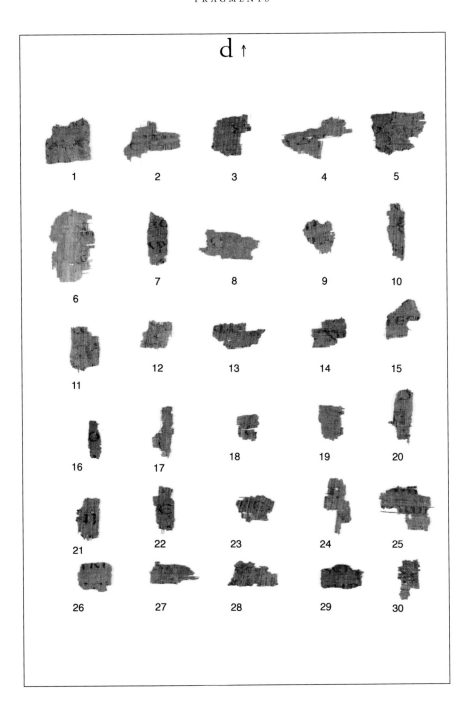

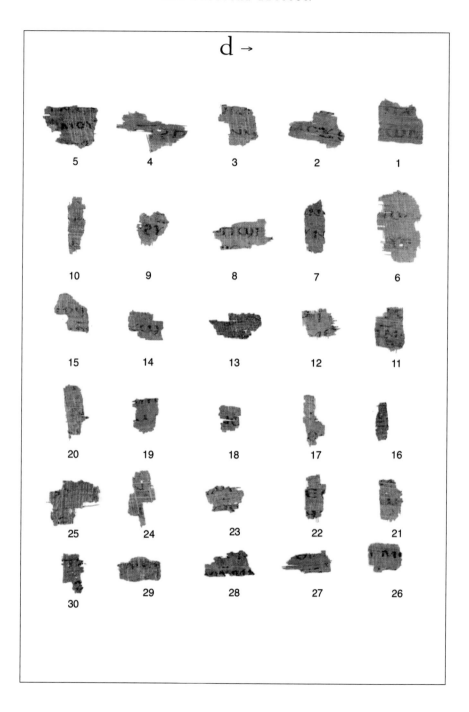

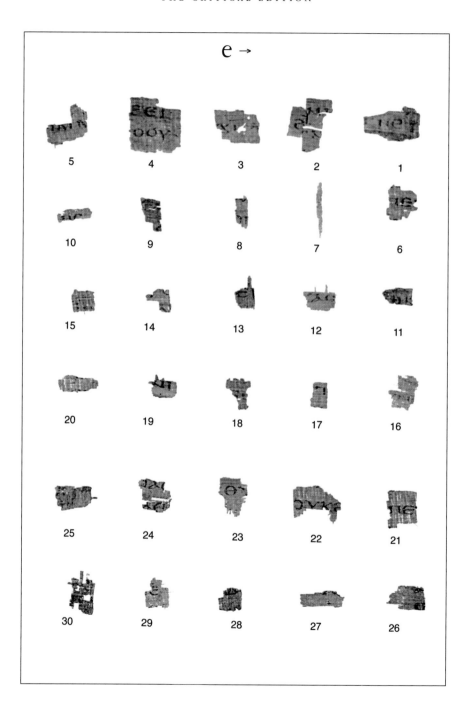

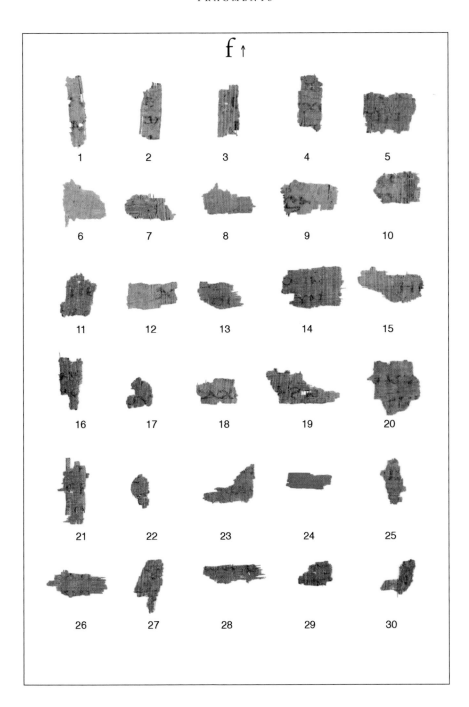

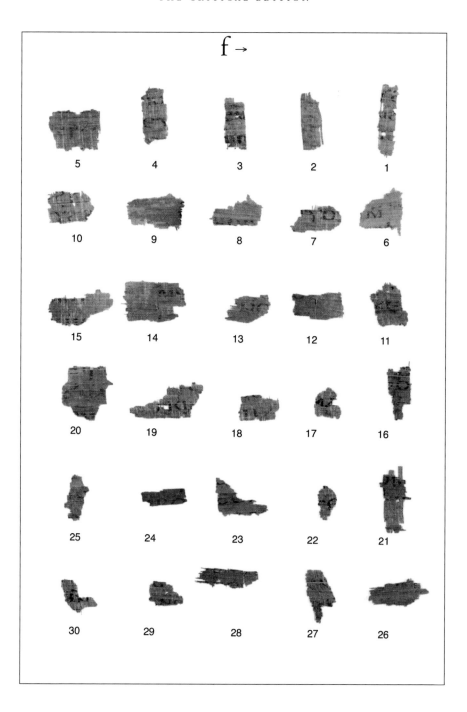

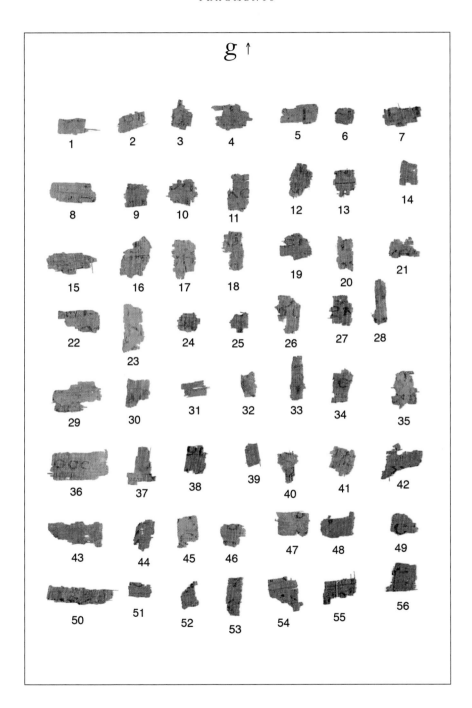

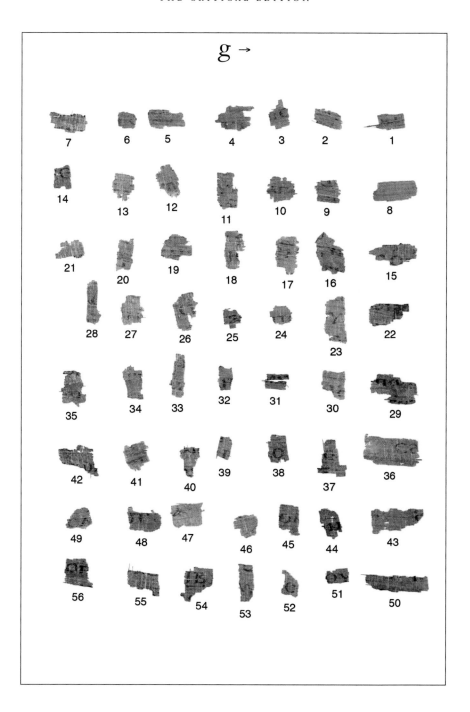

h ↑

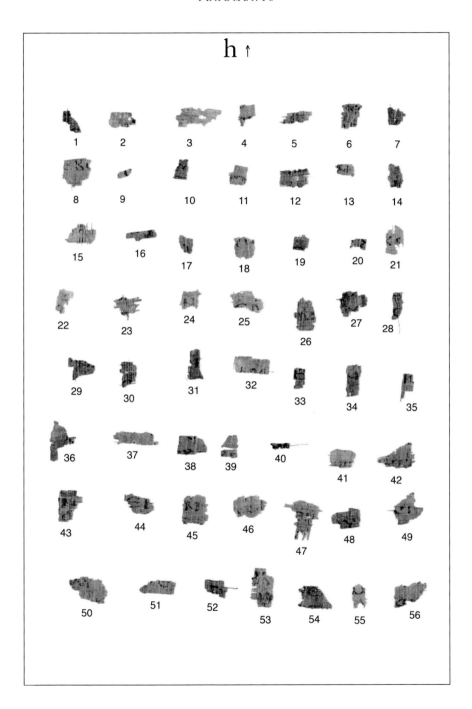

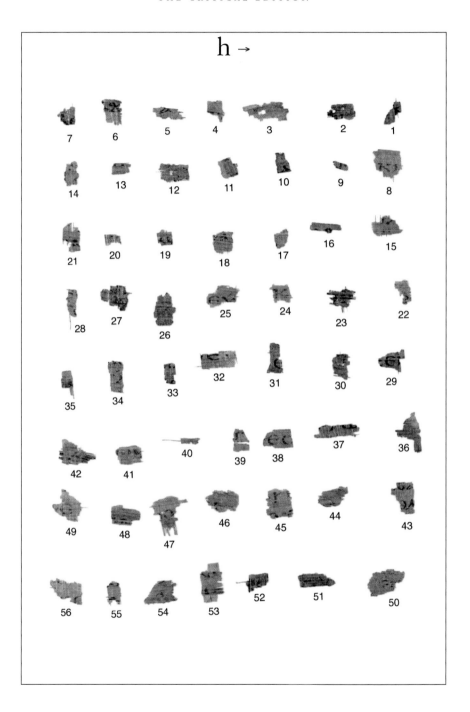

i ↑

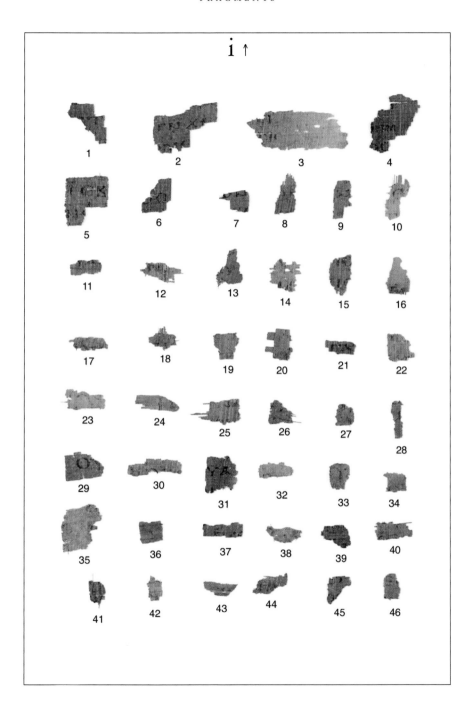

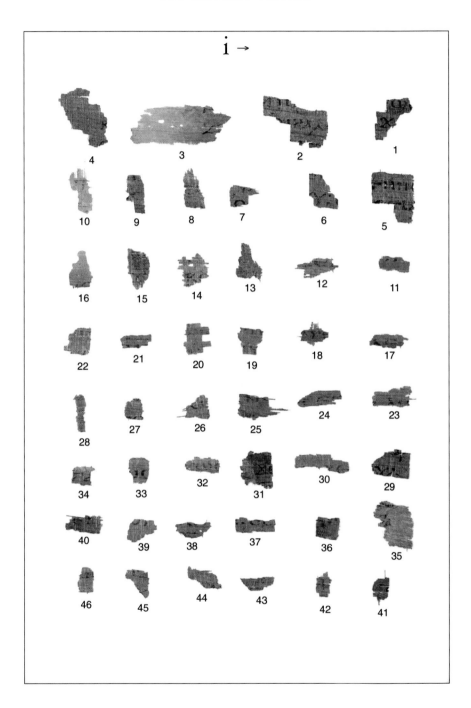

INDEX

Rodolphe Kasser

SIGLES ET ABRÉVIATIONS D'USAGE GÉNÉRAL

abr. = abréviation; **abstr.** ou **n.abstr.f.** = abstraction; **acc.** = "accusatif", complément d'objet direct et sim.; **adj.** = adjectif, ou en fonction d'adjectif; **ad'j.** = adjectivoïde, qualitatif précédé du préf. rel. intemporel ⲉⲧ- ou d'un prV. circonstanciel; **adv.** = adverbe, ou locution adverbiale; **ad?v.** = adverbe interrogatif; **art.** = article; **circ.** = circonstanciel; **conj.** = conjonction; **cpl.** = complément; **dat.** = "datif", complément d'objet indirect similaire au datif; **ddéf.** = défini/démonstratif; **déf.** = défini; **dém.** = démonstratif; **f.** = (nom propre ou commun) féminin; **fonct.** = en fonction de; **fut.** = futur I; **gén.** = "génitif", complément d'objet indirect similaire au génitif; **idiol.** = idiolectal; **ind.** = indéfini; **inf.** = infinitif; **intr.** = intransitif; **in?trg.** = interrogatif; **interj.** = interjection; **lcplx.** = lexème complexe; **litt.** = littéralement; **m.** = (nom propre ou commun) masculin; **n.** = nom (de genre inconnu); **nég.** = négation, négatif, nié; **n.f.** = nom féminin; **n.m.** = nom masculin — et voir aussi **m.** — ; donc non v. en soi, mais pouvant participer à une fonction verbale, en devenant l'élément m. (non moteur, charrié) d'un verboïde; voir (v'n)/n.m.; **n.pr.** = nom propre; **n.pr.f.** = nom propre féminin; **n.pr.m.** = nom propre masculin; **p.c.** = participe conjoint; **pcl.** = particule; **pc?l.** = particule interrogative; **pers.** = personnel; **p.ex.** = par exemple; **pl.** = pluriel; **poss.** = possessif; **préf.** = préfixe; **prénom.** = forme prénominale (préfixe verbal); **prép.** = préposition; **prép.rel.q.** = préposition de relation qualificative; **prés.** = présent I; **pron.** = pronom; **pro?n.** = pronom interrogatif; **prop.** = proposition; **prop. nom.** = proposition nominale; **Pr-triad.** = pronominal triadique (PTN); **prV.** = préfixe verbal; **r.** = P̄- précédant les verbes grécoptes; **rel.** = relatif, de relation; **sf.** = suffixe; **sfsj.** = sujet (ou sim.) en suffixation; **sg.** = singulier; **sim.** = cas analogues; **tr.** = transitif; **v.** = verbe; **v!** = verbe à l'impératif; **v.adj.** = verbe adjectif; **v/n.m.** = nom masculin capable d'avoir (et ayant le plus souvent) la fonction de verbe; (m) signale les seuls cas où sa fonction est celle d'un nom masculin; **[v]/n.m.** = v/n.m., sauf que, dans le lexème en question, et ici, la fonction de v. n'est pas attestée; **v/[n.m.]** = v/n.m., sauf que, dans le lexème en question, et ici, la fonction de n.m. n'est pas attestée; **(v'n)/n.m.** = verboïde, construction d'usage verbal (ou en fonction verbale) par combinaison d'un nom (n.m. ou n.f.) ou pron. (ou pro?n) avec, le précédant, un verbe à l'état atone (dit "construit"), tel que ⲕⲁ-, ⲡ̄-, ⲱϣ̄-, ϭⲓ-, ϩⲓ-, ϫⲓ-, †, et sim. (p.ex. ⲡ̄ ⲗⲩⲡⲏ "être triste", ⲡ̄ ϩⲟⲧⲉ "avoir peur", † ⲉⲟⲟⲩ "glorifier", ϫⲓ ⲉⲟⲟⲩ "'être glorifié", ϩⲓ ⲱⲛⲉ "lapider", etc.); peut devenir aussi d'usage nominal; **voc.** = vocatif; **voy.** = voyelle; **v.prép.** = verbe combiné avec une préposition.

En ce qui concerne les noms propres et le vocabulaire grécopte, ce vocabulaire est classé selon les mêmes principes que le vocabulaire égycopte (tel qu'on le trouve dans le *Coptic Dictionary* de CRUM, 1939): les graphèmes consonnes (sauf à l'initiale) y ont la priorité sur les graphèmes voyelles (sauf ⲟⲩ glide qui est traité en consonne). Par exemple ⲕⲗⲏⲣⲟⲛⲟⲙⲓⲁ (klrnm) y précède ⲕⲉⲗⲉⲩⲉ (klw); ⲥⲱⲙⲁ (sm) y précède ⲥⲩⲛⲁⲅⲱⲅⲏ (sngg), ⲙⲟⲛⲟⲛ (mnn) y précède ⲙⲏⲛⲉⲩⲉ (mnw).

ⲡⲉⲧⲣⲟⲥ *n.m.* Πέτρος "Pierre" (apôtre) 7,1; 9,14
(→ ⲫⲓⲗⲓⲡⲡⲟⲥ).

ⲥⲱⲙⲁ *n.m.* σῶμα "corps" [= **body**] 2,1?; 4,19 (→
ⲕⲉⲗⲉⲩⲉ). 23?

ⲥⲩⲛⲁⲅⲱⲅⲏ *n.f.* συναγωγή "synagogue" [= **synagogue**] 7,8 ([ⲁ]ⲩⲱ ⲛ̄ⲥⲉⲭⲓ ⲑⲩⲧⲛ̄ ⲉ[ϩ]ⲟⲩⲛ
[ⲉ]ⲛ̄ⲥⲩⲛⲁⲅⲱⲅⲏ ⲁⲩⲱ ϣ[ⲁ] [ⲛ̄]ϩⲏⲅⲉⲙⲱⲛ "et
qu'on vous fasse entrer dans les synagogues, et
aup[rès des] gouverneurs").

ⲥⲡⲉⲣⲙⲁ *n.m.* σπέρμα "semence" [= **seed**] 4,24
([ⲡⲓ]ⲥⲡⲉⲣⲙⲁ ⲛ̄ⲧⲁⲥⲱⲣⲙ̄ ⲉⲁϥⲉⲓ [ⲉ(ⲡⲉ)ⲩ⸗]
ⲡⲗⲁⲥⲙⲁ ⲙ̄ⲙⲟⲩ "[la] semence qui, égarée, est
arrivée [à une] (création) modelée de mort").

ⲧⲟⲧⲉ *adv.* τότε "alors" [= **then**] 2,2; 3,1? (ⲧⲟⲧⲉ
ⲛⲁⲡⲟⲥⲧⲟⲗⲟⲥ ⲁⲩⲟⲩⲱϣⲧ "alors les Apôtres se
sont prosternés"); 7,3?; 9,1 (→ [ⲓⲏⲥⲟⲩⲥ]). 8?

ⲫⲓⲗⲓⲡⲡⲟⲥ *n.m.* Φίλιππος "Philippe" (apôtre) 1,2;
9,15 ([ⲧ]ⲉⲡⲓⲥⲧⲟⲗⲏ ⲙ̄ⲡⲉⲧⲣⲟⲥ ϣⲁ ⲫⲓⲗⲓⲡⲡⲟⲥ
"[L']Épître de Pierre à Philippe").

ⲭⲁⲓⲣⲉ *interj.* χαῖρε "salut!" [= **greetings**] 1,4.

ⲭⲁⲣⲓⲥ *n.f.* χάρις "grâce" 9,6? (→ ⲙⲛ̄-).

ϩⲏⲅⲉⲙⲱⲛ *n.m.* ἡγεμών "gouverneur" [= **governor**]
7,9 (→ ⲥⲩⲛⲁⲅⲱⲅⲏ).

ϩⲓⲕⲱⲛ *n.f.* εἰκών "image" [= **image**] 4,16 (→ ⲁⲛⲧ).

ϩⲁⲙⲏⲛ *adv.* ἀμήν "amen! … ainsi soit-il!" [= **truly**] 9,1.

Vocabulaire égycopte

ⲁⲙⲁϩⲧⲉ *v/[n.m.]* "saisir, tenir en son pouvoir"
[= **detain**] 3,4. 25.

ⲁⲛ *pcl. nég.* (précédé de ⲛ̄-) "ne … pas" [= **not, no**]
4,8 (→ ⲗⲉ et ⲥⲟⲟⲩⲛⲉ).

ⲁⲛⲟⲕ *pron.pers.* sg.1. "je, moi" [= **I**] 4,22
(ⲁⲛⲟⲕ ⲡⲉ "c'est moi"; *atone* ⲁⲛⲕ 4,27 (ⲁⲛⲕ
ⲟⲩⲣⲉϥⲙⲟⲩ "je (suis) un mort") (ici: "moi,
j'(étais) un mort").

ⲁⲛⲟⲛ *pron.pers.*. pl.1. "nous" [= **we**] 8,3?

ⲁⲧ- *préf.privatif* "sans, privé de" [= **without**], voir
ⲙ̄ⲛ̄ⲧⲁⲧⲥⲱⲧⲙ̄ "désobéissance"; [ⲙ̄ⲛ̄ⲧ]ⲁⲧⲭⲱϩⲙ̄
"incorruptibili[té]; ⲛⲁⲧⲣⲉϥϫⲓ ⲥⲟⲭⲛⲉ*sic*
"écervelé"; ⲛ̄ⲛⲁⲧϣⲓⲧϥ̄ "incommensurable".

ⲁⲩⲱ *conj.* "et" [= **and**] 1,3? 7; 2,3; 3,3 (ⲛⲁⲓⲱⲛ ⲁⲩⲱ
ⲛⲉⲩⲙⲟⲩϩ "les Éons et (aussi) leurs Plérômes").
6? 7. 18. 22. 26; 4,3 (ⲁϥϫⲟ ⲙ̄ⲙⲟϥ ⲁⲩⲱ

ⲁϥⲧⲁϩⲟ ⲉⲣⲉⲧ[ⲟⲩ] "il l'a planté et il a établi").
4? 6? 15? 20. 22?; 5,1? 4? 6? 7; 6,5? 7? 9? 10?;
7,7? 8; 8,5?; 9,3? 6.

ⲁϣ *pro?n.* "quel?" [= **who? what?**], voir ⲛ̄ⲁϣ ⲛ̄ϩⲉ "de
quelle manière? … comment?"

ⲁϫⲛ̄- *prép.* "sans" [= **without**] 3,19? (→ ⲕⲉⲗⲉⲩⲥⲓⲥ).

ⲃⲱⲕ *v/[n.m.]* "aller" [= **go**] 2,2?; 3,7?; 5,5 (→
ⲕⲗⲏⲣⲟⲛⲟⲙⲓⲁ); 9,5 (ⲙⲟⲟϣⲉ [ⲛ̄]ⲧⲉⲧⲛ̄ⲃⲱⲕ "marchez (et) allez!"). 11? (ⲁⲩⲃⲱⲕ [ϩ]ⲛ̄ ⲧϭⲟⲙ ⲛ̄ⲓⲏ[ⲥ]
"ils s'en sont allés [p]ar la puissance de Jésus").

ⲃⲟⲗ *n.m.* "(l')extérieur" [= **outside**], voir ⲉⲃⲟⲗ adv.
"dehors".

ⲉ- *prép.sns.* (*présuffixal* ⲉⲣⲟ⸗: sg.1. ⲉⲣⲟⲓ, pl.1. ⲉⲣⲟⲛ,
pl.2. ⲉⲣⲱⲧⲛ̄), prép. d'évaluation sensorielle,
souvent à traduire par "vers, pour, par rapport à,
plus que" etc. [= **to, for, with regard to, about,
etc.**] Introduit plusieurs sortes de compléments:
1. acc. de verbes tels que "(sa)voir, entendre,
connaître, comprendre, penser" etc.; 2. "à
propos de, concernant"; 3. "vers"; 4. "pour";
5. introduit l'"action se-conde", subordonnée.
Sigles désignant certaines valeurs particulièrement courantes de ⲉ- ou ⲉⲣⲟ⸗, ou concernant
le verbe introduisant ⲉ- ou ⲉⲣⲟ⸗: b = ⲃⲱⲕ, i =
ⲉⲓ, kl = ⲕⲉⲗⲉⲩⲉ, mw = ⲙⲉⲟⲩⲓ̈; p = "pour",
pst = ⲡⲓⲥⲧⲉⲩⲉ, s = ⲥⲱⲧⲙ̄, s/m = ϣⲙ̄ⲙⲟ, ss/ =
ⲥϣⲉ ou ϣϣⲉ, tn = ⲧⲛ̄ⲛⲟⲟⲩ, u = ⲟⲩⲱϣ, v =
"vers", w = "par rapport à", x = introduction de
l'"action seconde", subordonnée. Les cas d'usage
de ⲉ- (ou ⲉⲣⲟ⸗) peuvent être répartis en cinq
catégories principales:

1. acc. de verbes tels que "(faire) (sa)voir, entendre,
connaître, croire, (faire) comprendre" etc.: formes
présuffixales suffixées: sg.1. ⲉⲣⲟⲓ 4,26?(mw); 5,2?
(s); pl.1. ⲉ[ⲣⲟⲛ 2,8?(s).

2. "par rapport à, à propos de" 8,3(s/m) (ⲓⲥ ⲟⲩϣⲙ̄ⲙⲟ
ⲉⲡⲙⲟⲩ ⲡⲉ "Jésus est étranger (par rapport) à la
mort" = elle n'a pas de pouvoir sur lui); 9,4(pst)
(ⲛⲉ[ⲧⲣ̄ ⲡⲓ]ⲥⲧⲉⲩⲉ ⲉⲡⲁⲣⲁⲛ "ceux [qui cr]oient
en mon nom"); formes *présuffixales* suffixées: pl.1.
ⲉⲣⲟⲛ 7,2(ss/) (ⲥϣⲉ ⲉⲣⲟⲛ "il nous convient
(de)", à nous, en ce qui nous concerne); pl.2.
ⲉⲣⲱⲧⲛ̄ 7,6? (ss/). 9(ss/).

3. "vers" 3,6(iv) (ⲁⲛⲉⲓ ⲉⲡⲉⲉⲓⲙⲁ "nous sommes
arrivés à ce lieu"); 4,5(v). 23(tn) (ⲁⲩⲧⲛⲛⲟⲟⲩⲧ

ⲉϭⲱⲙ[ⲁ] "on m'a envoyé en un cor[ps]");
5,5(bv) ([ⲉⲧⲣ]ⲉϥⲃⲱⲕ ⲉϩⲟⲩⲛ ⲉⲧⲉⲕⲗⲏⲣⲟⲛⲟⲙⲓⲁ
ⲙⲡⲉϥⲉⲓⲱⲧ "pour qu'il entre dans l'héritage
de son Père"); formes *présuffixales* suffixées: pl.l.
ⲉ[ⲣⲟⲛ] 3,10?(v).

4. "pour" 9,10.

5. action "seconde", subordonnée, 3,21(ux)
([ⲁ]ϥⲟⲩⲱϣ ϫⲛ̄ ⲛ̄ϣⲟⲣⲡ̄ ⲉⲧⲟⲩⲛⲟⲥ ϩⲛ̄ⲁⲓⲱⲛ "il
a voulu, depuis les débuts, susciter des Éons");
4,19(klx) ([ⲁϥⲣ̄ ⲕⲉⲗⲉⲩⲉ ... ⲉⲣ̄ ⲡⲗⲁⲥⲥⲉ
ⲛ̄ϩⲛ̄ⲥⲱⲙⲁ ⲛ̄ⲣ[ⲉϥ]ⲙⲟⲩ "il a ordonné ... de
modeler des corps mortels"); 7,3?(ss/x).

ⲉⲃⲟⲗ *adv.* "dehors, vers l'extérieur (extrême),
jusqu' au bout, complètement" [= **out**], lcplx.
(composé de ⲉ⸗ prép.sns. et de ⲃⲟⲗ "(l')exté-
rieur") 3,23; 5,8; 6,9?; 9,1; voir aussi ⲉⲃⲟⲗ ϩⲛ̄⸗.

ⲉⲃⲟⲗ ϩⲛ̄⸗ *prép.* "hors de, provenant de" [= **from**],
lcplx. (composé de ⲉ⸗ prép.sns., ⲃⲟⲗ "(l')exté-
rieur", et ϩⲛ̄⸗ "dans") 8,1 (ⲁϥⲧⲱⲟⲩⲛϥ̄ ⲉⲃⲟⲗ
ϩⲛ̄ ⲛⲉⲧⲙⲟⲟⲩⲧ "(Jésus) s'est levé d'entre les
morts"); ⲉⲃⲟⲗ ϩⲙ̄⸗ (suivi de ⲡ⸗) 4,21.

ⲉⲛⲉϩ̄ *n.m.* "éternité" [= **eternity**], voir ⲛ̄ϣⲁ ⲉⲛⲉϩ̄
"éternellement".

ⲉⲣⲟ⸗ voir ⲉ⸗ *prép.sns.* "vers, pour".

ⲉⲣⲉⲧ⸗ *adv.* dans ⲉⲣⲉⲧ[ⲟⲩ] [= **on the feet**] lcplx.
(composé de ⲉ⸗ prép.sns. "par rapport à" et
[ⲣⲁⲧ⸗] ou *idiol.* ⲣⲉⲧ⸗ "pied") 4,3? (→ϫⲟ).

ⲉⲧⲉ, ⲉⲧ⸗ *préf.rel.* intemporel "qui, que" [= **who,
which, that**] (voir aussi, dans la conjugaison,
les prV. relatifs); ⲉⲧⲉ: *type démonstratif* à copule,
sg.m. *idiol.* ⲉⲧⲉ ⲡⲉⲉⲓ^*sic* ⲡⲉ "c'est-à-dire" 3,5;
sg.f. *idiol.* ⲉⲧⲉ ⲧⲉⲉⲓ^*sic* ⲧ[ⲉ] idem 3,9; *type
possessif* à copule, ⲡⲉⲧⲉ ⲡⲱⲓ̈ ⲡⲉ "le mien" 5,1;
ⲡⲉⲧⲉ ⲡⲱⲉⲓ ⲡⲉ 4,27?; 5,7; *type pronominal* à
copule, ⲉⲧⲉ ⲛ̄ⲧⲱⲧⲛ̄ ⲡⲉ "c'est vous" 5,2; *varia*
à copule ⲉⲧⲉ ⲧⲙⲛ̄ⲧⲁⲧⲥⲱⲧⲙ̄ ⲡⲉ "c'est la
désobéissance" 3,17; ⲡⲓⲱⲧ ⲙⲡ[ⲟⲩⲟⲓ̈ⲛ ⲡⲉ]ⲧⲉ
ⲟⲩⲛⲧⲁϥ ⲙ̄ⲙⲁ[ⲩ ⲛ̄ⲛⲓⲙⲛ̄ⲧ]ⲁⲧⲭⲱϩⲙ̄ "Père de la
[lumière, Ce]lui qui possède là (en Lui) [les]
incorruptibilités!" 2,6?; ⲉⲧ⸗ "qui, que" [= **who,
which, that**] (sigles: suivi de a = adv., ou de
† = verbe au qualitatif) 4,5?(†). 9?(†) ([ⲡⲓⲱⲧ]
ⲉ̣[ⲧ]ϣⲟⲟⲡ ϫⲛ̄ ⲛ̄ϣⲟⲣ[ⲡ̄] "le Père qui existe
depuis les déb[uts]"; 6,3(a) (ⲡⲣⲱⲙⲉ ⲉⲧϩⲓ ϩ[ⲟ]ⲩⲛ
"l'homme intérieur"; pl. 8,1(†) (ⲛⲉⲧⲙⲟⲟⲩⲧ

"les morts"); 9,3? (ⲛⲉ[ⲧⲣ̄ ⲡⲓ]ⲥⲧⲉⲩⲉ "ceux [qui
cr]oient" (= qui ont la foi)).

ⲉⲧⲃⲉ⸗ *prép.* "à cause de" [= **because of, on account
of**] 3,14?; 4,22 (→ ϫⲱⲕ); 7,3? (→ ⲙⲟⲩ);
présuffixal ([ⲉⲧⲃⲏⲏⲧ⸗] ou *idiol.* ⲉⲧⲃⲏⲧ⸗) suffixé,
pl.l. ⲉⲧⲃⲏⲧⲛ̄ 7,2; 8,7?

ⲉⲧⲃⲉ ⲡⲁⲓ̈ *adv.* "c'est pourquoi" [= **for this reason**]
8,6?

ⲉⲧϩⲓ ϩ[ⲟ]ⲩⲛ *adj.* "intérieur" [**inner, that is within**]
lcplx. (composé de ⲉⲧ⸗ "qui", ϩⲓ⸗ "sur" et
ϩ[ⲟ]ⲩⲛ "partie intérieure") 6,3 (→ ⲁⲣⲭⲱⲛ).

ⲉⲟⲟⲩ *n.m.* "gloire" [= **glory**] 8,8 (→ ϣⲏⲣⲉ); 9,3
(†ⲣⲏⲛⲏ ... ⲁⲩⲱ ⲡⲉⲟⲟⲩ "la paix ... et la
gloire").

ⲉⲩⲭⲉⲓ̈ voir [ⲟⲩⲝⲁⲓ̈] "salut".

ⲉϩⲟⲩⲛ *adv.* "dedans" [= **to the inside, into**] lcplx.
(composé de ⲉ⸗ prép.sns. et ϩⲟⲩⲛ "(l')intérieur")
6,5; ⲉϩⲟⲩⲛ ⲉ⸗ "(en entrant) dans" 4,5; 5,5 (→
ⲕⲗⲏⲣⲟⲛⲟⲙⲓⲁ); 7,7?
(→ ⲥⲩⲛⲁⲅⲱⲅⲏ).

ⲉⲓ *v/[n.m.]* "aller, (mouvement d'aller)" [= **come**]
3,6 ([ⲛ̄ⲁϣ ⲛ̄ϩ]ⲉ ⲁⲛⲉⲓ ⲉⲡⲉⲉⲓⲙⲁ "[comment]
sommes-nous arrivés à ce lieu?"); 4,24?

[ⲉⲓⲙⲉ] ou (*S* minoritaire) ⲙ̄ⲙⲉ *v/[n.m.]* "savoir, science" [= **know, knowledge**] ⲙ̄ⲙⲉ 1,5? ([†ⲟⲩⲱϣ
ⲇⲉ] ⲉⲧⲣⲉⲕⲙ̄ⲙⲉ "[je veux] que tu saches").

(ⲉ)ⲓⲛⲉ *[v]/n.m.* "ressembler, ressemblance, contre-
façon" [= **resemblance, likeness**] 4,21(ⲓⲛⲉ); 8,6?
(ϩⲛ̄ ⲟⲩⲉⲓⲛ[ⲉ] "au figuré (?)".

[ⲉⲓⲣⲉ] *v/n.m.* "faire, être" [= **do, be**], *atone* ⲣ̄⸗, voir
ⲣ̄ ϩⲟⲧⲉ "avoir peur, craindre" 9,7; sauf ⲭⲁⲓⲣⲉ
(impératif 1,4), ⲣ̄⸗ précède aussi tous les verbes
grécoptes (soit ⲣ̄ ⲕⲉⲗⲉⲩⲉ 4,18, ⲣ̄ ⲡⲗⲁⲥⲥⲉ
4,19, et probablement aussi [ⲣ̄ ⲡⲓ]ⲥⲧⲉⲩⲉ 9,4?).

ⲉⲓⲱⲧ *n.m.* "père, Père" [= **father**], ⲉⲓⲱⲧ 5,6 (→
ⲕⲗⲏⲣⲟⲛⲟⲙⲓⲁ); 6,8? (ⲧϭⲟⲙ ⲙ̄ⲡⲁⲉⲓⲱ[ⲧ] "la puissance de mon Père"); ⲓⲱⲧ 2,6? 6 ([ⲡ]ⲓⲱⲧ ⲡⲓⲱⲧ
"[P]ère! Père!").

ⲕⲱⲗϫ ⲡⲁⲧ *(v'n)/n.m.* "s'agenouiller" [= **kneel down**],
lcplx. (composé de ⲕⲱⲗϫ "plier, fléchir", et ⲡⲁⲧ
"genou, jambe") 2,4 (ⲁⲩⲕⲱⲗϫ ⲡⲁⲧ "ils se sont
agenouillés").

ⲕⲱϩ *v/{n.m.}* "être jaloux, jalousie, zèle" [= **be
envious, jealous**], voir ⲣⲉϥⲕⲱϩ "homme etc.
qui est) jaloux, imitateur envieux".

ма *n.m.* "lieu, endroit" [= **place**] 3,6 (→ ει).

моγ *v/n.m.* mourir, "(la) mort" [= **die, death**] 4,25
(→ спєрма); 7,2–3? (ӣтацмоγ єтвнтӣ сщє
єрон 2ωων єноγ єтвє тмӣтрωмє "c'est
à cause de nous qu'il est mort! … il convient
(donc) que nous-mêmes, nous mourrions à cause
de l'humanité" (à cause de = pour)). 7; 8,3 (→
щӣмо). 4; *qualitatif* мооγт† "(qui est) mort,
décédé" 8,1? (→ євол 2ӣ-); voir aussi рєцмоγ
n.m. "(homme qui est) mort, cadavre".

ӣмє voir [єімє] "savoir, science".

ӣмо⸗ forme *présuffixale* de ӣ- *prép.rel.* (en fonction
d'acc. surtout, de gén. plus rarement).

ӣмаγ *adv.* "là" [= **there**] lcplx. (composé de ӣ- prép.
rel. instrumentale et de маγ "le lieu qui est là")
2,7?; 3,8? (→ оγӣ-) .

ӣмон pl.1. "nous", voir ӣ- *prép.rel.* acc.

ӣмос (ou *idiol.* ӣмас) sg.3.f. "la, elle, cela", voir
ӣ- *prép.rel.* acc.

ӣмωтӣ pl.2. "vous", voir ӣ- *prép.rel.* acc.

ӣмоц sg.3.m. "le, lui", voir ӣ- *prép.rel.* acc.

мӣ- *prép.* "*avec" et *conj.* "et" [= **with, and**] 4,4
([2ӣбом] мӣ ӣнєзоγсіа "[des Puissances] et
des Autorités"). *27; 6,*3; 9,*7? (оγхаріс [м]ӣ
оγбом "la grâce [a]vec la puissance"); *présuffixal*
([ӣмма⸗], ou *S* minoritaire, нємн⸗) suffixé, pl.2.
нємнтӣ 9,8 (→ ӣ 2отє).

мӣт- *préf.abstr.*, produisant des *n.f.*, voir мӣтрωмє
"humanité", мӣтатсωтӣ "désobéissance",
[мӣт]атхω2ӣ "incorruptibilité".

мӣтрωмє *abstr. n.f.* "humanité" [= **humanity**]
lcplx. (composé de мӣт- préf.abstr., et рωмє
"homme") 7,3 (→ моγ).

мӣтатсωтӣ *abstr. n.f.* "désobéissance" [= **disobedience**] lcplx. (composé de мӣт- préf.abstr.,
ат- "sans", et сωтӣ "écouter") 3,17?

[мӣт]атхω2ӣ *abstr. n.f.* "incorruptibilité" [= **what is
undefiled**] lcplx. (composé de мӣт- préf.abstr.,
ат- "sans", et хω2ӣ "souiller, corrompre") 2,7?

[ма ӣщ]ωпє *n.m./gén.* "[lieu de] séjour, demeure" [=
dwelling place] lcplx. (composé de [ма] "lieu",
ӣ- prép.rel.gén. et щωпє "devenir, être, séjourner") 3,5?

мааγ *n.f.* "mère" [= **mother**] 8,5 (→ паравасіс);
мєоγ *idiol.* 3,18 (тмєоγ*sic* натрєцхі сох-

нє*sic* "la Mère irréfléchie").

[мєєγє] ou *idiol.* мєоγї *v/[n.m.]* "pensée, penser"
[= **think**] 4,26 (нєγмєоγї*sic* єро[ї хє] анк
оγрєцмоγ "elles pensaient, de moi, [que]
j'étais un mort").

мищє *v/n.m.* "combat(tre)" [= **fight**] 6,1. 2 (→
архωн). 4 (idem).

моощє *v/{n.m.}* "marche(r)" [= **walk**] 9,4 (моощє
[ӣ]тєтӣвωк "marchez (et) allez!").

моγ2 *{v}/n.m.* "plénitude, Plérôme" [= **fullness**] 3,3
(→ аіωн).

ӣ- *prép.rel.* (*présuffixal* ӣмо⸗); donc ӣ- (ou ӣ- par
assimilation, devant п- le plus souvent, ou
devant м- parfois), préposition de relation d'une
manière générale, d'usage qu'on peut répartir en
cinq catégories principales: 1. *acc.* (ici, avec tous
les cas à suffixes, ӣмо⸗; 2. *gén.*; 3. *qualificatif*; 4.
identitaire; 5. *instrumental* (et sim.).

1. ӣ- *acc.* (complément d'objet direct) p.ex. 1,6
[аӣ]хі ӣ2нєнтолн "[nous avons] reçu des
commandements"; et 3,8; 4,16 ([ацоγω]щє
ноγ2ікωн "[il a vou]lu (avoir) une image"). 19
(→ плассє); 5,4 (аіт нєц*sic* ӣтєзоγ[сіа] "je
lui ai donné l'autorité (et l'autorisation)"; ӣ- 4,2
(→ хо). 8; 5,7; 6,6.
Formes *présuffixales* (ӣмо⸗, pl.2. ӣмω⸗) suffixées:
sg.3.m. ӣмоц 3,26?; 4,2? 10?; sg.3.f. ӣмос
3,2 (єγхω ӣмос хє "disant"); *idiol.* ӣмас
6,1 (єсхω ӣмас хє "disant"); 7,5 (idem);
pl.1. ӣмон 3,4 ([с]єама2тє ӣмон "elles nous
tiennent en leur pouvoir"); pl.2. ӣмωтӣ 6,8?
2. ӣ- *gén.* (complément d'objet indirect du type
"génitif", à traduire le plus souvent par "de")
p.ex. 1,1 ([па]постолос ӣіс̄ "[l'a]pôtre
de Jésus"; et 3,3? (→ аіωн). 16 (ӣщωхӣ …
ӣнаіωн "la déficience … des Éons"); 4,1 (idem);
8,5 (паравасіс); 9,12?; ӣ- 1,8?; 2,6; 3,20; 4,7;
5,6 (→ клнрономіа); 6,6. 8; 8,8. 8?; 9,14.
3. ӣ- *qualificatif* 4,19 (→ плассє); ӣ- 4,25.
4. ӣ- *identitaire* 4,15 ([ацщωпє] ӣрєцкω2 "il
est devenu) un (imitateur) jaloux").
5. ӣ- *instrumental* (et cas analogues) p.ex.
2,1?; 3,7 (premier cas avec gémination). 8
([єннав]ωк ӣнащ ӣ2є аγω єоγн[тан]
ӣмаγ нащ ӣ2є ӣтєзоγ[сіа ӣ]†пар2нсіа

| 304 |

ΠΑ- sg.m./sg.1. "mon", voir ΠΕϤ *art. poss.*
ΠΑΪ (ou *idiol.* ΠΕΕΙ) *pron. dém.* sg.m. "celui-(ci)" [= **this**] Pr-triad.; et *fonct.* sg.f. [ΤΑΪ] "celle-(ci)", pl. [ΝΑΪ] "ceux-(ci)"; sg.m. ΠΑΪ 3,20; 8,6 (ΕΤΒΕ ΠΑΪ "c'est pourquoi"); ΠΕΕΙ *idiol.* 3,5 (ΕΤΕ ΠΕΕΙ^*sic* ΠΕ). 17? ([Π]ΕΪ). 27 (ΠΕΕΙ); sg.f. ΤΕΕΙ *idiol.* 3,9 (ΕΤΕ ΤΕΕΙ Τ[Ε]); *atone* voir ΠΕ copule.
ΠΕ *copule* Pr-triad. sg.m. ("... est") [= ... **is**]; et *fonct.* sg.f. ΤΕ ("... est") [= ... **is**], pl. ΝΕ ("... sont") [= ... **are**]; ainsi sg.m. 3,5 (ΕΤΕ ΠΕΕΙ^*sic* ΠΕ "c'est-à-dire"). 17. 18 (ΕΤΕ ΤΜΝΤΑΤΣΩΤΜ ΠΕ "c'est la désobéissance"). 27 (ΠΕΕΙ ϬΕ ΠΕ ΠϬΩΧΒ ΝΝΑΙΩΝ "ce(ci) donc (est) la déficience des Éons"); 4,22 (→ ΑΝΟΚ); 5,1? 2? (ΑΠΕΤΕ ΠΩΪ ΠΕ ΣΩΤΜ Ε[Ρ]ΟΪ "ce qui (est) mien m'a écouté"). 2. 7; 8,3 (→ ϢΜΜΟ). 9?; sg.f. Τ[Ε] 3,9? (ΕΤΕ ΤΕΕΙ^*sic* Τ[Ε]).
ΠΕϤ *art. poss.* sg.m./ϥ ("son") [= **his, her, its**] Pr-triad.; et *fonct.* sg.f. ΤΕϤ, pl. ΝΕϤ:
série sg.m./: sg.1. ΠΑ- "mon" 1,3? 5?; 6,8 (ΠΑΕΙΩ[Τ] "mon Pèr[e]"); 9,4 (→ [ΠΙ]ΣΤΕΥΕ); /sg.2.m. ΠΕΚ- "ton" (à toi, m.) 2,9; /sg.3.m. ΠΕϤ- "son" (à lui); 5,6 (ΠΕϤΕΙΩΤ "son Père" (à lui)). 8?; /pl.1. ΠΕΝ- "notre" 1,7? (ΠΕΝΧΟΕΙΣ "notre Seigneur"); /pl.2. [Π]ΕΤΝ- "votre" 6,10?; **série sg.f./:** sg.3.m. ΤΕϤ- "sa" 4,18 (→ ΚΕΛΕΥΕ); /pl.1. ΤΕΝ- "notre" 8,5 (→ ΠΑΡΑΒΑΣΙΣ); /pl.2. ΤΕΤΝ- "votre" 3,14?; **série pl.** /sg.1. ΝΑ- "mes" 8,2 (ΝΑΣΝΗΥ "mes frères!", exclamatif); /pl.3. ΝΕΥ- "leurs" 3,3.
ΠΕΕΙ- *art. dém.* sg.m. "ce(t)" [= **this**] Pr-triad.; et *fonct.* sg.f. ΤΕΕΙ- "cette", pl. [ΝΕΕΙ-] "ces"; sg.m. 3,6 (→ ΕΙ); sg.f. ΤΕΕΙ- 2,5 (ΝΤΕΙΕ "de cette manière, ainsi"); 6,2 (idem). 4? (idem).
ΠΙ- *art.ddéf.* sg.m. "le (fameux)...!" *(emphatique)* {= **the** (emphatic)] Pr-triad.; et *fonct.* sg.f. Ϯ- "la fameuse", pl. [ΝΙ-] "les fameux"; sg.m. ΠΙ- 4,1?; sg.f. Ϯ- 3,9?
ΠΩϤ sg.m. "le sien", *présuffixal*, voir [ΠΑ] *pron. poss.*, état absolu, sg.m. "celui de".
ΠΩΡΧ *v/[n.m.]* "diviser, répartir, division, partage" [= **divide**] 9,9.
ΠΑΤ *n.m.* voir ΚΩΛΧ ΠΑΤ "s'agenouiller" [= **kneel down**] 2,4.
[ΠΕΧΕ-] *v.adj. sfsj.* "dire, ... dit" [= **say**]; *présuffixal*

(ΠΕΧΑϤ) suffixé, sg.m.3. ΠΕΧΑϤ 7,1; 9,2; pl.3. [ΠΕ]ΧΑΥ 2,4?
Ρ- *atone*, voir ΕΙΡΕ "faire, être".
ΡΩΜΕ *n.m.* "homme" [= **man, human being**] 6,3 (→ ΑΡΧΩΝ); voir aussi ΜΝΤΡΩΜΕ *n.f.* "humanité", et le préf. d'agent ΡΕϤ-.
ΡΑΝ *n.m.* "nom" [= **name**] 9,4 (→ [ΠΙ]ΣΤΕΥΕ).
ΡΑϢΕ *v/n.m.* "se réjouir, joie" [= **rejoice**] 4,6 (ΑΥΡΑϢΕ ΤΗΡΟΥ Ν[ϬΙ ΝϬΟΜ] ΜΠΚΟΣΜΟΣ "toutes [les Puissances] du Monde se réjouirent"); 9,5 (ΟΥΝ ΟΥΡΑϢΕ ΝΑ[Ϣ]ΩΠΕ ΝΗΤΝ "vous aurez de la joie", litt. "de la joie sera à vous").
ΡΕϤ- *préf. d'agent* "(homme) qui (fait)" [= **person who (does)**] lcplx. (composé de Ρ(ΩΜΕ) "homme", et ΕϤ- prés.circ. sg.3.m.); voir ΡΕϤΚΩϩ "(homme) jaloux"; ΡΕϤΜΟΥ "(homme susceptible de) mourir, mourant, mort(el)"; ΝΑΤΡΕϤΧΙ ΣΟΧΝΕ^*sic* "(personne) irréfléchie, écervelée".
ΡΕϤΚΩϩ *n.m.* "(homme) jaloux" [= **jealous, envious**] lcplx. (composé de ΡΕϤ- préf. d'agent, et de ΚΩϩ "être jaloux") 4,15.
ΡΕϤΜΟΥ *n.m.* "(homme susceptible de) mourir, mourant, mortel" [= **mortal**] lcplx. (composé de ΡΕϤ- préf. d'agent, et de ΜΟΥ "mourir") 4,19? 27 (→ [ΜΕΕΥΕ]).
Ρ ϩΟΤΕ *(v/n)/n.m.* "avoir peur, craindre" [= **be afraid, fear**] lcplx. (composé de Ρ- atone de ΕΙΡΕ "faire" etc., et de ϩΟΤΕ "peur, crainte") 9,7 (ΜΠΡΡ ϩΟΤΕ [Ϯϣ]ΟΟΠ ΝΕΜΗΤΝ ΝϣΑ ΕΝΕϩ "n'ayez pas peur! ... [je] suis avec vous éternellement").
ΣΒΩ *n.f.* "enseignement, doctrine" [= **teaching**] 6,6?, voir [Ϯ] ΣΒΩ "enseigner".
[Σ]Μ[Η] *n.f.* "voix" [**voice**] 7,4?
[ΣΟΝ] *n.m.* "frère" [= **brother**], pl. ΣΝΗΥ 1,4; 8,2 (ΝΑΣΝΗΥ "mes Frères!" exclamatif).
ΣΟΠ *n.m.* "fois" [= **time**] 7,6 ([ϩΑ]ϩ ΝΣΟΠ "[de nombreuse]s fois"); voir aussi ϩΙ ΟΥΣΟΠ "en une (seule) fois, ensemble")
ΣΕΠΕ *v/{n.m.}* "reste(r)" [= **remain**] 3,24?
ΣΩΡΜ *v/{n.m.}* "s'égarer, égarement" [= **go astray**] 4,24 (ΑΥΤΝΝΟΟΥΤ ΕΣΩϢ[Α ΕΤΒΕ ΠΙ]ΣΠΕΡΜΑ ΝΤΑΣΩΡΜ ΕΑϤΕΙ [Ε(ΠΕ)Υ]ΠΛΑΣΜΑ ΜΜΟΥ "on

m'a envoyé en un cor[ps à cause de la] semence
qui s'est égarée, étant arrivée [à une] (création)
modelée de mort").

ⲥⲱⲧⲙ̄ *v/{n.m.}* "écouter, entendre" [= **hear**] 2,8
(ⲥⲱⲧⲙ̄ ⲉ[ⲣⲟⲛ] "écoute-n[ous]!"); 5,2. 3; voir
aussi ⲙⲛ̄ⲧⲁⲧⲥⲱⲧⲙ̄ n.f. "désobéissance" 3,17?

ⲥⲟⲟⲩⲛⲉ *v/{n.m.}* "savoir, connaître" [= **know**] 4,8
([ⲛⲧⲟ]ⲟⲩ ⲇⲉ ⲛ̄ⲥⲉⲥⲟⲟⲩⲛⲉ ⲁⲛ ⲙ̄[ⲡⲓⲱⲧ] "mais
[eu]x ne (re)connaissent pas [le Père]"); *présuffixal*
(ⲥⲟⲩⲱⲛ‡) suffixé, sg.1. ⲙ̄[ⲡⲟⲩ]ⲥⲟⲩⲱⲛⲧ̄ 4,25
(→ ⲛ̄ⲧⲟⲟⲩ).

ⲥⲱⲉ *v. impersonnel* "cela va, cela convient" [= **it is
fitting**] 7,2 (→ ⲉ- *prép.sns*). 6 (ⲥⲱⲉ ⲉⲣⲱⲧⲛ
[ⲉ]ⲙⲟⲩ "il convient que vous mourriez"); voir
ⲱⲉ 7,9.

[ⲥϩ]ⲁⲓ̈ *v/{n.m.}* "écrire, (texte) écrit" [= **write**] 1,2?

ⲥⲟⲭⲛⲉ *v/{n.m.} idiol.* (pour [ⲱ]ⲟⲭⲛⲉ) "réfléchir" [=
reflect] 3,19, voir ⲛⲁⲧⲣⲉϥϫⲓ ⲥⲟⲭⲛⲉ*sic* "irréfléchi".

ⲧ- ou ⲧⲉ- sg.f. "la", voir ⲡ- ou ⲡⲉ- *art.déf.* sg.m. "le"
Pr-triad.

ⲧⲉ sg.f. "(… est)", voir ⲡⲉ *copule* sg.m. "(… est)"
Pr-triad.

ⲧⲉⲉⲓ- sg.f. "cette", voir ⲡⲉⲉⲓ- *art.dém.* sg.m. "ce(t)"
[= **this**] Pr-triad.

† *v/{n.m.}* "don(ner)" [= **give**] 5,4
(→ ⲕⲗⲏⲣⲟⲛⲟⲙⲓⲁ); *atone* [†-] voir dans
[†] ⲥⲃⲱ "enseigner" 6,5–6?

† (2°) *v/{n.m.}* "combat(tre), lutte(r)" [= **fight**] 3,10
(ⲥⲉ† ⲉ[ⲣⲟⲛ] "elles [nous] combattent").

†- sg.f. "cette (fameuse)", voir ⲡⲓ- *art.ddéf.* sg.m. "ce
(fameux)" [= **the (emphatic)**] Pr-triad.

ⲧⲱⲃϩ̄ [*v*]/n.m. "prier, prière, supplication"
[= **prayer, pray**] 6,10?

ⲧⲉⲛ- sg.f./pl.1. "notre", voir ⲡⲉ‡ *art. poss.* Pr-triad.

[ⲧⲛⲛⲟⲟⲩ] *v/{n.m.}* "envoyer" [= **send**], *présuffixal*
(ⲧⲛⲛⲟⲟⲩ‡) suffixé, sg.1. ⲧⲛⲛⲟⲟⲩⲧ 4,23
(ⲁⲩⲧⲛⲛⲟⲟⲩⲧ ⲉⲥⲱⲙ[ⲁ] "on m'a envoyé dans un
cor[ps]"); pl.3. [ⲧⲛ̄]ⲛⲟⲟⲩⲥⲟⲩ 9,10?

[ⲧⲟⲩⲛⲟⲥ] *v/n.m.* "faire se lever, susciter, surrection"
[= **set up**], *atone* ⲧⲟⲩⲛⲟⲥ- 3,21? ([ⲁ]ϥⲟⲩⲱⲱⲉ
… ⲉⲧⲟⲩⲛⲟⲥ ϩⲛ̄ⲁⲓⲱⲛ "il a voulu … susciter
des Éons").

ⲧⲏⲣ‡ *adj. sfsj.* "tout" [= **all, whole**], *présuffixal* (ⲧⲏⲣ‡)
suffixé, sg.3.m. ⲧⲏⲣϥ 1,8?; pl.3. ⲧⲏⲣⲟⲩ 4,6 (→
ⲣⲁⲱⲉ).

[†] ⲥⲃⲱ (*v'n*)/n.m. "enseigner" [= **teach**] lcplx.
(composé de [†] "donner" et ⲥⲃⲱ "enseignement, doctrine") 6,6? ([†] ⲥⲃⲱ ⲙ̄ⲡⲉⲩⲭⲉⲓ̈*sic*
ⲙ̄ⲡⲕ[ⲟ]ⲥⲙⲟⲥ "enseignez le salut au M[onde]!").

ⲧⲉⲧⲛ- sg.f./pl.2 "votre", voir ⲡⲉ‡ *art. poss.* Pr-triad.

[ⲧⲱⲟⲩⲛ] *v/{n.m.}* "se lever" [= **rise, arise**], *présuffixal*
(ⲧⲱⲟⲩⲛ‡) suffixé (réfléchi), sg.3.m. ⲧⲱⲟⲩⲛϥ
8,1 (ⲁϥⲧⲱⲟⲩⲛϥ ⲉⲃⲟⲗ ϩⲛ̄ ⲛⲉⲧⲙⲟⲟⲩⲧ
ⲛⲁⲥⲛⲏⲩ "il s'est levé d'entre les morts, mes
Frères!", exclamatif).

ⲧⲏⲩⲧⲛ *pron.pers.* pl.2., atone "vous" [= **you**] 7,7?
(→ ⲥⲩⲛⲁⲅⲱⲅⲏ).

ⲧⲁ[ⲱⲉ ⲟⲉⲓⲱ] *v/{n.m.}* "prêcher" [= **preach**] 9,10?

ⲧⲉϥ- sg.f./sg.3.m. "sa", voir ⲡⲉ‡ *art. poss.* Pr-triad.

ⲧⲁϩⲟ *v/{n.m.}* "mettre debout, dresser" [= **set up**]
dans ⲧⲁϩⲟ ⲉⲣⲉⲧ[ⲟⲩ]*sic* 4,3 (→ ⲭⲟ).

ⲟⲩ- *art.ind.* sg. "un(e)" [= **a(n)**] (forme *atone* de [ⲟⲩⲁ]
nom du nombre "un") 2,3 (→ ⲥⲟⲡ); 3,25? 27?;
4,16 (ⲟⲩϩⲓⲕⲱⲛ "une image"). 16? 17. 17; 4,20.
27; 6,5; 8,2. 6; 9,5. 6. 7. 12?; pluriel ϩⲛ̄-.

[ⲟⲩⲟⲛ], ⲟⲩⲛ- *v. d'existence* "il y a, être" [= **it is,
there is**], *atone* ⲟⲩⲛ- (devant sujet indéterminé
au futur I) 9,5 (→ ⲣⲁⲱⲉ); ⲟⲩⲟⲛⲧⲉ- "avoir"
lcplx. (composé de ⲟⲩⲛ- et de ⲛ̄ⲧⲉ- *prép.gén.*),
présuffixal (ⲟⲩⲛⲧⲁ‡) suffixé, sg.3.m. ⲟⲩⲛⲧⲁϥ
2,7 ([ⲡⲉ]ⲧⲉ ⲟⲩⲛⲧⲁϥ ⲙ̄ⲙⲁ[ⲩ] "celui qui possède
là (en lui)"); pl.1. circ. ⲉⲟⲩⲛ[ⲧⲁⲛ] ⲙ̄ⲙⲁⲩ "nous
avons (là)") 3,7?

ⲟⲩⲱⲛϩ̄ *v/{n.m.}* "manifester, révéler" [= **reveal,
appear**] (suivi de ⲉⲃⲟⲗ sauf en 3,19), ainsi 3,19.
23; 6,9; 9,1.

ⲟⲩⲱⲱⲉ *v/{n.m.}* "vouloir, volonté" [= **will**] 3,21 (→
[ⲧⲟⲩⲛⲟⲥ]); 4,15?

ⲟⲩ[ⲱ]ⲱⲃ *v/{n.m.}* "répondre, répéter, réponse"
[= **answer**] 3,15? (probablement: "répéter").

ⲟⲩⲱⲱⲧ *v/{n.m.}* "se prosterner" [= **worship**] 3,1 (→
ⲧⲟⲧⲉ).

[ⲟⲩⲭⲁⲓ̈] *v/n.m.* " être en bonne santé, salut"
[= **health, safety, salvation**], combiné avec son
art.déf. sg.m. ⲡⲉⲩⲭⲉⲓ̈ *idiol.* (?) 6,6 ([†] ⲥⲃⲱ
ⲙ̄ⲡⲉⲩⲭⲉⲓ̈*sic* ⲙ̄ⲡⲕ[ⲟ]ⲥⲙⲟⲥ "[en]seignez le salut
au M[o]nde".

ⲱⲁ- *prép.* "jusqu'à, vers" [= **to(ward)**] 7,8?; 9,8 (→
ⲉⲛⲉϩ). 15 (→ ⲫⲓⲗⲓⲡⲡⲟⲥ); *présuffixal* (ⲱⲁⲣⲟ‡)
suffixé, pl.3. ⲱⲁⲣⲟⲟⲩ 7,4 ([ⲟⲩⲥ]ⲙ[ⲏ] ⲁⲥⲱⲱⲡⲉ

ϢΑΡΟΟΥ "[une voix] est parvenue jusqu'à eux").

[ϢΙ] *v/{n.m.}* "mesure(r)" [= **measure**], *présuffixal* (ϢΙΤⲌ) suffixé, sg.3.m. voir ΝΑΤϢΙΤϤ "incommensurable".

[ϢΒΗΡ] *n.m.* "compagnon, collègue" [= **fellow, friend**]; atone ϢΒⲢ- 1,3 (→ ΑΠΟⲤΤΟΛΟⲤ).

ϢⲘⲘΟ *n.m.* "étranger" [= **stranger**] 4,10?; 8,2 (→ [ⲒΗⲤΟΥⲤ]).

ϢⲰΠⲈ *v/n.m.* "devenir, se produire, séjourner, être" [= **become**] 3,27 (ΑΥϬⲰΧⲂ ϢⲰΠⲈ "une déficience se produisit"); 4,7? 20. 21?; 7,4 (→ ϢΑ-); 9,6 (→ ⲢΑϢⲈ); *qualitatif* ϢΟΟΠ† "être, exister" 2,1?; 4,9; 9,7? ([†Ϣ]ΟΟΠ ΝⲈⲘΗΤⲚ ⲚϢΑ ⲈΝⲈϨ "[je s]uis avec vous éternellement"); voir aussi [ⲘΑ ⲚϢ]ⲰΠⲈ "[lieu de] séjour" n.m.

ϢΑΡΟⲌ voir ϢΑ- "jusqu'à, vers".

ϢΗⲢⲈ *n.m.* "fils, Fils" [= **son, child**] 8,8 (ⲒⲤ ΠϢΗⲢⲈ ⲘΠⲈΟΟΥ Ⲙ[ΠⲒⲰⲦ Π]Ⲉ "Jésus (est) le Fils de la Gloire [du Père]").

ϢΟⲢⲠ *adj.* et *n.m.* "premier (temps), antérieur" [= **first**] 3,21 (ΧⲚ ⲚϢΟⲢⲠ "depuis les débuts, dès le commencement"); 4,9? (idem),voir ⲚϢΟⲢⲠ adv.

ϢϢⲈ *v. impersonnel* "cela va, cela convient" [= **what is right**] 7,9, voir ⲤϢⲈ.

[ϢΑΧⲈ] *v/{n.m.}* "parole, parler" [= **speak**], ⲤⲈΧⲒ *idiol.*: 4,27 (ΑⲒⲤⲈΧⲒ ⲘⲚ Π[Ⲉ]ⲦⲈ ΠⲰⲈⲒ ΠⲈ "j'ai parlé avec ce qui est mien").

[ϢΟΧΝⲈ] *v/{n.m.}* "raisonner, conseil" [= **advice**], *idiol.* ⲤΟΧΝⲈ, voir ΝΑⲦⲢⲈϤΧⲒ ⲤΟΧΝⲈ "irréfléchi, écervelé" (→ ⲘΑΑΥ).

ϤⲒ *v/{n.m.}* "(em)porter" [= **take away**] 5,7 ([Α]ⲈⲒϤⲒ ⲘⲠⲈⲦⲈ ΠⲰⲈⲒ ΠⲈ "j'ai emporté ce qui (est) mien").

ϨⲈ *n.f.* "sorte, manière" [= **manner**], voir ⲚΑϢ ⲚϨⲈ "de quelle manière? … comment?"; ⲚⲦⲈⲒϨⲈ "ainsi".

ϨⲒ- *prép.* "sur" etc. [= **on**], voir ϨⲒ ΟΥⲤΟΠ "d'un (seul) coup"; ⲈⲦϨⲒ Ϩ[Ο]ΥΝ "intérieur" (→ ΑⲢΧⲰⲚ).

ϨⲰⲰⲌ *pron.* d'emphase ou de contraste "soi-même" [= **self**], *présuffixal sfsj* (ϨⲰⲰⲌ) suffixé, pl.1. ϨⲰⲰⲚ 7,2.

ϨⲰⲔ *v./{n.m.}* "se ceindre, s'équiper (pour partir en guerre)" [= **arm**] 6,7 (ϨⲰⲔ ⲘⲘⲰⲦⲚ ϨⲚ ⲦϬΟⲘ

ⲘΠΑⲈⲒⲰ[Ⲧ] "ceignez-vous de la Puissance de mon Pèr[e]!").

ϨⲚ- *art.ind.* pl. "des" [= **some**] 1,6 (→ ⲈΝⲦΟΛΗ); 3,22 (ϨⲚΑⲒⲰⲚ "des Éons"); 4,4. 19 (→ ⲔⲈⲖⲈΥⲈ); singulier ΟΥ- .

ϨⲚ- *prép.* "dans, en, par" [= **in, on, by**], atone de ϨΟΥⲚ; *présuffixal* ⲚϨΗⲦⲌ; ϨⲚ- 4,18 (ⲚϬΟⲘ ϨⲚ ⲦⲈϤⲈⳉ[ΟΥ]ⲤⲒΑ "les Puissances (étant) sous (litt. en) son autorité"); 5,8; 6,8; 8,1 (ⲈΒΟⲖ ϨⲚ-). 4. 6 (ϨⲚ ΟΥⲈⲒⲚ[Ⲉ] "au figuré (?)"); 9,11? 12?; ϨⲚ- (par assimilation suivi de Π-) 2,1? 9; 4,21 (ⲈΒΟⲖ ϨⲚ- "hors de"); *présuffixal* (ⲚϨΗⲦⲌ) suffixé, sg.3.f. ⲚϨΗⲦⲤ 3,25.

Ϩ[Ο]ΥⲚ *n.m.* "partie intérieure" [= **inner part**], voir ⲈⲦϨⲒ Ϩ[Ο]ΥⲚ "intérieur"; voir aussi ⲈϨΟΥⲚ "dedans".

ϨⲒ ΟΥⲤΟΠ *adv.* "en une (seule) fois, d'un seul coup, ensemble" [= **together**], lcplx. (composé de ϨⲒ- "sur", ΟΥ- "un(e)", et ⲤΟⲠ "fois") 2,2; 6,5.

ϨΗⲦ *n.m.* "coeur" [= **heart**], voir ΧΑⲤⲒϨΗⲦ sous [ΧⲒⲤⲈ].

ϨΟⲦⲈ *n.f.* "peur, crainte" [= **fear**], voir Ⲣ ϨΟⲦⲈ "avoir peur, craindre".

ϨΟΟΥ *n.m.* "jour" [= **day**] 2,1 (ⲚⲚⲈϨΟΟΥ "aux jours où").

[ϨΑϨ] *adv.* "beaucoup", voir ⲤΟⲠ "fois".

ϨⲒ Ϩ[Ο]ΥⲚ voir ⲈⲦϨⲒ Ϩ[Ο]ΥⲚ "intérieur".

ΧⲈ *conj.* "que", dont voici les cinq significations principales: 1. ΧⲈ de déclaration "(dire) que, (faire savoir) que", etc. (suivant ΧⲰ etc., ΠⲈΧΑϤ etc.: 74% du tout); 2. de nomination, d'appel etc.: néant; 3. de pensée, d'interprétation etc.: néant; 4. ΧⲈ de cause ("parce que, car" etc.: 13% du tout); 5. ΧⲈ de but ("pour que, afin que": 13% du tout).

  1. déclaration 2,5?; 3,2 (ⲈΥΧⲰ ⲘⲘΟⲤ ΧⲈ "disant"); 6,1; 7,1. 5; 9,2 (ΠⲈΧΑϤ ΧⲈ "il a dit");
  4. cause 4,7;
  5. but 1,9?; indéterminé 5,9?

ΧⲒ *v/{n.m.}* "prendre, recevoir, prise, accueil" [= **receive, take**] 1,6? ([ΑⲚ]ΧⲒ ⲚϨⲈΝⲈΝⲦΟⲖⲎ Ⲛ[ⲦΟΟⲦϤ Ⲙ]ΠⲈⲚΧΟⲈⲒⲤ "[nous avons] reçu des commandements [de la part de] notre Seigneur"); 4,2 (→ ΧΟ); *atone* ΧⲒ- 7,7 (→ ⲤΥΝΑⲄⲰⲄΗ); et voir ΝΑⲦⲢⲈϤΧⲒ ⲤΟΧΝⲈ 3,18.

CONJUGAISON

Schéma bipartite

Conjonctif
pl.2. ⲛⲧⲉⲧⲛ̅- 6,9; 9,5?.
pl.3. ⲛ̅ⲥⲉ- 7,7.

Infinitif causatif
sg.2.m. ⲉⲧⲣⲉⲕ- 1,5?.
sg.3.m. [ⲉⲧⲣ]ⲉϥ- 5,5?.

ⲁ̄ⲭⲁⲙⲱⲑ *n.pr.f.* "(Sophia) Akhamôth" **21**,4?
(ⲁ̄ⲭⲁⲙⲱⲑ ⲉ[ⲧⲉ] ⲧⲁⲉⲓ ⲧⲉ ⲧⲉⲥ⳿ϩⲓⲙⲉ "Akhamôth, c'est-à-dire, la feme(lle) par excellence").
26 (ⲁ̄ⲭⲁⲙⲱⲑ ⲧⲉⲥ⳿ϩⲓⲙⲉ ⲛ̄ⲧⲁⲥⲧⲁⲙⲓⲟ ⲙ̄ⲙⲱⲧⲛ̄
"Akhamôth, la fe(melle) qui vous a créés") (→
ⲡⲁⲣⲁ); **23**,3? (ⲁ̄ⲭⲁⲙⲱⲑ ⲧⲉⲥ⳿ϩⲓⲙⲉ ⲧⲁⲓ ⲉϣⲁⲩⲣ̄
ϩⲉⲣⲙⲏⲛⲉⲩⲉ ⲙⲙⲁⲥ*sic* ϫⲉ ⲧⲥⲟⲫⲓⲁ "Akhamôth
la feme(lle) … , celle qu'on interprète comme
(étant) la Sagesse"); ou encore ⲁⲭⲁⲙⲱⲑ*sic* **22**,7
(ⲧⲥⲟⲫⲓⲁ ⲛⲁⲧⲭⲱϩⲙ̄ … ⲧⲙⲁⲟⲩ ⲛ̄ⲁ̄ⲭⲁⲙⲱⲑ*sic*
"la Sagesse incorruptible … (qui est) la Mère
d'Akhamôth").

ⲃⲁⲥⲁⲛ[ⲟ]ⲥ *n.m.* βάσανος "tourment" [= **torment**]
15,14?

ⲅ̄ chiffre "trois" [= **three**] **20**,2; voir aussi ϣⲟⲙⲧⲉ *n.f.*,
sous [ϣⲟⲙⲛⲧ] "trois".

ⲅⲁⲗⲅⲏ[ⲗⲁ]ⲙ̄ *n.pr.m.(?)* "Galghê[la]m" **l7**,9?
(ⲡⲧ[ⲟⲟⲩ] ⲉⲧⲉϣⲁⲩⲙⲟⲩⲧⲉ ⲉⲣⲟϥ ϫⲉ
ⲅⲁⲗⲅⲏ[ⲗⲁ]ⲙ̄ "la m[ontagne] que l'on appelle
'Galghê[la]m' ") (nom donné à la sainte
montagne où Jacques attend la manifestation et
les révélations de Jésus).

ⲅⲉⲛⲉⲁ *n.f.* γενεά "génération" [= **generation**] **25**,21
(→ ⲙⲁⲕⲁⲣⲓⲍⲉ).

ⲅⲉⲛⲟⲥ *n.m.* γένος "race" [= **race**] **21**,6 (ⲡⲅⲉⲛⲟⲥ
ⲉⲧϣⲟⲟⲡ ϫⲛ̄ ⲛ̄ϣⲟⲣ[ⲡ̄] "la race existante depuis
les débuts"); **22**,20 (ⲡⲅⲉⲛⲟⲥ ⲛ̄ⲧⲉⲩⲙⲁⲟⲩ "la
race de leur Mère") (→ ⲁⲣⲓⲕⲉ); **24**,17? (ϥⲛⲁϫⲓ
ⲇⲉ ⲛⲟⲩⲥ·ϩⲓⲙ[ⲉ] ⲛ̄ⲣ̄ⲙⲑ̄ⲓⲗⲏⲙ ϩⲙ̄ ⲡⲉϥⲅⲉⲛⲟⲥ "il
prendra (pour épouse) une femme de Jérusalem,
(femme) de sa race").

ⲅⲁⲣ *conj.* γάρ "car, en effet" [= **for**] **10**,3 (→
ⲉⲓⲕⲏ); **14**,21?; **15**,2; **18**,3. 6 (ⲁⲛⲟⲕ ⲅⲁⲣ [ⲡⲉ]
ⲡⲉⲧϣⲟⲟⲡ ϫⲛ̄ ⲛ̄ϣⲟⲣⲡ̄ "car je (suis) l'Existant
depuis les débuts"). 8? **18**; **21**,23; **23**,18; **27**,19;
29,9; **30**,26; voir aussi ⲕⲁⲓ ⲅⲁⲣ.

ⲅⲣⲁⲫⲏ *n.f.* γραφή "écriture (sainte)" [= **scripture**]
12,17. 19 (18–22 ⲡⲉⲛⲧⲁϣⲁϫⲉ ⲉⲧⲉⲉⲓⲅⲣⲁⲫⲏ
ⲉⲧⲉ ⲧⲁⲉⲓ ⲧⲉ ⲁϥⲙⲏⲛⲉⲩⲉ ϣⲁ ⲡⲙⲁ ⲛ̄ⲧⲁϥϭⲙ̄
ϭⲟⲙ ⲉⲥⲟⲟⲩⲛⲉ "celui [qui a] parlé à propos de
cette Écriture, celle-(là), a divulgué (le message)
jusqu'au point qu'il pouvait connaître"); **26**,7?

ⲇⲉ *conj.* δέ "alors, cependant, mais, etc." [= **but,
and, however etc.**] **10**,1. 5? 13. 15. 17?; **11**,1
(→ ⲙⲉⲛ). 3; **12**,22; **13**,4? 17. 19; **16**,28; **17**,2

(ⲙⲟⲛⲟⲛ ⲇⲉ "et c'(était) seulement"). 19 (ϩⲛ̄
ⲧⲙⲏⲧⲉ ⲇⲉ ϩⲛ̄ ⲟⲩϣⲥⲛⲉ "or (voici qu')au milieu
(de sa prière), subitement"); **18**,12. 16; **19**,7. 15.
21; **20**,2. 17; **21**,6. 12? 21; **22**,16. 21; **23**,13.
20. 27; **24**,4. 7. 12. 16 (→ ⲅⲉⲛⲟⲥ). 23; **25**,9.
13; **26**,15; **28**,13; **30**,3. 8. 13.

ⲇⲟⲅⲙⲁ *n.m.* δόγμα "dogme, doctrine" [= **dogma**]
25,8 (ϥⲛⲁⲧⲉ ⲡⲓⲥⲉϫⲉ*sic* ϣⲱⲡⲉ ⲛⲟⲩⲇⲟⲅⲙⲁ "il
fera que la Parole devienne doctrine").

ⲇⲓⲁⲕⲟⲛⲉⲓ *v.* διακονεῖν "accomplir (son) service
(liturgique)" [= **serve, perform duties**] **17**,8
(ⲉⲓⲥ ϩⲏⲧⲉ ⲉⲓⲥ ⲓ̈ⲁⲕⲕⲱⲃⲟⲥ ⲁϥⲣ̄ ⲇⲓⲁⲕⲟⲛⲉⲓ
ϩⲓϫⲛ̄ ⲡⲧ[ⲟⲟⲩ] ⲉⲧⲉϣⲁⲩⲙⲟⲩⲧⲉ ⲉⲣⲟϥ ϫⲉ
ⲅⲁⲗⲅⲏ[ⲗⲁ]ⲙ̄ "voici, oui, voici que Jacques
a accompli son service (liturgique) sur la
m[ontagne] que l'on appelle 'Galghê[la]m')").

ⲇⲓⲕⲁⲓⲟⲥ *adj.* δίκαιος "juste" [= **just, righteous**]
18,17 (ⲡⲛⲟⲩⲧⲉ ⲛ̄ⲇⲓⲕⲁⲓⲟⲥ "le Dieu-Juste"). 20
(ⲓ̈ⲁⲕⲕⲱⲃⲟⲥ ⲡⲇⲓⲕⲁⲓⲟⲥ "Jacques-le-Juste"). 25
(ⲡⲛⲟⲩⲧⲉ ⲛ̄ⲇⲓⲕⲁⲓⲟⲥ "le Dieu-Juste").

ⲉⲡⲉⲓⲇⲁⲛ *conj.* ἐπειδή "puisque" [= **since**] **10**,19
(ⲉⲡⲉⲓⲇⲁⲛ [ⲁ]ⲕϣ[ⲓ]ⲛⲉ ⲉⲧⲃⲉ ⲧⲙ̄ⲛ̄ⲧⲥϩⲓⲙⲉ ⲥⲱⲧⲙ̄]
"puisque tu (m')[as] interrogé à propos de la
féminité, écoute … !").

ⲉⲡⲓⲕⲁⲗⲉⲓ *v.* ἐπικαλεῖν "invoquer, apostropher"
[= **invoke**] **22**,16.

ⲉⲡⲁⲓⲛⲟⲩ *v.* ἐπαινεῖν "féliciter, louer" [= **praise**]
15,18 (ϯⲣ̄ ⲉⲡⲁⲓⲛⲟⲩ ⲙ̄ⲡⲉⲕϩⲏⲧ ⲁⲩⲱ ⲑⲟⲧⲉ
ⲉⲓⲣⲉ ⲙ̄ⲙⲟⲕ ⲙ̄ⲙⲁⲓ̈ϩⲓ̈ⲥⲉ "je loue ton coeur, et (ta)
crainte te fait aimer la souffrance"); **27**,9?

[ⲉⲡⲁⲣⲭⲉⲓⲁ] ou ⲉⲡⲁⲣⲭⲉⲓⲁ *n.f.* ἐπαρχία "province"
[= **province**] **25**,5 (ϩⲁϩ ⲛⲉⲡⲁⲣⲭⲉⲓⲁ "nombreuses provinces"). 8? (idem).

ⲉⲧⲓ *adv.* ἔτι "encore" [= **yet, still**] **25**,17
(ⲉⲧⲓ ϯⲛⲁϣⲓⲛⲉ ⲙ̄ⲙⲟⲕ ⲉⲡⲁⲓ̈ "je te demanderai encore
ceci").

ⲏ *conj.* ἤ "ou" [= **or**] **10**,12 (→ ϣⲱⲡⲉ); **20**,10?
(→ ⲧⲱⲛⲉ). 15.

ⲏⲇⲏ *adv.* ἤδη "déjà" [= **already**] **18**,21.

ⲑⲩⲥⲓⲁ *n.f.* θυσία "sacrifice" [= **sacrifice**] **28**,12
(ⲑⲩⲥⲓⲁ ϩⲓ ⲡⲣⲟⲥⲫⲟⲣ[ⲁ] "les sacrifices et (les)
offrandes").

ⲓⲍ̄ chiffre "17" [= **seventeen**] dans le nom du
nombre/chiffre ⲙⲛ̄ⲧⲓⲍ̄ "dix-sept" **24**,26.

ⲉⲓⲕⲏ *adv.* εἰκῆ "en vain, pour rien" [= **in vain,**

without reason] 10,3 (ⲉⲓⲕⲏ ⲅⲁⲣ ⲁ[ⲛ] ⲉⲩⲙⲟⲩⲧⲉ
ⲉⲣⲟⲕ ϫⲉ ⲥⲟⲛ "car ce n'est pas pour rien que
l'on t'appelle 'frère' ").

ⲓ̈ⲁⲕⲕⲱⲃⲟⲥ *n.pr.m.* "Jacques-(le-Juste)" (apôtre et frère
de Jésus) 11,15?; 12,13?; 13,25? (→ ⲟⲩⲕⲉⲧⲓ);
16,27; 17,7? 17?; 18,20 (ⲁⲕϫⲓ ⲛⲟⲩⲣⲁⲛ ϫⲉ
ⲓ̈ⲁⲕⲕⲱⲃⲟⲥ ⲡⲇⲓⲕⲁⲓⲟⲥ "tu as reçu le nom de
Jacques-le-Juste"); 19,6. 10? 17?; 29,26?; 30,5?
27; *vocatif* ⲓ̈ⲁⲕⲕⲱⲃⲉ 10,2; 15,18?; 16,7; 18,4;
19,11?; 22,23; 25,25; 27,10? (ⲱ̄ ⲓ̈ⲁⲕⲕⲱ[ⲃ]ⲉ "ô
Jacques!"); 28,26.

ⲉⲓⲙⲏⲧⲓ *conj.* εἰμήτι "sauf, excepté" [= **except**] 10,9?
(ⲛⲉⲙⲏ ⲗⲁⲟⲩⲉ ϣⲟⲟⲡ [ⲉⲓ]ⲙⲏⲧⲓ ⲡⲉⲧϣⲟⲟⲡ "rien
n'existait (au début), sauf l'Existant"); 13,20
(→ ⲛⲟⲩϫⲉ); 15,21 (ⲙ̄ⲡⲣⲧⲣⲉⲥⲙⲉⲗⲓ ⲛⲁⲕ ⲉⲧⲃⲉ
ⲗⲁⲟⲩⲉ ⲉⲓⲙⲏⲧⲓ ⲉⲧⲃⲉ ⲡⲉⲕⲥⲱⲧⲉ "ne te fais du
souci pour rien, sauf pour ton rachat!").

[ⲓ]ⲱⲁⲛⲛⲁ *n.pr.f.* "[I]ôanna" (l'une des trois femmes du
second trio) 29,6? (→ [ⲥ]ⲁⲗⲡⲡⲓⲣⲁ).

[ⲓⲉⲣⲟⲩⲥⲁⲗⲏⲙ] ou [ϩⲓⲉⲣⲟⲩⲥⲁⲗⲏⲙ] *n.pr.f.* "Jérusalem" (ville), (combiné avec son art.déf. sg.f.)
ⲑⲓ̄ⲗⲏ̄ⲙ̄ 11,24 (ⲙ̄ⲡ̄ⲣ̄ⲥⲧⲁ ⲧⲉϩⲓ̄ⲏ ⲉⲃⲟⲗ ⲛ̄ⲑⲓ̄ⲗⲏ̄ⲙ̄
ϫⲉ ⲧⲁⲉⲓ ⲧⲉⲧ† ⲙ̄ⲡⲡⲟⲧⲏⲣⲓⲟⲛ ... ⲙ̄ⲡⲥⲓϣⲉ
"mais ne fais pas demi-tour (sur) le chemin (par
où tu) sors de Jérusalem, car c'est cette (ville) qui
donne la coupe amère"); 23,19 (ⲁⲥ† ⲛⲟⲩϭ̄ⲥ̄ ⲅⲁⲣ
ⲙ̄ⲡⲛⲟⲩⲧⲉ ⲉⲧⲟⲩⲏϩ ⲛ̄ⲑⲓ̄ⲗⲏ̄ⲙ̄ "elle (Akhamôth?)
a irrité le 'Dieu' qui réside à Jérusalem");
24,17 (ⲟⲩⲥϩⲓⲙ[ⲉ] ⲛ̄ⲣⲙ̄ⲑⲓ̄ⲗⲏ̄ⲙ̄ "une femme de
Jérusalem") (→ ⲅⲉⲛⲟⲥ).

[ⲓⲏⲥⲟⲩⲥ] *n.pr.m.* "Jésus" (révélateur et Sauveur) abr.
ⲓ̄ⲥ̄ 16,26 (→ ⲃⲱⲕ); 17,20 (→ ⲟⲩⲱⲛϩ̄); 19,10?;
ⲓ̄ⲏ̄ⲥ̄ 12,8; 19,21?

ⲕⲁⲓ *conj.* καί "et" [= **and**], voir ⲕⲁⲓ ⲅⲁⲣ "et en effet";
ⲕⲁⲓ ⲙⲏⲛ "et vraiment".

ⲕⲁⲓ ⲅⲁⲣ *conj.* καὶ γάρ "et en effet" [= **for, for also**] 28,2.

ⲕⲗⲏⲣⲟⲛⲟⲙⲓ *v.* κληρονομεῖν "hériter" [= **inherit**] 24,6
(→ ⲥⲡⲉⲣⲙⲁ). 20.

ⲕⲗⲏⲣⲟⲛⲟⲙⲓⲁ *n.f.* κληρονομία "héritage"
[= **inheritance**] 24,3? (ⲉⲩⲕⲗⲏⲣⲟⲛⲟⲙⲓⲁ
ⲛ̄ⲛ̄ϣⲏⲣⲉ "en héritage pour (ses) fils").

ⲕⲗⲏⲣⲟⲥ *n.m.* κλῆρος "héritage" [= **heritage**] 15,24
(22–24 ⲉⲓⲥ ϩⲏⲧⲉ †ⲛⲁⲃⲱⲕ ⲁⲩⲱ ⲛ̄ⲧⲁⲥⲟⲃⲧⲉ
ⲙ̄ⲡⲓⲕⲗⲏⲣⲟⲥ "voici, que je m'en irai et que je
préparerai le sort (de l'humanité)"); 16,6

(... ⲁⲩⲱ ⲛ̄ⲥⲉⲥⲟⲃⲧⲉ ⲙ̄ⲡⲉⲕⲗⲏⲣⲟⲥ "... et qu'on
ait préparé le sort (de l'humanité)").

ⲕⲁⲗⲱⲥ *adv.* καλῶς "bien, parfaitement" [= **well**]
25,17. 25 (ⲕⲁⲗⲱⲥ ⲕ̄ⲣ̄ ⲛⲟⲓ̈ϩⲉ ⲁⲗⲗⲁ ⲁϥⲉⲓ ⲛ̄ϭⲓ
ⲡϣⲏⲣⲉ ⲙ̄ⲡⲣⲱⲙⲉ "(c'est) bien que tu (t'en)
émerveilles, mais (rappelle-toi) que le Fils-de-
l'Homme est venu!").

ⲕⲁⲓ ⲙⲏⲛ *conj.* καὶ μήν "et vraiment" [= **in fact**], lcplx.
(composé de ⲕⲁⲓ "et" et ⲙⲏⲛ "vraiment") 28,22.

ⲕⲟⲓⲛⲱⲛⲓ *v.* κοινωνεῖν "être en communion ou
communauté (générale ou même maritale,
de procréation) avec" [= **unite, share**] 21,14
(ⲙ̄ⲡⲉⲡⲉⲧϣⲁⲁⲡ ϫⲓ̄ ⲛ̄ϣⲟⲣⲡ̄ ⲕⲟⲓⲛⲱⲛⲓ ⲛ̄ⲙ̄ⲙⲁⲥ
ⲛ̄ⲧⲉⲣⲉⲥⲧⲁⲙⲓⲟⲟ[ⲩ] "l'Existant depuis les
débuts ne s'est pas uni à elle quand elle a
(pro)créé ces (réalités)").

ⲕⲣ[ⲓ]ⲛⲉ *v.* κρίνειν "juger, condamner"
[= **judge, condemn**] 16,4?

ⲕⲣⲓⲧⲏⲥ *n.m.* κριτής "juge" [= **judge**] 30,7?
(ⲁⲩⲉⲓⲛⲉ ⲙ̄ⲙⲟϥ ⲛ̄ⲛⲉⲕⲣⲓⲧⲏ[ⲥ] "ils l'amenèrent
aux juges"). 8.

ⲕⲁⲧⲁ *prép.* κατά "selon, conformément à"
[= **with respect to, in accordance with**] 14,1
(ⲕⲁⲧⲁ ϩⲱⲃ ⲛⲓⲙ "en toutes choses"); 25,3
(ⲕⲁⲧⲁ ⲟⲩⲡⲣⲟⲛⲟⲓⲁ "selon une (initiative de)
la Providence"); 28,6 (→ ⲡⲣⲟⲛⲟⲓⲁ); voir aussi
ⲕⲁⲧⲁ ⲑⲉ "comme", ⲕⲁⲧⲁ ⲗⲉⲡⲧ[ⲟⲛ] "minutieusement", ⲕⲁⲧⲁ ⲧⲉϥ ϩⲉ "selon sa manière".

ⲕⲁⲧⲏⲅⲟ[ⲣ]ⲓ *v.* κατηγορεῖν "accuser"
[= **accuse, bring charges**] 30,1?

ⲕⲁⲧⲁ ⲑⲉ *adv.* "comme" [= **like, as**], lcplx.
(composé de ⲕⲁⲧⲁ "selon", ⲧ- art.déf. sg.f. et
ϩⲉ "manière" [ⲧϩ = ⲑ]) 12,16? (ⲕ[ⲁⲧⲁ ⲑⲉ
ⲉ] "comme"); 21,10?; ⲕⲁⲧⲁ ⲑⲉ ⲛ- "comme"
15,25 (23–27 ⲛ̄ⲧⲁⲥⲟⲃⲧⲉ ⲙ̄ⲡⲓⲕⲗⲏⲣⲟⲥ ...
ϩⲓϫⲙ̄ ⲡⲕⲁϩ̄ ⲕⲁⲧⲁ ⲑⲉ ⲛ̄ⲧⲁⲩⲟⲩⲱ ⲉⲩⲥⲟⲃⲧⲉ
ⲙ̄ⲙⲟϥ ϩⲛ̄ ⲙ̄ⲡⲏⲟⲩⲉ "et je préparerai le sort (de
l'humanité) ... sur la Terre, comme il est déjà
préparé dans les Cieux"); 16,25 (ⲧⲁⲉⲓⲣⲉ ⲕⲁⲧⲁ
ⲑⲉ ⲛ̄ⲧⲁⲕϫⲟⲟⲥ "et j'agirai comme tu l'as dit");
21,10?; 27,1? (ⲕⲁⲧⲁ ⲑⲉ ⲛ̄ⲧⲁⲩϭ̄ⲙ̄ ⲃⲟⲙ ⲉϫⲟⲟⲩ
"comme ils ont pu en parler").

ⲕⲁⲧⲁ ⲗⲉⲡⲧ[ⲟⲛ] *adv.* "minutieusement"
[= **in detail**], lcplx. (composé de ⲕⲁⲧⲁ "comme"
et ⲗⲉⲡⲧ[ⲟⲛ] "minutie") 27,11? (ⲕϣⲓⲛⲉ ⲕⲁⲧⲁ

"tu m'as persuadé, encore, au sujet de tous ces (faits)"); **29**,22; ⲡⲓⲑⲉⲥⲟⲁⲓ **27**,24.

ⲡⲓⲑⲉⲥⲟⲁⲓ voir ⲡⲉⲓⲑⲉ "persuader".

ⲡⲟⲗⲉⲙⲉⲓ *v.* πολεμεῖν "faire la guerre, guerroyer" [= **go to war, be at war**] **25**,1 (ϥⲛⲁⲡⲟⲗⲉⲙⲉⲓ ⲛ̄ϭⲓ ⲡⲕⲁϩ̄ᵗⁱᶜ "la terre entera en guerre"); ⲡⲟⲗⲉⲙⲓ **24**,11 (ϥⲛⲁⲣ̄ ⲡⲟⲗⲉⲙⲓ ⲛ̄ϭⲓ ⲡⲕⲉϩ̄ᵗⁱᶜ "la terre entera en guerre").

ⲡⲟⲗⲟⲥ *n.m.* πόλος "l'axe (de l'univers)" [= (**the universe's) axis**] **13**,8 (ⲡ̄ⲡⲟⲗⲟⲥ ⲧⲏⲣ[ϥ] "tout l'axe (de l'univers)").

[ⲡⲛⲉⲩⲙⲁ] *n.m.* πνεῦμα "Esprit" [= **spirit**] abr. ⲡⲛ̄ⲁ̄ **26**,5 (ⲥⲁϣϥ ⲙ̄ⲡ̄ⲛ̄ⲁ̄ ⲛⲉ "(ces sept femmes) ... (sont) sept esprits"). 7. 8. 9? 10? (7–10 ⲟⲩⲡ̄ⲛ̄ⲁ̄ ⲛⲥⲟⲫⲓⲁ ϩ[ⲓ] ⲙ[ⲛ̄ⲧ]ⲥⲁⲃⲉ ⲟⲩⲡ̄ⲛ̄ⲁ̄ ⲛϭⲟⲭⲛ[ⲉ ϩⲓ] ϭ[ⲟ]ⲙ [ⲟⲩ]ⲡ̄ⲛ̄ⲁ̄ [ⲛ]ⲛⲟⲩⲥ ϩⲓ ⲥⲟⲟ[ⲩⲛⲉ] ⲟⲩⲡ̄ⲛ̄ⲁ̄ ⲛϩⲟⲧⲉ "un Esprit de Sagesse-et-Pondération, un Esprit de Raisonnement-[et]-P[uis]sance, [un] Esprit d'Intelligence-et-Connais[sance], un Esprit de Crainte"); **26**,24 (→ ⲡⲣⲟⲫⲏⲧⲏⲥ). 25.

ⲡⲁⲣⲁ *conj.* παρά "plus que" [= **more than**] **21**,26 (ⲁⲛⲕ ⲟⲩⲥⲕⲉⲩⲟⲥ ⲉϥⲧⲁⲓⲏⲩ ⲡⲁⲣⲁ ⲁ̄ⲭⲁ̄ⲙⲱ̄ⲑ ⲧⲉⲥϩ̄ⲓⲙⲉ "je (suis) un vase plus précieux qu'Akhamôth, la feme(lle)"); **27**,9.

ⲡⲁⲣⲁⲕⲁⲗⲉⲓ *v.* παρακαλεῖν "interpeller" [= **call upon**] **22**,5 (ⲁⲓⲡⲁⲣⲁⲕⲁⲗⲉⲓ ⲛ̄ⲧⲥⲟⲫⲓⲁ ⲛⲁⲧⲝⲱϩⲙ̄ "j'ai interpellé la Sagesse sans souillure").

ⲡⲣⲟⲛⲟⲓⲁ *n.f.* πρόνοια "Providence" [= **providence**] **25**,3 (ⲕⲁⲧⲁ ⲟⲩⲡⲣⲟⲛⲟⲓⲁ "selon une (initiative de) la Providence"); **28**,6 (ⲕⲁⲧⲁ ⲧⲉⲡⲣⲟⲛⲟⲓⲁ ⲙ̄ⲡⲓⲱ[ⲧ] "selon la Providence du Pè[re]").

ⲡⲣⲉⲥ[ⲃⲩⲧⲉⲣⲟⲥ] *n.m.* πρεσβύτερος "ancien" [= **elder**] **11**,12?

ⲡⲣⲟⲥⲫⲟⲣ[ⲁ] *n.f.* προσφορά "offrande" [= **offering**] **28**,12? (→ ⲑⲩⲥⲓⲁ).

ⲡⲣⲟⲥⲉⲩⲭⲏ *n.f.* προσευχή "prière" [= **prayer**] **17**,21 (ⲁϥⲕⲱ ⲛ̄ⲧⲉϥⲡⲣⲟⲥⲉⲩⲭⲏ "il a (dé)laissé sa prière"); **18**,23 (21–25 ⲉⲕⲛⲁⲥⲟⲩⲱⲛⲧ ... ⲁⲩⲱ ⲛⲕⲕⲱ ϩⲱⲕ ⲛ̄ⲧⲉⲡⲣⲟⲥⲉⲩⲭⲏ ⲧⲁⲉⲓ ⲛ̄ⲧⲁϥⲧⲱⲃϩ̄ ⲙ̄ⲙⲟⲥ ⲛ̄ϭⲓ ⲡⲛⲟⲩⲧⲉ ⲛ̄ⲇⲓⲕⲁⲓⲟⲥ "(en arriver) à me connaître ... (et) à (dé)laisser toi-même la prière qu'a priée (pour t'en instruire) le Dieu-Juste!").

ⲡⲣⲟⲫⲏⲧⲏⲥ *n.m.* προφήτης "prophète" [= **prophet**] **26**,23 (ⲙ̄ⲡⲉⲡⲣⲟⲫⲏⲧⲏⲥ ϣⲁϫⲉ ⲭⲱⲣⲓⲥ ⲡⲓⲥⲁϣϥ̄ ⲙ̄ⲡ̄ⲛ̄ⲁ̄ "aucun prophète n'a parlé sans (l'inspi-

ration) des sept Esprits").

ⲡⲱⲥ *adv.* πῶς "comment?" [= **how?**] **14**,7 ([ϩ]ⲣⲁⲃⲃⲉⲓ ⲡⲱⲥ ϯⲛⲁϣ ⲡⲱϩ [ϣ]ⲁ ⲡⲉⲧϣⲟⲟⲡ ⲉⲣⲉ ϯⲏⲡ̄ⲥ̄ [ⲛ̄]ⲛϭⲟⲙ ⲙⲓϣⲉ ⲉϩ[ⲟ]ⲩ̣[ⲛ ⲟⲩⲃⲏⲓ̈] "Rabbi, comment pourrai-je parvenir jusqu'à l'Existant, alors que ces Puissances en si (grand) nombre combattent con[tre moi?]"); **16**,3 (ⲡⲱⲥ ⲙ̄ⲛ̄ⲥⲁ ⲛⲁⲓ̈ ⲕⲛⲁⲟⲩⲱⲛϩ ⲛⲁⲉⲓ ⲉⲃⲟⲗ "comment, après ces (événements), manifesteras-tu ces (secrets)?"). 11?

ⲡⲟⲥⲱ ⲙⲁⲗⲗⲟⲛ *adv.* ποσῷ μᾶλλον "à plus forte raison" [= **how much more**] **14**,20 (ⲉϣϫⲉ ⲁⲩⲙⲓϣⲉ ⲛ̄ⲙ̄ⲙⲁⲕ ⲛ̄ⲧⲉⲉⲓϩ̄ⲉ ⲡⲟⲥⲱ ⲙⲁⲗⲗⲟⲛ ⲁⲛⲟⲕ ϩ̄ⲣⲁⲃⲃⲉⲓ "s'ils ont combattu ainsi contre toi, combien plus (le feront-ils contre) moi, Rabbi!").

ⲡⲓⲥⲧⲓⲥ *n.f.* πίστις "foi" [= **faith**] **16**,13? ([ⲡⲱ]ⲱⲛⲉ ⲉϩⲟ[ⲩ]ⲛ ⲉⲧⲡⲓⲥⲧ[ⲓⲥ] "pénétrer dans la foi"); **29**,2.

[ⲡⲓ]ⲥⲧⲉⲩⲉ *v.* πιστεύειν "croire" [= **believe, have faith**] **25**,15?

ⲡⲉⲧⲣⲁ *n.f.* πέτρα "rocher" [= **rock**] **19**,10 (ⲁⲩ-ϩⲙⲟⲟⲥⲧ ⲉϩⲣⲏⲓ̈ᵗⁱᶜ ⲙ̄ⲡⲉⲥ[ⲛⲁ]ⲩ ϩⲓϫⲛ ⲧⲡⲉⲧⲣⲁ "ils se sont assis tous les d[eux] sur le rocher").

ⲡⲟⲧⲏⲣⲓⲟⲛ *n.m.* ποτήριον "coupe à boire" [= **cup**] **11**,25 (11,24–12,1 ⲑⲓⲗ̄ⲙ̄ ... ⲧⲁⲉⲓ ⲧⲉⲧϯ ⲙ̄ⲡⲡⲟⲧⲏⲣⲓⲟⲛ ... ⲛ̄ⲡⲥⲓϣⲉ ... ⲛⲟⲩⲟⲉⲓϣ ⲛⲓⲙ ⲛ̄ⲛ̄ϣⲏⲣⲉ ⲙ̄ⲡⲟⲩⲟⲉⲓⲛ "Jérusalem, cette (ville) qui donne (à boire) la coupe amère, en tous temps, aux Fils-de-la-Lumière"). 26?; **23**,17 (ⲥⲛⲁⲥⲱ ⲙ̄ⲡⲉⲥⲡⲟⲧⲏⲣⲓⲟⲛ "elle boira sa coupe"); **27**,16 (ⲁⲕⲛⲟⲩϫⲉ ⲉⲃⲟⲗ [ⲙ̄]ⲙⲟⲕ ⲙ̄ⲡⲡⲟⲧⲏⲣⲓⲟⲛ ⲙ̄ⲡϯ[ϩ]ⲉ "tu as (re)jeté (loin) de toi la coupe de l'ivresse").

ⲣⲁⲃⲃⲉⲓ *n.m.* ῥαββί "Maître-(enseignant), professeur" [= **rabbi**] **11**,17?; **25**,15?; **27**,6; **28**,21; ou ϩ̄ⲣⲁⲃⲃⲉⲓ **13**,1; **14**,7? ([ϩ]ⲣⲁⲃⲃⲉⲓ). 21 (ϩ̄ⲣⲁⲃⲃⲉⲓ ⲁⲕⲉⲓ ⲅⲁⲣ [ϩ̄] ⲟⲩⲥⲟⲟⲩⲛⲉ ⲉⲭⲡⲓⲟ ⲛ̄ⲧⲟⲩⲙⲛ̄ⲧⲁⲧⲥⲟⲟⲩⲛⲉ "Maître, tu es venu, [en] (pleine) Science, pour couvrir de honte leur ignorance"); **16**,2. 24 (→ ⲥⲡⲟⲩⲇⲁⲍⲉ); **17**,23 (ϩ̄ⲣⲁⲃⲃⲉⲓ̈ ⲁⲓ̈ⲥⲉϩⲱⲓ̈ ⲉⲃⲟⲗ ⲙ̄ⲙⲟⲕ "Rabbi, je me suis tenu à ton écart").

ⲥⲩⲍⲩⲅⲟⲥ *n.m.* σύζυγος "conjoint, époux" [= **companion, partner**] **22**,8.

ⲥⲕⲉⲟⲥ *n.m.* σκεῦος "vase (d'élection)" [= **vessel**] **21**,25 (→ ⲡⲁⲣⲁ).

ϩⲱⲥ *adv.* ὡς "comme" [= **as**] 26,18 (→ ⲭⲁⲣⲓⲥⲉ).

ϩⲟⲧⲓ *conj.* ὅτι "parce (?) que" [= **because**] 27,5?

ϩⲟⲧⲁⲛ *conj* ὅταν "lorsque, quand" [= **when**] 11,20;
16,19 (ϩⲟⲧⲁⲛ ⲉ[ⲩⲱⲁⲛ]ⲁⲙⲁϩⲧⲉ ⲙⲙⲟϥ ⲧⲟⲧⲉ
ⲁϥ*ⁱⁱᶜ*ⲁⲙⲁϩⲧⲉ "lorsque [on] le saisit (pour le
maîtriser), alors c'est lui qui maîtrise!"); 19,24
(ϩⲟⲧⲁⲛ ⲉⲩⲱⲁⲛⲁⲙⲁϩⲧⲉ ⲙⲙⲟⲕ "quand on
t'arrêtera"); 20,7?; 21,20?; 23,14 (ϩⲟⲧⲁⲛ
ⲉⲕⲱⲁⲛⲉⲓ ⲉⲃⲟⲗ ϩⲛ ⲧⲥⲁⲣⲁⲝ*ⁱⁱᶜ* "quand tu
sortiras de la chair"); 24,7 (ϩⲟⲧⲁⲛ ⲇⲉ
ⲉⲣ[ⲉ]ⲱⲁⲛⲡⲉϥⲱⲏⲣⲉ ⲕⲟⲩⲓ̈ ⲣ̄ ⲛ̣[ⲟϭ] "lorsque son
fils cadet aura [grandi]")

Vocabulaire Égycopte

ⲁⲁ⸗ forme *présuffixale* suffixée (sg.3.m. ⲁⲁϥ, pl.3.
ⲁⲁⲩ) voir ⲉⲓⲣⲉ "faire, être".

ⲁⲓ̈† *idiol.* (pour ⲟ†) voir ⲉⲓⲣⲉ "faire, être".

ⲁⲙⲁϩⲧⲉ *v*/{*n.m.*} "saisir, tenir en son pouvoir,
maîtriser, arrêter (par une arrestation)" [=
restrain, grasp, arrest, detain] 11,9? 18. 21
(ⲉⲩⲱⲁⲛⲁⲙⲁϩⲧⲉ ⲙⲙⲟⲕ ⲁⲩⲱ ⲛ̄ⲥⲉϩⲓ̄ ⲱⲛⲉ
ⲉⲣⲟⲕ ⲉⲕⲛⲁⲥⲱⲧⲉ "c'est quand on t'arrêtera et
qu'on te lapidera, que tu seras racheté"); 15,15?;
16,19–20 (ϩⲟⲧⲁⲛ ⲉ[ⲩⲱⲁⲛ]ⲁⲙⲁϩⲧⲉ ⲙⲙⲟϥ
ⲧⲟⲧⲉ ⲁϥ*ⁱⁱᶜ*ⲁⲙⲁϩⲧⲉ "lorsqu'[on] le saisit (pour
le maîtriser), alors (c'est) lui (qui) maîtrise);
19,24; 20,1?; 25,4? 14?; 29,26; 30,6?; et voir
aussi [ⲁ]ⲧⲁⲙⲁϩⲧⲉ "Indomptable, Insaisissable".

ⲁⲛ *pcl. nég.* (normalement précédé de ⲛ̄-) "(ne) ...
pas" [= **not, no**]; sans ⲛ̄- 10,3? 5. 27?; 11,7;
12,7. 16; 15,8 (→ ⲁⲛⲟⲕ). 10? 12? 13; 20,25;
21,1? 3. 8; 28,13 (→ ⲁⲛⲟⲕ); ⲛ̄- ... ⲁⲛ 10,16?;
15,1 (ⲛ̄†ϥⲓ ⲣⲟⲟⲩⲱ ⲁⲛ ϩⲁⲣⲟⲕ "je ne (me) fais
aucun souci pour toi"). 13; 25,2; 27,11–12;
28,26; 30,13.15?; *idiol.* ⲛ̄- ... ⲉⲛ 28,27 (ⲛ̄ⲱⲱⲉ
ⲉⲛ "il ne convient pas (de) ... , il ne faut pas")
(→ ⲧⲁⲕⲟ); ⲉⲛ 29,8; voir aussi la conjugaison,
prés. I, prés. circonstanciel, prés. rélatif, prés. II,
prés. prétérit, futur I.

ⲁⲛⲕ̄ voir ⲁⲛⲟⲕ "je, moi".

ⲁⲛⲟⲕ *pron.pers.* sg.1. "je, moi" [= **I**] 10,7 (ⲉⲉ[ⲓ]ⲛⲁ-
ⲧⲁⲙⲟⲕ ⲝⲉ ⲁⲛⲟⲕ ⲛⲓⲙ "je te ferai savoir qui je
suis, moi"); 11,1. 19?; 12,22; 14,20? (→ ⲡⲟⲥⲱ

ⲙⲁⲗⲗⲟⲛ); 15,7? (ⲁⲛⲟ[ⲕ ⲁ]ⲉ ⲛ̄†ϩⲉ ⲁⲛ "m[oi,
cer]tes, je ne (suis) pas de cette sorte"); 18,6 (→
ⲡⲉⲧⲱⲟⲟⲡ); 19,1? (→ ⲁⲥⲡⲁⲥⲉ); 20,12?; 22,15.
25 (ⲁⲉⲓϭⲱⲗⲛ̄ ⲛⲁⲕ ⲉⲃⲟⲗ ⲝⲉ ⲁⲛⲟⲕ ⲟⲩⲉⲩ "je
t'ai dévoilé ce que (je suis), moi"); 25,22; 26,19;
27,3?; 28,5? (ⲟⲩⲟⲩ). 13 (ⲁⲛⲟⲕ ⲁⲉ ⲛ̄ⲧⲉⲉⲓϩⲉ
ⲁⲛ "moi (cependant), je n'agis pas ainsi"); 29,13;
atone ⲁⲛⲕ 10,18 (→ ⲙⲉϩⲥⲛⲁⲩ et ⲡⲉⲧⲱⲟⲟⲡ);
15,12? (→ ⲧⲉⲗⲓⲟⲥ); 21,25 (→ ⲡⲁⲣⲁ); 26,17
(ⲁⲛⲕ̄ ⲡⲉϥⲱⲏⲣⲉ "je (suis) son fils") (→ ⲙⲉⲟⲩⲉ);
ⲁⲛⲟⲕ ⲁⲉ ⲁⲛⲕ̄ "mais moi" 10,12–13.

ⲁⲛⲁⲩ *v!* "vois ... prends garde!" [= **see**] 18,20,
voir aussi ⲛⲁⲩ "voir".

ⲁⲣⲓⲕⲉ *n.m.* "querelle, contestation" [= **blame**]
22,18 (18–20 ⲥⲉⲛⲁϭⲛ̄ ⲁⲣⲓⲕⲉ ⲉⲧⲉⲩⲛⲟⲩⲛⲉ
ⲟⲩⲁⲁⲧⲟⲩ ⲁⲩⲱ ⲡⲅⲉⲛⲟⲥ ⲛ̄ⲧⲉⲩⲙⲁⲟⲩ "ils
chercheront querelle à leur racine et à la race de
leur Mère").

ⲁⲣⲉϩ *v!* "(prends) garde!" [= **watch, guard**] 18,16
(ⲁⲣⲉϩ ⲁⲉ ⲉⲣⲟⲕ "garde-toi, prends garde!");
25,3?

[ⲁⲥⲁⲓ̈ *v*/{*n.m.*} "être soulagé, soulagement" [= **be
relieved, feel relief**]; eventuellement corrompu
et *idiol.*, à rattacher à [ⲁⲥⲁⲓ̈], ⲉⲥⲉ 19,19? (→
ⲗⲩⲡⲏ).

ⲁⲧ- *préf.privatif* "sans, privé de" [= **without, -less**],
p.ex. 10,6? ⲛⲁⲧⲥⲟⲟⲩⲛⲉ *adj.* "privé de
connaissance, ignorant"; 12,24 ⲡⲁⲧⲏⲡⲉ *n.m.*
"le sans-nombre, l'Innombrable"; ainsi 10,6?
14; 12,24. 26; 14,2. 4? 23; 15,2; 16,18?; 22,2.
5. 11. 13; 23,6; 26,15; 27,20; 28,19; ce préfixe
affecte les lexèmes suivants: ⲁⲙⲁϩⲧⲉ, ⲏⲡⲉ, ⲣⲁⲛ,
ⲥⲟⲟⲩⲛⲉ, ⲱⲡ, ⲱⲓ, ⲭⲱϩⲛ̄.

[ⲁ]ⲧⲁⲙⲁϩⲧⲉ *n.m.* "Indomptable, Insaisissable"
[= **what cannot be grasped**], lcplx. (composé
de ⲁⲧ- "sans" et de ⲁⲙⲁϩⲧⲉ, "saisir") 16,18?
([ⲟⲩⲁ]ⲧⲁⲙⲁϩⲧⲉ ⲡⲉ "il (est) Insaisissable").

ⲁⲧⲟⲡ⸗ *n.m.* "Innombrable" [= **innumerable**],
lcplx. (composé de ⲁⲧ- "sans" et ⲟⲡ⸗ de
[ⲱⲡ] "compte(r)"), *présuffixal* (ⲟⲡ⸗) suffixé,
3.pl. ⲟⲡⲟⲩ 13,16?; 14,2 (ⲛⲁⲧⲟⲡⲟⲩ "les
Innombrables").

ⲁⲧⲏⲡⲉ *n.m.* "Innombrable" [= **innumerable**], lcplx.
(composé de ⲁⲧ- "sans" et ⲏⲡⲉ "nombre")
12,24 (ⲡⲁⲧⲏⲡⲉ ⲁϥⲣ̄ ⲙⲙⲛⲉⲩⲉ ⲛ̄ⲧⲉϥⲏⲡⲉ̄

"l'Innombrable a divulgué son nombre").

[ⲁⲧⲥⲟⲟⲩⲛⲉ] *n.m.* "ignorant" [= **ignorant**], voir sous ⲛⲁⲧⲥⲟⲟⲩⲛⲉ *adj.* "ignorant", et ⲙⲛ̄ⲧⲁⲧ-ⲥⲟⲟⲩⲛⲉ *abstr. n.f.* "ignorance".

ⲁⲧϯ ⲣⲁⲛ ⲉⲣⲟϥ *n.m.* "Innommable" [= **unnamable**], lcplx. (composé de ⲁⲧ- "sans", ϯ "donner", ⲣⲁⲛ "nom" et ⲉⲣⲟϥ de ⲉ- prép.sns.) **10**,9? 14? (ⲟⲩⲁⲧϯ ⲣⲁⲛ ⲉⲣⲟϥ "l'Innommable").

ⲁⲧϣⲓⲧ⸗ *n.m.* "Incommensurable" [= **immeasurable**], lcplx. (composé de ⲁⲧ- "sans" et ϣⲓⲧ⸗, de ϣⲓ "mesurer") *présuffixal* (ϣⲓⲧ⸗) suffixé, sg.m.3. ϣⲓⲧϥ̄ **12**,26 (ⲡⲁⲧϣⲓⲧϥ̄ "l'Incommensurable").

ⲁⲧⲭⲱϩⲙ̄ *n.m.* "non souillé" [= **undefiled**], voir sous ⲛⲁⲧⲭⲱϩⲙ̄ *adj.* "non souillé, pur" et ⲙⲛ̄ⲧⲁⲧ-ⲭⲱϩⲙ̄ *abstr. n.f.* "pureté".

ⲁⲩⲱ *conj.* "et" [= **and**] **10**,14; **11**,6. 13. 22? (→ ⲁⲙⲁϩⲧⲉ); **12**,4? 6; **13**,9? 22? 24; **14**,4. 23; **15**,3? 4. 13? 19. 23 (→ ⲃⲱⲕ); **16**,1. 5. 6. 14. 15. 23. 26. 28; **17**,1. 6. 7. 12? 15. 16. 17. 20. 25; **18**,9? 18. 22. 23; **19**,1. 8 ([ⲁϥⲣⲓ]ⲙⲉ ⲁⲩⲱ ⲁϥⲗⲩⲡⲓ ⲛ̄ⲡϣⲁ "[il s'est (mis à) pleu]rer et il s'est beaucoup désolé"). 8? 16. 19; **20**,12. 13. 18. 22. 24 (→ ⲛⲟⲩ⸗ de [ⲡⲁ]); **21**,2? 5. 15; **22**,1. 14. 17. 18. 20 (→ ⲁⲣⲓⲕⲉ). 25. 26; **23**,2? 2. 5. 5. 7? 9? 11. 12. 15. 17. 22. 23; **24**,5. 9? 13. 18. 19. 21. 24; **25**,1. 4. 7. 11. 12. 16? 20. 22. 23; **26**,14 (→ ⲛ̄ⲧⲟϥ). 17. 19. 24; **27**,4? 15. 21. 27; **28**,3. 4? 8? 9. 11. 19. 23. 25; **29**,7. 12. 14. 21; **30**,10.

ⲁϣ *pro?n.* "quel?" [= **who? what?**] **12**,6?; **15**,17; **20**,14. 15 (ⲁϣ ⲛ̄ϣⲏⲣⲉ ⲏ ⲁϣ ⲛⲓⲱⲧ "quel 'Fils'? … ou quel 'Père'?"); **22**,4?

ⲃⲱⲕ *v/{n.m.}* "s'en aller" [= **go, depart**] **15**,23 (ϯⲛⲁⲃⲱⲕ ⲁⲩⲱ ⲛ̄ⲧⲁⲥⲟⲃⲧⲉ ⲙ̄ⲡⲓⲕⲗⲏⲣⲟⲥ "je viendrai et je préparerai le sort (de l'humanité)"); **16**,21 (→ ⲧⲉⲛⲟⲩ ou ϯⲛⲟⲩ). 26 (ⲁϥⲃⲱⲕ ⲛ̄ϭⲓ ⲓ̄ⲥ̄ ⲁϥⲥⲟⲃⲧⲉ ⲛ̄ⲛⲉⲧⲉⲥϣⲉ ⲉⲣⲟϥ "Jésus s'en est allé, (et) il a préparé ce qu'il fallait (qu'il prépare)"); **21**,16 (→ ⲧⲱⲛⲉ). 17 (ⲉⲉⲓ[ⲛ]ⲁⲃⲱⲕ ϣⲁ ⲛⲉⲧⲉⲛⲟⲩⲓ̈ ⲛⲉ "j'irai vers les (réalités) qui (sont) miennes"); **22**,21 (ⲕⲛⲁⲃⲱⲕ ϣⲁ ⲛⲉⲕⲛⲟⲩⲛⲉ "tu iras vers tes racines") (→ ⲙ̄ⲡ̄ⲣⲉ); **26**,13; **29**,14.

ⲃⲟⲗ *n.m.* "(l')extérieur" [= **outside**], voir ⲉⲃⲟⲗ "dehors".

[ⲃⲱⲗ] *v/n.m.* "délier, défaire" [= **loosen, undo**], cf.

ⲃⲟⲗ "(l')extérieur", dans ⲉⲃⲟⲗ "dehors".

[ⲃⲗ̄ⲗⲉ] *n.m.* "aveugle" [= **blind**], voir ⲙⲛ̄ⲧⲃⲗ̄ⲗⲉ *n.f.* "cécité, aveuglement".

[ⲃ]ⲟⲧⲉ {v}/*n.m.* "détester, abomination" [= **horrible, abominable**] **18**,3?

ⲃⲱⲧⲉ voir [ϥⲱⲧⲉ] "essuyer".

ⲃ̄ϣⲉ *n.f.* "léthargie, oubli, inconscience" [= **forget-fulness**] **14**,25 (ⲛ̄ⲧⲁⲕⲉⲓ ϩⲛ̄ ⲟⲩⲣ̄ ⲡⲙⲉⲟⲩⲉ ⲉⲭⲡⲓⲟ ⲛ̄ⲧⲉⲩⲃ̄ϣⲉ "tu es venu en 'réminiscence' pour couvrir de honte leur 'Oubli-Léthargie' "); **15**,4. 8 (→ ⲛⲓⲙ "tout").

ⲉ- *prép.sns.* (*présuffixal* ⲉⲣⲟ⸗: sg.1. ⲉⲣⲟⲓ̈, sg.2.m. ⲉⲣⲟⲕ, sg.3.m. ⲉⲣⲟϥ, sg.3.f. ⲉⲣⲟⲥ, pl.1. ⲉⲣⲟⲛ, pl.3. ⲉⲣⲟⲟⲩ cf. infra), prép. d'évaluation senso-rielle, souvent à traduire par "vers, pour, par rapport à, plus que" etc. [= **to, for, with regard to, about etc.**]. Introduit divers compléments: 1. acc. de verbes tels que "faire (sa)voir, entendre, connaître, trouver, garder, croire, (faire) compren-dre, appeler"; 2. "à propos de, concernant"; 3. "vers"; 4. "pour"; 5. introduit l'"action seconde", subordonnée. Sigles désignant certaines valeurs particulièrement courantes de ⲉ- ou ⲉⲣⲟ⸗, ou concernant le verbe introduisant ⲉ- ou ⲉⲣⲟ⸗: b = ⲃⲱⲕ, i = ⲉⲓ; g = (ϩ)ⲁⲣⲉϩ, kr = ⲕⲁ ⲣⲱ⸗, m = ⲙ̄ⲙⲉ, mt = ⲙⲟⲩⲧⲉ, mw = ⲙⲉⲟⲩⲉ, n = ⲛⲁⲩ, o = (ϩⲓ) ⲱⲛⲉ, p = "pour", r = ϯ ⲣⲁⲛ, s = ⲥⲱⲧⲙ̄, s/ = ϣⲁⲝⲉ, sn = ⲥⲟⲟⲩⲛⲉ, ss/ = ⲥϣⲉ, tm = ⲧⲁⲙⲟ, v = "vers", w = "par rapport à", x = introduction de l'action 'seconde', subordon-née, wn = (ⲡ̄) ⲟⲩⲟⲉⲓⲛ. Les cas d'usage de ⲉ- (ou ⲉⲣⲟ⸗) peuvent être répartis en cinq catégories principales:
1. acc. de verbes tels que "(faire) (sa)voir, entendre, connaître, croire, (faire) comprendre" etc.: **10**,1(n). 2(t); **11**,3(t). 4(t). 6(m); **16**,28(s); **17**,24(s); **18**,1(n); **19**,18(s); **22**,<2(sn)>. 12?(sn). 14(sn) **25**,15; **28**,25(t); formes *présuffixales* suffixées: sg.1. ⲉⲣⲟⲓ̈ **10**,15?(mt); sg.2.m. ⲉⲣⲟⲕ **10**,4 (mt); **18**,16(g); *idiol.* ⲉⲣⲁⲕ **10**,6(sn); sg.3.m. ⲉⲣⲟϥ **10**,10?(r). 14(r); **17**,9 (mt). 12(s); **25**,3; **26**,13?(mt); **30**,9?; pl.3. ⲉⲣⲟⲟⲩ **18**,4(n).
2. "par rapport à, à propos de" **12**,19(s/); **22**,19; **24**,1; **25**,18 (→ ϣⲓⲛⲉ); **29**,27 (ⲁⲩⲁⲙⲁϩⲧⲉ ⲛ̄ⲓⲁⲕⲕⲱ[ⲃⲟⲥ ⲛⲧ]ϥ̄ϭⲃⲃⲓⲱ ⲉⲡⲙⲁ ⲛⲕⲉⲣⲱⲙⲉ "ils

ont saisi (ou: arrêté) Jac[ques] en lieu et place
d'un autre homme"); *idiol.* ⲁ- 29,8; formes
présuffixales suffixées: sg.1. ⲉⲣⲟⲓ 10,17(w); 21,3?
8?; 26,16?; sg.2.m. ⲉⲣⲟⲕ 19,12?(ss/); 27,22;
sg.3.m. ⲉⲣⲟϥ 18,13(p); 30,9; pl.3. ⲉⲣⲟⲟⲩ
13,6(w); 21,11(w); 23,12(kr).
3. "vers" 15,2. 4; 16.15; 21,16. 18 (ⲉⲉⲓ[ⲛ]ⲁⲃⲱⲕ
ϣⲁ ⲛⲉⲧⲉⲛⲟⲩⲓ̈ ⲛⲉ ⲉⲡⲙⲁ ⲛⲧⲁⲉⲓⲉⲓ ⲙ̄ⲙⲟϥ "j'irai
vers les (réalités) qui (sont) miennes, vers le lieu
où je suis (déjà) allé"); 28,19. 20; 29,2; formes
présuffixales suffixées: sg.2.m. ⲉⲣⲟⲕ 11,22(o);
sg.3.m. ⲉⲣⲟϥ 10,11?(s/); 17,22(s/).
4. "pour" 11,2 (ⲛⲧⲁⲉⲓⲉⲓ ... ⲉⲧⲁⲙⲱⲧⲛ̄ ⲉⲡⲉⲧ-
ϣⲟⲟⲡ "je viens ... pour vous raconter l'Existant"); 23,23; 24,3; 25,14; formes *présuffixales*
suffixées: sg.3.m. ⲉⲣⲟϥ 16,27(ss/).
5. "action seconde" subordonnée 12,21; 17,27;
19,12; 23,22; 27,1.
Formes *présuffixales* (ⲉⲣⲟ⸗) groupées: sg.1. ⲉⲣⲟⲓ̈
10,15? 17; 21,3? 8?; 26,16? (ⲉⲣⲟ[ⲉⲓ]); sg.2.m.
ⲉⲣⲟⲕ 10,4; 11,22; 18,16; 19,12?; 27,22; *idiol.*
ⲉⲣⲁⲕ 10,6; sg.3.m. ⲉⲣⲟϥ 10,10? 11? 14;
16,27; 17,9. 12. 22; 18,13; 25,3; 26,13?; 30,9?
9; pl.3. ⲉⲣⲟⲟⲩ 13,6; 18,4; 21,11; 23,12.
Voir encore les *adv.* ⲉⲃⲟⲗ, ⲉϩⲟⲩⲛ, ⲉϩⲣⲁⲓ̈,
ⲉϩⲏⲧ⸗ (sous ϩⲛ ou ⲉϩⲛ).

ⲉ- *pcl.* du circonstanciel 10,16. 18 (ⲉⲁⲛⲕ ⲟⲩⲙⲉϩ-
ⲥⲛⲁⲩ "étant moi-(même) un (engendré)-
second"); 19,7 (ⲉⲩϭⲁⲃⲓϩⲏⲧ ⲡⲉ "(étant)
pusillanime"); 20,3 (ⲉϩⲛ̄ⲧⲉⲗⲱⲛⲏⲥ ⲛⲉ "(étant)
des péagers"); 26,3; 30,5 (ⲉⲓ̈ⲁⲕⲕⲱⲃ[ⲟⲥ] ⲡⲉ
ⲡⲉϥⲣⲁⲛ "'Jacques (étant) son nom"). 9; voir
encore les préfixes verbaux circonstanciels.

ⲉⲃⲟⲗ *adv.* "dehors, vers l'extérieur (extrême),
jusqu' au bout, complètement" [= **out, forth,**
outward], lcplx. (composé de ⲉ- prép.sns. et
de ⲃⲟⲗ "(l')extérieur", de ⲃⲱⲗ "délier, défaire"),
suivant le plus souvent l'un ou l'autre des verbes
suivants: i = ⲉⲓ, [ⲛⲟⲩ], ⲛⲟⲩϫⲉ, ⲡⲱⲣⲝ̄, u =
ⲟⲩⲱⲛϩ̄, [ϥⲱⲧⲉ], ϫⲱⲕ, c = ϫⲱⲱⲣⲉ, k = ϭⲱⲗⲡ,
et parfois aussi ⲕⲱ: 11,8?(k); 13,20(ⲛⲟⲩϫⲉ);
16,2(k). 4(u). 8(u). 18(u); 17,16?(c);
18,16(ϫⲱⲕ). 21(ⲕⲁⲁ⸗ de ⲕⲱ); 19,18(ⲃⲱⲧⲉ
de ϥⲱⲧⲉ). 23(k); 22,24(k); 23,13?(k). 14(i);
25,27(u). 26,3(u). 15?(i). 20(u); 27,3(ϫⲱⲕ).

4?(ϫⲱⲕ); 28,17(u). 18(ⲡⲱⲣⲝ̄); 29,3?(?). 7(ⲕ). 15
(*idiol.* ⲉⲃⲁⲗ)(?); 30,2(ⲡⲱⲧ). 25(ⲕⲱ).

ⲉⲃⲟⲗ ⲛ̄- *prép.* "hors de" [= **from**], lcplx. (composé de
ⲉⲃⲟⲗ "dehors" et ⲛ̄- prép.rel.gén.), (ou ⲉⲃⲟⲗ
ⲙ- par assimilation, devant ⲡ- le plus souvent,
ⲙ- plus rarement), ⲉⲃⲟⲗ ⲛ̄- 11,24; 28,3; ⲉⲃⲁⲗ
ⲛ̄- *idiol.* 13,2; *présuffixal* (ⲉⲃⲟⲗ ⲙ̄ⲙⲟ⸗) suffixé,
sg.2.m. ⲉⲃⲟⲗ ⲙ̄ⲙⲟⲕ 17,23; 27,15?; sg.3.m.
ⲉⲃⲟⲗ ⲙ̄ⲙⲟϥ 26,15.

ⲉⲃⲟⲗ ⲧⲱⲛⲉ *ad?v.* "(être) d'où?" [= **from where?**],
lcplx. (composé de ⲉⲃⲟⲗ "dehors", et ⲧⲱⲛⲉ
"où?") 20,10? (ⲛ̄ⲧⲕ ⲟⲩⲉⲃⲟ[ⲗ] ⲧⲱⲛⲉ "toi,
d'où es-tu?").

ⲉⲃⲟⲗ ⲟⲩⲃⲉ- *prép.* "en guettant" [= **for, toward**],
lcplx. (composé de ⲉⲃⲟⲗ "dehors", et de ⲟⲩⲃⲉ-
"contre") 17,2 (ⲁϥϭⲱⲙⲛ̄ⲧ ⲉⲃⲟⲗ ⲟⲩⲃⲉ ⲡⲉϥⲉⲓ
"il a guetté sa venue").

ⲉⲃⲟⲗ ϩⲛ̄- *prép.* "hors de, en sortant de" [= **from**],
lcplx. (composé de ⲉⲃⲟⲗ "dehors" et de ϩⲛ̄-
"dans", *présuffixal* ⲉⲃⲟⲗ ⲛ̄ϩⲏⲧ⸗). Ainsi ⲉⲃⲟⲗ
ϩⲛ̄- 11,1 (ⲁⲛⲟⲕ ⲇⲉ ⲛ̄ⲧⲁⲉⲓⲉⲓ ⲉⲃⲟⲗ ϩⲛ ⲑⲓⲕⲱⲛ
ⲙ̄ⲡⲉⲧϣⲟⲟⲡ "or moi, je suis issu de l'image de
l'Existant"); 12,23. 25; 19,20; 20,1 (ⲉⲃⲟⲗ ⲇⲉ
ϩⲛ̄-); 23,14?; 24,14. 15?; 29,11; 30,5; ⲉⲃⲟⲗ
ϩⲛ̄- 10,13. 18?; 20,20; 24,22; *présuffixal* (ⲉⲃⲟⲗ
ⲛ̄ϩⲏⲧ⸗) suffixé, sg.3.m. ⲉⲃⲟⲗ ⲛ̄ϩⲏⲧϥ̄ 24,4;
sg.3.f. ⲉⲃⲟⲗ ⲛ̄ϩⲏⲧⲥ̄ 24,18; pl.3. ⲉⲃⲟⲗ ⲛ̄ϩⲏⲧⲟⲩ
20,8?; 29,23?

ⲉⲃⲟⲗ ϩⲓⲧⲛ̄- *prép.* "par (le moyen de)" [= **through, by,**
from], lcplx. (composé de ⲉⲃⲟⲗ "dehors"
et de ϩⲓⲧⲛ̄- "par") 20,12?; 25,10?; 28,24;
présuffixal (ⲉⲃⲟⲗ ϩⲓⲧⲟⲟⲧ⸗) suffixé, sg.3.m.
ⲉⲃⲟⲗ ϩⲓⲧⲟⲟⲧϥ̄ 25,6; sg.3.f. *idiol.* ⲉⲃⲁⲗ
ϩⲓⲧⲟⲟⲧⲥ̄ 23,7; pl.3. ⲉⲃⲟⲗ ϩⲓ̄ⲧⲟⲟⲧⲟⲩ 15,8?;
21,19; 25,11?

ⲉⲃⲟⲗ ϩⲏⲧϥ̄ ⲛ̄- *prép.* "(dans le guet de l'attente)
de" [= **for, toward**], lcplx. (composé de ⲉⲃⲟⲗ
"dehors", ϩⲏⲧ⸗ de ϩⲛ ou ⲉϩⲛ "partie antérieure",
et ⲛ̄- de ⲛ̄- prép.rel.gén.) 17,5.

ⲉⲃⲟⲗ ϫⲉ *conj.* "parce que" [= **because**], lcplx.
(composé de ⲉⲃⲟⲗ "dehors" et de ϫⲉ conj.
"que" cause) 27,2.

ⲉⲡⲙⲁ ⲛ̄- *adv.* "à la place de" [= **instead of, in the**
place of], lcplx. (composé de ⲉ- prép.sns. et ⲙⲁ
"lieu") 29,27(→ ϣⲩⲃⲓⲱ de ϣⲓⲃⲉ).

prV. présent I circ. sg.3.f. et ϣⲱⲡⲉ "devenir, exister, être") 13,17 (ⲉϣⲱⲡⲉ ⲇⲉ [ⲉⲕϣⲁⲛ]-ⲟⲩⲱϣⲉ ⲕⲛⲁⲟⲡⲟⲩ "si [tu (le)] veux, tu les compteras").

ⲉϣⲝⲉ conj. "si" [= **if**] 14,19 (→ ⲡⲟⲥⲱ ⲙⲁⲗⲗⲟⲛ); 22,1 (ⲉϣⲝⲉ … ϩⲓⲉ "si … , alors").

ⲉϣⲝⲡⲉ conj. "si" [= **if**] 11,18; 13,1 (ⲉϣⲝⲡⲉ ⲟⲩⲛ ϭⲉ "si donc").

ⲉϩⲏ n.f., ⲉϩⲧ⸗, voir ϩⲏ, ϩⲏⲧ⸗ "partie antérieure".

ⲉϩⲛⲁ⸗ sfsj. "désirer, (faire) volontiers" [= **willing**] pl.3. ⲉϩⲛⲁⲩ 17,12.

ⲉϩⲟⲩ̄ⲛ adv. "dedans" [= **to the inside, in**], lcplx. (composé de ⲉ- prép.sns. et ϩⲟⲩⲛ "(l')intérieur") 11,15; 14,9?; 26,13 (… ⲁⲗⲗⲁ̄ⲱ̄ⲛ ⲁⲉⲓⲃⲱⲕ ⲉϩⲟⲩ̄ⲛ ϣⲁⲣⲟϥ "Addôn … je suis entré chez lui …"); voir aussi ⲉϩⲟ[ⲩ]ⲛ ⲉ-, ⲉϩⲟⲩ̄ⲛ ϩⲛ̄- "dedans".

ⲉϩⲟ[ⲩ]ⲛ ⲉ- prép. "en pénétrant dans" [= **to the inside, into**], lcplx. (composé de ⲉϩⲟⲩⲛ "dedans" et de ⲉ- "vers") 16,13?

ⲉϩⲟⲩ̄ⲛ ϩⲛ̄- prép. "dedans, en entrant dans" [= **to the inside, in**], lcplx. (composé de ⲉϩⲟⲩⲛ "dedans" et de ϩⲛ̄- "dans") 26,6 (ⲉϣⲁⲩⲛ̄ⲧⲟⲩ ⲉϩⲟⲩ̄ⲛ ϩⲛ̄ ⲧⲉ[ⲓ]ⲅ[ⲣⲁ]ⲫⲏ "(ceux) qu'on a fait entrer dans cette É[cri]ture").

[ⲉϩⲣⲁⲓ̈] adv. "vers le haut, en montant" [= **to the upper, upward, up**], lcplx. (composé de ⲉ- prép. sns. et ϩⲣⲁⲓ̈ n.m. "partie supérieure")

ⲉϩⲣⲁⲓ̈ adv. "vers le bas, en descendant" [= **to the lower, down**], lcplx. (composé de ⲉ- prép.sns. et ϩⲣⲁⲓ̈ n.m. "partie inférieure") 19,14 (→ ⲕⲏ† de ⲕⲱ); idiol. ⲉϩⲣⲏⲓ̈ 18,12? (idem); 19,4? (→ ⲕⲓⲙ). 9? (ϩⲙⲟⲟⲥⲧ de ϩⲙⲟⲟⲥ); 21,6 (5-7 ⲁ̄ⲭⲁⲙⲱ̄ⲑ̄ … ⲁⲥⲉⲓⲛⲉ ⲇⲉ ⲉϩⲣⲏⲓ̈ᵗⁱᶜ ⲙ̄ⲡⲅⲉⲛⲟⲥ ⲉⲧϣⲟⲟⲡ ϫⲛ̄ ⲛ̄ϣⲟⲣ[ⲡ] "Akhamôth … a dégradé la race existante depuis les débuts"); 23,23 (ϩⲙⲟⲟⲥⲧ de ϩⲙⲟⲟⲥ et → ⲧⲟⲗⲙⲁ).

ⲉϩⲧ⸗ adv. "devant (par crainte)" [= **in front of**], voir ϩⲏ ou ⲉϩⲏ "partie antérieure".

ⲉϫⲛ̄- prép. "sur" [= **upon**], lcplx. (de ⲉϫ(ⲱⲝ) ⲛ̄, composé de ⲉ- prép.sns. et ϫⲱⲝ, ϫⲱ⸗ n.m. "tête" et ⲛ- prép.rel.gén.) 12,12?; 21,21; présuffixal (ⲉϫⲱ⸗) suffixé, sg.2.m. ⲉϫⲱⲕ 19,4? (ⲉϩⲣⲏⲓ̈ᵗⁱᶜ ⲉϫⲱⲕ "contre toi").

[ⲏⲡⲉ] n.f. "nombre" [= **number**], voir ⲁⲧⲏⲡⲉ n.m. "Innombrable".

ⲏⲡⲥ n.f. "nombre" [= **number**], 12,25 (→ ⲁⲧⲏⲡⲉ); 13,2; 14,8 (→ ⲡⲱⲥ).

[ⲏⲣ] n.m. "compagnon" [= **companion**], pl. ⲉⲣⲏⲩ, voir ⲙⲛ̄ ⲛⲉⲩⲉⲣⲏⲩ.

ⲉⲓ v/n.m. "aller, venir, venue" [= **come**] 11,3; 14,21. 24 (→ ⲡ̄ ⲡⲙⲉⲟⲩⲉ); 15,2. 4; 16,15?; 17,2. 5 (1-5 ⲁϥⲗⲩⲡⲉⲓ ⲙ̄ⲡϣⲁ ⲁⲩⲱ ⲁϥⲥⲱⲙⲛ̄ⲧ̄ ⲉⲃⲟⲗ ⲟⲩⲃⲉ ⲡⲉϥⲉⲓ ⲙⲟⲛⲟⲛ ⲇⲉ ⲡⲁⲓ̈ ⲙ̄[ⲁ]ⲟⲩⲁⲁϥ ⲡⲉⲧⲉⲟⲩⲛⲧⲁϥⲥ̄ ⲙ̄ⲙⲁ[ⲩ ⲉ]ⲥⲟⲗⲥ̄ⲗ̄ ⲛ̄ϩⲏⲧϥ̄ ⲉⲧⲉ ⲡⲥⲱⲙⲛ̄ⲧ̄ ⲉⲃⲟⲗ ϩⲛ̄ⲧϥ̄ ⲙ̄ⲡⲉϥⲉⲓ "il (en) a été très triste, et (dès lors) il a guetté sa venue; et (c'était) seulement cela qu'il avait-là pour se consoler: le guet (de l'attente) de sa venue"); 20,19 (ⲛ̄ⲧⲁⲕⲉⲓ ⲧⲱⲛⲉ "(d')où es-tu venu?"). 22? (ⲉⲧⲃⲉ ⲟⲩ ⲁⲕⲉⲓ "pour quoi es-tu venu?"). 23. 25 (ⲛ̄ⲧⲁⲕⲉⲓ ϭⲉ ⲛ̄ⲥⲁ ⲟⲩ "à la recherche de quoi es-tu venu?"); 21,18. 21; 25,26; 27,3; voir aussi ⲉⲓ ⲉⲃⲟⲗ "sortir".

ⲉⲓ ⲉⲃⲟⲗ (v'n)/adv. "sortir" [= **come from**], lcplx. (composé de ⲉⲓ "aller, venir", et ⲉⲃⲟⲗ "dehors") 11,1; 12,23. 25; 23,14 (→ ⲟⲧⲁⲛ); 26,15?; voir ⲉⲓ "aller, venir".

ⲉ[ⲓ] ⲉⲃⲟⲗ ϩⲛ̄- (v'n)/prép. "sortir" [= **come from**], lcplx. (composé de ⲉⲓ "aller, venir", et ⲉⲃⲟⲗ ϩⲛ̄- "hors de, en sortant de") 30,4?

[ⲉⲓⲙⲉ] voir ⲙ̄ⲙⲉ v/{n.m.} "savoir".

ⲉⲓⲛⲉ v/{n.m.} "amener" [= **bring**] 30,7 (→ ⲕⲣⲓⲧⲏⲥ); ⲉⲓⲛⲉ … ⲉϩⲣⲏⲓ̈ (idiol.) "conduire en bas, dégrader" 21,6; présuffixal (ⲛⲧ⸗) suffixé, pl.3. ⲛ̄ⲧⲟⲩ 12,8?; 26,6 (→ ⲉϩⲟⲩ̄ⲛ ϩⲛ̄-).

ⲉⲓⲣⲉ v/{n.m.} "faire, être, devenir" [= **act, do, perform, be**] 15,19 (→ ϩⲟⲧⲉ); 16,25 (→ ⲥⲡⲟⲩⲇⲁⲍⲉ); atone ⲡ̄- (sigles: r devant un verbe grécopte, ° devant ⲟⲩ "quoi") 12,24r. 26r; 14,18. 24; 15,5. 18r; 16,4r. 14r. 23r. 24r; 17,8r; 18,11; 19,16; 21,12; 22,4r. 16r; 23,4r; 24,6r. 8. 11r. 23r; 25,4r. 15r. 19r. 20r. 22r. 26r; 27,4r. 18r. 24r. 27r; 28,2r. 5r; 29,22r; 30,1r. 13. 19. 26°; présuffixal (ⲁⲁ⸗) suffixé, sg.3.m. ⲁⲁϥ 11,19 ([ⲁ]ⲛⲟⲕ ⲟⲩ ⲡⲉ†ⲛⲁⲁⲁϥ "moi, que ferai-je?"); pl.3. ⲁⲁⲩ 18,3; qualitatif ⲟ† "être" 10,5. 17; 14,4 (ⲛⲉⲧⲟ ⲛⲁⲕ ⲧⲏⲣⲟⲩ "toutes ces (réalités) qui (sont) à toi"); 15,11; 18,18; 22,13 (→ ⲛⲁⲟⲩ); 24,13; 26,14 (→ ⲛ̄ⲧⲟϥ); 27,13 (→ ⲁⲣⲅⲟⲛ); 28,16; 29,8 (→ ϣⲙ̄ⲙⲟ); 30,14?; idiol. ⲁⲓ̈† 22,1. 11; (v!) idiol. ⲉⲣⲓ- 16,22.

ⲉⲓⲥ *interj.* "voici" [= **look, behold**]; ⲉⲓⲥ ϩⲏⲏⲧⲉ 22,23; ⲉⲓⲥ ϩⲏⲧⲉ 11,8; 15,22 (→ ⲕⲗⲏⲣⲟⲥ); 17,15?; 19,22 (→ ⲧⲉⲛⲟⲩ); 29,6?; ⲉⲓⲥ ϩⲏⲧⲉ ⲉⲓⲥ 17,7 (→ ⲇⲓⲁⲕⲟⲛⲉⲓ).

ⲉⲓⲥ ϩⲏ(ⲏ)ⲧⲉ ⲉⲓⲥ voir ⲉⲓⲥ etc. "voici".

ⲓⲱⲧ *n.m.* "père, Père" [= **father**] 20,13 ([ⲁ]ⲛⲟⲕ ⲡⲉ ⲡϣⲏⲣⲉ ⲁⲩⲱ ⲉⲃⲟ[ⲗ ϩⲓ]ⲧⲛ̄ ⲡⲓⲱⲧ "je suis le Fils, et (je le suis) par le Père"). 15 (→ ⲁⲱ). 16; 22,6?; 28,6? (→ ⲡⲣⲟⲛⲟⲓⲁ); ⲉⲓⲱⲧ 30,24? (→ ⲕⲱ).

ⲕⲉ- *adj/n.m.f.* "autre, (aussi)" [= **other**] 27,25 (ⲡⲉⲉⲓⲕⲉⲟⲩⲁ "cet autre", voir ⲟⲩⲁ "un"); 28, 24?; 29,13 (ⲡⲕⲉⲥⲉⲉⲡⲉ "le reste (aussi)"). 24 (ⲡⲕⲉⲥⲉⲉⲡⲉ). 27 (ⲁⲩⲁⲙⲁϩⲧⲉ ⲛ̄ⲓⲁⲕⲕⲱ[ⲃⲟⲥ ⲛⲧ̄]ϣⲉⲃⲓⲱ ⲉⲡⲙⲁ ⲛⲕⲉⲣⲱⲙⲉ "ils ont arrêté Jacques [à la] place d'un autre homme"); 30,4? (ⲕⲁ[ⲓ]ⲟⲩⲁ "(un) autre", voir ⲟⲩⲁ "un"). 10? (ⲡⲕⲉⲥⲉⲉⲡⲉ "le reste"); pl. ⲕⲉⲕⲟⲟⲩⲉ 27,9 (→ ⲡⲁⲣⲁ).

ⲕⲟⲩⲓ̈ *adj.* "petit, jeune" [= **little**] 24,8 (ⲉⲣ[ⲉ]ϣⲁⲛ-ⲡⲉϥϣⲏⲣⲉ ⲕⲟⲩⲓ̈ ⲣ̄ ⲛ̄[ⲟϭ] "lorsque son petit enfant aura [grandi]"). 13 (ⲉϥⲟ ⲛϣⲏⲣⲉ ⲕⲟⲩⲓ̈ "pendant qu'il sera (encore un) petit enfant"). 23 (→ ⲁⲩⲝⲁⲛⲉ).

ⲕⲱ *v/n.m.* "(dé)laisser, mettre" [= **place, set down**] 17,20 (→ ⲡⲣⲟⲥⲉⲩⲭⲏ); 18,23 (idem); 24,1 (→ ⲭⲱⲛⲉ); 27,7; 30,25 (ⲕⲱ ⲛⲁⲩ ⲉⲃⲟⲗ ⲛⲥ[ⲉⲥⲟⲟⲩ]ⲛⲉ ⲅⲁⲣ ⟨ⲁⲛ⟩ ϫⲉ ⲉⲩⲣ ⲟⲩ "pardonne-leur, car ils ne [connais]sent ⟨pas⟩ ce qu'ils font!"); *atone* ⲕⲁ-, voir ⲕⲁ ⲣⲱϥ "se taire"; *présuffixal* (ⲕⲁⲁϥ) suffixé, sg.2.m. ⲕⲁⲁⲕ 18,21; sg.3.m. ⲕ[ⲁⲁϥ] 30,9?; pl.3. ⲕⲁⲁⲩ 24,24; *qualitatif* ⲕⲏ† "être (fondé etc.)" 18,12 (ⲕⲏ ⲉϩⲣⲏⲓ̈ⁱᶜ); 19,14 (ⲕⲏ … ⲉϩⲣⲁⲓ̈).

ⲕⲃⲁ *n.m.* "vengeance" [= **vengeance**] 15,7 (2–7 ⲁⲕⲉⲓ ⲅⲁⲣ ⲉⲧⲙⲛ̄ⲧⲁⲧⲥⲟⲟⲩⲛⲉ ⲁⲩⲱ [ⲙ̄]ⲡⲕⲧⲱⲗⲙ̄ ⲗⲁⲟⲩⲉ ϩ̄ⲣⲏⲓ̈ ⲛ̄ϩⲏⲧⲥ ⲁⲕⲉⲓ ⲉⲧⲃ̄ϣⲉ ⲁⲩⲱ ⲡ̄ⲣ ⲡⲙⲉⲟⲩⲉ ⲛ̄ϩⲏⲧⲕ̄ ⲁⲕⲙⲟϣⲉ ϩ̄ⲙ ⲡⲟⲙⲉ ⲙ̄ⲡⲕⲧⲱⲗⲙ̄ ⲙ̄ⲡⲟⲩⲧⲁϩⲟ ⲙ̄ⲡⲉⲕⲕⲃⲁ "car tu es venu vers l'Ignorance, et tu ne t'y es aucu-nement sali; tu es venu vers l'Oubli-Léthargie, et la Réminiscence (était) en toi; tu as marché dans la boue, (et) tu ne t'(y) es pas sali, les (impuretés) n'ont pas suscité ta vengeance (?)"); voir l'*Étude dialectale*.

ⲕⲓⲙ *v/{n.m.}* "(mettre en) mouvement, (faire) bouger, ébranler" [= **move, stir up**] 19,3 (ⲁϥⲕⲓⲙ ⲙ̄ⲡⲉϥϭⲱⲛⲧ ⲉϩⲣⲏⲓ̈ⁱᶜ ⲉϫⲱⲕ ⲙⲛ̄ ⲧⲉϥⲟⲣⲅⲏ "il a (mis en) mouvement sa fureur contre toi et (aussi) sa colère").

ⲕⲁ ⲣⲱ⸗ *(v/n)/n.m.* "se taire" [**be quiet, silent**], lcplx. (composé de ⲕⲁ- de ⲕⲱ "mettre", et ⲣⲱ⸗ de [ⲣⲟ] "bouche"), *présuffixal* (ⲕⲁ ⲣⲱ⸗) suffixé, sg.2.m. ⲕⲁ ⲣⲱⲕ 23,12 (ⲁⲩⲱ ⲛ̄ⲕⲕⲁ ⲣⲱⲕ ⲉⲣⲟⲟⲩ "et tu te tairas à leur sujet").

ⲕⲁϩ *n.m.* "terre" [= **earth**] 15,25 (→ ⲕⲁⲧⲁ); 26,11 (→ ⲭⲱⲱⲃⲉ); 30,12?; *idiol.* ⲕⲁϩⲓ 25,2; ⲕⲉϩⲓ 23,16 (ⲁⲩⲱ ⲛ̄ⲧ[ⲉ]ⲩⲛⲟⲩ ϥⲛⲁⲙⲓϣⲉ ⲛ̄ϭⲓ ⲡⲕⲉϩⲓ "et aussitôt, (toute) la terre se mettra à combattre"); 24,11 (ⲕⲉϩⲓ̄) (→ ⲡⲟⲗⲉⲙⲉⲓ).

ⲕⲱϩ *v/{n.m.}* "être jaloux, envieux, jalousie" [= **be jealous**] 27,22 (ⲛ̄ⲕⲛⲁⲩ ⲙⲏⲡⲱⲥ ⲛ̄ⲥⲉⲕⲱϩ ⲉⲣⲟⲕ "(et) prends garde que (tes adversaires) ne soient pas jaloux de toi").

ⲗⲁⲟⲩⲉ *pron.* "quelque chose, quelqu'un" [= **any**]; nég. "rien, aucun" 10,8 (→ ⲉⲓⲙⲏⲧⲓ); 15,3. 21 (→ ⲉⲓⲙⲏⲧⲓ); 18,9? (→ ϩⲓⲥⲉ). 11 (→ ⲗⲁⲟⲥ); 19,16? (ⲙ̄ⲡⲣ̄ⲣ̄ ϩⲟⲧⲉ ⲗⲁⲟⲩ ˢⁱᶜ "n'aie peur de rien!"); 27,17? (→ ⲁⲣⲭⲱⲛ); 28,27 (→ ⲥϣⲉ); ⲗⲁⲩⲉ 28,24?.

ⲙⲁ *n.m.* "lieu, endroit" [= **place**] 12,2 (Jérusalem est un ⲙⲁ ⲛ̄ⲟⲩⲱϩ ⲛ̄ϩⲁϩ ⲛ̄ⲁⲣⲭⲱⲛ "… le lieu de rési-dence de nombreux archontes"). 21; 15,14 (ϩ̄ⲛ ⲡⲉⲉⲓⲙⲁ "en ce lieu, ici"); 16,9 (ⲙ̄ⲡⲉⲉⲓⲙⲁ "en ce lieu, ici"); 20,3 (ⲟⲩⲛ- de [ⲟⲩⲟⲛ]); 21,18. 23; 26,21. 22; 28,8 ([ϩ]ⲙ̄ ⲙⲁ ⲛⲓⲙ "en tous lieux"); 29,2. 27 (ⲉⲡⲙⲁ ⲛ̄- "au lieu de") (→ ϣⲃⲓⲱ "échange").

ⲙⲉ *n.f.* "vérité-justice" [= **truth**] 28,18 (ⲧϭⲟⲙ ⲙ̄ⲙⲉ "la puissance véritable"). 20 (ⲫⲱⲃ ⲙ̄ⲙⲉ "la pratique véritable"), à corriger en ⲫⲱⲃ ⟨ⲛ̄ⲥϩⲓ⟩ⲙⲉ "la pratique feminine" (?).

[ⲙⲉ] *v/{n.m.}* "aimer" [= **love**]; p.c. ⲙⲁⲓ̈-, voir sous ⲙⲁⲓ̈ϩⲓⲥⲉ "aimant le travail pénible, laborieux".

ⲙ̄ⲙⲉ *v/{n.m.}* "savoir" [= **know, understand**] 11,6 (ϫⲉⲕⲁⲁⲥ ⲉⲣⲉ ⲛ̄ϣⲏⲣⲉ ⲙⲡⲉⲧϣⲟⲟⲡ ⲉⲩⲛⲁⲙ̄ⲙⲉ ⲉⲛⲟⲩⲟⲩ "afin que les Fils-de-l'Existant sachent quels sont leurs (attributs)"); 12,5 (ⲡⲉⲕⲥⲟⲟⲩⲛⲉ ⲡⲉ ⲙ̄ⲙⲉ ϫⲉ ϩ[ⲛ̄] ⲁϣ ⲛ̄ϩⲉ ⲛⲉ "ta Science (est) de savoir de quelle sorte ils (sont)").

ⲘⲘⲈ *adj.* "véritable, authentique" [= **true**], voir ⲘⲈ "vérité-justice".

ⲘⲘⲞ⸗ forme *présuffixale* de ⲛ̄- *prép.rel.* (en usage d'acc. surtout, de gén. beaucoup plus rarement).

ⲘⲘⲞⲒ̈ sg.1. "me, moi", voir ⲛ̄- *prép.rel.* acc.

ⲘⲘⲞⲔ sg.2.m. "te, toi", voir ⲛ̄- *prép.rel.* acc.

ⲘⲘⲒⲚ *pcl.* dans ⲘⲘⲒⲚ ⲘⲘⲞ⸗ ou ⲘⲘⲒⲚ ⲘⲞ⸗ "(soi)-même" [= **own, proper, self**], *présuffixal* (ⲘⲘⲒⲚ ⲘⲘⲞ⸗) suffixé, sg.2.m. ⲘⲘⲒⲚ ⲘⲘⲞⲔ 27,14?; sg.3.m. ⲘⲘⲒⲚ ⲘⲞⲩ 26,18; sg.3.f. ⲘⲘⲒⲚ ⲘⲞⲥ 22,2.

ⲘⲘⲞⲤ (*idiol.* ⲘⲘⲀⲤ) sg.3.f. "la, elle, cela", voir ⲛ̄- *prép.rel.* acc.

ⲘⲘⲱⲧⲛ̄ pl.2. "vous", voir ⲛ̄- *prép.rel.* acc.

ⲘⲘⲀⲨ *adv.* "là" [= **(the place) there**], lcplx. (composé de ⲛ̄- prép.rel. instrumentale et ⲘⲀⲨ n.m. "(le) lieu (qui est) là") 17,4? (→ ⲘⲞⲚⲞⲚ). 13; **23**,27 (ⲞⲨⲚⲧⲉⲩⲅⲓⲥ Ⲇⲉ ⲘⲘⲀⲨ Ⲙⲡⲉⲩⲧⲟⲛⲧⲛ̄ "or il a là son similaire"); **25**,2 (ⲛ̄ⲧⲟⲩ Ⲇⲉ ⲉⲛⲅ̄ⲘⲘⲀⲨ ⲀⲚ "lui cependant n'étant pas là"); **26**,3?; **27**,8; voir aussi ⲉⲧⲘⲘⲀⲨ "(qui est) là, -là").

ⲘⲘⲀⲨ (*idiol.*), voir ⲘⲘⲞⲞⲨ, voir ⲛ̄- *prép.rel.* acc.

ⲘⲘⲞⲞⲨ pl.3. "les", voir ⲛ̄- *prép.rel.* acc.

ⲘⲘⲞⲩ sg.3.m. "le, lui", voir ⲛ̄- *prép.rel.* acc.

ⲘⲘⲀⲒ̈ϨⲒⲤⲉ voir ⲘⲀⲒ̈ϨⲒⲤⲉ "aimant le travail pénible, laborieux".

Ⲙⲛ̄- *prép.* "avec", ou *conj.* "et" [= **with, and**]; catégorie "avec" *présuffixal*, ⲚⲘⲘⲀ⸗ (ou ⲚⲉⲘⲀ⸗). Ainsi Ⲙⲛ̄- "avec" 17,11; 27,7 (→ Ⲙⲛ̄ ⲚⲉⲨⲉⲣⲏⲨ "ensemble"); Ⲙⲛ̄- catégorie "et" 10,24 ⟨Ϩⲛ̄ⲥ[ⲞⲘ] Ⲙⲛ̄ Ϩⲛ̄ⲚⲞⲨⲧⲉ "des Puis[ances] et des Dieux"); **19**,5; **25**,24; **27**,26; **29**,5. 5; **30**,10; *présuffixal* (ⲚⲘⲘⲀ⸗ ou ⲚⲉⲘⲀ⸗) suffixé, sg.1. ⲚⲉⲘⲀⲒ̈ **12**,9; sg.2.m. ⲚⲘⲘⲀⲔ **14**,19?; ⲚⲉⲘⲀⲔ **17**,27 (→ ⲞⲨⲱϣⲉ); sg.3.f. ⲚⲘⲘⲀⲤ **21**,14.

Ⲙⲛ̄ *v.* d'inexistence "il n'y a pas" [= **there is not (or no)**] (opposé à ⲞⲨⲚ- "il y a") **10**,8 (→ ⲉⲒⲘⲏⲧⲒ); **24**,13 (Ⲙⲛ̄ ⲞⲨϣⲀϫⲉ ⲚⲏⲨ ⲉⲂⲞⲗ ϨⲚ̄ Ⲛⲉⲩⲥⲡⲟⲧⲟⲩ "aucune Parole ne sortira de ses lèvres"); **30**,9?; voir aussi Ⲙⲛ̄ ϣ ϬⲞⲘ.

Ⲙⲛ̄ⲚⲤⲀ- *prép.* "après" [= **after**], lcplx. (composé de Ⲙⲛ̄- "avec" et ⲛ̄ⲤⲀ- "après, derrière") **16**,4 (Ⲙⲛ̄ⲚⲤⲀ ⲛ̄ⲤⲞⲨⲣⲅⲓⲥ ⲕⲣ[ⲓ]Ⲛⲉ ⲘⲘⲞⲔ "après qu'on t'ait condamné"); **29**,25; voir aussi Ⲙⲛ̄ⲚⲤⲀ ⲚⲀⲒ̈ "après cela, ensuite"; et ⲛ̄ⲤⲀ- "après, derrière".

Ⲙⲛ̄ⲚⲤⲀ ⲚⲀⲒ̈ *adv.* "ensuite, après ces choses" [= **after**

that], lcplx. (composé de Ⲙⲛ̄ⲚⲤⲀ- "après" et de ⲚⲀⲒ̈ "ces choses") **16**,1. 3. 7?

Ⲙⲛ̄ ⲚⲉⲨⲉⲣⲏⲨ *adv.* "ensemble" [= **together**], lcplx. (composé de Ⲙⲛ̄- "avec", Ⲛⲉⲩ⸗ "leurs" et ⲉⲣⲏⲨ pl. de [ⲏⲣ] "compagnon(s)") **27**,7 ([ⲉ]ⲩⲕⲱ ⲘⲘⲞⲞⲨ Ⲙⲛ̄ ⲚⲉⲩⲉⲣⲏⲨ "les mettant ensemble").

Ⲙⲛ̄ⲧ- *préf.abstr.* produisant un lexème composite de genre féminin, p.ex. ⲤⲀⲂⲉ "sage", Ⲙⲛ̄ⲧⲤⲀⲂⲉ "sagesse"; voir Ⲙⲛ̄ⲧⲂⲗ̄ⲗⲉ "cécité, aveuglement", Ⲙⲛ̄ⲧⲤϨⲒⲘⲉ "féminité", ⲙ[ⲛ̄ⲧⲀⲧⲛ]ⲀϨ[ⲧⲉ] "incroyance", Ⲙⲛ̄ⲧⲀⲧⲤⲟⲟⲨⲚⲉ "ignorance", Ⲙⲛ̄ⲧⲀⲧ-ϫⲱϨⲙ̄ "pureté", Ⲙⲛ̄ⲧϣⲀⲛϨ̄ⲧⲏⲩ "compassion".

Ⲙⲛ̄ⲧ- nom du nombre "dix" [= **ten**], *atone* devant une unité, p. ex. [ⲙⲏⲧ] "dix" et ⲤⲚⲀⲨ "deux", mais p.ex. Ⲙⲛ̄ⲧ[ⲓ̄ⲃ] pour [Ⲙⲛ̄ⲧⲤⲚⲞⲞⲨⲤ] "douze".

Ⲙⲛ̄ⲧ[ⲓ̄ⲃ] (reconstitution partielle) *n.* nom du nombre "douze" [= **twelve**], lcplx. hybride (combinaison du nombre Ⲙⲛ̄ⲧ-, *atone* de [Ⲙⲏⲧ] "dix" et du chiffre [ⲓ̄ⲃ] "douze", voir Ⲙⲛ̄ⲧⲤⲚⲞ[ⲞⲨⲤ].

Ⲙⲛ̄ⲧⲂⲗ̄ⲗⲉ *abstr. n.f.* "cécité, aveuglement" [= **blindness**], lcplx. (composé de Ⲙⲛ̄ⲧ- préf. abstr. et [ⲃⲗ̄ⲗⲉ] n.m. "aveugle") **13**,21 (ⲛ̄ⲧⲘⲛ̄ⲧⲂⲗ̄ⲗⲉ ⲉⲧϨⲛ̄ ⲡⲉⲕϨⲏⲧ " l'aveuglement qui (est) dans ton coeur"); **28**,3 (Ⲁⲩ[ⲧ]ⲟⲩϫⲟ [ⲉ]ⲂⲞⲗ ⲛ̄ⲧⲙ̄[ⲛ]ⲧⲂⲗ̄ⲗⲉ ⲉⲧϨⲛ̄ [ⲡ]ⲉⲩϨⲏⲧ "elles ont été guéries de l'aveuglement qui (était) dans leur coeur").

Ⲙⲛ̄ⲧⲓ̄ⲍ *n.* nom du nombre "dix-sept" [= **seventeen**], lcplx. hybride (combinaison du nombre Ⲙⲛ̄ⲧ-, *atone* de [Ⲙⲏⲧ] "dix" et du chiffre ⲓ̄ⲍ "dix-sept") **24**,26 (ϣⲀⲛⲧⲉⲩϣⲱⲡⲉ Ϩⲛ̄ ⲡϣⲒⲃⲉ ⲙⲘⲛ̄ⲧⲓ̄ⲍ ⲛ̄ⲣⲟⲙⲡⲉ "jusqu'à ce qu'il atteigne (son) passage à la dix-septième année").

[Ⲙⲛ̄]ⲧⲀⲡⲒⲤⲧⲟⲤ *abstr. n.f.* "incroyance" [= **unbelief**], lcplx. (composé de Ⲙⲛ̄ⲧ- préf.abstr., et ⲀⲡⲒⲤⲧⲟⲤ "incroyant") **29**,19?

ⲙ[ⲛ̄ⲧ]ⲤⲀⲂⲉ *abstr. n.f.* "sagesse" [= **counsel**], lcplx. (composé de Ⲙⲛ̄ⲧ- préf.abstr., et ⲤⲀⲂⲉ "sage") **26**,8?

Ⲙⲛ̄ⲧⲤⲚⲞ[ⲞⲨⲤ] *n.* nom du nombre "douze" [= **twelve**], lcplx. (composé de ⲙ[ⲛ̄ⲧ]- *atone* de [Ⲙⲏⲧ] "dix" et ⲤⲚⲞ[ⲞⲨⲤ] de ⲤⲚⲀⲨ "deux") **29**,18?; *idiol.* Ⲙⲛ̄ⲧⲤⲚⲀⲞⲨⲤ **23**,1? (ⲡⲘⲛ̄ⲧⲤⲚⲀⲞⲨⲤ ⲘⲘⲀⲑⲏⲧⲏⲤ "les douze disciples"), et probablement Ⲙⲛ̄ⲧ[ⲓ̄ⲃ] **12**,15?

ⲘⲚⲦⲤϨⲒⲘⲈ *abstr. n.f.* "féminité" [= **femaleness**], lcplx. (composé de ⲘⲚⲦ- préf.abstr., et ⲤϨⲒⲘⲈ "feme(lle)") **10**,20. 21 (ⲦⲘⲚⲦⲤϨⲒⲘⲈ ⲚⲈⲤϢⲞⲞⲠ [ⲠⲈ] ⲀⲖⲖⲀ ⲚⲈⲤϢⲞⲞⲠ ⲀⲚ ⲬⲚ ⲚϢⲞⲢⲠ̄ "la féminité existait (jadis, oui), mais (pourtant) elle n'existait pas depuis les (vrais) débuts"). 26 (ⲦⲘⲚⲦⲤϨⲒⲘⲈ ϨⲰⲰⲤ ⲤϢⲞⲞⲠ ⲘⲈⲚ ⲀⲖⲖⲀ ⲬⲚ ⲚϢⲞⲢⲠ̄ ⲀⲚ "la féminité elle-même (nous pré-) existe (aussi) d'une part, mais pas depuis les (vrais) débuts").

Ⲙ̣[Ⲛ̄ⲦⲀⲦⲚ]ⲀϨ[ⲦⲈ] *abstr. n.f.* "incroyance" [= **unbelief**], lcplx. (composé de ⲘⲚⲦ- préf. abstr., ⲀⲦ- "sans" et ⲚⲀϨⲦⲈ "croyance") **16**,10? ([ⲀⲖ]ⲗ̣[ⲁ] ⲈⲦⲂⲈ ⲦⲘ̣[Ⲛ̄ⲦⲀⲦⲚ]ⲁ̣ϩ[ⲦⲈ] Ⲛ̄ⲢⲢⲰⲘⲈ "mais à cause de l'incroyance des hommes").

ⲘⲚ̄ⲦⲀⲦⲤⲞⲞⲨⲚⲈ *abstr. n.f.* "ignorance" [= **ignorance**], lcplx. (composé de ⲘⲚⲦ- préf.abstr., ⲀⲦ- "sans" et ⲤⲞⲞⲨⲚⲈ "science, gnose, connaissance, connaître") **14**,23 (→ ⲢⲀⲂⲂⲈⲒ); **15**,2 (ⲀⲔⲈⲒ ⲄⲀⲢ ⲈⲦⲘⲚ̄ⲦⲀⲦⲤⲞⲞⲨⲚⲈ ⲀⲨⲰ [Ⲙ̄]ⲠⲔⲦⲰⲖⲘ̄ ⲖⲀⲞⲨⲈ Ϩ̄Ⲣⲏ̣Ⲓ̄ Ⲛ̄ϨⲎⲦⲤ "tu es venu vers l'ignorance et tu ne t'y es aucunement sali"); **27**,20 (ⲚⲞⲨϪⲈ ⲘⲘⲞⲔ Ⲙ̄ⲘⲚ̄ⲦⲀⲦⲤⲞⲞⲨⲚⲈ ⲚⲒⲘ "(re)jette-toi (hors) de toute ignorance").

ⲘⲚ̄ⲦⲀⲦϪⲰϨⲘ̄ *abstr.n.f.* "pureté" [= **purity, what is undefiled**], lcplx. (composé de ⲘⲚⲦ- préf.abstr., ⲀⲦ- "sans" et ϪⲰϨⲘ̄ "souiller, salir, souillure") **28**,19 (ⲀⲠϪⲰϨⲘ̄ ⲠⲰⲢϪ ⲈⲂⲞⲖ ⲈⲨⲘⲚ̄ⲦⲀⲦϪⲰϨⲘ̄ "l'impureté s'est séparée (de son principe) par rapport à la pureté").

ⲘⲚ̄ⲦϢⲀⲚϨⲦⲎⲤ *abstr.n.f.* "compassion, sensibilité" [= **compassion**], lcplx. (composé de ⲘⲚⲦ- préf. abstr., ϢⲀⲚ- de ϢⲰⲚⲈ "être compatissant, compassion" et ϨⲦⲎⲤ de ϨⲎⲦ "coeur") **17**,26 (ⲔⲤⲞⲞⲨⲚⲈ Ⲛ̄ⲦⲀⲘⲚ̄ⲦϢⲀⲚϨⲦⲎⲤ "tu connais ma sensibilité").

ⲘⲚ̄ Ϣ ϬⲞⲘ *v.* "il n'est pas possible, ne pas pouvoir" [= **be impossible**], lcplx. (composé de ⲘⲚ̄ verbe d'inexistence, Ϣ "pouvoir, avoir la capacité de" et ϬⲞⲘ "puissance") **13**,19; **27**,16.

Ⲙ̄ⲠⲈⲤ[ⲚⲀ]Ⲩ *adv.* "tous les deux" [= **together, both together**] **19**,9? (→ ⲠⲈⲦⲢⲀ).

Ⲙ̄ⲠϢⲀ *v/{n.m.}* "être digne, dignité" [= **be worthy**] **24**,6 (→ ⲤⲠⲈⲢⲘⲀ); **27**,13 (→ ⲀⲖⲎⲐⲰⲤ); **28**,1. 23; **30**,12?

Ⲙ̄ⲠϢⲀ *adv.* "beaucoup, très" [= **much, very, greatly**] **17**,1 (ⲀϤⲀⲨⲠⲈⲒ Ⲙ̄ⲠϢⲀ "il a été très triste"). 18 (→ ϢⲀⲎⲖ). 25 (→ ⲖⲨⲠⲈⲒ); **19**,8. 19 (→ ⲖⲨⲠⲎ); 25,9?

Ⲙ̄Ⲡ[Ϣ]ⲱⲓ̈ *adv.* "en haut" [= **above, on high**], lcplx. (composé de Ⲙ̄- de Ⲛ̄- prép.rel., Ⲡ- "le" et [Ϣ]ⲱⲓ̈ "partie supérieure") **13**,7? (ⲈⲦⲘ̄Ⲡ[Ϣ]ⲱ ⲓ̈ "supérieur").

Ⲙ̄ⲢⲢⲈ *n.f.* "lien" [= **bond**] **13**,22 (→ ⲤⲀⲢⲀϪ[ⲥⁱᶜ]); **22**, 22-23 (Ⲛ̄ⲦⲞⲔ ⲆⲈ ⲔⲚⲀⲂⲰⲔ ϢⲀ ⲚⲈⲔⲚⲞⲨⲚⲈ Ⲙ̄ⲢⲢⲈ ⲈⲦⲈ ⲚⲞⲨ[ⲥⁱᶜ]Ⲙ̄ⲢⲢⲈ ⲚⲈ "toi cependant, tu iras vers tes racines, vers les liens qui (sont) leurs (ou tes?) liens").

[ⲘⲒⲤⲈ] voir ϢⲢⲠ ⲘⲘⲒⲤⲈ "premier-né".

[ⲘⲎⲦ] *n.* nom du nombre "dix" [= **ten**], et ⲘⲎⲦ- *atone* devant les unités, voir ⲘⲚⲦ[Ⲓ̄Ⲃ̄] (?), ou ⲘⲚ̄ⲦⲤⲚⲞ[ⲞⲨⲤ] "douze", ⲘⲚⲦⲒ̄Ⲍ̄ "dix-sept"; *f.* ⲘⲎⲦⲈ **23**,21 (Ⲙ̄ⲘⲎⲦⲈ Ⲛ̄ⲢⲞⲘⲠⲈ "(pendant) dix ans").

ⲘⲎⲦⲈ *n.f.* "milieu" [= **middle**] **17**,19 (ϨⲚ ⲦⲘⲎⲦⲈ ⲆⲈ ϨⲚ ⲞⲨϢⲖⲎⲖ ⲀⲒ̈Ⲥ ⲞⲨⲰⲚϨ̄ ⲚⲀϤ "or voici qu') au milieu de sa prière, Jésus s'est manifesté à lui").

ⲘⲎⲦⲈ voir [ⲘⲎⲦ] "dix".

ⲘⲞⲨⲦⲈ *v/{n.m.}* "appeler, nommer" [= **call**] **10**,3? (→ ⲈⲒⲔⲎ). 15? (ⲈⲀⲨⲘⲞⲨⲦⲈ ⲆⲈ Ⲉ[ⲢⲞ]ⲓ̈ [Ⲛ̄]ⲟ̣[Ⲩ]-ⲏ̄ⲠⲈ Ⲛ̄ⲢⲀⲚ ⲈⲚⲚⲞ[Ⲩ]ⲈⲒ ⲀⲚ ⲚⲈ "on [m']a appelé d'['une quantité] de noms qui ne (sont) pas les [mi]ens"); **17**,9 (→ ⲄⲀⲖⲄⲎ[ⲖⲀⲘ̄]); **26**,12? (→ ⲀⲖⲖⲰⲚ et ϪⲰⲰⲂⲈ).

ⲚⲀⲞⲨ *n.f.* "mère, Mère" [= **mother**] **22**,1? 7 (→ ⲀⲬⲀⲘⲰⲐ en ⲀⲬⲀⲘⲰⲐ). 12. 16. 20 (→ ⲀⲢⲒⲔⲈ et ⲄⲈⲚⲞⲤ); *idiol.* ⲘⲈⲞⲨ **22**,14? (ⲈⲤⲞ ⲚⲀⲦⲤⲞⲞⲨⲚⲈ ⲈⲦⲈⲤⲘⲈⲞⲨ "étant dans l'ignorance de qui était sa (propre) Mère").

ⲘⲀⲨ *n.m.* "le (lieu qui est) là" [= **(the) place) there**], voir Ⲙ̄ⲘⲀⲨ "là" et ⲈⲦⲘ̄ⲘⲀⲨ "qui est là".

Ⲙ[Ⲁ]ⲞⲨⲀⲀ[⸗] *adj. sfsj.* "seul, unique" [= **alone**], sg.3.m. Ⲙ[Ⲁ]ⲞⲨⲀⲀϤ **17**,3? (→ ⲘⲞⲚⲞⲚ).

ⲘⲈⲞⲨⲈ *v/{n.m.}* "penser, croire, pensée, souvenir, mémoire" [= **think**] **22**,14 (ⲚⲈⲤⲘⲈⲞⲨⲈ ϪⲈ Ⲛ̄ⲦⲞⲤ ⲞⲨⲀⲀⲦⲤ̄ ⲠⲈ "elle pensait qu'elle (était toute) seule"); **26**,16 (ⲚⲈϤⲘⲈⲞⲨⲈ ⲈⲢⲞ[ⲈⲒ] ⲠⲈ ϪⲈ ⲀⲚⲄ̄ ⲠⲈϤϢⲎⲢⲈ "il a pensé (de moi?) que j'(étais) son Fils"); voir Ⲣ̄ ⲠⲘⲈⲞⲨⲈ "se rappeler, se souvenir, réminiscence" et ⲈⲢⲒ[ⲥⁱᶜ] ⲠⲘⲈⲞⲨⲈ "souviens-toi"!

[м]нн[ϣє] *n.m.* "foule, grand nombre" [= **crowd**] 11,12?

мιϣє *v/{n.m.}* "combattre" [= **fight**] 14,9 (→ πⲱс). 19 (→ ποcⲱ мⲁⲗⲗοн); 23,16 (→ кⲁϩ).

нοοϣє *v/{n.m.}* "marcher, cheminer" [= **walk, go**] 29,12; мοϣє 15,5 (→ кⲃⲁ).

мєϩ- *préf.* des nombres ordinaux, de моⲩϩ "(se) remplir"; voir мєϩснⲁⲩ "deuxième".

мєϩснⲁⲩ *n.* nom du nombre ordinal "deuxième" [= **second**], lcplx. (composé de мєϩ- *préf.* des nombres ordinaux et снⲁⲩ "deux") 10,18 (ⲉⲁнк оⲩмєϩснⲁⲩ ⲉⲃοⲗ [ϩ]м πєтϣοοπ "(étant) moi-même un (engendré)-second prove[nant] de l'Existant").

мοїϩє *n.m.* "étonnement, stupéfaction" [= **amazement**], voir ⲣ̄ мοїϩє "s'étonner, s'émerveiller".

мⲁїϩῑсє *n.m.* "aimant le travail pénible, laborieux" [= **love suffering**], lcplx. (composé de мⲁї-, de [мє] "aimer" et ϩιсє "peine(r), souffrir") 15,20 (ⲑοтє ⲉιⲣⲉ м̄мοк м̄мⲁїϩῑсє "(ta) crainte te fait aimer la souffrance").

ⲛ̄- *prép.rel.* (*présuffixal* м̄мο≠); ⲛ̄- (ou м̄- par assimilation devant π- le plus souvent, ou devant м- parfois) préposition de relation d'une manière générale, d'usage qu'on peut répartir en cinq catégories principales: **1.** *acc.* (avec presque tous les cas à suffixes, м̄мο≠); **2.** *gén.* (avec, rarement, м̄мο≠); **3.** *qualificatif*; **4.** *identitaire*; **5.** *instrumental* (et sim.). 1. ⲛ̄- *acc.* (complément d'objet direct, p.ex. 18,19 ⲁкϫι ноⲩⲣⲁн "tu as reçu un nom"; 11,18 сєнⲁⲁмⲁϩтє м̄мοк "ils t'arrêteront"); ⲛ̄- 10,23; 12,24; 13,20; 14,22. 25; 16,27; 17,20. 26; 18,19. 23; 19,18; 20,6 (ⲉⲩϥι нⲛ̄ϯⲯⲭⲏ "emportent (en rapt) les âmes"); 21,5. 22; 22,5. 16; 24,6. 10. 16. 18. 20; 25,14. 24; 26,1. 11; 27,2. 8. 12. 14; 28, 9? 9. 11. 12. 14; 29,7. 9. 26; ⲛ̄- 11,9? 25. 26; 13,1; 15,7. 24; 16,2. 5?; 17,5. 22; 19,4. 14; 21,6; 23,1. 17. 27; 24,2; 25,5; 26,3; 27,16. 25; 28,22; 29,13; 30,6; *présuffixal* (м̄мο≠, pl.2. ммⲱ≠) suffixé, sg.1. м̄мοї 11,11? 14; 19,1. 2; 27,5?; 28,5. 7 (→ тнооⲩ et оⲩннⲃ); sg.2.m. м̄мοк 11,18. 21; 16,5; 19,25; 20,8; 25,18; 27,10. 20; sg.3.m. м̄моⲩ 11,17; 15,16. 26; 16,20; 17,14; 30,1? 7. 22?; sg.3.f. м̄мос 18,24; 19,3?; *idiol.* ммⲁс 23,4?; pl.2.

м̄мⲱтⲛ̄ 21,27; 22,10; pl. м̄мοοⲩ 27,7; *idiol.* м̄мⲁⲩ 24,12?; 25,21; 28,1; 29,22. 2. ⲛ̄- *gén.* (complément d'objet indirect du type "génitif", à traduire le plus souvent par "de", p.ex. 11,4 ⲑιкⲱн ⲛ̄ⲛ̄6ом "l'image des Puissances"; 13,19 мⲛ̄ϣ 6ом … м̄моⲩ "tu ne peux pas", litt. "il n'y a pas de force de toi"; 26,16? ⲛ̄[т]ⲉⲣιⲉι ⲗⲉ ⲉⲃοⲗ м̄моⲩ "lorsque je suis sorti de (chez?) lui", litt. "… vers l'extérieur de lui"); ⲛ̄- 11,4. 24; 12,2. 3; 13,2. 3; 16,11. 17. 22; 18,13? 14; 20,5; 21,20; 22,7. 20; 23,20; 24,6; 25,14; 26,7. 8. 10. 27; 27,17. 17. 17; 28,14; 29,27; 30,2. 8; ⲛ̄- 10,1; 11,2. 5. 26; 12,1. 23; 14,18; 15,19?; 20,1; 21,8; 24,21. 26; 25,8. 27; 26,1. 11; 27,16; 28,2. 6; 29,2. 9; *présuffixal* (м̄мο≠) suffixé, sg.2.m. м̄мοк 15,20; 17,23; 27,15?; ммιн ммοк 27,14?; sg.3.m. м̄моⲩ 21,18; ϥ̄мιн ноⲩ 26,18; sg.3.f. ϥ̄мιн нос 22,2. 3. ⲛ̄- *qualificatif* (p.ex. 18,17 πноⲩтє ⲛ̄ⲇιкⲁιос "le Dieu-Juste"); ⲛ̄- 12,6 (ϩ̄[ⲛ] ⲁϣ ⲛ̄ϩⲉ "de quelle sorte"); 13,4. 5; 15,17; 20,3. 14. 15?; 21,23; 22,5; 23,2. 21; 24,17; 25,5. 8. 19. 23; 26,4. 12; 27,12; 28,9? 17. 20; ⲛ̄- 18,11; 23,1; 26,5. 24. 25. 4. ⲛ̄- *identitaire* (p.ex. 18,18 ⲛⲉкο ⲅⲁⲣ ⲛ̄ϩⲙ̄ϩⲁⲗ нⲁⲩ "car tu étais son esclave"); ⲛ̄- 10,6; 13,25; 14,4; 17,13; 19,15; 22,2. 11. 13; 24,13?; 25,8; 27,13; 28,16?; 29,8; ⲛ̄- 15,20. 5. ⲛ̄- *instrumental* (et cas analogues, dont différents ⲛ̄- reliant entre elles les diverses parties de prépositions, adverbes et conjonctions composites, p. ex. ⲉϫⲛ̄- "sur" ou ⲛ̄сⲁ- "après", ⲛ̄ϩⲣⲁι ϩⲛ̄- "dans", etc.) (p.ex. 28,13 ⲛ̄тⲉⲉιϩⲉ "ainsi"); ⲛ̄- 12,1. 7; 14,19; 23,19; 27,24; 28,7. 13; 30,2; ⲛ̄- 12,2; 16,9; 17,4. 10? 13; 18,12; 23,27; 25,2; 26,20; 27,8. 20.

ⲛ̄- *prép.dat.* (*présuffixal* нⲁ≠, [pl.2. нн≠]), ⲛ̄- en tant que préposition du "datif" d'une manière générale, à traduire le plus souvent par "à" etc. [= **to**] (ou ⲛ̄- par assimilation devant π- le plus souvent, ou м- parfois), ainsi ⲛ̄- 12,1; 23,15; 24,3?; 30,7; ⲛ̄- 23,18. 25 (ⲛ̄сⲉтⲁⲁⲩ м̄мⲁнⲁ̄ⲏ̄ⲗ "(et) ces (écrits secrets) seront donnés à Manaêl"); *présuffixal* (нⲁ≠) suffixé, sg.1. нⲁї 15,13?; 28,8; нⲁⲉι 26,18; sg.2.m. нⲁк 11,8; 12,22?; 14,4; 15,21; 16,2. 8; 18,5; 19,23; 20,14; 22,24; 29,7

(→ Ⲛ̄ⲔⲀ); *idiol.* ⲚⲈⲔ 19,3; **20**,19; **25**,20; **28**,1;
sg.3.m. ⲚⲀϤ **11**,20; **17**,20; **18**,18; **19**,21; **20**,11.
15? 20; *idiol.* ⲚⲈϤ **23**,20; **24**,1; sg.3.f. ⲚⲀⲤ
10,23; **21**,6; *idiol.* ⲚⲈⲤ **19**,14; pl.3. ⲚⲀⲨ **16**,18;
21,25; **29**,15. 20; **30**,25.

Ⲛ̄- ou ⲚⲈ- pl. "les" [**the**], voir ⲡ- ou ⲡⲈ- *art.déf.* Pr-
triad. sg.m. "le", sg.f. ⲧ- ou ⲧⲈ- "la", pl. Ⲛ̄- ou
ⲚⲈ- "les".

ⲚⲀ pl. "ceux (ou celles) de", voir [ⲡⲀ] *pron.poss.*, état
absolu, Pr-triad. sg.m. "celui de", sg.f. ⲧⲀ "celle
de", pl. ⲚⲀ "ceux (ou celles) de".

ⲚⲀ⸗ voir Ⲛ̄- *prép.dat.* "à".

ⲚⲀⲀ⸗ *v.adj.* "être grand" [= **be great**] pl.3. ⲚⲀⲀⲨ
13,6 (ⲚⲈⲧⲚⲀⲀⲨ [ⲆⲈ] ⲈⲢⲞⲞⲨ ⲚⲈ Ⲛ̄ϬⲞⲘ
ⲈⲦⲘ̄ⲡ[ϣ]ⲱ̈Ⲓ "les (Cieux) plus grands qu'eux
[cependant] (sont) les puissances d'en haut").

ⲚⲀⲈⲒ "à moi", voir Ⲛ̄- *prép.dat.*

ⲚⲀ(Ⲉ)Ⲓ pl. "ces (choses, personnes etc.)-ci", voir
ⲡⲀ(Ⲉ)Ⲓ *pron.dém* Pr-triad. sg.m. "celui-(ci)",
sg.f. ⲧⲀ(Ⲉ)Ⲓ "celle-(ci)", pl. ⲚⲀ(Ⲉ)Ⲓ "ces choses
etc.-(ci)".

ⲚⲈ du prétérit (cf. conjugaison, présent prétérit =
imparfait) **10**,8 (ⲚⲈⲘⲚ ⲖⲀⲞⲨⲈ ϢⲞⲞⲡ "il n'y
avait pas quelque chose, rien n'existait"); **17**,12
(ⲚⲈⲞⲨⲚ̄ⲦⲀⲨϤ Ⲙ̄ⲘⲀⲨ Ⲛ̄ⲤⲞⲖⲀⲤⲒ̈Ⲁ "ils l'avaient là
en consolateur").

ⲚⲈ pl. "(… est)", voir ⲡⲈ *copule* Pr-triad. sg.m. "(…
est)", sg.f. ⲧⲈ, pl. ⲚⲈ.

ⲚⲈ(Ⲉ)Ⲓ̈ pl., *idiol.*, "ces (choses, personnes etc.)", voir
ⲡⲀ(Ⲉ)Ⲓ *pron. dém.* Pr-triad. sg.m. "celui-(ci)",
sg.f. ⲧⲀ(Ⲉ)Ⲓ "celle-(ci)", pl. ⲚⲀ(Ⲉ)Ⲓ "ces choses
etc.-(ci)".

ⲚⲈ(Ⲉ)Ⲓ- pl. "ces", voir ⲡⲈⲈⲒ- *art. dém.* Pr-triad. sg.m.
"ce(t)", sg.f. ⲦⲈ(Ⲉ)Ⲓ- "cette", pl. ⲚⲈ(Ⲉ)Ⲓ- "ces".

ⲚⲒ- pl. "les (fameux)", voir ⲡⲒ- *art.ddéf.* Pr-triad. sg.m.
"le (fameux)", sg.f. ϯ- "la (fameuse)", pl. ⲚⲒ- "les
(fameux)".

[ⲚⲞⲨ] *v*/[*n.m.*] "aller" [= **go, come**] (avec une nuance
de futur, d'imminence; cf. ⲚⲀ- *atone* dans divers
prV. du futur); ⲚⲎⲨ† **24**,4 (ϤⲚⲎⲨ ⲆⲈ ⲈⲂⲞⲖ
Ⲛ̄ϨⲎⲦϤ̄ Ⲛ̄ϬⲒ ⲞⲨⲤⲡⲈⲢⲘⲀ ⲈϤⲞⲨⲈⲈⲂ^*sic* "il en
sortira une semence sainte"). 14 (ⲘⲚ̄ ⲞⲨϢⲀϪⲈ
ⲚⲎⲨ ⲈⲂⲞⲖ ϨⲚ̄ ⲚⲈϤⲤⲠⲞⲦⲞⲨ "aucune parole ne
sortira de ses lèvres").

ⲚⲞⲨ⸗ pl. "les sien(ne)s", voir [ⲡⲀ] en [ⲡⲱ⸗] *pron. poss.*

présuffixal Pr-triad. [sg.m. "le (sien)"], [sg.f. ⲧⲱ⸗
"la sienne"], pl. ⲚⲞⲨ⸗ "les siennes".

ⲚⲞⲨ- *idiol.*, pl./pl.3. "leurs", voir ⲡⲈ⸗ *art. poss.*
Pr-triad.

ⲚⲞⲨⲒ̈ pl./sg.1. "les mien(ne)s", voir [ⲡⲀ] en [ⲡⲱ⸗]
pron. poss. présuffixal Pr-triad.

ⲚⲞⲂⲈ *n.m.* "péché" [= **sin**] **20**,5 (ⲈⲨⲬ[Ⲓ] ⲦⲈⲖⲞⲤ
Ⲛ̄ⲚⲞⲂⲈ "ils perçoivent le péage des péchés");
30,9?

ⲚⲀⲔ (ou *idiol.* ⲚⲈⲔ) sg.2.m. "à toi", voir Ⲛ̄- *prép.dat.*

ⲚⲈⲔ- pl./sg.2.m. "tes", voir ⲡⲈ⸗ *art. poss.* Pr-triad.

ⲚⲞⲨⲔ pl./sg.2.m. "les tien(ne)s", voir [ⲡⲀ] en [ⲡⲱ⸗]
pron. poss. présuffixal Pr-triad.

Ⲛ̄ⲔⲀ *n.m.* "chose" [= **thing**] **29**,7 (ⲀⲈⲒϬⲰⲖⲡ ⲚⲀⲔ
ⲈⲂⲞⲖ Ⲛ̄Ⲛ̄ⲔⲀ ⲚⲒⲘ "je t'ai dévoilé toutes choses").

ⲚⲒⲘ *adj.in?trg.* "qui?" [= **who?**] **10**,7? (→ ⲀⲚⲞⲔ);
13,4 (ⲚⲒⲘ ⲚⲈ "qui (sont)-ils"?); **25**,18 (→
ⲘⲀⲐⲎⲦⲈⲨⲈ).

ⲚⲒⲘ *adj.* "tout" [= **every**] **12**,1 (Ⲛ̄ⲞⲨⲞⲈⲒϢ ⲚⲒⲘ
"en tous temps"); **14**,2 (ϨⲰⲂ ⲚⲒⲘ "toutes (les)
oeuvres"); **15**,8 (Ⲃ̄ϣⲈ ⲚⲒⲘ "tout oubli-léthargie");
27,21 (ⲘⲚ̄ⲦⲀⲦⲤⲞⲞⲨⲚⲈ ⲚⲒⲘ "toute ignorance");
28,8 ([Ϩ]Ⲛ̄ ⲘⲀ ⲚⲒⲘ "en tout lieu"); **29**,7 (Ⲛ̄ⲔⲀ ⲚⲒⲘ
"toutes choses").

ⲚⲈⲘⲀ⸗ voir ⲘⲚ̄ "avec" ou "et".

Ⲛ̄Ⲙ̄ⲘⲀ⸗ voir ⲘⲚ̄ "avec" ou "et".

ⲚⲞⲨⲚⲈ *n.f.* "racine" [= **root**] **22**,2. 19 (→ ⲀⲢⲒⲔⲈ). 22
(→ ⲂⲰⲔ, Ⲙ̄ⲢⲢⲈ, Ⲛ̄ⲦⲞⲔ); **27**,14 (→ ⲀⲖⲎ̄ⲐⲰⲤ).

ⲚⲀⲤ (ou *idiol.* ⲚⲈⲤ) sg.3.f. "à elle", voir Ⲛ̄- *prép.dat.*

Ⲛ̄ⲤⲀ- *prép.* (*présuffixal* ⲚⲤⲰ⸗) "après, derrière"
[= **behind, after**], lcplx. (composé de Ⲛ̄- prép.rel.
instrumentale, et ⲤⲀ *n.m.* "côté"); ainsi Ⲛ̄ⲤⲀ-
21,1. 1? (Ⲛ̄ⲦⲀⲔⲈⲒ ϬⲈ Ⲛ̄ⲤⲀ ⲞⲨ [Ⲛ̄Ⲥ]Ⲁ ⲚⲈⲦⲈ
ⲚⲞⲨⲔ ⲀⲚ "pour (rechercher) *quoi* es-tu venu? …
pour les (réalités) qui ne (sont) pas tiennes?");
présuffixal (Ⲛ̄ⲤⲰ⸗) suffixé, sg.3.m. Ⲛ̄ⲤⲰϤ **25**,9;
pl.3. Ⲛ̄ⲤⲰⲞⲨ **28**,24.

Ⲛ̄ⲤⲀ ⲞⲨ *ad?v.* "(après) *quoi*?" [= **for what? after
what?**], lcplx. (composé de Ⲛ̄ⲤⲀ "après" et ⲞⲨ
"quoi") **21**,1 (Ⲛ̄ⲦⲀⲔⲈⲒ ϬⲈ Ⲛ̄ⲤⲀ ⲞⲨ "tu es donc
venu pour (rechercher) *quoi*?" ou "qu'es-tu donc
venu (rechercher)?"

Ⲛ̄ⲦⲀ- *préf.rel. du passé* "qui (a … , est … etc.), qu'a
…" (selon l'hypothèse très éclairante proposée
par Funk et Nagel, cf. Ⲛ̄ⲦⲀϨ- *L*, mais sans le Ϩ

final): sg. ⲡⲉⲛⲧⲁ- **12**,18. 23. 25; pl. ϯⲥϩⲩⲉ
ⲛⲥϩⲓⲙⲉ ⲛⲧⲁ- "les sept femmes qui (ont) ..."
25,19; ⲛⲁⲓ [ⲛ̄]ⲧⲁ- **17**,11; ⲛⲉ⟨ⲛ⟩ⲧⲁ- **18**,15.

ⲛⲟⲩⲧⲉ *n.m.* "dieu, divinité, Dieu" [= **god (or God)**]
10,24; **18**,17 (ⲁⲡⲛⲟⲩⲧⲉ ⲛ̄ⲇⲓⲕⲁⲓⲟⲥ ⲛⲟⲩϭⲥ̄
"le Dieu-Juste s'est irrité"). 25 (ⲡⲛⲟⲩⲧⲉ
ⲛ̄ⲇⲓⲕⲁⲓⲟⲥ) (→ ⲡⲣⲟⲥⲉⲩⲭⲏ); **23**,18 (→
[ⲓⲉⲣⲟⲩⲥⲁⲗⲏⲙ] et ⲛⲟⲩϭⲥ̄).

ⲛ̄ⲧⲟⲕ *pron.pers.* sg.2.m. "toi" [= **you**] **19**,15; **22**,21
(→ ⲙⲡ̄ⲣⲉ et ⲛⲟⲩⲛⲉ); **23**,5 (ⲛ̄ⲧⲟⲕ ⲭⲉ ⲛ̄ⲧ̄ⲕ
ⲟⲩⲟⲩ "toi, qui tu (es)"); **29**,7 (→ ϣⲙ̄ⲙⲟ); *atone*
ⲛ̄ⲧⲕ **10**,4?; **20**,10? 10 (ⲛ̄ⲧⲕ ⲟⲩⲉⲃⲟ[ⲗ] ⲧⲱⲛⲉ
"toi, d'où es-tu?"); **23**,5.

ⲛ̄ⲧⲕ ⲟⲩⲟⲩ "toi, qu(i) es-tu?" [= **who are you?**]
20,10?; **23**,5; voir ⲛ̄ⲧⲟⲕ "toi".

[ⲛ̄ⲧⲛ-] *prép.* "par, au moyen de, de la main de, à
l'égard de, par rapport à, pour" et sim.
[= **by the hand of, from**], lcplx. (ⲛ̄ⲧ⟨ⲱⲣⲉ⟩ⲛ,
donc composé de ⲛ̄- prép.rel. instrumentale,
et ⲧⲱⲣⲉ n.f. "main", et ⲛ̄- prép.rel. gén.);
présuffixal (ⲛ̄ⲧⲟⲟⲧ⸗) suffixé, sg.3.m. ⲛ̄ⲧⲟⲟⲧⲩ̄
23,24 (ⲥⲉⲛⲁϥⲓⲧⲟⲩ ⲛ̄ⲧⲟⲟⲧⲩ̄ "on les prendra
de sa main"); pl.3. ⲛ̄ⲧⲟⲟⲧⲟⲩ **12**,4 (ⲛ̄ⲕⲥⲁⲧⲕ
ⲛ̄ⲧⲟⲟⲧⲟⲩ "(et) tu seras racheté d'eux").

ⲛⲁⲧⲟⲡ⸗ *adj.* "innombrable" [= **innumerable**], lcplx.
(composé de ⲛ̄- prép.rel.q., ⲁⲧ- "sans" et ⲟⲡ⸗,
de ⲱⲡ "compte(r), calculer") *présuffixal* suffixé,
pl.3. ⲛⲁⲧⲟⲡⲟⲩ **14**,2 (ⲛⲁⲧⲟⲡⲟⲩ ⲉⲩⲛⲁ-ϣⲱⲡⲉ
ⲛⲁϣ̄ⲣⲁⲕ ⲉ[ⲩ]ⲏⲡ "les Innombrables seront
dénombré(e)s en ta présence").

ⲛ̄ⲧⲟⲥ *pron.pers.* sg.3.f. "elle" [= **she**] **22**,12. 15? (→
ⲙⲉⲟⲩⲉ).

ⲛⲁⲧⲥⲟⲟⲩⲛⲉ *adj.* "ignorant" [= **ignorant**], lcplx.
(composé de ⲛ̄- prép.rel.q., ⲁⲧ- "sans" et
ⲥⲟⲟⲩⲛⲉ "connaître, connaissance") **10**,6?;
22,11. 13 (→ ⲟ†, de ⲉⲓⲣⲉ et ⲛⲁⲟⲩ); **26**,15?
(→ ⲛ̄ⲧⲟⲩ); *idiol.* ⲛⲁⲧⲥⲁⲟⲩⲛ(ⲉ) **22**,2 (ⲉϣⲭⲉ
ⲧⲉⲧⲛ̄ⲙⲁⲟⲩ ⲁⲓ̈*sic* ⲛⲁⲧⲥⲁⲟⲩⲛ(ⲉ) "si votre mère
est ignorante").

ⲛⲉⲧⲉⲥϣⲉ pl. "les choses convenables", voir
[ⲡⲉⲧⲉⲥϣⲉ] sg.m. "la chose convenable".

ⲛ̄ⲧⲱⲧⲛ̄ *pron.pers.* pl.2. "vous" [= **you**] **22**,3?

ⲛ̄ⲧⲟⲟⲩ *pron.pers.* pl.3 "vous, eux, elles" [= **they**]
12,7?; **20**,5?

ⲛ̄ⲧ[ⲉ]ⲩⲛⲟⲩ *adv.* "aussitôt" [= **immediately, at once**],

lcplx. (composé de ⲛ̄- prép.rel. instrumentale,
ⲧⲉ(ⲓ)- "cette" et (ⲟ)ⲩⲛⲟⲩ "heure") **23**,15? (ⲁⲩⲱ
ⲛ̄ⲧ[ⲉ]ⲩⲛⲟⲩ ⲥⲛⲁⲙⲓϣⲉ ⲛ̄ϭⲓ ⲡⲕⲉϩ*sic* "et aussitôt
(toute) la terre se mettra à combattre").

ⲛⲁⲧϣⲓⲧ⸗ *adj.* "incommensurable" [=
immeasurable], lcplx. (composé de ⲛ̄- prép.
rel.q., ⲁⲧ- "sans" et ϣⲓⲧ⸗, de ϣⲓ "mesurer")
présuffixal suffixé, pl.3. ⲛ[ⲁ]ⲧϣⲓⲧⲟⲩ **14**,4?
(ⲛⲉⲧⲟ ⲛⲁⲕ ⲧⲏⲣⲟⲩ ⲛ[ⲁ]ⲧϣⲓⲧⲟⲩ ⲥⲉⲛⲁϣⲱⲡⲉ
ⲉⲩϣ[ⲏ]ⲩ "toutes les (réalités) qui (sont), pour
toi, Incommensurables, seront mesurées").

ⲛ̄ⲧⲟⲩ *pron.pers.* sg.3.m. "lui" [= **he**] **25**,2? (→
ⲙ̄ⲙⲁⲩ); **26**,14 (ⲁⲩⲱ ⲛ̄ⲧⲟⲩ ⲉϥⲟ ⲛⲁⲧⲥ[ⲟ]ⲟⲩⲛⲉ
"et lui est (un) ignorant").

ⲛ̄ⲧⲉⲉⲓϩⲉ ou ⲛ̄ϯϩⲉ *adv.* "ainsi" [= **in this way, so**],
lcplx. (composé de ⲛ̄- prép.rel. instrumentale,
ⲧⲉⲉⲓ- ou ϯ- "cette", et ϩⲉ "manière") ⲛ̄ⲧⲉⲉⲓϩⲉ
14,20; **28**,13 (→ ⲁⲛⲟⲕ); ⲛ̄ϯϩⲉ **15**,7.

ⲛⲁⲧⲭⲱϩⲙ̄ *adj.* "non souillé, pur" [= **undefiled**],
lcplx. (composé de ⲛ̄- prép.rel.q., ⲁⲧ- "sans" et
ⲭⲱϩⲙ̄ "souiller") **22**,5? (ⲧⲥⲟⲫⲓⲁ ⲛⲁⲧⲭⲱϩⲙ̄ "la
Sagesse sans souillure"); **23**,6 (idem); **28**,16?

ⲛⲁⲩ *v*/{*n.m.*} "voir, surveiller" [= **see**] **18**,1
(ⲭⲉⲕⲁⲁⲥ ⲛⲁⲛⲁⲩ ⲉⲡⲉⲉⲓⲗⲁⲟⲥ ⲉⲧⲉ ⲡⲁⲉⲓ ⲡⲉ
ⲉⲩⲛⲁⲧϭⲁⲓⲟⲩ "afin que je ne voie pas ce peuple,
oui (précisément) lui, que (je ne le voie pas) allant
être condamné"). 4 (ϩⲛ̄[ⲃ]ⲟⲧⲉ ⲛⲉ ⲉⲛⲁⲩ ⲉⲣⲟⲟⲩ
"ces (crimes) sont abominables à voir"); **27**,21
(ⲛ̄ⲕⲛⲁⲩ ⲙⲏⲡⲱⲥ ⲛ̄ⲥⲉⲕⲱϩ ⲉⲣⲟⲕ "prends garde
(litt.: vois) qu'ils ne soient pas jaloux de toi!");
idiol. ⲛⲉⲩ **10**,1; **30**,8?; voir aussi ⲁⲛⲁⲩ impératif.

ⲛⲁⲩ pl.3. "à eux, à elles", voir ⲛ̄- *prép.dat.*

ⲛⲉⲩ- pl./pl.3. (ou *idiol.* ⲛⲟⲩ-) "leurs", voir ⲡⲉ⸗ *art.
poss.* Pr-triad.

ⲛⲏⲩ† voir [ⲛⲟⲩ] "aller".

ⲛⲟⲩⲟⲩ pl./pl.3. "les leurs", voir [ⲡⲁ] en [ⲡⲱ⸗] *pron.
poss. présuffixal* Pr-triad.

ⲛ̄ⲟⲩⲱⲧ *adj.* "unique, seul" [= **single**], lcplx.
(composé de ⲛ̄- prép.rel.q. et de ⲟⲩⲱⲧ "seul,
unique") **20**,3?; **27**,12? (→ ⲁⲣⲅⲟⲛ).

ⲛ̄ⲟⲩⲟⲉⲓϣ ⲛⲓⲙ *adv.* "en tous temps, toujours"
[= **always**], lcplx. (composé de ⲛ̄- prép.rel.
instrumentale, ⲟⲩⲟⲉⲓϣ n.m. "moment", et ⲛⲓⲙ
adj. "tout") **12**,1.

ⲛⲁⲩ (ou *idiol.* ⲛⲉⲩ) sg.3.m. "à lui", voir ⲛ̄- *prép.dat.*

vers toutes (les réalités) qui (sont) miennes, et
celles qui ne (sont) pas miennes"); 21,9. 9? 17
(→ ⲃⲱⲕ); 29,11?; ⲛⲟ[ⲩ]ⲉⲓ 10,16? (→ ⲙⲟⲩⲧⲉ);
pl./sg.2.m. ⲛⲟⲩⲕ "les tien(ne)s" 21,1; 27,19 (→
ⲁⲣⲭⲉⲥⲑⲁⲓ); pl./pl.3. ⲛⲟⲩⲟⲩ "les leurs" 11,6. 7
(→ ⲡⲉⲧϣⲟⲟⲡ, ϣⲏⲣⲉ, ⲭⲉⲕⲁⲁⲥ).

ⲡⲁ- *sg.m./sg.1.* "mon", voir ⲡⲉ≠ *art. poss.*

ⲡⲁⲓ ou ⲡⲁⲉⲓ *pron. dém.* sg.m. "celui-(ci)" Pr-triad; et
fonct. sg.f. ⲧⲁ(ⲉ)ⲓ, pl. ⲛⲁ(ⲉ)ⲓ; sg.m. ⲡⲁⲓ 15,24;
16,16? 18; 17,3. 22. 27; 18,12. 19; 23,16. 26
(ⲡⲁⲓ ⲟⲩⲣⲁⲛ ⲉϥⲟⲩⲉⲉⲃ*sic* ⲡⲉ "celui-(ci) est) un
nom saint"); 24,1; 25,18; 28,6 (→ ⲟⲩⲟⲩ);
30,6?; ⲡⲁⲉⲓ 17,14?; 18,2. 10; 24,2?; 25,13;
26,22; 28,10;
sg.f. ⲧⲁⲓ "celle-(ci)" 15,9; 22,6; 23,3? 6; ⲧⲁⲉⲓ
11,25; 12,20; 13,22; 18,24; 21,4;
pl. ⲛⲁⲓ "ceux-(ci), celles-(ci)" 10,2; 12,8; 13,8;
16,1. 3. 8; 17,11; 19,5? 12? 18; 20,2; 21,5.
18. 22. 24?; 23,10?; 24,7? 21. 24; 25,13? 15.
20; 26,5?; 27,5. 27; 29,14?; 30,13; ⲛⲁⲉⲓ 16,4;
19,25; 24,15. 20; 26,21. 25; 27,23; 29,4?; *idiol.*
ⲛⲉⲓ 21,20; 29,1; ⲛⲉⲉⲓ 26,5; 29,9.

[ⲡⲉ] *n.f.* "ciel" [= **sky, heaven**]; pl. ⲡⲏⲟⲩⲉ 15,26 (→
ⲕⲁⲧⲁ); 30,25 (→ ⲕⲱ).

ⲡⲉ *copule* Pr-triad. sg.m. ("… est") [= … **is**]; et *fonct.*
sg.f. ⲧⲉ ("… est") [= … **is**], pl. ⲛⲉ ("… sont")
[= … **are**];
ainsi **sg.m.** ⲡⲉ ("être") 10,10? 11? 14?; 12,5
(ⲡⲉⲕⲥⲟⲟⲩⲛⲉ ⲡⲉ "c'(est) ta science"); 14,16?
15,24?; 16,19; 17,14; 18,2. 10; 19,7; 20,12;
22,15?; 23,17. 26; 24,2; 25,13; 26,22; 28,11?;
30,6. 23?; **sg.f.** ⲧⲉ 12,20; 15,9; 21,4 (ⲁⲭⲁⲙⲱⲑ
ⲉ[ⲧⲉ] ⲧⲁⲉⲓ ⲧⲉ ⲧⲉⲥⲣ̅ⲏⲛⲉ "Akhamôth, c'est-à-
dire la feme(lle par excellence)");
pl. ⲛⲉ 10,16? 17; 11,7? (ⲛⲉⲧⲉ ⲛⲟⲩⲟⲩ ⲁⲛ ⲛ[ⲉ]
"ceux qui ne (sont) pas leurs (attributs)"); 12,6.
6? 16. 20; 13,4. 5? 7. 17; 18,3?; 20,4?; 21,3. 8?
9. 10. 17; 22,23; 25,18; 26,5. 5. 25; 27,19. 23;
29,1. 4? 9.

ⲡⲉ accompagnant le présent préterit (= imparfait)
10,22 (ⲛⲉⲥϣⲟⲟⲡ ⲁⲛ ⲡⲉ "elle n'existait pas"),
voir conjugaison.

ⲡⲉ≠ *art. poss.* sg.m. /≠ ("son") Pr-triad; et *fonct.* sg.f.
ⲧⲉ≠, pl. ⲛⲉ≠;
série sg.m./: sg.1. ⲡⲁ- "mon" 10,1 (ⲡⲁⲥⲱⲧⲉ

"ma rédemption"). 3; 11,14; 30,24; /sg.2.m.
ⲡⲉⲕ- "ton" (à toi m.) 12,3. 5 (ⲡⲉⲕⲥⲟⲟⲩⲛⲉ "ta
science", à toi m.); 13,21; 15,7. 19? 22; 16,2. 6;
19,23; 20,1; /sg.3.m. ⲡⲉϥ- "son" (à lui) 17,2. 5;
19,4 (ⲡⲉϥϭⲱⲛⲧ "sa fureur", à lui); 23,27; 24,8.
17. 22; 26,17. 18; 30,6; /sg.3.f. ⲡⲉⲥ- "son" (à
elle) 22,8; 23,17; /pl.3. ⲡⲉⲩ- "leur" (le leur)
13,1; 14,18?; 28,4?; *idiol.* ⲡⲟⲩ- (?) 28,22;
série sg.f./: sg.1. ⲧⲁ- "ma" 17,26; 25,17?;
/sg.2.m. ⲧⲉⲕ- "ta" (à toi m.) 27,14; /sg.3.m.
ⲧⲉϥ- "sa" (à lui) 12,12? 25; 17,18. 21; 19,5
(ⲧⲉϥⲟⲣⲅⲏ "sa colère"); /sg.3.f. ⲧⲉⲥ- "sa" (à
elle) 22,2. 12? 14? 16?; /pl.2. ⲧⲉⲧⲛ̅- "votre" (la
vôtre) 22,1?; /pl.3. ⲧⲉⲩ- "leur" (la leur) 14,25;
22,19. 20 (ⲧⲉⲩⲙⲁⲟⲩ "leur mère"); *idiol.* ⲧⲟⲩ-
14,22 (ⲧⲟⲩⲙⲛ̅ⲧⲁⲧⲥⲟⲟⲩⲛⲉ "leur ignorance");
série pl./: sg.2.m. ⲛⲉⲕ- "tes" (à toi, m.) 22,21;
sg.3.m. ⲛⲉϥ- "ses" (à lui) 16,28; 17,11; 19,18;
24,14; 25,10?; /pl.3. ⲛⲉⲩ- "leurs" (les leurs)
27,7; *idiol.* ⲛⲟⲩ- 22,22.

ⲡⲉⲉⲓ- *art. dém.* sg.m. "ce(t)" Pr-triad.; et *fonct.* sg.f.
ⲧⲉⲉⲓ-, pl. ⲛⲉⲉⲓ-; **sg.m.** 15,14 (ϩⲛ̅ ⲡⲉⲉⲓⲙⲁ);
16,9 (ⲙ̅ⲡⲉⲉⲓⲙⲁ "en ce lieu"); 18,1. 10; 24,2;
27,25 (ⲡⲉⲉⲓⲕⲉⲟⲩⲁ "cette autre chose"); **sg.f.**
"cette" ⲧⲉⲉⲓ- 12,19; 14,20 (ⲛ̅ⲧⲉⲉⲓϩⲉ "de cette
manière, ainsi"); 28,13 (idem); 26,6? (ⲧⲉ[ⲓ]-);
pl. "ces" ⲛⲉⲉⲓ- 26,20 (ⲛ̅ⲛⲉⲉⲓⲙⲁ "en ces lieux");
ⲛⲉⲓ- 23,20.

ⲡⲓ- *art. ddéf.* sg.m. "le (fameux)…!" (*emphatique*) [=
the (emphatic)] Pr-triad.; et *fonct.* sg.f. ⲧ-, pl. ⲛⲓ-;
sg.m. 13,3; 15, 24 (ⲛ̅ⲧⲁⲥⲟⲃⲧⲉ ⲙ̅ⲡⲓⲕⲗⲏⲣⲟⲥ "je
préparerai le (fameux) sort"); 20,3; 25,7; 26,22.
24. 25; **sg.f.** ⲧ- "la (fameuse)" 13,22; 14,8; 15,8
(ⲁⲛⲟ[ⲕ ⲁ]ⲉ ⲛ̅ⲧ̅ϩⲉ ⲁⲛ "moi, je n'(étais) pas de
cette espèce"); 25,19; 26,4; 27,6; 28,21; 29,1;
pl. ⲛⲓ- "les (fameux), les (fameuses)" 27,23; 29,8.

ⲡⲟⲩ- *idiol.*, sg.m./pl.3. "leur", voir ⲡⲉ≠ *art. poss.*

ⲡⲱ≠ sg.m. "le sien", voir [ⲡⲁ] *pron. poss.*, état absolu,
sg.m. "celui de".

ⲡⲉⲑⲟⲟⲩ *n.m.* "le mal" [= **harm, what is bad**],
lcplx. (composé de ⲡ- "le", ⲉⲧ- "qui" et ⲑⲟⲟⲩ
(= ⲧ+ϩ) de ϩⲟⲟⲩ† "être mauvais, corrompu")
18,11 (→ ⲗⲁⲟⲥ).

ⲡⲉⲕ- sg.m./sg.2.m. "ton" (à toi m.), voir ⲡⲉ≠ *art.
poss.*

ⲣⲱⲙⲉ *n.m.* "homme" [= **man, human being**] 16,11?;
25,27 (ⲡϣⲏⲣⲉ ⲙⲡⲣⲱⲙⲉ "le Fils-de-l'Homme");
26,27; 29,27; 30,21?; *atone* ⲡⲣ̄- (f.) dans 24,17
(ⲟⲩⲥϩⲓⲙ[ⲉ] ⲛ̄ⲣⲙ̄ⲑⲓⲗⲏⲙ ϩⲙ ⲡⲉϥⲅⲉⲛⲟⲥ "une
femme de Jérusalem, (femme) de sa race").
ⲣⲟⲙⲡⲉ *n.f.* "année" [= **year**] 23,21 (→ ϣⲁⲭⲉ);
24,26 (→ ϣⲓⲃⲉ et ϣⲱⲡⲉ).
ⲣ̄ ⲙⲟⲓ̈ϩⲉ *(v'n)/n.m.* "s'étonner, s'émerveiller"
[= **be amazed**], lcplx. (composé de ⲣ̄- de ⲉⲓⲣⲉ
"faire, être" et ⲙⲟⲓ̈ϩⲉ n.m. "étonnement,
stupéfaction") 25,22 (ⲁⲛⲟⲕ ϯⲣ̄ ⲙⲟⲓ̈ϩⲉ "moi, je
m'émerveille"). 26 (ⲕⲁⲗⲱⲥ ⲕ̄ⲣ ⲙⲟⲓ̈ϩⲉ "(c'est)
bien que tu t'(en) émerveilles").
ⲣⲁⲛ *n.m.* "nom" [= **name**] 10,16? (ⲟ[ⲩⲏⲡⲉ ⲛ̄]ⲣⲁⲛ
"un (grand) nombre de noms") (→ ⲙⲟⲩⲧⲉ);
18,19 (ⲁⲕϫⲓ ⲛⲟⲩⲣⲁⲛ ϫⲉ ⲓ̈ⲁⲕⲕⲱⲃⲟⲥ ⲡⲇⲓⲕⲁⲓⲟⲥ
"tu as reçu le nom de Jacques-le-Juste"); 23,26
(ⲟⲩⲣⲁⲛ ⲉϥⲟⲩⲉⲉⲃ ⲡⲉ "(c'est) un saint nom");
29,4; 30,6 (ⲉⲓ̈ⲁⲕⲕⲱⲃ[ⲟⲥ] ⲡⲉ ⲡⲉϥⲣⲁⲛ "son nom
(est) Jacques"); en *v'n/n.m.* † ⲣⲁⲛ "nommer",
et précédé de ⲁⲧ- "sans" 10,10? (ⲟ[ⲩⲁⲧϯ]
ⲣⲁⲛ ⲉⲣⲟϥ ⲡⲉ "il (est) l'[In]nommable". 14?
(ⲟⲩⲁⲧϯ ⲣⲁⲛ ⲉⲣⲟϥ "l'Innommable"); *idiol.*
ⲣⲉⲛ 24,10? (ϥⲛⲁⲝ[ⲓ] ⲛ[ⲟ]ⲩⲣⲉⲛ ϫⲉ ⲗⲉⲩⲉⲓ "il
recevra un nom, (celui de) Lévi") (→ ⲧⲟⲧⲉ).
ⲣ̄ ⲡⲙⲉⲟⲩⲉ *(v'n)/n.m.* "se rappeler, se souvenir,
réminiscence" [= **remember**] 14,24 (ⲛ̄ⲧⲁⲕⲉⲓ ϩⲛ̄
ⲟⲩⲣ̄ ⲡⲙⲉⲟⲩⲉ ⲉⲭⲡⲓⲟ ⲛ̄ⲧⲉⲩⲃ̄ϣⲉ "tu es venu
en Réminiscence, pour couvrir de honte leur
Oubli-Léthargie"); 15,5? (ⲡⲣ̄ ⲡⲙⲉⲟⲩⲉ ϩⲛ̄ϩⲏⲧⲕ̄
"la Réminiscence (était) en toi". 10?; 30,19?; v!
ⲉⲣⲓ^(tic) ⲡⲙⲉⲟⲩⲉ " souviens-toi" 16,22.
ⲣⲁⲧ⸗ *n.m. sfsj.* "pied, jambe" [= **foot, leg**], en *(v'n)/
n.m.* en cpl. de ⲱϩⲉ "se tenir debout", dans pl.3.
ⲣⲁⲧⲟⲩ 30,11 (ⲁⲩⲱϩⲉⲣⲁⲧⲟⲩ "ils se tinrent
debout (là, persistants et sans s'en aller)").
ⲣⲟⲟⲩϣ *n.m.* "souci, préoccupation" [= **care, concern**], voir ϥⲓ ⲣⲟⲟⲩϣ *(v'n)/n.m.* 15,1 (ⲁⲗⲗⲁ
ⲛ̄ϥⲓ ⲣⲟⲟⲩϣ ⲁⲛ ϩⲁⲣⲟⲕ "mais ne fais pas demi-tour (sur)
aucun souci pour toi").
ⲣ̄ ϣⲙ̄[ⲙⲟ] "devenir étranger" [= **be a stranger, alien**],
lcplx. (composé de ⲣ̄- de ⲉⲓⲣⲉ "faire, être,
devenir" et ϣⲙ̄ⲙⲟ "étranger") 21,12? et voir
aussi ϣⲙ̄ⲙⲟ.
ⲣ̄ ϩⲟⲧⲉ *(v'n)/n.m.* "avoir peur, craindre" [= **fear**],

lcplx. (composé de ⲣ̄- de ⲉⲓⲣⲉ "faire, être,
devenir" et ϩⲟⲧⲉ "peur, crainte") 14,18; 19,16
(→ⲗⲁⲟⲩⲉ); 30,13.
ⲥⲱ *v/{n.m.}* "boire, boisson" [= **drink**] 23,17
(→ ⲡⲟⲧⲏⲣⲓⲟⲛ).
[ⲥⲁⲃⲉ] *n.m.* "(homme) sage" [= **sage, wise person**];
voir ⲙ[ⲛ̄ⲧ]ⲥⲁⲃⲉ *abstr. n.f.* "sagesse".
ⲥⲟⲃⲧⲉ *v/{n.m.}* "préparer, préparation" [= **prepare**]
15,23 (→ ⲃⲱⲕ et ⲕⲗⲏⲣⲟⲥ). 26 (→ ⲕⲁⲧⲁ); 16,5
(→ ⲕⲗⲏⲣⲟⲥ). 26 (→ ⲃⲱⲕ); *présuffixal* (ⲥⲃⲧⲱⲧ⸗)
suffixé, sg.3.m. ⲥⲃⲧⲱⲧϥ 18,14? 15?
ⲥⲟⲗⲥⲗ̄ *v/{n.m.}* "consoler, consolation" [= **console**]
17,4 (→ ⲙⲟⲛⲟⲛ); voir ⲥⲟⲗⲥⲓⲗ "consolateur,
réconfort".
ⲥⲟⲗⲥⲓⲗ *n.m.* "consolateur, réconfort"
[= **consolation**] 17,13.
ⲥⲱⲙⲛ̄ⲧ *v/n.m.* "guet(ter), tension, (de l'attention)" [=
await] 17,1 (→ ⲉⲓ). 5 (→ ⲙⲟⲛⲟⲛ).
ⲥⲟⲛ *n.m.* "frère" [= **brother**] 10,3. 4. 5 (→ ⲉⲓⲕⲏ).
ⲥⲛⲁⲩ *n.* nom du nombre "deux" [= **two**] 17,6
(ⲁⲩϣⲱⲡⲉ ⲛ̄ϭⲓ ϩⲟ̄ⲟⲩⲉ ⲥⲛⲁⲩ "se sont passés
deux jours"); 24,19 (ϣⲏⲣⲉ ⲥⲛⲁⲩ "deux fils");
19,9? (ⲛ̄ⲡⲉⲥ[ⲛⲁ]ⲩ "tous les deux"); 10,18
(ⲙⲉϩⲥⲛⲁⲩ "deuxième (exemplaire), duplica-
tion"); *idiol.* ⲥⲛⲉⲩ dans ⲡⲙⲉϩ ⲥⲁ̄ϩ ⲥⲛⲉⲩ "le
Maître en second" 17,15.
ⲥⲉⲉⲡⲉ *v/n.m.* "reste(r), le reste" [= **remain, what
remains**] 17,16? (ⲁϥ[ⲥ]ⲉⲉⲡⲉ ⲛ̄ϭⲓ ⲓ̈[ⲁⲕ]ⲕⲱⲃⲟⲥ
ⲟⲩⲁⲁⲧϥ̄ "Jacques resta seul"); 29,13 (ⲡⲕⲉⲥⲉⲉⲡⲉ "le reste (de la foule)". 24 (idem); ou
30,10 (ⲡⲕⲉⲥⲉⲉⲡⲉ ⲙⲛ̄ ⲡⲗⲁ[ⲟⲥ ⲧ]ⲏⲣϥ "le reste
(des juges) et [to]ut le peu[ple]").
ⲥⲡⲟⲧⲟⲩ *n.m.pl.* "(les) lèvres" [= **lips**] 24,14?
(→ ⲛⲏⲩ de [ⲛⲟⲩ]).
ⲥⲟⲉⲓⲥ *idiol.* voir ⲥⲟⲉⲓϣ "paire etc.".
[ⲥⲧⲟ] *v/{n.m.}* "détour(ner), s'écarter" [= **turn aside,
return**]; *atone* ⲥⲧⲁ- 11,23 (ⲙ̄ⲡⲣ̄ⲥⲧⲁ ⲧⲉϩⲓⲏ
ⲉⲃⲟⲗ ⲛ̄ⲑⲓⲗⲏⲙ "mais ne fais pas demi-tour (sur)
le chemin (par où tu) sors de Jérusalem").
ⲥⲱⲧⲉ *v/n.m.* "racheter, rédemption, rachat (et salut)"
[= **deliver, deliverance**] 10,1 (ⲑⲁⲏ ⲙ̄ⲡⲁⲥⲱⲧⲉ
"l'accomplissement (final) de mon rachat");
11,23 (ⲉⲩϣⲁⲛⲁⲙⲁϩ̄ⲧⲉ ⲙ̄ⲙⲟⲕ ⲁⲩⲱ ⲛ̄ⲥⲉϩⲓ̄
ⲱⲛⲉ ⲉⲣⲟⲕ ⲉⲕⲛⲁⲥⲱⲧⲉ "quand on t'arrêtera, et
qu'on te lapidera, (alors) tu seras racheté"); 12,3?;

(→ ⲡⲟⲧⲏⲣⲓⲟⲛ); *atone* ϯ-, voir ⲁⲧϯ ⲣⲁⲛ ⲉⲣⲟϥ "Innommable" et ϯ ⲛⲟⲩϭ̄ⲥ̄ "irriter" ⲧⲉ- (*prédatif*) **28**,8; *présuffixal* (ⲧⲁⲁ⸗) suffixé, pl.3. ⲧⲁⲁⲩ **23**,25 (ⲥⲉⲛⲁϥⲓⲧⲟⲩ ⲛ̄ⲧⲟⲟⲧϥ̄ ⲛ̄ⲥⲉⲧⲁⲁⲩ ⲙ̄ⲙⲁⲛ̄ⲁⲏ̄ⲗ̄ "et ces (écrits secrets) lui seront volés et seront donnés à Manaêl").

ϯ *v/{n.m.}* "combattre" [= **oppose**] **19**,26 (ⲟⲩⲛ ϩⲁϩ ⲛⲁϯ ⲉϩⲏⲧⲕ̄ "nombreux (seront) ceux qui s'opposeront à toi").

ϯ- sg.f. "la (fameuse)", voir ⲡⲓ- "le (fameux)" *art.ddéf.* sg.m. "le (fameux)" Pr-triad.

ⲧⲟⲩ- *idiol.* sg.f./pl.3. "leur (à eux, à elles)", voir ⲡⲉ⸗ *art. poss.*

ⲧⲱⲃϩ̄ *v/{n.m.}* "prier, prière" [= **pray**] 18,24 (→ ⲡⲣⲟⲥⲉⲩⲭⲏ).

ⲧⲉⲕ- sg.f./sg.2.f. "ta", voir ⲡⲉ⸗ *art. poss.*

ⲧⲁⲕⲟ *v/{n.m.}* "détruire, anéantir, abîmer, destruction" [= **destroy**] **28**,21 (ⲁⲩⲧⲁⲕⲟ ⲙⲡⲟⲩϩⲓⲥⲉ "on a (donc) détruit (le produit) de leur peine"); **29**,1 (→ ⲥⲱϣⲉ).

ⲧⲱⲗⲙ̄ *v/{n.m.}* "souiller, salir" [= **defile**] **15**,3. 6 (→ ⲕⲃⲁ).

ⲧⲱⲙ *v/{n.m.}* "être bouché (dans son intuition, son intelligence etc.), blocage (psychique, par stupidité)" [= **be closed**] **24**,21 (→ ⲛⲟϭ).

[ⲧⲁⲙⲟ] *v/{n.m.}* "faire savoir, raconter, montrer" [= **tell**], *présuffixal* (ⲧⲁⲙⲟ⸗, pl.2. ⲧⲁⲙⲱ⸗) suffixé, sg.2.m. ⲧⲁⲙⲟⲕ **10**,2. 7 (ⲉ̣ⲉ̣[ⲓ]ⲛⲁⲧⲁⲙⲟⲕ ϫⲉ ⲁⲛⲟⲕ ⲛⲓⲙ̣ "je te ferai savoir qui je (suis), moi"); pl.2. ⲧⲁⲙⲱⲧⲛ̄ **11**,2. 4?; pl.3. ⲧⲁⲙⲟⲟⲩ **28**,25 (ⲛ̄ⲥⲉⲧⲁⲙⲟⲟⲩ ⲉⲛⲉⲧⲉ ⲛ̄ⲥⲉϣⲟⲟⲡ ⲁⲛ "… et qu'elles leur racontent des (choses) qui n'existent pas").

ⲧⲁⲙⲓⲟ *v/{n.m.}* "fabriquer, créer" [= **make, create**] **10**,23 (ⲁⲥⲧⲁⲙⲓⲟ ⲛⲁⲥ ⲛ̄ϩⲛ̣ϭ[ⲟⲙ] ⲙⲛ̄ ϩⲛ̄ⲛⲟⲩⲧⲉ "elle a créé pour elle-même des Puis[sances] et des Dieux"); **21**,5. 27 (→ ⲡⲁⲣⲁ); **22**,10 ([ⲁⲥ]ⲧⲁⲙⲓⲟ ⲙ̄ⲙⲱⲧⲛ̄ ⲟⲩⲁⲁⲥ̣ⲧ[sic] "elle vous a créés (toute) seule"); *présuffixal* (ⲧⲁⲙⲓⲟ⸗) suffixé, pl.3. ⲧⲁⲙⲓⲟⲟ[ⲩ] **21**,14? (ⲛ̄ⲧⲉ̣ⲣ̣ⲉ̣ⲥⲧⲁⲙⲓⲟⲟ[ⲩ] "quand elle a créé ces (réalités)").

ⲧⲉⲛⲟⲩ *adv.* "maintenant" [= **now**], lcplx. (composé de ⲧⲉ(ⲓ) "cette" et (ⲟⲩ)ⲛⲟⲩ "heure") **13**,19 (ⲙⲛ̄ϣ ϭⲟⲙ ⲇⲉ ⲙⲙⲟⲕ ⲧⲉⲛⲟⲩ "mais tu (ne) peux (le faire) maintenant"); ou ϯⲛⲟⲩ, lcplx. (composé de ϯ- "cette" et (ⲟⲩ)ⲛⲟⲩ "heure") **16**,21 (ϯⲛⲟⲩ ϭⲉ ⲉⲉⲓⲛⲁⲃⲱⲕ "maintenant donc, je m'en irai"); **19**,22 (ⲉⲓⲥ ϩⲏⲧⲉ ϯⲛⲟⲩ ϯⲛⲁϭⲱⲗⲡ ⲛⲁⲕ ⲉⲃⲟⲗ ⲙⲡⲉⲕⲥⲱⲧⲉ "voici, maintenant, je te dévoilerai (le processus de) ton rachat"); voir encore ⲛ̄ⲧ̣[ⲉ]ⲩⲛⲟⲩ "aussitôt".

ⲧⲱⲛⲉ *ad?v.* "où?" [= **where?**] **20**,11? ([ⲛ̄]ⲧⲕ̣ ⲟⲩⲟⲩ ⲏ̣ ⲛⲧⲕ ⲟⲩⲉⲃⲟ[ⲗ] ⲧ̣ⲱⲛⲉ "toi, qu(i) (es)-tu? … ou toi, d'où (es)-tu?"). 20 (→ ⲉⲓ); voir aussi ⲉⲧⲱⲛⲉ "vers où?"

ⲧⲛⲟⲟⲩ *v/{n.m.}* "envoyer" [= **send**] **28**,7 (→ ⲟⲩⲏⲏⲃ̣); *présuffixal* (ⲧⲛⲟⲟⲩ⸗) suffixé, pl.3. ⲧⲛⲟⲟⲩⲥⲟⲩ **28**,15.

ⲧⲟⲛⲧⲛ̄ *{v}/n.m.* "ressembler, ressemblance, (aspect) similaire" [= **resemble, be like**] **23**,27 (→ [ⲟⲩⲟⲛⲧⲉ-]).

ϯ ⲛⲟⲩϭ̄ⲥ̄ *(v'n)/n.m.* "irriter" [= **anger**], lcplx. (composé de ϯ "donner", et ⲛⲟⲩϭ̄ⲥ̄ "irritation") **23**,18 (→ [ⲓⲉⲣⲟⲩⲥⲁⲗⲏⲙ]).

ⲧⲁⲡⲣⲟ *n.f.* "bouche" [= **mouth**] **26**,27 (ⲛ̄ⲧⲁⲩⲧⲁϣⲉ ⲟⲉⲓϣ ⲉⲧⲃⲏⲧ ϩ̄ⲓ̄ⲧ̄ⲛ̄ ⲧⲧⲁⲡⲣⲟ ⲛ̄ⲛ̄ⲣⲱⲙⲉ "qui ont prêché à mon sujet par la bouche des hommes").

ⲧⲏⲣ⸗ *adj. sfsj* "tout" [= **all, whole, every**], *présuffixal* (ⲧⲏⲣ⸗) suffixé, sg.3.m. ⲧⲏⲣϥ **13**,8? (ⲡ̄ⲡⲟⲗⲟⲥ ⲧⲏⲣ[ϥ̄] "tout l'axe (de l'univers)"); **30**,11? (ⲡ̣ⲗ̣ⲁ̣[ⲟⲥ ⲧ]ⲏ̣ⲣϥ "tout le peuple"); voir ⲉⲡⲧⲏⲣϥ̄ "complètement"; sg.3.f. ⲧⲏⲣⲥ̄ **27**,2 (ⲧϭⲟⲙ ⲧⲏⲣⲥ̄ "toute la puissance"); pl.3. ⲧⲏⲣⲟⲩ **12**,7; **14**,4; **20**,24 (→ [ⲡⲱ⸗] de [ⲡⲁ]); **21**,20 (→ ⲛⲟⲩϩⲙ̄); **22**,18; **23**,8; **25**,16. 22 (→ ⲙⲁⲕⲁⲣⲓⲍⲉ); **27**,5 (ⲛⲁⲓ̈ ⲧⲏⲣⲟⲩ "tous ces (faits)").

ϯ ⲣⲁⲛ *(v'n)/n.m.* "nommer" [= **give a name, call**], lcplx. (composé de ϯ "donner", et ⲣⲁⲛ "nom"), voir ⲁⲧϯ ⲣⲁⲛ ⲉⲣⲟϥ "Innommable".

ⲧⲉⲥ- sg.f./sg.3.f. "sa", voir ⲡⲉ⸗ *art. poss.*

ⲧⲉⲧⲛ̄- sg.f./pl.2. "votre", voir ⲡⲉ⸗ *art. poss.*

ⲧⲉⲩ- (ou *idiol.* ⲧⲟⲩ-) sg.f./pl.3. "leur", voir ⲡⲉ⸗ *art. poss.*

ⲧ[ⲟⲟⲩ] *n.m.* "montagne" [= **mountain**] 17,8? (→ ⲇⲓⲁⲕⲟⲛⲉⲓ).

[ⲧⲁϣⲟ] *v/{n.m.}* "multiplier" [= **increase**] *atone* ⲧⲁϣⲉ ⲟⲉⲓϣ *(v'n)/n.m.* "proclamer, prêcher, proclamation" [= **preach**] **26**,27 (→ ⲧⲁⲡⲣⲟ).

ⲧⲁϩⲟ *v/{n.m.}* "atteindre, dresser, susciter" [= **arouse, establish**] **15**,7 (→ ⲕⲃⲁ).

[т]оухо *v/{n.m.}* "guérir, guérison" [= **heal**] 28,3 (?).

[тϭλιο] *v/{n.m.}* "condamner" [= **condemn**], *présuffixal* (тϭλιоⲋ) suffixé, sg.1. тϭλι[о]ï 11, 13?; sg.3.m. тϭλιоц 18,2? (хекллс нлнлуᶜⁱᶜ епееіллос ете плеі пе еунлтϭλιоц "afin que je ne voie pas ce peuple, oui (précisément) lui, allant être condamné").

оу *pro.?n.* "quoi?, qui?" [= **what? who?**] 11,17 (оу петкхω ммоц "que dis-tu?"). 19 ([л]нок оу петнлллц "moi, que ferai-je?"); 15,15?; 20,10 ([ñ]тк оуоу н нтк оуево[λ] тωне "toi, donc, qu(i) (es)-tu? ... ou toi, d'où (es)-tu?"); 23,5 (ñток хе ñтк оуоу "(je t'ai dévoilé) qui tu (es)"); 28,5? (лнок оуо[у] "qui je (suis)"); 30,26; *idiol.* еу 22,25 (лнок оуеу "moi, qui (suis)-je"? ou "moi, qui je (suis)"); voir aussi етве оу "pour *quoi*?"; ñсл оу "après *quoi*?"; ⲣ оу "faire *quoi*? ... que faire?"

оу- *art.ind.* sg. "un(e)" [= **a(n)**] (forme *atone* de [оуλ] nom du nombre "un") (*fonct. art.ind. pl.* ⳒⲚ-, voir sous ⳒⲚ- art.), оу- 10,5. 9? 13 (лнк оуевоλ ⳒⲚ пе[т]щооп "je (proviens) de l'Existant"). 14 (оултϯ рлн ероц пе[ц] "il (est) (un) Innommable"). 15? 18 (лнк оуне2снлу евоλ [2]ⲙ петщооп "je (suis) un (engendré)-second prove[nant] de l'Existant"); 14,22. 24 (ñтлкеі 2ñ оуⲣ ⲡⲙеоуе "tu es venu en (pleine) Réminiscence"); 15,12?; 17,19 (2ñ оущсне "subitement"); 18,19 (→ рлн); 19,7; 20,10 (→ оу pro?n); 21,23. 25; 22,25 (леісωⲗⲧ нлк евоλ хе лнок оуеуᶜⁱᶜ "je t'ai dévoilé qui (je suis), moi"); 23,5 (ñток хе ñтк оуоу "qui tu (es)"). 26; 24,3? (е(о)у-). 5. 10? 13. 16; 25,3? 8; 26,7. 8. 10; 27,12; 28,5 (лнок оуо[у] "qui je (suis)"). 19; 29,2 (е(о)у-). 21.

[оуλ] *n.* nom du nombre "un" [= **one**]; [поуλ] поу[λ] "chacun" 12,12?; оуï "un" 20,8 ([оу]н оуï нлщіне ммок "s'il y [en a] un qui t'interroge"); voir *atone* оу- art.ind. sg. "un(e)", voir sous оу-.

оуоу (ou *idiol.* оуеу) "un quoi?" [= **who?**], voir sous оу "qui? quoi?" et оу- "un".

оуω *v/{n.m.}* "cesser, (faire) déjà" [= **finish**] 15,25 (соⲃте Ⳙпікλнрос ... ⲋⲓ⳨ⲙ пкл⳨⳨ клтл ⲑе ñтлуоуω еусоⲃте ⳘМоц 2ñ ⳘПноуе

"préparer le sort (de l'humanité) ... sur la Terre, comme il est déjà préparé dans les Cieux").

оуве- *prép.* "contre" [= **against**] 17,2 (лцщⲙⳠⲦ евоλ оуве пецеі "il a guetté sa venue"); *présuffixal* (оуⲃⲏⲋ) suffixé, sg.2.m. оуⲃⲏк 27,18 (→ лрхωн).

оуееⲃϯ (*idiol.*) "saint, pur", voir [оуоп] et оуннⲃ.

оуннⲃ *n.m.* "prêtre" [= **priest**] 28,7? (лцтнооу ⳘМоï ñоуннⲃ "il m'a envoyé comme prêtre"); cf. оуееⲃϯ sous [оуоп].

[оуон] *v. d'existence* "il y a, être" [= **it is, there is**]; *atone* оун- 16,12?; 19,26 (→ ϯ "combattre"); 20,2 (оун ⲅ нлі ет2ⲙоос 2ⲙ пімл ñоуωт "il y en a trois qui sont assis en ce seul (et même) lieu"). 8? (→ оуλ) et щіне); 21,22; 25,5 (→ оухлï); voir aussi [оунте-] "avoir".

оуоеін *n.m.* "lumière" [= **light**] 12,2 (→ потнрион); 26,1 (ñщнре Ⳙпоуоïн "les Fils-de-la-Lumière") (→ 2ωп).

[оуноу] *n.f.* "heure" [= **hour**], voir ñт[е]унОу "aussitôt" et тенОу "maintenant".

[оунте-] *v.prép. sfsj.* "avoir" [= **it is for one, one has**], lcplx. (composé de [оуон], оун- "il y a" et [ñте-], [ñтлⲋ] "de"); *présuffixal* (оунтлⲋ) suffixé, sg.2.m. оунтлк 27,8 (оунтлк ⳘМлу ñнет[тл]ïⲏу плрл нкекооуе "as-tu là des (femmes) qui (sont) [hono]rées plus que d'autres?"); sg.3.m. оунтлц- 17,3 (петеоунтлцⳅ ⳘНл[у] "ce qu'il a(vait) là"); pl.1. оунтлн- 12,17 (клтл ⲑе еϯте оунтлñ2 2ñ теⲅⲣлфⲏ "comme nous l'avons dans l'Écriture"); pl.3. оунтлу- 17,13? (неоунтлу2 ⳘМлу ñсоллⳌ "ils l'avaient là en consolateur"); 26,3?; *idiol.* sg.3.m. оунтец- 23,26 (оунтец ле ⳘМлу ⳘПецтон⳦⳦ еⲙⲁⳅⳅⲫⲁⲗⲁ "il a là son similaire en Masphêl").

оуωнⳌ *v/{n.m.}* "manifester, révéler, révélation" [= **reveal**] 16,3? (→ пωс). 8. 17; 17,20 (лⳡⳅ оуωнⳌ нлц "Jésus s'est manifesté à lui"); 25,27 (лцоуωнⳌ евоλ ñнеⲑⲏⲡ "il a manifesté les (secrets) cachés"; 26,20 (→ 2л-); 28,17?; *qualitatif* оуонⳌϯ 26,2 (еу2ñ петоуонⳌ евоλ "(étant) en manifestation").

[оуоп] *v/{n.m.}* "être pur (et saint), pureté, sainteté" [= **be pure, holy**]; *idiol.* оуееⲃϯ, dans 23,26 (ⲟⲩⲣⲁⲛ ⲉϥⲟⲩⲉⲉⲃ "un nom saint"); **24**,5 (ϭⲛⲛⲏⲩ ⲇⲉ ⲉⲃⲟⲗ ⲛ̄ϩⲏⲧϥ̄ ⲛ̄ϭⲓ ⲟⲩⲥⲡⲉⲣⲙⲁ ⲉϥⲟⲩⲉⲉⲃ "il en sortira une semence sainte").

ⲟⲩⲏⲣ *pro.?n.* "combien grand?" [= **how many?**] **12**,6 (ⲡⲉⲕⲥⲟⲟⲩⲛⲉ ⲡⲉ ⲙ̄ⲙⲉ ϫⲉ ⲟ̄[ⲛ] ⲁⲩ ⲛ̄ϩⲉ̄ ⲛⲉ ⲁⲩⲱ ⲟⲩⲏⲣ ⲛ[ⲉ] "ta Science c'(est) de savoir de quelle sorte et combien ils sont").

ⲟⲩⲁⲁⲧ⸗ *adj. sf.sj* "seul, unique" [= **alone, single**], *présuffixal* (ⲟⲩⲁⲁⲧ⸗) suffixé, sg.1. ⲟⲩⲁⲁⲧ **18**,8; sg.3.m. ⲟⲩⲁⲁⲧϥ̄ **17**,17 (→ ⲥⲉⲉⲡⲉ); sg.3.f. ⲟⲩⲁⲁⲧⲥ̄ **22**,12? 15 (ⲛⲉⲥⲙⲉⲟⲩⲉ ϫⲉ ⲛ̄ⲧⲟⲥ ⲟⲩⲁⲁⲧⲥ̄ ⲡⲉ "elle pensait qu'elle (était toute) seule"); **22**,10? ⲟⲩⲁⲁⲥⲧ^{sic}; pl.3. ⲟⲩⲁⲁⲧⲟⲩ **22**,19; ⲟⲩⲁⲉⲧⲟ[ⲩ] **23**,9.

ⲟⲩⲱⲧ *adj.* "unique, seul" [= **alone, single**], voir ⲛ̄ⲟⲩⲱⲧ.

ⲟⲩⲟⲉⲓϣ *n.m.* "temps, moment" [= **time**] **12**,1 (→ ⲡⲟⲧⲏⲣⲓⲟⲛ); *idiol.* [ⲟ]ⲩⲁⲉⲓϣ **22**,4? (ϩⲛ̄ ⲁϣ [ⲛ̄ⲟ]ⲩⲁⲉⲓϣ "en quel temps? ... quand?").

ⲟⲩⲱϣⲉ *v/{n.m.}* "désirer, chérir, vouloir, volonté" [= **will**] **13**,18?; **17**,27 (ⲉⲧⲃⲉ ⲡⲁⲓ̈ ⲙ̄ⲡⲓⲟⲩⲱϣⲉ ⲉϣⲱⲡⲉ ⲛⲉⲙⲁⲕ "c'(est) pourquoi je n'ai pas voulu être avec toi").

ⲟⲩⲱϣⲃ *v/{n.m.}* "répondre" [= **answer**] **11**,16. 20 (ⲁϥⲟⲩⲱϣⲃ̄ ⲛⲁϥ ⲡⲉϫⲁϥ ϫⲉ "il lui a répondu (en) disant"); **14**,6.

ⲟⲩⲱϩ̄ *v/{n.m.}* "séjour(ner), habiter, résider" [= **dwell, reside**] **12**,2 (→ ⲁⲣⲭⲱⲛ); *qualitatif* ⲟⲩⲏϩ† **23**,19 (→ ⲓⲉⲣⲟⲩⲥⲁⲗⲏⲙ).

ⲟⲩϫⲁⲓ̈ *v/{n.m.}* "être guéri, sauvé, salut" [= **health, salvation**] **25**,6 (ⲟⲩⲛ ϩⲁ̄ϩ ⲛⲁⲟⲩϫⲁⲓ̈ ⲉⲃⲟⲗ ϩⲓⲧⲟⲟⲧϥ̄ "nombreux (sont) ceux qui seront sauvés par lui").

ⲱⲛⲉ *n.m.* "pierre, caillou" [= **stone**], voir ϩⲓ ⲱⲛⲉ ⲉ- "lapider".

[ⲱ]ⲛϩ̄ *{v}/n.m.* " vivre, vie" [= **live, life**] **30**,13?; *qualitatif* ⲉⲧⲟⲛϩ† "vivant" **24**,9?

[ⲱⲡ] *v/{n.m.}* "compter, calculer" [= **count**]; *présuffixal* (ⲟⲡ⸗) suffixé, pl.3. ⲟⲡⲟⲩ **13**,18; *qualitatif* ⲏⲡ† "être compté, réservé, attribué" **14**,3?; **28**,8; voir aussi ⲛⲁⲧⲟⲡ⸗.

ⲱϣ *v/{n.m.}* "invoquer (?), invocation (?)" [= **invoke (?)**] **18**,13 (ⲉⲱϣ ⲉⲣⲟϥ "pour être voué (?) à lui")

ⲱϩⲉ *v/{n.m.}* "être là, se tenir (immobile)" [=

stand, stay], dans (*v'n*)/*n.m. sf.sj*. ⲱϩⲉⲣⲁⲧ⸗ "se tenir debout (devant l'adversaire, lui) résister", *lcplx.* (composé de ⲱϩⲉ "être là" et ⲣⲁⲧ⸗ "pied, jambe"), *présuffixal* (ⲱϩⲉⲣⲁⲧ⸗) suffixé, sg.3.m. ⲱϩⲉⲣⲁⲧϥ̄ **13**,9?; **27**,17? (→ ⲁⲣⲭⲱⲛ); pl.3. ⲱϩⲉⲣⲁⲧⲟⲩ **30**,11.

ϣ *v. impersonnel* "pouvoir, avoir la possibilité" [= **be able**] **14**,7 (→ ⲡⲱⲥ), voir aussi ϣ ϭⲟⲙ "avoir la possibilité, pouvoir".

ϣⲁ- *prép.* "vers, jusqu'à" [= **to(ward)**] **12**,20 (→ ⲅⲣⲁⲫⲏ); **13**,24 (→ ⲧⲟⲧⲉ); **14**,8? (→ ⲡⲱⲥ); **16**,6?; **20**,23 (→ ⲛⲟⲩ⸗ sous [ⲡⲁ]); **21**,17 (→ ⲃⲱⲕ); **22**,21 (→ ⲃⲱⲕ); **27**,21 (ϣⲁ ⲑⲁⲏ "jusqu'à la fin (des temps)"); **29**,14 ([†ⲛⲁ]ⲃⲱⲕ ϣⲁ ⲛⲁⲓ̈ "[j'i]rai vers ces (éléments)"); *présuffixal* (ϣⲁⲣⲟ⸗) suffixé, sg.3.m. ϣⲁⲣⲟϥ "vers lui" **26**,14? (ⲁⲉⲓⲃⲱⲕ ⲉϩⲟⲩⲛ ϣⲁⲣⲟϥ "je suis entré chez lui").

ϣⲓ *v/n.m.* "mesure(r)" [= **measure, weigh**] **13**,1 (→ ⲙⲏⲛⲉⲩⲉ); *présuffixal* (ϣⲓⲧ⸗) suffixé, voir ⲁⲧϣⲓⲧ⸗ *n.m.* et ⲛⲁⲧϣⲓⲧ⸗ *adj.* "incommensurable"; *qualitatif* ϣ[ⲏ]ⲩ† **14**,6?

[ϣ]ⲱⲓ̈ *n.m.* "partie supérieure" [= **what is high, above**], voir ⲙ̄ⲡ[ϣ]ⲱⲓ̈ "en haut".

ϣⲓⲃⲉ *{v}/n.m.* "changer, changement (d'état), passage" [= **change, pass**] **24**,25? (ϣⲁⲛⲧⲉϥϣⲱⲡⲉ ϩⲛ ⲡϣⲓⲃⲉ ⲙⲙⲛ̄ⲧⲥ̄ⲍ ⲛⲣⲟⲙⲡⲉ "... jusqu'à ce qu'il atteigne (son) passage à la dix-septième année").

ϣⲗⲏⲗ *v/{n.m.}* "prier, supplier, prière" [= **pray**] **17**,18 (ⲛⲉϥϣⲗⲏⲗ ⲙ̄ⲡϣⲁ ⲕⲁⲧⲁ ⲧⲉϥϩⲉ̄ "il priait intensément, selon sa manière (de prier)").

ϣⲏⲙ *adj.* "petit" [= **small**] **13**,5 (ⲡⲉϣⲟⲃ ⲛⲟⲩⲣⲁⲛⲟⲥ ⲛ̄ϣⲏⲙ "les soixante-douze Cieux, les Petits").

ϣⲙ̄ⲙⲟ *n.m.* "étranger" [= **stranger, alien**] **10**,16? ([ⲛ̄]ⲟ[ⲩⲏⲡⲉ ⲛ̄]ⲣⲁⲛ ⲉⲛⲛⲟ[ⲩ]ⲉⲓ ⲁⲛ ⲛⲉ [ϩⲛ̄ϣⲙ̄ϣ]ⲙⲟ ⲉⲣⲟⲓ̈ ⲛⲉ "[une quantité] de noms qui ne (sont) pas les miens, qui me (sont) [étran]gers"; **29**,8 (ⲛ̄ⲧⲟⲕ ⲕⲟ ⲛ̄ϣⲙ̄ⲙⲟ ⲉⲛ ⲁⲛⲓⲥⲉ[ϫⲉ]^{sic} ⲉⲧⲉ ⲛⲉⲉⲓ ⲛⲉ "toi, tu n'es pas (devenu) étranger aux (réalités) de ces paro[les], celles que (j'ai) exposées)"); pl. ϣⲙ̄ⲙⲟⲓ **21**,2 (ϩⲛ̄ϣⲙ̄ⲙⲟⲓ ⲁⲛ ⲉⲣⲟⲓ̈ ⲉⲡⲧⲏⲣϥ̄ ⲛⲉ "ces (réalités) ne me (sont) pas étrangères, (pas) totalement"). 8 (ⲁⲣⲁ ϭⲉ ϩⲛ̄ϣⲙ̄ⲙⲟⲓ ⲉⲣⲟ[ⲓ̈ ⲁⲛ ⲛ]ⲉ [ⲁ]ⲗⲗⲁ ⲛⲉⲧⲉⲛⲟⲩⲓ̈ ⲛⲉ "donc (ces réalités) ne [me (sont) pas] étrangères, mais elles (sont) miennes"); voir ⲣ̄ ϣⲙ̄[ⲙⲟ] "devenir étranger".

[ϢⲞⲘⲚⲦ] *n.m.* nom du nombre "trois" [= **three**], ϢⲄ̄
11,10?, *n.f.* ϢⲞⲘⲚ̄ⲦⲈ **28**,21; **29**,4 ([ⲚⲀ]ⲈⲒ ⲚⲈ
ⲚⲢⲀⲚ [Ⲛ̄]ⲦϢⲞⲘⲚ̄ⲦⲈ [Ⲥ]Ⲁⲡⲡⲓⲣⲁ ⲘⲚ̄ ⲤⲞⲨⲤⲀⲚⲚⲀ
ⲘⲚ̄ [Ⲓ]ⲰⲀⲚⲚⲀ "[ⲧⲉ]ls sont les noms de ces trois
(femmes): [S]appira et Sousanna et [I]ôanna");
ϢⲞⲘⲚ̄ⲦⲈ **29**,1?; ϢⲄ̄ⲦⲈ **21**,21; Ⲅ̄ **20**,2 (→ ⲞⲨⲚ
de [ⲞⲨⲞⲚ]).

ϢⲒⲚⲈ *v/{n.m.}* "chercher, interrogation, recherche, enquête" [= **seek, ask**] 10,19? (→ ⲈⲡⲈⲒⲆⲎ); **20**,8
([ⲞⲨ]Ⲛ ⲞⲨⲒ ⲚⲀϢⲒⲚⲈ ⲘⲘⲞⲔ "l'un t'interrogera");
25,18 (†ⲚⲀϢⲒⲚⲈ Ⲛ̄ⲘⲞⲔ ⲈⲡⲀⲒ "je te demanderai
ceci") (→ ⲈⲦⲒ); **27**,11 (→ ⲔⲀⲦⲀ ⲖⲈⲡⲦ[ⲞⲚ]);
présuffixal (ϢⲚ̄Ⲧ≠) suffixé, sg.2.m. ϢⲚ̄Ⲧ⟨Ⲕ⟩ (?) 20,
22? (ⲀⲨⲰ ⲊⲚⲀϢⲚ̄Ⲧ⟨Ⲕ⟩ (?) ⲬⲈ … "et il ⟨te⟩ (?)
questionnera (encore) …").

[ϢⲰⲚⲈ] *v/n.m.* "être compatissant, apitoiement,
pitié" [= **have pity, compassion**], voir
ⲘⲚ̄ⲦϢⲀⲚ2̄ⲦⲎⲤ "compassion".

[ϢⲰⲡ] *v/{n.m.}* "recevoir, endurer" [= **receive**],
présuffixal (ϢⲞⲡ≠) suffixé, pl.3. ϢⲞⲡⲞⲨ 17,24
(ⲀⲒ̈ⲤⲰⲦⲘ̄ ⲈⲚⲈⲚ̄ⲦⲀⲔϢⲞⲡⲞⲨ "j'ai entendu (raconter) les (souffrances) que tu as subies").

ϢⲰⲡⲈ *v/{n.m.}* "devenir, exister, être, existence"
[= **be, become**] 10,12? ([Ⲛ]ⲀⲈⲒ ⲈⲦ]ϢⲞⲞ[ⲡ]
Ⲏ ⲚⲈⲦⲚⲀϢⲰ[ⲡⲈ] "qui existent ou qui
[existe]ront"); **13**,25 (→ ⲞⲨⲔⲈⲦⲒ); **14**,3 (→
ⲚⲀⲦⲞⲡ≠ et ⲚⲀ2ⲣⲚ̄-). 5; **16**,12?; **17**,6 (→
ⲤⲚⲀⲨ). 27 (→ ⲞⲨⲰϢⲈ); **19**,6 (→ ⲤϢⲈ et ⲞⲚ).
12. 15? (→ Ϭ̄ⲂⲂⲈ). 25; **22**,11? ([Ⲁⲥ]ϢⲰⲡⲈ
ⲈⲤⲀⲒ̈*sic* ⲚⲀⲦⲤⲞⲞⲨⲚⲈ "étant ignorante"); **23**,11;
24,25 (→ ϢⲒⲂⲈ et ⲢⲞⲘⲡⲈ); **25**,7? (→ ⲆⲞⲄⲘⲀ).
13?; **29**,25; **30**,20?; *qualitatif* ϢⲞⲞⲡ† 10,8. 21.
22. 25. 26 (→ 2ⲰⲰ≠); **14**,16; **22**,13?; **26**,21;
28,26?; voir aussi ⲈⲦϢⲞⲞⲡ "qui est, existant" et
ⲡⲈⲦϢⲞⲞⲡ† "l'Existant".

ϢⲀⲢⲞ≠ voir ϢⲀ- "jusqu'à, vers".

ϢⲎⲢⲈ *n.m.* "fils, Fils, enfant" [= **son, child**] 11,5 (→
ⲡⲈⲦϢⲞⲞⲡ); **12**,1 (→ ⲞⲨⲞⲈⲒⲚ); **20**,12? ([Ⲁ]ⲚⲞⲔ
ⲡⲈ ⲡϢⲎⲢⲈ ⲀⲨⲰ ⲈⲂⲞ[ⲗ 2]Ⲓ̈ⲦⲚ̄ ⲡⲒⲰⲦ "je (suis) le
Fils, et je le (suis) par le Père"). 14 (→ ⲀⲰ). 17
(→ ⲈⲦϢⲞⲞⲡ); **23**,8?; **24**,3 (→ ⲔⲖⲎⲢⲞⲚⲞⲘⲒⲀ).
8 (ⲈⲢ[Ⲉ]ϢⲀⲚ ⲡⲈⲊϢⲎⲢⲈ ⲔⲞⲨⲒ̈ Ⲣ̄ Ⲛ̄[ⲞϬ] "lorsque
son enfant (encore) petit aura [grandi]"). 13 (→
ⲔⲞⲨⲒ̈). 19 (ⲀⲨⲰ Ⲛ̄ⲊⲬⲡⲞ ⲈⲂⲞⲗ Ⲛ2ⲎⲦⲤ̄ Ⲛ̄ϢⲎⲢⲈ
ⲤⲚⲀⲨ "et il a engendré d'elle deux fils"); **25**,26

(→ ⲔⲀⲖⲰⲤ); **26**,1 (Ⲛ̄ϢⲎⲢⲈ Ⲛ̄ⲡⲞⲨⲞⲒ̈Ⲛ "les Fils-
de-la-Lumière"). 17 (→ ⲀⲚⲞⲔ et ⲚⲈⲞⲨⲈ). 18.

ϢⲞⲢⲠ̄ *n.m.(f.)* "premier (temps), début" [= **first**], dans
Ⲛ̄Ϣ[ⲞⲢⲠ ⲀⲚ] "pas le premier" 10,17?; et surtout
ⲬⲚ̄ Ⲛ̄ϢⲞⲢⲠ̄ "depuis les débuts" 10,22. 25?; **18**,7
(→ ⲄⲀⲢ et ⲡⲈⲦϢⲞⲞⲡ); **20**,16? 18. 21?; **21**,7? (→
ⲄⲈⲚⲞⲤ). 13; **22**,26; ⲬⲚ̄ ⲚϢⲞⲢⲠ̄ ⲀⲚ "pas depuis
les débuts" 10,27?; *idiol.* ⲬⲚ̄ Ⲛ̄ϢⲀⲢⲠ̄ **21**,12?; *atone*
ϢⲢⲡ-, voir ϢⲢⲡ Ⲛ̄ⲘⲒⲤⲈ "premier-né."

ϢⲢⲡ Ⲛ̄ⲘⲒⲤⲈ *adj./v* "premier-né" [= **firstborn**], lcplx.
(composé de ϢⲢⲡ de ϢⲞⲢⲠ̄ "premier" et ⲘⲒⲤⲈ
"enfanter") **28**,9 (→ ⲀⲡⲀⲢⲬⲎ).

ϢϹⲚⲈ *n.m.* "(bref) instant" [= **moment**], voir 2Ⲛ̄
ⲞⲨϢⲤⲚⲈ *adv.* "subitement".

[ϢⲒⲦⲈ] *v/{n.m.}* "exiger, extorquer" [= **extort**],
qualitatif ou infinitif? ϢⲀⲀⲦ 20,6 (Ⲛ̄ⲦⲞⲟ[Ⲩ]
ⲈⲨϢⲀⲀⲦ ⲈⲨϤⲒ Ⲛ̄Ⲛ̄†ⲨⲬⲎ "eux-(mêmes), ils extor-
quent (et) ils emportent (en rapt)
les âmes").

Ϣ[Ⲧ]ⲈⲔⲞ *n.m.* "prison" [= **prison**] 30,5? (ⲔⲀ[Ⲓ]ⲞⲨⲀ
ⲡⲈⲚ̄ⲦⲀϤⲈ[Ⲓ] ⲈⲂⲞⲗ 2Ⲛ̄ ⲡⲈϢ[Ⲧ]ⲈⲔⲞ "c'(était) un
autre qui était s[orti] de la prison").

[ϢⲦⲞⲢⲦⲢ̄] *v/{n.m.}* "bouleverser, trouble, effervescence" [= **be troubled**] *idiol.* ϢⲦⲀⲢⲦⲢ̄ **22**,17
(ⲦⲞⲦⲈ ⲤⲈⲚⲀϢⲦⲀⲢⲦⲢ̄ ⲦⲎⲢⲞⲨ "alors tous entre-
ront en effervescence").

ϢϢⲈ voir ⲤϢⲈ "il convient (de), il faut".

ϢⳂⲂⲒⲰ *n.f.* "échange" [= **exchange**] **29**,27 (ⲀⲨ-
ⲀⲘⲀ2ⲦⲈ Ⲛ̄Ⲓ̈ⲀⲔⲔⲰ[ⲂⲞⲤ ⲚⲦ]ϢⳂⲂⲒⲰ ⲈⲡⲘⲀ ⲚⲔⲈ-
ⲣⲰⲘⲈ "ils ont saisi (et arrêté) Jac[ques] à la place
d'un autre homme").

ϢⳂⲈⲤⲚⲞⲞⲨⲤ *n.* nom du nombre "soixante-douze"
[= **seventy-two**] **13**,3? (→ ⲤⲞⲈⲒϢ); ϢⲞ̄Ⲃ
13,5 (ⲡⲈϢⲞ̄Ⲃ ⲚⲞⲨⲢⲀⲚⲞⲤ "les soixante-douze
Cieux"); **23**,2 (ⲡϢⲞ̄Ⲃ Ⲛ̄ⲤⲞⲈⲒϢ "les soixante-
douze appariés").

ϢⲀⲬⲈ *v/n.m.* "parler, parole" [= **speak**] 12,19
(ⲡⲈⲚⲦⲀϢⲀⲬⲈ ⲈⲦⲈⲈⲒⲄⲢⲀⲫⲎ "celui qui a parlé
à propos de cette Écriture"); **15**,17?; **20**,1; **24**,14
(→ ⲚⲎⲨ de [ⲚⲞⲨ]); **26**,23 (→ ⲡⲢⲞⲫⲎⲦⲎⲤ);
27,23; *idiol.* ⲤⲈⲬⲈ **23**,20? (ⲘⲀⲢⲈϤⲬⲡⲞ ⲚⲈϤ*sic*
Ⲛ̄ⲚⲈⲒ̈Ⲥ[Ⲉ]ⲬⲈ Ⲛ̄2ⲎⲦϤ̄ ⲘⲘⲚ̄ⲦⲈ ⲚⲢⲞⲘⲡⲈ "qu'il
garde en sa possession, en lui-même, ces paroles
(secrètes), pendant dix ans"); **25**,7 (→ ⲆⲞⲄⲘⲀ);
27,12 (→ ⲀⲢⲄⲞⲚ); **29**,8? (→ ϢⲘ̄ⲘⲞ).

[ϣoϫнє] {v}/n.m. "raisonnement" [= **counsel**], idiol.
coϫн[є] 26,8? (oyпnа ncoϫн[є] "un esprit
de raisonne[ment]").

ϣ бoм (v/n)/n.m. "avoir la possibilité, pouvoir"
[= **be possible**], lcplx. (composé de ϣ "avoir la
possibilité, pouvoir" et бoм "puissance, force"),
nég. "ne pas pouvoir" voir мn ϣ бoм.

ϥι v/{n.m.} "ôter, (em)porter, spoliation, pillage" [=
carry, take] 20,6 (→ ϣaaт† de [ϣιтє]); 21,22
(2[o]тan ∆є єкϣanєι єхn тϣ̄̄тє naï єтϥι
n̄тєϯyхн "lorsque tu arriveras au trio (féminin)
emportant (en rapt) l'âme"); atone ϥι-, voir ϥι
poоyϣ "se soucier, se préoccuper (de)"; présuffixal (ϥιт²) suffixé, sg.3.m. ϥιтϥ̄ 30,12 (ϥιтϥ̄
2ιхn̄ пka[2] "ôte(z)-le (de) dessus la terre!";
pl.3. ϥιтoy 23,24 (тoтє єϥϣancа2oy
cєnaϥιтoy n̄тooтϥ̄ n̄cєтaay n̄мanā̄ā̄
"alors, quand il les aura écrites (ces paroles
secrètes), elles lui seront volées (en rapt) (et) elles
seront données à Manaêl"); 24,22 (ayω naï
cєnaϥιтoy євoλ 2n̄ пєϥ2нт "et ces (précep-
tes secrets) seront balayés de son coeur").

ϥι poоyϣ (v/n)/n.m. "se soucier, se préoccuper (de)"
[= **be worried**], lcplx. (composé de ϥι- de ϥι
"ôter, (em)porter" et poоyϣ "souci, préoccupation") 15,1.

[ϥωтє] v/{n.m.} ou вωтє "essuyer, effacer" [= **wipe
away**] 19,18 (aϥвωтє євoλ nnєϥр̄мєιooyє
"il a essuyé ses larmes").

2a- prép. "sous, dans, à, pour, à propos de" etc.
[= **under, in, at**] 15,14?; 26,19, voir 2a тє2н
ємпa(†)- "avant que (je) ..."; présuffixal (2apo²)
suffixé, sg.2.m. 2āpoк 15,1 (→ poоyϣ);
sg.3.m. [2a]poϥ 30,6?

2aн n.f. "(la) fin" [= **end**], ϑaн avec son art.déf. sg.f.
10,1 (→ cωтє); 27,21.

2є v/{n.m.} "tomber, trouver, chute" [= **fall**] 20,7
(єкϣan2є ϥ̄ιтn̄ 2ā2 "si tu tombes entre (les)
mains de beaucoup (de ces péagers)").

2є n.f. "manière, sorte" [= **manner**], dans 2[n̄] aϣ
n̄2є "de quelle manière? ... comment?" 12,6;
voir aussi кaтa ϑє "comme"; кaтa тєϥ2є
"selon sa manière, (sa coutume)"; n̄тєєι2є "de
cette manière, ainsi".

2н n.f. ou є2н "partie antérieure" [= **fore part**],

voir 2a тє2н ємпa(†)- "avant que (je) ...";
présuffixal (2нт² ou є2нт²) suffixé, sg.3.m.
2нтϥ̄ "devant lui" 14,18 (†р̄ 2oтє 2нтϥ̄
м̄п[єyвϣaλ̄] "j'ai peur de [leur colère]"); voir
aussi євoλ 2нтϥ̄ n̄- "devant, en face de"; ou
sg.2.m. є2нтк̄ 19,26 (oyn 2a2 naϯ є2нтк̄
"nombreux (sont) ceux qui combattront contre
(litt. en face de, devant) toi", mieux: "qui
s'opposeront à toi".)

2ι- prép. "sur" (?) et conj. "et" [= **on, at, and**] 26,7?
(oyпnа ncoϕιa 2[ι] м[n̄т]caвє "un esprit
de Sagesse-et-Pondération"). 9; 28,12 (ϣaϥϫι
n̄naпaрхн ayω ϣa[ϥп]ϣωϣє n̄oycιa 2ι
прocϕoр[a] "(le prêtre) reçoit les prémices et il
partage les sacrifices et les offrandes"); présuffixal
(2ιω²) suffixé, sg.1. (?) 15,9? 2ιω[т].

2ιє adv. "alors, voici" [= **then, now**] 11,19?; 21,15
(→ єтωnє); 22,3?

2ιн n.f. "chemin, route" [= **road, way**] 11,24
(→ cтa- de [cтo]).

2ωω² pron. sfsj "(soi)-même" (d'emphase) [= **self**],
présuffixal (2ωω²) suffixé, sg.3.f. 2ωωc 10,26
(тн̄n̄тс2̄ιмє 2ωωc cϣooп "la féminité elle-
même existe"); idiol. 2ω² sg.2.m. 2ωк 18,23?

2ωв n.m. "oeuvre, chose" [= **thing, work**] 14,2 (кaтa
2ωв nιм "en toutes choses"); ϕωв (= п2ωв)
28,19.

2n̄- prép. (par assimilation devant п-, plus rarement
м-), voir 2n̄- prép.

2мooc v/{n.m.} "s'asseoir, être assis, (position) assise,
installation" [= **sit, remain**] 20,3 (→ oyn- de
[oyon]); 2мooc 19,9? (→ пєтpa); 2мoст
23,22 (→ тoλмa).

2м2aλ n.m. "esclave, serviteur" [= **servant**] 18,18
(nєкo гap n̄2м2aλ naϥ "car tu étais son
esclave").

2n̄- prép. "dans, en, par" [= **in, at, on, by**], atone de
2oyn, présuffixal (n̄2нт²); 2n̄- 10,5; 12,17;
13,21 (→ noyхє). 23; 14,1; 15,14 (2n̄
пєєιмa "en ce lieu"). 26; 17,19; 18,9?; 19,12.
25; 20,17; 22,4; 24,25; 25,16; 26,2; 28,4; adv.
14,24 (2n̄ oyр̄ пмєoyє "en (pleine) réminiscence"); 17,19 (2n̄ oyϣcnє "subitement");
voir aussi є2oyn 2n̄- "dans"; et євoλ 2n̄-,
євoλ 2n̄-; 2м- (par assimilation devant п- le

plus souvent) **12**,9; **15**,6; **20**,3?; **22**,6; **24**,17; **25**,16; **26**,22; **28**,8?; *présuffixal* (ⲛ̄ϩⲏⲧ⸗) suffixé, sg.1. ⲛ̄ϩⲏⲧ **14**,16; **15**,11; **18**,8?; sg.2.m. ⲛ̄ϩⲏⲧⲕ̄ **13**,16; **15**,5; **16**,23; **23**,12?; sg.3.m. ⲛ̄ϩⲏⲧϥ̄ **17**,4; **19**,20; **23**,21; sg.3.f. **15**,3? ⲟ̄ⲣ̄ϩⲓ̈ ⲛ̄ϩⲏⲧⲥ̄; pl.3. ⲛ̄ϩⲏⲧⲟⲩ **13**,6; **23**,10?; **24**,23; ⲉⲃⲟⲗ ⲛ̄ϩⲏⲧ⸗ voir ⲉⲃⲟⲗ ϩⲛ̄-.

ϩⲛ̄- *art.ind.* pl. "des" [= **some**] (forme *atone* de [ϩⲟⲉⲓⲛⲉ] "quelques-uns") (*fonct.* art.ind. sg. ⲟⲩ-, voir sous ⲟⲩ- art.); ϩⲛ̄- **10**,23? 24; **12**,6? (ϩ[ⲛ] ⲁⲱ ⲛ̄ϩⲉ̄ ⲛⲉ "de quelle sorte ils (sont)"); **13**,16; **18**,3?; **20**,3?; **21**,2. 8; **25**,24. 24.

ϩⲟⲩⲛ *n.m.*, voir ⲉϩⲟⲩⲛ "dedans", ⲉϩⲟⲩⲛ ϩⲛ̄- "dans"; *atone* ϩⲛ̄- = ϩⲛ̄- prép. "dans", voir cette prép.

[ϩⲱⲛ] *v/{n.m.}* "s'approcher, proximité" [= **be near**], *qualitatif* [ϩ]ⲏⲛⲧ̄ "(être) proche" **11**,15? (ⲡⲁ[ⲥⲱⲧⲉ ϩⲏⲛ ⲉϩ̄ⲟⲩⲛ "mon [rachat est pro]che").

ϩⲛⲁ⸗ voir ⲉϩⲛⲁ⸗ "désirer, (faire) volontiers".

ϩ̄ⲓ ⲱⲛⲉ *(v/n)/n.m.* "lapider" [= **cast stones, stone**], lcplx. (composé de ϩⲓ- de ϩⲓⲟⲩⲉ "lancer" et ⲱⲛⲉ "pierre" **11**,22 (→ ⲁⲙⲁϩⲧⲉ et ⲥⲱⲧⲉ); **30**,23? (ⲛ̄ⲧⲉⲣⲟⲩϩ̄ⲓ ⲱⲛ[ⲉ ⲇⲉ ⲉⲣⲟϥ] ⲡⲉⲝⲁϥ "lorsqu'ils [le lapida]ient, il a dit").

ϩⲛ ⲟⲩⲱϭⲛⲉ *adv.* "subitement" [= **suddenly, all of a sudden**], lcplx. (composé de ϩⲛ̄- "dans", ⲟⲩ-"un(e)" et ⲱϭⲛⲉ "(bref) instant" **17**,19 (ϩⲛ ⲧⲏⲛⲧⲉ ⲇⲉ ϩⲛ ⲟⲩⲱϭⲛⲉ ⲁⲓ̄ⲥ ⲟⲩⲱⲛϩ̄ ⲛⲁϥ "or (voici qu')au milieu (de sa prière), subitement, Jésus s'est manifesté à lui").

ϩⲱⲡ *v/{n.m.}* "cacher" [= **hide**] **24**,12; *qualitatif* ϩⲏⲡⲧ̄ "caché, secret" **14**,17?; **23**,10; **24**,25; ⲉϩⲏⲡ "caché" **29**,3 ([ⲡⲥ]ⲟⲟⲩⲛⲉ ⲉϩⲏⲡ "la Science cachée"); ⲛⲉϩⲏⲡ "les (secrets) cachés" **26**,1 (ⲁϥⲟⲩⲱⲛϩ̄ ⲉⲃⲟⲗ ⲛ̄ⲛⲉϩⲏⲡ ⲉⲧⲃⲉ ⲛ̄ϣⲏⲣⲉ ⲙ̄ⲡⲟⲩⲟⲓ̈ⲛ "il a manifesté les (secrets) cachés, à cause des Fils-de-la-Lumière"). 4.

ϩⲣⲁ[ⲓ̈] *n.m.* "(la) partie supérieure" [= **upward, above**] **12**,10?; *idiol.* ⲟ̄ⲣ̄ϩⲓ ϩ̄ϩⲏⲧⲥ̄ "en elle" **15**,3?

ϩⲓⲥⲉ *v/n.m.* "peine(r), souffrir" [= **suffer, suffering**] **16**,28 (ⲁϥⲥⲱⲧⲙ̄ ⲉⲛⲉϥϩ̄ⲓⲥⲉ "il a entendu (parler) de ses souffrances"); **18**,8 (ⲙ̄ⲡⲓϩ̄ⲓⲥⲉ ⲅ[ⲁⲣ] ϩ[ⲛ] ⲗⲁⲟⲩ[ⲉ] "[en effet], je n'ai souffert [en] rien"); **28**,22; voir aussi ⲙⲁⲓ̈ϩ̄ⲓⲥⲉ en p.c. "aimant le travail pénible, laborieux".

ϩⲏⲧ *n.m.* "cœur (en tant que siège de l'intelligence)" [= **heart, mind**] **13**,21 (→ [ⲃⲁⲗⲉ] et ⲛⲟⲩϫⲉ); **15**,19 (→ ⲉⲡⲁⲓⲛⲟⲩ); **27**,24 (ⲡⲥⲟⲟⲩⲛⲉ ⲉⲧϫⲓⲥⲉ ⲛ̄ϩⲏⲧ "la connaissance qui enorgueillit"); **28**,4 (→ [ⲃⲁⲗⲉ]); ϥ̄ϩⲧ avec son art.déf. sg.m. **24**,20 (→ ⲛⲟϭ).

ϩⲏⲧ⸗ "devant, (par crainte)", voir ϩⲏ ou ⲉϩⲏ "partie antérieure".

ϩⲏ(ⲛ)ⲧⲉ voir ⲉⲓⲥ "voici".

ϩⲟⲧⲉ *n.f.* "peur, crainte" [= **fear**] **26**,10 (ⲟⲩⲡ̄ⲛ̄ⲁ ⲛϩⲟⲧⲉ "un esprit de crainte"); ⲑⲟⲧⲉ avec son art.déf. sg.f. **15**,19 (ⲑⲟⲧⲉ ⲉⲓⲣⲉ ⲙ̄ⲙⲟⲕ ⲙ̄ⲙⲁⲓ̈ϩ̄ⲓⲥⲉ "la crainte te fait aimer la souffrance") (→ ϩ̄ⲓⲥⲉ); voir aussi ⲣ̄ ϩⲟⲧⲉ "avoir peur, craindre".

ϩⲓⲧⲛ̄- *prép.* "par (le moyen de)" [= **through, by**], souvent précédé de ⲉⲃⲟⲗ **15**,17; **20**,7 (→ ϩⲉ); **26**,27 (→ ⲧⲁⲡⲣⲟ); *présuffixal* (ϩ̄ⲓⲧⲟⲟⲧ⸗) suffixé, pl.3. ϩ̄ⲓⲧⲟⲟⲧⲟⲩ **13**,9; voir aussi ⲉⲃⲟⲗ ϩⲓⲧⲛ̄- "par (le moyen de)".

ϩⲁ ⲧⲉϩⲏ ⲉⲙⲡⲁ(ⲧ̄-) *conj.* "avant que (je) …" [= **before (I)**], lcplx. (composé de ϩⲁ- "sous", ⲧ- art.déf. sg.f., ⲉϩⲏ "partie antérieure", et ⲉⲙⲡⲁⲧ̄- prV. expectatif sg.1.) **26**,19 (ⲁⲩⲱ ⲁⲛⲟⲕ ϩⲁ ⲧⲉϩⲏ ⲉⲙⲡⲁ†ⲟⲩⲱⲛϩ̄ ⲉⲃⲟⲗ ⲛ̄ⲛⲉⲉⲓⲙⲁ "et moi-même, avant que je me manifeste en ces lieux …").

[ϩⲓⲟⲩⲉ] *v/{n.m.}* "jeter, lancer" [= **strike, cast, lay**], *atone* ϩⲓ-, voir ϩⲓ ⲱⲛⲉ "lapider".

ϩⲟⲟⲩⲧ̄ *v. qualitatif* "être mauvais, corrompu" [= **bad**], voir ⲡⲉⲑⲟⲟⲩ "le mal".

ϩⲟⲟⲩⲉ *n.m.* "jour" [= **day**] **11**,10?; **17**,6 (→ ⲥⲛⲁⲩ).

ϩⲟⲩⲟ *n.m.* "le surplus, la masse" [= **great (part)**] **20**,2; voir aussi ⲛ̄ϩⲟ[ⲩⲟ] "plus, davantage".

[ϩⲟⲟⲩⲧ] *n.m.* "mâle" [= **male**], *idiol.* ϩⲁⲟⲩ[ⲧ] **22**,9? (→ ⲭⲱⲣⲓⲥ); ϥⲁⲩⲧ (= ⲛ̄ϩⲁⲩⲧ) **28**,20.

ϩⲁϩ *adv.* "beaucoup (de)" [= **many**] **12**,2 (ϩⲁϩ, → ⲁⲣⲭⲱⲛ); **19**,26 (ϩⲁϩ); **20**,7 (ϩⲁϩ); **25**,5 (ϩⲁϩ, → ⲉⲡⲁⲣⲭⲉⲓⲁ). 6 (ϩⲁϩ, → ⲟⲩϫⲁⲓ̈). 8 (ϩⲁϩ, → ⲉⲡⲁⲣⲭⲉⲓⲁ).

ϩⲓϫⲛ̄- *prép.* "sur" [= **(up)on**] **17**,8 (→ ⲇⲓⲁⲕⲟⲛⲉⲓ); **19**,10 (→ ⲡⲉⲧⲣⲁ); **30**,12 (ϩⲓϫⲛ̄[sic] ⲡⲕⲁ[ϩ] "sur la terre"); ϩⲓϫⲙ̄- (par assimilation devant ⲡ-, plus rarement ⲙ-) **15**,25 (ϩ̄ⲓϫⲙ̄ ⲡⲕⲁϩ "sur la terre").

ⲭⲉ *conj.* "que" [= **that** etc.], dans ses cinq
significations principales: 1. ⲭⲉ de déclaration
"(dire) que, (faire savoir) que", etc. (suivant
ⲭⲱ etc., ⲡⲉⲭⲁϥ etc.: 60% du tout); 2. ⲭⲉ
de nomination, d'appel (suivant ⲙⲟⲩⲧⲉ, ⲭⲓ
... ⲣⲁⲛ, etc.: 7% du tout); 3. ⲭⲉ de pensée,
d'interprétation (suivant ⲙⲉⲟⲩⲉ etc.: 7% du
tout); 4. ⲭⲉ de cause ("parce que, car" etc.:
26% du tout); 5. ⲭⲉ de but ("pour que, afin
que", néant); ⲭⲉ n'apparait ici que comme une
composante de ⲭⲉⲕⲁⲁⲥ, qu'on trouvera plus
loin. Présence précédente de: hr = ϩⲉⲣⲙⲏⲛⲉⲩⲉ,
k = ϭⲱⲗⲛ̄, m = ⲙⲟⲩⲧⲉ, mm = ⲙ̄ⲙⲉ, mw =
ⲙⲉⲟⲩⲉ, nn = ⲛⲟⲓ̈, p = ⲡⲉⲭⲉ-, ⲡⲉⲭⲁϥ, r = ⲭⲓ
ⲛ̄ⲟⲩⲣⲁⲛ, s = ϣⲓⲛⲉ, t = ⲧⲁⲙⲟ, néant = ⲭⲱ.
1. déclaration 10,7(t); 11,16(p). 20(p); 12,14.
18(p); 13,4?; 14,7?(p); 16,18?; 17,14. 22;
19,3. 11(p). 22(p); 20,10? 12? 14. 16. 19. 20.
22(s). 23. 25; 21,2. 15. 17. 25; 22,24(k); 23,5;
26,13(m); 28,5(nn); 30,12?(p). 14p. 24;
2. nomination, appel 10,4(m); 17,9(m);
18,19(r); 24,10(r);
3. savoir, pensée, interprétation 12,5(mm);
22,15(mw); 23,4(hr); 26,17(mw);
4. cause 11,24; 16,11; 18,16. 21; 20,9?; 21,10.
13; 25,23; 27,11; 28,7. 18; 29,15?; 30,1. 21?
26; voir aussi ⲉⲃⲟⲗ ⲭⲉ "parce que".

ⲭⲓ *v/{n.m.}* "prendre, recevoir, prise, accueil" [=
receive, take] 19,1(→ ⲁⲥⲡⲁⲍⲉ). 14 (→ ⲕⲏ de
ⲕⲱ); 24,16 (→ ⲅⲉⲛⲟⲥ); 28,11 (→ ⲁⲡⲁⲣⲭⲏ et
ϩⲓ). 14; 29,9 (→ ⲁⲣ[ⲭ]ⲏ); *atone* ⲭⲓ- 20,4? (→
ⲧⲉⲗⲟⲥ); 27,6. 23; *présuffixal* (ⲭⲓⲧ≠) suffixé,
sg.3.m. ⲭⲓⲧϥ̄ 17,22 (→ ⲁⲣⲭⲉⲥⲑⲁⲓ); voir aussi
ⲭⲓ ... ⲣⲁⲛ.

ⲭⲱ *v/{n.m.}* "dire, parole, discours" [= **say**] 11,17
(ⲡⲉⲭⲁϥ ⲭⲉ ϩⲣⲁⲃ[ⲃⲉⲓ] ⲟⲩ ⲡⲉⲧⲕⲭⲱ ⲙⲙⲟϥ "il
a dit:"Rab[bi] que dis-tu?"); 15,16; 17,14. 22;
19,3; 27,2. 12 (→ ⲁⲣⲅⲟⲛ); 29,20?; *présuffixal*
(ⲭⲟⲟ≠) suffixé, sg.3.f. ⲭⲟⲟⲥ 16,25 (→ ⲕⲁⲧⲁ);
20,11. 14? 15. 19. 20. 23. 25; 21,2. 15? 16;
pl.3. ⲭⲟⲟⲩ 16,22 (→ ⲙⲉⲟⲩⲉ); 21,19. 24;
23,11; 24,7 (→ ⲥⲡⲉⲣⲙⲁ). 16; 27,1 (→ ⲕⲁⲧⲁ).

ⲭⲱⲱⲃⲉ *v/{n.m.}* "franchir, passage" [= **pass through**]
26,11 (ⲛ̄ⲧⲉⲣⲉϥⲭⲱⲱⲃⲉ ⲙⲡⲕⲁϩ ⲙ̄ⲡⲛⲟϭ
ⲛⲁⲣⲭⲱⲛ ⲡⲉⲧⲉϣⲁⲩⲙ[ⲟ]ⲩⲧⲉ ⲉⲣⲟϥ ⲭⲉ ⲁⲗⲗⲱⲛ

"lorsqu'il eu franchi la terre du Grand Archonte
que l'on nomme Addôn").

ⲭⲱⲕ *v/{n.m.}* "achever, parfaire, achèvement, fin" [=
complete] 18,15; 27,3. 4? (toujours suivi de
ⲉⲃⲟⲗ).

ⲭⲉⲕⲁⲁⲥ *conj.* "afin que, pour que" [= **in order
that**] 10,6?; 11,5? (→ ⲙ̄ⲙⲉ v., ⲛⲟⲩ≠ de [ⲡⲁ], et
ⲡⲉⲧϣⲟⲟⲡ); 18,1; 26,2; 28,16?; voir aussi ⲭⲉ.

ⲭⲱⲙⲉ *n.m.* "livre, document" [= **book**] 24,2
(ⲙⲁⲣⲉϥⲕⲱ ⲛⲁϥ ⲙ̄ⲡⲉⲉⲓⲭⲱⲙⲉ ⲉⲧⲉ ⲡⲁⲉⲓ ⲡⲉ
ⲉⲩⲕⲗⲏⲣⲟⲛⲟⲙⲓⲁ ⲛ̄ⲛ̄ϣⲏⲣⲉ "qu'il garde en sa
possession ce livre, oui, (précisément), celui-ci,
en héritage pour (ses) fils");

ⲭⲛ̄ *prép.* "depuis", voir ⲭⲛ̄ ⲛ̄ϣⲟⲣⲡ̄ "depuis les débuts".

ⲭⲛ̄ ⲛ̄ϣⲟⲣⲡ̄ *adv.* "depuis les débuts" [= **since the
beginning**] 10,22? (ⲛⲉⲥϣⲟⲟⲡ ⲁⲛ ⲡⲉ ⲭⲛ̄
ⲛ̄ϣⲟⲣⲡ̄ "elle n'existait pas depuis les débuts").
25? 27; 18,7; 20,16? 18. 21?; 21,7? (→
ⲅⲉⲛⲟⲥ). 13?; 22,26; *idiol.* ⲭⲛ̄ ⲛ̄ϣⲁⲣⲡ̄ 21,12?

ⲭⲡⲟ *v/{n.m.}* "acquérir, engendrer, acquisition" [=
acquire] 23,20 (→ ϣⲁⲭⲉ); 24,18 (ϥⲛⲁⲭⲓ ⲇⲉ
ⲛⲟⲩⲥϩⲓⲙ[ⲉ] ⲛ̄ⲣⲙ̄ⲑ̄ⲓⲗ̄ⲏ̄ⲙ̄ ϩⲛ ⲡⲉϥⲅⲉⲛⲟⲥ ⲁⲩⲱ
ⲛ̄ϥ̄ⲭⲡⲟ ⲉⲃⲟⲗ ⲛ̄ϩⲏⲧⲥ̄ ⲛ̄ϣⲏⲣⲉ ⲥⲛⲁⲩ "il prendra
(pour épouse) une femme de Jérusalem, (femme)
de sa race, et il engendrera d'elle deux fils").

ⲭⲡⲓⲟ *v/n.m.* "(faire des) reproche(s), réprimander,
correction (humiliante)" [= **blame**] 14,15? 22
(→ ⲣⲁⲃⲃⲉⲓ). 25 (→ ⲛ̄ϣⲉ, ⲣ̄ ⲡⲙⲉⲟⲩⲉ); 16,17
(†ⲛⲁ[ⲟⲩⲱⲛϩ̄ ⲉⲃⲟⲗ] ⲉⲡⲉⲭⲡⲓⲟ ⲛ̄ⲛⲁⲣⲭⲱ[ⲛ] "je
me [manifeste]rai pour (couvrir de) honte les
archontes").

ⲭⲱⲱⲣⲉ *v/{n.m.}* "dispersion, (se) disperser"
[= **disperse**] 17,15 (ⲁⲩⲱ ⲉⲓⲥ ϩ̄ⲧⲏ̄ⲣ]ⲉ ⲁⲩⲭⲱⲱⲣⲉ
ⲉⲃⲟⲗ "et voici, ils se sont dispersés").

ⲭⲓ ... ⲣⲁⲛ *(v'n)/n.m.* "recevoir un nom, être nommé" [=
receive a name], lcplx. (composé de ⲭⲓ "recevoir",
et de ⲣⲁⲛ "nom"); ⲭⲓ ⲛⲟⲩⲣⲁⲛ 18,19 (→
ⲓ̈ⲁⲕⲕⲱⲃⲟⲥ); *idiol.* ⲭ[ⲓ] ⲛ[ⲟ]ⲩⲣⲉⲛ 24,9? (ϥⲛⲁⲭ[ⲓ]
ⲛ[ⲟ]ⲩⲣⲉⲛ ⲭⲉ ⲗⲉⲩⲉⲓ "il recevra le nom de Lévi").

ⲭⲥ̄ voir [ⲭⲟⲉⲓⲥ].

[ⲭⲟⲉⲓⲥ] *n.m.* "seigneur, maître(sse)" [= **lord**]; abr. ⲭⲥ̄
21,11 ([ⲧⲉⲧⲟ ⲛ̄ⲭⲥ̄ ⲉⲣⲟⲟⲩ ⲧⲁ ⲡⲉⲧϣⲁⲁ[ⲡ*sic*
ⲧⲉ] ⲭⲛ̄ ⲛ̄ϣⲁⲣⲡ̄*sic* "[celle qui est] Maîtresse sur
elles appartient à l'Existant depuis les débuts").

ⲭⲓⲥⲉ *v/{n.m.}* "élever (en hauteur), élévation,

exaltation" [= **make high**] 27,24 (ⲡⲥⲟⲟⲩⲛⲉ
ⲉⲧϫⲓⲥⲉ ⲛ̄ϩⲏⲧ "c'est la Science qui enorgueillit
(litt. élève)").

ϫⲱϩⲙ̄ *v/n.m.* "souiller, salir, souillure" [= **defile**]
28,18 (ϫⲉ ⲁⲡϫⲱϩⲙ̄ ⲡⲱⲣϫ ⲉⲃⲟⲗ
ⲉⲩⲙ̄ⲧⲁⲧϫⲱϩⲙ̄ "car l'impureté s'est séparée de
la pureté"); voir aussi ⲛⲁⲧϫⲱϩⲙ̄ "non-souillé,
pur"; ⲙ̄ⲛⲧⲁⲧϫⲱϩⲙ̄ *n.f.* "non-souillure, pureté";
qualitatif ϫⲁϩ̄ⲙ̄ⲧ "souillé" 28,15? (ⲛⲁⲡⲁⲣⲭⲏ
ⲛ̄ⲛⲉⲧϫⲁϩⲙ̄ "les prémices des impuretés").

ϭⲉ *conj.* "donc" [= **so, then**] 10,25 (→ ⲡⲉⲧϣⲟⲟⲡ);
12,3?; 13,1 (→ ⲉϣϫⲡⲉ); 16,21 (→ ϯⲛⲟⲩ);
20,25 (ⲛ̄ⲧⲁⲕⲉⲓ ϭⲉ ⲛ̄ⲥⲁ ⲟⲩ "qu'es-tu donc venu
(rechercher)?"); 21,8 (→ ⲁⲣⲁ); 27,6
(ϩⲟⲧⲓ ϭⲉ "parce que, donc"); 28,21.

ϭⲟⲟⲃⲧ, voir [ϭⲃⲃⲉ].

ϭⲱⲃ *n.m.* "(personne ou objet) faible, débile, fragile"
[= **weak**] 25,23 (→ ⲁⲅⲅⲓⲟⲛ).

[ϭⲃⲃⲉ] *v/{n.m.}* "être faible, faiblesse, débilité" [=
be weak]; *qualitatif* ϭⲟⲟⲃⲧ 19,13 (ⲥⲁⲣⲁϩ̄*sic*
ⲉⲧϭⲟⲟⲃ "la chair (étant) faible"); voir ϭⲁⲃⲓϩⲏⲧ
"pusillanime, craintif".

ϭⲁⲃⲓϩⲏⲧ *n.m.* "pusillanime, craintif" [= **fearful,
fainthearted**], lcplx. (composé de ϭⲁⲃⲓ- p.c. de
[ϭⲃⲃⲉ] et de ϩⲏⲧ "coeur") 19,7 (ⲓⲁⲕⲕⲱⲃⲟⲥ ⲇⲉ
ⲉⲩϭⲁⲃⲓϩⲏⲧ ⲡⲉ [ⲁϥⲣⲓ]ⲙⲉ ⲁⲩⲱ ⲁϥⲗⲩⲡⲓ ⲙ̄ⲡϣⲁ
"cependant Jacques, étant un (esprit) faible, [il
s'est (mis à) pleu]rer et a été très triste"). 15
(ⲙ̄ⲡⲣ̄ϣⲱⲡⲉ ⲛ̄ϭⲁⲃⲓϩⲏⲧ ⲁⲩⲱ ⲙ̄ⲡⲣ̄ⲣ̄ ϩⲟⲧⲉ ⲗⲁⲟⲩ *sic*
"ne deviens pas un (esprit) faible et n'aie peur
de rien!").

ϭⲱⲗⲙ̄ *v/{n.m.}* "dévoiler, manifester" [= **reveal**] 11,8
(→ ⲙⲩⲥⲧⲏⲣⲓⲟⲛ); 12,22?; 16,1 (→ ⲥⲱⲧⲉ);
19,23 (→ ⲧⲉⲛⲟⲩ); 22,24 (→ ⲁⲛⲟⲕ et ⲟⲩ
in?trg.); 29,6 (→ ⲛ̄ⲕⲁ); *présuffixal* (ϭⲟⲗⲡⲥ) suffixé,
pl.3. ϭⲟⲗⲡⲟⲩ 23,13; toujours suivi de ⲉⲃⲟⲗ.

ϭⲟⲙ *n.f.* "puissance, force" [= **power**] 10,23?; 11,4
(→ ϩⲓⲕⲱⲛ); 13,7 (ⲛ̄ϭⲟⲙ ⲉⲧⲙ̄ⲡ[ϣ]ⲱⲓ "les Puissances d'en haut"); 14,9; 25,24 (→ ⲁⲓⲥⲑⲛⲥⲓⲥ);
26,9?; 27,2; 28,17 (ⲧϭⲟⲙ ⲙ̄ⲙⲉ "la puissance
véritable"); voir aussi ⲙⲛ ϣ ϭⲟⲙ "n'être pas
possible", ⲟⲩⲛ̄ ϭⲟⲙ "avoir la possibilité, pouvoir".

ϭⲛ̄ ϭⲟⲙ *(v'n)/n.m.* "avoir la capacité (de), pouvoir"
[= **be possible**], lcplx. (composé de ϭⲛ̄- de ϭⲓⲛⲉ
"trouver" et ϭⲟⲙ "puissance, force") 12,21 (ϣⲁ

ⲡⲙⲁ ⲛ̄ⲧⲁϥϭⲛ̄ ϭⲟⲙ ⲉⲥⲟⲟⲩⲛⲉ "jusqu'au point
qu'il pouvait connaître") (→ ⲙⲙⲛⲉⲩⲉ); 27,1?
(ⲕⲁⲧⲁ ⲑⲉ ⲛ̄ⲧⲁⲩϭⲛ̄ ϭⲟⲙ ⲉϫⲟⲟⲩ "comme ils
ont pu en parler").

ϭⲓⲛⲉ *v/{n.m.}* "trouver" [= **find**] 25,24 (→ ⲁⲓⲥⲑⲛⲥⲓⲥ);
atone ϭⲛ̄- voir ϭⲛ̄ ⲁⲣⲓⲕⲉ "quereller, contester";
ϭⲙ̄- voir ϭⲛ̄ ϭⲟⲙ "avoir la capacité, pouvoir".

ϭⲛ̄ ⲁⲣⲓⲕⲉ *(v'n)/n.m.* "quereller, contester" [= **blame**],
lcplx. (composé de ϭⲛ̄- de ϭⲓⲛⲉ "trouver" et
ⲁⲣⲓⲕⲉ "querelle, contestation") 22,18 (→ ⲁⲣⲓⲕⲉ).

ϭⲱⲛⲧ *{v}/n.m.* "(être en) colère, s'irriter, irritation" [=
be angry, anger] 19,4? (→ ⲕⲓⲙ).

Conjugaison

Schéma bipartite

Présent I
sg.1. ϯ- 14,18; 15,18; 19,3; 25,22; 27,9.
sg.2.m. ⲕ- 10,5; 17,25; 25,26; 27,11; 29,8.
sg.3.m. ϥ- 24,4.
sg.3.f. ⲥ- 10,26.
pl.3. ⲥⲉ- 15,11; 25,20; 28,8; 29,2?
nég. sg.1. ⲛ̄ϯ- ... ⲁⲛ 15,1. 10?.
sg.3.m. ⲛ̄ϥ- ... ⲁⲛ 30,12.
sg.3.f. ⲛ̄ⲥ- ... ⲁⲛ 15,13.
pl.1. ⲛ̄ⲧⲛ̄- ... ⲁⲛ 30,14?.
pl.3. ⲛⲥ[ⲉ- ... ⟨ⲁⲛ⟩ 30,25–26?

Présent I circonstanciel
prénom. ⲉⲣⲉ- 14,8.
sg.1. ⲉⲉⲓ- 10,1.
sg.3.m. ⲉϥ- 14,17; 17,22; 21,25; 23,26; 24,5. 6.
12; 27,7. 13.
sg.3.f. ⲉⲥ- 14,16?; 22,13.
pl.3. ⲉⲩ- 14,3? 5; 15,25 (ⲛ̄ⲧⲁⲩⲟⲩⲱ ⲉⲩ-); 17,14;
24,24; 25,14. 23; 26,2; 28,1? 16.
nég. sg.3.m. ⲉⲛϥ̄ ... ⲁⲛ 25,2 (ⲛ̄ⲧⲟϥ ⲇⲉ ⲉⲛϥ̄ⲙ̄ⲙⲁⲩ
ⲁⲛ "lui cependant n'étant pas là").

Présent I relatif
prénom. (avec antécédent autre que l'art.déf.)
ⲉⲧⲉⲣⲉ- 13,8.
sg.2.m. (avec art.déf.) sg.m. ⲡⲉⲧⲕ- 11,17; 15,16.

nég. (avec art.déf.) pl. 3. ⲛⲉⲧⲉ ⲛ̄ⲥⲉ- ... ⲁⲛ **28**,25.

Futur I
prénom. ⲛⲁ- **16**,13?; **19**,26; **20**,8; **24**,20. 21; **25**,6.
13.
sg.1. †ⲛⲁ- **10**,2; **12**,22; **13**,2; **14**,7. 15. 23; **16**,1. 8.
16? 24; **19**,22; **25**,17.
sg.2.m. ⲕⲛⲁ- **13**,18. 23. 25; **16**,3; **19**,25; **21**,19;
22,21; **23**,13; **29**,12?.
sg.3.m. ϥⲛⲁ- **20**,13. 19. 22. 25; **21**,15; **23**,16. 22;
24,9. 11? 12. 16. 23. 24; **25**,1. 4? 7.
sg.3.f. ⲥⲛⲁ- **19**,14; **23**,17.
pl.3. ⲥⲉⲛⲁ- **11**,9. 18; **14**,5; **22**,17. 18; **23**,11. 24;
24,21; **25**,3. 9? 11. 12.
nég. sg.2.m. ⲛ̄ⲕⲛⲁ ... ⲁⲛ **27**,11.

Futur I relatif
sg.m./sg.1. (avec art.déf.) ⲡⲉ†ⲛⲁ- **11**,19.
sg.m./pl. ⲡⲉⲧ[ⲟⲩⲛⲁ-] **15**,15?.
sg.1. (avec autre antécédent) ⲉ†ⲛⲁ- **27**,27.
pl.2. ⲉⲧⲛⲁ- *sic* **22**,3?
pl.3. ⲉⲧⲟⲩⲛⲁ- **23**,6.

Présent II
sg.3.m. ⲉϥ- **10**,25; **18**,12; **26**,14; *idiol.* ⲁϥ- (?)
16,20.
pl.3. ⲉⲩ- **10**,3?; **20**,4. 6. 6; **23**,10; **29**,23; **30**,26;
idiol. ⲁⲩ- **25**,16.
nég. sg.1. ⲉⲉⲓ- ... [ⲁⲛ] **10**,17?.

Futur II
prénom. ⲉⲣⲉ- ... ⲛⲁ- **16**,11?.
sg.1. ⲉⲉⲓⲛⲁ- **10**,7?; **16**,21; **21**,17?.
sg.2.m. ⲉⲕⲛⲁ- **11**,22; **18**,21; **20**,15.
sg.3.f. ⲉⲥⲛⲁ- **28**,16.
pl.3. ⲉⲩⲛⲁ- **14**,2; **18**,2; ⲉⲣⲉ ... ⲉⲩⲛⲁ- **11**,5–6.

Présent prétérit = imparfait
sg.2.m. ⲛⲉⲕ- **18**,18.
sg.3.m. ⲛⲉϥ- **17**,18; **26**,16 (ⲡⲉ)
sg.3.f. ⲛⲉⲥ- **10**,21 ([ⲡⲉ]); **22**,14.
pl.3. ⲛⲉⲩ- **26**,21.
nég. sg.3.f. ⲛⲉⲥ- ... ⲁⲛ (ⲡⲉ) **10**,22.

Schéma tripartite

Parfait I
prénom. ⲁ- **17**,20; **18**,16; **28**,18.
sg.1. ⲁⲓ̈- **11**,8; **17**,23. 24. 25; **22**,5?; ⲁⲉⲓ- **22**,16. 24;
25,15; **26**,13; **27**,3? 3; **29**,6.
sg.2.m. ⲁⲕ- **10**,19?; **14**,21; **15**,2. 4. 5; **18**,19; **20**,22;
27,4. 15. 18; **29**,9.
sg.3.m. ⲁϥ- **11**,20; **12**,13. 20. 24. 26; **14**,6; **16**,26.
26. 28; **17**,1. 1. 8. 16. 20. 21; **18**,15; **19**,1. 1. 3.
8. 18. 19; **25**,26. 27; **26**,17?; **28**,7? 20; **29**,20.
22; **30**,1. 19. 20.
sg.3.f. ⲁⲥ- **10**,23; **21**,5. 6; **22**,11?; **23**,18; **29**,25.
pl.3. ⲁⲩ- **14**,19; **17**,6. 15; **18**,21; **19**,9; **25**,24; **28**,2.
3? 5. 21; **29**,15. 26; **30**,6. 7? 8. 9. 11. 13.

Parfait I circonstanciel
sg.2.m. ⲉⲁⲕ- **27**,22;
sg.3.m. ⲉⲁϥ- **27**,6?;
pl.3. ⲉⲁⲩ- **10**,15; **30**,1.

Parfait I relatif
(où chaque prV. est précédé de son antécédent, qui est
soit l'art.déf. sg.m. ⲡ(ⲉ)-, sg.f. ⲧ(ⲉ)-, pl. ⲛ(ⲉ)-,
soit quelque autre, pron. dém. sg.m. ⲡⲁⲓ̈ ou
ⲡⲁⲉⲓ etc., ou encore quelque élément majeur et
plus complexe):
sg.1. ⲛⲧⲁⲓ̈- **24**,7?; ⲛ̄ⲧⲁⲉⲓ- **12**,8; **21**,18; **23**,11;
24,15?; ⲛⲉⲛⲧⲁⲉⲓ- **16**,22.
sg.2.m. ⲛ̄ⲧⲁⲕ- **16**,25; ⲛⲉⲛⲧⲁⲕ- **17**,24.
sg.3.m. ⲛ̄ⲧⲁϥ- **12**,21; **18**,24; **29**,21?;
ⲡⲉⲛⲧⲁϥ- **30**,4.
sg.3.f. ⲛ̄ⲧⲁⲥ- **21**,27.
pl.3. ⲛ̄ⲧⲁⲩ- **15**,25 (ⲕⲁⲧⲁ ⲑⲉ ⲛ̄ⲧⲁⲩⲟⲩⲱ ⲉⲩⲥⲟⲃⲧⲉ
ⲙ̄ⲙⲟϥ "comme il est déjà préparé"); **26**,25;
27,1?; ⲛⲉⲛⲧⲁⲩ- **18**,3; **23**,8?.

Parfait I nég.
prénom. ⲙ̄ⲡⲉ- **21**,13; **26**,24.
sg.1. ⲙ̄ⲡⲓ- **17**,27; **18**,8. 9?; **27**. 2. 4.
sg.2.m. ⲙ̄ⲡⲕ- **15**,3? 6.
sg.3.m. ⲙ̄ⲡⲉϥ- **18**,10.
pl.3. ⲙ̄ⲡⲟⲩ- **15**,6?.

Parfait II
sg.1. ⲛ̄ⲧⲁⲉⲓ- **11**,1. 3; ⲛ̄ⲧⲁ⟨ⲉⲓ⟩- **20**,23
sg.2.m. ⲛ̄ⲧⲁⲕ- **14**,24; **20**,19. 25

INDEX
ÉVANGILE DE JUDAS
NOMS PROPRES ET VOCABULAIRE GRÉCOPTE

ⲁⲇⲁⲙ *n.pr.m.* "Adam" 52,18 (ⲛ̄ⲧⲟⲟⲩ ⲇⲉ ⲁⲩ
ⲡⲗⲁⲥⲥⲁ ⲛⲁⲇⲇⲁⲙ ⲁⲩⲱ ⲧⲉⲩ̄ⲥ̣ϩ̄ⲓⲙⲉ ⲉⲩϩⲁ̄ "eux,
alors, ont modelé Adam et sa femme Ève");
53,11; 54,9?; 57,11? (→ ⲅⲉⲛⲉⲁ).

ⲁⲇⲁⲙⲁⲥ *n.pr.m.* "Adamas" 48,2? 22.

ⲁⲇⲱⲛⲁⲓⲟⲥ *n.pr.m.* "Adônaios" 52,11?

ⲁⲑⲁⲛⲁⲧⲟⲥ *n.m.* ἀθάνατος "immortel"
[= **immortal**] 35,18 (→ ⲧⲁⲟⲩⲟ).

ⲁⲕⲁⲑⲁⲣ[ⲥⲓ]ⲁ *n.f.* ἀκαθαρσία "impureté"
[= **uncleanness, pollution**] 40,13? (→ ⲡⲗⲁⲛⲏ).

ⲁⲗⲏⲑⲱⲥ *adv.* ἀληθῶς "en vérité, amen!" [= **truly**]
54,16?; 55,24; 56,11?; 57,1?

ⲁⲗⲗⲁ *conj.* ἀλλά "mais" [= **but**] 33,20; 34,9?; 35,13?
27; 37,10?; 43,6. 10?; 44,22 (→ ϩⲱ(ⲱ)ⳅ); 45,22
(→ ⲟⲩⲟⲉⲓⲱ); 46,11?; 55,16?

ⲁⲙⲛ̄ⲧⲉ *n.pr.m.* "Amenté, séjour des morts"
[= **underworld**] 51,7?; 52,13?; 54,12 (chaque
fois, couplé avec ⲭⲁⲟⲥ, voir ⲭⲁⲟⲥ).

ⲁⲓⲱⲛ *n.m.* αἰών "éon" [= **aeon, eternal realm**] 35,18;
36,21; 37,2; 43,4; 44,7 (→ ⲯⲩⲭⲏ); 45,23; 46,4;
47,5 (→ ⲛⲟⲥ); 48,10? ([ⲟⲩⲁ]ⲓⲱⲛ ⲛ̄ⲟⲩⲟⲉⲓⲛ "[un
é]on de lumière"). 17 (→ ⲧⲁⲉⲓ f. sous ⲡⲁⲉⲓ m.);
49,19. 21 (→ ⲟⲩⲣⲁⲛⲟⲥ); 50,9? 18. 22; 51,2?;
55,11; 57,14.

ⲁⲛⲟⲙⲓⲁ *n.f.* ἀνομία "péché, transgression, délit"
[= **lawlessness**] 38,23; 40,14? (→ ⲡⲗⲁⲛⲏ).

ⲁⲛⲉⲭⲉ *v.* ἀνέχειν, ἀνέχεσθαι "permettre, autoriser"
[= **bear with**] 44,22 (ⲱⲁⲭⲉ ϩ̄ⲱ̄ⲱⲕ ⲧⲁⲁⲛⲉⲭⲉ
ⲙ̄ⲙⲟⲕ "parle (donc) toi-même, (et) je te
supporterai!").

ⲁⲡ[ⲟⲥ]ⲧⲁⲧⲏⲥ *n.m.* ἀποστάτης "rebelle" [= **rebel**]
51,14? (→ ϩⲉⲣⲙⲏⲛⲉⲩⲉ).

ⲁⲡⲟⲫⲁⲥⲓⲥ *n.f.* ἀπόφασις "sentence" [= **declaration,
revelation**] 33,1? (→ ⲓ̈ⲟⲩⲇⲁⲥ).

ⲁⲣⲧⲟⲕⲟ[ⲡⲟⲥ] *n.m.* ἀρτοκόπος "boulanger"
[= **baker**] 41,25? (→ ⲧⲣⲉⲫⲉ).

ⲁⲣⲧⲟⲥ *n.m.* ἄρτος "pain" [= **bread**] 34,2?

[ⲁⲣⲭⲉⲓ] ou ⲁⲣⲭⲉⲓ *v.* ἄρχειν "commencer" [= **begin,
start**]; ⲁⲣⲭ[ⲉⲓ] 33,15?; 34,20?; "commander" [=
rule] ⲁⲣⲭⲓ 46,23.

ⲁⲣⲭⲱⲛ *n.m.* ἄρχων "Archonte, gouverneur" [= **ruler,
archon**] 46,7; 51,24; 53,15?; 57,8?

[ⲁⲣⲭⲓⲉⲣⲉⲩⲥ] ou ⲁⲣⲭⲓⲉⲣⲉⲩⲥ *n.m.* ἀρχιερεύς "grand-
prêtre" [= **high priest**]; ⲁⲣⲭⲓⲉⲣⲉⲩⲥ 58,10?

ⲁⲩⲧⲟⲅⲉⲛⲏⲥ *n.m.* αὐτογενής "Autogène, né de

soi-même, existant par soi-même, auto-engendré" [= **self-generated**] 47,20. 25 (18–26 ⲁϥⲉⲓ
ⲉⲃⲟⲗ ϩ̄ⲛ̄ ⲧⲉⲕⲗⲟⲟⲗⲉ ⲛ̄ϭⲓ ⲟⲩⲛⲟϭ ⲛ̄ⲁⲅⲅⲉⲗⲟⲥ
ⲡⲁⲩⲧⲟⲅⲉⲛⲏⲥ ⲡⲛⲟⲩⲧⲉ ⲙ̄ⲡⲟⲩⲟⲓ̈ⲛ ⲁⲩⲱ
ⲁⲩⲱⲱⲡⲉ ⲉⲧⲃⲏⲧϥ̄ ⲛ̄ϭⲓ ⲕⲁⲓϥⲧⲟⲟⲩ ⲛ̄ⲁⲅⲅⲉⲗⲟⲥ
ⲉⲃⲟⲗ ϩ̄ⲓⲧⲛ̄ ⲕⲁⲓϭⲏⲡⲉ ⲁⲩⲱ ⲁⲩⲱⲱⲡⲉ
ⲉⲧⲡⲁⲣⲁⲥⲧⲁⲥⲓⲥ ⲙ̄ⲡⲁⲩⲧⲟⲅⲉⲛⲏⲥ ⲛ̄ⲁⲅⲅⲉⲗⲟⲥ
"il est sorti du nuage un Grand Ange (auxiliaire),
l'auto-engendré, le 'Dieu'-de-la-lumière, et
à cause de lui, par une autre nuée, se sont
produits quatre autres anges (auxiliaires), et ils
se sont produits pour la parade de l'ange auto-
engendré"); 48,1?; 50,16?

ⲁⲫⲑⲁⲣⲧⲟⲛ *adj.* ἄφθαρτον "incorruptible"
[= **incorruptible**] 49,15; 50,21 (→ ⲇⲩⲛⲁⲙⲓⲥ).

ⲁⲫⲑⲁⲣⲧⲟⲥ *adj.* ἄφθαρτος "incorruptible"
[= **incorruptible**] 49,6 (→ ⲥⲛ̄ϩ̄). 10?

ⲁϩⲟⲣⲁ[ⲧ]ⲟⲛ *adj.* ἀόρατος "invisible" [= **invisible**]
47,9?

ⲃⲁⲣⲃⲏⲗⲱ *n.pr.f.* "Barbêlô" 35,18 (→ ⲧⲁⲟⲩⲟ).

ⲅⲁⲃⲣⲓⲏⲗ *n.pr.m.* "Gabriel" 53,23 (→ [ⲡⲛⲉⲩⲙⲁ]).

ⲅⲁⲗⲓⲗⲁ *n.pr.m.* "Galila" 52,9.

ⲅⲩⲙⲛⲁⲍⲉ *v.* γυμνάζεσθαι "s'exercer, s'escrimer" [=
exercise, practice, try hard] 33,25 (ⲣ̄ ⲅⲩⲙⲛⲁⲍⲉ
ⲉⲧⲙⲛ̄ⲧⲛⲟⲩⲧⲉ "s'exercer à (pratiquer) le (service) divin"); 44,20 (ⲁϩ̄ⲣⲟⲕ ⲕⲣ̄ ⲅⲩⲙⲛⲁⲍⲉ ⲱ̄
ⲡⲙⲉϩ̄ⲙⲛ̄ⲧⲅ̄ ⟨ⲛ̄⟩ⲇⲁⲓⲙⲱⲛ "pourquoi t'agites-tu
(ainsi) ô toi, le treizième démon?").

ⲅⲉⲛⲉⲁ *n.f.* γενεά "génération, famille, tribu" [=
generation] 34,16 (→ ϩ̄ⲁⲙⲏⲛ); 36,8? 17 et
19 (→ ⲛⲟⲥ). 25; 37,5? (→ ⲥⲧⲣⲁⲧⲓⲁ). 8? 10?
12?; 39,13 (ⲛ̄ⲅⲉⲛⲉⲁ ⲛ̄ⲛⲥⲓⲟⲩ "les générations
d'étoiles"). 14 (ⲛ̄ⲅⲉⲛⲉⲁ ⲛⲛ̄ⲣⲱⲙⲉ "les générations humaines"); 40,6. 19; 41,24; 43,9? 14.
15. 25 (→ ϭⲉ); 44,12 (ⲛ̄ⲅⲉⲛⲉⲁ ⲉⲧⲟⲩⲁⲁⲃ
"les générations saintes"); 46,13 (ⲧⲏⲛ[ⲧⲉ]ⲣⲟ
ⲙⲛ̄ ⲧⲉⲥⲅⲉⲛⲉⲁ ⲧⲏⲣⲥ̄ "le Royaume et toute
sa génération"). 17 (→ ⲡⲱⲣⲝ̄). 22; 47,1? 7;
49,10? 14; 50,23; 52,2? 22; 53,3? 12. 24
(ⲧⲛⲟϭ ⲛ̄ⲅⲉⲛⲉⲁ ⲛⲁⲧⲣ̄ⲣⲟ "la Grande Génération
'sans-roi' "); 54,7 (ⲛ̄ⲅⲉⲛⲉⲁ ⲛ̄ⲛ̄ⲁⲅⲅⲉ[ⲗⲟⲥ] "les
générations des an[ges]"). 22; 57,11 (ⲧⲛⲟϭ
ⲛ̄ⲅⲉⲛⲉⲁ ⲛ̄[ⲁ]ⲇⲁⲙ "la Grande Génération
d'Adam"). 13?; 58,2?; ⲅⲉ⟨ⲛⲉ⟩ⲁ 54,14.

ⲅⲉⲛⲟⲥ *n.m.* γένος "race" [= **race**] 43,7?; 44,3.

ïoγⲇⲁⲥ *n.pr.m.* "Judas" **33**,2 (ⲧⲁⲡⲟⲫⲁⲥⲓⲥ ⲛ̄[ⲧⲁⲓ̈]ⲏ̅ⲥ̅ ϣⲁϫⲉ ⲙⲛ̄ ïoγⲇⲁⲥ "la déclaration (solennelle) énoncée par Jésus (en dialoguant) avec Judas"); **35**,9. 15; **36**,5; **43**,12. 23; **44**,15. 23; **46**,5. 15; **53**,8? 16?; **54**,13; **55**,21; **57**,21 (ïoγⲇⲁⲥ ⲇⲉ ⲁϥϥⲓⲁⲧϥ̄ ⲉϩⲣ̄ⲁⲉⲓ ⲁϥⲛⲁⲩ ⲉⲧϭⲏⲡⲉ ⲛ̄ⲟⲩⲟⲓ̈ⲛ ⲁⲩⲱ ⲁϥϥⲱⲕ ⲉϩⲟⲩⲛ ⲉⲣⲟⲥ "alors Judas a levé les yeux, il a vu la nuée lumineuse et il l'a pénétrée"); **58**,20? (→ ⲟⲩⲟⲓ̈). 24. 29? (→ ⲉⲩⲁⲅⲅⲉⲗⲓⲟⲛ); ïoγⲇⲁⲥ [ⲡⲓ]ⲥⲕⲁⲣⲓⲱⲧ[ⲏⲥ] "Judas Iscariote" **33**,2–3?; ïoγⲇⲁⲥ [ⲡⲓⲥ]ⲕⲁⲣⲓⲱⲧⲏⲥ **35**,9?; *voc.* ïoγⲇⲁ **45**,14 (ⲱ̄ ïoγⲇⲁ "ô Judas!"); **56**,11.

ï[ⲁⲗ]ⲇⲁⲃⲁⲱⲑ *n.pr.m.* "I[al]dabaôth" **51**,15?

ⲉⲓⲙⲏ *conj.* εἰ μή "sinon" [= **except**] **35**,9.

ⲉⲓⲙⲏ[ⲧⲓ] *conj.* εἰμήτι "excepté" [= **except**] **53**,2?

[ⲓ]ⲥⲕⲁⲣⲓⲱⲧⲏⲥ voir ïoγⲇⲁⲥ "Judas".

[ⲓⲏⲥⲟⲩⲥ] *n.pr.m.* "Jésus"; abr. ⲓ̅ⲏ̅ⲥ̅ ou ï̅ⲏ̅ⲥ̅ **33**,2? (→ ïoγⲇⲁⲥ); **34**,13? 22; **35**,21; **36**,10. 16. 23; **37**,21; **38**,12?; **39**,6. 18; **41**,1; **42**,6; **43**,15? 26; **44**,14. 18; **46**,19; **47**,2; **53**,10? 18; **54**,13. 15; **55**,12. 21. 24; abr. ⲓ̅ⲥ̅ ou ï̅ⲥ̅ **46**,8; **53**,8. 16; **58**,22.

ⲕⲁⲣⲡⲟⲥ *n.m.* καρπός "fruit" [= **fruit**] **43**,13 (→ [ⲟⲩⲟⲛ]); **44**,2?; voir aussi ⲁⲧⲕⲁⲣⲡⲟⲥ adj. "sans fruits, stérile" [= **without fruit, fruitless**].

ⲕⲟⲥⲙⲟⲥ *n.m.* κόσμος "Monde (-Cosmos)" [= **world, cosmos**] **33**,17 (→ ⲙⲩⲥⲧⲏⲣⲓⲟⲛ); **50**,13?

ⲕⲁⲧⲁ *prép.* κατά "selon" etc. [= **after, for each, as, like**] **49**,4? 21. 25 (ⲕⲁⲧⲁ ⲡⲟⲩⲁ ⲡⲟⲩⲁ "un par un"); **52**,16? 17?; **58**,24 (ⲁϥⲟⲩⲱϣⲃ̄ ⲛⲁⲩ ⲕⲁⲧⲁ ⲡⲉⲩⲟⲩⲱϣⲉ "il leur a répondu selon leur volonté").

ⲕⲁⲧⲁⲗⲩⲙⲁ *n.m.* κατάλυμα "habitation, résidence, pied-à-terre, (lieu de) retraite" etc. [= **guest room**] **58**,11 (→ ⲡⲣⲟⲥⲉⲩⲭⲏ).

ⲕⲧⲓⲥⲙⲁ *n.m.* κτίσμα "créature" [= **creature**] **55**,20 (ⲥⲉⲛⲁⲧⲁⲕⲟ ⲙⲛ̄ ⲛⲉⲩⲕⲧⲓⲥⲙⲁ "ils périront avec leurs créations").

ⲕⲧⲓⲥⲓⲥ *n.f.* κτίσις "création" [= **creation**] **41**,26 (→ ⲧⲣⲉⲫⲉ).

ⲗⲟⲅⲟ[ⲥ] *n.m.* λόγος "Parole(-logos), mot-à-mot, verbe, traité" etc. [= **word, treatise, statement, account, revelation**] **33**,1? (ⲡⲗⲟⲅⲟ[ⲥ] ⲉⲧϩⲏⲡ "la Parole (-logos) cachée, le traité secret" etc.).

ⲗⲁⲟⲥ *n.m.* λαός "peuple, populace, foule" [= **people**] **58**,17 (ⲛⲉⲩⲣ̄ ϩⲟⲧⲉ ⲅⲁⲣ ϩⲏⲧϥ̄ ⲙⲡⲗⲁⲟⲥ ⲡⲉ "car ils avaient peur du peuple").

ⲙⲁⲑⲏⲧⲏⲥ *n.m.* μαθητής "disciple, élève" [= **disciple, student, pupil**] **33**,14? (ⲁⲩⲙⲟⲩ[ⲧⲉ] ⲇⲉ ⲉⲡⲙⲛ̄ⲧⲥⲛⲟⲟⲩⲥ ⲙ[ⲙⲁ]ⲑⲏⲧⲏⲥ "les douze disciples, d'autre part, ont été appelés (en vocation)"). 20. 23. 27; **34**,3? 19; **36**,12? 18; **37**,18; **44**,25 (ⲡⲙⲛⲧⲥⲛⲟⲟⲩⲥ ⲙⲙⲁⲑⲏⲧⲏⲥ "les douze disciples"); **58**,22 (→ ⲛ̄ⲧⲟⲕ).

ⲙⲉⲛ *conj.* μέν "d'une part, certes" [= **to be sure, on the other hand, since**] **33**,10; **35**,10? (ⲁϥϭⲙ ϭⲟⲙ ⲙⲉⲛ [ⲉ]ⲱϩⲉⲣⲁⲧϥ̄ ⲙ̄ⲡⲉϥⲙ̄ⲧⲟ ⲉⲃ[ⲟⲗ] ⲙ̄ⲡⲉϥϭⲙ ϭⲟⲙ ⲇⲉ ⲉϭⲱϣⲧ̄ [ⲉϩ]ⲟⲩⲛ ⲉϩⲣ̄ⲁϥ ⲛ̄ⲛⲉϥⲃⲁⲗ "certes, il lui a été possible (de l'affronter) en se tenant debout en sa présence, mais il ne lui a pas été possible de le fixer du regard directement (?) avec son visage, ses yeux"); **38**,14; **43**,20 (ⲥⲱⲙⲁ ⲙⲉⲛ … ⲯⲩⲭⲏ ⲇⲉ … "corps d'une part … âmes d'autre part …").

ⲙⲏⲡⲟⲧⲉ *conj.* μήποτε "de peur que, peut-être que" [= **could it be that**] **46**,5?

ⲙⲉⲣⲟⲥ *n.m.* μέρος "part(ie)" [= **portion, share**] **51**,22 (→ ⲡⲉ "ciel").

ⲙⲩⲥⲧⲏⲣⲓⲟⲛ *n.m.* μυστήριον "Mystère, secret" [= **mystery**] **33**,16? (ⲛ̄ⲙⲩⲥⲧⲏⲣⲓ[ⲟ]ⲛ ⲉⲧϩⲓϫⲛ̄ ⲡⲕⲟⲥⲙⲟⲥ ⲁⲩⲱ ⲛⲉⲧⲛⲁϣⲱⲡⲉ ϣⲁⲃⲟⲗ "les Mystères qui (sont) au-dessus du Monde(-cosmos) et qui existeront jusqu'à (son terme)"); **35**,25 (sim. à 45,25); **45**,25 (ⲉⲓⲥ ϩⲏⲏⲧⲉ ⲁⲉⲓϫⲱ ⲉⲣⲟⲕ ⲛ̄ⲙⲙⲩⲥⲧⲏⲣⲓⲟⲛ ⲛ̄ⲧⲙⲛ̄ⲧⲉⲣⲟ "voilà, je t'ai dit les Mystères du Royaume").

ⲙ̅ⲓ̅ⲭ̅ⲁ̅ⲏ̅ⲗ̅ *n.pr.m.* "Michel" **53**,20 (→ [ⲡⲛⲉⲩⲙⲁ]).

ⲛⲉⲃⲣⲱ *n.pr.m.* "Nebrô" **51**,12 (8–12 ⲉⲓⲥ ϩⲏⲏⲧⲉ ⲁϥⲟ[ⲩⲱⲛϩ ⲉ]ⲃⲟⲗ ⲛ̄ⲧϭⲏⲡⲉ ⲛ̄ϭⲓ ⲟⲩⲁ[ⲅⲅⲉⲗⲟⲥ] ⲉⲣⲉ[ⲡ]ⲉϥϩⲟ ϣⲟⲩⲟ ⲕⲣ̣[ⲱⲙ] ⲉⲃⲟⲗ ⲡⲉϥⲉⲓⲛⲉ ⲇⲉ ⲉ[ϥ]ϫⲟ[ϩ]ⲙ ⲛ̄ⲥⲛⲟϥ ⲉⲟⲩⲛ̄ⲧⲁϥ ⲙ̄ⲙⲁⲩ ⲛ̣[ⲟⲩⲣ]ⲁⲛ ϫⲉ ⲛⲉⲃⲣⲱ "voici, il s'est ma[nifesté], (sorti) de la nuée, un [ange] du visage duquel jaillissait du [feu(?)] mais dont l'aspect était sou[ill]é de sang, portant (là) le nom de Nébrô"). 17; et voir aussi ⲁⲡ[ⲟⲥ]ⲧⲁⲧⲏⲥ "rebelle" [= **rebel**] **51**,14.

ⲛⲏⲥⲧⲉⲩ[ⲉ] *v.* νηστεύειν "jeûner" [= **abstain, fast**] **40**,12?

ⲟⲣⲅⲏ *n.f.* ὀργή "colère" [= **anger**] **34**,21?

[Π]ΗΓΗ *n.f.* πηγή "source, fontaine" [= **spring**] 43,2?

ΠΟΛΕΜΙϹΤΗϹ *n.m.* πολεμιστής "guerrier, combattant" [= **warrior**] 55,18 (ΠΕΕΙϹΟΟΥ ΝϹΙΟΥ ΠΛΑΝΑ ΜΝ ΠΕΕΙϯΟΥ ΜΠΟΛΕΜΙϹΤΗϹ "ces six étoiles égarent (et trompent) avec ces cinq guerriers").

ΠΛΑΝΑ *v.* πλανᾶν "égarer" [= **lead astray, into error**] 39,28? (ΠΜΗΗϢΕ ΠΕ ΕΤΕΤΝΠΛΑΝΑ ΜΜΟϤ "(c'est) la foule que vous trompez (par égarement)"); 45,13? (→ ΠΕΚ- sous ΠΕϤ); 55,18 (→ ΠΟΛΕΜΙϹΤΗϹ).

ΠΛΑΝΗ *n.f.* πλάνη "égarement" [= **error**] 40,14 (ΠΚΕϹΕΠΕ ΝΑΚΑΘΑΡ[ϹΙ]Α Ϩ[Ι] ΑΝΟΜΙΑ Ϩι ΠΛΑΝΗ "le reste (de ceux qui se vautrent) dans l'illégalité et l'égarement (trompeur)". 23 (→ ΔΙΑΚΟΝΟϹ); 46,1?; 55,16?

ΠΛΑϹϹΑ *v.* πλάσσειν "façonner, créer" [= **fashion, form**] 52,18 (→ ΑΛΑΗ).

[ΠΝΕΥΜΑ] *n.m.* πνεῦμα "esprit, (Saint-)Esprit" [= **spirit**] abr. ΠΝΑ 35,7; 37,19 (ΑΥϢΤΟΡΤΡ Ϩ[Ν ΠΕΥ]ΠΝΑ ΟΥΑ ΟΥΑ ΜΠΟΥϬΝ Ε[ΥΝΑ]ϪΟΟϹ ϪΕ ΟΥ "ils ont été stupéfaits e[n leur] esprit, chacun d'eux, ils n'ont pas trouvé quoi lui dire"); 43,19 (→ ϨΟΤΑΝ); 47,9?; 49,12. 16; 50,8?; 53,17 (ϢΑⁱⁱⁱΠΝΑ ΝΡΩΜΕ ΜΟΥ "l'esprit de l'homme est-il mortel?"). 20. 23. 25 (18–25 ΘΕ ΤΕ ΤΑΕΙ ΝΤΑΠΝΟΥΤΕ ΟΥΕϨ ϹΑϨΝΕ ΜΜΙΧΑΗΛ Εϯ ΝΝΕΠΝΑ ΝΝΡΩΜΕ ΝΑΥ ΕΥϢΝϢΕ ΕΠΕΥϢΑΠ ΠΝΟϬ ΔΕ ΝΤΑϤΟΥΕϨ ϹΑϨΝΕ (Ε)ΓΑΒΡΙΗΛ Εϯ ΝΝΕΠΝΑ ΝΤΝΟϬ ΝΓΕΝΕΑ ΝΑΤΡΡΟ ΠΕΠΝΑ ΜΝ ΤΕϯΨΥΧΗ "c'est ainsi que 'Dieu' a ordonné à Michel, de donner les esprits aux hommes, en service (liturgique), en prêt; or le Grand (Esprit), a ordonné à Gabriel de donner les esprits à la Grande Génération 'sans-roi', (précisément) l'esprit avec l'âme"); 54,5.

ΠΑΡΑΒΑϹΙϹ *n.f.* παράβασις "transgression" [= **transgression**] 33,13 (ϨΝΚΟΟΥΕ ΕΥΜΟΟϢΕ [Ϩ]Ν ΤΕΥΠΑΡΑΒΑϹΙϹ "d'autres marchaient dans (le chemin de) leur transgression").

ΠΑΡΑΓΕ *v.* παράγειν "surgir" [= **bring out, introduce**] 35,3?

ΠΡΟΗΓΟΥΜΕΝΟϹ *adj.* προηγούμενος "(en) chef de file, guide" [= **leader, guide**] 57,19 (ΠϹΙΟΥ ΕΤΟ ΜΠΡΟΗΓΟΥΜΕΝΟϹ ΝΤΟϤ ΠΕ ΠΕΚϹΙΟΥ "l'étoile qui est leur chef-de-file, elle, (c'est) ton étoile!").

ΠΑΡΑΔΙΔΟΥ *v.* παραδιδόναι "livrer, trahir" [= **hand over**] 58,25 (ΪΟΥΔΑϹ ΔΕ ΑϤϪΙ ΝϨΝϨΟΜΝΤ ΑϤΠΑΡΑΔΙΔΟΥ Μ[ΜΟ]Ϥ ΝΑΥ "alors Judas a pris des (pièces de) monnaie(s), il le leur a livré" (= il a livré Jésus à ses ennemis).

[ΠΡΟΟΔ]ΟϹ *n.f.* πρόοδος "procession, emanation" [= **procession, emanation**] 48,3?

ΠΑ[ΡΑ]ΔΕΙϹΟϹ *n.m.* παράδεισος "parc, Paradis" [= **paradise**] 43,6? (ΝΤΑϤΕΙ ΕΤϹΟ ΜΠΠΑ[ΡΑ]ΔΕΙϹΟϹ ΜΠΝΟΥΤΕ "il est allé abreuver le Paradis de 'Dieu' ").

ΠΑΡΘΕΝΟϹ *n.f.* παρθένος "vierge" [= **virgin**] 50,7.

ΠΟΡΝΕΥΕ *v.* πορνεύειν "forniquer, se prostituer" etc. [= **fornicate**] 40,9?; 54,25 (ΤΟΤΕ ϹΕΝΑΠΟΡΝΕΥΕ ϨΝ ΠΑΡΑΝ ΑΥΩ ΝϹΕΝΟΥΟΥ[Τ] ΝΝΕΥϢΗΡΕ "alors elles forniqueront en mon nom et feront mourir leurs enfants" (cf. Ez 16,15–21)).

ΠΡΟϹΚΑΡΤΕΡΕΙ *v.* προσκαρτερεῖν "persévérer" [= **persevere, persist**] 38,6? 11?; 40,5? (→ ΕΥϹΕΒΗϹ).

ΠΡΟϹΩΠΟΝ *n.m.* πρόσωπον "visage, face" [= **face**] 35,5 (ΜΠΕΜΤΟ ΕΒΟΛ ΜΠΑΠΡΟϹΩΠΟΝ "en présence de mon visage").

ΠΑΡΙϹΤΑ *v.* voir ΠΑΡϨΙϹΤΑ.

ΠΑΡΑϹΤΑϹΙϹ *n.f.* παράστασις "manifestation (solennelle), (affirmation de la) présence" [= **assistance**] 47,18 (ΝΑΡΕϤϢΩΠΕ ΝϬΙ ΟΥΑΓΓΕΛΟϹ ΕΤΑΠΑΡΑϹΤΑϹΙϹ "qu'il se produise un ange pour ma parade!"). 24 (→ ΑΥΤΟΓΕΝΗϹ); 51,19.

ΠΡΟϹΕΥΧΗ *n.f.* προσευχή "prière" [= **prayer**] 58,12? (ΠΚΑΤΑΛΥΜΑ ΝΤΕϤΠ[ΡΟ]ϹΕΥΧΗ "la chambre de sa prière, son oratoire"). 16?

ΠΑΡΑΤΗΡΕΙ *v.* παρατηρεῖν "se garder de, veiller à" [= **watch**] 58,14.

ΠΡΟΦΗΤΗϹ *n.m.* προφήτης "prophète" [= **prophet**] 58,18? (ϪΕ ΝΕϤΝΤΟΟΤΟΥ ΤΗΡΟΥ ϨΩϹ ΠΡΟΦΗΤΗϹ "il était, pour eux tous, comme un prophète").

ΠΑΡϨΙϹΤΑ *v.* παριστάναι "se tenir, se placer auprès de" etc. [= **stand there, represent**] 40,10; ou ΠΑΡΙϹΤΑ 40,8.

ΠΑϹΧΑ *n.m.* πάσχα "Pâque" [= **Passover**] 33,6? (Ν[Ϣ]ΜΟΥΝ ΝϨΟΟΥ Ϩα ΘΗ ΝϢΟ[Μ]ΝΤ ΝϨΟΟΥ ΕΜΠΑΤΕϤΡ ΠΑϹΧΑ "en huit jours, trois jours avant qu'il ait fait la Pâque").

[Π]ⲉⲧ[ⲣⲁ] *n.f.* πέτρα "roc" [= **rock**] 44,1?

[ⲣⲁⲃⲃ]ⲉⲓ ou [ϩⲣⲁⲃⲃ]ⲉⲓ *n.m.* ῥαββί "Rabbi, Maître (intellectuel et religieux), docteur (de la loi religieuse), rabbin" [= **rabbi**] 43,12?

ⲥⲏⲑ *n.pr.m.* "Sêth" 49,6? (ⲁϥⲟⲩⲟⲛϩ ̄ⁱᶜ ⲧ[ⲅⲉⲛⲉⲁ] ⲛⲁⲫⲑⲁⲣⲧⲟⲥ ⲛ̄ⲥⲏⲑ "il a manifesté la [génération] incorruptible de Sêth"); 52,5? (ⲡϣⲟⲣⲡ [ⲡⲉ ⲥ]ⲏⲑ ⲡⲉⲧⲉϣⲁⲩⲙⲟⲩⲧⲉ ⲉ]ⲣⲟϥ ϫⲉ ⲡⲉⲭ̄ⲥ̄ "le premier (est) [S]eth, qu'on appelle 'le Christ' ").

ⲥⲁⲕⲗⲁⲥ *n.pr.m.* "Saklas" 51,17? (→ ϭⲏⲡⲉ). 19; 52,15? (ⲧⲟⲧⲉ ⲡⲉϫⲁϥ ⲛ̄ϭⲓ ⲥⲁⲕⲗⲁ[ⲥ] ⲛ̄ⲛⲉϥ-ⲁⲅⲅⲉⲗⲟⲥ ϫⲉ ⲙⲁⲣⲛ̄ⲧⲁⲙⲓⲟ ⲛⲟⲩⲣⲱⲙⲉ "alors Saklas a dit à ses anges: 'créons un homme!' "). 25?; 54,21; 56,13?

ⲥⲱⲙⲁ *n.m.* σῶμα "corps" [= **body**] 43,20 (ⲛⲉⲩ-ⲥⲱⲙⲁ ⲙⲉⲛ ⲥⲉⲛⲁⲙⲟⲩ ⲛⲉⲩⲯⲩⲭⲏ ⲇⲉ ⲥⲉⲛⲁ-ⲧⲁⲛϩ ̄ⲟ̄ⲟⲩ "leurs corps d'une part mourront, mais leurs âmes (d'autre part) seront vivifiées").

ⲥⲡⲉⲣⲙⲁ *n.m.* σπέρμα "semence, descendance" [= **seed**] 46,6 (ϩ ̄ⲱ̄ ⲡⲁⲥⲡⲉⲣⲙⲁ "ma semence à moi-même").

[ⲥⲁⲣ]ϫ *n.f.* σάρξ "chair, viande" [= **flesh**] 54,7?

ⲥⲧⲉⲅⲏ *n.f.* στέγη "toit, abri (de verdure, de feuillage?)" [= **roof**] 45,6? (→ ⲛⲟⲩⲟⲧⲉ).

[ⲥⲧ]ⲉⲣⲉⲱⲙⲁ *n.m.* στερέωμα "firmament" [= **firmament**] 50,1? 10? (→ ⲟⲩⲣⲁⲛⲟⲥ).

ⲥⲧⲣⲁⲧⲓⲁ *n.f.* στρατιά "armée" [= **host**] 37,4? (ⲙⲛ̄ ⲗⲁⲟⲩⲉ ⲛ̄ⲥⲧⲣⲁⲧⲓⲁ ⲛⲁⲅⲅⲉⲗⲟⲥ ⲛ̄ⲛ̄ⲥⲓⲟⲩ ⲛⲁⲣ̄ ⲉⲣⲟ ⲉϫⲛ̄ ⲧⲅⲉⲛⲉⲁ ⲉⲧⲙ̄ⲙⲁⲩ "aucune armée d'anges stellaires ne règnera sur cette génération"); 50,5? (ⲟⲩⲙⲛⲧ[ⲛⲟϭ ⲛ]ⲥⲧⲣⲁⲧⲓⲁ ⲛⲁⲅⲅⲉⲗⲟⲥ "une grande (concentration) d'armées d'anges").

ⲥⲟⲫⲓⲁ *n.f.* σοφία "sagesse" [= **wisdom, Sophia**] 44,4 (ⲧⲥⲟⲫⲓⲁ ⲛ̄ⲫⲑⲁⲣⲧⲏ "la sagesse corruptible").

ⲧⲟⲗⲙⲁ *v.* τολμᾶν "agir avec audace, oser, risquer" [= **dare**] 35,8.

ⲧⲉⲗⲓⲟⲥ *adj.* τέλειος "parfait" [= **perfect**] 35,4.

ⲧⲟⲡⲟⲥ *n.m.* τόπος "lieu(-topos)" [= **place**] 45,17 (17–22 ϫⲉ ⲡⲧⲟⲡⲟⲥ ⲅⲁⲣ ⲉⲧⲙ̄ⲙⲁⲩ ⲛ̄ⲧⲟϥ ⲡⲉⲧⲟⲩⲁⲣⲉϩ ⲉⲣⲟϥ ⲛ̄ⲛⲉⲧⲟⲩⲁⲁⲃ ⲡⲙⲁ ⲉⲧⲉ ⲙ̄ⲡⲣ̄ⲏ ⲙⲛ̄ ⲡⲟⲟϩ ̄ ⲛⲁⲣ̄ ⲉⲣⲟ ⲛ̄ⲙⲁⲩ ⲁⲛ ⲟⲩⲇⲉ ⲡⲉϩ ̄ⲟ̄ⲟⲩ "car ce lieu-là, c'est celui qu'on garde (en réserve) pour les Saints; (c'est) le Lieu où ni le Soleil, ni la Lune ne règneront, ni le jour").

ⲧ[ⲩ]ⲡⲟⲥ *n.m.* τύπος "(proto)type, marque, empreinte" [= **image**] 57,10?

ⲧⲣⲉⲫⲉ *v.* τρέφειν "nourrir" [= **feed**] 41,26 (ⲙⲛ̄ ϭⲟⲙ ⲛⲟⲩⲁⲣⲧⲟⲕⲟ[ⲡⲟⲥ] ⲉⲣ̄ ⲧⲣⲉⲫⲉ ⲛ̄ⲧⲉⲕⲧⲓⲥⲓⲥ ⲧⲏⲣⲥ̄ ⲉⲑⲁⲣⲟ[ⲥ ⲛⲧⲡⲉ] "il est impossible à un boulanger de nourrir toute la création qui (est) sou[s le ciel]").

ⲧⲟⲧⲉ *adv.* τότε "alors" [= **then**] 52,14 (→ ⲥⲁⲕⲗⲁⲥ *n.pr.m.*); 54,24 (→ ⲡⲟⲣⲛⲉⲩⲉ); 57,9?

ⲟⲩⲇⲉ *conj.* οὐδέ "ni" [= … **not**] 34,8?; 37,4? 6; 44,9?; 45,21 (→ ⲧⲟⲡⲟⲥ); 47,11. 12 (10–13 ⲡⲁⲓ̈ ⲉ[ⲧ]ⲉ ⲙ̄ⲡⲉⲃⲁⲗ ⲛⲁ[ⲅⲅⲉⲗⲟ]ⲥ ⲛⲁⲩ ⲉⲣⲟϥ ⲟⲩⲇⲉ ⲙ̄ⲡ[ⲉⲏ]ⲉⲩⲉ ⲛ̄ϩⲏⲧ ϣⲁⲡϥ ̄ⁱᶜ ⲟⲩⲇⲉ ⲙ̄ⲡⲟⲩⲙⲟⲩⲧⲉ ⲉⲣⲟϥ ⲛ̄ⲗⲁⲟⲩⲉ [ⲛ̄]ⲣⲁⲛ "celui qu'aucun oeil d'a[ng]e n'a vu, et qu'aucune pensée intellectuelle n'a contenu, et qui n'a été appelé d'aucun nom").

ⲟⲩⲭ ϩⲓⲛⲁ ϫⲉ *conj.* οὐχ ἵνα "non pas pour que" [= **not so that**] 35,26?.

ⲟⲩⲛ *conj.* οὖν "donc" [= **then, therefore, hence**] 44,3?

ⲟⲩⲣⲁⲛⲟⲥ *n.m.* οὐρανός "ciel" [= **sky, heaven**] 49,21. 23 (21–24 ⲕⲁⲧⲁ ⲁⲓⲱⲛ ⲛⲓⲙ ⲥⲟⲟⲩ ⲛⲟⲩⲣⲁⲛⲟⲥ ϫⲉ ⲉⲩⲉϣⲱⲡⲉ ⲛ̄ϭⲓ ϣϥⲉⲥⲛⲟⲟⲩⲥ ⲛⲟⲩⲣⲁⲛⲟⲥ ⲙ̄ⲡⲉϣϥⲉⲥⲛⲟⲟⲩⲥ ⲛ̄ⲫⲱⲥⲧⲏⲣ "et pour chaque éon, (il y a) six Cieux, pour que (leur total) devienne soixante-douze Cieux, pour les soixante-douze luminaires"); 50,10? (ⲛ̄[ⲟ]ⲩⲣⲁⲛⲟⲥ ⲙⲛ̄ ⲛⲉⲩ[ⲥ]ⲧⲉⲣⲉⲱⲙⲁ "les Cieux avec leurs firmaments").

ⲫⲑⲟⲣⲁ *n.f.* φθορά "perdition" [= **perdition**] 50,14?

[ⲫⲑⲁⲣⲧⲟⲥ] *adj.* sg.m. φθαρτός "corruptible" [= **corruptible**], f. ⲫⲑⲁⲣⲧⲏ 44,4 (ⲧⲥⲟⲫⲓⲁ ⲛ̄ⲫⲑⲁⲣⲧⲏ "la sagesse corruptible").

ⲫⲟⲣⲉⲓ *v.* φορεῖν "porter (un vêtement, etc.)" [= **bear**] 56,19 (→ ⲑⲩⲥⲓⲁⲥⲉ).

ⲫⲱⲥⲧⲏⲣ *n.m.* φωστήρ "luminaire" [= **luminary**] 48,4. 12 (ⲁϥⲧⲁϩ ̄ⲟ̄] ⲙ̄ⲡⲙⲉϩⲥⲛⲁⲩ ⲛ̄ⲫⲱⲥⲧⲏⲣ "il a dressé le second luminaire"); 49,10? 13? 14? 20. 24 (→ ⲟⲩⲣⲁⲛⲟⲥ); 50,15.

ⲭⲣⲁⲥⲑⲁⲓ *v.* χρῆσθαι "faire usage (de), se servir de" [= **use, make use (of)**] 40,4 (ⲑ[ⲉ] ⲧⲉ ⲧⲁⲉⲓ ⲉⲧϥ̄ⲛⲁⲣ ⲭⲣⲁⲥⲑⲁⲓ ⲛ̄ⲡⲁⲣⲁⲛ "c'est ainsi qu'il (se permettra de) faire usage de mon nom").

[ⲭⲣⲓⲥⲧⲟⲥ] *n.pr.m.* "Christ" [= **Christ**]; abr. ⲭ̄ⲥ̄ 52,6 (→ ⲥⲏⲑ).

ⲭⲁⲟⲥ *n.m.* χάος "Chaos" [= **chaos**] 51,7 (5–7
ⲙⲁⲣⲟⲩϣⲱⲡⲉ ⲛ̄[ϭⲓ ⲙⲏⲧ]ⲥⲛⲟⲟⲩⲥ ⲛⲁⲅⲅⲉⲗⲟⲥ
[ⲉⲩⲣ ⲉ]ⲣⲟ ⲉⲝⲛ̄ ⲡⲉⲭⲁⲟⲥ ⲙⲛ̄ ⲁ[ⲙⲛⲧⲉ] "que se
produisent [dou]ze anges ré[gnant] sur le Chaos
et l'A[menté]); 52,14? (11–14 ⲛⲁⲉⲓ ⲛⲉ ⲡϯ[ⲟ]ⲩ
ⲛ̄ⲧⲁⲩⲣ ⲉⲣⲟ ⲉⲝⲛ̄ ⲁⲙⲛⲧ[ⲉ] ⲁⲩⲱ ⲛ̄ϣⲟⲣⲡ ⲉⲝⲛ̄
ⲡⲉⲭⲁⲟ[ⲥ] "ce (sont là) les cinq qui ont régné
sur (l')Amenté, et d'abord, sur le Chaos"); 54,12
(ϫⲓⲛ[ⲁ ϫ]ⲉ ⲛⲉⲩⲣ̄ ϫⲟⲉⲓⲥ ⲉⲣⲟⲟ[ⲩ] ⲛ̄ϭⲓ ⲛ[ⲉ]ⲣⲱⲟⲩ
ⲙ̄ⲡⲉⲭⲁⲟⲥ ⲙ[ⲛ̄] ⲁⲙⲛ̄ⲧⲉ "afin que ne dominent
pas sur eux les rois du Chaos et de l'Amenté").

ϯⲯⲭⲏ *n.f.* ψυχή "âme" [= **soul**] 35,1; 43,16? (ⲅⲉⲛⲉⲁ
ⲛⲓⲙ ⲛ̄ⲣⲱⲙⲉ ⲥⲉⲛⲁⲙⲟⲩ ⲛ̄ϭⲓ ⲛⲉⲩⲯⲩ[ⲭ]ⲏ "les
âmes de toute génération humaine mourront").
21 (→ ⲥⲱⲙⲁ); 44,6 (ⲛ̄ⲧⲉ ⲛⲉⲩⲯⲩⲭⲏ [ⲃ]ⲱⲕ
ⲉϩⲣⲁⲓ̈ ⲉⲛⲁⲓⲱⲛ ⲉⲧϫⲟⲥⲉ ⲡⲱϣⲓ̈ "... et que leurs
âmes montent vers les éons supérieurs"); 53,25
(→ [ⲡⲛⲉⲩⲙⲁ]). 26.

ⲱ *interj.* ὦ "ô!" [= **O (you)**] 44,21 (→ ⲅⲩⲙⲛⲁⲍⲉ);
45,14 (ⲱ ⲓ̈ⲟⲩⲇⲁ "ô Judas!").

[ϩⲉ]ⲃⲇⲟⲙⲁⲥ *n.f.* ἑβδομάς "groupe de sept, semaine"
[= **week**] 38,15?

[ϩⲓⲕⲱⲛ] *n.f.* εἰκών "image" [= **image**], combiné avec
son art.déf. sg.f., dans ⲑⲓⲕⲱⲛ 49,3; 52,17?
(→ ⲥⲁⲕⲗⲁⲥ); 58,2? ([ϩⲓ]ⲕⲱⲛ).

ϩⲁⲙⲏⲛ *adv.* ἀμήν "amen!, en vérité!" [= **truly!**]
34,15? ([ϩ]ⲁⲙⲏⲛ [ϯ]ϫⲱ ⲙⲙⲟⲥ ⲛⲏⲧⲛ̄ ϫ[ⲉ] ⲙⲛ
ⲗⲁⲟ[ⲩ]ⲉ ⲛⲅⲉⲛⲉⲁ ⲛⲁⲥⲟⲩⲱⲛⲧ̄ ϩⲛ̄ ⲛ̄ⲣⲱⲙⲉ
"amen! ..., je vous le dis, aucune génération ne
me (re)connaîtra parmi les hommes"); 37,1?;
39,7? (ϩⲁⲙⲏⲛ ϯϫⲱ ⲙ̄ⲙⲟⲥ ⲛⲏⲧⲛ̄ ϫⲉ "amen! ...,
je vous le dis"); 44,8?

ϫⲓⲛⲁ *conj.* ἵνα "afin que" [= **in order that**] 36,2?
(ϫⲓⲛⲁ ϫⲉ "afin que"); 54,10? (→ ⲭⲁⲟⲥ) voir
aussi ⲟⲩⲭ ϫⲓⲛⲁ.

ϩⲩⲡⲏⲣⲉⲥⲓⲁ *n.f.* ὑπηρεσία "service" [= **assistance**] 48,20
(ⲁϥⲧⲁⲙⲓⲟ ⲛⲁⲩ ⲛ̄ϩⲛ̄ⲧⲃⲁ ⲛⲁⲅⲅⲉⲗⲟⲥ ⲛⲁⲧⲏⲡⲉ
ⲉⲧⲉⲩϩⲩⲡⲏⲣⲉⲥⲓⲁ "il a créé pour eux des myriades
d'anges, innombrables, pour leur service").

ϩⲩⲡⲟⲧⲁⲥⲥ[ⲉ] *v.* ὑποτάσσεσθαι "être soumis, obéir"
[= **be under the control of**] 46,6?

ϩⲟⲣⲟⲙⲁ *n.m.* ὅραμα "vision" [= **vision**] 44,18
(ⲁⲉⲓⲛⲁⲩ ⲅⲁⲣ ⲉⲩⲛⲟϭ ⲛ̄ϩⲟⲣⲟⲙⲁ "j'ai vu en effet
une grande vision"); combiné avec son art.déf.
sg.m. dans ⲫⲟⲣⲟⲙⲁ 44,24?

ϩⲁⲣⲙⲁⲑⲱⲑ *n.pr.m.* "(H)armathôth" 52,6–7 (6-11
ⲡⲙⲉϩ[ⲥⲛⲁ]ⲩ ⲡⲉ ϩⲁⲣⲙⲁⲑⲱⲑ ... ⲡⲙⲉϩ[ϣⲟⲙⲛ̄]ⲧ
ⲡⲉ ⲅⲁⲗⲓⲗⲁ ⲡⲙⲉϩϥⲧⲟ[ⲟ]ⲩ ⲡⲉ ⲓ̈ⲱⲃⲏⲗ ⲡⲙⲉϩϯⲟⲩ
[ⲡ]ⲉ ⲁⲇⲱⲛⲁⲓⲟⲥ "le se[cond] (est) Harmathôth
..., le [troisiè]me (est) Galila, le quat[ri]ème
(est) Iôbêl, le cinquième (est) Adônaios").

ϩⲉⲣⲙⲏⲛⲉⲩⲉ *v.* ἑρμηνεύειν "interpréter, traduire"
[= **translate, interpret, mean**] 51,13 (12–15
[ⲟⲩⲣ]ⲁⲛ ϫⲉ ⲛⲉⲃⲣⲱ ⲉⲧⲉ ⲡⲁⲉⲓ ⲡⲉ [ⲛ̄ⲧ]ⲁⲩϩⲉⲣ-
ⲙⲏⲛⲉⲩⲉ ⲙ̄ⲙⲟϥ ϫⲉ ⲁⲡ[ⲟⲥ]ⲧⲁⲧⲏⲥ ϩⲛ̄ⲕⲟⲟⲩⲉ
ⲇⲉ ϫⲉ ⲓ̈[ⲁⲗ]ⲇⲁⲃⲁⲱⲑ "portant [le nom de]
'Nébrô', (nom) qu'on a traduit par 'Apostatês',
d'autres ont dit 'I[al]dabaôth' ").

ϩⲱⲥ *adv.* ὡς "comme" [= **as**] 58,18
(→ ⲡⲣⲟⲫⲏⲧⲏⲥ).

ⲓ̈ⲥⲟⲥ *adj.* ἴσος "égal" [= **like**] 40,16 (ⲁⲛⲟⲛ ϩⲛ̄ϩⲓ̈ⲥⲟⲥ
ⲛⲁⲅⲅⲉⲗⲟⲥ ⲁⲩⲱ ⲛ̄ⲧⲟⲟⲩ ⲛⲉ ⲛ̄ⲥⲓⲟⲩ ⲉⲧϫⲱⲕ
ⲉⲃⲟⲗ ⲛ̄ϩⲱⲃ ⲛⲓⲙ "(nous sommes), nous, les égaux
des anges (cf. Luc 20,36), et qu'ils sont les étoiles
qui parachèvent (ou accomplissent) toute chose").

ϩⲟⲧⲁⲛ *conj.* ὅταν "quand" [= **when**] 43,17 (16–20
ⲛⲉⲩⲯⲩ[ⲭ]ⲏ ... ϩⲟⲧⲁⲛ ⲉⲩϣⲁⲛϫⲱⲕ ⲉⲃⲟⲗ
ⲙ̄ⲡⲉⲟⲩⲟⲉⲓϣ ⲛ̄ⲧⲙⲛ̄ⲧⲉⲣⲟ ⲁⲩⲱ ⲛ̄ⲧⲉⲡⲉⲡⲛ̄ⲁ
ⲡⲱⲣϫ ⲉⲃⲟⲗ ⲙ̄ⲙⲟⲟⲩ "leurs âmes ... quand
elles auront achevé le temps de Royaume et que
l'esprit se séparera d'eux"); 54,18? (ϩⲟⲧⲁⲛ ⲇⲉ
ⲉϥϣⲁⲛϫⲱⲕ ⲉⲃⲟⲗ ⲙ̄ⲡⲉⲟⲩⲟⲉⲓϣ ⲛ̄ⲧⲁⲩⲧⲟϣⲟⲩ
ⲛⲁϥ ⲛ̄ϭⲓ ⲥⲁⲕⲗⲁⲥ "or quand Saklas aura achevé
ses temps, qui lui ont été fixés").

Vocabulaire Égycopte

ⲁⲁ= forme *présuffixale* suffixée (sg.3.m. ⲁⲁϥ, pl.3.
ⲁⲁⲩ), voir ⲉⲓⲣⲉ "faire, être".

ⲁⲗⲱⲧⲛ̄ "cessez!" voir ⲗⲟ "cesser".

ⲁⲙⲟⲩ "viens!" [= **come**] 46,8; 47,2?

ⲁⲙⲛ̄ⲧⲉ *n.m.* "séjour des morts, Amenté" [= **Hades,
hell, underworld**] 51,7?; 52,13?; 54,12
(partout en liaison avec ⲭⲁⲟⲥ "Chaos").

ⲁⲙⲁϩⲧ[ⲉ] *v/{n.m.}* "saisir, arrêter (par une arrestation), tenir en son pouvoir, maîtriser" [= **arrest,
grasp, detain**] 56,24?; 58,15?

ⲁⲛ *pcl. nég.* "no(n), ne ... pas" [= **not, no**] 34,8. 8;
37,3?; 43,9?; 45,4; 55,16?; ⲛ- ... ⲁⲛ 35,20;

36,21; 37,9?; 45,15 (→ ѲΝΗΤΟΝ); Ñ- ... ΑΝ
45,21 (→ ΤΟΠΟC); voir aussi la conjugaison,
tout le schéma bipartite.

ΑΝΟΝ *pron.pers.* pl.1. "nous" [= **we**] 38,10; 40,16 (→
ϪΙCΟC).

ΑΡΕϨ *v/{n.m.}* "garder" [= **keep, guard, reserve**]
45,19 (→ ΤΟΠΟC).

ΑΤ- *préf.privatif* "sans, privé de" [= **without, -less**],
voir p.ex. ΚΑΡΠΟC 39,16 (p.ex. ϨÑϢ[Η]Ν
ΝΑΤΚΑΡΠΟC "des arbres sans fruits, stériles"); ce
préfixe affecte aussi les léxèmes suivants: ΑΡΗΧϤ,
ΗΠΕ, ΜΟΥ, ῬΡΟ (ou ΕΡΟ), ϬΟΜ.

ΑΤΚΑΡΠΟC *n.* "(le) ou (un) ... sans fruits")
[= **without fruit, fruitless**], voir ΝΑΤΚΑΡΠΟC
adj. "sans fruits, stérile".

ΑΤΜΟΥ *n.m.* "(l') ou (un) etc. immortel(le)") [=
immortal], lcplx. (ΑΤ- "sans", et ΜΟΥ "mourir,
(la) mort") 50,11 (ΠΜΗΗϢΕ ΔΕ ÑΝΑΤΜΟΥ
ΕΤΉΜ[Α]Υ "la foule des ces immortels-là").

ΑΤΗΠΕ *n.* "(l') ou (un) etc. ... innombrable")
[= **without number**], voir ΝΑΤΗΠΕ *adj.*
"innombrable".

ΑΤῬΡΟ *n.* "(le) ou (un) etc. ... sans roi" [= **without a
king**], voir ΝΑΤῬΡΟ *adj.* "sans roi".

ΑΤΑΡΗΧϤ *n.* "(l')illimité(e)" [= **boundless**], lcplx.
(composé de ΑΤ- "sans", et [ΑΡΗΧ*] "extrémité,
limites") 47,6 (ΟΥΑΤΑΡΗΧϤ "(il est) illimité").

ΑΤϬΟΜ *n.* "sans puissance, impuissant, impossible"
[= **powerless, impossible**], lcplx. (composé de
ΑΤ- "sans", et ϬΟΜ "puissance, force") 43,26
(ΟΥΑΤϬΟΜ ΠΕ "il (est) impossible (de)").

ΑΥΩ *conj.* "et" [= **and**] 33,10. 17. 22; 34,20? 21?
26; 35,4. 6. 7. 16. 19; 36,5. 7. 13? 20. 22. 26;
38,3? 5. 24?; 39,1? 4. 11? 15? 17. 23. 25; 40,3?
5. 9. 13? 15. 17; 41,8?; 42,1. 4. 9?; 43,7. 19. 22;
45,1? 3. 6. 7. 14; 46,1. 2? 20. 22. 25; 47,6. 14.
16. 18. 21. 24. 26; 48,2. 3. 5? 8? 9. 11. 15. 17.
18. 21. 26; 49,1. 4. 18. 20. 25; 51,8? 16. 19. 20.
22. 23; 52,13 (→ ΧΑΟC). 17 (→ CΑΚΛΑC n.pr.
m.). 19 (→ ΕΥϨΑ n.pr.f.). 23; 53,5; 54,23. 25
(→ ΠΟΡΝΕΥΕ); 55,1. 2. 10. 19; 56,22. 23 (→
ΗΔΗ). 23?; 57,17. 18. 19 (→ ΠΡΟΗΓΟΥΜΕΝΟC).
22; 58,3? 19; ΑΥΩ ΟΝ 51,16.

ΑϢ *pro.?n.* "quel?" [= **who? what? where?**] 35,17
(ΕΒΟΛ ϨÑΝ ΑϢ ÑΜΑ "d'où?, de quel lieu?");

"quand?" [= **when?**] 36,6 (ΝΑϢ ÑϨΟΟΥ
"quand?, en quel jour?"). 19 (ΑϢ ΤΕ ΤΝΟϬ
ÑΓΕΝΕΑ ΕΤΧΟCΕ ΕΡΟΝ ΑΥΩ ΕΤΟΥΑΑΒ
"quelle (est cette) Grande Génération supérieure
à nous, et (plus) sainte (que la nôtre)?"); 38,12
(ϨÑ ΑϢ ÑΜΙ[ΝΕ] "de quelle sorte?"); 43,13 (ΑϢ
ÑΚΑΡΠΟC ΠΕ[ΤΕ]ΟΥΝΤΑCϤ ÑϬΙ ΤΕΕΙΓΕΝΕΑ
"quel est le fruit que possède cette génération?").

ΑϢ ΑϨΟΜ *(v'n)/[n.m.]* "soupir, sanglot" [= **grieve**],
lcplx. (composé de ΑϢ (de [ΩϢ] "crier" etc.) et de
ΑϨΟΜ "soupir" etc.) 35,27 (→ ÑϨΟΟΥ); 46,12?;
57,6?

ΑϨΟΜ *n.m.* "soupir, sanglot" [= **sigh, groan**] voir ΑϢ
ΑϨΟΜ .

ΑϨΡΟ* *pro.?n. sfsj.* [= **why, what does ... have to
do with?**], *présuffixal* suffixé, sg.2.m. ΑϨΡΟΚ
"pourquoi (toi ...)?" 44,20 (→ ΓΥΜΝΑΖΕ);
53,11; pl.2. ΑϨΡΩΤÑ "pourquoi (vous ...)?"
36,24.

ΑϨΕΡΑΤ* voir ΩϨΕ ΕΡΑΤ* "se tenir debout" etc.
[= **stand**], sous ΩϨΕ (idem) et ΡΑΤ* "pied"
[= **foot**].

ΒΩΚ *v/{n.m.}* "aller" [= **go, depart**]; ΒΩΚ "s'en aller"
44,14 (ΙΗC ΑϤΒΩΚ "Jésus s'en est allé"); ΒΩΚ
Ε- "aller vers" 35,26 (→ ΕΜΑΥ); 36,14? (→
ΕΤΩΝ); ΒΩΚ ΕΠϢΩΪ "monter" 46,25?; ΒΩΚ
ΕϨΡΑΪ Ε- "monter vers" 44,7? (→ ΤΨΥΧΗ); ΒΩΚ
ΕϨΟΥΝ Ε- "entrer dans (ou vers)" 45,16 (→
ѲΝΗΤΟΝ); 58,11; ΒΩΚ ϢΑ- "aller vers" 36,16;
ϤΩΚ (plutôt que pour ϤΩΚΕ = ϤΩϬΕ "bondir"?)
ΕϨΟΥΝ Ε- "entrer dans (ou vers)" 57,23.

ΒΑΛ *n.m.* "oeil" [= **eye**] 35,13? (→ ϬΩϢΤ); 45,4;
47,10 (→ ΟΥΛΕ).

ΒΟΛ *n.m.* "partie externe, (l')extérieur" [= **outside**],
mot-base de ΕΒΟΛ adv. "vers l'extérieur, dehors,
jusqu'au bout, complètement"; ΕΒΟΛ Ñ- prép.
"hors de"; ΕΒΟΛ ϨÑ- prép. "hors de, (en sortant)
de"; ΕΒΟΛ ϨΙΤÑ- prép. "par (le moyen de)".

Ε- *prép.sns.*, *(présuffixal* ΕΡΟ*: sg.1. ΕΡΟΪ (ou ΕΡΟΕΪ),
sg.2.m. ΕΡΟΚ, sg.3.m. ΕΡΟϤ, sg.3.f. ΕΡΟC,
pl.1. ΕΡΟΝ, pl.2. ΕΡΩΤÑ, pl.3. ΕΡΟΟΥ cf. infra),
prép. d'évaluation sensorielle, souvent à traduire
par "vers, pour, par rapport à, plus que" etc. [=
**to, for, with regard to, in order to, about, by
means of etc.**]. Cette préposition polyvalente

etc.), *présuffixal* ЄВОΛ N̄ꞨHTⸯ; ainsi ЄВОΛ ꞨN̄-
35,16. 17 (→ ⲂⲀⲢⲂⲎⲖⲰ̄ n.pr.f.); **37**,12; **47**,18 (→
ⲀⲨⲦⲞⲄⲈⲚⲎⲤ); **51**,16? (→ ⲀⲄⲄⲈⲖⲞⲤ); **57**,25
(ⲀⲨⲤⲰⲦⲘ ⲈⲨⲤⲘⲎ ⲈⲤⲚⲎⲨ ЄВОΛ ꞨN̄ ⲦꞬⲎⲠЄ
"ils ont entendu une voix sortant de la nuée").
Présuffixal (ЄВОΛ N̄ꞨHTⸯ) suffixé, sg.3.m. ЄВОΛ
N̄ꞨHTⸯ "hors de lui" **50**,19.

ЄВОΛ ꞨⲒⲦN̄- *prép.* "par (le moyen de)" [= **through, by,
from**], lcplx. (composé de ЄВОΛ adv., et ꞨⲒⲦN̄-
"par" etc.) **39**,14?; **47**,23 (→ ⲀⲨⲦⲞ-ⲄⲈⲚⲎⲤ);
50,14?; **57**,14?

ЄⲚⲀⲨ *adv.* "vers (ce lieu)-là" [= **there, thither**], lcplx.
(composé de Є- prép.sns. et de ⲘⲀⲨ n. "le lieu (qui
est) là") **35**,26 (ЄⲔЄⲂⲰⲔ ЄⲚⲀⲨ "tu arriveras là").

ЄⲚЄꞨ *n.m.* "éternité" [= **eternity, forever**] **43**,11. 11?
(ⲬⲚ̄ ЄⲚЄꞨ N̄ⲰⲀ Є[ⲚЄꞨ] "de toute éternité").

ЄⲠЄⲔⲘⲀ *adv.* "à ta place" [= **in your place, to replace
you**], lcplx. (composé de Є- prép.sns. et de ⲘⲀ
n.m. "(le) lieu") **36**,2 (→ ⲬЄ cause).

ЄⲠϢⲰÏ *adv.* "vers le haut, en montant" [= **on high,
upward**], lcplx. (composé de Є- prép.sns. et de
ϢⲰÏ n.m. "(la) partie supérieure, (le) haut") **46**,25.

ЄⲠЄⲨϢⲀⲠ *adv.* "en prêt, en garantie, en contrepartie" [= **on loan**], lcplx. (composé de Є- prép.
sns. et de (ⲟ)ⲨϢⲀⲠ "prêt, emprunt") **53**,21 (→
[ⲠⲚЄⲨⲘⲀ]).

ЄⲠⲀꞨⲞⲨ *adv.* " en (regardant vers l')arrière" [= **away,
backward**], lcplx. (composé de Є- prép.sns., et
de ⲠⲀꞨⲞⲨ n.m. "(le) derrière, (le) cul") **35**,14
(→ Ꞩ̄ⲢⲀⸯ sous ꞨⲞ).

ЄⲢⲞ (graphie majoritaire, ou ⲢⲢⲞ) *n.m.* "roi"
[= **king**]; ⲢⲢⲞ **37**,16; pl. [Є]ⲢⲰⲞⲨ **54**,11? (→
ⲬⲀⲞⲤ); voir aussi ⲚⲀⲦⲢ̄ⲢⲞ *adj.* "sans roi"
[= **without a king**]; ⲘⲚ̄ⲦЄⲢⲞ *abstr. n.f.*
"Royaume" [= **kingdom, realm**]; Ⲣ̄ ЄⲢⲞ (*v'n*)/{*n.
m.*} "régner" [= **reign**].

ЄⲢⲎⲨ *n.m.pl.* "mutuellement" [= **together**] **38**,19.

[Є]ⲢⲰⲞⲨ *n.m.pl.* "(les) rois", voir ЄⲢⲞ n.m.sg. "roi"
(éviter toute confusion entre Ⲛ[Є]ⲢⲰⲞⲨ "les rois"
et ⲢⲰⲞⲨ "leurs bouches").

ЄⲤⲎⲦ *n.m.* "partie basse, sol" [= **ground, bottom**],
mot-base de ꞨⲒ ⲠЄⲤⲎⲦ adv. "en bas" [= **on the
ground**] **57**,24 (→ ⲤⲘⲎ).

ЄⲦЄ, ЄⲦ- *préf.rel.* intemporel "qui, que" [= **who,
which, that**] (voir aussi, dans la conjugaison, les

préfixes verbaux relatifs); ЄⲦЄ **35**,20; **39**,27;
40,22 (ⲚⲞⲨⲎⲎⲂ ЄⲦЄ ⲠⲀЄⲒ ⲠЄ ⲠⲆⲒⲀⲔⲞⲚⲞⲤ
N̄ⲦЄⲠⲖⲀⲚⲎ "des 'prêtres', c'est-à-dire, (chacun)
ministre de l'égarement (trompeur)"); **45**,20
(→ ⲦⲞⲠⲞⲤ); **47**,10?; **48**,23; **51**,13; **52**,7;
ЄⲦ- **33**,1. 16 (→ ⲘⲨⲤⲦⲎⲢⲒⲞⲚ); **35**,22; **36**,20.
20. 25–26 (ⲦⲄЄⲚЄⲀ ЄⲦⲬⲞⲞⲢ ⲀⲨⲰ ЄⲦⲞⲨⲀⲀⲂ
"la génération (qui est) forte et (qui est) sainte");
38,24; **39**,9?; **40**,17. 23. 24; **44**,7. 12; **45**,24;
50,16?; **56**,19; **57**,17. 18. 19; Є⊖- combiné avec
un Ꞩ consécutif, Є⊖ⲀⲢⲞ[ ] **42**,1; ⲠЄⲦЄ sg.m.
"celui que" **43**,13? (ⲠЄ[ⲦЄ] ⲞⲨⲚⲦⲀⲤ‍Ч "(le
fruit) qu'elle possède"); **47**,6? (ⲠЄⲦЄ N̄ⲠЄⲤ*sic*
ⲖⲀⲞⲨЄ) et **48**,23 (ЄⲦЄ N̄ⲠЄⲤ*sic* ⲖⲀⲞⲨЄ), Ⲥ
= Ϣ "être capable de" et voir la conjugaison,
parfait I rel. nég.; ⲠЄⲦ- sg.m. "celui qui" **35**,2?;
ⲚЄⲦ- pl. "ceux, celles qui" **40**,12. 15?; **45**,19
(→ ⲦⲞⲠⲞⲤ); **57**,23; N̄ⲚЄⲦ- (pour ⲚЄⲦ-) **39**,19.
Pour ЄⲦⲘ̄ⲘⲀⲨ voir ЄⲦⲘ̄ⲘⲀⲨ.

ЄⲦⲂЄ- *prép.* "à cause de, à propos de" [= **because of,
concerning**], *présuffixal* ЄⲦⲂⲎⲦⸯ; ainsi ЄⲦⲂЄ-
36,25; **47**,3; ЄⲦⲂЄ ⲠⲀЄⲒ "c'est pourquoi" [=
therefore] **53**,25; ЄⲦⲂЄ ⲞⲨ "pourquoi?" [=
why?] **34**,4 (→ ЄⲨⲬⲀⲢⲒⲤⲦⲒⲀ). 24; **37**,25; **39**,6.
Présuffixal (ЄⲦⲂⲎⲦⸯ) suffixé, sg.3.m. **47**,22
ЄⲦⲂⲎⲦЧ̄ "à cause de lui".

ЄⲦⲘ̄ⲘⲀⲨ *adj. et n.m.f.* "qui (est) là, ... -là" [= **that,
who/which is there**], lcplx. (composé de ЄⲦ-
"qui", et N̄- prép.rel. instrumentale, et ⲘⲀⲨ
"le lieu (qui est) là"); *adj.* **37**,3? 6. 8?; **38**,8?;
39,3? 10 (→ ЄⲠⲒⲔⲀⲖЄⲒ); **40**,2?; **43**,10?; **44**,11?;
45,7? 18 (→ ⲚⲞⲨⲞⲦЄ). 18 (→ ⲦⲞⲠⲞⲤ); **46**,18;
47,14; **49**,1?; **50**,12?; **54**,14; **57**,14; *n.m.* **39**,21
(ⲠЄⲦⲘ̄ⲘⲀⲨ ⲠЄ ⲠⲚ̄Ⲧ̄ (*idiol.*) ЄⲦЄⲦⲚ̄ϢⲘ̄ϢЄ ⲚⲀⲤ̄
"celui-là est le 'Dieu' que vous servez").

ЄⲦⲰⲚ *adv.* "vers où?" [**where, whither**], lcplx.
(composé de Є- prép.sns. et ⲦⲰⲚ ad?v. "où?")
36,14? (N̄ⲦⲀ[ⲔⲂ]ⲰⲔ ЄⲦⲰⲚ ЄⲔⲢ ⲞⲨ ЄⲀⲔⲖⲞ
Ꞩ[Ⲁ]ⲢⲞⲚ) "où es-tu allé? ... (et) qu'as-tu fait
quand tu t'es éloigné de nous?").

ЄⲦⲚⲀ- *préf.rel.* du futur "qui" [= **who**] **43**,8;
ⲚЄⲦⲚⲀ- **33**,17 (16–18 N̄ⲘⲨⲤⲦⲎⲢⲒ[Ⲟ]Ⲛ ЄⲦꞨⲒⲬⲚ̄
ⲠⲔⲞⲤⲘⲞⲤ ⲀⲨⲰ ⲚЄⲦⲚⲀϢⲰⲠЄ ϢⲀⲂⲞⲖ "les
Mystères qui (sont) au-dessus du Monde(-
cosmos) et qui existeront à jamais").

ⲉⲟⲟⲩ *n.m.* "gloire" [= **glory, honor**] 50,6. 8?

ⲉⲡ̅ⲟⲩⲛ *adv.* "vers l'intérieur, dedans" [= **to the inside, into**], lcplx. (composé de ⲉ- prép.sns., et ⲡ̅ⲟⲩⲛ *n.m.* "(l')intérieur") 35,12?; 39,19. 26 (→ ⲑⲩⲥⲓⲁ); 45,11? 16 (→ⲑⲛⲏⲧⲟⲛ); 57,23; 58,11?

ⲉⲡ̅ⲣⲁⲓ̈ *adv.* "vers le haut, en montant" (?) [= **to the upper, upward, up**], lcplx. (composé de ⲉ- prép. sns., et ⲡⲣⲁⲓ̈ *n.m.* "partie supérieure, (le) haut") 43,23?; 44,7 (→ ϯⲩⲭⲏ); 48,5. 13. 18; 56,12?; ⲉⲡ̅ⲣⲁⲉⲓ 57,16 (→ ⲋⲏⲡⲉ). 21 (→ ⲓ̈ⲟⲩⲗⲁⲥ).

ⲉⲡ̅ⲣⲁϥ *adv.* "en (sa) présence" [= **in (his) face**], lcplx. (composé de ⲉ- prép.sns., et ⲡⲣⲁϥ suffixé de ⲡⲣⲁ⸗ *n.m.* "(son) visage", de ⲟⲟ) 35,13.

ⲉⲭⲛ̅- *prép.* "sur" [= **upon**], lcplx. (ⲉⲝ<ⲱⲝ>ⲛ̅-, donc composé de ⲉ- prép.sns., et ⲝⲱⲝ, ⲭⲱ⸗ *n.m.* "tête", et ⲛ̅- prép.rel.gén.), *présuffixal* ⲉⲭⲱ⸗; ainsi ⲉⲭⲛ̅- 34,2; 37,5; 38,25?; 39,9? (→ ⲉⲡⲓⲕⲁⲗⲉⲓ); 40,1; 44,1; 46,3; 51,7; 52,12. 13 (→ ⲭⲁⲟⲥ); 54,18; 55,11; *présuffixal* (ⲉⲭⲱ⸗) suffixé, sg.3.m. ⲉⲭⲱϥ 48,5. 13; pl.3. ⲉⲭⲱⲟⲩ 46,23; 48,18?

ⲏⲓ̈ *n.m.* "maison" [= **house**] 38,2?; 45,8 (→ ⲙⲏⲧⲉ); ⲏⲉⲓ 45,7 (→ ⲛⲟⲩⲟⲧⲉ). 17 (→ ⲑⲛⲏⲧⲟⲛ).

ⲏⲡⲉ *n.f.* "nombre" [= **number**] 33,18; 49,17; 53,13? 15; aussi dans ⲛⲁⲧⲏⲡⲉ *adj.* "innombrable" [= **without number**].

[ⲑⲃⲃⲓⲟ] *v.* "humilier" [= **humiliate**]; *qualitatif* ⲑ̅ⲃⲃⲓⲏⲩ† 38,19.

ⲉⲓ *v/{n.m.}* "aller, venir" [= **come**] 37,8. 20; 43,2. 6; 45,1; ⲉⲓ ⲉⲃⲟⲗ "sortir" 35,16? 17? (→ ⲧⲁⲟⲩⲟ); 47,18 (→ ⲁⲩⲧⲟⲅⲉⲛⲏⲥ); 51,16.

ⲉⲓⲛⲉ *v/{n.m.}* "apporter, amener" [= **bring, bear**] 39,26 (→ ⲑⲩⲥⲓⲁ); *atone* ⲛ̅- 34,25.

ⲉⲓⲛⲉ {v}/n.m. "ressembler, ressemblance" [= **resemblance**] 51,11? (→ ⲛⲉⲃⲣⲱ n.pr.m.); ⲓⲛⲉ 49,4; 52,17 (ⲙⲁⲣⲛ̅ⲧⲁⲙⲓⲟ ⲛⲟⲩⲣⲱⲙⲉ [ⲕⲁ]ⲧⲁ ⲡⲓⲛⲉ ⲁⲩⲱ ⲕⲁⲧⲁ ⲑⲓⲕⲱ[ⲛ] "créons un homme selon la ressemblance et selon l'image!").

ⲉⲓⲣⲉ *v/{n.m.}* "faire, etc." [= **act, do, perform, be**] 33,7? (→ ⲙⲁⲓ̈ⲛ); 34,8?; 38,22; *atone* ⲣ̅- (ⲣ devant un verbe grécopte, ° devant ⲟⲩ "quoi?") "devenir, être fait" 33,5 (→ ⲡⲁⲥⲭⲁ). 25r; 34,1r. 5°; 36,14°; 37,5; 38,16r. 21; 40,4r. 5r; 41,26r; 43,24°; 44,20r; 45,21; 48,5.18; 52,12; 54,10. 14°; 55,22°; 56,18. 19r. 20r; 58,16. 21°;

qualitatif ⲟ† "être (fait)" 37,16; 40,24; 57,19 (→ ⲡⲣⲟⲏⲅⲟⲩⲙⲉⲛⲟⲥ).

ⲉⲓⲥ *interj.* "voici!" [= **look, behold**] dans ⲉⲓⲥ ⲡ̅ⲏⲏⲧⲉ 40,19 (→ ⲑⲩⲥⲓⲁ); 45,24 (→ ⲙⲩⲥⲧⲏⲣⲓⲟⲛ); 51,8; 57,15?

ⲉⲓⲁⲧ⸗ *n.f. sfsj.* "oeil, regard" [= **eye**]; *présuffixal* (ⲉⲓⲁⲧ⸗) suffixé, sg.2.m. ⲉⲓⲁⲧⲕ 57,16 (ϭⲓ ⲉⲓⲁⲧⲕ ⲉⲡ̅ⲣⲁⲉⲓ ⲛⲕ̅[ⲛ]ⲁⲩ "élève tes yeux et vois!"); sg.3.m. ⲓⲁⲧϥ̅ 57,21 (ⲁϥϥⲓⲁⲧϥ̅ ⲉⲡ̅ⲣⲁⲉⲓ ⲁϥⲛⲁⲩ "il a élevé ses yeux (et) il a vu").

ⲉⲓⲱⲧ *n.m.* "Père" [= **father**] 49,18; ⲓⲱⲧ 50,14.

ⲕⲁⲓ- ou ⲕⲉ- *n.m.f.* "autre" [= **other**]; ainsi ⲕⲁⲓ- 36,16; 37,21; 40,8?; 47,22. 23; 51,16; ⲕⲁⲓⲟⲩⲁ "un autre" [= **another**] 36,1?; 40,9. 11?; pl. ⲕⲟⲟⲩⲉ dans ϩ̅ⲛⲕⲟⲟⲩⲉ "d'autres" 33,12 (→ ⲇⲓⲕⲁⲓⲟⲥⲩⲛⲏ); 38,17? 20? 21. 22 (ϩ̅ⲛⲕⲉⲕⲟⲟⲩⲉ); 51,15; ⲡⲕⲉⲥⲉⲉⲡⲉ "le reste" [= **something**] 35,22; 43,24?; 48,16; ⲡⲕⲉⲥⲉⲡⲉ 40,13 (→ ⲡⲗⲁⲛⲏ); 46,22.

[ⲕⲱ] *v/{n.m.}* "mettre" etc. [= **place, set down, make**]; *atone* ⲕⲁ- (avec ⲣⲟ ou ⲣⲱ⸗ "bouche") *présuffixal* (ⲕⲁ ⲣⲱ⸗) suffixé, pl.3. ⲕⲁⲣⲱ⸗ⲟⲩ "se taire" 39,4.

ⲕⲗⲟⲟⲗⲉ *n.f.* "nuage" [= **cloud**] 47,15? (ⲕⲗⲟ[ⲟ]ⲗⲉ ⲛ̅ⲟⲩⲟⲓ̈ⲛ "nuage de lumière, ou nuée lumineuse"). 19 (→ ⲁⲩⲧⲟⲅⲉⲛⲏⲥ).

ⲕⲣ[ⲱⲙ] (?) *n.f.* "feu" [= **fire**] 51,10? (→ ⲛⲉⲃⲣⲱ n.pr.m.).

ⲕⲣ̅ⲙ̅ⲣ̅ⲙ̅ *v/{n.m.}* "murmurer (en protestation), rouspéter" [= **murmur, be vexed**] 58,9?

ⲕⲱⲧⲉ *v/{n.m.}* "envelopper, tourn(oy)er, entourer, (re)chercher" [= **turn, go round, seek**] 45,5?; 54,4?; 57,18? (ⲧϭⲏⲡⲓ*tic* ... ⲁⲩⲱ ⲛ̅ⲥⲓⲟⲩ ⲉⲧⲕⲱⲧⲉ ⲉⲣⲟⲥ "la nuée ... et les étoiles qui l'entourent").

[ⲕⲧⲟ] *v/{n.m.}* "faire (re)tourner, détourner" [= **turn, surround**]; *atone* ⲕⲧⲉ- dans ⲕⲧⲉ ⲡ̅ⲣⲁϥ "détourner son visage de" 35,14.

ⲕⲁ2 *n.m.* "terre" [= **earth, soil**] 33,7 (→ ⲙⲁⲓ̈ⲛ); 57,12?

ⲗⲟ *v/{n.m.}* "cesser" [= **leave off, break off, stop**] (suivi de ϩⲁ-) 36,10 (ⲁϥⲗⲟ ϩⲁⲧⲏϥ ⲛ̅ϭⲓ ⲓ̅ⲏ̅ⲥ̅ "Jésus a cessé (de rester) auprès de lui, il s'est éloigné de lui"). 15 (suivi de ϩⲁ-); ⲁⲗⲱⲧⲛ "cessez!" 42,6 (ⲁⲗⲱⲧⲛ ⲧⲉⲧⲛ̅ϣⲱϫ[ⲉ] ⲛ̅ⲙ̅ⲙⲁⲓ̈ "cessez (donc) de lutter avec (= contre) moi!").

ⲗⲁⲟⲩⲉ *pron.* "quelque chose, quelqu'un" [= **any**]; nég. "rien, personne" [= **nothing, no one**] ⲙⲛ ⲗⲁⲟⲩⲉ 34,16? (→ ϩⲁⲙⲏⲛ); 37,4 (→ ⲥⲧⲣⲁⲧⲓⲁ). 6?; 47,4? 7. 13? (→ ⲟⲩⲇⲉ); 48,24.

ⲙⲁ *n.m.* "lieu, endroit" [= **place**] 36,2; 45,2. 20 (→ ⲧⲟⲡⲟⲥ); 50,18?; 53,13; et dans ⲁϣ ⲙⲙⲁ "(en) quel lieu?... où?" [= **where**?] 35,17 (→ ⲛⲓⲙ in?trg.); ⲙⲡⲓⲙⲁ ⲉⲧⲙⲙⲁⲩ "en ce lieu-là" 47,14; voir aussi ⲉⲡⲉⲕⲙⲁ *adv.* "à ta place"; ⲙⲡⲉⲉⲓⲙⲁ *adv.* "ici" [= **here**] 58,21 (→ ⲛⲧⲟⲕ).

ⲙⲟⲩ *v/{n.m.}* "mourir, (la) mort" [= **die**] 43,16 (→ ⲯⲩⲭⲏ). 21 (→ ⲥⲱⲙⲁ); 53,17 (→ [ⲡⲛⲉⲩⲙⲁ]); voir aussi ⲁⲧⲙⲟⲩ n.m. "(l')immortel".

ⲙⲙⲟ⸗ forme *présuffixale* de ⲛ- *prép.rel.* (en usage d'acc. surtout, de gén. beaucoup plus rarement).

ⲙⲙⲟⲉⲓ sg.1. "me, moi", voir ⲛ- *prép.rel.* acc.

ⲙⲙⲟⲕ sg.2.m. "te, toi", voir ⲛ- *prép.rel.* acc.

ⲙⲙⲓⲛ ⲙⲙⲟ⸗ *pcl.* "(soi)-même" [= **own, proper, self**] *présuffixal* (ⲙⲙⲟ⸗) suffixé, pl.3. 38,17 ⲙⲙⲓⲛ ⲙⲙⲟⲟⲩ "eux-mêmes".

ⲙⲙⲟⲥ sg.3.f. "la, elle", voir ⲛ- *prép.rel.* acc.

ⲙⲙⲱⲧⲛ pl.2. "vous", voir ⲛ- *prép.rel.* acc.

ⲙⲙⲁⲩ *adv.* "là" [= **(the place) there, therein**], lcplx. (composé de ⲛ- *prép.rel.* instrumentale, et ⲙⲁⲩ n. "(le) lieu (qui est) là") 41,6?; 42,8; 45,21; 51,12? (→ ⲛⲉⲃⲣⲱ n.pr.m.); 58,13?

ⲙⲙⲟⲟⲩ pl.3. "les, eux, elles", voir ⲛ- *prép.rel.* acc. et gén.

ⲙⲙⲟϥ sg.3.m. "le, lui", voir ⲛ- *prép.rel.* acc.

ⲙⲛ- *prép.* "avec" ou *conj.* "et" [= **with, and**]; catégorie "avec", *présuffixal* ⲛⲙⲙⲁ⸗ (ou ⲛⲉⲙⲁ⸗). Ainsi ⲙⲛ- "avec" 33,2 (→ ⲓ̈ⲟⲩⲇⲁⲥ); 35,1?; 38,20; 40,12; 45,11? 23; 50,10 (→ ⲟⲩⲣⲁⲛⲟⲥ). 20 (→ ⲇⲩⲛⲁⲙⲓⲥ). 23; 51,25; 53,7. 12. 15? 25 (→ [ⲡⲛⲉⲩⲙⲁ]); 54,22; 55,18 (→ ⲡⲟⲗⲉⲙⲓⲥⲧⲏⲥ). 20. Et aussi "et" 33,8; 40,12; 41,5; 44,4; 45,20 (→ ⲧⲟⲡⲟⲥ); 46,13; 48,14; 50,4. 6. 8. 9 (→ ⲟⲩⲣⲁⲛⲟⲥ). 15. 17. 25; 51,7 (→ ⲭⲁⲟⲥ); 53,12; 54,9? 12?; 57,12? 12. *Présuffixal* (ⲛⲙⲙⲁ⸗) suffixé, sg.1. ⲛⲙⲙⲁⲓ̈ 42,7?; sg.3.m. ⲛⲉⲙⲁϥ 50,16; 54,10?; sg.3.f. ⲛⲙⲙⲁⲥ 37,8; pl. 3. ⲛⲙⲙⲁⲩ 33,15.

ⲙⲛ- *v. d'inexistence* "il n'y a pas" et sim. (opposé à ⲟⲩⲛ- "il y a") [= **there is not (or no)**] (voir spécialement la conjugaison, futur I) 34,16 (avec ⲗⲁⲟⲩⲉ) (→ ϩⲁⲙⲏⲛ); 37,4? (avec ⲗⲁⲟⲩⲉ) (→ ⲥⲧⲣⲁⲧⲓⲁ); 41,25 (→ ⲧⲣⲉϥⲉ); 44,9?

ⲙⲁⲓ̈ⲛ *n.m.* "signe, miracle" [= **sign, mark, miracle**] 33,8 (6–9 ⲛⲧⲁⲣⲉϥⲟⲩⲱⲛϩ ⲉⲃⲟⲗ ϩⲓϫⲛ ⲡⲕⲁϩ ⲁϥⲉⲓⲣⲉ ⲛϩⲛⲙⲁⲓ̈ⲛ ⲙⲛ ϩⲛⲛⲟϭ ⲛϣ[ⲡ]ⲏⲣⲉ ⲉⲡⲉⲩϫⲁⲓ̈ ⲛⲧⲙⲛⲧⲣⲱ[ⲙ]ⲉ "lorsqu'il s'est manifesté sur la terre, il a fait des miracles et de grands prodiges pour le salut de l'humanité").

ⲙⲟⲩⲛ *v/{n.m.}* "durer" [= **remain, continue**] 43,8 (ⲙⲟⲩⲛ ⲉⲃ[ⲟ]ⲗ).

ⲙⲓ[ⲛⲉ] *n.f.* "sorte, manière" [= **manner, quality, sort**] 38,12? (ϩⲛ ⲁϣ ⲙⲙⲓ[ⲛⲉ] "de quelle sor[te]?").

ⲙⲛⲛⲥⲁ- *prép.* "après" [= **after**], lcplx. (composée de ⲙⲛ- *prép.* "et, avec", et ⲛⲥⲁ- *prép.* "derrière") 40,7 (ⲙⲛⲛⲥⲁ ⲡⲁⲓ̈ "après quoi (ou lui)" [= **after that (or him)**]); 51,3? ([ⲙⲛ]ⲛⲥⲁ ⲛⲁⲓ̈ idem); *présuffixal* (ⲙⲛⲛⲥⲱ⸗) suffixé, sg.3.f. ⲙⲛⲛⲥⲱⲥ "après quoi" 55,12?

ⲙⲛⲧ- *préf.abstr.* [**prefix indicating abstractions**] produisant des *n.f.* (p.ex. ⲉⲣⲟ (pour ⲣⲣⲟ) n.m. "roi", mais ⲙⲛⲧⲉⲣⲟ n.f. "règne, royaume"); voir aussi ⲛⲟⲩⲧⲉ et ⲣⲱⲙⲉ.

ⲙⲛⲧ- *n.* nom du nombre "dix" [= **ten**] devant une unité, voir [ⲙⲏⲧ] "dix"; et ⲙⲛⲧⲥⲛⲟⲟⲩⲥ "douze"; ⲙⲛⲧ[ϣⲟⲙ]ⲧⲉ "treize", avec ⲙⲉϩⲙⲛⲧⲓϥ "treizième".

ⲙⲛⲧⲓϥ *n.* nom du nombre "treize" [= **thirteen**], lcplx. hybride (combinaison du nombre [ⲙⲏⲧ] "dix" et du chiffre ⲓϥ "treize"), dans 44,21 (m.) ⲱ ⲡⲙⲉϩⲙⲛⲧⲓϥ ⟨ⲛ⟩ⲇⲁⲓⲙⲱⲛ "ô (toi) le treizième démon!" (→ ⲅⲩⲙⲛⲁⲍⲉ); 46,20 (m.) ⲕⲛⲁϣⲱⲡⲉ ⲙⲙⲉϩⲙⲛⲧⲓϥ "tu deviendras le treizième"; 55,11? (m./f.) ⲡⲙⲉϩⲙⲛⲧ[ϣⲟⲙ]ⲧⲉ*sic* ⲛⲁⲓⲱⲛ "le treizième éon".

ⲙⲛⲧⲁⲑⲏⲧ *abstr. n.f.* "inintelligence" [= **lack of understanding, stupidity**], lcplx. (composé de ⲙⲛⲧ- *préf.abstr.*, ⲁⲧ- "sans", et ϩⲏⲧ "coeur", siège de l'intelligence) 34,23?

ⲙⲛⲧⲛⲟⲩⲧⲉ *abstr. n.f.* "divinité, office divin" [= **divinity**], lcplx. (composé de ⲙⲛⲧ- *préf.abstr.* et ⲛⲟⲩⲧⲉ "dieu, Dieu") 33,26? (→ ⲅⲩⲙⲛⲁⲍⲉ).

ⲙⲛⲧ[ⲛⲟϭ] *abstr. n.f.* "grandeur" [= **greatness**], lcplx. (composé de ⲙⲛⲧ- *préf.abstr.* et ⲛⲟϭ "grand") 50,4? (→ ⲥⲧⲣⲁⲧⲓⲁ).

ⲙⲛⲧⲉⲣⲟ *abstr. n.f.* "Royaume" [= **kingdom**], lcplx. (composé de ⲙⲛⲧ- *préf.abstr.* et ⲉⲣⲟ "roi") 35,25 (ⲧⲁϫⲱ ⲉⲣⲟⲕ ⲛⲙⲙⲩⲥⲧⲏⲣⲓⲟⲛ ⲛⲧⲙⲛⲧⲉⲣⲟ "(et) je te dirai les Mystères du Royaume");

43,18 (→ ϩⲟⲧⲁⲛ); 45,26 (→ ⲙⲩⲥⲧⲏⲣⲓⲟⲛ); 46,13?; 53,14?

ⲙⲛⲧⲣⲱⲙⲉ *abstr. n.f.* "humanité" [= **humanity**], lcplx. (composé de ⲙⲛⲧ‑ préf.abstr. et ⲣⲱⲙⲉ "homme") 33,9? (→ ⲛⲁⲓⲛ); 37,12?

ⲙⲛⲧⲥⲛⲟⲟⲩⲥ *n.* nom du nombre "douze" [= **twelve**], lcplx. (composé de [ⲙⲛⲧ] "dix" et de ⲥⲛⲁⲩ "deux") 33,14?; 36,2?; 38,3?; 39,23 (→ ⲛⲧⲱⲧⲛ); 44,25 (suivi de ⲙⲁⲑⲏⲧⲏⲥ); 46,4? (suivi de ⲁⲓⲱⲛ); 49,7. 18 (suivi de ⲁⲓⲱⲛ). 19 (suivi de ⲫⲱⲥⲧⲏⲣ); 51,5? (suivi de ⲁⲅⲅⲉⲗⲟⲥ et → ⲭⲁⲟⲥ). 20 (suivi de ⲁⲅⲅⲉⲗⲟⲥ). 24 (suivi de ⲁⲣⲭⲱⲛ). 25 (suivi de ⲁⲅⲅⲉⲗⲟⲥ).

ⲙⲛⲧ[ϣⲟⲙ]ⲧⲉ *n.f.* nom du nombre "treize" [= **thirteen**], lcplx. (composé de [ⲙⲛⲧ] "dix" et de [m. ϣⲟⲙⲛⲧ], f. ϣⲟⲛⲧⲉ "trois"), voir ⲙⲛⲧⲓ̄ⲧ̄.

ⲙ̄ⲡϣⲁ *v/{n.m.}* "(être) digne (de)" [= **be worthy**] 35,20; 45,14? (→ ⲑⲛⲏⲧⲟⲛ).

[ⲙⲏⲧ] *n.* nom du nombre "dix" [= **ten**]; et ⲙⲛ̄ⲧ‑ *atone* devant les unités, voir ⲙⲛⲧⲥⲛⲟⲟⲩⲥ "douze", et ⲙⲉϩⲙⲛⲧⲓ̄ⲧ̄ "treizième".

ⲙⲏⲧⲉ *n.f.* "milieu" [= **middle**] 33,21; 45,8 (ϩⲛ ⲧⲙⲏⲧⲉ ⲙ̄ⲡⲏⲓ "au milieu de la maison").

ⲙ̄ⲧⲟ *n.m.* "présence" [= **face, presence**] 35,5 (→ ⲡⲣⲟⲥⲱⲡⲟⲛ). 8? 11 (→ ⲙⲉⲛ).

ⲛⲟⲩⲧⲉ *v/{n.m.}* "appeler, nommer" [= **call**] 33,13? (→ ⲙⲁⲑⲏⲧⲏⲥ); 47,12 (→ ⲟⲩⲗⲉ); 48,25 (→ ⲛⲟⲩⲧⲉ); 50,12. 26; 52,5? (→ⲥⲏⲑ *n.pr.m.*). 20 (→ ⲍⲱⲛ *n.pr.f.*). 24?

[ⲙⲁⲩ] *n.* "(le) lieu (qui est) là" [= **(the place) there**], dans ⲉⲙⲁⲩ "vers (ce lieu)-là"; ⲙ̄ⲙⲁⲩ "là"; ⲉⲧⲙ̄ⲙⲁⲩ "-là, qui est là".

ⲙⲉⲟⲩⲉ *v/n.m.* "(se) souvenir, penser, pensée" [= **think**] 35,22; 36,24; [ⲙ]ⲉⲩⲉ 47,11?(m.) (→ ⲟⲩⲗⲉ).

ⲙⲟⲩⲟⲩ[ⲧ] *v/{n.m.}* "faire mourir, tuer, assassinat" [= **kill**] 54,26? (→ ⲡⲟⲣⲛⲉⲩⲉ).

ⲙⲏⲏϣⲉ *n.m.* "foule" [= **crowd, multitude**] 38,6. 23?; 39,28 (→ ⲡⲗⲁⲛⲁ); 45,8?; 50,11.

ⲛⲟⲟϣⲉ *v/n.m.* "marcher" [= **walk, go**] 33,10? (→ ⲇⲓⲕⲁⲓⲟⲥ[ⲩ]ⲛⲏ). 12?; ϭⲓⲛⲙ[ⲟⲟϣⲉ] *n.f.* "démarche" 43,9?

ⲙⲉϩ‑ *préf.* des nombres ordinaux, de ⲙⲟⲩϩ 1° "(se) remplir".

ⲙⲟⲩϩ 1° *v/{n.m.}* "(se) remplir, être plein" [= **fill**] 39,2; *atone* ⲙⲉϩ‑ en *préf.* des nombres ordinaux

[= **pref. to ordinal numerals**]: ⲡⲙⲉϩⲥⲛⲁⲩ m. "le deuxième" 48,12 (→ ⲫⲱⲥⲧⲏⲣ); 52,6? (→ ⲍ̄ ⲁⲣⲏⲁⲑⲱⲑ); ⲡⲙⲉϩ[ϣⲟⲙⲛ̄]ⲧ m. "le [troisi]ème" 52,8? (→ ϩⲁⲣⲙⲁⲑⲱⲑ); ⲡⲙⲉϩϥⲧⲟ[ⲟ]ⲩ m. "le [qua]trième" 52,9? (→ ϩⲁⲣⲙⲁⲑⲱⲑ); ⲡⲙⲉϩϯⲟⲩ m. "le cinquième" 52,10 (→ ϩⲁⲣⲙⲁⲑⲱⲑ); ⲡⲙⲉϩⲙⲛ̄ⲧⲓ̄ⲧ̄ m. "le treizième" 44,21; 46,20; ⲡⲙⲉϩⲙⲛ̄ⲧ[ϣⲟⲙ]ⲧⲉ *sic* ⲛⲁⲓⲱⲛ "le treizième éon" 55,11?

ⲙⲟⲩϩ 2° *v/{n.m.}* "s'enflammer, brûler" [= **burn, glow, be kindled**] 56,22 (→ ⲛⲁⲏ).

ⲙⲉϩⲙⲛⲧⲓ̄ⲧ̄ ou ⲙⲉϩⲙⲛ̄ⲧ[ϣⲟⲙ]ⲧⲉ *adj.* "treizième" (composé de ⲙⲉϩ‑ préf. de l'ordinal, de ⲙⲟⲩϩ "(se) remplir", et de ⲙⲛ̄ⲧ[ϣⲟⲙ]ⲧⲉ etc. "treize"), voir ⲙⲟⲩϩ 1°.

ⲙⲉϩⲥⲛⲁⲩ *adj.* "deuxième, second" (composé de ⲙⲉϩ‑ préf. de l'ordinal, de ⲙⲟⲩϩ "(se) remplir", et de ⲥⲛⲁⲩ "deux"), voir ⲙⲟⲩϩ 1° et ⲙⲛⲧⲓ̄ⲧ̄.

ⲙⲉϩϯⲟⲩ *adj.* "cinquième" (composé de ⲙⲉϩ‑ préf. de l'ordinal, de ⲙⲟⲩϩ "(se) remplir", et de ϯⲟⲩ "cinq"), voir ⲙⲟⲩϩ 1°.

ⲙⲉϩ[ϣⲟⲙⲛ̄]ⲧ *adj.* "troisième" (composé de ⲙⲉϩ‑ préf. de l'ordinal, de ⲙⲟⲩϩ "(se) remplir", et de [ϣⲟⲙⲛⲧ] "trois"), voir ⲙⲟⲩϩ 1°.

ⲙⲉϩϥⲧⲟ[ⲟ]ⲩ *adj.* "[qua]trième" (composé de ⲙⲉϩ‑ préf. de l'ordinal, de ⲙⲟⲩϩ "(se) remplir", et de ϥⲧⲟ[ⲟ]ⲩ "quatre"), voir ⲙⲟⲩϩ 1°.

ⲛ‑ *prép.rel.* (*présuffixal* ⲙ̄ⲙⲟ⸗, pl.2. ⲙ̄ⲙⲱ⸗); donc ⲛ‑ (ou ⲙ̄‑ par assimilation devant ⲡ‑ le plus souvent, ou devant ⲙ‑ parfois) préposition de relation d'une manière générale, d'usage qu'on peut répartir en cinq catégories principales (correspondants français cf. infra) [= **to, by, of, as, among etc.**]: 1. *acc.* (avec presque tous les cas à suffixes, ⲙ̄ⲙⲟ⸗); 2. *gén.* (avec, rarement, ⲙ̄ⲙⲟ⸗); 3. *qualificatif*; 4. *identitaire*; 5. *instrumental* (et sim.).

1. ⲛ̄‑ *acc.* (complément d'objet direct, p.ex. 33,7 ⲁϥⲉⲓⲣⲉ ⲛ̄ϩⲛ̄ⲙⲁⲓⲛ "il a fait des miracles"; 35,24 (premier ⲛ de) ⲧⲁϣⲱ ⲉⲣⲟⲕ ⲛ̄ⲙ̄ⲙⲩⲥⲧⲏⲣⲓⲟⲛ ⲛ̄ⲧⲙⲛ̄ⲧⲉⲣⲟ "(et) je te dirai les mystères du Royaume"; 52,16 (second ⲛ de) ⲙⲁⲣⲛ̄ⲧⲁⲙⲓⲟ ⲛⲟⲩⲣⲱⲙⲉ "créons un homme!"). Ainsi 35,2. 20. 24; 38,16. 19. 20. 22; 39,16. 19; 40,8. 10. 18; 41,25; 43,9. 18; 45,25; 48,19; 51,12? 18; 52,16. 18; 53,14. 20. 23; 54,19. 26; 58,25; ou

ⲛ̄- 34,8; 35,3. 21 (ⲧⲁⲟⲩⲟ ⲙ̄ⲡⲉϥⲣⲁⲛ "proférer son nom"); 39,11. 13; 40,5; 48,4. 13. 16; 51,20. 22.

Formes *présuffixales* (ⲙ̄ⲙⲟ⸗, pl.2. ⲙ̄ⲙⲱ⸗) suffixées: sg.1. ⲙ̄ⲙⲟⲉⲓ 34,14? (→ ⲟⲩ pro?n); 56,20 (→ ⲑⲩⲥⲓⲁⲥⲉ); sg.2.m. ⲙ̄ⲙⲟⲕ 44,23 (→ ⲁⲛⲉⲭⲉ); 45,13; sg.3.m. ⲙ̄ⲙⲟϥ 40,1 (→ ⲡⲗⲁⲛⲁ); 51,14 (ϩⲉⲣⲙⲏⲛⲉⲩⲉ); 56,21 (→ ⲑⲩⲥⲓⲁⲥⲉ); 58,15. 26?; sg.3.f. ⲙ̄ⲙⲟⲥ 34,15?; 37,1?; 38,4?; 39,8. 12; 40,15; 44,8; 54,16 (†ϫⲱ ⲙ̄ⲙⲟⲥ ⲛⲏⲧⲛ̄ "je vous dis cela"); 55,25?; 57,26; pl.2. ⲙ̄ⲙⲱⲧⲛ̄ 42,8?; 51,26; pl.3. ⲙ̄ⲙⲟⲟⲩ 39,26 (→ ⲑⲩⲥⲓⲁ).

2. ⲛ̄- *gén.* (complément d'objet indirect du type "génitif", à traduire le plus souvent par "de", p.ex. 33,11 ⲧⲉϩⲓⲏ ⲛ̄ⲧⲇⲓⲕⲁⲓⲟⲥ[ⲩ]ⲛⲏ "le chemin de la justice"); *présuffixal* ⲙ̄ⲙⲟ⸗ ; ainsi ⲛ̄- 33,1. 3. 9?; 35,13. 18. 25; 36,8; 37,4. 5. 7. 11?; 38,18. 23; 39,14. 15; 40,7. 19 (troisième ⲛ̄ dans ⲁⲩϫⲟⲟⲥ ⲅⲁⲣ ⲛ̄ⲛ̄ⲅⲉⲛⲉⲁ ⲛ̄ⲛ̄ⲣⲱⲙⲉ "car on a dit aux générations des hommes"). 21. 23; 41,25; 43,13. 18. 25. 25; 44,3?; 45,15. 26; 46,2; 47,4? 10. 13. 15; 48,17; 49,4? 6. 8?; 50,5. 5. 9. 11. 24; 51,9 ([ⲉ]ⲃⲟⲗ ⲛ̄ⲧϭⲏⲡⲉ "hors de la nuée"); 53,17; 54,7; 55,17; 57,11. 11? 12; 58,11? 13. 22. 29; ⲛⲉ- (dans 46,24 ϩⲣⲁⲉⲟⲩ ⲛ̄ⲛⲉϩ̄ⲟⲟⲩ "(dans) les derniers jours"); ou ⲛ̄- 34,12; 35,5; 36,8; 39,2; 45,8 (ϩⲛ̄ ⲧⲙⲏⲧⲉ ⲙ̄ⲡⲏⲓ "au milieu de la maison"); 47,14; 49,7. 11. 16. 19. 24; 50,11; 58,17?; *présuffixal* (ⲙ̄ⲙⲟ⸗) suffixé, pl.3. ⲙ̄ⲙⲟⲟⲩ 35,24 (ⲡⲱⲣⲝ̄ ⲉⲃⲟⲗ ⲙ̄ⲙⲟⲟⲩ "sépare-toi d'eux"); 43,20; 52,24 (ⲡⲟⲩⲁ ⲡⲟⲩⲁ ⲙ̄ⲙⲟⲟⲩ "chacun d'entre eux").

3. ⲛ̄- *qualificatif* (p.ex. 33,3 ⲛ̄[ϣ]ⲙⲟⲩⲛ ⲛ̄ϩⲟⲟⲩ "huit jours", ou 33,8 ϩⲛ̄ϭⲟϭ ⲛ̄ϣ[ⲡ]ⲏⲣⲉ "de grands miracles", ou 36,19 ⲧⲛⲟϭ ⲛ̄ⲅⲉⲛⲉⲁ "la Grande Génération"). Ainsi 33,4. 8; 34,16; 35,4? (ⲡⲣⲱ[ⲙⲉ] ⲛ̄ⲧⲉⲗⲓⲟⲥ "l'homme parfait"); 36,3. 6. 8. 17. 19; 37,4? 16. 23?; 38,2; 39,16? 23; 40,25; 43,15; 44,4. 18; 45,5. 16; 47,19. 23. 26; 48,11. 14. 14. 19. 20. 22. 24; 49,6. 8? 14. 19. 23; 50, 15. 18. 20. 21; 51,6. 18. 21. 24. 25; 53,24. 24; 54,22; 55,17; 57,11. 22; ou ⲛ̄- 33,14; 35,17; 38,12; 48,4?; 49,13. 20. 24; 55,18.

4. ⲛ̄- *identitaire* 40,24 (ⲉⲧⲟ ⲛ̄ϫⲥ̄ ⲉϫⲛ̄ ⲡⲧⲏⲣϥ̄ "qui est le Seigneur de (tout) l'Univers"); 49,17 (ⲉⲩⲉϣⲱⲡⲉ ⲛ̄ϭⲓ ⲧⲉⲩⲏⲡⲉ ⲛ̄ⲧⲟⲩ ⲉⲡⲟⲩⲁ "leur nombre deviendra à cinq pour un"; ou ⲛ̄- 46,20 (ⲕⲛⲁϣⲱⲡⲉ ⲙ̄ⲙⲉϩⲙⲛ̄ⲧϣⲙ̄ⲧ "tu deviendras le (fameux) treizième"); 57,19 (ⲡⲥⲓⲟⲩ ⲉⲧⲟ ⲙ̄ⲡⲣⲟⲏⲅⲟⲩⲙⲉⲛⲟⲥ "l'étoile qui est le(ur) chef-de-file").

5. ⲛ̄- *instrumental* (et cas analogues) 33,20. 23; 35,27 (ⲛ̄ϩⲟⲩⲟ "surabondamment"); 36,6 (ⲛ initial de ⲛⲁϣ ⲛ̄ϩ̄ⲟⲟⲩ "en quel jour?"); 39,26 (ⲛ̄ⲑⲩⲥⲓⲁ "en tant que sacrifice"); 44,15 (ⲛ̄ⲑⲉ "comme"); 45,22 (ⲛ̄ⲟⲩⲟⲉⲓϣ ⲛⲓⲙ "en tous temps"); 46,12. 22; 47,13; 51,11; 52,25; 53,7; ou ⲛ̄- 35,5. 8. 11; 42,8 (ⲙ̄ⲙⲁⲩ "là"); 43,11; 47,14 (ⲙ̄ⲡⲙⲁ ⲉⲧⲙ̄ⲙⲁⲩ "en ce lieu-là"); 58,21 (ⲙ̄ⲡⲉⲉⲓⲙⲁ "en ce lieu").

ⲛ̄- *prép.dat.* (*présuffixal* ⲛⲁ⸗, pl.2. ⲛⲏ⸗); ⲛ̄- en tant que préposition du "datif" d'une manière générale, à traduire le plus souvent par "à" etc. [= to, etc.] (ou ⲛ̄- par assimilation devant ⲡ- le plus souvent, ou ⲙ- parfois); ainsi 36,8. 12; 40,19 (ⲛ̄ inital dans ⲁⲩϫⲟⲟⲥ ⲅⲁⲣ ⲛ̄ⲛ̄ⲅⲉⲛⲉⲁ ⲛ̄ⲛ̄ⲣⲱⲙⲉ "car on a dit aux générations des hommes"); 45,19 (second ⲛ̄ dans ⲡⲧⲟⲡⲟⲥ ⲅⲁⲣ ⲉⲧⲙ̄ⲙⲁⲩ ⲛ̄ⲧⲟⲩ ⲡⲉⲧⲟⲩⲁⲣⲉϩ ⲉⲣⲟϥ ⲛ̄ⲛⲉⲧⲟⲩⲁⲁⲃ "car ce lieu-là, lui, est gardé (= réservé) pour les Saints"); 46,7; 52,15 (ⲧⲟⲧⲉ ⲡⲉϫⲁϥ ⲛ̄ϭⲓ ⲥⲁⲕⲗⲁ[ⲥ] ⲛ̄ⲛⲉϥⲁⲅⲅⲉⲗⲟⲥ "alors Saklas a dit à ses anges"); 53,20 (19–21 ⲛ̄ⲧⲁ-ⲡⲛⲟⲩⲧⲉ ⲟⲩⲉϩ ⲥⲁϩⲛⲉ ⲙ̄ⲙⲓⲭⲁⲏⲗ ⲉⲧ ⲛ̄ⲛⲉⲡⲛ̄ⲁ ⲛ̄ⲛⲣⲱⲙⲉ "'Dieu' a ordonné à Michel de donner les esprits aux hommes"). 24.

Formes *présuffixales* (ⲛⲁ⸗, pl.2. ⲛⲏ⸗) suffixées: sg.2.m. ⲛⲁⲕ 46,25; sg.3.m. ⲛⲁϥ 34,3?; 35,14. 23; 36,5 (ⲁⲩⲱ ⲡⲉϫⲁϥ ⲛⲁϥ ⲛ̄ϭⲓ ⲓ̄ⲟⲩⲇⲁⲥ "et Judas lui a dit"). 13. 18 (ⲡⲉϫⲁⲩ ⲛⲁϥ ⲛ̄ϭⲓ ⲛⲉϥⲙⲁⲑⲏⲧⲏⲥ "ses disciples lui ont dit"); 37,21?; 39,22; 42,3?; 43,12?; 44,20 (→ ⲅⲩⲙⲛⲁⲍⲉ). 23; 46,8. 16; 53,5; 54,20 (→ ϩⲟⲧⲁⲛ); 58,20; pl.2. ⲛⲏⲧⲛ̄ 34,15? (→ ϩ̄ⲁⲙⲏⲛ); 37,1; 39,8 (→ ϩ̄ⲁⲙⲏⲛ). 12; 44,8 ([ϩⲁⲙⲏ]ⲛ †ϫⲱ ⲙ̄ⲙⲟⲥ ⲛⲏⲧⲛ̄ "[Amen-en-véri]té je vous le dis"); 54,16? (ⲁⲗⲏⲑⲱⲥ †ϫⲱ ⲙ̄ⲙⲟⲥ ⲛⲏⲧⲛ̄ "en vérité je vous le dis"); pl.3. ⲛⲁⲩ 34,7 (→ ⲟⲩⲱϣϥ̄

(†co[o]ⲩⲛⲉ ϫⲉ ⲛ̄ⲧⲕ ⲛⲓⲙ "je sais qui tu (es)").

ⲛ̣ⲁⲧⲕⲁⲣⲡⲟⲥ *adj.* "sans fruits, stérile" [= **without fruit, fruitless**], lcplx. (composé de ⲛ̄- prép. rel. q., ⲁⲧ- "sans", et ⲕⲁⲣⲡⲟⲥ "fruit") 39,16?

[ⲛ̄ⲧⲛ-] *prép.* "par, au moyen de, à l'égard de, par rapport à, pour" et sim. [= **in, by the hand of, from**], lcplx. (ⲛⲧ<ⲱⲣⲉ>ⲛ, donc composé de ⲛ̄- prép.rel. instrumentale, et ⲧⲱⲣⲉ n.f. "main", et ⲛ̄- prép.rel.gén.); *présuffixal* (ⲛ̄ⲧⲟⲟⲧ⸗) suffixé, pl.3. ⲛ̄ⲧⲟⲟⲧⲟⲩ 40,21 (ⲛ̄ⲧⲟⲟⲧⲟⲩ ⲛⲟⲩⲏⲏⲃ "par (les mains) des prêtres") (→ ⲑ̅ⲩ̅ⲥ̅ⲓ̅ⲁ̅; 58,17 (→ ⲡⲣⲟⲫⲏⲧⲏⲥ).

ⲛⲉⲧⲛ̄- pl./pl.2. "vos" [= **your**], voir ⲡⲉ⸗ *art. poss.* Pr-triad. sg.m. ("son") [= **his**].

ⲛⲏⲧⲛ̄ pl.2. "à vous" [= **to you**], voir ⲛ̄- *prép. dat.*

ⲛⲁⲧⲏⲡⲉ *adj.* "innombrable" [= **without number**], lcplx. (composé de ⲛ̄- prép.rel.q., ⲁⲧ- "sans", et ⲏⲡⲉ "nombre") 48,9? 14. 20 (→ ⲅ̅ⲩⲡⲏⲣⲉⲥⲓⲁ). 50,5?

ⲛⲁⲧⲣ̅ⲣⲟ *adj.* "sans roi" [= **without a king**], lcplx. (composé de ⲛ̄- prép.rel.q., ⲁⲧ- "sans", et ⲣ̅ⲣⲟ (ou ⲉⲣⲟ) "roi") 53,24 (→ ⲛⲟϭ); voir ⲉⲣⲟ (rarement ⲣ̅ⲣⲟ) "roi".

ⲛ̄ⲧⲟⲟⲧ⸗ voir [ⲛ̄ⲧⲛ-] *prép.*, lcplx. "par, au moyen de" [= **by the hand of**].

ⲛ̄ⲧⲱⲧⲛ̄ *pron.pers.* pl.2. "vous" [= **you**] 39,18. 24 (23–25 ⲡⲓⲙⲛ̄ⲧⲥⲛⲟⲟⲩⲥ̅ ⲛ̄ⲣⲱⲙⲉ ⲛ̄ⲧⲁⲧⲉⲧⲛ̄ⲛⲁⲩ ⲉⲣⲟⲟⲩ ⲛ̄ⲧⲱⲧⲛ̄ ⲡⲉ "les douze hommes que vous avez vus, c'(est) vous-(mêmes)").

ⲛ̄ⲧⲟⲟⲩ *pron.pers.* pl.3. "eux, elles" [= **they**] 38,1. 13; 40,17 (→ ⲣ̄ⲓⲥⲟⲥ); 43,17 (→ ϩⲟⲧⲁⲛ); 50,3?; 52,18 (→ ⲁ̅ⲗ̅ⲗ̅ⲁ̅ⲛ̅); 54,1?

ⲛ̄ⲧⲟⲩ *pron.pers.* sg.3.m. "lui, il" [= **he**] 45,18 (→ ⲧⲟⲡⲟⲥ); 57,20 (→ ⲡⲣⲟⲛⲅⲟⲩⲙⲉⲛⲟⲥ); 58,23 (ⲛ̄ⲧⲟⲩ ⲇⲉ ⲁⲩⲟⲩⲱϣ̅ⲃ̄ ⲛⲁⲩ "lui, cependant, leur a répondu").

ⲛⲁⲩ *v/{n.m.}* "voir, apercevoir, observer" [= **look, see, behold**] (suivi de ⲉ- prép.sns.) 34,23; 37,3? 22. 23 (→ ⲟⲩⲱⲛ); 39,21. 24 (→ ⲛ̄ⲧⲱⲧⲛ̄). 27; 44,10. 17? (ⲁⲉⲓⲛⲁⲩ ⲅⲁⲣ ⲉⲩⲛⲟϭ ⲛ̄ϩⲟⲣⲟⲙⲁ "car j'ai vu une grande vision"). 24 (ⲁⲓ̈ⲛⲁⲩ ⲉⲣⲟⲓ̈ ϩⲛ̄ ⲫⲟⲣⲟⲙⲁ "je me suis vu dans (cette) vision"); 45,3. 17 (ⲡⲏⲉⲓ ⲛ̄ⲧⲁⲕⲛⲁⲩ ⲉⲣⲟⲩ "la maison que tu as vue"); 46,12 (11–14 ⲉⲕⲉϣⲱⲡⲉ ⲉⲕⲁϣ [ⲁϩⲟ]ⲙ ⲛ̄ϩ̅ⲟ̅ⲩⲟ ⲉⲕⲛⲁⲩ ⲉⲧⲏⲛ̄[ⲧⲉ]ⲣⲟ

ⲙⲛ̄ ⲧⲉⲅⲅⲉⲛⲉⲁ ⲧⲏⲣⲥ̅ "(pour) que tu te mettes à soupirer surabondamment en voyant le Royaume et toute sa génération"); 47,4? 8. 11? (→ ⲟⲩⲗⲉ); 48,24; 57,16? (→ ϭⲏⲡⲓ *idiol.* pour ϭⲏⲡⲉ). 22 (→ ⲓ̈ⲟⲩⲗⲁⲥ).

ⲛⲁⲩ pl.3. "à eux, à elles", voir ⲛ̄- *prép.dat.*

ⲛⲉⲩ- pl./pl.3. "leurs" (à eux, à elles), voir ⲡⲉ⸗ *art. poss.* Pr-triad. sg.m. "leur".

ⲛⲏⲩ† voir [ⲛⲟⲩ] *v/{n.m.}* "aller" [= **go, be going, be about to**] (avec une nuance de futur, d'imminence).

ⲛ̣ⲟⲩⲟⲧⲉ *adj.* "de verdure, de feuillage, verdoyant (?)" [= **greenery, greens**], lcplx. (composé de ⲛ̄- prép.rel.q. et ⲟⲩⲟⲧⲉ n.m. "plante verte, verdure (?)") 45,6? (ⲛⲉⲟⲩⲥⲧⲉⲅⲏ ⲛⲟⲩⲟⲧⲉ ⲡⲉ ⲛ̄ϭⲓ ⲡⲏⲉⲓ ⲉⲧⲙⲏ[ⲁⲩ] "cette maison-là avait un toit de verdure (?)" (une sorte de pergola?).

ⲛ̄ϣⲟⲣⲡ *adv.* "d'abord, premièrement" [= **first**], lcplx. (composé de ⲛ̄- prép.rel. instrumentale et ϣⲟⲣⲡ n.m. et adj. "premier") 52,13 (→ ⲭⲁⲟⲥ).

ⲛⲁⲩ sg.3.m. "à lui", voir ⲛ̄- *prép.dat.*

ⲛⲉⲩ- pl./sg.3.m. "ses" (à lui, m.), voir ⲡⲉ⸗ *art. poss.* sg.m. Pr-triad. "ses" (à lui).

[ⲛⲁϩⲣⲛ-] *prép.* "en présence de, devant" [= **in the presence of, before**], lcplx. (composé de ⲛⲁ- [quid?] et de ϩⲣ (de ϩⲟ "visage") et de ⲛ̄- prép. rel.gén.); *présuffixal* (ⲛⲁϩⲣⲁ⸗, ⲛⲁϩⲣⲏ⸗) suffixé, pl.2. ⲛⲁϩ̅ⲣ̅ⲏⲧⲛ̄ "en votre présence" 41,8.

ⲛⲟⲩϩ̅ⲟ̅[ⲟ]ⲩ *adv.* "un (certain) jour" [= **one day**], lcplx. (composé de ⲛ̄- prép.rel. instrumentale, ⲟⲩ- art.ind. sg., et ϩⲟⲟⲩ n.m. "jour") 33,23?

ⲛ̄ϩⲟⲩⲟ *adv.* "beaucoup, davantage, plus, excessivement" [= **greatly, very, more**], lcplx. (composé de ⲛ̄- prép.rel. instrumentale, et ϩⲟⲩⲟ n.m. "surplus") 35,27 (ⲉⲕⲉⲁϣ ⲁϩⲟⲙ ⲛ̄ϩⲟⲩⲟ "tu soupireras surabondamment"); 46,11 (presque idem).

ⲛⲟϭ *adj.* "grand" [= **great, large**] 33,8 (ϩⲛ̄ⲛⲟϭ ⲛ̄ϣ[ⲡ]ⲏⲣⲉ "de grands prodiges"); 36,7? 16? (ⲛ̄ⲧⲁⲉⲓⲃⲱⲕ ϣⲁ ⲕⲁⲓⲛⲟϭ ⲛ̄ⲅⲉⲛⲉⲁ ⲉⲥⲟⲩⲁⲁⲃ "je suis allé vers une autre Grande Génération Sainte"). 19 (ⲁϣ ⲧⲉ ⲧⲛⲟϭ ⲛ̄ⲅⲉⲛⲉⲁ ⲉⲧϫⲟⲥⲉ ⲉⲣⲟⲛ "quelle est la Grande Génération, supérieure à nous … ?"); 37,23; 38,2. 2?; 44,18 (→ ϩ̅ⲟ̅ⲣⲟⲙⲁ); 45,5 (ϩⲛ̄ⲛⲟϭ ⲇⲉ ⲛ̄ⲣⲱⲙⲉ "or des grands hommes …"); 47,5? (ⲟ[ⲩ]ⲛϭ ⲛⲁⲓⲱⲛ

"un grand éon"). 8? 19 (→ ⲀⲨⲦⲞⲄⲈⲚⲎⲤ); 53,22
(ⲠⲚⲞϬ "le grand ('Esprit')"). 24 (ⲦⲚⲞϬ ⲚⲄⲈⲚⲈⲀ
ⲚⲀⲦⲢ̅ⲢⲞ "la Grande Génération 'sans-roi' ");
57,11 (ⲠⲦ[Ⲩ]ⲠⲞⲤ ⲚⲦⲚⲞϬ ⲚⲄⲈⲚⲈⲀ Ⲛ̅[Ⲁ]ⲆⲀⲘ "le
(proto)type de la Grande Génération d'Adam");
58,1.

Ⲛ̅ϬⲒ *pcl.* (précédant le sujet précisé et postposé) "c'est-
à-dire" [= **that is**] 34,10. 13? 19; 35,15; 36,5
(→ [ⲠⲈⲬⲈ-]). 7. 10. 15? 18. 22; 37,17. 21;
38,9. 12; 39,2. 6. 18; 40,3? 6 (→ ⲈⲨⲤⲈⲂⲎⲤ);
41,1?; 42,6?; 43,12. 14. 14. 16. 23. 24 (ⲠⲈⲬⲀϤ
Ⲛ̅ϬⲒ ⲒⲞⲨⲆⲀⲤ ⲬⲈ ⲈⲨⲚⲀⲢ ⲞⲨ ϬⲈ Ⲛ̅ϬⲒ ⲠⲔⲈⲤⲈⲈⲠⲈ
Ⲛ̅ⲄⲈⲚⲈⲀ Ⲛ̅Ⲛ̅ⲢⲰⲘⲈ "Judas a dit: que feront (et
deviendront) donc le reste des générations des
hommes?"). 26; 44,15? 23; 45,7. 12? 15; 46,5?
7. 15. 19 (→ [ⲠⲈⲬⲈ-]); 47,2. 4? 5. 15. 17 (→
ⲠⲀⲢⲀⲤⲦⲀⲤⲒⲤ). 19 (→ ⲀⲨⲦⲞⲄⲈⲚⲎⲤ). 22; 48,1?
2? 7? 8. 10? 21; 49,17. 22 (→ ⲞⲨⲢⲀⲚⲞⲤ); 50,2.
19?; 51,4? 5? (→ ⲬⲀⲞⲤ). 9 (→ ⲚⲈⲂⲢⲰ). 23;
52,14? (→ ⲤⲀⲔⲖⲀⲤ); 53,5. 10? 16. 18?; 54,11.
14. 15. 20. 21; 55,12. 22. (→ ⲬⲰⲔⲘ̅). 24;
57,10. 13?; 58,10?

Ⲟ† *qualitatif* "être (fait)" voir ⲈⲒⲢⲈ *v/{n.m.}* "faire"
etc. [= **act, do, be**].

ⲞⲚ *adv.* "encore, aussi" [= **again, also**] 36,3?; 39,11?;
44,2? 17 (15–17 Ⲛ̅ⲐⲈ Ⲛ̅Ⲧ[Ⲁ]ⲔⲤⲰⲦⲘ̅ ⲈⲢⲞⲞⲨ
ⲦⲎⲢⲞ[Ⲩ] ⲤⲰⲦⲘ̅ ϨⲰⲦ ⲞⲚ ⲈⲢⲞⲒ̈ "de même que tu
les as tous écoutés, écoute-moi, (moi) aussi!") (→
ϨⲞⲢⲞⲘⲀ); 45,1; 51,16 (→ ⲀⲄⲄⲈⲖⲞⲤ).

ⲞⲞϨ̅ *n.m.* "lune" [= **moon**] 45,20 (→ ⲦⲞⲠⲞⲤ).

Ⲡ- (ou ⲠⲈ- devant double consonne) *art.déf.* Pr-triad.
sg.m. "le", et *fonct.* sg.f. Ⲧ- (ou ⲦⲈ-) "la", pl.
Ⲛ̅- (ou ⲚⲈ-) "les".

sg.m. Ⲡ- "le" 33,1. 4. 7 (ⲠⲔⲀϨ "la terre"). 14. 17;
34,2. 4. 11? 12. 25; 35,3. 18. 18. 22; 36,7. 8.
13. 19; 37,22; 39,13? 22. 23; 40,20. 22. 23. 25;
42,7. 7; 43,6. 7. 7?; 44,3. 7. 15. 21. 25; 45,2.
7. 8. 11. 17. 17. 20. 20. 20. 23; 46,4. 5. 22. 25;
47,14. 20. 20. 21. 25; 48,1? 4. 12. 16. 17. 23;
49,4. 7. 11. 15. 17. 18. 19. 25. 25; 50,11. 14.
16. 18. 20. 22. 25; 51,22. 24. 25. 26; 52,4.
6. 8. 9. 10. 12. 17. 23; 53,5? 13. 19. 22. 26;
54,8; 55,13; 56,19; 57,8. 10? 17. 19; 58,11. 22.
28; ⲫ- (= ⲠϨ) 40,25 (Ϩⲛ̅ ⲪⲀⲈ Ⲛ̅ϨⲞⲞⲨ "au dernier
jour"); 44,24 (Ϩⲛ̅ ⲪⲞⲢⲞⲘⲀ "dans la vision"); ⲠⲈ-

devant double consonne (sigles utilisés dans cette
liste de cas-là: gn = ⲄⲚⲰⲤⲒⲤ; gr = ⲄⲢⲀⲘⲘⲀⲦⲈⲨⲤ;
th = ⲐⲨⲤⲒⲀ; thn = ⲐⲨⲤⲒⲀⲤⲦⲎⲢⲒⲞⲚ; kl =
ⲔⲖⲞⲞⲖⲈ; mt = Ⲙ̅ⲦⲞ; pl = ⲠⲖⲀⲚⲎ ; pn = Ⲡ̅Ⲛ̅Ⲁ̅;
pr = ⲠⲢⲞⲤⲈⲨⲬⲎ; uˢ = ⲞⲨⲞⲈⲒⲰ; uᶜ = ⲠⲈⲨⲬⲀⲒ̈;
ph =ⲪⲐⲞⲢⲀ; kh = ⲬⲀⲞⲤ; khs = Ⲭ̅Ⲥ̅; ps = Ⲧ̅ⲨⲬⲎ;
sᶠf = ⲰϢⲈⲤⲚⲞⲞⲨⲤ; hè = ϨⲎ écrit ⲈϨⲎ; how =
ϨⲞⲞⲨ "jour"; hut = ϨⲞⲨⲈⲒⲦ; cᶜpo = ⲬⲠⲞ); ⲠⲈ-
33,9 (ⲠⲈⲨⲬⲀⲒ̈ "le salut"); 35,5(mt); 38,7 (thn).
7(thn). 25(thn); 39,20(thn); 40,1?(thn); 41,4
(thn); 43,18(uˢ). 19(pn); 45, 15(cᶜpo). 21(how);
46,16(how); 49,11(pn). 12 (sᶠf). 16(pn). 24?
(sᶠf); 50,15(sᶠf); 51,7(kh) (ⲠⲈⲬⲀⲞⲤ "le Chaos");
52,6(khs). 14(kh); 53, 25(pn); 54,11(kh). 21(hut);
sg.f. Ⲧ- "la" 33,1. 9? 11; 35,18. 25 (ⲦⲘⲚ̅ⲦⲈⲢⲞ
"le Royaume"); 36,8. 19. 25; 37,5. 12; 43,1.
9? 18; 44,4. 5?; 45,8. 26; 46,13. 17; 47,1. 24;
48,22; 49,5? 10. 14; 50,24; 51,9. 17. 19; 52,20;
57,12. 13. 16. 22. 26; †- 33,22 (†ⲞⲨⲆⲀⲒ̈Ⲁ
"la Judée"); 43,9?; ⲑ- (= ⲦϨ) 33,4 (ⲐⲎ
"l'antériorité"); 40,4 (ⲐⲈ[Ⲉ] "la manière"); 44,2.
16 et 48,15 (idem); 49,3 (ⲐⲒⲔⲰⲚ "l'image");
52,17 (idem); 53,18 (ⲐⲈ "la manière"); ⲦⲈ-
33,11(hi); 40,23?(pl); 41,25 (ⲔⲦⲒⲤⲒⲤ); 47,19(kl)
(ⲦⲈⲔⲖⲞⲞⲖⲈ "le nuage"); 50,13(ph) (ⲦⲈⲪⲐⲞⲢⲀ
"la corruption"). 24(gn); 55,16?(pl); 57,12(hè)—
pl. Ⲛ̅- "les" 34,17; 35,2; 37,5. 11?; 38,4. 5.
9 (Ⲛ̅ⲞⲨⲎⲎⲂ "les prêtres"). 24; 39,8. 14. 14?
15. 19. 25; 40,10. 11. 16. 17. 19. 19; 44,7.
12; 45,11; 46,2. 7; 47,3?; 48,17; 50,9. 10?
11; 52,13. 22; 53,20; 54,7. 7. 11? 14. 17?
22; 55,17?; 57,12. 14. 18; Ⲛ̅- (devant Ⲡ- ou
Ⲙ-) 33,16; 34,3; 35,25 (Ⲙ̅ⲘⲨⲤⲦⲎⲢⲒ-ⲞⲚ "les
mystères"); 45,25; 51,21 et 23 (Ⲙ̅ⲠⲎⲞⲨⲈ "les
cieux"); ⲚⲚ- 45,24; ⲚⲈ- 39,1? (ϨⲂⲎⲞⲨⲈ). 3?(th);
53,20(pn). 23(pn). 26(ps); 54,11?(gr); 58,13 (gr)
(ⲚⲈⲄⲢⲀⲘⲘⲀⲦⲈⲨⲤ "les scribes").

ⲠⲀ- *sg.m./sg.1.* "mon" [= **my**], voir ⲠⲈ⸗ *art. poss.*
Pr-triad. sg.m. ("son").

ⲠⲀ(Ⲉ)Ⲓ *pron. dém.* Pr-triad. sg.m. "celui-(ci)" [= **this**];
et *fonct.* sg.f. ⲦⲀ(Ⲉ)Ⲓ "celle-(ci)"; pl. ⲚⲀ(Ⲉ)Ⲓ "ceux-
(ci), celles-(ci)":

sg.m. ⲠⲀⲒ̈ 34,5? 9. 19; 35,20; 40,7 (ⲘⲚ̅Ⲛ̅ⲤⲀ ⲠⲀⲒ̈
"après lui"). 24 (ⲠⲀⲒ̈ ⲈⲦⲞ Ⲛ̅Ⲭ̅Ⲥ̅ ⲈⲬⲛ̅ ⲠⲦⲎⲢϤ̅
"celui qui est le Seigneur de (tout) l'Univers");

50,23 (→ ΓΝѠCIC); ΠⲀⲈⲒ 34,8; 40,22 (→
ⲆⲒⲀⲔⲞΝⲞC); 51,13 (→ ⲊⲈⲢΜΗΝⲈⲨⲈ); 53,26
(ⲈⲦⲂⲈ ΠⲀⲈⲒ "c'est pourquoi …" [= **therefore**]);
sg.f. ⲦⲀⲒ néant; ⲦⲀⲈⲒ "celle-(ci)" [= **this**] 40,4?
(→ ⲬⲢⲀCⲐⲀⲒ); 48,15 (ⲀⲨѠ ⲐⲈ ⲦⲈ ⲦⲀⲈⲒ
ⲚⲦⲀ Ϥ ⲦⲀΜⲒⲞ ΜΠⲔⲈCⲈⲈⲠⲈ ⲚⲚⲀⲒѠΝ "et c'est
ainsi qu'il a créé le reste des éons"). 23; 53,4. 18
(→ ΝⲞⲨⲦⲈ);
pl. ΝⲀⲒ "ceux-(ci), celles-(ci)" [= **these**] 36,6? 9?
22; 37,17; 39,4; 42,2?; 43,16?; 44,13 (→ ⲂѠⲔ);
46,14?; 48,25 (→ ΝⲞⲨⲦⲈ); 51,4. 20; 55,19
(→ ⲔⲦⲒCΜⲀ); ΝⲀⲈⲒ 52,11 (→ Ⲣ̄ ⲈⲢⲞ); 54,18;
atone (= *copule*): sg.m. ΠⲈ, sg.f. ⲦⲈ, pl. ΝⲈ ("…
est") etc.

ΠⲈ *n.f.* "ciel" [= **sky, heaven**] 57,12 (→ ⲊⲀ ⲐⲎ
Ν̄-); pl. ΠⲎⲞⲨⲈ 51, 21 (20–23 ⲀⲨⲬΠⲞ
ΜΜⲚⲦCΝⲞⲞⲨC ΝⲀⲄⲄⲈⲖⲞC ⲊΝ ΜΠⲎⲞⲨⲈ ⲀⲨѠ
ⲀⲨⲬⲒ ΝⲞⲨΜⲈⲢⲞC ⲈΠⲞⲨⲀ ⲊⲚ̄ ΜΠⲎⲞⲨⲈ "ils ont
engendré douze anges dans les Cieux, et chacun
(d'entre eux) a reçu une part (correspondante)
dans les Cieux").

ΠⲈ *copule* Pr-triad. sg.m. ("… est") [= … **is**]; et *fonct.*
sg.f. ⲦⲈ ("… est") [= … **is**], pl. ΝⲈ ("… sont")
[= … **are**];
sg.m. ΠⲈ 38,11?; 39,22 (→ ⲠΝ̄Ϯ abr. *idiol.* sous
ΝⲞⲨⲦⲈ). 25; 40,22 (→ ⲆⲒⲀⲔⲞΝⲞC); 43,26?;
46,16 (ⲞⲨ ΠⲈ ΠⲈ2̄ⲞⲨⲞ ⲚⲦⲀⲈⲒⲬⲒⲦϤ̄ "quel (est)
le surplus (ou bénéfice) que j'ai reçu … ?");
49,18; 51,13 (→ ⲊⲈⲢΜΗΝⲈⲨⲈ); 52,7; 57,20 (→
ⲚⲦⲞϤ et ⲠⲢⲞΗⲄⲞⲨΜⲈΝⲞC); 58,22;
sg.f. ⲦⲈ 36,19 (→ Ⲁⲱ); 37,13; 40,4?; 44,2;
48,15 et 53,18 (→ ΠⲀ(Ⲉ)Ⲓ);
pl. ΝⲈ 38,5; 39,27; 40,17 (→ ⲚⲦⲞⲞⲨ); 52,12
(→ ΝⲀ(Ⲉ)Ⲓ sous ΠⲀ(Ⲉ)Ⲓ et ⲬⲀⲞC).

ΠⲈ accompagnant le présent prétérit (= imparfait)
voir conjugaison.

ΠⲈ⁒ *art. poss.* Pr-triad. sg.m./ "mon, ton, son, notre,
votre, leur" [= **his**]; et *fonct.* sg.f./ ⲦⲈ⁒ "ma, ta,
sa, notre, votre, leur", pl./ ΝⲈ⁒ "mes, tes, ses,
nos, vos, leurs";
série sg.m./: sg.1. ΠⲀ- 35,5 (→ ⲠⲢⲞCѠⲠⲞΝ);
39,11. 13. 16; 40,5 (→ ⲬⲢⲀCⲐⲀⲒ); 46,6;
54,25 (→ ⲠⲞⲢΝⲈⲨⲈ); 55,9?; 56,1; /sg.2.m.
ΠⲈⲔ- 36,2?; 38,26?; 45,13 (ⲀΠⲈⲔCⲒⲞⲨ ⲠⲖⲀ[ΝⲀ]
ΜΜⲞⲔ "ton étoile t'a égaré (et trompé)"); 53,6;

55,10? 23; 56,21. 22. 23. 24 (→ ΗⲆΗ); 57,20?
(→ ⲠⲢⲞΗⲄⲞⲨΜⲈΝⲞC); /sg.2.f. ⲠⲞⲨ- néant;
/sg.3.m. ⲠⲈϤ- 35,11 (ΜΠⲈϤΜ̄ⲦⲞ ⲈⲂ[ⲞⲖ] "en sa
présence"). 21; 42,8?; 45,4; 47,8; 50,17; 51,10?
11; 53,15; /sg.3.f. ΠⲈC- néant; /pl.1. ΠⲈΝ-
34,12 (ΠϢⲎⲢⲈ ΜΠⲈΝΝⲞⲨⲦⲈ "le fils de notre
'Dieu' "); /pl.2. ΠⲈⲦⲚ̄ 34,9? 10. 25; 36,24
(ⲦⲈⲦⲚ̄ΜⲈⲞⲨⲈ 2Ⲛ̄ ΠⲈⲦⲚ̄2ΗⲦ "vous pensez dans
votre coeur"); /pl.3. ΠⲈⲨ- 34,22; 35,7; 36,4;
39,2; 49,18; 58,19 (→ ⲞⲨⲞⲒ̈). 24 (→ ⲔⲀⲦⲀ);
série sg.f./: sg.1. ⲦⲀ- 47,17 (→ ⲠⲀⲢⲀCⲦⲀCⲒC);
/sg.2.m. ⲦⲈⲔ- néant; /sg.2.f. ⲦⲞⲨ- néant;
/sg.3.m. ⲦⲈϤ- 50,23; 52,19 (→ ⲀⲖⲖⲀΗ); 53,12.
14; 58,12 (→ ⲠⲢⲞCⲈⲨⲬⲎ); /sg.3.f. ⲦⲈC-
46,13 (→ ⲄⲈΝⲈⲀ); /pl.1. Ϯ[ⲈΝ-] 34,4?; /pl.2.
ⲦⲈⲦⲚ̄- 40,20 (→ ⲐⲨCⲒⲀ). 21; /pl.3. ⲦⲈⲨ- 33,12
(→ ⲠⲀⲢⲀⲂⲀCⲒC). 21 (2Ⲛ̄ ⲦⲈⲨΜⲎⲦⲈ "au milieu
d'eux"); 34,23?; 48,20 (→ 2ⲨⲠⲎⲢⲈCⲒⲀ); 49,17
(ⲬⲈ ⲈⲨⲈϢⲞⲠⲈ Ν̄ϬⲒ ⲦⲈⲨⲎⲠⲈ Ν̄ⲦⲞⲨ ⲈⲠⲞⲨⲀ
"pour que leur nombre devienne à cinq pour
un");

série pl./: sg.1. ΝⲀ- néant; /sg.2.m. ΝⲈⲔ- 46,25;
53,7; /sg.2.f. néant; /sg.3.m. ΝⲈϤ- 33,19. 23
(ϢⲀ ΝⲈϤΜⲀⲐⲎⲦⲎC "chez ses disciples"). 27;
34,19. 26?; 35,13; 36,12. 18; 37,17?; 50,20
(→ ⲆⲨΝⲀΜⲒC); 52,15 (→ CⲀⲔⲖⲀC); 54,19
(ⲈϤϢⲀΝⲬѠⲔ ⲈⲂⲞⲖ Ν̄ΝⲈϤⲞⲨⲞⲈⲒϢ "quand
il aura achevé ses temps"); /pl.1. ΝⲈΝ- néant;
/pl.2. ΝⲈⲦⲚ̄- 35,1; 41,6. 6? (ΝⲈⲦ̄ΝCⲒⲞⲨ ΜⲚ̄
ΝⲈⲦ[Ν̄Ⲁ]ⲄⲄⲈⲖⲞC "vos étoiles et vos anges"); /
pl.3. ΝⲈⲨ- 38,17? 18. 19; 43,16 (→ ϮⲨⲬⲎ). 20.
21 (→ CѠΜⲀ); 44,2. 6; 50,10 (→ ⲞⲨⲢⲀΝⲞC);
52,25 (ΝⲈⲨⲢⲀΝ "leurs noms"); 54,26 (→
ⲠⲞⲢΝⲈⲨⲈ); 55,20 (CⲈΝⲀⲦⲀⲔⲞ ΜⲚ̄ ΝⲈⲨⲔⲦⲒCΜⲀ
"ils périront avec leurs créations").

ΠⲈⲈⲒ- *art. dém.* Pr-triad. sg.m. "ce(t)" [= **this**]; et
fonct. sg.f. ⲦⲈⲈⲒ- "cette", pl. ΝⲈⲈⲒ- "ces"; sg.m.
37,2?; 39,13?; 43,4; 49,4?; 52,21; 55,17? 18
(→ ⲠⲞⲖⲈΜⲒCⲦⲎC). 25; 58,21 (ΜΠⲈⲈⲒΜⲀ "en ce
lieu"); ΠⲈⲒ̈- néant; sg.f. ⲦⲈⲈⲒ- "cette" [= **this**]
43,14 (ⲦⲈⲈⲒⲄⲈΝⲈⲀ "cette génération"); 54,6;
ⲦⲈⲒ̈ néant; pl. ΝⲈⲈⲒ- "ces" [= **these**] néant; ΝⲈⲒ̈-
36,21 (ΝⲈⲒ̈ⲀⲒѠΝ "ces éons").

ΠⲈΝ- sg.m./pl.1. "notre", voir ΠⲈ- *art. poss.* Pr-triad.
ⲠΝ̄Ϯ abr. *idiol.* pour ΠΝⲞⲨⲦⲈ (avec son art.déf.

"tuer, faire mourir" [= **kill**]), et ϣⲎⲢⲉ "fils, enfant" [= **son, child**]) 40,10?

Ⲣ̄ ϨⲱⲂ *(v'n)/{n.m.}* "travailler" [= **work**], lcplx. (composé de Ⲣ̄- *atone* de ⲉⲓⲢⲉ "faire" etc. [= **act**], et ϨⲱⲂ n.m. "oeuvre, travail, chose" [= **thing, work**]) 38,21.

Ⲣ̄ ϨⲞⲧⲉ *(v'n)/{n.m.}* "avoir peur, craindre" [= **fear**], lcplx. (composé de Ⲣ̄- *atone* de ⲉⲓⲢⲉ "faire" etc. [= **act**], et de ϨⲞⲧⲉ "peur, crainte" [= **fear**]) 58,16 (→ ⲗⲁⲟⲥ).

Ⲣ̄ ϨⲞⲩⲟ ⲉ- *(v'n)/{n.m.}* "surpasser" [= **surpass, exceed**], lcplx. (composé de Ⲣ̄- *atone* de ⲉⲓⲢⲉ "faire" etc. [= **act**], et ϨⲞⲩⲟ "part prépondé-rante, supplément" [= **great(er part), much more (than)**]) 56,18 (ⲔⲚⲀⲢ̄ ϨⲞⲩⲟ ⲉⲢⲟⲟⲩ ⲧⲎⲢⲟⲩ "tu les surpasseras tous!").

Ⲣ̄ ⲬⲞⲉⲓⲥ *(v'n)/{n.m.}* "régner" [= **reign**], lcplx. (composé de Ⲣ̄- *atone* de ⲉⲓⲢⲉ "faire" etc. [= **act**], et ⲬⲞⲉⲓⲥ n.m. "Seigneur" [= **lord**]) 54,10?

Ⲥ[ⲂⲞⲨⲓ̈] *n.m.* "disciple" [= **disciple**] 36,3?

ⲤⲱⲂⲉ *v/{n.m.}* "(sou)rire!" [= **laugh, smile**] 34,2? 4 (→ ⲉⲩⲬⲀⲢⲓⲥⲧⲓⲀ). 7; 36,23; 44,19 (→ ⲥⲱⲧⲙ̄); 55,12? 15?

ⲤⲙⲎ *n.f.* "voix" [= **voice**] 57,25 (23–26 ⲚⲉⲧⲀϨⲉⲢⲀⲧⲟⲩ Ϩⲓ ⲡⲉⲤⲎⲧ ⲀⲨⲤⲱⲧⲙ ⲉⲩⲤⲙⲎ ⲉⲤⲚⲎⲩ ⲉⲂⲟⲗ ϨⲚ̄ ⲦϬⲎⲡⲉ ⲉ[Ⲥ]Ⲭⲱ ⲙ̄ⲙⲟⲥ "ceux qui étaient (restés) debout (là), en bas, ont entendu une voix sortant du nuage (lumineux et) disant …").

ⲤⲙⲞⲨ *v/n.m.* "bénir, bénédiction, chanter (les) lou-anges" [= **bless, praise**] 38,18; et (v'n)/n.m. [ⲭ]ⲓ ⲤⲙⲞⲨ "être béni" 34,10 (m.).

ⲤⲚⲀⲨ *n.m.* nom du nombre "deux" [= **two**], dans (ordinal) ⲙⲉϨⲤⲚⲀⲨ "deuxième" (ⲙⲉϨ- de ⲙⲟⲩϨ̄ 1° "(se) remplir") 48,12 (→ ⲫⲱⲤⲧⲎⲢ); 52,7?; *f.* ⲤⲚ̄Ⲧⲉ 38,15; après la dizaine, - ⲤⲚⲞⲟⲨⲥ, dans ⲙⲚ̄ⲦⲤⲚⲞⲟⲨⲥ "douze".

ⲤⲚⲞⲟⲨⲥ voir ⲤⲚⲀⲨ "deux".

ⲤⲚⲞϥ *n.m.* "sang" [= **blood**] 51,11 (→ ⲚⲉⲂⲢⲱ).

ⲤⲞⲡ *n.m.* "fois" [= **occasion, time**] 33,19 (ⲞⲩⲎⲡⲉ … [Ⲛ]ⲤⲞⲡ "maintes fois" [= **often**].

Ⲥⲉⲉⲡⲉ *{v}/n.m.* "reste(r)" [= **remain over**], dans ⲡⲔⲉⲤⲉⲉⲡⲉ "le reste (aussi)" 35,22 (→ Ⲭⲓⲥⲉ); 43,24? (ⲡⲔⲉⲤⲉⲉⲡⲉ Ⲛ̄ⲅⲉⲚⲉⲀ Ⲛ̄Ⲛ̄Ⲣⲱⲙⲉ "le

reste des générations des hommes"); 48,16; ⲡⲔⲉⲤⲉⲡⲉ 40,13 (→ Ϩⲓ- prép.); 46,22; 53,26?

Ⲥⲱⲧⲙ̄ *v/{n.m.}* "écouter, entendre" [= **hear**] 34,18?; 36,22; 37,17; 44,16. 17? 19 (Ⲛ̄ⲧⲉⲢⲉϥⲤⲱⲧⲙ̄ ⲀϥⲤⲱⲂⲉ ⲡⲉⲬⲀϥ ⲚⲀϥ "lorsqu'il a entendu (cela), (Jésus) a (sou)ri! (et) il lui a dit"); 46,14; 57,25 (→ ⲤⲙⲎ et ⲉⲂⲟⲗ ϨⲚ̄-).

ⲤⲓⲞⲨ *n.m.* étoile [= **star**] 37,5; 39,14 (→ ⲅⲉⲚⲉⲀ); 40,17 (→ Ϩⲓ̄ⲕⲟⲥ); 41,5 (→ ϣⲱ[Ⲣ]ⲡ); 42,8 (→ [ⲞⲨⲟⲚ]; 45,13 (→ ⲡⲉⲔ- sous ⲡⲉϥ); 46,2?; 54,17. 22; 55,10. 17? (ⲧⲉⲡⲗⲀⲚⲎ Ⲛ̄Ⲛ̄ⲤⲓⲞⲨ "l'éga-rement des étoiles"). 18 (→ ⲡⲟⲗⲉⲙⲓⲥⲧⲎⲥ); 56,23; 57,18. 19 (→ ⲡⲢⲟⲚⲅⲟⲩⲙⲉⲚⲟⲥ). 20.

ⲤⲞⲟⲩ *n.* nom du nombre "six" [= **six**] 49,21 (→ ⲞⲨⲢⲀⲚⲟⲥ); 51,18; 55,17 (→ ⲡⲟⲗⲉⲙⲓⲥⲧⲎⲥ).

ⲤⲞⲟⲩⲚⲉ *v/{n.m.}* "connaître, savoir" [= **know**] 34,14?; 35,15? (→ ⲞⲨ *pro?n*). 21 (→ Ⲭⲓⲥⲉ); *présuffixal* (ⲤⲞⲨⲱⲚ⸗) suffixé, sg.1. ⲤⲞⲨⲱⲚⲦ̄ 34,17 (→ ϨⲀⲙⲎⲚ).

ⲤϢⲉ *v. impersonnel* "il convient (de), il faut" [= **it is fitting, right**], dans ⲡⲉⲧⲉⲤϢⲉ n. sg.m. 34,6 "ce qui est convenable".

ⲤⲀϨ̄ *n.m.* "lettré, maître (intellectuel)" [= **teacher, master**] 34,4. 11?; 36,13?; 37,22; 44,15; 45,11; 46,5; 55,13.

[ⲤⲱⲞⲨϨ] *v/{n.m.}* "réunir, rassembler" [= **gather, collect**]; *qualitatif* ⲤⲞⲟⲨϨ† 34,1.

Ⲥ[Ϩ]Ⲁⲓ̈ *v/{n.m.}* "écrire" [= **write**] 39,12?

[ⲤⲀϨⲞⲨ] *v/{n.m.}* "maudire" [= **curse**]; *qualitatif* ⲤϨⲞⲨⲞⲢⲦ̄† "maudit" 46,21.

ⲤϨⲓⲙⲉ *n.f.* "femme" etc. [= **woman**] 52,19 (→ ⲀⲗⲗⲀⲙ); pl. ϨⲓⲞⲙⲉ 38,18.

ⲤⲀϨⲚⲉ *{v}/n.m.* "ordonner, ordre (qu'on donne)", dans ⲞⲨⲉϨ ⲤⲀϨⲚⲉ "ordonner, commander" [= **order**]; voir ⲞⲨⲱϨ "mettre, ajouter" [= **put, set, dwell**] 40,24; 53,19. 22–23 (→ [ⲡⲚⲉⲨⲙⲀ]).

ⲤϨⲞⲨⲞⲢⲦ̄† "maudit", voir [ⲤⲀϨⲞⲨ] "maudire" [= **curse**].

Ⲧ- ou Ⲧⲉ- sg.f. "la" [= **the**], voir ⲡ- ou ⲡⲉ- *art.déf.* Pr-triad. sg.m. "le", sg.f. Ⲧ- ou Ⲧⲉ- "la", pl. Ⲛ̄- ou Ⲛⲉ- "les".

ⲦⲀ- sg.f./sg.1. "ma" [= **my**], voir ⲡⲉ⸗ *art. poss.* Pr-triad. sg.m. ("son").

ⲦⲀ(ⲉ)ⲓ sg.f. "celle-(ci)" [= **this**], voir ⲡⲀ(ⲉ)ⲓ *pron. dém.* Pr-triad. sg.m. "celui (ci)", sg.f. ⲦⲀⲉⲓ "celle-(ci)", pl. NA(€)ι "ceux-(ci)".

T€ sg.f. ("... est") [= ... **is**], voir ΠE *copule* Pr-triad. sg.m., sg.f. T€, pl. N€ ("... sont").

T€⸓ sg.f. "sa" [= **her**], voir ΠE⸓ *art. poss.* Pr-triad. sg.m. ("son").

T€€ι- sg.f. "cette" [= **this**], voir Π€€ι- *art. dém.* Pr-triad. sg.m. "ce(t)", sg.f. T€€ι- "cette", pl. N€(€)ι- "ces".

† *v/{n.m.}* "donner" [= **give**] 50,3; 53,20. 23 (→ [ΠN€YMA]); 58,19 (→ OYOϊ).

TBA *n.* nom du nombre "dix mille, myriade" [= **ten thousand, myriad**] 48,9? 14. 19 (→ 2YΠHP€CιA); suivi régulièrement de NATHΠ€ "innombrable".

[TBNH] *n.m.* "bétail" [= **head of cattle, beast, domestic animal**]; pl. TBNOOY€ "bestiaux" 39,25.

TAKO *v/{n.m.}* "détruire, être détruit, périr" [= **destroy**] 55,20 (→ KTICMA).

[TAλO] *v/{n.m.}* "offrir (un sacrifice)" [= **offer, lift, set on**]; *atone* [T]AλE- dans [T]AλE ΘYCιA "offrir un sacrifice" 56,12?

TAMιO *v/{n.m.}* "créer, fabriquer" [= **make, create**] 48,4? 16. 19 (→ 2YΠHP€CιA); 51,18; 52,16 (→ CAKλAC); *atone* TAMιE- 44,5 (NTATAMιE PωM€ [N]ΘNHTOC "qui a créé les hommes mortels").

T[ωM]T *v/{n.m.}* "rencontrer" [= **meet, befall**] 33,27?

T[€N-] sg.f./pl.1. "notre" [= **our**], voir ΠE⸓ *art. poss.* Pr-triad.

T€NOY *adv.* (pour T€(ι OY)NOY "(à) cette (heu)re") "maintenant" [= **now**] 36,21; voir (OY)NOY "heure".

[TNOOY] *v/{n.m.}* "envoyer" [= **send**]; *présuffixal* (TNOOY⸓ᵘⁱ) suffixé, sg.3.f. TNOOYC 46,2.

[TAN2O] *v/{n.m.}* "vivifier" [= **make alive**]; *présuffixal* (TAN2O⸓) suffixé, pl.3. TAN2OOY 43,22 (→ CωN2).

T͞Ȝ en chiffres pour nom du nombre "trois cent soixante" [= **three hundred sixty**] 49,14 (12–14 Π€ψψ€CN[OOY]C λ€ 2ωOY Nφω[C]THP A[YO]YON2 T͞Ȝ €BOλ NφωCTHP "cependant les soixante-d[ouz]e luminaires, eux, ont manifesté trois cents soixante luminaires"); 50,2; (T͞Ȝ = en nombres [ψMNT ψ€ MN C€]).

TAΠ *n.m.* "corne" [= **horn**] 56,21 (→ HλΠ).

[TωP€] "main" [= **hand**] voir NTN, NTOOT⸓ "par (le moyen de)"; 2ιTN-, 2ιTOOT⸓ "par (le moyen de)".

THP⸓ *adj. sfsj.* "tout" [= **all, whole, every**], *présuffixal* (THP⸓) suffixé, sg.3.m. THPq (dans ΠTHPq, cf. infra); sg.3.f. THP͞C 42,1? (→ TP€φ€); 46,14; pl.3. THPOY 35,6; 39,1. 8?; 44,16?; 48,26; 50,9; 52,22; 54,18; 55,19; 56,18; 58,18 (→ ΠPOφHTHC).

THP͞q *n.m.* "Univers, totalité" [= **universe**] 40,25 (ΠAϊ €TO N͞X͞C €X͞N ΠTHPq "celui qui est le Seigneur de l'Univers").

T€C- sg.f./sg.3.f. "son" [= **her**], voir ΠE⸓ *art. poss.* Pr-triad.

TCO *v/{n.m.}* "abreuver" [= **give to drink, water**] 43,6? (→ ΠA[PA]λ€ICOC).

[TCABO] *v/{n.m.}* "instruire" [= **teach, make wise**], *présuffixal* (TCABO⸓) suffixé, sg.2.m. TCABOK̦ 46,1?; 47,2?

T€TN- sg.f./pl.2. "votre" [= **your**], voir ΠE⸓ *art. poss.* Pr-triad.

†OY *n.* nom du nombre "cinq" [= **five**] 49,17; 52,11. 12? (→ XAOC); 55,18 (→ ΠOλ€MICTHC).

T€Y- sg.f./pl.3. "leur" [= **their**], voir ΠE⸓ *art. poss.* Pr-triad.

TAOYO *v/{n.m.}* "envoyer, proférer" [= **send, put forth, produce**] 35,20; *présuffixal* (TAOYO⸓) suffixé, sg.2.m. TAOYOK 35,19 (17–21 NTAK€ι €BOλ 2N ΠAιωN NTBAPBHλω ΠAΘANATOC AYω Π€NTAqTAOYOK ΠAϊ €T€ NTNΠψA AN NTAOYO NΠ€qPAN "toi, tu es sorti de l'éon immortel de Barbêlô, et celui qui t'a envoyé, (est) celui dont je ne suis pas digne de proférer le nom").

THYTN *pron.pers.* pl.2. *atone* "vous" [= **you**] 34,18; 35,2 (→ 2N- *prép.*); 37,26?

[Tωψ] *v/{n.m.}* "limiter, définir" [= **limit, determine, fix**]; *présuffixal* (TOψ⸓) suffixé, pl.3. TOψOY 54,20 (→ 2OTAN).

T€q- sg.f./sg.3.m. "sa", voir ΠE⸓ *art. poss.* Pr-triad.

TA2̄[O] *v/{n.m.}* "atteindre" [= **make to stand, set up**] 48,12? (→ φωCTHP).

TXO voir [XO] "semer, ensemencer" [= **sow, plant**].

[TAXPO] *v/{n.m.}* "fortifier" [= **make strong, firm, fast**]; *qualitatif* [T]A̦[XP]HY† "être fort" 35,2?

Tωδ€ *v/{n.m.}* "planter" [= **plant**] 39,15.

OY *pro?n.* "quoi?" [= **what? who?**] 37,20; dans

єтвє оү *ad.?v.* "pourquoi?" [= **why?**] 34,4 (→ єүхарістіа). 24; 37,25; 39,6; оү пє " qu'est-ce que c'est?" [= **what is?**] 46,16; ⲣ̄ оү "faire quoi?" 34,5; 36,14 (→ 2аро⸗ sous 2а-); 43,24; 54,14?; 55,22 (→ хшкⲛ̄); 58,21 (→ ⲛ̄ток); 2ⲛ̄ оү *ad.?v.* "en quoi?" 34,15 (є[тєт]нсооүнє ⲙⲙоєі 2ⲛ̄ оү "en quoi me connaissez-vous?").

оү- *art.ind.* sg. "un" [= **a(n)**], voir оүа nom du nombre "un".

оүа *n.* nom du nombre "un" [= **one**] 37,19; dans єпоүа "pour chacun" 49,17; 51,22; поүа поүа "chacun" [= **each one**] 42,7 (→ [оүон], оүⲛ-); 49,25 (ката поүа поүа "pour chacun"); 51,26 (поүа поүа ⲙ̄ⲙшⲧⲛ̄ "chacun de vous"); 52,23 (поүа поүа ⲙ̄ⲙооү "chacun d'entre eux"); *atone* = *art.ind.* sg. оү- 33,18. 23; 37,9. 12. 22; 38,5? 6. 22; 39,17; 43,26; 44,1. 3?; 45,6; 47,5? 6. 15. 17 (→ параста́сіс). 19; 50,4. 8; 51,9. 22; 52,16; 53,13. 15; -ү- 38,2; 44,18; 48,7. 15; 50,6; 53,21; 57,25; voir aussi каюүа "un autre" (avec каі- ou кє- "autre") 36,1?; 40,9.

оүа *n.m.* "blasphème, malédiction" [= **blasphemy**], dans хі оүа *(v'n)/{n.m.}* (lcplx.) "blasphémer" 34,21 (є хі оүа єроц 2ⲛ̄ пєү2нт "à blasphémer contre lui dans leur coeur").

оүоï *n.m.* "élan, mouvement" [= **rush, course**] 58,19 (аү† пєүоүоï єïоүдас пєхаү нац "ils se sont avancés vers Judas, ils lui ont dit").

оүаав† "saint" [= **holy**] voir [оүоп] "être pur, saint".

оүннв *n.m.* "prêtre" [= **priest**] 38,5. 9; 39,8?; 40,21 (→ ѳүсіа); voir aussi [оүоп] "être pur, saint".

[оүон], оүⲛ- *v. d'existence* "il y a" [= **it is, there is**] (opposé à ⲙⲛ̄ v. d'inexistence), voir spécialement la conjugaison, futur I; оүⲛ- 36,1; 38,6; 40,8?; нєоүⲛ- "il y avait" [= **it was, there was**] 58,12; оүнтє- "avoir", lcplx. (composé de оүⲛ- et de ⲛ̄тє- prép.gén.) 42,7 (оүнтє поүа поүа [ⲙ̄ⲙ]шⲧⲛ̄ [п]єцсіоу ⲙ̄наү "chacun de vous a son étoile"); *présuffixal* (оүнта⸗) suffixé, sg.3.m. єоүнтац (circ.) 51,12 (→ нєвⲣⲱ); sg.3.f. оүнтас dans аш ⲛ̄карпос пє[тє] оүнтасц "quel fruit (m.) a-t-elle (f.) (= cette génération)?" 43,13.

оүо[н] *pron.ind.* "quelque chose, quelqu'un"

[= **someone, something**] 42,9?

оүоïн *n.m.* "lumière" [= **light**] 36,8 (→ шає); 47,15 (→ оүшⲛ2̄). 21 (→ аүтогєннс); 48,11? 17. 23; 54,2; 57,17. 22 (→ ïоүдас).

(оү)ноү *n.f.* "heure" [= **hour**] dans тєноү (de тє(і оү)ноү "(à) cette heure") "maintenant" [= **now**] 36,21.

оүшⲛ2̄ *v/{n.m.}* "révéler, manifester" [= **reveal, appear**], dans оүшⲛ2̄ євол 33,6 (→ маïн); 36,12?; 47,14 (асоүшⲛ2̄ єво[л] ⲙ̄пма єтⲙ̄маү ⲛ̄сі оүкло[о]лє ⲛ̄оүоïн "il s'est manifesté en ce lieu-là une nuée lumineuse"); 50,19. 22; 51,8?; *idiol. atone* оүоⲛ2̄- 49,5 (→ сⲧ̄ѳ). 9. 13?; *présuffixal* (оүоⲛ2̄⸗) suffixé, sg.3.m. оүоⲛ2ц̄ 33,19.

[оүоп] *v/{n.m.}* "être pur, saint" [= **be pure, innocent, holy**]; *qualitatif* оүаав† "saint, pur" [= **holy**], partout de manière similaire dans 44,12 (ⲛгєнєа єтоүаав "les générations saintes"); 47,1? (тгє[нєа єт]оүаав "la génération sainte"), mais 36,17 (каіно́с ⲛ̄гєнєа єсоүаав "une autre Grande Génération Sainte"). 20 (ⲧнос ⲛ̄гєнєа єтхосє єрон аүш єтоүаав "la Grande Génération supérieure à nous, plus Sainte"). 26? (тгєнєа єтхоор аүш єтоүаав "la génération forte et sainte"); 45,19 (→ топос). 24; voir aussi оүннв "prêtre".

оүотє *n.m.* "plante verte, verdure (?)" [= **greenery, greens**], voir ноүотє *adj.* "de verdure, verdoyant (?)".

оүоєіш *n.m.* "moment" [= **time, occasion**] 43,5? 18 (→ 2отан); 45,23 (ⲛоүоєіш нім "en tous temps"); 53,7. 13. 54,19 (→ 2отан).

оүшш *{v}/n.m.* "vouloir, volonté, désir" [= **will**] 58,24 (→ ката); ou (?) оүшш 34,9?; 49,11? 15?

оүшн *n.f.* "nuit" [= **night**] 37,24 (аннаү гар є2ⲛнос ⲛ̄ра[соү ⲛ̄тєєі]оүшн "nous avons vu en effet de grands rê[ves, la] nuit").

оүшшв *v/{n.m.}* "répondre" [= **answer**] 45,12; 46,7. 18 (→ [пєхє-]); 55,14?; 58,23 (→ ката); *idiol.* оүшшц̄ 34,6 (ацоүшшц̄ п[є]хац наү "il (leur) a répondu (et) a dit").

(о)үшап *n.m.* "prêt, emprunt, contrepartie"

ϣⲱⲱⲧ {v}/n.m. "[couper, sacrifier], sacrifice,
[déficience]" [= cut, slay, be deficient, sacrifice]
39,2?

ϣⲧⲟⲣⲧⲣ̄ v/n.m. "troubler, (être) troublé, bouleversé"
[= be disturbed, troubled, in haste] 34,24?(m.);
37,18; 39,7; qualitatif ϣⲧⲣ̄ⲧⲱⲣ† 39,5 (→ [ⲣⲟ]).

ϣⲟⲩⲟ v/{n.m.} "(faire) jaillir" [= flash, flow, pour]
51,10 (→ ⲛⲉⲃⲣⲱ).

[ϣϣⲉ] "convenir", voir ⲡⲉⲧⲉⲥϣⲉ "ce qui est
convenable" [= what is right] 34,6.

ϣⲩⲉⲥⲛⲟⲟⲩⲥ n. nom du nombre "soixante-douze"
[= seventy-two] 49,9? 12? 23? 24? (→
ⲟⲩⲣⲁⲛⲟⲥ); 50,15? 17?

ϣⲁϫⲉ v/{n.m.} "parler, [parole]" [= speak] 33,2? (→
ïⲟⲩⲇⲁⲥ). 15?; 44,22.

ϣⲱϫ[ⲉ] v/{n.m.} "lutter" [= struggle] 42,6?
(→ ⲗⲟ).

[ϥⲓ] v/{n.m.} "ôter, emporter" [= bear, carry, take];
atone ϥⲓ- en composition en ϥⲓ (ⲉ)ⲓⲁⲧ⸗, (v'n)/
n.m. (lcplx.) présuffixal accessoire, avec (ⲉ)ⲓⲁⲧ⸗
"oeil", "élever les yeux vers", suffixé, sg.2.m. ϥⲓ
ⲉⲓⲁⲧⲕ 57,16 (→ϭⲏⲡⲓ idiol. pour ϭⲏⲡⲉ); sg.3.m.
ϥⲓⲁⲧⲩ̄ 57,21 (→ ïⲟⲩⲇⲁⲥ); présuffixal (ϥⲓⲧ⸗)
suffixé, pl.3. ϥⲓⲧⲟⲩ 43,22.

ϥⲱⲕ (plus vraisemblable que ϥⲱⲕⲉ) v/{n.m.} "aller"
[= leap, move] 57,23 (ⲁϥⲛⲁⲩ ⲉⲧϭⲏⲡⲉ ⲛ̄ⲟⲩⲟïⲛ
ⲁⲩⲱ ⲁϥϥⲱⲕ ⲉϩ̄ⲟⲩⲛ ⲉⲣⲟⲥ "il a vu la nuée
lumineuse, et il l'a pénétrée"); donc ϥⲱⲕ pour
ⲃⲱⲕ "aller" [= go, depart].

ϥⲱⲧⲉ v/{n.m.} "effacer ou être effacé, anéanti" [=
wipe away, obliterate] dans ϥⲱⲧⲉ ⲉⲃⲟⲗ 57,9.

ϥⲧⲟⲟⲩ n. nom du nombre "quatre" [= four] 47,22
(→ ⲁⲩⲧⲟⲅⲉⲛⲏⲥ); "quatrième" ⲙⲉϩϥⲧⲟ[ⲟ]ⲩ
52,9?, lcplx. (composé de ⲙⲉϩ- préf. de
l'ordinal, de ⲙⲟⲩϩ̄ 1° "(se) remplir" et de
ϥⲧⲟⲟⲩ "quatre").

ϩⲁ- prép. "sous, dans, pour" [= under, in, at] (et sim.);
présuffixal (ϩⲁⲣⲟ⸗) suffixé, sg.3.f. (?) ⲉⲑⲁⲣⲟ[ⲥ
ⲛ̄ⲧⲡⲉ (?)]" "qui est sou[s le ciel (?)]" 42,1?; pl.1.
ϩ[ⲁ]ⲣⲟⲛ 36,15? (ⲡⲥⲁ[ϩ] ⲛ̄ⲧⲁ[ⲕⲃ]ⲱⲕ ⲉⲧⲱⲛ ⲉⲕⲣ
ⲟⲩ ⲉⲁⲕⲗⲟ ϩ[ⲁ]ⲣⲟⲛ "Maître, où es-tu allé? …
(et) qu'as-tu fait, quand tu t'es éloigné de nous?");
voir aussi ϩⲁ ⲑⲏ (ⲛ̄-) prép. (lcplx.) "avant".

ϩⲁⲉ n.m. "fin, achèvement" [= last thing, end] 40,25
(ϩⲣⲁï ϩⲛ̄ ⲫⲁⲉ ⲛ̄ϩⲟⲟⲩ "dans les derniers jours");

pl. 46,24 (ⲛ̄ϩⲁⲉⲟⲩ ⲛⲛⲉϩ̄ⲟⲟⲩ "dans les derniers
jours"); pl. (?) ϩ̄ⲁⲉⲟ[ⲩ …] 57,2?

ϩⲉ n.f. "manière, espèce" [= manner] dans: ⲑⲉ ⲧⲉ
ⲧⲁⲉⲓ "telle est la manière (dont), c'est ainsi que"
40,4? (→ ⲭⲣⲁⲥⲑⲁⲓ); 48,15; 53,18; [ⲧⲁⲉ]ï̄ ⲟⲛ
ⲧⲉ ⲑⲉ 44,2; voir aussi ⲛ̄ⲑⲉ "comme" [= as].

ϩⲉ v/{n.m.} "trouver" [= find] 33,21. 24?

ϩⲏ n.f. "partie antérieure" [= fore part, beginning],
dans ϩⲁ ⲑⲏ (ⲛ̄-) (ou ϩⲁ ⲧⲉϩ̄ ⲛ̄-) "avant" [=
before], lcplx. avec ϩⲁ- prép.; ϩⲏ, présuffixal
(ϩⲏⲧ⸗) suffixé, sg.3.m. ϩⲏⲧⲩ̄ 58,17 (→ ⲗⲁⲟⲥ).

ϩ̄ⲓ pcl. "alors" [= then] 55,21 (→ ϫⲱⲕⲙ̄).

ϩⲓ- prép. "sur" [= on, at, in] ou conj. "et" [= and]
(de liaison étroite); ϩⲓ- prép. seulement dans les
lcplx. ϩⲓ ⲡⲉⲥⲏⲧ adv. "en bas", ϩ̄ⲓ ⲡϣⲱï adv. "en
haut"; ϩⲓ- conj. 38,23 (ϩ̄ⲛ̄ⲕⲉⲕⲟⲟⲩⲉ ⲉⲩⲉⲓⲣⲉ
ⲛⲟⲩ[ⲙⲏ]ϣϣⲉ ⲛ̄ⲛⲟⲃⲉ ϩⲓ ⲁⲛⲟⲙⲓⲁ "d'autres
faisant une foule de péchés et d'actes illicites");
40,14 (ⲡⲕⲉⲥⲉⲡⲉ ⲛⲁⲕⲁⲑⲁⲣ[ⲥⲓ]ⲁ ϩ̄[ⲓ] ⲁⲛⲟⲙⲓⲁ
ϩⲓ ⲡⲗⲁⲛⲏ "le reste (de ceux qui se vautrent dans)
l'impureté et l'illégalité et l'égarement").

ϩ̄ⲓ- atone, de [ϩⲓⲟⲩⲉ] "battre, jeter" [= throw], voir ϩ̄ⲓ
ⲱⲛⲉ "lapider" [= cast stones, stone].

ϩⲓⲏ n.f. "chemin, route, voie" [= road, path, way]
33,11 (→ ⲇⲓⲕⲁⲓⲟⲥ[ⲩ]ⲛⲏ).

ϩ̄ⲟ n.m. "visage" [= face] 51,10 (→ ⲛⲉⲃⲣⲱ); présuffixal sfsj. (ϩⲣⲁ⸗) suffixé, sg.3.m. ϩ̄ⲣⲁⲩ 35,14
([ⲛ̄]ⲧⲁⲩⲕⲧⲉ ϩ̄ⲣⲁⲩ ⲉⲡⲁϩ̄ⲟⲩ "il a tourné son
visage vers l'arrière").

ϩ̄ⲱ v. "cesser" [= suffice, be enough] 41,1 (ϩ̄ⲱ
ⲉⲣⲱⲧ̄ⲛ "cessez").

ϩⲱ(ⲱ) pron. d'emphase ou de contraste "(soi)-
même" [= self, also, for (his) part] en présuffixal
sfsj. (ϩⲱ(ⲱ)⸗) suffixé, sg.1. ϩⲱ "moi-même"
45,11; 46,6 (ϩ̄ⲱ ⲡⲁⲥⲡⲉⲣⲙⲁ "ma semence à
moi-même"); ϩⲱⲧ 44,17 (ⲥⲱⲧⲙ̄ ϩⲱⲧ ⲟⲛ ⲉⲣⲟï
"écoute-moi, (moi) aussi!"); sg.2.m. ϩ̄ⲱⲱⲕ
"toi-même" 44,22; pl.3. ϩⲱⲟⲩ "eux-mêmes,
elles-mêmes" 49,12.

ϩⲱⲃ n.m. "oeuvre, travail, chose" [= thing, work]
40,18 (ϩⲱⲃ ⲛⲓⲙ "toute chose") (→ ϩ̄ⲓⲥⲟⲥ);
56,17; 57,15?; pl. ϩⲃⲏⲟⲩⲉ 39,1?; voir aussi ⲣ̄
ϩⲱⲃ (v'n)/n.m. (lcplx.) "travailler" [= work].

ϩⲁ ⲑⲏ ⲛ̄- (ou ϩⲁ ⲧⲉϩ̄ ⲛ̄-) prép. (lcplx.) "avant"
[= before] 33,4 (→ ⲡⲁⲥⲭⲁ); 57,12 (ϩ̄ⲁ ⲧⲉϩ̄ⲏ

ⲚⲦⲠⲉ ⲘⲚ [Ⲡ]ⲔⲀϨ ⲘⲚ ⲚⲀⲅⲅⲉⲗⲟⲥ ⲤⲰⲟⲟ[Ⲡ Ⲛ]ϬⲒ
ⲦⲄⲉⲚⲉⲀ ⲉⲦⲘ̅ⲘⲀⲨ "(c'est) avant le ciel et la terre
et les anges qu'existe cette génération-là").

Ϩ̅ⲒⲞⲘⲉ *pl.* voir ⲤϨⲒⲘⲉ *n.f.* "femme" [= **woman**].

ϨⲞⲘⲚⲦ *n.m.* "argent (monnaie)" [= **copper, bronze,
money**] 58,25? (→ ⲠⲀⲢⲀⲆⲒⲆⲞⲨ).

ϨⲘⲞⲞⲤ *v/{n.m.}* "être assis, installé" [= **sit, remain,
dwell**] 33,24 (ⲉⲨϨⲘⲞⲞⲤ ⲉⲨⲤⲞⲞⲨϨ̅ "assis (et)
rassemblés"); 34,1? (ⲉⲨⲤⲞⲞⲨϨ ⲉⲨϨⲘⲞⲞⲤ
[idem]).

ϨⲚ̅ *prép.* "dans, par(mi)" (et sim.) [= **in, at, on, by**]
(forme *atone* de ϨⲞⲨⲚ); ϨⲘ̅ par assimilation (le
plus souvent devant Ⲡ‑, ou devant Ⲙ‑ parfois);
présuffixal Ⲛ̅ϨⲎⲦ⸗; ainsi ϨⲚ‑ 33,11. 12? 21. 22;
34,9? 9. 15? (→ϨⲀⲘⲎⲚ). 17. 21; 36,4. 21. 24;
37,12. 22; 38,12; 39,1? 17; 43,1; 45,8; 48,25;
49,10. 14; 51,17? 21. 23; 52,20; 53,13. 15;
54,6. 7. 25 (→ ⲠⲞⲢⲚⲉⲨⲉ); 57,26; ϨⲚ̅Ⲛ‑ (par
dittographie) 35,17; ϨⲘ̅ (par assimilation)
39,16; 44,24; 45,23; 49,11. 15?; 52,21; 53,13;
55,23?; *présuffixal* (par adoption,
de ϨⲎ, ϨⲎⲦ⸗ "ventre", d'où Ⲛ̅ϨⲎⲦ⸗), suffixé,
sg.m.3. Ⲛ̅ϨⲎⲦⲼ̅ 33,3; 38,3; 47,9?; 50,19
(→ ⲆⲨⲚⲀⲘⲒⲤ). 25 (→ ⲄⲚⲰⲤⲒⲤ); sg.f.3. Ⲛ̅ϨⲎⲦⲤ̅
53,14?; 57,17?; pl.2. Ⲛ̅ϨⲎⲦ ⲦⲎⲨⲦⲚ̅ 34,17? 25;
35,2?; 37,11?; 54,5; voir aussi ϨⲢⲀⲒ̈ ϨⲚ̅‑ prép.
(lcplx.) "dans".

ϨⲚ̅‑ *art.ind.* pl. "des", forme *atone* de ϨⲞⲉⲒⲚⲉ *pron.ind.*
toujours pl. "quelques-uns" [= **some, certain**],
voir ϨⲞⲉⲒⲚⲉ.

ϨⲞⲨⲚ *n.m.* "(la) partie interne" [= **inner part**], de
ⲉϨⲞⲨⲚ *adv.* "dedans, vers l'intérieur" [= **to the
inside, into**]); *atone* ϨⲚ̅‑ prép. "dans, par(mi)"
[= **in, at, on, by**] (voir ci-dessus).

ϨⲒ ⲰⲚⲉ *(v'n)/{n.m.}* "lapider" [= **cast stones, stone**],
lcplx. (composé de ϨⲒ‑ *atone* de [ϨⲒⲞⲨⲉ] "battre,
jeter" [= **throw**], et de ⲰⲚⲉ "pierre, caillou"
[= **stone**]) 44,26 .

ϨⲞⲉⲒⲚⲉ *pron.ind.* toujours pl. "quelques-uns"
[= **some, certain**] 38,14?; 58,12?; ϨⲞⲒⲚⲉ 33,10;
atone ϨⲚ̅‑ *art.ind.* pl. "des" 33,7. 8. 12; 37,23;
39,16; 40,16? (→ Ϩ̅ⲒⲤⲞⲤ); 45,5; 48,7? 8? 14.
19 (→ ϨⲨⲠⲎⲢⲉⲤⲒⲀ); 50,7; 51,15; 58,25 (→
ⲠⲀⲢⲀⲆⲒⲆⲞⲨ).

[ϨⲰⲠ] *v/{n.m.}* "cacher, dissimuler" [= **be hidden,

hide**]; *qualitatif* ϨⲎⲠ†, dans *ad'j* ⲠⲖⲞⲄⲞ[Ⲥ]
ⲉⲦϨⲎⲠ "le mot-(à-mot) secret" 33,1?; *atone* et
idiol. (ϨⲀⲠ ⲦⲎⲨⲦ[Ⲛ̅] "vous cacher") 37,26.

ϨⲒ ⲠⲉⲤⲎⲦ *adv.* "en bas, en descendant" [= **on, to the
ground**], lcplx. (composé de ϨⲒ‑ prép. "sur", Ⲡ‑
art.déf. sg.m., et ⲉⲤⲎⲦ *n.m.* "partie basse, sol")
57,24 (→ ⲤⲘⲎ).

ϨⲒ ⲠϣⲱⲒ̈ *adv.* "en haut, en montant" [= **above, on
high**], lcplx. (composé de ϨⲒ‑ prép. "sur", Ⲡ‑ art.
déf. sg.m., et ϣⲱⲒ̈ *n.m.* "partie supérieure, le
haut") 44,7.

ϨⲢⲀⲒ̈ *n.m.* "(la) partie supérieure ou inférieure ou
indéterminée" [= **upward**] mot-base de ⲉϨⲢⲀⲒ̈
adv. "vers le haut" etc.; voir ϨⲢⲀⲒ̈ ϨⲚ̅‑ prép.
"dans" (lcplx.).

ϨⲢⲞⲦ *n.(?)* [lexème de signification incertaine] "apparition (fantomatique)" [= **apparition, phantom**]
ou "enfant"? [= **child**] 33,20 (18–21 ⲞⲨⲎⲠⲉ Ⲇⲉ
[Ⲛ]ⲤⲞⲠ ⲘⲀϨⲞⲨⲞⲚϨ⸗̅
ⲉⲚⲉⲼⲀⲐⲎⲦⲎⲤ ⲀⲖⲖⲀ Ⲛ̅ϨⲢⲞⲦ ϣⲀⲔϨⲉ̅ ⲉⲢⲟⲼ ϨⲚ̅
ⲦⲉⲨⲘⲎⲦⲉ "or un (grand) nombre de fois il ne
s'est pas manifesté à ses disciples (banalement),
mais (c'est) comme une apparition (fantomatique)
(ou un enfant?) qu'on l'a trouvé au milieu d'eux").

[ϨⲀⲢⲉϨ] "garder" voir ⲀⲢⲉϨ.

ϨⲢⲀⲒ̈ ϨⲚ̅‑ *prép.* "dans" etc. [= **in, at**], lcplx. (composée
de ϨⲢⲀⲒ̈ *n.m.* "(la) partie supérieure" etc., et
ϨⲚ̅‑ prép. "par(mi), dans") 37,16?; 40,25; 58,15;
ϨⲢⲀⲉⲒ … ϨⲚ̅‑ 52,21.

ϨⲎⲦ *n.m.* "cœur, siège de la pensée, intellect" etc.
[= **heart, mind**] 34,22 (→ ⲞⲨⲀ "blasphème");
36, 25; 47,12 (→ ⲞⲨⲆⲉ); 56,24; *présuffixal sfsj.*
(ϨⲦⲎ⸗) suffixé, sg.3.m. ϨⲦⲎⲼ̅, combiné avec
ϨⲀ‑ prép. dans l'expression ϨⲀⲦⲎⲼ̅*ic* "auprès de
lui" 36,10.

ϨⲎⲎⲦⲉ "voici" voir (lcplx.) ⲉⲒⲤ ϨⲎⲎⲦⲉ "voici"
[= **look, behold**].

ϨⲞⲦⲉ *n.f.* "peur, crainte" [= **fear**] 58,16, ici seulement dans Ⲣ̅ ϨⲞⲦⲉ *(v'n)/[n.m.]* (lcplx.) "craindre,
avoir peur (de)" [= **fear**].

[ϨⲰⲦⲃ̅] *v/n.m.* "tuer, faire mourir, meurtre (?)" [= **kill,
murder**]; attesté (fragmentaire) par ϤⲰ[Ⲧⲃ̅] pour
ⲠϨⲰ[Ⲧⲃ̅] (m.) 38,21?; attestation complétée en
v. par ce qui, au premier abord, semble être un
p.c.(?) injustifié ϨⲀⲦⲃ‑ 40,10 après ⲢⲉⲼ‑ (ainsi

ρεϥϩλτβ-*sic*, pour ρεϥϩωτβ préf. d'agent "tueur", voir l'*Étude dialectale*.

ϩιτⲛ- *prép.* "par (le moyen de)" [= **through, by, from**], lcplx. (composé de ϩι- prép. "sur", τ(ωρε) "main", et ⲛ̄- prép.rel.gén.) 39,14?; 46,20; 47,23 (→ ϭⲏⲡⲉ); 50,14 ("appelée … corruption" … [ⲉ]ⲃⲟⲗ ϩιτⲛ ⲡιⲱⲧ "par le Père"); 57,14?

ϩⲟⲟⲩ *n.m.* "jour" [= **day**] 33,4. 5 (→ ⲡⲁⲥⲭⲁ); 36,7? (→ ⲭⲉ- atone de ⲭⲱ). 8?; 37,21?; 40,26 (→ ϩⲁⲉ); 45,21 (→ ⲧⲟⲡⲟⲥ et ⲟⲟϩ); 46,24; voir aussi ⲛⲟⲩϩⲟ̄[ⲟ]ⲩ adv. "un (certain) jour".

[ϩⲓⲟⲩⲉ] *v/{n.m.}* "battre, jeter" [= **strike, cast, lay**]; *atone* ϩⲓ- dans (v'n)/[n.m.] (lcplx.) ϩⲓ ωⲛⲉ "lapider" 44,26.

ϩⲟⲩⲟ *n.m.* "part prépondérante, supplément" [= **great(er part), much more (than)**] 46,16 (ⲟⲩ ⲡⲉ ⲡⲉϩⲟⲩⲟ ⲛ̄ⲧⲁⲉιⲭιⲧϥ ⲭⲉ ⲁⲕⲡⲟⲣⲭ̄ⲧ ⲉⲧ-ⲅⲉⲛⲉⲁ ⲉⲧⲙ̄ⲙⲁⲩ "quel est l'avantage que j'ai reçu, du fait que tu m'aies séparé de cette génération-là?"); 53,9; voir aussi ⲛ̄ϩⲟⲩⲟ adv. "davantage, plus, excessivement"; ⲣ̄ ϩⲟⲩⲟ (v'n)/[n.m.] "surpasser".

ϩⲟⲩⲉιⲧ *adj.* "premier" [= **first**] 54,21 (ϥⲛⲏⲩ ⲛ̄ϭι ⲡⲉⲩϩⲟⲩⲉιⲧ ⲛ̄ⲥιⲟⲩ "(alors) viendra leur première étoile").

ϩⲟⲟ[ⲩ]ⲧ *n.m.* "mâle, sauvage" [= **male**] 38,20? (→ ⲛ̄ⲕⲟⲧⲕⲉ "dormir, coucher (sexuellement) avec") [= **go to bed, sleep, have sex**]; 40,11? ⲣⲉϥⲛⲕⲟⲧⲕ (écrit ⲣⲉϥⲛⲕⲟⲕⲧⲉ) ⲙⲛ̄ ϩⲟⲟ[ⲩⲧ] "homosexuel (mâle)").

ϩιⲭⲛ̄- *prép.* "sur" [= **(up)on, over**], lcplx. (composé de ϩι- "sur", ⲭ(ⲱⲭ), ⲭⲱ= "tête", et ⲛ̄- prép. rel. gén.) 33,16 (→ ⲙⲩⲥⲧⲏⲣⲓⲟⲛ); 41,4 (ⲉ[ϩⲣ]ⲁⲓ ϩιⲭⲛ̄). 4.

ⲭⲉ *conj.* "que" etc. [= **that etc.**] (de ⲭⲱ "dire" [= **say, speak**]), dans ses cinq significations principales: **1.** ⲭⲉ de déclaration (suivant ⲭⲱ etc., ⲡⲉⲭⲁϥ etc.: 65% du tout); **2.** ⲭⲉ d'appel, de nomination, d'interprétation (suivant ⲙⲟⲩⲧⲉ, ⲣⲁⲛ etc.: 12%); **3.** ⲭⲉ de constatation, d'observation, d'évaluation (suivant ⲥⲟⲟⲩⲛⲉ, ⲟⲩⲛ ϭⲟⲙ, et sim.: 5%); **4.** ⲭⲉ de cause (à traduire par "car", "parce que" et sim.: 11%); **5.** ⲭⲉ de but (à traduire par "pour (que)", afin (de ou que)": 4%); inclassables: 1%;

1. déclaration [= **that**] 34,11. 14? 16? (→ ϩⲁⲙⲏⲛ). 24; 35,6 (ⲁⲩⲭⲟⲟⲥ ⲧⲏⲣⲟⲩ ⲭⲉ "ils ont tous dit: …"). 15?; 36,6. 13. 16 (→ ⲅⲉⲛⲉⲁ). 18. 23; 37,1. 20; 38,5. 12; 39,6. 8? 12. 18; 40,15. 19 (→ ϩⲓⲕⲟⲥ); 41,1; 42,4. 6; 43,13. 15. 24. 26; 44,9? 15. 20. 24; 45,10. 13. 14; 46,5. 8. 16? 19; 47,2? 16? 16?; 48,6. 10; 51,5. 26; 52,15 (→ ⲥⲁⲕⲗⲁⲥ); 53,6. 11. 17? 18; 54,13. 16. 17; 55,13. 15? 21. 24. 25; 58,1? 10. 21;

2. appel 48,26 (ⲛⲁⲓ ⲉⲧⲟⲩⲙⲟⲩⲧⲉ ⲉⲣⲟⲟⲩ ⲧⲏⲣⲟⲩ ⲭⲉ ⲛⲟⲩⲧⲉ "tous ceux qu'on appelle 'Dieux' "); 50,13? 13. 26; 51,12 (→ ⲛⲉⲃⲣⲱ). 14. 15 (→ ϩⲉⲣⲙⲏⲛⲉⲩⲉ). 17; 52,6. 21;

3. constatation 35,15. 22 (ⲉϥⲥⲟⲟⲩⲛⲉ ⲭⲉ "sachant que"). 26. 27?;

4. cause [= **for**] 36,1 (ⲭⲉ ⲟⲩⲛ̄ ⲕⲁⲓⲟⲩ[ⲁ] ⲅⲁⲣ [ⲛ]ⲁϣⲱⲡⲉ ⲉⲡⲉⲕⲙⲁ "car un autre viendra (occuper) ta place"); 37,8?; 43,8; 45,17 (→ ⲧⲟⲡⲟⲥ); 46,17; 53,11?; 55,17?; 58,17 (→ ⲡⲣⲟⲫⲏⲧⲏⲥ);

5. but [= **in order that, so that**] 46,11?; 49,16. 22.; 58,14 (ⲉ[ⲩ]ⲡⲁⲣⲁⲧⲏⲣⲉι ⲭⲉ ⲉⲩⲉⲙⲁϩⲧ[ⲉ] ⲙⲙⲟϥ "qui étaient aux aguets pour l'arrêter").

ⲭⲓ *v/{n.m.}* "prendre, recevoir" [= **receive, take, accept**] 34,10?; 39,19 (ⲛⲉⲧⲭⲓ ⲉϩⲟⲩⲛ̄ ⲛ̄ⲛ̄ϣⲙ̄ϣⲉ "ceux qui introduisent les services (liturgiques)"); 51,22; 53,12. 14; 58,25 (→ ⲡⲁⲣⲁⲇⲓⲇⲟⲩ); *atone* ⲭⲓ- 44,1 (suivi de [ⲕⲁⲣ]ⲡⲟⲥ) (→ ⲧⲭⲟ sous [ⲭⲟ]); quant à ⲭⲓ- dans ⲭⲓ ⲟⲩⲁ "blasphémer", voir ⲭⲓ ⲟⲩⲁ et ⲭⲱ "dire"; *présuffixal* (ⲭⲓⲧ≠) suffixé, sg.3.m. ⲭⲓⲧϥ 46,17 (→ ϩⲟⲩⲟ).

[ⲭⲟ] *v/{n.m.}* "semer, ensemencer" [= **sow, plant**] ⲧⲭⲟ 44,1 (43,26–44,1 ⲟⲩⲁⲧϭⲟⲙ ⲡⲉ ⲉⲧⲭⲟ ⲉϫⲛ̄ ⲟⲩ[ⲡ]ⲉⲧ[ⲣ]ⲁ ⲛ̄ⲥⲉⲭⲓ ⲛⲉⲩ[ⲕⲁⲣ]ⲡⲟⲥ "il est impossible de semer sur du rocher (et) d'en recevoir des [fr]uits").

ⲭⲱ *v/{n.m.}* "dire" [= **say, speak**], *atone* ⲭⲉ- (rarement ⲭⲓ-), *présuffixal* ⲭⲟⲟ≠; ainsi ⲭⲱ 34,15; 35,24 (ⲡⲱⲣϫ̄ ⲉⲃⲟⲗ ⲙ̄ⲙⲟⲟⲩ ⲧⲁⲭⲱ ⲉⲣⲟⲕ ⲛ̄ⲛ̄ⲙⲩⲥⲧⲏⲣⲓⲟⲛ ⲛ̄ⲧⲙ̄ⲛ̄ⲧⲉⲣⲟ "sépare-toi d'eux, et je te dirai les mystères du Royaume"); 37,1?; 38,4?; 39,7? (→ ϩⲁⲙⲏⲛ). 11; 40,15? (→ ϩⲓⲕⲟⲥ); 44,8; 45,25 (→ ⲙⲩⲥⲧⲏⲣⲓⲟⲛ); 54,16 (ⲁⲗⲏⲑⲱⲥ ϯⲭⲱ ⲙⲙⲟⲥ ⲛⲏⲧⲛ̄ "vraiment, je vous le dis"); 55,25; 57,26?; *atone* ⲭⲉ- 36,6 (ⲉⲕⲁⲭⲉ ⲛⲁⲓ̈ ⲉⲣⲟⲓ ⲛⲁϣ ⲛ̄ϩⲟⲟⲩ "quel jour me diras-tu ces (révélations)?"); **57,15**; aussi ϫⲓ- dans ϫⲓ ⲟⲩⲁ "blasphémer" **34,21?**; *présuffixal* (ϫⲟⲟ⸗) suffixé, sg.3.f. ϫⲟⲟⲥ **35,6?** (→ [ϫⲣⲟ]); **37,20**; **40,18** (ⲁϫϫⲟⲟⲥ ⲅⲁⲣ ⲛ̄ⲛⲅⲉⲛⲉⲁ ⲛ̄ⲛ̄ⲣⲱⲙⲉ ϫⲉ ... "car on a dit (ceci) aux générations des hommes: ..."); pl.3. ϫⲟⲟⲩ **36,10?**; **39,4?**; **44,14** (→ ⲃⲱⲕ); **54,23**.

ϫⲱⲃⲉ *v/{n.m.}* "s'épanouir(?)" [= **pass by, over**] **56,23** (→ ⲏⲗⲙ).

ϫⲱⲕ *v/{n.m.}* "achever, parfaire" [= **complete, finish, be full**] dans ϫⲱⲕ ⲉⲃⲟⲗ **36,4**; **40,17** (→ ϫ̄ⲓⲥⲟⲥ); **41,6** (→ ϣⲟⲣⲡ); **43,17** (→ ϩⲟⲧⲁⲛ); **54,17. 19**; *présuffixal* (ϫⲟⲕ⸗) suffixé, pl.3. ϫⲟⲕⲟⲩ ⲉⲃⲟⲗ **54,24**.

ϫⲱⲕⲙ̄ *v/n.m.* "(se) baigner, baptiser, baptême" [= **wash, baptize**] **55,22** (ϫ̄ⲓ ⲉⲩⲛⲁⲣ ⲟⲩ ⲛ̄ϭⲓ ⲛⲉⲛ̄ⲧⲁⲩϫⲱⲕⲙ̄ ϩⲙ̄ ⲡⲉⲕⲣⲁⲛ "voici, que feront (et seront)-ils, ceux qui (aur)ont été baptisés en ton nom?"). **25** (m.) (ⲡⲉⲉⲓϫⲱⲕⲙ̄ "ce baptême ...").

ϫⲛ- *prép.* "depuis" [= **from, since**] **43,11** (→ ⲉⲛⲉϩ).

ϫⲡⲟ *v/n.m.* "engendrer, acquérir, posséder, engendrement, possession" [= **beget, bring forth, acquire**] **37,2?** (m.). **7** (ⲙⲛ̄ ⲗⲁⲟⲩⲉ ⲛ̄ϫⲡⲟ ⲛ̄ⲣⲱⲙⲉ ⲛ̄ⲑⲛⲏⲧⲟⲥ "aucun (être) engendré d'hommes mortels"); **45,15** (→ ⲑⲛⲏⲧⲟⲛ); **51,20** (ⲛⲁⲓ ⲁⲩϫⲡⲟ ⲙ̄ⲙⲏⲧⲥⲛⲟⲟⲩⲥ ⲛⲁⲅⲅⲉⲗⲟⲥ ϩⲛ̄ ⲙ̄ⲡⲏⲟⲩⲉ "ceux-(ci) ont engendré douze anges dans les Cieux").

[ϫⲡⲓⲟ] *v/{n.m.}* "critiquer sévèrement, réprimander, faire honte" [= **blame, put to shame**]; ici *présuffixal* (ϫⲡⲓⲟ⸗) suffixé, pl.3. ϫⲡⲓⲟⲟⲩ **40,26** (ϩⲣⲁⲓ̈ ϩⲛ̄ ⲫⲁⲉ ⲛ̄ϩⲟⲟⲩ ⲥⲉⲛⲁϫⲡⲓⲟⲟⲩ "dans les derniers jours, ils seront (honteusement) réprimandés").

[ϫⲣⲟ] *v/{n.m.}* "être (le plus) fort, vaincre" [= **be(come) strong, firm, victorious**]; *qualitatif* ϫⲟⲟⲣ† "fort, vainqueur", dans **35,7** (ⲁⲩⲱ ⲁⲩϫⲟⲟⲥ ⲧⲏⲣⲟⲩ ϫⲉ ⲧⲛ̄ϫⲟⲟⲣ "et tous, ils ont dit: 'nous sommes forts!' "); ⲉⲧϫⲟⲟⲣ† *ad'j.* "(qui est) fort" **36,25** (→ [ⲟⲩⲟⲛ]).

ϫⲟⲉⲓⲥ *n.m.* "Seigneur" [= **lord**] **40,23** (→ abr. ϫ̄ⲥ̄); ϫⲟⲓ̈ⲥ **36,19**; abr. ϫ̄ⲥ̄ **40,24** (ⲡϫⲟⲉⲓⲥ ⲇⲉ ⲉⲧⲟⲩⲉϩ ⲥⲁϩⲛⲉ ⲡⲁⲓ̈ ⲉⲧⲟ ⲛ̄ϫ̄ⲥ̄ ⲉϫⲛ̄ ⲡⲧⲏⲣϥ̄ "c'est le Seigneur qui ordonne cela, (lui) qui est le Seigneur de (tout) l'Univers"); voir aussi ⲣ̄ ϫⲟⲉⲓⲥ "régner" [= **reign**] **54,10?**

ϫⲓⲥⲉ *v/{n.m.}* "élever (en hauteur)" [= **be(come) high, exalted**] *qualitatif* ϫⲟⲥⲉ†; ainsi ϫⲓⲥⲉ **56,21** (→ ⲏⲗⲙ); **57,10** (ϥⲛⲁϫⲓⲥⲉ ⲛ̄ϭⲓ ⲡⲧ[ⲩ]ⲡⲟⲥ ⲛⲧⲛⲟϭ ⲛⲅⲉⲛⲉⲁ ⲛ̄[ⲁ]ⲇⲁⲙ "il sera exalté (litt. élevé), le 'type' de la Grande Génération d'Adam"); *qualitatif* ϫⲟⲥⲉ† "élevé, très haut, suprême", en *ad'j.* ⲉⲧϫⲟⲥⲉ† "élevé, (très) haut, sublime" **35,21** (ⲉϥⲥⲟⲟⲩⲛⲉ ϫⲉ ϥⲙⲉⲟⲩⲉ ⲉⲡⲕⲉⲥⲉⲉⲡⲉ ⲉⲧϫⲟⲥⲉ "sachant qu'il pensait encore au reste des (réalités) d'en-haut"); **36,20** (→ ⲁⲱ).

ϫⲓ ⲟⲩⲁ *(v'n)/{n.m.}* "blasphémer" [= **blaspheme**], lcplx. (composé de ϫⲱ "dire", et ⲟⲩⲁ "blasphème") **34,21?** (19–21 ⲁ[ⲩ]ⲁⲣϫⲉⲓ ... ⲉϫⲓ ⲟⲩⲁ ⲉⲣⲟϥ ϩⲛ̄ ⲡⲉⲩϩⲏⲧ "ils ont commencé ... à blasphémer contre lui dans leur coeur").

ϫⲟⲩⲧ̄[ⲁ]ϥⲧⲉ *n.* nom du nombre "vingt-quatre" [= **twenty-four**], lcplx. (composé de ϫⲟⲩⲱⲧ "vingt" et ϥⲧⲟⲟⲩ "quatre") **49,8?**

ϫⲱϩⲙ̄ *v/{n.m.}* (contexte passablement incertain) "souiller" [= **defile, pollute**] **43,9** (ϫⲉ [ⲛ̄ϥⲛ]ⲁ-ϫⲱϩⲙ̄ ⲁⲛ ⲛ̄ⲧϭⲓⲛⲙ[ⲟⲟϣⲉ ⲛ̄]ⲧⲅⲉⲛⲉⲁ ⲉⲧⲙ̄ⲙⲁⲩ "parce qu'[il ne] souillera pas la dé[marche (?) de cette gé]nération-là"); *qualitatif* ϫⲟ[ϩ]ⲙ̄† **51,11?** (→ ⲛⲉⲃⲣⲱ); [ⲉⲧϫⲟϩ]ⲙ̄ **44,4?**

[ϫⲱϫ] *n.m.* "tête" [= **head, face**], *presuffixal* ϫⲱ⸗, voir les *prép.* ⲉϫⲛ̄- et [ϩⲓ]ϫⲛ̄-.

ϭⲉ *pcl.* "donc" (et sim.) [= **then, therefore, but**] **41,7?**; **43,24** (ⲉⲩⲛⲁⲣ ⲟⲩ ϭⲉ ⲛ̄ϭⲓ ⲡⲕⲉⲥⲉⲉⲡⲉ ⲛ̄ⲅⲉⲛⲉⲁ ⲛ̄ⲛ̄ⲣⲱⲙⲉ "que feront (et deviendront) donc le reste des générations des hommes?"); **51,18?**; **54,14**.

ϭⲟⲙ *n.f.* "puissance, force" [= **power, strength**]; ϭⲙ̄- (de [ϭⲓⲛⲉ] construit vol. avec cpl. ϭⲟⲙ, d'où (v'n)/n.m. (lcplx.) ϭⲙ̄ ϭⲟⲙ "être possible" [= **be possible**] **35,10. 12** (→ ϭⲱϣⲧ̄); **37,14** (contexte insuffisant); voir aussi, nié, en ⲁⲧϭⲟⲙ "impossible" [= **impossible**] dans **43,26** (→ [ϫⲟ]).

ϭⲙ̄ ϭⲟⲙ *(v'n)/n.m.* "être possible" [= **be possible**], lcplx. (→ ϭⲟⲙ) **35,10. 12** (→ ϭⲱϣⲧ̄).

ϭⲓⲛ- *préf.abstr.* dans **43,9?** ϭⲓⲛⲙ[ⲟⲟϣⲉ] "démarche" [= **proceeding, walk of life**] (? ... contexte incertain → ϫⲱϩⲙ).

[ϭⲓⲛⲉ] *v/{v.m.}* "trouver" [= **find**], *atone* ϭⲛ̄- "trouver

le moyen de, être capable de" 37,19; ou *atone*
ϭⲙ- dans ϭⲙ ϭⲟⲙ .

ϭⲱⲛⲧ̄ {ν/}/*n.m.* "(être en) colère" [= **be angry,
wrathful**] 34,25; 56,22 (→ ⲛⲗⲏ).

ϭⲏⲡⲉ *n.f.* "nuée, nuage" [= **cloud**] 47,24 (→
ⲁⲩⲧⲟ-ⲅⲉⲛⲏⲥ); 48,22 (ϩⲛ ⲧϣⲟⲣⲡ̄ ⲛ̄ϭⲏⲡⲉ ⲛ̄ⲧⲉ
ⲡⲟⲩⲟⲓⲛ "dans la première nuée lumineuse");
50,24 (22–25 ⲡⲁⲓⲱⲛ … ⲡⲁⲓ̈ ⲉⲧⲉⲣⲉⲧϭⲏⲡⲉ
ⲛ̄ⲧⲅⲛ[ⲱ]ⲥⲓⲥ ⲛ̄ϩⲏⲧ̄ϥ̄ "l'éon … en qui se trouve
la nuée de la Gnose"); 51,9 (→ ⲛⲉⲃⲣⲱ). 17
(ⲁⲕⲁⲓⲁⲅⲅⲉⲗ[ⲟ]ⲥ ⲉⲓ ⲉⲃⲟⲗ [ϩ]ⲛ̄ ⲧϭⲏⲡⲉ ϫⲉ
ⲥⲁⲕⲗⲁⲥ "un autre ange est sorti de la nuée,
(nommé) Saklas"); 52,20 (19–21 ⲧⲉϥⲥϩ̄ⲓⲙⲉ
ⲉⲩϩⲁ ⲉϣⲁⲩⲙⲟⲩⲧⲉ ⲇⲉ ⲉⲣⲟⲥ ϩⲛ̄ ⲧϭⲏⲡⲉ ϫⲉ ⲍ̄
ⲱ̄ⲏ "sa femme Ève, (celle) qu'on appelle 'dans la
nuée' 'Zôê' "); 57,22 (ⲁϥⲛⲁⲩ ⲉⲧϭⲏⲡⲉ ⲛ̄ⲟⲩⲟⲓⲛ
"il a vu la nuée lumineuse") (→ ⲓ̈ⲟⲩⲇⲁⲥ). 26;
idiol. ϭⲏⲡⲓ 57,16 (ϥⲓ ⲉⲓⲁⲧⲕ ⲉϩⲣⲁⲉⲓ ⲛⲣ̄[ⲛ]ⲁⲩ
ⲉⲧϭⲏⲡⲓ ⲁⲩⲱ ⲡⲟⲩⲟⲓⲛ ⲉⲧⲛ̄ϩⲏⲧⲥ̄ "lève les yeux
et vois la (fameuse) nuée et la lumière (qui est)
en elle!").

ϭⲱϣⲧ̄ *v/{n.m.}* "regarder" [= **look, see**] 35,12?
(ⲙ̄ⲡⲉϥϭⲛ ϭⲟⲙ ⲇⲉ ⲉϭⲱϣⲧ̄ [ⲉ]ϩⲟⲩⲛ ⲉϩⲣⲁϥ
ⲛ̄ⲛⲉϥⲃⲁⲗ "cependant il ne lui a pas été possible
de fixer (?) (directement) son visage avec ses
yeux").

ϭⲓⲝ *n.f.* "main" [= **hand**] 44,5 (ⲧϭⲓⲝ ⲛ̄ⲧⲁⲧⲁⲙⲓⲉ
ⲡⲣⲱⲙⲉ [ⲛ̄]ⲑⲛⲏⲧⲟⲥ "la main qui a créé (les)
hommes mortels").

ⲤⲞⲚⲨⲨⲄⲀⲒⲤⲞⲚ CONJUGAISON

Schéma bipartite

Présent I
prénom. néant.
sg.1. ϯ- 35,15; 39,7. 11?; 44,8; 54,16; 55,24
sg.2.m. ⲕ- 34,4; 44,20; 53,11.
sg.2.f. ⲧⲉ(ⲣ)- néant.
sg.3.m. ϥ- 35,22; 47,5; 54,21
sg.3.f. ⲥ̄- 57,13.
pl.1. ⲧⲛ̄- 35,7.
pl.2. ⲧⲉⲧⲛ̄- 36,24.
pl.3. ⲥⲉ- 44,26; 52,24.

nég. sg.3.m. ⲛ̄ϥ- … ⲁⲛ 45,14?.

Présent I circonstanciel
prénom. ⲉⲣⲉ- 44,25; 47,8; 51,10?.
sg.2.m. ⲉⲕ- 46,11. 12. 21. 23.
sg.2.f. ⲉⲣ(ⲉ)- néant.
sg.3.m. ⲉϥ- 35,21; 51,11?; 57,9?.
sg.3.f. ⲉⲥ- 36,17; 57,25. 26?.
pl.1. ⲉⲛ- 38,4.
pl.2. ⲉⲧⲉⲧⲛ̄- 37,16.
pl.3. ⲉⲩ- 33,10? 12. 24? 25; 34,1. 1. 1?; 38,14? 16.
    18. 19. 20. 21; 39,1? 5; 41,4?; 58,14?.
nég. sg.3.f. ⲉⲛⲥ- … ⲁⲛ 36,21.

Présent I relatif
prénom. ⲉⲧⲉⲣⲉ- 44,11?; 50,23.
pl.2. ⲉⲧⲉⲧⲛ̄- 39,22. 28.
pl.3. ⲉⲧⲟⲩ- 39,25; 48,25; ⲡⲉⲧⲟⲩ- 45,18.
nég. sg.1. ⲉⲧⲉ ⲛϯ- … ⲁⲛ 35,20.

Futur I
prénom. ⲛⲁ- néant; ⲟⲩⲛ̄- … ⲛⲁ- 36,1?; 40,8?.
sg.2.m. ⲕⲛⲁ- 46,19. 21. 23; 56,18. 20;
sg.3.m. ϥⲛⲁ- 40,2? 10?; 55,10?; 57,10.
pl.3. ⲥⲉⲛⲁ- 40,5. 26; 43,15. 21. 21; 46,24?; 54,24;
    55,19.
nég. prénom. ⲙⲛ̄- … ⲛⲁ- 34,16?; 37,4–5? 6–7.
sg.3.m. [ⲛ̄ϥ̄]ⲁ- … ⲁⲛ 43,8?–9.
pl.3. ⲛⲥⲉⲛⲁ- … ⲁ[ⲛ] 37,2–3?

Futur I rel.
sg.3.m. ⲉⲧϥ̄ⲛⲁ- 40,4; 53,9.
nég. prénom. ⲉⲧⲉ- … ⲛ̄- … ⲛⲁ- … ⲁⲛ 45,20–21;
    [… ⲉ]ⲧⲛⲁ- 47,3–4? (ⲉ)ⲧⲛⲁⲛⲁⲩ ⲉⲣ[ⲟ]ⲟⲩ
    ⲛϭⲓ ⲗⲁⲟ[ⲩⲉ] ⲛ̄ⲣⲱⲙⲉ "que (ne?) verra au[cun]
    homme").

Présent II
prénom. ⲉⲣⲉ- 45,8?; 52,22; 53,26.
sg.2.m. ⲉⲕ- 36,14?; 58,21.
pl.2 ⲉ[ⲧⲉⲧ]ⲛ- 34,14?.
pl.3. ⲉⲩ- 54,17?.
nég. sg.1. ⲉⲉⲓ- … ⲁⲛ 34,7; 55,15?
pl.2. ⲉⲧⲛ̄- *sic* … ⲁⲛ 34,8.

Impératif = infinitif nu

35,23 ⲡⲱⲣⲝ̄ ⲉⲃⲟⲗ ⲙ̄ⲙⲟⲟⲩ "sépare-toi d'eux!"

42,6 ⲁⲗⲱⲧⲛ ⲧⲉⲧⲛ̄ϣⲱⲝ[ⲉ] ⲛⲙ̄ⲙⲁⲓ̈ "cessez de lutter contre moi!"

44,17 ⲥⲱⲧⲙ̄ ϩⲱⲧ ⲟⲛ ⲉⲣⲟⲓ̈ "écoute-moi, (moi) aussi!"

44,22 ⲁⲗⲗⲁ ϣⲁϫⲉ ϩ̄ⲱⲱⲕ "mais parle (donc) toi-même!"

45,11 ϣⲟⲡⲧ̄ ϩⲱ ⲉϩⲟ[ⲩⲛ] "accueille-moi dans (cet abri)!"

46,8; 47,2? ⲁⲙⲟⲩ "viens!"

57,16 ϥⲓ ⲉⲓⲁⲧⲕ ⲉϩⲣⲁⲉⲓ "lève tes yeux!"

Impératif causatif

prénom. ⲙⲁⲣⲉ- 51,26.

sg.3.m. ⲙⲁⲣⲉϥ- 47,16; 48,1? 10?.

pl.1. ⲙⲁⲣⲛ- 52,16?.

pl.3 ⲙⲁⲣⲟⲩ- 41,7; 48,6; 51,5.

Conjonctif

prénom. ⲛ̄ⲧⲉ- 43,19; 44,6.

sg.1 ⲛ̄ⲧⲁ- 46,8; 47,2?; ⲧⲁ- 35,24; 44,22.

sg.3.m. ⲛ̄ϥ- 35,4?; 36,7.

pl.3 ⲛ̄ⲥⲉ- 43,22; 44,1; 52,1; 54,23. 26.

Temporel

sg.3.m. ⲛ̄ⲧⲉⲣⲉϥ- 33,26?; 34,22; 36,9. 11. 22; 44,13? 19; 46,14; idiol. ⲛ̄ⲧⲁⲣⲉϥ- 33,6.

pl.3. ⲛ̄ⲧⲉⲣⲟⲩ- 34,18?; 37,17; 39,4.

Conditionnel précédé de ϩⲟⲧⲁⲛ

sg.3.m. ⲉϥϣⲁⲛ- 54,19.

pl.3 ⲉⲩϣⲁⲛ- 43,17.

Infinitif causatif précédé de divers autres préfixes verbaux

sg.3.m. ⲉⲧⲣ[ⲉϥ]- 48,5? (ⲉⲧⲣ[ⲉϥ]ⲣ̄ ⲉⲣⲟ "pour qu'il règne").

pl.2. ⲛ̄ⲧⲁ]ⲧⲛ̄ⲧⲣⲉϥ- 54,6? ([ⲛ̄ⲧⲁ]ⲧⲛ̄ⲧⲣⲉϥⲟⲩⲱϩ̄ ϩⲛ ⲧⲉⲉⲓ[ⲥⲁⲣ]ⲝ "vous l'avez fait séjourner en cette (chair)".

sg.3.m./pl.3. ⲁϥⲧ[ⲣ]ⲉⲩ 54,8? (ⲁϥⲧ[ⲣ]ⲉⲩ[ϯ ⲧ]ⲉⲅⲛⲱⲥⲓⲥ ⲛⲁⲇⲁⲙ "il les a fait [donner la] Gnose à Adam"); ⲁϥⲧⲟⲩ- 48,17 (ⲁϥⲧⲟⲩⲣ̄ ⲉⲣⲟ ⲉϩⲣⲁⲓ̈ ⲉϫⲱⲟⲩ "il les a fait régner sur eux").

ou ce que nous ferons pour que nous vivions!").

ΘΑΜΒΩΡ *n.pr.m.* Θαβώρ "(Mont) Thabor" **59**,15? (13–
15 ΑΥΕΙ ΕΒΟΛ ΑΥΒΩΚ Ε2ΡΑΪ ΕΧΝ ΟΥΤΟΟΥ
ΕΥ[Α]ΥΜΟΥΤΕ ΕΡΟΥ ΧΕ ΘΑΜΒΩΡ "ils sont
sortis, ils sont montés sur une montagne qu'on
nomme Thabor").

ΚΟΣ[Η]ΟΣ *n.m.* κόσμος "Monde Cosmos" [= **world,
cosmos**] **60**,10? 25?; **61**,5?

ΗΥΣΤΗΡΙΟΝ *n.m.* μυστήριον "Mystère, secret"
[= **mystery**] **59**,22 (→ Η).

[ΠΝΕΥΗΑ] *n.m.* πνεῦμα "esprit, (Saint-) Esprit" [=
spirit] ΠΝΑ **59**,20 (→ Η); **63**,7? (sans contexte).

[ΣΩ]ΜΑ *n.m.* σῶμα "corps" [= **body**] **63**,5? (sans
contexte).

ΣΑΤΑΝΑΣ *n.pr.m.* Σατανᾶς "Satan" **60**,1? 15?; **61**,7?
(ΣΑ2ΩΚ ΕΒΟΛ ΗΗ[ΟΪ ΠΣ]ΑΤΑΝΑΣ ΑΝΑΧΩΡΙ
ΝΑΚ "écarte-toi de moi, Satan! ... retire-toi!", cf.
60,15). 10?

ΤΟΤΕ *adv.* τότε "alors" [= **then**] **60**,23; **61**,9. 16.

ΟΥΤΕ *conj.* οὔτε "ni" [= **... not**] **59**,19 (→ ΑΡΧΗ).

ῶ *interj.* ῶ "ô!" [= **O (you)**] **59**,17 (ῶ ΠΧΣ ΠΝΤ "ô
Seigneur Dieu!"); **61**,18 (ῶ ΠΝΤ "ô Dieu!");
62,19 (ῶ ΑΛΛΟΓΕΝΗΣ "ô Allogène!").

2ΟΣΟΝ ΔΕ *conj.* ὅσον δέ "tandis que" [= **while**] **62**,9?

ÉGYCOPTE

ΑΑ⸗ forme *présuffixale* suffixée (sg.3. ΑΑΥ, pl.3. ΑΑΥ),
voir ΕΙΡΕ "faire, être" [= **act, do, be**].

[Α]ΕΙΟ *interj.* "certes, vraiment" [**truly**] **62**,6?

ΑΗΝΤΕ, voir *supra*, l'index des noms propres et du
vocabulaire grécopte.

ΑΗΑ2ΤΕ *v/{n.m.}* "saisir, tenir en son pouvoir,
maîtriser, arrêter (par une arrestation)" [=
arrest, grasp, detain] **60**,24 (ΠΕΤΑΗΑ2ΤΕ
ΗΠΚΟ[ΣΗΟ]Σ "le Maître du monde"); **63**,13?
25? (sans contexte).

ΑΝ *pcl. nég.* (normalement précédé de Ν-) "(ne)
... pas" [= **not, no**] **60**,17. 23 (22–23 ΑΝΚ
ΟΥΕΒΟΛ ΑΝ 2Η ΠΕΚΓΕΝΟΣ "moi, je ne suis pas
(issu) de ta race"); **61**,9; **62**,7.

ΑΝΟΚ *pron.pers.* sg.1. "je, moi" [= **I**] **60**,16. 19 (→
ΑΛΛΟΓΕΝΗΣ); *atone* ΑΝΚ **60**,21. 22 (→ ΑΝ *pcl.*
nég.); **61**,8?

ΑΝΟΝ *pron.pers.* pl.1. "nous" [= **we**] **60**,25.

ΑΤ- *préf.privatif* "sans, privé de" [= **without, -less**],
voir ΝΑΤΩΑΧΕ "sans parole, indicible, ineffable,
(rendant) muet, et stupéfiant".

ΑΥΩ *conj.* "et" [= **and**] **59**,12. 15?; **61**,12. 23; **62**,15.
17. 21; **63**,18? 21; **64**,23.

ΒΩΚ *v/{n.m.}* "aller" [= **go, depart**] **59**,11? (→ Η).
13? (→ ΘΑΜΒΩΡ). 24 (→ Η) ; **63**,15. 19?

ΒΟΛ *{n.m.}* "partie externe" [= **outside**], dérivé de
ΒΩΛ "délier, défaire"; le plus fréquemment,
ΒΟΛ apparaît en tant que composante de ΕΒΟΛ
"dehors, vers l'extérieur (extrême), jusqu'au
bout, complètement"; voir aussi les lcplx.
auxquels ΒΟΛ participe: ΕΒΟΛ Ν- et ΕΒΟΛ 2Ν-
"hors de, provenant de"; etc.

ΒΩΛ *v/{n.m.}* "délier, défaire" [= **loosen, dissolve,
release**] **63**,6? (ΒΩΛ Ε[ΒΟΛ], sans contexte); voir
aussi ΒΟΛ "partie externe".

Ε- *prép.sns.* (*présuffixal* ΕΡΟ⸗: sg.1. ΕΡΟ(Ε)Ι, sg.2.m.
ΕΡΟΚ, sg.3.m. ΕΡΟΥ, sg.3.f. ΕΡΟΣ, pl.1. ΕΡΟΝ,
pl.3. ΕΡΟΟΥ, cf. infra), prép. d'évaluation senso-
rielle, souvent à traduire par "vers, pour, par
rapport à, plus que" etc. [= **to, for, with regard
to, in order to, about, by means of etc.**]. Sigles
désignant les verbes dont le complément est, ici,
introduit par Ε-: b = ΒΩΚ, both = ΒΟΗΘΙ, cr =
ΧΡΟ, mt = ΜΟΥΤΕ, p = "pour", s = ΣΩΤΗ, v =
"vers", wn = (Ρ) ΟΥΟΕΙΝ, x = introduction de
l'action 'seconde', subordonnée. Les cas d'usage
de Ε- (ou ΕΡΟ⸗) peuvent être répartis en cinq
catégories principales:
1. acc. de verbes tels que "nommer, appeler,
(faire) (sa)voir, entendre, connaître, croire,
(faire) comprendre" etc.: **59**,15?(mt) (ΕΡΟΥ);
60,20(mt) (ΕΡΟΕΙ); **61**,14(cr) (ΕΡΟΥ). 20(s)
(ΣΩΤΗ ΕΤΑΣΗΗ "écoute ma voix!"). 23(s)
(ΕΡΟΕΙ). 25(wn) (ΕΡΟΪ); **62**,7?(both) (ΕΡΟΪ).
16(s) (ΕΡΟΥ). 20(s).
2. "par rapport à, à propos de, autour de, plus
que" **60**,18 (ΠΑΕΙΩΤ ΠΑΕΙ ΕΤΣΟΤΠ ΕΝΙΝΟΣ
ΝΑΙΩΝ ΤΗΡΟΥ "mon Père, lequel est excellent,
plus que tous les (fameux) grands éons"); **62**,12?
(*idiol.* ΚΩΤ ΕΡΟ[ΕΙ]). 14 (ΚΩΤΕ ΕΡΟΣ).
3. "vers" **59**,24 (ΕΝΑΒΩΚ ΕΤΩΝ "vers où nous
irons"); **61**,15 (ΑΥΑ[ΝΑ]ΧΩΡΙ ΝΑΥ ΕΠΕΥΗΑ

"il s'est replié vers son lieu (propre)"); **62**,22
(21–23 ⲁⲩⲧⲛⲛⲟⲟⲩⲧ ⲛⲉⲕ*sic* ⲉⲡⲉⲉⲓⲙⲁ ⲉⲭⲱ
ⲛⲉⲕ*sic* ⲙⲡⲱⲙⲛⲟⲩⳓⲉ "ils m'ont envoyé à toi en
ce lieu pour te dire l'Évangile"); **64**,1? (ⲉⲧⲱⲛ,
sans contexte).

4. "pour" **59**,21 (ⲉⲡⲟⲩⲱⲛⳍ ⲉⲃⲟⲗ
ⲛ̄ⲛⲉⲕⲙⲩⲥⲧⲏ-ⲣⲓⲟⲛ "pour la révélation de tes
Mystères"). 22; **62**,22.

5. "action seconde" subordonnée: **61**,13
(ⲙⲡⲉϥⳓⲛ̄ ⳓⲟⲙ ⲉⲣ̄ ϩⲁⲗ ⲙ̄ⲙⲟⲟ[ⲩ] (?) "il n'a pas
pu les (?) tromper"); **62**,12 (ⳓⲛ ⳓⲟⲙ).

Voir aussi ⲉⲃⲟⲗ, ⲉⲃⲟⲗ ⲛ̄-, ⲉⲃⲟⲗ ⲧⲱⲛ, ⲉⲃⲟⲗ
ϩⲛ̄-, ⲉⲃⲟ[ⲗ] ϩⲣⲁⲓ̈ ϩ[ⲛ̄]-, ⲉⲧⲱⲛ, [ⲉ]ϩⲟⲩⲛ,
[ⲉ]ϩⲟⲩⲛ ϩⲛ̄-, ⲉ̄ϩⲣⲁ(ⲉ)ⲓ, ⲉϩⲣⲁⲓ̈ ⲉⲭⲛ̄-, ⲉⲭⲛ̄- .

ⲉⲃⲟⲗ *adv.* "vers l'extérieur, dehors, jusqu'au bout,
complètement" [= **out, forth, outward**], lcplx.
(composé de ⲉ- prép.sns. et de ⲃⲟⲗ "partie
externe"), suivant les verbes: b = ⲃⲱⲕ, f = ϥⲱⲧⲉ,
i = ⲉⲓ, u = ⲟⲩⲱⲛⳍ, sh = [ⲥⲟⲟϩⲉ]: **59**,10?(i).
13(i). 21(u); **63**,15?(b); **64**,6 (sans contexte); voir
aussi ⲉⲃⲟⲗ ⲛ̄-, ⲉⲃⲟⲗ ⲧⲱⲛ, ⲉⲃⲟⲗ ϩⲛ̄-, ⲉⲃⲟ[ⲗ]
ϩⲣⲁⲓ̈ ϩ[ⲛ̄]- .

ⲉⲃⲟⲗ ⲛ̄- *prép.* "hors de" [= **from**], lcplx. (composé
de ⲉⲃⲟⲗ "dehors", et ⲛ̄- prép.rel.gen., ou
ⲙ̄- par assimilation devant ⲡ- le plus souvent)
59,21 (ⲡⲟⲩⲱⲛⳍ ⲉⲃⲟⲗ ⲛ̄ⲛⲉⲕⲙⲩⲥⲧⲏⲣⲓⲟⲛ
"la (complète) révélation de tes mystères");
présuffixal (ⲉⲃⲟⲗ ⲛ̄ⲙⲟ=) suffixé, sg.1. ⲉⲃⲟⲗ
ⲙ̄ⲙⲟⲓ̈ **60**,15 (ⲥⲁϩ[ϩ]ⲱⲕ ⲉⲃⲟⲗ ⲙ̄ⲙⲟⲓ̈ "écarte-toi de
moi!"); **61**,7 (idem); sg.3.m. ⲁϥⲥⲁ[ϩⲱ]ϥ ⲉⲃ]ⲟⲗ
ⲙ̄ⲙⲟϥ "il s'est éca[rté] de lui" **61**,9?

ⲉⲃⲟⲗ ⲧⲱⲛ *ad?v.* "d'où?, d'où" [= **from, where
from?**], lcplx. (composé de ⲉⲃⲟⲗ "dehors" et de
ⲧⲱⲛ "où?, où") **59**,23(ⲉⲓ).

ⲉⲃⲟⲗ ϩⲛ̄- *prép.* "hors de, (provenant) de" [= **from**] ou
ⲉⲃⲟⲗ ... ϩⲛ̄ (par assimilation devant ⲡ- le plus
souvent), lcplx. (composé de ⲉⲃⲟⲗ "dehors" et
de ϩⲛ̄- "dans") **60**,21–22 (21–23 ⲁⲛⲕ ⲟⲩⲉⲃⲟⲗ
ϩⲛ̄ ⲕⲁⲓⲅⲉⲛⲟⲥ ⲁⲛⲕ ⲟⲩⲉⲃⲟⲗ ⲁⲛ ϩⲛ̄ ⲡⲉⲕⲅⲉⲛⲟⲥ
"moi, je suis (issu) d'une autre race, (et) je ne suis
pas, moi, de ta race"); **61**,21 (ⲛⲁϩⲙⲉⲧ ⲉⲃⲟⲗ ϩⲛ̄
ⲡⲉⲑⲟⲟⲩ ⲛⲓⲙ "sauve-moi de tout mal(heur)!");
62,16 (ⲟⲩⲥⲉⲭⲉ*sic* ⲁⲉⲓⲥⲱⲧⲙ̄ ⲉⲣⲟϥ ⲉⲃⲟⲗ ϩⲛ̄
ⲧⳓⲏⲡⲓ*sic* "j'ai entendu une parole (sortant) de la
nuée"). 24? (ⲉⲓ ⲉⲃⲟⲗ ϩ[ⲙ̄ "sortir").

ⲉⲃⲟ[ⲗ] ϩⲣⲁⲓ̈ ϩ[ⲛ̄]- *prép.* "(hors) de, en choisissant
parmi" [= **from**], lcplx. (composé de ⲉⲃⲟⲗ
"dehors", et ϩⲣⲁⲓ̈ "partie supérieure" ou "partie
inférieure", et ϩⲛ̄- "dans") **60**,10? (ⲛ̄ⲕⲟⲩⲱⲛ
ⲉⲃⲟ[ⲗ] ϩⲣⲁⲓ̈ ϩ[ⲛ̄] ⲛⲁⲁⲅⲁⲑⲟⲛ "(et) tu mangeras
de mes bonnes (nourritures)").

ⲉⲛⲉϩ̄ *n.m.* "éternité" [= **eternity, forever**] **62**,9? 9
(ⲛϣⲁ ⲉⲛⲉ[ϩ ⲛ̄]ⲉⲛⲉϩ̄ "éternellement", litt.
"jusqu'à l'éternité de l'éternité").

ⲉⲧⲉ, ⲉⲧ- *préf.rel. intemporel* "qui, que" [= **who,
which, that**] (voir aussi, dans la conjugaison,
les préfixes verbaux relatifs) ⲉⲧⲉ **59**,19
(ⲡⲁⲓ̈ ⲉⲧⲉ ⲙⲛ̄ⲧϥ̄ ⲁⲣⲭⲏ "celui qui n'a pas de
commencement"); ⲉⲧ- **60**,18 (ⲡⲁⲉⲓ ⲉⲧ-);
62,14; **63**,20?; et combiné avec l'art.déf. sg.m.
ⲡⲉⲧ- "celui qui" **59**,24; **60**,24 (ⲡⲉⲧⲁⲙⲁϩⲧⲉ
ⲙ̄ⲡⲕⲟ[ⲥⲙⲟ]ⲥ̄ "celui qui tient en (son) pouvoir
le m[ond]e"); **61**,18. 21 (ⲡⲉⲑⲟⲟⲩ); pl. ⲛⲉⲧ-
"ceux qui, celles qui" **60**,9; voir aussi ⲉⲧⲙ̄ⲙⲁⲩ
"(qui est) là, -là"; ⲉⲧⲥⲁ ⲧⲡⲉ ⲛ̄- "qui (est)
au-dessus de".

ⲉⲧⲙ̄ⲙⲁⲩ *adj et n.m.f.* "(qui est) là, -là" [= **the place
there**], lcplx. (composé de ⲉⲧ- "qui" et ⲙ̄- de
ⲛ̄- prép.rel.instrumentale, et ⲙⲁⲩ "le lieu qui est
là") **61**,1?; **63**,14. 22.

ⲉⲧⲱⲛ *adv.* "vers où" [= **where, whither**] **59**,24
(→ ⲏ); **64**,1 (? sans contexte), voir aussi ⲧⲱⲛ.

ⲉⲧⲥⲁ ⲧⲡⲉ ⲛ̄- *prép.* "qui (est) au-dessus de" [=
above], lcplx. (composé de ⲉⲧ- "qui", ⲥⲁ "côté",
ⲧⲡⲉ "le ciel" et ⲛ̄- prep.rel.gén.) **59**,17 (ⲱ ⲡⲭ̄ⲥ̄
ⲡⲛⲧϥ̄*sic* ⲡ[ⲁ]ⲓ̈ ⲉⲧⲥⲁ ⲧⲡⲉ ⲛ̄ⲛⲓⲛⲟⳓ ⲛⲁⲓⲱⲛ ⲧⲏⲣⲟⲩ
"ô Seigneur Dieu! ... (Toi) qui (es) au-dessus de
tous ces grands éons!"); **63**,20? (idem).

[ⲉ]ϩⲟⲩⲛ *adv.* "dedans" voir [ⲉ]ϩⲟⲩⲛ ϩⲛ̄- *prép.* "dans".

[ⲉ]ϩⲟⲩⲛ ϩⲛ̄- *prép.* "dans" [= **to the inside, into**],
lcplx. (composé de [ⲉ]ϩⲟⲩⲛ, soit de ⲉ- prép.
sns. avec ϩ̄ⲟⲩⲛ n.m. "l'intérieur", et ϩⲛ̄- de ϩⲛ̄-
"dans") **62**,13? (ⲙ̄ⲡⲓϣ ⳓⲙ ⳓⲟⲙ ⲉⲉⲓⲱⲣⲙ̄ [ⲉ]ϩⲟⲩⲛ
ϩⲛ̄ ⲡⲟⲩⲟⲓ̈ⲛ ⲉⲧⲕⲱⲧⲉ ⲉⲣⲟⲥ "je n'ai pas pu voir
à l'intérieur de la lumière l'enveloppant").

ⲉϩ̄ⲣⲁ(ⲉ)ⲓ *adv.* indéterminé "vers le haut, en montant"
[= **to the upper, upward, up**] ou "vers le bas, en
descendant", lcplx. (composé de ⲉ- prép. sns.
avec ϩⲣⲁ(ⲉ)ⲓ n.m., "partie supérieure" ou "partie
inférieure") dans **61**,17 (ⲁϥϣ ⲉϩ̄ⲣⲁⲓ̈ "il s'est

écrié" ou "son (cri) s'est élevé"); et **63**,19 ([ʙ]ⲱⲕ
ⲉⲡ̄ⲣⲁⲉⲓ "monter" (?), presque sans contexte).

ⲉϩⲣⲁⲓ ⲉⲝⲛ̄- *prép.* "en montant ou en descendant,
d'un mouvement ascendant ou descendant, sur"
[= **below, downward, down**], lcplx. (composé
de ⲉ- prép.sns. et ϩ̄ⲣⲁⲓ "partie supérieure"
ou "inférieure", puis ⲉ- prép.sns. et ⲝ(ⲱⲝ)
"tête", et ⲛ̄- prép.rel.gén.) **59**,13 (→ ⲑⲁⲙⲃⲱⲣ);
présuffixal (ⲉϩⲣⲁⲓ ⲉⲝⲱ⸗) suffixé, sg.1. dans
61,22 (ϭⲱϣⲧ̄ ⲉϩⲣⲁⲓ ⲉⲝⲱⲉⲓ "jette un regard sur
moi!"); **62**,18 (ⲡⲟⲩⲟⲓ̈ⲛ … ⲁϥⲣ̄ ⲟⲩⲟⲓ̈ⲛ ⲉϩⲣⲁⲓ
ⲉⲝⲱⲓ̈ "la lumière … elle m'a illuminé", litt.
"elle a fait lumière sur moi").

ⲉⲝⲛ̄- *prép.* "sur" [= **upon**], lcplx. (composé de
ⲉ- prép.sns. avec ⲝ(ⲱⲝ) "tête", et ⲛ̄- prép.rel.
gén.), voir ⲉϩⲣⲁⲓ ⲉⲝⲛ̄- "en montant" ou "en
descendant".

ⲉⲓ *v/{n.m.}* "aller, venir" [= **come**], dans ⲉⲓ ⲉⲃⲟⲗ
"sortir" **59**,10. 13 (→ ⲑⲁⲙⲃⲱⲣ). 23 (→ ⲏ "ou"
et → ⲥⲟⲟⲩⲛⲉ); **62**,24.

{ⲉⲓⲣⲉ} *v/{n.m.}* "faire, être, être fait, devenir" [=
act, do, perform, be]; *atone* ⲡ̄-, dans ce texte,
ⲡ̄- n'introduit jamais un v. grécopte, mais forme
divers (v'n)/n.m., ainsi **61**,13 (ⲡ̄ ϩⲁⲗ "tromper").
25 (ⲡ̄ ⲟⲩⲟⲓ̈ⲛ "illuminer"); **62**,18 (idem);
présuffixal (ⲁⲁ⸗) suffixé dans sg.3.m. ⲁⲁϥ **59**,12
(ⲟⲩ ⲡⲉⲧⲛⲁⲁϥ *sic* "que ferons-nous?"). 25 (idem).

ⲉⲓⲱⲣⲙ̄ *v/{n.m.}* "regarder" [= **look at**] **62**,13? (→
[ⲉ]ϩⲟⲩⲛ ϩⲙ̄-).

ⲉⲓⲥ ϩ̄ⲏⲧⲉ ⲉⲓⲥ *interj.* complexe "voici … !" [=
look, behold] (annonce un événement subit et
surprenant) **62**,10 (→ ⲉ̄ⲏⲡⲉ).

ⲉⲓⲱⲧ *n.m.* "père" [= **father**] **60**,18 (ⲡⲁⲉⲓⲱⲧ ⲡⲁⲉⲓ
ⲉⲧⲥⲟⲧⲡ̄ ⲉⲛⲓⲛⲟϭ ⲛ̄ⲁⲓⲱⲛ ⲧⲏⲣⲟⲩ "mon Père, qui
est excellent, plus que tous ces grands éons");
64,20? (sans contexte).

ⲕⲁⲓ- *n.m.f.* "autre" [= **other**] **60**,22 (→
ⲁⲗⲗⲟⲅⲉⲛⲏⲥ).

[ⲕⲱ] *v/{n.m.}* "mettre" etc. [= **place, set down**]; *atone*
ⲕⲁ- (avec ⲣⲟ ou ⲣⲱ⸗ "bouche"), *présuffixal* (ⲕⲁ
ⲣⲱ⸗) suffixé, pl.3. ⲕⲁ ⲣⲱ⸗ⲟⲩ "se taire" **63**,18?
(ⲕⲁ [ⲣⲱⲟⲩ]).

ⲕⲱⲗⲝ *v/{n.m.}* dans ⲕⲱⲗⲝ ⲡⲁⲧ (*v'n)/n.m.* "se
prosterner" [= **kneel down**] **59**,15–16 (ⲁⲩⲕⲱⲗⲝ
ⲡⲁⲧ ⲉⲩⲧⲱⲃϩ̄ ⲉⲩ[ⲝ]ⲱ ⲙ̄ⲙⲟⲥ "ils se sont proster-

nés, en priant (et) disant").

ⲕⲁ [ⲣⲱⲟⲩ] voir [ⲕⲱ] "mettre".

ⲕⲱⲧⲉ *v/{n.m.}* "entourer, envelopper, tourn(oy)er,
(re)chercher" [= **turn, go round, seek**] **60**,16
(ⲛⲉⲉⲓⲕⲱⲧⲉ ⲛ̄[ⲥ]ⲱⲕ ⲁⲛ "ce n'est pas toi que je
(re)cherche"); **62**,14?; *idiol.* ⲕⲱⲧ **62**,11 (11-14
ⲟⲩϭⲏ[ⲡ]ⲓ *sic* ⲛ̄ⲟⲩⲟⲓ̈ⲛ ⲁⲥⲕⲱⲧ *sic* ⲉⲣⲟ[ⲉⲓ] ⲙ̄ⲡⲓϣ ϭⲙ
ϭⲟⲙ ⲉⲉⲓⲱⲣⲙ̄ [ⲉ]ϩⲟⲩⲛ ϩⲙ̄ ⲡⲟⲩⲟⲓ̈ⲛ ⲉⲧⲕⲱⲧⲉ
ⲉⲣⲟⲥ "une nuée lumineuse m'a enveloppé, (telle
que) je n'ai pas pu voir à l'intérieur de la lumière
l'enveloppant").

ⲕⲁϩ *n.m.* "terre" [= **earth, soil**] **60**,1.

ⲙⲁ *n.m.* "lieu, endroit" [= **place**] **61**,15. 24? (ϩⲙ̄
ⲡⲉⲉ[ⲓⲙ]ⲁ ⲛ̄ⲝⲁⲉⲓⲉ "en ce lieu désert"); **62**,22
(ⲁⲩⲧⲛⲟⲟⲩⲧ ⲛⲉⲕ *sic* ⲉⲡⲉⲉⲓⲙⲁ "j'ai été envoyé
vers toi en ce lieu").

ⲙⲁ *v. impératif* "donne!" [= **give, grant**] **59**,20 (ⲙⲁ
ⲛⲁⲛ ⲛⲟⲩⲡ̄ⲛ̄ⲁ ⲛ̄ⲥⲟⲟⲩⲛ(ⲉ) "donne-nous un
esprit de connaissance (Gnose)!").

ⲙ̄ⲙⲟ⸗ forme *présuffixale* (sg.1. ⲙ̄ⲙⲟ(ⲉ)ⲓ, sg.3.m.
ⲙ̄ⲙⲟϥ, sg.3.f. ⲙ̄ⲙⲟⲥ) de ⲛ̄- *prép.rel.*, en fonction
d'acc. surtout, de gén. parfois, voir ⲛ̄- *prép.rel.*

ⲙ̄ⲙⲟⲓ̈ ou [ⲙ̄]ⲙⲟⲉⲓ sg.1. "me, moi", voir ⲛ̄- *prép.rel.*
acc. ou gén.

ⲙ̄ⲙⲟⲥ sg.3.f. "la, elle, cela", voir ⲛ̄- *prép.rel.* acc.

ⲙ̄ⲙⲁⲩ *adv.* "là", voir ⲉⲧⲙ̄ⲙⲁⲩ "qui est là, … -là".

ⲙ̄ⲙⲟϥ sg.3.m. "le, lui", voir ⲛ̄- *prép.rel.* acc. ou gén.

ⲙⲛ̄- *prép.* "avec", ou *conj.* "et" [= **with, and**] **60**,12.
12 ([ⲡ]ϩⲁⲧ ⲙⲛ̄ ⲡⲛⲟⲩⲃ ⲙⲛ̄ ⲛ̄ϩⲟⲉ[ⲓⲧ]ⲉ "l'argent
et l'or et les vêtements (luxueux)"); **62**,17; voir
aussi ⲙⲛ̄ⲛ̄ⲥⲁ- "après, derrière".

ⲙⲛ̄- *v. d'inexistence* "il n'y a pas" [= **there is not (or
no)**] (opposé à ⲟⲩⲛ̄- "il y a"), voir [ⲙⲛ̄ⲧⲉ-].

ⲙⲛ̄ⲛ̄ⲥⲁ- *prép.* "après, derrière" [= **after**], lcplx.
(composé de ⲙⲛ̄- prép. "avec" et de ⲛ̄ⲥⲁ- prép.
"après") **59**,25 (ⲙ̄ⲛ̄ⲛ̄ⲥⲁ ⲛⲉⲉⲓϣⲁⲝⲉ ⲛ̄ⲧⲁϥⲝⲟⲟⲩ
ⲛ̄ϭⲓ ⲁⲗⲗⲟⲅ[ⲉ]ⲛⲏⲥ "après qu'Allogène ait dit ces
paroles"); **61**,10 (ⲙⲛ̄ⲛ̄ⲥⲁ ⲧⲣⲉϥⲧ̄ ⲛⲟⲩϭⲥ ⲛⲁϥ
"après qu'il l'a mis en colère").

[ⲙⲛ̄ⲧⲉ-] *u.* complexe "ne pas avoir" [= **has/have no
…**], lcplx. (composé de ⲙⲛ̄- "il n'y a pas" et [ⲛ̄ⲧⲉ-
] prép.gén., ⲛ̄ⲧ⸗), donc *présuffixal* (ⲙⲛ̄ⲧ⸗) suffixé,
sg.3.m. ⲙⲛ̄ⲧϥ̄ "il n'y a pas" **59**,19. 19 (→ ⲁⲣⲭⲏ).

ⲙⲟⲩⲧⲉ *v/{n.m.}* "appeler, nommer" [= **call**] **59**,14
(→ ⲑⲁⲙⲃⲱⲣ); **60**,20 (→ ⲁⲗⲗⲟⲅⲉⲛⲏⲥ).

[ϺⲀⲨ] "(le lieu)- là" [= **(the place) there**] dans ⲙ̄ⲘⲀⲨ
adv. "là", voir ⲉⲧⲙ̄ⲘⲀⲨ "(qui est) là, -là".

[ϺⲞⲨϨ] *v/{n.m.}* "remplir, être plein" [= **fill**], *atone*
ⲘⲉϨ- (en *préf.* des nombres ordinaux) 63,23?
(presque sans contexte).

Ⲛ̄- (ou ⲙ̄- par assimilation devant Ⲡ-) *prép.rel.* dont
l'usage peut être réparti en cinq catégories
principales:

1. Ⲛ̄- *acc.* (= "accusatif", complément d'objet
direct) 59,20 (ⲘⲀ ⲚⲀⲚ ⲚⲞⲨⲦ̄ⲚⲀ "donne-nous un
esprit …"); 60,9; Ⲛ̄- 60,12. 25 (ⲡⲉⲧⲀⲘⲀϨⲦⲉ
ⲙ̄ⲡⲔⲞ[ⲤⲘⲞ]ⲥ "celui qui tient en son pouvoir le
monde"); 62,22; *présuffixal* (ⲘⲘⲞ=) suffixé, sg.1.
[ⲙ̄]ⲘⲞⲉⲓ 65,16? (sans contexte); sg.3.f. ⲘⲘⲞⲥ
59,16; 60,14 (→ ⲭⲱ); 61,18; 62,15. 19; 64,18?
ⲘⲘⲞ[ ] (sans contexte).

2. Ⲛ̄- *gén.* (= "génitif", complément d'objet indirect du type "génitif") 59,18. 20. 21; Ⲛ̄- 62,20
(ⲡⲉϨⲢⲞⲞⲨ ⲙ̄ⲡⲉⲔⲦⲱⲃϨ "le son de ta supplication"); *présuffixal* (ⲘⲘⲞ=) suffixé, sg.1. ⲘⲘⲞⲓ̈
60,15; 61,7?; sg.3.m. ⲘⲘⲞⳅ 61,10; pl.3. (?)
ⲘⲘⲞⲞ[Ⲩ] 61,13?

3. Ⲛ̄- *qualificatif* 59,18 (ⲚⲒⲚⲞϬ ⲚⲀⲒⲰⲚ "les
(fameux) grands éons"); 61,12 (ϨⲀϨ Ⲛ̄ⲤⲞⲡ "de
nombreuses fois". 15. 17. 19. 24. 26; 62,11
(ⲞⲨϬⲎ[ⲡ]ⲓ Ⲛ̄ⲞⲨⲞⲓ̈Ⲛ "une nuée de lumière = une
nuée lumineuse");

4. Ⲛ̄- *identitaire* néant.

5. Ⲛ̄- *instrumental* 61,11 (premier Ⲛ̄ de
Ⲛ̄ϨⲀϨ Ⲛ̄ⲤⲞⲡ "de nombreuses fois"); 62,14 (Ⲛ̄Ⲑⲉ
"comme").

Ⲛ̄- *prép.dat.* "à" [= **to**] *présuffixal* (ⲚⲀ=) suffixé, sg.1.
ⲚⲀⲓ̈ 61,20? (ⲚⲀ ⲚⲀⲓ̈ "aie pitié de moi!"); sg.2.m.
ⲚⲀⲔ 60,9? 12 (Ⲛ̄ⲔⲬⲒ ⲚⲀⲔ Ⲛ̄[ⲡ]ϨⲀⲦ "(et) tu pren-
dras pour toi l'argent …"); 61,8; 65,13 (sans
contexte); *idiol.* ⲚⲈⲔ 62,22. 22; sg.3.m. ⲚⲀⳅ
60,24 (ⲡⲉⲭⲀⳅ ⲚⲀⳅ "il lui a dit"); 61,6. 11? 15;
pl.1. ⲚⲀⲚ 59,20 (ⲘⲀ ⲚⲀⲚ ⲚⲞⲨⲦ̄ⲚⲀ ⲚⲤⲞⲞⲨⲚ(ⲉ)
"donne-nous un esprit de connaissance").

Ⲛ̄- ou ⲚⲈ- pl. "les", voir ⲡ- ou ⲡⲉ- *art.déf.* Pr-triad.
sg.m. "le", et *fonct.* sg.f. Ⲧ- ou ⲦⲈ- "la", pl. Ⲛ̄- ou
ⲚⲈ- "les".

ⲚⲀ *v/{n.m.}* "avoir pitié, être compatissant" [= **have
mercy**] 61,20 (ⲤⲰⲦⲘ̄ ⲉⲧⲀⲤⲘⲎ Ⲛ̄ⲔⲚⲀ ⲚⲀⲓ̈ Ⲛ̄Ⲕ-
ⲚⲀϨⲘⲉⲦ "écoute ma voix (et) aie pitié de moi

(et) sauve-moi!").

ⲚⲀ pl. "ceux (ou celles) de", voir [ⲡⲀ] *pron. poss.*, état
absolu, Pr-triad. sg.m. "celui de", sg.f. ⲦⲀ "celle
de", pl. ⲚⲀ "ceux (ou celles) de".

ⲚⲀ- pl./sg.1. "mes", voir ⲡⲉ= *art. poss.* Pr-triad.

ⲚⲀ= forme *présuffixale* de Ⲛ̄- *prép.dat.*

ⲚⲀⲉⲓ pl. "ces (choses, personnes etc.)-ci", voir [ⲡⲀ(ⲉ)ⲓ
pron. dém. Pr-triad. sg.m. "celui-(ci)", [sg.f.
ⲦⲀ(ⲉ)ⲓ "celle-(ci)"], pl. ⲚⲀⲉⲓ "ces choses etc.-ci".

ⲚⲀ(ⲉ)ⲓ sg.1. "à moi", voir Ⲛ̄- *prép.dat.*

ⲚⲈ(ⲉ)ⲓ- pl. "ces", voir ⲡⲉⲉⲓ- *art. dém.* Pr-triad. sg.m.
"ce(t)", sg.f. ⲦⲈ(ⲉ)ⲓ- "cette", pl. ⲚⲈ(ⲉ)ⲓ- "ces".

ⲚⲒ- pl. "les (fameux) … !" (*emphatique*) [= the (pl.)],
voir [ⲡⲒ-] *art.ddéf.* Pr-triad. sg.m. "le (fameux) …
!" [= **this**], sg.f. Ⲧ- "la (fameuse) … !", pl. ⲚⲒ- "les
(fameux) … !"

ⲚⲞⲨⲃ *n.m.* "or" (métal) [= **gold**] 60,12 (→ Ⲙ̄Ⲛ̄- "avec,
et").

Ⲛ̄Ⲑⲉ *conj.* "comme" [= **as**], lcplx. (composé de
Ⲛ̄- *prép.rel.q.* et ϨⲈ précédé de son art.déf. sg.f.)
62,14.

ⲚⲀⲔ (ou *idiol.* ⲚⲈⲔ) sg.2.m. "à toi (m.)", voir Ⲛ̄- *prép.
dat.*

ⲚⲈⲔ- pl./sg.2.m. "tes", voir ⲡⲉ= *art. poss.* Pr-triad.

ⲚⲒⲘ *adj.* "tout" [= **every**] 61,22 (→ [ⲚⲞⲨϨⲘ̄]).

ⲚⲀⲚ pl.1. "à nous" (m.), voir Ⲛ̄- *prép.dat.*

Ⲛ̄ⲤⲀ- *prép.* "après, derrière" [= **behind, after**], lcplx.
(composé de Ⲛ̄- *prép.rel.* instrumentale, avec ⲤⲀ
"côté") 60,17 (ⲚⲈⲈⲓⲔⲰⲦⲉ Ⲛ̄[Ⲥ]ⲰⲔ ⲀⲚ ⲀⲖⲖⲀ
Ⲛ̄ⲤⲀ ⲡⲀⲉⲓⲰⲦ "ce n'est pas toi que je cherche,
mais (je cherche) mon Père"); *présuffixal* (Ⲛ̄ⲤⲰ=)
suffixé, sg.2.m. Ⲛ̄[Ⲥ]ⲰⲔ 60,17? (cf. supra); cf.
Ⲙ̄Ⲛ̄ⲤⲀ- "après".

ⲚⲀⲦϢⲀϪⲉ *adj* "sans parole, indicible, ineffable,
(rendant) muet, stupéfiant" [= **ineffable**], lcplx.
(composé de Ⲛ̄- *prép.rél.q.*, ⲀⲦ- "sans" et ϢⲀϪⲉ
"parole") 61,26?

[ⲚⲞⲨⲦⲉ] *n.m.* "dieu, Dieu" [= **god (or God)**], dans
Ⲡ̄Ⲛ̄Ⲧ *idiol.*: 59,17 (→ ⲱ̄); 61,18 (idem).

Ⲛ̄ⲦⲞⲔ *pron.pers.* sg.2.m. "toi, tu" [= **you**] 63,16.

ⲚⲀⳅ sg.3.m. "à lui", voir Ⲛ̄- *prép.dat.*

[ⲚⲞⲨϨⲘ̄] *v/{n.m.}* "sauver" [= **save**], *présuffixal*
(ⲚⲀϨⲘ̄=) suffixé, sg.1. ⲚⲀϨⲘⲉⲦ 61,21 (ⲚⲀϨⲘⲉⲦ
ⲉⲃⲞⲖ ϨⲚ̄ ⲡⲉⲐⲞⲞⲨ ⲚⲒⲘ "sauve-moi de tout
mal(heur)!").

ⲛⲟϭ *adj.* "grand" [= **great, large**] 59,18 (→ ⲥⲁ
ⲧⲡⲉ ⲛ̄-); **60,18** (ⲡⲁⲉⲓⲱⲧ ⲡⲁⲉⲓ ⲉⲧⲥⲟⲧⲡ
ⲉⲛⲓⲛⲟϭ ⲛ̄ⲁⲓⲱⲛ ⲧⲏⲣⲟⲩ "mon Père, celui qui
est excellent, plus que tous les (fameux) grands
éons"); **61**,15? (ⲛⲟϭ ⲛ̄ϣⲓⲡⲉ "grande honte"). 17?
(ⲛⲟϭ ⲛ̄ⲥⲙⲏ "grande voix"). 19 (ⲛⲓⲛⲟϭ ⲛ̄ⲁⲓⲱⲛ
"les grands éons"); **64**,21 (sans contexte).

ⲛ̄ϭⲓ *pcl.* (précédant le sujet précisé et postposé) "c'est-
à-dire" [= **that is**] 59,26
(→ ⲙⲛ̄ⲛ̄ⲥⲁ-); **60**,1? 13. 24; **61**,6 (ⲡⲉϫⲁϥ ⲛⲁϥ
ⲛ̄ϭⲓ ⲁⲗⲗⲟ[ⲅⲉⲛ]ⲏⲥ "Allogenès lui a dit"). 10. 26;
62,5; **63**,7.

ⲛⲟⲩϭⲥ *n.m.* "colère" [= **anger**] dans † ⲛⲟⲩϭⲥ (*v'n*)/
n.m. "fâcher" **61**,11?

ⲡ- ou ⲡⲉ- *art.déf.* sg.m. "le" [= **the**] Pr-triad.; et
fonct. sg.f. ⲧ- ou ⲧⲉ-, pl. ⲛ̄- ou ⲛⲉ-;
ainsi **sg.m.** ⲡ- 59,1. 9 (ⲉⲡϫⲓⲛ- *pref. v.*). 17.
21 (ⲡⲟⲩⲱⲛϩ̄). 22; **60**,1. 12 (ⲡⲛⲟⲩⲃ). 15. 25;
61,10; **62**,6. 13. 17. 23; ⲡⲉ- (devant double
consonne) **62**,20 (ⲡⲉϩ̄ⲣⲟⲟⲩ); **63**,7?.
sg.f. "la" ⲧ- 59,17; **62**,17 (ⲧⲉⲏⲡⲓ^*sic*); **63**,20.
23. 24.
pl. "les" ⲛ- **60**,13 (ⲛ̄ϩⲟⲉ[ⲓⲧ]ⲉ).

ⲡⲁⲓ̈ ou ⲡⲁⲉⲓ *pron. dém.* sg.m. "celui-(ci)" [= **this**]
Pr-triad.; ⲡⲁⲓ̈ 59,17? 18 (ⲡⲁⲓ̈ ⲉⲧⲉ ⲙⲛ̄ⲧϥ̄ ⲁⲣⲭⲏ
ⲟⲩⲧⲉ ⲙⲛ̄ⲧϥ̄ ϩⲁⲏ "celui qui n'a ni commencement ni fin"); ⲡⲁⲉⲓ **60,18**; pl. ⲛⲁⲉⲓ "ceux-(ci),
celles-(ci)" etc. **62**,10? (ⲉⲉⲓϫⲱ [ⲛ̄]ⲛⲁⲉⲓ "disant
ces (paroles)").

ⲡⲁ- sg.m./sg.1. "mon", voir ⲡⲉ⸗ *art. poss.* Pr-triad.

ⲡⲉ *n.f.* "ciel" [= **sky, heaven**], voir ⲉⲧⲥⲁ ⲧⲡⲉ ⲛ̄-
"qui (est) au-dessus de".

ⲡⲉ⸗ *art. poss.* sg.m./⸗ ("son") [= **his**] Pr-triad.; et *fonct.*
sg.f. ⲧⲉ⸗, pl. ⲛⲉ⸗.
série sg.m./: sg.1. ⲡⲁ- "mon" 59,3; **60**,10? 17
(→ ⲛⲟϭ); **61**,5; /sg.2.m. ⲡⲉⲕ- "ton" **60**,23
(ⲡⲉⲕⲅⲉⲛⲟⲥ "ta race"); **61**,26?; **62**,5. 20; /sg.3.m.
ⲡⲉϥ- "son" **61**,15 (ⲡⲉϥⲙⲁ "son lieu (propre)").
série sg.f./: sg.1. ⲧⲁ- "ma" **61**,20 (ⲧⲁⲥⲙⲏ "ma
voix").
série pl./: sg.1. ⲛⲁ- "mes" **60**,11? (ⲛⲁⲁⲅⲁⲑⲟⲛ
"mes bonnes (nourritures)"); /sg.2.m. ⲛⲉⲕ-
59,21 (ⲛⲉⲕⲙⲩⲥⲧⲏⲣⲓⲟⲛ "tes mystères").

ⲡⲉⲉⲓ- *art. dém.* sg.m. "ce(t)-" [= **this**] Pr-triad.
61,24?; **62**,22 (→ ϣⲙ̄ⲛⲟⲩ[ϥⲉ]); pl. ⲛⲉⲉⲓ-

59,26 (ⲙⲛ̄ⲛ̄ⲥⲁ ⲛⲉⲉⲓϣⲁϫⲉ ⲛ̄ⲧⲁϥϫⲟⲟⲩ "après
qu'il eut dit ces paroles"); voir aussi [ⲡⲓ-].

[ⲡⲓ-] *art.ddéf.* sg.m. "le (fameux) … !" (*emphatique*)
[= **the**] Pr-triad.; et *fonct.* sg.f. [†-]; et pl. ⲛⲓ-
59,18 (ⲛⲓⲛⲟϭ ⲛ̄ⲁⲓⲱⲛ ⲧⲏⲣⲟⲩ "tous les (fameux)
grands éons"); **60**,18 (idem); **61**,19 (idem).

[ⲡⲱ]⸗ *pron. poss.* forme présuffixale ([ⲡⲱ]⸗) suffixée,
sg.2.m. [ⲡⲱ]ⲕ ("(qui est) à toi" m.) **61**,8?

ⲡⲉⲑⲟⲟⲩ *n.m.* "le mal, le malheur" [= **evil**], lcplx.
(composé de ⲡ- "le", ⲉⲧ- "qui" et ϩⲟⲟⲩ† "être
mauvais") **61**,21, voir aussi [ϩⲟⲟⲩ†].

ⲡⲛ̄† *abr. idiol.* pour ⲡⲛⲟⲩⲧⲉ (ⲛⲟⲩⲧⲉ avec son art.
déf. sg.m.), voir ⲛⲟⲩⲧⲉ "dieu, Dieu".

ⲡⲁⲧ *n.f.* "genou, jambe" [= **knee**] dans (*v'n*)/*n.m.*
ⲕⲱⲗϫ ⲡⲁⲧ "se prosterner" [= **kneel down**]
59,15–16, voir aussi ⲕⲱⲗϫ.

[ⲡⲉϫⲉ-] *v.adj. sfsj.* "dire, … dit" [= **say**]; forme
présuffixale (ⲡⲉϫⲁ⸗) suffixée, sg.3.m. ⲡⲉϫⲁϥ "il
a dit" **60**,2? 24; **61**,5.

ⲣ̄ ⲟⲩⲟⲓ̈ⲛ (*v'n*)/*n.m.* "illuminer, éclairer" [= **give light,
shine**], lcplx. (composé de ⲣ̄- de [ⲉⲓⲣⲉ] "faire", et
de ⲟⲩⲟⲓ̈ⲛ "lumière") **61**,26?; **62**,18 (ⲁϥⲣ̄ ⲟⲩⲟⲓ̈ⲛ
ⲉϩⲣⲁⲓ̈ ⲉϫⲱⲓ̈ "il m'a illuminé").

ⲣ̄ ϩⲁⲗ (*v'n*)/*n.m.* "tromper" [**deceive**], lcplx. (composé
de ⲣ̄- de [ⲉⲓⲣⲉ] "faire", et de ϩⲁⲗ "tromperie")
61,13 (ⲙⲡⲉϥϭⲛ̄ ϭⲟⲙ ⲉⲣ̄ ϩⲁⲗ ⲙ̄ⲙⲟⲟ[ⲩ (?)] "il n'a
pas pu les (?) tromper").

ⲥⲁ *n.m.* "côté" [= **side**] **60**,17, voir ⲉⲧⲥⲁ ⲧⲡⲉ ⲛ̄-
"qui (est) au-dessus de"; ⲛ̄ⲥⲁ- et ⲙⲛ̄ⲛ̄ⲥⲁ- "après,
derrière".

ⲥⲙⲏ *n.f.* "voix" [= **voice**] **61**,17 (→ ⲛⲟϭ et ⲱϣ). 20
(→ ⲥⲱⲧⲙ̄).

ⲥⲟⲛ *n.m.* "frère" [= **brother**] **64**,22? (sans contexte et
très incertain).

ⲥⲟⲡ *n.m.* "fois" [= **occasion, time**], dans ⲛ̄ϩⲁϩ̄ ⲛ̄ⲥⲟⲡ
"de nombreuses fois, à maintes reprises, souvent"
61,12.

ⲥⲱⲧⲙ̄ *v/{n.m.}* "écouter, entendre" [= **hear**] **61**,19
(ⲥⲱⲧⲙ̄ ⲉⲧⲁⲥⲙⲏ ⲛ̄ⲕⲛⲁ ⲛⲁⲓ̈ "écoute ma voix (et)
aie pitié de moi!"). 23 (ⲥⲱⲧⲙ̄ ⲉⲣⲟⲉⲓ "écoute-
moi!"); **62**,16? 20 (ⲁⲩⲥⲱⲧⲙ̄ ⲉⲡⲉϩ̄ⲣⲟⲟⲩ
ⲙ̄ⲡⲉⲕⲧⲱⲃϩ̄ "le son de ta supplication a été
entendu"); **63**,1?

[ⲥⲁ ⲧⲡⲉ ⲛ̄-] "au-dessus de", voir ⲉⲧⲥⲁ ⲧⲡⲉ ⲛ̄- "qui
(est) au-dessus de".

[cⲱⲧⲡ] *v/{n.m.}* "choisir" [= **select, choose**], *qualitatif* ⲥⲟⲧⲡ† "excellent, de (premier) choix" [= **excellent**] **60**,18 (→ ⲉ- *prép.sns.*).

ⲥⲟⲟⲩⲛ(ⲉ) *v/n.m.* "connaître, savoir, science, Gnose" [= **know, knowledge**] **59**,20 (→ ⲡⲛⲁ̄); **62**,7?; *présuffixal* (ⲥⲟⲩⲱⲛ⸗) suffixé, pl.1. ⲥⲟⲩⲱⲛⲛ **59**,10? 22 (ⲉⲡⲝⲓⲛ̄ⲧⲛ̄ⲥⲟⲩⲱⲛ̄ ⲭⲉ ⲛ̄ⲧⲁⲛⲉⲓ ⲉⲃⲟⲗ ⲧⲱⲛ "pour que nous nous connaissions, (connaissant) d'où nous sommes sortis").

[ⲥⲟⲟϩⲉ] *v/{n.m.}* "écarter" [= **set aside**], *présuffixal* (ⲥⲁϩⲱ⸗) suffixé, sg.2.m. ⲥⲁ[ϩ]ⲱⲕ "écarte-toi!" [= **turn aside**] **60**,15?; **61**,7; sg.3.m ⲥⲁ[ϩⲱϥ] **61**,9?

ⲥⲉϫⲉ *idiol.*, voir ϣⲁϫⲉ "parler".

ⲧ- ou ⲧⲉ- sg.f. "la", voir ⲡ- ou ⲡⲉ- *art.déf.* Pr-triad. sg.m., et *fonct.* sg.f. ⲧ- ou ⲧⲉ- "la", pl. ⲛ̄- ou ⲛⲉ- "les".

ⲧⲁ- sg.f./sg.1 "ma", voir ⲡⲉ⸗ *art. poss.* Pr-triad.

[†] *v/{n.m.}* "donner" etc. [= **give**]; *atone* †- dans (*v'n*)/ *n.m.* † ⲛⲟⲩϭⲥ "fâcher" [= **anger**] **61**,11?

ⲧⲱⲃϩ *v/n.m.* "prier, supplier" [= **pray**] **59**,16 (→ ⲕⲱⲗⲝ); **62**,21 (→ ⲥⲱⲧⲙ̄).

ⲧⲱⲛ *adv.* "où?" [= **where**], dans ⲉⲧⲱⲛ "vers où?" **59**,11? 24 (→ ⲏ); **64**,1? (sans contexte); ⲉⲃⲟⲗ ⲧⲱⲛ "(hors) d'où?" **59**,11? 23.

ⲧⲉⲛⲟⲩ *adv.* "maintenant" [= **now**], dans ⲧⲉⲛⲟⲩ ϭⲉ "maintenant donc" **61**,25?; **65**,17?

[ⲧⲛⲟⲟⲩ] *v/{n.m.}* "envoyer" [= **send**], *présuffixal* (ⲧⲛⲟⲟⲩ⸗) suffixé, sg.1. ⲧⲛⲟⲟⲩⲧ **62**,21 (→ ϣⲙ̄ⲛⲟⲩ[ϥⲉ]).

† ⲛⲟⲩϭⲥ (*v'n*)/*n.m.* "fâcher" [= **anger**] **61**,11?, voir † "donner".

ⲧⲏⲣ⸗ *adj. sfsj* "tout" [= **all, whole, every**] *présuffixal* (ⲧⲏⲣ⸗) suffixé, pl.3. ⲧⲏⲣⲟⲩ "eux tous" **59**,18? (ⲛⲓⲛⲟϭ ⲛⲁⲓⲱⲛ ⲧⲏⲣⲟⲩ "tous les (fameux!) grands éons"); **60**,19 (idem); **63**,21?; **64**,5?

ⲧⲁⲁⲧ[ⲉ] *v/{n.m.}* "briller" [= **shine**] **62**,15?

ⲧⲟⲟⲩ *n.m.* "mont(agne)" [= **mountain**] **59**,14 (→ ⲑⲁⲗⲃⲱⲣ).

ⲟⲩ *pro?n.* "quoi?, que … ?" [= **what? who?**] **59**,12. 24 (ⲟⲩ ⲡⲉⲧⲛⲁⲁϥ*tic* ⲛ̄ⲧⲛ̄ⲱⲛϩ̄ "que ferons-nous pour que nous vivions?").

ⲟⲩ- *art.ind.* sg. "un(e)" [= **a(n)**] **59**,14 (→ ⲑⲁⲗⲃⲱⲣ). 20 (→ ⲙⲁ *impératif*); **60**,21. 22 (→ ⲉⲃⲟⲗ ϩⲛ̄-); **61**,15? 17; **62**,11. 15.

ⲟⲩⲱⲙ *v/{n.m.}* "manger" [= **eat**] **60**,10.

ⲟⲩⲟⲓⲛ *n.m.* "lumière" [= **light**] **61**,26?; **62**,6? 11 (→ [ϭⲏⲡⲉ]). 13. 17; voir aussi ⲣ̄ ⲟⲩⲟⲓⲛ "illuminer, éclairer".

ⲟⲩⲱⲛϩ̄ *v/n.m.* "révélation, manifestation, révéler, manifester" [= **revelation, reveal, appear**] **59**,8? 21 (ⲡⲟⲩⲱⲛϩ̄ ⲉⲃⲟⲗ ⲛ̄ⲛⲉⲕⲙⲩⲥⲧⲏⲣⲓⲟⲛ "la révélation de tes mystères"); *présuffixal* (ⲟⲩⲟⲛϩ⸗) suffixé, sg.3.m. ⲟⲩⲟⲛϩ̄ϥ̄ **59**,27 (ⲁϥⲟⲩⲟⲛϩ̄ϥ̄ "il s'est manifesté"); **63**,2? ⲟⲩⲟⲛϩ[ ] (suffixé ou qualitatif, sans contexte).

[ⲟⲩⲱϣⲃ] *v/{n.m.}* "répondre" [= **answer**] **60**,13 ⲟⲩⲱϣϥ*tic*.

ⲟⲩⲱϣϥ voir [ⲟⲩⲱϣⲃ] "répondre".

ⲱⲛϩ̄ *v/{n.m.}* "vivre, vie" [= **live, life**] **59**,12 (→ ⲟⲩ *pro?n.* "quoi?"). 25 (idem).

ⲱϣ *v/{n.m.}* "(s'é)crier" [= **cry**] **61**,17 (ⲁϥⲱϣ ⲉϩ̄ⲣⲁⲓ̈ ϩⲛ̄ ⲟⲩⲛⲟϭ ⲛ̄ⲥⲙⲏ "il s'est écrié d'une grande voix").

ϣ *v. impersonnel* "pouvoir, être capable de" [= **be able**], *voir* ϣ ϭⲙ ϭⲟⲙ *v.* "pouvoir" etc.

ϣⲁ- (ou ⲛϣⲁ-) *prép.* "jusqu'à" [= **to(ward)**] **62**,8.

ϣⲙ̄ⲛⲟⲩ[ϥⲉ] *n.m.* "Évangile" [= **good news, gospel**] **62**,23? (21–23 ⲁⲩⲧⲛⲟⲟⲩⲧ ⲛⲉⲕ*tic* ⲉⲡⲉⲉⲓⲙⲁ ⲉⲭⲱ ⲛⲉⲕ*tic* ⲙ̄ⲡϣⲙ̄ⲛⲟⲩ[ϥⲉ] "on m'a envoyé à toi en ce lieu pour te dire l'Évangile").

ϣⲓⲡⲉ *{v}/n.m.* "(avoir) honte" [= **shame, be ashamed**] **61**,16 (ϩⲛ̄ ⲟ[ⲩ]ⲛⲟϭ ⲛ̄ϣⲓⲡⲉ "en une grande honte, très honteusement").

ϣⲏ[ⲣⲉ?] *n.m.* "fils" (?) [= **son, child**] **59**,3? (sans contexte).

ϣⲁϫⲉ *{v}/n.m.* "parole, parler" [= **word, speak**] **59**,26 (ⲛⲉⲉⲓϣⲁϫⲉ ⲛ̄ⲧⲁϥϫⲟⲟⲩ "les paroles qu'il avait dites"); ⲥⲉϫⲉ *idiol.* **62**,15 (ⲟⲩⲥⲉϫⲉ ⲁⲉⲓⲥⲱⲧⲙ̄ ⲉⲣⲟϥ "j'ai entendu une parole"); voir aussi ⲛⲁⲧϣⲁϫⲉ *adj.* "ineffable, indicible".

ϣ ϭⲙ ϭⲟⲙ (*v'n*)/*n.m.* "pouvoir" [= **be able**], lcplx. (composé de ϣ "pouvoir", ϭⲙ- de [ϭⲓⲛⲉ] "trouver", et ϭⲟⲙ "force, puissance") **62**,12 (ⲙ̄ⲡⲓϣ ϭⲙ ϭⲟⲙ ⲉⲉⲓⲱⲣⲙ̄ [ⲉ]ϩⲟⲩⲛ ϩⲛ̄ ⲡⲟⲩⲟⲓⲛ ⲉⲧⲕⲱⲧⲉ ⲉⲣⲟⲥ "je n'ai pas pu voir à l'intérieur de la lumière l'enveloppant").

ϩⲁⲏ *n.f.* "fin, extrémité" [= **end**] **59**,20 (→ ⲁⲣⲭⲏ).

[ϩⲉ] *n.f.* "manière" [= **manner**] **62**,14 (ⲛ̄ⲑⲉ "comme"), voir ⲛ̄ⲑⲉ.

ϩⲱⲱ⸗ *pron. d'emphase* "(soi)-même" [= **self**], *présuffixal*

17 (15–19 ογcεxε*sic* ⲁⲉⲓⲥⲱⲧⲙ̄ ⲉⲣⲟϥ ⲉⲃⲟⲗ
ϩⲛ̄ ⲧϭⲏⲡⲓ*sic* ⲙⲛ̄ ⲡⲟⲩⲟⲓ̈ⲛ ⲁⲩⲱ ⲁϥⲣ̄ ⲟⲩⲟⲓ̈ⲛ ⲉϩⲣⲁⲓ̈
ⲉⲭⲱⲓ̈ ⲉϥⲭⲱ ⲙ̄ⲙⲟⲥ ⲭⲉ … "une parole, que j'ai
entendue, sortant de la nuée et (de sa) lumière, et
elle m'a illuminé, disant (ceci) …").
ϭⲱϣⲧ̄ v/{n.m.} "regarder" [= **look**] 61,22 (ϭⲱϣⲧ̄
ⲉϩⲣⲁⲓ̈ ⲉⲭⲱⲉⲓ ⲁⲩⲱ ⲛ̄ⲕⲥⲱⲧⲙ̄ ⲉⲣⲟⲉⲓ "jette un
regard sur moi et écoute-moi … !")

Conjugaison

Schéma bipartite

Présent I néant.

Présent circonstanciel
sg.1. ⲉⲉⲓ- **61**,23; **62**,9.
sg.3.m. ⲉϥ- **60**,14; **61**,18; **62**,18.
pl.3. ⲉⲩ- **59**,16. 16.

Présent relatif
sg.3.m. ⲉⲧϥ̄- **62**,14.

Futur I
sg.2.m. ⲕ]ⲛⲁ- **63**,15?.
sg.3.f. …] ⲥⲛⲁ- **63**,13? (sans contexte).

Futur I relatif
pl.1 ⲉⲧⲛⲁ- **59**,12. 24?

Présent II
sg.1. ⲉⲉⲓ- (?) **65**,17 (?) (sans contexte).
nég. ⲉⲉⲓ- … ⲁⲛ **60**,16.

Futur II
pl.1. ⲉⲛⲁ- **59**,11? 24.

Schéma tripartite

Parfait I
sg.1. ⲁⲉⲓ- **62**,16?.
sg.3.m. ⲁϥ- **59**,27; **60**,13; **61**,9? 14. 17; **62**,17.
sg.3.f. ⲁⲥ- **62**,11.
pl.3. ⲁⲩ- **59**,13. 13. 15; **62**,20. 21; **63**,18?
(sans contexte).

Parfait I relatif
sg.3.m. ⲛ̄ⲧⲁϥ- **59**,26.

Parfait I nég.
sg.1. ⲙ̄ⲡⲓ- **62**,12
sg.3.m. ⲙ̄ⲡⲉϥ- **61**,12?

Parfait II
pl.1. ⲛ̄ⲧⲁⲛ- **59**,10? 23.
pl.3. ⲛ̄ⲧⲁⲩ- **60**,20.

Expectatif circonstanciel
sg.2.m. ⲉⲙⲡⲁⲧⲉⲕ- **62**,23?.

Consuétudinal circonstanciel
pl.3. ⲉϣ[ⲁ]ⲩ- **59**,14?.

Futur énergique (futur III)
sg.2.m. ⲉⲕⲉ- **63**,1?.

Impératif causatif
sg.3.m. [ⲙⲁⲣ]ⲉϥ- **61**,25?.

Impératif = infinitif
ⲥⲁϩⲱⲕ **60**,15?; **61**,7; ⲥⲱⲧⲙ̄ **61**,19; ϭⲱϣⲧ̄ **61**,22;
ⲃⲟⲏⲑⲓ **62**,6.

Impératif particulier
ⲙⲁ "donne!" **59**,20.

Conjonctif
sg.2.m. ⲛ̄ⲕ- **60**,9? 10. 11; **61**,20. 20. 23.
pl.1. ⲛ̄ⲧⲛ̄- **59**,12? 25.

Conjonctif 'but-actif', voir l'*Étude dialectale*.
pl.1. ⲉⲡⲭⲓⲛ̄ⲧⲛ̄- **59**,9? 22 (20–24 ⲙⲁ ⲛⲁⲛ ⲛⲟⲩⲡⲛ̄ⲁ
ⲛ̄ⲥⲟⲟⲩⲛ(ⲉ) … ⲉⲡⲭⲓⲛ̄ⲧⲛ̄ⲥⲟⲩⲱⲛϩ̄ ⲭⲉ ⲛ̄ⲧⲁⲛⲉⲓ
ⲉⲃⲟⲗ ⲧⲱⲛ ⲏ ⲉⲛⲁⲃⲱⲕ ⲉⲧⲱⲛ … "donne-nous
un esprit de connaissance (ou de Gnose) … pour
que nous nous connaissions (connaissant) d'où
nous sommes sortis ou vers où nous irons …").

Temporel
pl.3. ⲛ̄ⲧⲉⲣⲟⲩ- **61**,13?.

Infinitif causatif
sg.3.m. ⲙⲛ̄ⲛ̄ⲥⲁ ⲧⲣⲉϥ- **61**,10.